국제경제통합론 제2판

손병해 지음

(주)시그마프레스

국제경제통합론, 제2판

발행일 | 2011년 8월 30일 초 판 1쇄 발행
2016년 1월 4일 개정판 1쇄 발행
2021년 3월 5일 제2판 1쇄 발행

저 자 | 손병해
발행인 | 강학경
발행처 | (주)시그마프레스
디자인 | 고유진
편 집 | 김은실

등록번호 | 제10-2642호
주소 | 서울특별시 영등포구 양평로 22길 21 선유도코오롱디지털타워
A401~402호
전자우편 | sigma@spress.co.kr
홈페이지 | http://www.sigmapress.co.kr
전화 | (02)323-4845, (02)2062-5184~8
팩스 | (02)323-4197
ISBN | 979-11-6226-316-7

＊책값은 뒤표지에 있습니다.

제2판 저자서문

이 책의 초판이 나온 지 벌써 10년이 되었다. 지난 10년간 경제통합이론 분야에서는 큰 변화가 없었으나 현실 세계에서의 지역별 경제통합에는 적지 않은 변화가 일어나고 있다. 1990년대 이후 급속히 증가해 왔던 지역별 경제통합 건수가 2012년을 기점으로 증가세가 둔화되고는 있으나 아직도 WTO에 보고된 무역협정 건수는 계속 늘어나고 있는 추세이다. 지역통합의 형태면에서도 종전에는 양자간 FTA가 대세를 이루었으나 최근 들어서는 다자간 FTA 내지 Mega-FTA 협정으로 그 형태가 진화되고 있다. 지역통합의 기능면에서도 변화가 감지되고 있다. 1990년대 이후의 지역주의에서는 역내 무역자유화를 통한 시장통합이 주 목적이었다. 그러나 2010년대 이후의 Mega-FTA에서는 누적 원산지제도의 도입과 자본, 노동 이동의 자유화를 촉진함으로써 시장통합뿐만 아니라 공동 생산권을 지향하는 방향으로 기능이 확대되고 있다. 그로 인해 앞으로의 국제 분업구조는 국별 비교우위만이 아니라 지역별 비교우위 조건에도 영향을 받지 않을 수 없게 되었다. 이러한 경제통합의 새로운 양상을 소개하고 그에 따른 연구 과제의 제기를 위해 초판의 내용을 대폭 보정하여 제2판을 출간하게 되었다.

그리고 2010년대 이후 지역 경제통합과 관련된 또 하나의 중요한 변화는 미·중간의 패권경쟁으로 인한 아시아 태평양 시장권의 재편 움직임이다. 미국 주도의 TPP(CPTPP)와 중국이 지원하는 RCEP의 양립 및 USMCA의 배타적 속성이 그것을 대변하고 있다. 아시아 태평양 지역에서 일어나고 있는 이러한 광역 경제통합은 일면 세계적 자유무역질서를 유지하는 버팀목이 될 수도 있지만 다른 한편으로는 패권경쟁의 수단으로 전락하여 세계경제의 블록화를 유발할 위험 요소를 안고 있다. 미·중 패권경쟁과 아태지역의 이러한 거대 경제권의 재편 움직임을 정치경제학적 시각에서 다시 평가해 보고자하는 것도 이번 개정판을 준비하게 된 동기이다.

이번 제2판에서는 지역 경제통합의 새로운 추세와 현실적 사례를 최근에 타결된 Mega-FTA 중심으로 정리하여 소개하고 이들 통합의 기능적 특성을 살펴보는 데 많은 지면을 할애하였다. 특히 제3편의 Mega-FTA 소개에서는 지역통합의 무역자유화 기능과 생산 공동체로서의 기능을 부각시킴으로써 경제통합의 기능 변화와 그것이 국제 분업구조에 어떠한 영향을 미칠 것인가를 예시하는 데 설명의 초점을 두었다. 그리고 최근의 미·중 패권경쟁이 아시아 태평양지역의 시장 재편성에 어떠한 영향을 미치고 있는가를 관찰함으로써 제2차 대전 이후에는 경험하지 못했던 경제통합의 블록화 가능성과 그로 인한 패권체제의 위기를 경고해 두고자 했다.

이번 판의 개정 내용 가운데 중점을 둔 또 하나의 관심 주제는 동북아 및 동아시아 공동체 논의이다. 이념, 문화, 체제가 다른 미국과 중국 두 세력 간의 패권경쟁은 역사적 경험에서 볼 때 전쟁을 부르는 '투키디데스' 함정에 빠질 위험이 크다. 지정학적 여건상 동북아는 그 위험의 중심지가 될 수 있다. 따라서 필자는 동북아 평화질서를 위한 안전장치의 일환으로 동북아 공동체론을 제기하고 그에 대한 배경과 접근 가능성을 진단해 보았다. 동북아 공동체는 미·중 패권경쟁의 틈새에서 한국이 존립하기 위한 외교적 수단이기도 하지만 다른 한편으로는 동북아에 잔존하는 근대사적 갈등고리를 극복하고 역사적, 문화적 공통분모를 개발하여 미래를 향한 공존의 터를 만들자는 데 더 큰 의의가 있다.

동아시아 공동체는 1990년대 이후 'ASEAN+3' 국가들이 꾸준히 추진해 온 지역 통합의 목표였으나 역내 국가들의 정치, 경제적 입장 차이와 주도적 리더십의 부재로 결실을 맺지 못해 왔다. 그러나 2020년 말 'ASEAN+3'에 호주와 뉴질랜드가 참여하는 RCEP 협정이 타결됨으로써 동아시아 시장통합의 꿈은 실현되게 되었다. 그러나 1990년대 이후 제기되어 온 동아시아 지역주의는 무역확대에 의한 시장통합만이 아니라 지역 정체성이 작용하는 공동체를 추구하는 운동이다. 최근에 타결된 RCEP은 시장통합에는 접근하였으나 공동 정체성이 작용하는 지역공동체에는 이르지 못하는 한계를 가지고 있다. 따라서 이 책에서는 동아시아 지역에 작용해 왔던 역사, 문화적 요소를 되새겨 보고 동아시아의 정체성이 작용하는 공동체로의 접근 가능성을 별도의 연구 과제로 진단해 보고자 하였다. 역사적으로 동아시아는 15세기 이후 문명공동체 및 동아시아 무역권으로서의 평화적 국제관계를 유지해 왔던 경험이 있다. 그때의 동아시아는 사실상 현재의 동북아 지역을 의미하므로 이 책에서 다루고 있는 동아시아 공동체 논의는 동북아 공동체 논의와 중첩된 부분이 있다. 그리고 이 책의 제15장에서 전개하고 있는 동아시아 및 동북아 공동체 논의는 국내외 학계에서 논증을 거친 학술적 주장에 근거를 두고 있으나 일부는 동아시아 지역통합을 연구해 온 필자 개인의 논지를 피력한 부분도 있음을 밝혀 둔다.

이 외에도 국제 간 경제통합의 실제와 지역통합을 관찰하는 시각은 많이 변화되어 왔으므로 제1편 총론 부문과 제3편 경제통합의 실제 편에서는 많은 수정과 보완이 있었다. 경제통합의 분석 시각을 다루는 제1편에서는 세계화의 제 문제점과 함께 경제통합과 세계화와의 관계를 보충하였고, 지역통합과 세계시장의 재편 문제를 새로 조명해 보았다. 미·중 패권경쟁에 관련된 세계경제질서의 변화 문제는 새로운 항목으로 추가하였다. 관세동맹의 효시이자 남북한 통일정책에 대한 벤치마크 대상이 될 수 있는 19세기 중반 독일의 '졸페라인'을 별도의 읽을거리로 소개해 두었다. 이 책의 중심이자 경제통합의 순수이론을 다루는 제2편은 초판 이후 큰 변화가 없으므로 초판의 내용을 그대로 유지하였다.

경제통합의 실제를 다루는 제3편에서는 상당 부분 새로운 내용으로 대체하거나 기존 내용을 수정하였다. 제13장 유럽연합의 소개에서는 영국의 EU 탈퇴(Brexit)로 인한 양측 간의 향후 관계를 읽을거리로 축약하여 소개하였다. 그 외 EU의 조직 변화와 EU의 최근 동향은 EU 관련 '웹사이트'에서 확인할 수 있도록 정보망이 구축되어 있으므로 이 책에서는 자세한 소개를 생략하였다. 그 대신 현재 작동하고 있는 EU의 핵심 기능에 대해서는 별도의 '읽을거리'로 요약해 두었다.

제14장 북미와 미주지역의 경제통합에서는 기존의 NAFTA를 미국·멕시코·캐나다협정(USMCA)으로 개편하게 된 배경과 새로 발족한 USMCA의 내용을 소개하는 데 비중을 두었다. 특히 NAFTA에 비해 보호주의적 속성이 강하고 FTA 대상에서 중국을 배제하는 조항을 담고 있는 USMCA의 문제점과 파급 영향을 파악할 수 있게끔 관련 자료를 제시하는 데 지면을 할애하였다.

제15장 동아시아 지역주의와 경제통합에서는 많은 항목에서 새로운 내용이 추가되거나 수정 혹은 보완이 이루어졌다. 제1절 ASEAN 항목에서는 ASEAN 활동의 변경 내용과 함께 2015년 발족한 정치, 경제, 사회·문화의 3개 공동체를 새로 소개하였다. 제2절에서 제5절까지는 동아시아 지역주의와 동북아 지역통합의 문제를 논하고 있으

며, 이에 대한 논의의 취지는 앞에서 지적한 바와 같다. 제6절에서는 미·중 간 무역 마찰과 아시아 태평양 지역의 시장 재편성 문제를 논하고 있는 바 여기서는 앞부분의 제3장 6절의 내용과 함께 경제통합의 블록화로 인한 위기적 측면을 지적하고 있다. 마지막 제16장에서는 한국의 FTA 추진 15년의 성과를 진단해 보고 남은 과제를 추가해 두었다.

이러한 보완 작업 외에도 경제통합론에서 다루어야 할 이론적, 정책적 과제는 많이 남아 있을 것으로 생각한다. 주요 경제통합체의 성과에 대한 실증분석 결과를 소개하지 못한 아쉬움이 남아있다. FTA의 누적 원산지제도 하에서 형성될 부가가치 연결망(RVC)과 그로 인한 비교우위 구조의 변화에 대한 분석 틀의 마련도 경제통합론에서 다루어야 할 과제이다. 이번 개정에서 다루지 못한 이러한 연구 과제는 다음 기회로 미루거나 뒤를 잇는 신진 학자들의 몫으로 남길 수밖에 없음을 아쉽게 생각하며 독자 여러분의 양해를 부탁드리는 바이다.

국내에서 경제통합론 분야의 저술이 처음 발간된 것은 1988년 法文社에서 발간한 졸저 『經濟統合論』이 시초였다. 그 후 (주)시그마프레스의 『국제경제통합론』으로 출판사와 책명은 바뀌었을망정 오늘에 이르기까지 30여 년간 단절 없이 이 책이 출간되어 올 수 있었던 것은 오로지 독자 여러분의 사랑과 성원 때문으로 생각하고 지면을 빌어 깊이 감사드린다. 부족한 졸작이지만 이 책이 지난 수십 년간 경제통합을 연구하는 연구자들과 강의를 듣는 많은 학도들에게 작으나마 연구와 학습의 지침서가 되어 온 것은 필자로서 큰 영광이고 기쁨이 아닐 수 없었다.

21세기 정보화 시대에 접어들면서 지식, 정보의 전달 수단이 전자화 됨에 따라 본서와 같은 전문 분야의 전통적 출판물이 시장 수요를 유지하기는 어려운 일이라 한다. 그럼에도 불구하고 이 책이 초판 이후 개정판을 거쳐 다시 제2판을 낼 수 있게 된 것은 독자 여러분의 성원과 함께 어려운 출판 환경 속에서도 양질의 도서를 보급하겠다는 (주)시그마프레스의 강학경 사장님과 임직원 여러분의 봉사정신이 있었기에 가능하였다. 관계자 여러분들께 경의를 표하는 바이다.

2021년 2월
저자 손병해

21세기 들어 국제무역은 WTO의 무차별주의보다 지역주의에 의거한 특혜무역협정의 영향을 점점 더 많이 받고 있다. 이에 따라 지역주의와 지역통합에 대한 이론 및 정책적 접근의 필요성도 점차 높아지고 있다. 이 책은 이러한 필요성에 부응하여 집필되었으며, 국제 간 경제통합의 이론, 역사 및 현실의 정책적 측면을 종합적으로 관찰하고 강의 및 연구의 자료로 활용할 수 있게끔 편집되었다. 그 주요 내용은 다음과 같다.

제1부에서는 국제 간 경제통합과 그로 인한 국제관계의 변화를 이해하는 데 필요한 기초 개념과 분석 시각을 소개하고 있다. 여기에는 경제통합의 형태, 의의, 성공 조건 등과 같은 전통적 이론 외에도 경제통합과 세계화, 지역주의와 다자주의 및 신지역주의에 대한 새로운 분석 시각을 소개하고 있다.

제2부에서는 경제통합의 기초 이론을 통합 형태별로 구분하여 소개하고 있다. 여기서는 최근 세계 각국이 선호하고 있는 FTA뿐만 아니라 공통관세를 부과하는 관세동맹, 요소 이동이 자유로운 공동시장 그리고 정책통합과 통화통합이 이루어지는 경제통화동맹이론에 이르기까지 경제통합의 경제적 효과 분석에 필요한 기초 이론을 설명하고 있다. 그 외에도 경쟁촉진을 통한 동태적 효과와 경제통합의 실증분석에 필요한 통계적, 계량적 분석방법을 소개하고 있다.

제3부에서는 경제통합의 현실 가운데 대표적 사례로서 유럽, 북미, 동아시아의 지역통합 현상과 그 역사적 배경 및 세계경제질서에 대한 영향을 진단하고 있다. 특히 유럽연합(EU)과 동아시아의 지역통합 움직임에 대해서는 제도적 현상뿐만 아니라 그 이면의 역사, 문화적 배경과 세계질서에 대한 정치경제적 파급 영향까지 설명하고 있다. 또한 이들 두 지역에 대해서는 일반 교과서나 계량분석 중심의 연구물에서 찾아

볼 수 없는 지역통합의 비전과 통합철학에 대한 관찰이 이루어지고 있다.

이 책의 상당부분은 교과서라기보다 전공학자들이 교감할 수 있는 수준의 내용과 논리로 채워져 있다. 경제통합의 이론 분석을 위해서는 대학에서 국제경제학이나 국제무역론과 같은 기초 과목의 이해가 선행되어야 하고 신지역주의의 확산으로 인한 국제질서의 변화에 대한 관찰은 국제경제 현상에 대한 어느 정도의 분석능력이 있어야 가능하다. 이 책의 응용부문은 이러한 독자들을 예상하여 집필되었다. 따라서 이 책을 대학의 교과서로 사용할 경우에는 책 전체를 강의 범위로 하기보다는 학부 수준과 강의 목적에 맞게끔 범위를 조정하여 사용하되 응용부문에 대해서는 담당교수님들의 보충 설명이 수반되어야 할 것이다.

한편 일반 연구자들이 연구 자료로 이 책을 활용할 경우 다음 사실을 고려한다면 도움이 될 것이다. 이 책에 기술된 통합 형태별 무역효과의 성격과 차별성이 무엇인가를 파악하기 위해서는 교과서적 용도와 달리 각 장의 전체 내용을 파악하고 그것을 다른 형태의 통합효과와 비교하는 노력이 수반되어야 할 것이다. 그리고 이 책에서는 국제 간 경제통합의 본질을 이해하는 데 필요한 역사적 관찰과 문화적 요인의 중요성을 강조했으며, 동아시아 지역주의에 대해서는 미래 지향적인 통합논리의 개발에 관심을 두고 필자의 견해를 피력하였다. 개별 연구자들의 입장에서는 이러한 점들을 고려하여 이 책을 대한다면 부족한 가운데서나마 경제통합을 관찰하는데 필요한 사고의 기준과 분석수단을 찾을 수 있을 것이다. 제15장의 동아시아 지역통합에 대한 문화적 가치와 지역정체성의 역할은 이 책에서 처음 제기하는 지역통합의 논리인 만큼 앞으로 전문 연구자들의 토론과 조언을 기대해 마지않는다.

이 책의 이론 부문은 졸저, 『경제통합론 : 이론과 실제』(1988, 법문사)와 1992년 개정판 및 『경제통합의 이해』(2002, 법문사)에 기초를 두고 있으며, 이를 수정하고 신이론으로 보완하는 수준에서 내용이 짜여졌다. 이론 이외의 현실적 사안이나 경제통합의 실제 부문에 대한 설명은 대부분 국내외 학계에서 검증된 내용을 교과서 용도에 맞추어 기술하였다. 그러나 유럽이나 동아시아 지역통합의 이념과 추진 방향 및 신지역주의론 등에 대해서는 전문 연구자 수준에서 이해할 수 있는 논리들이 개진되거나 필자의 주관적 견해를 반영한 부분이 없지 않다. 이 부분에 대해서는 앞으로 계속 연구하면서 보완해 가야 할 과제이므로 독자 여러분의 질문, 질책과 토론을 기대하는 바이다.

필자는 1980년대 초반 국내에서는 경제통합에 대한 사회 일반의 관심이 아직 생기지 않았던 시절 프랑스 정부 초청으로 파리2대학의 유럽경제학과에서 유럽공동체(EC)에 대한 이론, 역사 및 정책을 수학할 기회가 있었다. 이것이 계기가 되어 귀국후에는 경제통합론 교과서를 처음으로 개발하였고, 경제통합 관련 이론과 EC 통합현실을 국내에 소개하고자 젊은 한때를 보낸 시절이 있었다. 그것이 벌써 30년 가까운 세월이 흘렀고 그 사이 지구촌 사회에서 일어난 경제통합의 현실과 이론은 많은 변화가 있었다. 그래서 정년을 얼마 남겨두지 않은 시점에서 국제경제통합의 변화된 양상과 새로운 이론체계를 소개할 수 있는 교과서를 다시 마련해 두고자 이 책을 출간하게 되었다. 그러나 막상 원고를 정리해 두고 보니 30년의 노력치고는 너무나 초라한 진전이기에 스스로 부끄러움을 금치 못할 뿐이다. 마음과 머릿속에는 미처 정리하지 못한 이론과 미활용 자료가 쌓여 있건만 그것을 논리적 체계로 가다듬기에는 본인의 시간과 능력이 부족함을 안타까워 할 뿐이다. 부족한 내용이나 잘못된 서술에 대해서는 독자 여러분의 질책과 조언을 통해 다시 보완할 수 있는 기회가 있기를 기대한다.

부족하나마 이 책이 출간되기까지 주위 분들의 많은 지원과 도움이 있었다. 우선 한국 국제경제학회를 창설하시어 국내에서 경제학 연구와 토론의 장을 제도적으로 마련해 주셨던 조순 서울대학교 명예교수님으로부터 귀한 조언과 지도를 받을 수 있었기에 제3편 동아시아 및 동북아 지역통합에 대한 기술이 무난히 마무리될 수 있었다. 승자독식의 경쟁원리만 있고 공동체 의식이 결여된 서구자본주의의 문제점을 고려할 때 인간 중심이면서 자연과 사람이 조화를 이루고, 중용과 절제가 중시되며, 공존의 질서가 작용하는 동양 전통의 사상이 동아시아 지역통합의 중심 가치로 개발되어야 할 것이라는 교수님의 말씀은 필자로 하여금 자신감을 가지고 그러한 논지의 동아시아 통합론을 전개하는 데 큰 힘이 되었다. 귀한 시간을 내어 고견을 전해 주신 조순 교수님께 지면을 빌려 감사와 경의를 드리는 바이다.

그리고 필자와 함께 경제통합론을 연구해 오고 있는 중부대학의 정순태 교수와 포스코 경영연구소의 류승록 연구위원은 이 책의 앞뒤 부분을 나누어 읽고 내용 및 문장 수정을 맡아주었다. 각자의 바쁜 일정에도 불구하고 원고를 검독해 준 두 분께 감사드린다. 워드작업을 맡아 수고해 준 대학원의 조혜지 양과 경제통상학부의 이보현 양에게도 고마움을 전한다. 그리고 이 책의 출판을 흔쾌히 수락해 주신 (주)시그마프레스사의 강학경 사장님, 이호진 전무님, 문정현 부장님께 감사드리며, 편집, 교정, 표지 제작을 위해 한더위를 수고스럽게 보낸 편집부 여러분께도 감사와 위로를 드리는 바이다.

2011년 8월
팔공산이 보이는 복현마루에서
저자 손병해

요약 차례

차례

경제통합과 세계경제 질서

2 경제통합의 기초 이론

3 국제 간 경제통합의 실제

제16장 한국의 통상정책 기조와 FTA 정책

 부록 한·미 FTA 주요내용

PART

1

경제통합과
세계경제 질서

제1장

경제통합의 기초 개념

경제통합에 대한 이론 분석을 위해서는 경제통합이 무엇인가에 대한 이해가 선행되어야 한다. 이 장에서는 경제통합을 이해하는 데 필요한 기초 개념을 우선 소개해 두고자 한다. 여기서 소개되는 기본 개념은 경제통합의 정의, 형태, 의의 및 그 조건에 관한 사항들로서 경제통합이 무엇인가에 대한 독자들의 이해를 돕고자 하는 데 기술의 목적을 두었다.

제1절 경제통합의 개념 및 의의

1. 경제통합의 개념

경제통합(economic integration)이란 일반적으로 '지리적으로 인접한 국가 혹은 경제적으로 공동의 이해관계에 있는 국가 간에 동맹을 결성하여 동맹국 상호 간에는 무역의 자유화를 꾀하고, 비동맹국에 대하여는 무역상의 차별조치를 취하는 국제 간 경제협력 조직'으로 정의할 수 있다.

그러나 경제통합은 동맹국 상호 간의 내부 결속성과 비동맹국에 대한 차별의 정도에 따라 그 형태가 다양하게 나타날 수 있으며, 경제통합이 결성되는 지역의 경제적 특성 및 시대적 상황에 따라 통합의 의의, 목적 나아가서는 그 본질에 있어서 차이가 있기 때문에 획일적으로 정의하기는 어렵다.

예를 들면 19세기 독일의 관세동맹(Zollverein)에서는 독일 내 영방 간에 관세 철폐와 시장통합이 주된 목적이었다. 그러나 제2차 세계대전 이후의 경제통합은 시장통합뿐만 아니라 동서냉전체제하에서 이념적 대립의 대응수단으로 경제통합이 결성되기도 하였다. 1949년의 COMECON, 1958년의 EEC 및 1967년의 ASEAN이 그 예이다. 그리고 1960년대의 지역주의의 확산과정에서는 1960년의 LAFTA(라틴 아메리카 자유무역연합)와 같이 개발도상국 상호 간의 공업화전략으로 경제통합이 선택되기도 하였다. 그러나 1990년대 이후의 신지역주의 시대에 와서는 냉전이 종식되고 세계화가 진행됨에 따라 이념이나 발전격차를 불문하고 경제적 이익을 추구하고 범세계적 경쟁에 대응하기 위한 전략적 제휴의 목적으로 국제 간 경제통합이 추진되고 있다.

경제통합의 영역도 19세기까지는 ① 국민경제적 영역 내에서 통합이 이루어져 왔으나 ② 제2차 세계대전 후에는 인접국 간의 국제적 통합으로 확대되어 왔으며, ③ 1990년대 이후에는 통합영역이 대륙규모 혹은 대륙 간 규모로 확대되고 있다.

통합의 대상도 초기에는 상품무역에 대한 관세 철폐에 국한하였으나 1970년대 이후에는 생산요소의 자유 이동이 통합대상에 포함되기 시작하였고 최근에 와서는 투자협정과 함께 국제 간 거시 경제정책의 조화 및 국제거래 규범의 표준화까지도 통합대상에 포함되는 추세를 보이고 있다.

따라서 경제통합은 연구대상과 분석 목적에 따라 또는 관찰 시점에 따라 다양하게 정의될 수 있다. 지금까지 초학도들의 학습과정에서는 발라사의 다섯 가지 개념을 표준 개념으로 사용해 오고 있으므로 여기서는 Balassa의 경제통합 개념을 좀 더 강조해 두고자 한다. B. Balassa는 경제통합을 하나의 과정인 동시에 하나의 상태로 파악하고 있다. 즉 경제통합을 동태적 과정으로 파악할 경우 그것은 '각 국민경제에 소속되어 있는 경제단위(economic units) 간의 차별을 제거하기 위한 제조치'로 정의되며, 경제통합을 하나의 상태로 파악할 경우 그것은 '각 국민경제 상호 간에 여러 가지의 차별이 존재하지 않는 상태'로 정의된다. Balassa는 경제단위 간의 차별 제거의 정도에 따라 경제통합을 자유무역지역, 관세동맹, 공동시장, 경제동맹 및 완전한 경제통합의 다섯 가지 형태로 구분하였다. 다섯 가지 형태의 구체적 내용은 다음 절에서 소개하기로 한다.

경제통합의 지리적 영역에서는 관련 국가 간 서로 자국의 국민경제적 시장을 개방하여 하나의 시장권으로 통합하는 국제 간 통합(international integration)뿐만 아니라 경우에 따라서는 인접국 내의 특정 지역만을 통합의 대상으로 제한하는 국지적 통합(local integration)이 일어나기도 하며, 범세계적 무역자유화와 운송, 통신기술의 발달로 인해 세계 전체가 하나의 시장권으로 통합되는 세계적 통합(worldwide integration, global integration)이 동시에 일어나고 있다. 그러나 오늘날 경제통합의 일반적 양상은 지리적으로 인접한 국가 간의 시장통합으로 나타나고 있으므로 우리는 이를 지역경제통합(regional economic integration) 혹은 지역통합(regional integration)으로 지칭하고 있다. 그리고 이러한 지역적 경제통합을 선호하는 정책사조를 총칭하여 지역주의(regionalism)라 칭하고 있다.

2. 경제통합의 의의

경제통합은 앞에서 정의한 바와 같이 가맹국 간에는 관세 기타 무역장벽을 제거함으로써 자유무역의 이익을 추구하고자 하는 국제 간 시장통합 조치라 할 수 있다. 이러한 경제통합은 현실세계에서 어떠한 정책적 의의를 가질 수 있는가? 순수 이론적 측면에서는 지역규모의 경제통합보다 세계 전체의 자유무역이 최적 자원배분을 가져오고 세계후생을 극대화하는 길이다. 그러나 세계 전체의 완전한 자유무역은 정치, 문화, 사회, 경제적 요인들로 인해 실현하기도 어렵고 현실적으로 그것이 실현된 적도 없다. 오히려 현실세계에서는 국별 보호정책으로 인해 세계시장이 국가단위로 분할되어 있는 것이 현실이다.

이러한 현실세계 속에서 경제통합은 첫째 시장확대의 경제적 이익을 도모할 수 있다는 점에서 그 의의가 있다. 즉 경제통합은 시장규모의 확대를 통한 경제적 이익(규모의 경제 등)과 자유무역의 이익(자원배분의 효율성 등)을 동시에 추구함으로써 경제적 이상주의에 접근하는 수단으로 평가될 수 있다. 그러나 경제통합은 비가맹국에 대한 무역상의 차별조치를 수반하게 되므로 세계 전체의 입장에서 볼 때에는 역외 차별화에 따르는 자원배분의 비효율성을 수반하게 된다. 그러나 경제통합으로 인한 경제적 이익이 대역외 차별화로 인한 손실을 보상하고도 남음이 있다면 이것은 세계 전체의 후생증대에 기여하는 조치가 될 수 있다. 현실적으로 지역통합에 대한 선호가 높아지고 있는 이유는 비가맹국에 대한 무역상의 차별조치로 인한 손실은 대개의 경우 다수의 비가맹국들에게 분산되는 반면, 통합의 이익은 소수의 가맹국에 집중되어 나타나기 때문이다. 즉 손실은 분산되므로 작게 느껴지고 이익은 소수 당사국에 집중되므로 크게 느껴지기 때문이다.

그리고 규범적 측면에서 볼 때 경제통합은 국경의 제거로 인한 민족주의의 후퇴현상이라기보다 오히려 이익공동체의 영역을 확대함으로써 통합체 전체의 후생증진에 접근해간다는 적극적인 정책수단으로 평가될 수 있기 때문에 지역통합에 대한 현실적 유인은 큰 것이라 할 수 있다.

둘째는 개방과 보호의 절충수단으로 활용될 수 있다. 세계화가 전개되고 있는 현실 세계 속에서 세계 각국은 대외적으로는 세계화 추세에 따라 개방과 자유화의 압력을 받고 있으며, 대내적으로는 국내 산업의 보호에 대한 압력을 동시에 받고 있다. 이때 개방과 보호의 서로 다른 정책 요구를 동시에 수용할 수 있는 절충 수단으로 지역규모의 경제통합 정책을 선택할 수 있다. 경제적 이해가 같은 국가 간에는 시장을 상호 개방하고 경쟁여건이 불리한 국가에 대해서는 차별화함으로써 선택적 개방정책을 취할 수 있다.

셋째는 개방적 지역주의를 통해 세계적 무역자유화에 접근할 수 있는 수단이 될 수 있다. 과거 GATT 체제 아래서는 다자주의 원칙에 입각하여 여러 차례에 걸친 다자간 무역자유화 협상을 전개해 왔었다. 그러나 다자간 무역협상은 다수의 무역국이 동시에 참여하는 데 따르는 협상의 비효율성과 무임승차 유인으로 인해 충분한 성과를 거두지 못해 왔던 것이 지금까지의 경험이다. 그러나 지역통합이 배타적 블록 경제권으로 발전하지 않고 개방적 지역주의를 지향해 간다면 지역통합체 간의 무역자유화 협상 또는 지역 간 무역협정을 통해 세계적 규모의 무역자유화에도 용이하게 접근해 갈 수 있을 것이다. 또한 경제통합체 내에서는 역내 자유무역에 대한 무임승차가 용인되지 않는 만큼 다자간 무역협상에서 발생하는 무임승차 유인을 억제할 수 있는 장점이 있다. 이렇듯 개방적 지역주의를 통한 지역규모의 무역자유화는 세계 전체의 무역자유화를 저해하기보다 오히려 그것에 접근할 수 있는 하나의 디딤돌 역할을 할 수 있다는 점에서도 그 의의가 발견될 수 있다.

제2절 경제통합의 제형태

경제통합은 회원국 간의 시장통합 방법, 내부 결속도 및 협력의 정도에 따라 다양한 형태로 나타나고 있으며, 그 형태여하에 따라 역내외 시장 조직이나 분업관계에 미치는 영향도 달라지고 있다. 즉 특정 산업 부문에 국한하여 관련 제국 간 생산 및 교역상의 공동협력 조치를 취하는 부문적 통합이 있는가 하면, 경제 전반에 걸쳐 균등한 경쟁기회를 제공하기 위한 전면적 통합이 있다. 그리고 역내무역의 자유화만을 목적으로 하는 시장통합이 있는가 하면, 초국가적인 기구에 의해 모든 경제정책을 공동체 레벨에서 실행하고자 하는 경제동맹이 있다. 뿐만 아니라 최근에는 정부 간 합의에 의해 상호 간의 경제적 결속을 강화하려는 제도적 통합 외에도 다국적 기업의 매개역할에 의한 시장의 기능적 통합현상이 나타나고 있다.

1. 제도적 통합과 기능적 통합

경제통합은 통합의 형성주체와 통합의 동기에 따라 제도적 통합과 기능적 통합으로 분류해 볼 수 있다.

　제도적 통합(institutional integration)은 경제통합에 참가하는 각 경제주체들 상호 간의 합의에 의해 통합의 조건과 형태를 결정하는 방식의 경제통합을 의미한다. 일반적으로 경제통합이라고 하면 이러한 형태의 통합을 지칭하며 제2차 세계대전 후의 국제적 경제통합은 모두가 정부 간 합의에 의해 결성되고 있다. 이러한 제도적 통합은 각국의 정부 혹은 각 경제집단의 공식적 협력조치에 의해 결성되므로 공적인 통합이라고도 한다.

　한편 기능적 통합(functional integration)은 시장 내에서의 이윤동기에 의해 국제적 경제활동이 특정 지역에 집중되고 그로 인해 해당 지역 내에서는 국가 간 경제적 상호의존성이 높아지는 현상을 의미한다. 이 경우 지역적 경제권의 형성주체는 정부가 아니라 개별 기업이므로 국제경제의 이러한 결합현상을 사적인 통합이라 한다. 또한 역외국에 대한 인위적 무역차별화 조치가 수반되지 않고 시장기능에 의해 자생적으로 형성되는 통합이므로 기능적 통합은 자연적 무역블록의 성격을 가지게 된다. 1970년대 이후 동아시아 지역 내에서 일본, 아시아 중진국 및 아세안(ASEAN) 제국 및

1980년대 이후 중국과의 사이에 형성된 상호의존적 시장권의 형성 및 생산의 유기적 결합현상은 이러한 기능적 통합현상의 대표적 예가 되고 있다.

2. 연방주의적 통합과 기능주의적 통합

경제통합은 통합추진의 목표와 통합과정에 영향을 미치는 변수들이 무엇인가에 따라 연방주의(federalism)적 통합과 기능주의(functionalism)적 통합으로 나누어지며, 이 양자의 복합방식으로서 연합주의(confederalism)적 통합과 신기능주의(neo-functionalism)적 통합이 있다.

통합의 네 가지 가능영역

변수 \ 목적	초국가적 체제 구축	정부 간 협력체제 구축
정치적 요인	연방주의(federalism)	연합주의(confederalism)
사회·경제적 요인	신기능주의(neo-functionalism)	기능주의(functionalism)

(1) 연방주의

연방주의적 통합은 정치적 요인이 통합의 변수가 되며, 관련 제국 간 정치적 결속과 정치적 동맹을 위해 초국가적 기구나 초국가적 제도(supranational system)를 도입하는 것을 목표로 하고 있다. 이는 초국가적 정치체제를 구현하는 데 목적을 두고 있으므로 대외적으로는 사실상 하나의 국가로 통합되는 것을 목표로 하게 된다. 미합중국이나 구소비에트 연방이 이러한 연방주의적 통합의 예가 될 수 있다.

(2) 기능주의

기능주의적 통합은 사회·경제적 요인이 통합추진의 변수로 작용하며, 초국가적 기구의 설치가 아니라 정부 간 협력체제를 구축하는 데 통합의 목적을 두고 있다. 현재 전개되고 있는 국제 간 경제통합은 무역이나 요소 이동의 자유화라고 하는 경제적 이해를 충족시키기 위해 관련 국가 간에 상호협력체제를 구축하고 있으므로 이는 대부분 기능주의적 접근방식에 의한 것이라고 할 수 있다.

(3) 연합주의

연방주의와 기능주의의 복합형으로 통합의 목적은 정부 간 협력체 구축에 있으나 통합의 내용은 정치적 요소의 통합에 두고 있는 통합방식을 연합주의적 통합이라 한다.

(4) 신기능주의

신기능주의는 사회·경제적 요인을 협력의 대상으로 강조하고 있으나 연방주의와 같이 새로운 초국가적 기구의 도입을 목표로 하는 통합형태라 할 수 있다. 이 가운데 신기능주의는 점진적 경제협력과 정치적 통합목표를 조합한 형태의 통합사상이라 할 수 있다. 과거 유럽공동체(EC)는 이러한 사상의 신기능주의자(neo-functionalist)들에 의해 통합이 유도되어 왔다. 그러나 2009년 유럽연방을 지향하는 리스본 조약이 발효되면서 오늘날의 유럽연합(EU)은 오히려 연방주의형 통합을 지향하고 있다.

3. 발전단계별 통합의 제 형태 : Balassa의 경제통합 5단계

B. Balassa는 경제통합을 내부결속도의 정도와 진행과정에 따라 다음과 같이 5단계로 구분하고 있다. Balassa의 경제통합 5단계 분류는 지금까지 경제통합 연구에서 가장 널리 이용되고 있는 분류 기준이다. Balassa 분류의 각 단계는 다음 단계로 이행해 가는 동태적 과정임과 동시에 그 자체로서 하나의 경제통합 형태로 간주될 수 있다.

(1) 자유무역지역

자유무역지역(free trade area)이란 통합에 참가한 각 가맹국 상호 간에는 상품 이동에 대한 무역제한 조치를 철폐하여 역내에서는 자유무역을 보장하는 한편, 역외의 비가맹국에 대해서는 각국이 독자적인 관세정책을 취하는 경제통합을 의미한다. 자유무역지역을 형성하기 위한 국제 간 무역협정을 자유무역협정(free trade agreement : FTA)이라 한다.

자유무역지역에서는 역내 저관세국을 통해 수입된 상품이 다른 고관세국으로 재수출될 가능성이 있으며, 이 경우 각 가맹국의 관세정책 실시에는 많은 혼란이 일어나게 된다. 이러한 국별 관세정책상의 혼란을 예방하기 위해 자유무역협정에서는 원산지 규정(rule of origin)과 같은 공동의 시장운영규칙을 도입하게 된다. 현실적으로 자유무역지역의 예로는 유럽자유무역지역(EFTA)) 및 북미 자유무역협정(NAFTA) 등이 있다.

(2) 관세동맹

관세동맹(customs union)은 자유무역지역에서 한 걸음 더 나아가 대 역외 공통관세 (common external tariff)를 설정하는 형태의 경제통합을 말한다. 즉 가맹국 상호 간에는 상품의 자유 이동이 보장 되는 한편 역외 비가맹국으로부터의 수입에 대해서는 모든 회원국이 공통의 수입관세를 부과하는 형태의 통합이다. 역사적으로 볼 때 19세기 중엽 독일의 졸페라인이 관세동맹의 효시가 되고 있으며, 제2차 세계대전 후에는 베네룩스 관세동맹을 위시하여 아프리카지역에서의 경제통합이 주로 관세동맹의 형태로 결성되어 왔다. 1958년에 발족한 유럽경제공동체(EEC)는 1967년에 관세동맹을 완성하였다.

(3) 공동시장

공동시장(common market)은 관세동맹이 더 발전하여 역내 국가 간 생산요소의 자유 이동이 보장되고 있는 형태의 경제통합을 의미한다. 즉 가맹국 상호 간에는 재화뿐만 아니라 노동, 자본과 같은 생산요소의 자유 이동이 보장되며 역외 비가맹국에 대해서는 모든 회원국이 공통관세를 부과하는 통합형태이다. 이러한 통합의 형태로는 중앙 아메리카 공동시장(CACM). 카리브 공동시장(CCM), 남미 남부공동시장(MERCOSUR) 등이 있다. 유럽공동체(EC)의 경우 1970년대 이후부터 공동시장에 접근하는 통합정책을 추진해 왔으며, 완전한 역내시장 통합은 1992년에 이루어졌다. 1992년 말 이후 EC 내에서는 회원국 간에 존재해 왔던 물리적 장벽, 기술적 장벽 및 재정적 장벽이 제거됨으로써 역내시장이 완전한 단일 시장으로 통합되었다.

(4) 경제동맹

경제동맹(economic union)은 공동시장을 더욱 발전시킨 형태로서 회원국 간 상품 및 생산요소의 자유 이동과 대역외 공통관세 외에도 가맹국 상호 간 경제정책의 조정과 조화가 이루어지고 더 나아가서는 다양한 분야에서 공동체 차원의 공동정책이 수행되는 통합 형태를 지칭한다. 1929년 이후 벨기에 · 룩셈부르크 경제동맹이 대표적 예이며, 현재 유럽연합(EU)도 이러한 단계에 접어들고 있다. EU의 경우 대외 공통관세와 공동통상정책을 쓰고 있으므로 GATT/WTO에서는 유럽위원회 대표의 발언이 EU의 공식 의사로 기록된다. 따라서 개별 회원국은 WTO에서 발언은 가능하지만 EU의 공식 의견으로 기록은 되지 않는다.

경제동맹의 단계에 이르게 되면 여러 가지의 공동정책 가운데 역내 거래의 효율성을 높이기 위해 회원국의 통화통합이 우선적으로 취해질 수 있다. 그로 인해 경제동맹은 이따금 경제통화동맹(economic and monetary union)으로 분류되기도 한다.

(5) 완전한 경제통합

완전한 경제통합(complete economic union)은 가맹국 상호 간에 초국가적 기구를 설치하여 그 기구로 하여금 각 가맹국의 사회·경제정책을 조정, 통합, 관리하는 형태의 통합을 의미한다. 이는 경제통합의 형태 중 가장 완벽한 형태의 통합유형이며, 각국은 사실상 하나의 단일경제로 통합되는 것을 전제로 하고 있다. 그러나 재정·통화정책을 위시한 공동의 경제정책을 수행하기 위해서는 국가 고유의 경제적 주권이 초국가적인 기구로 이양되어야 하는 문제점이 따른다. 따라서 완전한 경제통합은 각 국의 국가 주권이 포기되고 하나의 단일국가로 통합이 될 때 실현 가능하며, 그러한 의미에서 완전한 경제통합은 정치적 통합을 동시에 요구하고 있는 것이라 할 수 있다. Balassa의 완전한 경제통합에는 사실상 정치적 통합을 내포한 개념으로 사용되고 있다. 미합중국(United States of America : USA)이나 구 소비에트 연방공화국(Union of Soviet Socialist Republics : USSR)이 여기에 해당될 수 있다.

4. 기타의 통합 형태

(1) 수직적 통합과 수평적 통합

경제통합을 구성하는 각 경제주체들 상호 간의 결합관계가 수평적 상호의존관계에 있는가 수직적 보완관계에 있는가에 따라 전자를 수평적 통합, 후자를 수직적 통합이라 한다. 수직적 통합(vertical integration)은 일반적으로 선진국과 후진국 간의 통합, 공산품 수출국과 1차 산품 수출국 간의 통합을 의미하며, 식민지제국과 종주국 간의 경제적 결합관계도 수직적 통합의 한 예로 볼 수 있다. 수직적 통합에서는 상호 간 경제적 보완관계의 유지 및 활용이 통합의 중요한 동기이나 여기에는 후진국의 선진국에 대한 비대칭적 경제의존관계의 심화 내지 경제의 종속화 문제가 야기될 수 있다.

수평적 통합(horizontal integration)은 상호 간 경제발전 단계가 유사한 국가 간에 결성되는 경제통합을 의미한다. 과거 EEC와 같은 선진 제국 간의 경제통합은 주로 이러한 수평적 통합의 형태를 취하고 있다. 수평적 통합에서는 각 가맹국의 발전단계가 유사하므로 경쟁 촉진적·동태적 효과가 기대되고 각국의 경제적 자주성이 보장되는 장점이 있다.

(2) 전면적 통합과 부문별 통합

경제통합은 통합대상 영역의 크기에 따라 부문별 통합과 전면적 통합으로 분류될 수 있다. 전면적 통합(general integration)은 경제통합에 참여하고 있는 각국이 산업 전분야에 걸쳐 각자의 시장을 일괄 개방하며 통합체 전체가 하나의 경제권으로 결합되는 것을 의미한다. 부문별 통합(sectoral integration)은 각국의 경제적 효율성이 크게 기대되고 있는 특정 산업 혹은 특정 부문에 국한하여 상호 간 시장을 개방하거나 공동생산 계획을 수립하는 것을 의미한다. 1950년대의 유럽석탄공동체(ECSC)와 유럽원자력공동체(EURATOM) 및 1960년대의 미국과 캐나다 간의 자동차 부문에 대한 자유무역협정 등이 여기에 포함된다.

(3) 소극적 통합과 적극적 통합

경제통합은 다시 역내시장 확대에만 목적을 두느냐 대역외 공동정책의 수행까지를 목적으로 하느냐에 따라 소극적 통합과 적극적 통합으로 분류하기도 한다. 특혜무역협정이나 자유무역협정 등은 각 가맹국 상호 간의 무역장벽 제거에만 목적을 두고 있으므로 이를 소극적 통합(negative integration)이라 한다. 반면 역내무역자유화에 더하여 역외 공통관세, 공동통상정책 등과 같은 공동정책을 수행하는 통합을 적극적 통합(positive integration)이라 한다. 따라서 공동시장이나 경제동맹과 같은 경제통합은 적극적 통합의 범주에 들게 된다.

제3절 경제통합의 결성동기

1. 시장 확대를 통한 경제적 효율성 추구

경제통합이 선호되는 일차적인 동기는 시장 확대를 통한 경제적 이익을 추구하자는 데 있다. 경제통합을 결성하여 가맹국 간 관세 및 비관세 장벽을 철폐하면 국별 시장은 회원국을 통합한 공동체 규모의 시장으로 확대된다. 그로 인해 회원국 상호 간의 무역은 확대되고 국민 후생은 높아지게 된다. 특히 시장 확대는 대량생산과 규모의 경제효과를 가져오게 되므로 관련 지역은 그만큼 자원배분의 효율성이 높아지게 된다. 또한 시장이 확대되면 가맹국 간 혹은 역내 기업 간 경쟁이 격화되어 생산의 효율성이 개선되고 기술혁신이 촉진되는 등의 동태적 이익이 생겨날 수 있다.

2. 개방과 보호의 절충수단

경제통합은 위와 같은 시장 확대에 관련된 경제적 기대 이익뿐만 아니라 개방과 보호 간의 상반된 정책목표를 조정하는 정책수단이 된다는 점에서 그 결성동기를 발견할 수 있다. 개방화, 세계화가 전개되고 있는 오늘날의 국제시장 여건하에서 세계 각국은 국민경제 내에서는 외국과의 경쟁에 위협을 느끼고 있는 이익집단이나 국내 산업계로부터 국익우선의 보호정책을 요구받는 한편, 국제사회로부터는 시장 개방과 자유화의 압력을 받고 있다. 그러나 세계화 추세 속에서 보호주의에 대한 대내적 요구를 수용하는 데에는 한계가 있을 뿐만 아니라 보호주의 정책만을 강조할 경우 오히려 국제분업의 기회를 축소시킬 위험이 있다. 반면 국제경쟁력이 취약한 산업을 많이 가지고 있는 국가의 경우에는 전면적 개방으로 인한 국내 산업의 사양화를 우려하지 않을 수 없다.

이러한 대외적 개방과 대내적 보호의 상반된 정책목표를 조정하기 위한 절충수단으로 경제통합을 선택하게 된다. 이때 경제통합은 제한된 범위 내에서의 개방화정책이라 할 수 있다. 즉 지리적으로 인접하고 경제적 여건이 유사하거나 공동의 정치경제적 이해관계에 있는 국가들 간의 제한적 개방정책 수단으로 지역적 경제통합을 추진할 수 있다. 범세계적 경쟁이 가속화되고 있는 세계화 시대의 경제통합은 세계적 경쟁으로부터 경쟁력이 약한 국내 산업을 보호하고 역내에서는 자유무역을 추진함으로써 경쟁과 보호의 요구를 동시에 수용하는 통상정책이 될 수 있기 때문이다.

3. 다자주의의 한계점 보완

1990년대 이후의 신지역주의에서는 다자주의에 대한 보완적 기능을 확보하기 위해 지역적 경제통합을 선호하는 경향이 있다. 제2차 세계대전 이후 GATT 체제의 발족으로 세계무역의 자유화는 큰 성과를 거두어 왔다. 그러나 세계적 자유무역에 접근하기 위한 GATT의 다자간 무역협상 방식은 수많은 협상 참가국 간의 다양한 의견 차이, 참가국 수의 증대에 따른 협상기간 및 비용의 증대가 수반되는 반면 협상결과에 대한 무임승차자가 생겨나는 등의 한계점을 노출해 왔다. 그로 인해 세계 전체의 완전한 무역자유화 목표는 하나의 이상일 뿐 현실 세계에서는 국별 보호주의가 상존해 왔다.

그러나 소수의 무역 상대국 간에 맺어지는 지역통합 협정은 법률, 사회제도, 관습, 기타 문화적 유사성으로 인해 역내무역자유화의 협상이 용이할 뿐만 아니라 경제 외적인 정책목표 달성에도 바람직한 성과를 가져올 수 있다. 지역통합은 상호 간 정치, 경제, 문화적 이해의 폭이 넓은 인접국 간의 협력체제이므로 상호 간 후생증진에 도움이 될 수 있는 정책협조의 범위도 다자주의보다 더 넓게 확보할 수 있다. 그리고 지역통합을 유지하는 공동체 기구는 회원국 간의 정치, 경제적 유대관계를 긴밀히 하는 역할을 하게 되며 지역협정에 대한 무임승차 요인을 배제시키는 기능을 하게 된다.

공동체의 이러한 관리기능으로 인해 지역통합은 다자주의의 한계점을 보완하는 수단으로 선택될 수 있다. 다만 지역주의에 입각한 경제통합이 다자주의의 한계점을 보완하기 위해서는 지역경제통합이 개방적 지역주의에 의거하여 운영되어야 한다. 즉 경제통합이 역내무역자유화를 선호하더라도 역외 지역과의 무역을 추가적으로 제한하거나 세계시장을 블록화시키는 배타적 지역주의로 발전하여서는 아니 된다.

4. 대외 신인도 제고 및 대외 교섭력 강화

경제통합은 국제사회에서 일국의 신인도를 높이거나 대외 교섭력을 강화하기 위한 동기에서 선호될 수 있다. 경제통합을 통해 개별국가는 협상능력을 공동체 규모로 확대하고 집단화할 수 있게 되므로 개별 회원국의 대외 교섭력은 강화될 수 있다. 그리고 개별 회원국은 공동체가 추구하는 무역자유화 및 국제 환경협력과 같은 국제협력

읽을거리

GATT와 WTO

제2차 세계대전이 끝날 무렵 세계 주요국은 워싱턴 북쪽의 '브레튼 우드'에서 회의를 가지고 경제적 충돌로 인한 전쟁 발생 요인을 억제하고 국제무역의 자유화를 추구하기 위한 조치로 '브레튼 우드' 협정(Bretton Woods Agreements)을 체결하였다. 이 협정에 의해 창설된 기구가 GATT와 IMF였으며, 이들 기구에 의한 국제무역 관리 체제를 '브레튼 우드' 체제라 한다. 이 가운데 관세 및 무역에 관한 일반협정(General Agreement on Tariff and Trade : GATT)은 국제 간 무역자유화를 추진하고 관리하기 위한 국제기구로 1948년에 발족하였다. GATT는 세계무역의 자유화를 목표로 하고 있으며, 무차별대우 원칙을 준수하고 있다. 무역자유화와 무차별 대우의 구체적 실현을 위해 내국민 대우원칙, 최혜국 대우원칙이 요구되고 있다. 그리고 GATT에서의 무역자유화를 위한 무역협상은 다자주의 원칙에 입각하여 추진해 왔다. GATT에서는 원칙적으로 수량제한을 금지하고 있으므로 공식적으로 인정하고 있는 보호의 수단은 관세이다. 그 대신 관세를 점진적으로 인하하여 세계 전체의 무역자유화에 접근하는 방식을 채택하고 있다. GATT는 관세 인하의 방법으로 다자간 무역협상을 통해 체약국 간 관세를 인하하는 방식을 원칙으로 하고 있다. 그 결과 GATT는 1947년 이후 1993년까지 8차에 걸친 다자간 관세 인하 협상을 통해 세계 각국의 관세수준을 낮추는 데 크게 기여해 왔다.

한국은 1967년에 GATT에 가입했으며, 1989년 10월 GATT 18조국에서 11조국으로 이행하였다. GATT 11조는 모든 체약국에 대해 수량제한을 일반적으로 금지하고 그 대신 관세장벽을 인정하지만 관세도 점차 인하할 것을 요구하고 있다.

1993년 GATT의 제8차 다자간 무역협상인 우르과이 라운드(UR)가 타결되기 전까지 GATT는 공산품 무역의 자유화에는 크게 기여했으나 농산물 교역은 많은 예외 조항을 통해 자유화에서 제외되고 있었고 섬유류는 별도의 협정으로 다루고 있었으며, 서비스 교역도 제외되고 있었다. 그 결과 GATT는 1980년대 이후 늘어나는 서비스교역과 농산물 교역 및 지적 소유권 거래를 커버하지 못하는 한계점을 노정하게 되었다. 이점을 보완하기 위해 1993년에 타결된 UR 협정에서는 농산물, 서비스 및 지적재산권을 모두 포괄하는 새로운 다자간 무역협정을 체결하게 되었다. UR을 통한 새로운 다자간 무역협정은 그 대상 범위와 관리방식이 지금까지 GATT 체제하에서의 그것과는 많은 차이가 있었으므로 1995년부터는 GATT를 승계한 새로운 국제무역 관리기구로서 세계무역기구(World Trade Organization : WTO)가 출범하게 되었다.

1995년 새로 발족한 WTO에서는 GATT의 무역자유화 정신과 원칙은 그대로 승계하되 그 기능과 대상 영역은 크게 강화되고 확대되었다. 대상 영역은 일반 공산품뿐만 아니라 농산물, 섬유류가 포함되며, 서비스협정(GATS), 지적재산권협정(TRIPS), 분쟁해결 조항(DSU) 및 무역정책 검토 제도(TPRM) 등을 포함하고 있다. 그리고 GATT에 비해 분쟁해결 기능과 협정 불이행에 대한 제재권한을 강화하였다. 그러나 2000년대 이후 지역무역협정의 확산, DDA 라운드의 좌초, 미국의 소극적 입장 등으로 WTO의 위상과 기능이 위축되어 왔다. 그럼에도 불구하고 WTO 회원국은 꾸준히 증가하여 2019년 말 현재 164개국에 이르고 있다.

질서를 존중하게 되므로 국제사회에서 신뢰도를 높일 수 있다. 개발도상국 간의 경제통합이나 정치, 경제적 소국들 간의 경제통합은 이러한 대외 교섭력과 국제 신인도 제고를 위해 선호되는 경향이 큰 것으로 볼 수 있다.

5. 정치, 사회, 문화적 결속관계 유지

지역통합이 결성되는 배경에는 경제적 요인뿐만 아니라 정치, 사회, 문화, 역사적 유대관계를 유지 혹은 발전시키기 위한 동기가 작용하고 있다. 제2차 세계대전 이후 동서 냉전체제하에서 EEC의 결성이나 COMECON의 결성은 경제적 동기 못지않게 이념적 대립에 공동으로 대처하고자 하는 정치적 의도가 작용하고 있었다. 1968년에 결성된 ASEAN도 초기에는 인도차이나의 공산화 위협에 공동 대처하고 문화적 공동체를 형성한다는 것이 주요 목적이었다. 이에 비해 제2차 세계대전 직후에 결성된 아랍연맹이나 마그레브연합 등은 종교, 문화, 정치적 결속 동기에 의해 결성되어 왔다. 특히 아랍연맹은 아랍민족과 이슬람문화권의 동질성을 회복하고 서방체제로부터 독립된 독자적인 민족주의 노선을 추구하기 위해 추진되어 왔던 것이다.

제4절 경제통합의 조건

1. 정책목표의 수렴성

개별 국가가 공동목표를 가진 하나의 공동체로 통합되기 위해서는 각국의 정치경제적 정책목표가 상호 수렴될 수 있어야 한다. 개별 주체 혹은 개별 국가는 각기 독자적인 정책목표를 가지고 있으므로 초기단계에서는 이들 정책목표가 상호 양립될 수 있어야 하며, 양립된 정책목표는 조정 과정을 통해 상호 연결될 수 있어야 한다. 그리고 다음 단계에서는 각국 간에 상호작용이 유발되어 개별 정책목표는 점차 하나의 공동목표로 접근할 수 있는 정책목표의 수렴성이 있어야 한다.

2. 경제구조의 유사성과 잠재적 보완성

시장 확대를 주요 목적으로 한 서구형 경제통합에서는 경쟁촉진으로 인한 기술적 이익이 강조되고 있는 바, 경쟁이 격화되기 위해서는 통합에 참가하는 각국의 경제구조나 발전단계가 유사한 수준에 있어야 한다. 그러나 경쟁원리만 강조할 경우, 경쟁에서 도태된 국가는 통합으로 인한 이익을 확보할 수 없게 된다. 따라서 경제통합으로 시장규모가 확대될 경우 이들 국가는 다른 분야에서 새로운 비교우위를 개발할 수 있어야 하며, 이를 위해서는 통합대상 국가 간의 경제구조가 잠재적으로 보완관계에 있어야 한다.

반면 시장 확대보다는 개발이익을 추구하거나 생산의 국제적 연계를 통한 경쟁력 강화를 목적으로 하는 경우에는 경제구조의 유사성보다 보완성이 더 중요한 조건으로 작용할 것이다. 보완적 통합은 발전단계가 다르고 요소부존이 상이한 국가 간에 추진될 수 있는 바 1990년대 이후의 신지역주의하에서는 이러한 경제적 보완성이 통합의 새로운 조건으로 강조되고 있다.

3. 기대이익의 존재

경제통합의 결성은 통합으로 인한 정치, 경제, 사회적 이익이 충분히 예상될 수 있을 때 비로소 실현이 가능하게 된다. 경제통합의 기대이익으로는 우선 시장확대로 인한 대량생산, 규모의 경제 및 경쟁촉진에 의한 기술혁신 등을 들 수 있으며, 저개발국 간의 통합에서는 공업화전략 수행의 효율화, 대외 경쟁력 제고, 집단적 보호주의 실현 등이 있다. 이외에도 대외 신인도 및 대외 교섭력의 강화, 세계적 경쟁에 대응한 생산의 국제화 촉진 및 역내 무역자유화에 의한 산업구조 조정 촉진 등이 기대될 수 있다.

4. 사회, 문화적 동질성과 지리적 근접성

복수의 국가가 하나의 공동체로 결합될 수 있기 위해서는 종교, 언어, 생활양식, 가치기준 등 사회·문화적 공통성이 작용하고 있어야 한다. 이러한 문화적 공통성은 지역정체성을 형성하고 공동체의 장기 지속성을 지원하는 요인이 될 수 있다. 그리고 사회, 문화적 공통성은 공동체 내에서의 상호교류를 원활히 하고 역내시장의 기능적 통합을 유도하는 요인이 될 수 있다. 즉 문화적 동질성은 소비행태와 소비관습의 상호접근을 유도하며 그로 인해 회원국 간 상호수요의 폭을 넓혀 주고 산업내무역을 확대시키는 기반을 조성하게 된다. 특히 언어의 공통성은 의사소통의 장벽에 따르는 거래비용과 시간을 경감시키는 데 중요한 역할을 하는 것이다. 그리고 지리적 근접성은 관련 제국 간에 운송, 통신비용과 같은 경제적 거래비용을 경감시키고 문화적 공통성을 공유할 수 있게 하는 요건으로 작용하게 된다.

읽을거리

경제통합과 문화적 공통성

지역적 경제통합이 하나의 경제공동체로서 안정성과 지속성을 가지기 위해서는 회원국을 하나로 묶어 줄 수 있는 지역적 연대감과 이에 기초한 지역정체성(regional identity)이 확보될 수 있어야 한다. 이러한 지역 연대감과 정체성은 회원국 간 전략적 목표의 수렴만으로 이루어지는 것이 아니라 관련 국가들 간에 역사적, 문화적 동질성이 어느 정도 작용하고 있어야 형성될 수 있다. 다만 각국이 가지고 있는 문화적 정체성은 그 나라의 역사적 정통성이나 국가 이념과 연계되어 있으므로 지역통합의 장애가 될 수도 있다. 그러나 통합에 참여하는 국가들이 상호 간 연대할 수 있는 문화적 공통성을 인식하고 그것을 더 개발시켜 간다면 지역 전체의 집단적 정체성(collective identity)을 창출해 낼 수 있으며 이러한 정체성은 지역통합의 촉진요인으로 작용하게 되는 것이다.

제2장

경제통합의 역사

제1절 단일국가로의 국민경제적 통합

1. 연방국가로의 통합

(1) 미국의 연방통합

미합중국은 1776년 독립 당시만 하더라도 13개의 주(states)로 분리되어 있었다. 이들 13개 주 간에는 관세체계, 화폐제도 기타의 경제적 관행이 상이하여 상호 간 경제교류는 극히 제한되고 있었다. 그로 인해 경제적으로는 사실상 13개의 독립된 경제권역으로 분할되어 있었다.

1781년 최초의 헌법으로서 연합규약이 제정되었고 이에 따라 13개 주는 하나의 연방국가로 통합되기 시작하였다. 그러나 연합규약이나 독립선언문 내에는 각 주간의 경제교류를 규제하는 규정이 없을 뿐 아니라 중앙정부의 권력이 너무 약했기 때문에 각 주간 경제적 결속을 꾀하는 단계에는 이르지 못하고 있었다. 이로 인해 연방국가 수립 이후에도 주 간, 지역 간 경제교류는 독립된 국가 간의 경제교류와 같은 교역장벽에 의해 제한되고 있었다.

이에 1787년 제정된 연방헌법에서 각 주는 독자적인 관세법과 독자적인 통화를 가지지 못하게 하는 명문규정을 설정하게 되었던 것이다. 동 헌법 제 8조에는 연방의회만이 외국과의 무역을 규제할 권한을 가지며, 제9조에는 연방 내의 한 항구에서 다른 항구로의 상업적, 세제적 조치를 취함에 있어 어떠한 특혜와 차별을 가해서는 아니된다고 규정하고 있다. 그리고 동 헌법에서는 각 주간 상품, 자본, 노동의 자유 이동원칙을 수립함으로써 연방국가 내의 시장통합을 꾀할 수 있는 입헌적 기반을 마련하게 되었다.

그러나 농업 중심의 자유주의정책을 지지하는 남부지역과 공업 중심의 보호주의정책을 지지하는 북부지역 간의 대립으로 남북 간의 통합은 실현되지 못했다. 남북 간의 이해대립은 결국 1861년 남북전쟁으로 발전하게 되었으며, 1865년 이 전쟁이 북측의 승리로 끝나게 되자 남북 간에 지속된 대립관계도 종지부를 찍게 되었다. 미국은 이러한 남북전쟁의 종결을 계기로 남북이 완전한 단일 경제권으로 통합되었으며, 이 때부터 노예해방과 함께 북측이 주도하는 상공업 육성정책을 전개하기 시작하였다.

(2) 스위스의 연방통합

스위스는 정치적 집합체로서 이미 14세기에 헬베틱 연방정부(Confédération Helvétique)가 등장하고 있었음에도 경제적 통합은 실현되지 못하고 있었던 바, 지금의 쥬리히 지역, 로잔느 지역 및 알프스 지역 등 사회문화적 생활권이 상이한 지역(régions) 및 주(cantons) 간에는 19세기 중엽에 이르기까지 상호 경제적 교류가 제한되고 있었다.

연방정부 등장 이후 수세기에 걸쳐 지속되었던 이러한 경제적 분할현상은 1848년 연방 내의 각 주 간 경제교류의 자유화를 명시한 연방헌법의 제정을 계기로 비로소 하나의 경제권으로 통합되기에 이르렀다. 특히 동 헌법을 통해 스위스 전역에 대한 거주이전의 자유화를 촉진하게 되었던 바, 이때를 계기로 스위스는 오늘과 같은 단일 경제권으로 통합되게 되었다.

2. 독일의 졸페라인

독일의 국민경제적 통합과정은 졸페라인(der zollverein)이라 불리는 국내 각 영방 간의 관세동맹을 통해 실현되었으며, 이러한 관세동맹을 기초로 하여 근대 독일제국이 형성되었다는 점에서 미국이나 스위스의 국민경제적 통합과정과는 차이가 있다.

19세기 초 나폴레옹의 독일침공 이전까지 독일은 약 300개의 군소 영방(territorium)으로 경제권이 분할되어 있었다. 나폴레옹의 통치에 의해 이들 300개의 영방은 다시 40개의 주로 통합·조정되었다. 그러나 이들 40개 주는 여전히 상호 독립된 주권을 누리며 독자적인 관세체제를 유지하고 있었다. 예컨대 동일한 통치권 내에 있었던 프러시아제국(帝國)도 동·서로 구분되어 있었으며 양 지역 간의 경제교류에는 상당한 장벽이 존재하고 있었다. 중부의 브라운 슈바이크(Braun Schweig) 영방도 8개의 소규모 관세영역으로 다시 분할되고 있었으며 이들 제 영방 간에는 교역을 저해하는 다종다양한 관세장벽이 존재하고 있었다.

이러한 관세장벽은 당시 독일경제의 발전을 저해하는 가장 큰 장애요인이 되었다. 특히 독일 내의 각 주가 소규모 시장권으로 분할된 상태에서 상호 경쟁하게 된 결과 Napoléon의 대륙봉쇄(Blocus Continental : 1806~1812) 과정에서 육성되기 시작했던 산업은 1810년 이후 대륙봉쇄령이 완화되기 시작하면서 주변국 특히 영국과의 경쟁을 감당하지 못한 채 다시 침체과정을 밟게 되었다.

그 후 Napoléon이 몰락하자 독일은 1815년 빈회의를 거쳐 39개의 주권국가로 구성된 독일연방을 성립시켰다. 그러나 별개의 독립된 국가로 형성된 독일연방의 수립은 정치적 통합체로서의 기능이 미약할 뿐 아니라 경제적 결합이 꾀해지지 못함으로써 통일된 국가의 면모를 갖추지는 못했으며 오히려 오스트리아의 정치적 압력을 유발할 뿐이었다. 이러한 상황 속에서 각 영방 간에는 독일의 국민경제적 통합을 꾀하고 나아가서는 완전한 민족적 통일을 실현하기 위해 관세동맹을 결성하려는 움직임이 나타나기 시작하였다.

관세동맹의 시도는 1818년 프러시아(Prussia) 지역을 중심으로 전개되기 시작했다. 1818년 프러시아는 그 영역 내 제영방 간의 경제교류에 대해서는 관세를 제거하고 외부지역에 대해서는 공통 역외관세를 설치함으로써 자체 내의 시장권 확대를 꾀하고 역내산업을 보호하는 정책을 수행하기 시작했다. 이러한 프러시아의 시장 확대 정책은 여타 독일 제방으로 파급되어 1828년에는 바비에르(Baviere) 영방과 뷔르템베르크(Württemberg) 영방이 하나의 관세동맹으로 통합되었고 1830년에는 독일 전체가 4개의 관세동맹지역으로 통합되기에 이르렀던 것이다. 그 후 프러시아는 각 지역의 관세동맹을 하나의 단일 동맹으로 통폐합하기 위한 정책을 전개하여 결국은 1834년 북부동맹과 남부동맹의 통합이 실현되었던 바, 이것이 소위 19세기 독일의 국민적 경제 통합의 모태가 된 졸페라인이다. 1834년 졸페라인 발족 당시의 가입국은 18개국, 총 인구는 2,300만 명이었다.

이렇게 성립된 졸페라인은 다음과 같은 3단계를 거쳐 독일 전역으로 확대되었으며 1871년 독일이 단일국가로 발전되는 계기를 만들게 되었다.

그 첫 단계는 1834년에서 1867년에 이르는 기간으로서 관세동맹은 관세의회에 의해 관장되었으며, 각 영방 간 무역의 자유화와 외국에 대한 공통관세율에 의해 그 기능이 수행되었다. 그러나 역내 각 영방 간에는 상이한 직접세의 잔존으로 인해 필요한 경우에 한해 부분적으로 관세를 인정하기도 하였다.

두 번째 단계(1867~1871)에 이르러서는 각 영방의 위원으로 구성된 연방행정부(연방위원회)와 직접 보통선거로 선출한 대표자로 구성된 관세입법부가 등장하여 관세동맹에 대한 이중 관리제도가 도입되었다. 의결은 종전의 만장일치제를 관세동맹의 발전에 질곡이 된다 하여 다수결원칙으로 변경하였다. 또한 일주 일표주의에서 주별 비중에 따라 가중투표권을 가지도록 하였으며 그로 인해 프러시아가 독일 관세동맹의 맹주(58표 중 17표 확보)로서의 위치를 굳히게 되었다. 이러한 개혁조치는 1867년에 조인된 신조약에 의해 명시되고 있으며 이것을 계기로 독일은 강력한 하나의 연방국가로 발전하게 되었다. 이러한 강력한 연방국가로의 통합은 1866년 프러시아와 오스트리아와의 전쟁에서 프러시아가 승리를 함에 따라 프러시아를 중심으로 하는 북부 독일연방의 세력이 경제적으로 뿐만 아니라 정치적으로도 더욱 강력한 힘을 가질 수 있었기 때문에 가능했던 것이다.

그리고 세 번째 단계는 독일이 프랑스와의 전쟁(1870~1871)에 승리한 후 1871년 독일제국을 선언하게 되는 과정으로 볼 수 있으며 관세동맹의 마지막 단계라 할 수 있다. 즉 독일제국의 선언으로 지금까지 졸페라인에 존립해 왔던 연방행정부(위원회)와 관세입법부(의회)는 제국(帝國)의 상설기관인 집행위원회와 제국의회로 각기 대치되었으며, 이를 계기로 독일은 명실공히 정치적으로나 경제적으로 통합된 단일국가로서의 기능을 갖추게 되었던 것이다.

이와 같이 19세기 독일의 국민경제적 통합은 관세동맹에 의해 실현되었으며, 특히 1834년 남북제방이 단일의 관세동맹인 졸페라인으로 통합됨에 따라 독일에서는 자체 내의 시장권이 확대될 수 있었다. 독일의 산업혁명도 이러한 졸페라인을 계기로 강력히 추진될 수 있었다. 이러한 점에서 19세기 독일의 관세동맹은 근대 독일연방국가의 성립에 결정적으로 중요한 역할을 한 것으로 평가할 수 있다.

 읽을거리 　　관세동맹(졸페라인)과 독일 연방의 통일

19세기 초 독일은 39개의 군주국들로 분리되어 있었다. 1815년 빈회의를 통해 이들 주권국가들로 구성된 독일연방이 결성되었으나 경제적으로는 상호 간 관세나 통과세가 부과되는 등 별도의 경제권으로 분리되어 있었다. 이에 1817년 튀빙겐대학 교수로 취임하여 후일 독일 경제학의 아버지로 불렸던 F. List는 유치산업보호론에 기초한 독일 산업육성의 필요성을 강조하는 한편 그 시장적 기반을 위해 독일 내 군주국−독자적 관세주권을 가진 영방(領邦)−간의 관세동맹(der Zollverein)을 주창하였다. 그리고 경제학의 국민성을 강조하여 영국과 발전단계가 다른 후진 상태의 독일에 맞는 경제논리를 주장하였다. 국민생산력의 발전을 위해서는 물적 자본뿐만 아니라 정신적 자본의 중요성을 강조하였으며, 특히 국민경제의 통일, 국민적 분업의 중요성을 강조함으로써 '졸페라인'의 추진과 독일 통일을 가져오는 정신적 기반을 제공하였다.

이리하여 1818년 프로이센이 주축이 되어 독일 제방(諸邦) 간의 관세동맹 운동이 시작되었고 1824년 북부동맹을 완성하였다. List는 당시 뷔르템베르크의 의원으로 선출되어 관세동맹의 확산과 독일 통일을 위해 활동하였다. 그 후 관세동맹 운동은 지속되어 1834년 독일 전체가 하나의 관세동맹으로 통합되었고 소속 국가들은 관세동맹을 관리하기 위해 공동의 관리기구를 조직하였다. 이때 도입된 공동기구가 관세의회, 관세입법부 등이며, 이들 관세동맹 관리기구는 후일 독일제국(帝國) 의회, 제국 집행위원회 등으로 승계되어 현대 통일 독일의 제도적 기반이 되었다.

관세동맹을 완성시킨 프로이센은 관세의회 등 공동관리기구에서 지배적 발언권을 확보하여 관세동맹의 발전과 독일 민족 간 통일을 도모해갔다. 특히 1862년 당시 프로이센 군주 빌헬름 1세는 소독일주의를 주장하는 비스마르크를 수상으로 임명하여 게르만 민족만의 통일을 추진토록 하였다. 독일연방의 중심이었고 신성로마제국의 권위를 계승하고 있던 오스트리아를 배제하는 소독일주의는 오스트리아와의 충돌을 불러왔고 결국은 1866년 오스트리아와 전쟁을 야기하게 되었다. 이 전쟁에서 승리하면서 프로이센은 오스트리아 중심의 독일연방을 해체하고 북부동맹을 중심으로 게르만 민족에 의한 독일 동맹을 구축하였다.

 읽을거리 　　보불전쟁과 '알사스-로렌'의 운명

이후 관세동맹을 기반으로 국력을 신장시킨 프로이센은 1871년 에스파니아 국왕 선출문제로 야기된 프랑스와의 전쟁(보불전쟁, 1870-71)에서 승리를 거두게 되었다. 프랑스의 영향하에 있었던 독일 남부의 공국(公國)들이 '졸페라인'을 계기로 프로이센과 동맹하게 된 것이 프랑스로서는 패전의 한 원인이었다. 이로써 독일 통일의 양대 걸림돌로 작용해 왔던 오스트리아와 프랑스를 모두 제압하게 된 프로이센은 1871년 프랑스의 베르사이유 궁에서 빌헬름 1세를 황제로 추대하고 25개 군주국을 통합하는 독일제국을 선포하였다. 이를 계기로 독일은 유럽의 열강 반열에 들어간 반면 유럽대륙을 지배했던 프랑스는 국가적 수모와 함께 함께 '알사스-

로렌(Alsace-Lorraine)' 지방의 독일합병, 엄청난 전쟁배상금(150억 F.FR, 10억 달러) 지불과 같은 어려운정치, 경제적 부담을 감수해야 했다.

전쟁 후 양국은 '프랑크푸르트' 조약을 통해 프랑스가 전쟁 배상금 50억 프랑을 지불할 때까지 독일군이 프랑스에 주둔하며, '알사스-로렌' 지방을 독일에 이양한다는 조약에 합의하였다. 독일로서는 패전국 프랑스가 이 거액을 마련하지 못할 것으로 예상하고 독일군의 프랑스 장기 지배를 계획하였다. 그러나 독일의 의도와 달리 독일군을 몰아내기 위한 프랑스 국민들의 애국심으로 인해 불과 3개월 만에 전 국민들로부터 금, 은, 동, 기부금 등 모든 국민적 재화를 모아서 기적적으로 배상금 전액을 갚았고 비스마르크는 약속대로 독일군을 철수시키지 않을 수 없었으며 프랑스에 대한 장기 지배 계획을 포기해야만 했다. 그러나 19세기 산업화의 필수 요건이었던 철강, 석탄의 공급 기지이자 철강 공업 지대이며 군사적 요충지였던 '알사스-로렌' 지방을

독일에 이양한다는 것은 프랑스로서 큰 손실이자 고통이 아닐 수 없었다. 여기에 프러시아 군이 주둔하기 시작한 '알사스-로렌'에서는 프랑스어 수업이 금지되고 독일어 수업으로 대치되는 문화적 지배가 더해지기 시작하였다. 패전의 상처를 견디고 있는 프랑스 국민들에게는 또 다른 상처가 되었던 것이다. 프랑스의 독일에 대한 국민적 감정이 나빠진 것은 이러한 전쟁 후유증에서 유래한다고 볼 수 있다. '알퐁스 도데'의 '마지막수업' 속의 어린 소년 프란츠의 후회와 마지막 프랑스어 수업임을 차마 말로 잇지 못하고 "Viva la France"(프랑스 만세)를 판서로 대신하고 돌아서는 아멜 선생의 모습이 이 시기 프랑스 국민들의 애국적 심정을 표현하고 있다.

'알사스-로렌' 지방은 제1차 세계대전이 끝난 1919년 다시 프랑스에 귀속되었고 제2차 세계대전 기간 중 독일에 의해 점령되었으나 전후 다시 프랑스에 복귀하여 오늘에 이르고 있다.

 읽을거리   '졸페라인'을 통한 독일 통일의 교훈

19세기 초반까지 프랑스와 오스트리아의 변방 국가로 남아 있던 프러시아와 기타 독일 내 군소 국가들은 '졸페라인'이라는 관세동맹을 계기로 명실공히 하나의 연방국가로 통합할 수 있었다. 1834년 관세동맹 완성 이후 각 영방이 공동으로 참여하는 관세동맹 관리기구를 조직화함으로써 독일은 정치적 통일의 경험을 쌓을 수 있었고 국내 관세철폐와 대외 공통관세를 통해 국내 산업도 육성할 수 있었다. 이 배경에는 독일 산업의 육성과 국민경제적 통합을 논리적으로 지원하는 F. List의 경제사상(경제학의 국민적 체계)이 작용하고 있었다. 대독일주의 대신 게르만 민족만의 통일을 강력히 추진하고자 했던 정략가 비스마르크의 소독일주의가 그 당

시 상황에서는 오스트리아와 프랑스를 이길 수 있었던 시대적 선택으로 평가할 수 있다.

이러한 독일 통일의 경험에서 우리는 다음과 같은 교훈을 얻을 수 있다. 첫째, 한 민족 국가의 진정한 통일은 정치적 선언을 통해서 이루어지는 것이 아니라 경제통합을 통해 상생의 기반이 마련될 때 실현 가능하다(졸페라인). 둘째, 통일의 정치적 의지가 있더라도 이를 뒷받침할 수 있는 통합논리와 통합사상이 뒷받침되어야 국민적 지지를 받을 수 있다(List의 국민경제사상). 마지막으로 국내 사정과 국제 정세에 부합할 수 있는 방법을 선택하고 추진력을 가질 수 있어야 한다(비스마르크의 소독일주의).

제2절 식민지적 경제통합

1. 서구제국에 의한 배타적 블록 경제권

19세기 이전까지의 국민적 경제통합이나 제2차 세계대전 이후의 국제적 경제통합과는 그 성격을 달리하는 국제 간 경제통합의 또 다른 형태로는 제2차 세계대전 이전까지 지속되어 왔던 종주국과 해외 식민지 간의 블록 경제권을 들 수 있다.

종주국과 피지배국 간의 종속적 결합은 자본주의가 독점단계로 이행하면서 구체적으로 나타나기 시작하였다. 즉 자본의 집적과 집중이 진행되고 독점적 금융자본이 출현하면서 독점자본에 의한 식민지 및 속령의 지배양상은 단순한 원료 확보와 상품판매를 위한 시장의 유지가 아니라 생산, 무역, 금융 등의 제면에서 이들 지역을 본국경제에 제도적으로 결속시키려는 의도로 추진되기 시작하였다. 이때 해외 속령과 피지배 국가들을 통제하는 수단으로는 관세, 외환관리, 지불협정, 청산협정, 수출입허가제도 등이 이용되고 있었다. 이러한 식민지적 통합은 19세기에 전개된 단일 국가로의 국민경제적 통합과는 그 속성이 다르며, 제2차 세계대전 이후의 독립된 국가 간의 국제 경제통합과도 다른 성격, 즉 대내적으로는 종속적이고 대외적으로는 배타적인 블록 경제권으로서의 특성을 지닌 국제 간 통합이었다.

1929년 세계 대공항 이후에는 직접적인 식민지경영에 의한 경제권의 확보만이 아니라 관세, 외환관리, 청산협정 등 무역거래상의 특혜조치로 인한 반식민지 형태의 배타적 시장권 확보정책도 동시에 진행되고 있었던 것이다. 예컨대 1932년 오타와 영연방회의의에서 체결한 영연방 제국특혜관세협정(帝國特惠關稅協定)이나 나치독일이 동남유럽 위성국과의 사이에 체결한 쌍무적 청산협정 등은 각기 주변국의 종주국에 대한 의존도를 높이는 제도적 장치로서의 역할을 수행하였던 바, 이것은 1930년대 공황 이후 제2차 세계대전 직전까지의 세계경제사에 기록되고 있는 특권적 시장확보 정책의 좋은 예라 할 수 있다. 이와 유사한 형태로 진행된 경제블록은 영연방 특혜무역권(The Commonwealth) 외에도 아시아지역에서 일본과 조선, 만주, 대만 등 동남아 일대를 연결하는 1940년대의 대동아공영권이 있으며, 프랑스와 그 식민지, 속령 및 해외 현(縣) 사이에 형성된 프랑경제권 등이 있었다.

이렇듯 19세기 말 이후 제2차 세계대전 직전까지의 식민지적 시장 확보를 중심으

로 한 수직적·종속적 광역 경제권은 공동체 내지 통합체 전체의 공동이익을 극대화
시키고 경제적 기회균등을 실현한다는 경제통합 일반의 이상주의적 목표와는 상반된
종주국만을 위한 시장권으로 운영되고 있었다. 이러한 종주국 중심의 배타적 경제권
의 발전은 종주국 상호 간의 독점적 확보 경쟁을 유발하고, 그들 상호 간의 충돌을
야기함으로써 결국은 제2차 세계대전을 야기하는 결과를 초래하게 되었다.

2. 일본에 의한 대동아공영권

(1) 대동아공영권

1) 배경

19세기 말 자본주의의 팽창 과정에 따른 서구 열강의 해외시장 확보 전략으로 인해
영국, 프랑스, 미국 등 구미 열강의 동양 진출이 경쟁적으로 이루어지고 러시아의 남
진 정책이 시작되었다. 여기에 더하여 1929년 세계 대공황의 여파가 아시아에까지 전
파되자 당시 아시아의 대국이었던 일본은 일면 대공항에 효과적으로 대처하기 위해
주변 아시아 시장의 확보가 필요했고, 다른 한편으로는 서구의 동양침식에 공동 대응
하고 일본 제국주의의 확장을 위해 동아시아 국가들과의 연대가 필요했던 것이다. 이
때 일본이 제기한 대 아시아 연대 정책의 외형적 명분이 바로 대동아공영권(大東亞共
榮圈) 사상이었다. 이 주장은 당초 아시아 연대주의를 토대로 한 동양평화론으로 발
의 되었으며, 제2차 세계대전 직전에는 동아신질서의 건설(1938)이라는 이름으로 강
조되었고, 제2차 세계대전 중에는 대동아공영권이라는 이름으로 아시아 연대를 주장
하게 되었다.

2) 대외적 명분

제2차 세계대전 기간 중 일본이 주장한 대동아공영권 사상은 서구열강의 동양 침식으
로부터 아시아의 황인종을 보호하며, 동양의 평화와 동양적 질서를 확립하여 아시아
제 민족 간의 공존공영의 생활권을 구축하자는 것이 그 외형적 명분이었다. 이러한
공존공영권 구축을 위해 일본은 영·미의 침식으로부터 아시아를 보호하는 것이 급
선무이며 이를 위해 군사적 생산력의 확대가 필요하다고 주장하였다.

3) 전개

그러나 이러한 주장의 배경에는 당시의 세계 대공황의 여파로 인한 경제적 위기를 아시아 내에서 해결하기 위한 일본의 경제적 침략 의도와 일본 제국주의의 아시아적 확산을 시도하려는 의도가 내포되어 있었다. 그러한 의도는 대동아공영권 구축을 위해서는 군사적 생산력의 확대가 필요하다는 주장과 동남아 지역에 대한 군사적 침략으로 드러나게 되었다.

즉 1929년부터 시작된 세계 대공황의 여파가 1930년대 이후 일본에까지 큰 타격을 미치게 되자 일본은 그 경제적 애로를 타개하기 위한 수단으로 대륙 침략을 꾀하기 시작했으며, 그 결과 나타난 것이 1931년 만주사변과 1937년 중·일 전쟁이었다. 만주사변을 성공시킨 일본은 1932년 일본의 괴뢰정부인 만주국(滿洲國, 1932~1945)을 수립함으로써 조선의 식민지화에 이어 대륙 침략을 위한 또 하나의 침략 기지를 건립하게 되었던 것이다. 당시 만주국의 건립목표는 일본, 조선, 중국, 만주, 몽고 등 5개 민족의 화합에 의한 왕도낙토(王道樂土)의 건설에 있다고 하였으나 그것은 당시 중국 대륙 침략의 유화책에 불과했던 것이다.

그 후 1937년 중·일 전쟁을 유발한 일본은 그 전쟁의 합리화 방안으로써 1938년 고노에(近衛) 내각에 의한 동아신질서 건설을 발표하게 되었다. 이것은 조선, 만주, 중국을 일본의 세력권에 넣고 러시아의 남진을 제어하며, 영·미의 영향권에서 벗어난 일본제국의 건설을 위한 선전적 이념으로 전개되었던 것이다. 그 후 일본의 세력이 동아시아뿐만 아니라 남방제국에까지 미치게 되자 1940년(제2차 近衛內閣 당시)에는 동아신질서 구축의 범위를 넓혀 동아시아와 남아시아를 포함한 대동아공영권으로 확대하기에 이르렀다.

이러한 일본 중심의 동아시아 신질서 구축이라는 이름 아래 1940년 9월부터 일본군은 인도차이나를 군사적으로 공략하기 시작했으며, 그후 1942년 중반까지 말레이 반도, 보르네오 섬 등의 동남아 지역은 사실상 일본의 군사적 점령지역으로 편입되게 되었다. 당시 일본에 의한 동남아 침공은 제2차 세계대전의 일환이기는 하나 유럽 및 태평양 전쟁과 구분하여 대동아 전쟁이라 부르고 있다.

4) 동아시아 신질서 구축

이렇듯 동남아를 무대로 한 대동아 전쟁(1940~1945)에서 일본의 세력이 확장되고 경제적 침략이 가능하게 되자 일본은 자신을 맹주로 하는 소위 대동아신질서의 수립을 공식화하고 합리화하기 위해 1943년 11월 대동아회의를 일본의 교토에서 개최하기에 이르렀다. 여기에 참가국은 일본, 중국, 필리핀, 만주, 태국, 미얀마, 인도 등으로 당시 일본의 군사적 지배하에 있었거나 친일정권으로 유지되었던 국가들이 모두 참가했다. 동 회의에서 일본은 대동아 전쟁의 완수, 대동아 공존공영질서의 건설 및 "대동아는 미국과 영국의 질곡에서 벗어나자"는 대동아선언을 발표하고 대동아지역에서 일본세력의 우위를 재확인함으로써 일본 중심의 국제경제질서 수립을 강조하게 되었던 것이다.

당시 일본이 구상한 대동아공영권의 지리적 범위는 조선을 포함한 일본, 중국, 만주를 주축으로 하고 있으며 남방지역에서는 프랑스령 인도차이나(베트남, 캄보디아), 영국령 인도차이나(말레이시아, 보르네오), 네덜란드령 인도네시아, 인도, 미얀마, 오스트레일리아, 뉴질랜드까지 그리고 제2차 세계대전 중에는 필리핀까지도 이에 포함되어 있었다.

5) 결과

그러나 이러한 공존사상은 1930년대 대공황 이후 제2차 세계대전 시까지 일본이 대동아지역에서 자행해 온 군사적, 경제적 침탈과정에서 드러난 바와 같이 아시아제국을 일본의 식민지 내지 반식민지화하여 일본 중심의 배타적 경제블록을 형성하기 위한 선전적 이념에 불과했던 것이다. 이러한 일본의 군사적 세력 확장은 지역 내 국가들의 이해와 지원을 얻지 못했고 전쟁 후반부에는 태평양지역에서의 미국의 공격을 받았고, 중국 동북부 지역에서는 소련의 공격을 감당하지 못한 결과 그 한계가 드러나게 되었으며, 특히 1945년 히로시마의 원자탄투하를 계기로 일본의 대동아공영권 구상은 완전히 종지부를 찍게 되었던 것이다.

다른 한편 대동아 전쟁 기간 중 일본은 국내 군수산업에 필요한 기초 자원인 목재·고무·주석·석탄·철 등은 말레이시아·만주·중국으로부터 강제로 수탈해갔으며, 조선·대만·만주 등으로부터는 식량자원인 쌀·잡곡·소맥·대두·면화 등을 일방적으로 수탈해갔다. 더욱이 점령지에 주둔하고 있는 일본군은 일본국 대본영(大本營)이 하달한 남방 점령지 행정실시요령(1941) 등에 의해 식량을 비롯한 군수물자의 현지 조달을 기도하였다. 당시 남방 점령지에서의 물자조달 방식은 식민지와 종주국 간의 수직적 경제교류의 형태를 벗어나 일방적 약탈과 수탈의 형태로 진행되기도 했다. 그 결과 동남아 지역에서는 종전 후에도 반일 감정이 남게 되었고 그러한 반일 감정은 오늘날까지 동아시아 지역통합을 저해하는 역사적 장애요인으로 작용하고 있다.

(2) 엔(円)블록

일본의 세력권으로 편입되던 1942년경부터 일본은 대동아금융권을 동시에 구상하여 역내의 모든 경제거래를 엔화로 결제하도록 하는 소위 엔블록의 형성을 기도하기도 했다. 1942년 대동아성의 창설을 계기로 동아시아 경제의 조직적 결합을 위해 일본은 대동아금융·재정·무역의 기본 정책을 수립하여 동아금융권을 설치하고자 했다. 당시 일본은 동남아 금융거래 및 결제를 지배하고 있던 달러·파운드 중심의 외환거래를 철폐하고 각국별 엔화표시 환율을 결정하여 권내의 모든 거래는 엔화로 결제토록 시도하였다. 그리고 비점령지에 대해서는 엔화결제협정을 강요하는 한편 엔을 법정 준비통화로 사용할 수 있게끔 엔차관을 제공함으로써 엔통화권의 형성을 도모하기도 했다.

일본은 이러한 엔통화권 정책에 맞추어 대동아권 내의 중앙은행으로서의 기능을 담당하기 위해 일본은행의 기능을 확충하는 한편, 남방점령지의 금융통화거래의 질서를 수립하기 위해 남방개발금고를 설립하고 일본, 프랑스, 인도 간의 엔화결제협정을 체결하는 등 구체적 작업을 전개하였다. 그리하여 제2차 세계대전 종결 시까지 조선, 만주는 물론 프랑스령 인도차이나, 네덜란드령 인도네시아에 이르기까지 동남아 일대는 엔화결제권으로 묶여지게 되었던 바, 이것이 제2차 세계대전 중의 엔통화권 혹은 엔블록(Yen bloc)으로 지칭되고 있다.

(3) 대동아공영권의 평가

대동아공영권은 통합사상의 측면에서 볼 때 완전한 식민지적 통합도 아니고 완전한 수평적 통합도 아닌 일본 중심의 군국주의적 통합사상을 가지고 있었다는 점에서 통합유형의 특수성을 발견할 수 있다. 그것은 다음과 같은 몇 가지 관점에서 상이한 평가의 대상이 되고 있다.

첫째, 서구열강의 대아시아 식민지적 침식으로부터 아시아를 방어하고 보호하며, 아시아 황인종 간의 공존공영의 길을 모색하자는 의도는 당시의 국제경제관계(서구 제국에 의한 대아시아 식민지적 경제침략)에서 볼 때 일단 의미 있는 주장으로 평가해 볼 수 있다. 또한 그것은 제2차 세계대전 후 EEC의 성립을 계기로 지리·문화·종교·인종별로 유사한 국가 간에 경제통합을 결성하여 역내제국 간의 경제적 효율성을 제고시키자는 지역주의의 흐름과 같은 맥락을 유지하고 있는 운동으로 평가될 수도 있다.

더욱이 EEC의 경우 '19세기까지 향유했던 세계적 유럽의 지위를 복원하기 위해 유럽국가 간의 재결합을 더욱 공고히 해야 한다는 범(汎)유럽사상'의 토대 위에 EEC의 지리적 확대가 추진되고 있음을 볼 때 아시아인에 의한 아시아공영권의 주장 그 자체는 독립적 생활권을 희구하는 아시아인으로서 타당한 주장이라 평가할 수 있다. 또한 이 주장은 서구라는 타자(他者)에 대한 아시아적 정체성을 인식시킬 수 있는 운동이라는 점에서는 긍정적 측면이 있을 수 있다.

둘째, 대동아공영권의 건설을 위한 중심 사상은 일본에 의한 일본 중심의 통합사상이라는 점에서, 오늘날 수평적인 경제통합사상과는 근본적으로 차이가 있다. 동시에 일본 군국주의의 팽창과정을 통해 인근 제국이 일본의 위성국가로 전락하고 그로 인해 동남아가 일본경제권으로 편입되는 소위 종속적 경제권의 형성을 꾀하고 있었다는 점에서 대동아공영권 사상은 비판을 면치 못하고 있다. 다시 말해 일본의 대동아공영권 사상은 아시아 제민족을 위한 공영권 사상이 아니라 천황제적 이념의 아시아적 확산을 꾀하고 군사적 이데올로기에 의한 아시아 지배를 실현하기 위해 내세운 선전적 이념에 불과했다는 점에서 비판의 대상이 되어 왔다.

셋째, 이러한 침탈적 공영권 구축의 시도로 말미암아 일본은 전후에 와서도 동남아 제국의 대일 적대감을 불식시키지 못하고 반일감정을 존속시키는 역사적 흔적을 남기게 된 것이다. 동남아제국의 이러한 대일 감정은 오늘날 동남아제국이 공업 성장을 통해 일본과의 경제적 상호의존도를 점차 증대시키고 있음에도 불구하고 지역 내의 상호의존관계를 공식적으로든 제도적으로든 하나의 지역공동체로 발전시키지 못하게 하는 역사적 장애요인이 되어 왔다.

제3절 제2차 세계대전 이후의 국제적 경제통합

1. 베네룩스 관세동맹

제2차 세계대전 이후 국제 간 경제통합이 가장 먼저 시도되었던 사례로는 1948년에 발족된 베네룩스 관세동맹을 들 수 있다. 그러나 베네룩스 관세동맹은 1921년에 결성된 벨기에 · 룩셈부르크 경제동맹에 그 뿌리를 두고 있으므로 여기서는 벨기에 · 룩셈부르크 경제동맹의 내용부터 소개한 다음 베네룩스 관세동맹을 살펴보기로 하자.

(1) 벨기에 · 룩셈부르크 경제동맹

19세기 독일 졸페라인의 가맹국이었던 룩셈부르크(Le Luxembourg) 공국은 1921년 7월 25일 벨기에(La Belgigue)와 브뤼셀 조약을 체결함으로써 소위 벨기에 · 룩셈부르크 경제동맹(l'Union Economique Belgo-Luxembourgeoise : UEBL)을 형성하게 되었다. 동 조약은 1935년 3월 및 1963년 7월에 각각 그 내용이 보완되었고, 1982년에 조약이 갱신됨으로써 벨기에 · 룩셈부르크 양국은 현재까지 하나의 경제동맹체로 결합되어 있다.

동 경제동맹은 양국간 상품, 요소, 서비스의 자유 이동은 물론 각종 경제정책의 통합을 내용으로 하고 있으며, 동시에 통화동맹에 의거하여 양국은 하나의 단일통화권으로 결속되어 있다. 따라서 벨기에와 룩셈부르크 양국은 비록 정치적으로는 독립된 주권을 가지고 있으나, 경제적으로는 사실상 단일 정책영역으로 통합되고 있다.

(2) 베네룩스 관세동맹

중북부 유럽의 소규모 개방주의 국가들인 벨기에, 네덜란드 및 룩셈부르크의 3개국은 벨기에 · 룩셈부르크 경제동맹의 경험을 토대로 상호 간 협소한 시장의 불이익을 해소하기 위해 관세동맹을 결성하게 되었다. 이들 3국 간의 관세동맹은 1943년 10월 21일의 런던통화협정과 1944년 9월 5일의 관세협정에 의해 그 창설에 관한 협의가 이루어졌다. 3국 간 관세동맹의 실시는 3국 간에 존재하는 경제여건의 차이로 3년간의 정책조정기간을 거친 다음 1948년부터 실행되게 되었다.

베네룩스 관세동맹의 조직으로는 각료회의, 이사회, 위원회, 사무국 및 자문기관 등이 있으며 기타 의회 간 협력기구 및 사법적 성격을 가진 중재기관(Le Collége Arbitral et son Greffe)이 있다. 그러나 이러한 베네룩스 경제동맹은 이들 3개국을 포함하는 EC의 기능이 계속 확대, 발전해 옴으로 인해 그 기능과 중요성이 희석되어 왔으며 현재는 강력한 통합조직인 EU의 그늘에 가려져 그 기능이 드러나지 않고 있다.

2. 유럽 경제협력기구

유럽 경제협력기구(Organization for European Economic Cooperation : OEEC)는 전후 유럽지역에서 전화의 복구와 경제발전을 도모하기 위한 목적으로 1948년에 결성된 유럽제국 간의 지역적인 경제협력기구이다. 동 기구의 목적은 유럽제국 상호 간 교역을 촉진하고 미국의 원조계획을 효율적으로 받아들여 유럽의 부흥을 꾀하자는 데 있었다. 여기에 가맹국은 영국에서 터키, 스웨덴에서 포르투갈에 이르는 전 유럽 17개국이 참가하고 있었다.

OEEC는 1948년부터 1952년까지 5년간에 걸쳐 실시된 미국원조(총 130억 달러)의 효율적 분배와 유럽경제 부흥을 위한 다각적 계획수립을 주도함으로써 가맹제국의 경제부흥과 무역 증진에 적지 않은 성과를 가져왔다. 특히 OEEC는 가맹국 간 수입할 당제의 점진적 축소를 통한 상호 간 무역자유화와 유럽지불동맹(EPU)의 결성을 통한 교환성 회복에 크게 기여하였다.

동 기구는 그 후 유럽 내 지역협력기구로의 개편을 시도했으나 회원국 간의 경제적 이해 상충과 저개발국 원조문제로 인해 성사되지 못하고 결국은 동유럽 공산권에 대응하는 서방 측의 공동협력기구로 개편되게 되었다. 즉 OEEC는 미국, 캐나다를 회원국으로 맞이하여 1961년 9월부터 경제협력개발기구(Organization for Economic Cooperation and Development : OECD)로 개편되었다.

3. 유럽 석탄철강 공동체

OEEC의 성과에 자극을 받아 보다 결속도가 높은 경제협력체를 형성하고자 했던 처음의 제안이 프랑스의 수상 R. Schuman에 의해 제시되었으며 그 제안의 결정체가 유럽

석탄철강 공동체(European Coal and Steel Community : ECSC)이다. ECSC는 1951년 4월 18일 파리 조약(Le Traité Paris)에 의해 성립되었으며, 가맹국은 독일, 프랑스, 이탈리아, 베네룩스 3국 등 6개국이었다. 파리 조약의 유효기간은 발족일로부터 50년간이며 1952년 7월 25일자로 조약이 발효되었다.

이 조약의 주요 목적은 ① 기간산업에 대한 공동정책을 구현하고, ② 석탄·철강산업을 단일의 초국가적인 기구를 통해 공동관리함으로써 독일과 프랑스 간의 마찰을 해소하며, ③ 유럽의 정치적 통합을 향한 기초 단계를 마련한다는 것이었다. 1950년대를 통해 이러한 목적에 착실히 접근함으로써 ECSC는 비록 석탄철강에 국한하는 시한부 조건의 통합체로 출발되기는 하였으나 후일 전면적 시장통합을 실현하고 있는 EEC 형성의 시금석이 되었던 것이다.

1952년 발족 이후 초기 단계의 ECSC는 착실히 운영되어 석탄·철강에 대한 공동시장을 확보했으며, 관련 제품에 대한 산업과 무역을 증대시켰고 이러한 무역 증대가 후일 EEC 결성을 촉진하는 기반을 조성하게 되었다. 즉 1953년 6개국의 석탄, 철강업에 초국가적인 부과금(유럽세)이 부과되었고 1954년 석탄, 철강 분야의 대부분 품목에 무역장벽(관세)이 철폐되었으며 카르텔규제 등의 공동규칙이 제정되었다. 그러나 ECSC는 석탄·철강에 국한된 영역에서만 초국가적인 기구의 통제력이 작용하므로 잔여 산업부문과는 정책적 조화를 꾀하지 못하는 한계점을 가지고 있었다. 그로 인해 1950년대 후반 이후부터는 초국가적 기구를 통한 공동체의 운영에 애로가 노정되기 시작했다.

ECSC의 기구로는 초국가적인 집행기구, 특별각료이사회, 공동의회 및 재판소가 있다. 이 중 공동의회와 재판소는 1957년 로마 조약의 성립으로 EEC 의회와 EEC 재판소로 각기 통합되었다. 그리고 1967년 7월부터 집행기구와 각료이사회도 각각 EC 위원회와 EC 각료이사회로 통폐합되었다.

4. 유럽경제공동체, 유럽공동체 및 유럽연합

(1) 유럽경제공동체(EEC)

OEEC의 성과와 ECSC의 성공에 영향을 받아 서유럽제국들은 1952년 5월 동유럽에 대응하기 위한 유럽방위공동체(European Defence Community)의 창설을 결의하였다. 그러나 동 결의는 프랑스 의회의 비준 거부로 그 결실을 거두지 못했다. 그 반면 유럽 국가들은 ECSC 결성을 통한 독일과 프랑스 간의 화해 및 상호 경제적 접근의 가능성을 확인한 경험을 토대로 유럽경제공동체(European Economic Community : EEC)를 결성하는 데 합의를 보았던 것이다. 그리하여 ECSC 가맹 6개국은 1957년 3월 로마 조약(유럽경제공동체를 설립하는 조약 : Le Traité instituant la Communanté Economique Européenne)을 체결하고 이듬해 1958년부터 EEC를 발족시키게 되었던 것이다. 초기 회원국은 석탄철강공동체에 가입했던 독일, 프랑스, 이탈리아 및 베네룩스 3국 등 6개국이었다.

로마 조약은 ECSC 실행 과정에서 얻은 경험이 뒷받침되고 있었으며, 미연방헌법의 5배 분량에 이르는 방대한 조약내용과 부분별로 다듬어진 위대한 유럽통합에의 좌표로서 전유럽인의 관심과 꿈이 집결된 국제조약으로 평가되고 있다. 당시 로마 조약의 내용은 여타 지역에서 경제통합을 실현하기 위한 국제조약에 전체적으로든 부분적으로든 하나의 본보기가 되었다는 점에서 1960년대 이후의 지역적 경제통합 운동에 적지 않은 영향을 미친 것으로 평가되고 있다.

로마 조약에 나타난 EEC 성립의 주요 목적은 가맹국 간의 균형발전, 생활수준 향상 및 상호 간 밀접한 유대관계의 수립에 두고 있으며, 이를 위해 공동시장을 형성하고 상호 간 경제정책을 접근시켜 점차 고도의 경제통합을 실현한다는 것을 정책목표로 하고 있다. 이러한 목표에 따라 EEC는 1967년에 관세동맹을 완성시켰고 1968년부터 공동농업정책을 실시하였으며, 1970년대 들어서는 자본 및 노동 이동에 대한 자유화 조치를 취함으로써 공동시장에 점진적으로 접근해 왔다.

(2) 유럽공동체(EC)

1958년 로마 조약에 의해 출발된 EEC는 당초의 통합목표에 따라 1967년 관세동맹을 완성시키고 1968년 공동농업정책을 실시함에 따라 경제공동체로서의 제도와 기능을 갖추게 되었다. 이러한 통합계획의 추진성과를 토대로 1967년부터는 종전까지 별도의 기구로 분리 운영되어 왔던 석탄철강공동체(ECSC)와 원자력공동체(EURATOM)를 EEC와 통합하여 단일의 유럽공동체(European Community : EC)로 운영하게 되었다.

이때부터 EEC는 EC로 지칭되게 되었다.

EC로의 통합 이후 1979년에는 제1차 가맹국 확대 정책이 실현되어 영국, 아일랜드, 덴마크가 가입하여 회원국은 9개국이 되었다. 그 후 1982년에는 스페인과 포르투갈 그리고 1986년에는 그리스가 각각 가입하여 EC는 12개국으로 확대되었다.

(3) 유럽연합(EU)

유럽단일화의정서(SEA)

한편 EC는 1980년대 후반 이후 일본 및 미국으로부터의 경쟁에 대응하고 유럽경제의 새로운 활로를 모색하기 위해 역내시장통합계획을 수립하고 이에 필요한 제도적 조치로서 유럽단일화의정서를 마련하게 되었다. 1987년에 발표된 유럽단일화의정서(Single European Act : SEA)는 로마 조약을 보완하는 EC 운영의 법적 기초로서 경제, 금융, 사회, 외교 등의 면에서 공동체의 권한을 확대하는 것이 주요내용이다. SEA의 주요내용은 시장통합을 신속하게 추진하기 위해 이사회의 표결방식을 전원일치제에서 가중 다수결제도로 바꾸었고(신규가입, 조세관련 사항은 전원일치제 유지), 유럽의회 및 위원회의 권한을 강화하며 금융통화정책의 협력을 명문화하는 것이었다. 그 외에도 지역격차, 기술개발 등에 대한 협력을 강조하였고 외교 면의 협력을 명문화하였다. 무엇보다 중요한 것은 1992년까지 역내단일시장을 완성하기 위한 역내시장통합계획을 명시하고 역내 제국 간 노동, 자본, 상품 이동에 대한 물리적, 기술적, 재정적 장벽을 제거하고자 한 점이다. 이 계획은 1991년 말까지 대부분 실현됨으로써 1992년부터는 EC가 명실 공히 상품 및 생산요소가 자유롭게 이동하는 공동시장으로 운영될 수 있게 되었다.

마스트리트 조약과 EU

이러한 역내 단일시장의 완성에 이어 EC는 1993년 유럽통합의 새로운 지평으로써 마스트리히트 조약(Maastricht Treaty)을 체결하게 되었다. 마스트리히트 조약은 지금까지 경제분야에 국한되어 있던 유럽통합조약을 정치, 외교, 사법분야로까지 확대하고 그 통합의 내용을 심화시키는 것을 골자로 하고 있다. 이 조약에 의해 경제공동체로서의 EC는 정치, 외교적 협력을 포함하는 유럽연합(European Union : EU)으로 재탄생하게 되었다. 마스트리히트 조약과 EU로의 전환을 계기로 유럽통합은 기능적으로 심화되고 지리적으로 확대되는 계기를 맞이하였다. EU의 기능 강화는 1990년대 말 역내통화통합을 통해 구체화되고 있으며, 지리적 확대는 동유럽으로의 시장권 확대를 통해 실현되고 있다. 즉 EU에서는 99년부터 역내단일통화 '유로(Euro)'를 도입하였고 2002년부터는 Euro가 국민통화를 대신하는 공동체의 법정통화로 사용되기 시작했다(영국, 스웨덴, 덴마크 등 일부국가 제외). 그 외에도 EU가 출범한 1990년대 중반 이후에는 사법 분야의 협조를 위해 유럽경찰이 도입되었고 국제사회에서 공동의 외교, 안보 협력을 실시하며 유럽시민권 개념을 도입하여 정치, 사회적 협조 기반을 마련해 왔다. 2004년에는 유럽 헌법안이 정상회의에 통과되었으나 일부 회원국의 비준을 얻지 못해 채택되지 못했다. 그러나 2007년 유럽 헌법안을 수정한 유럽연방조약이라 불리는 리스본 조약(Treaty of Lisbon)이 체결됨으로써 EU는 유럽이사회 상임위원장(EU 대통령에 상응하는 기능)과 대외업무담당 공동대표(EU 외무장관직)를 도입하게 되어 연방국가로서의 초보적 기능을 가지게 되었다.

다른 한편 1995년에는 스웨덴, 핀란드 및 오스트리아의 가입으로 EU의 회원국이 15개국으로 늘어났으며, 2004년부터는 헝가리, 체코, 폴란드, 에스토니아, 라트비아, 리투아니아, 슬로베니아, 슬로바키아, 말타, 사이프러스 등 중동부 및 지중해 연안 10개국이 가입하였고 2007년에는 루마니아, 불가리아, 2013년에는 크로아티아가 각각 가입하여 28개국이 되었다. 그러나 2020년에는 영국이 탈퇴하여 27개국이 되었다. 27개국으로 구성된 오늘날 EU의 조직과 기능은 제3부 제13장 유럽연합 장에서 자세히 설명하고 있다.

5. 기타 지역의 경제통합

전후 유럽의 지역적 경제협력에 바탕을 둔 이와 같은 경제통합의 전개는 1960년대 이후 여타 지역의 경제통합운동에 적지 않은 영향을 미쳤다. 특히 유럽제국과 식민지적 유대관계를 맺어 왔던 아프리카제국의 경우에는 EEC 결성이 프랑스령 식민지제국(Francophone) 간의 경제통합(서아프리카 경제공동체, 중앙아프리카 관세동맹 등)과 영국령 식민지제국(Anglophone) 간의 경제통합(마노강동맹 등)을 추진하게 하는 계기가 되었다. 특히 영국의 EC 가입 이후 이들 아프리카제국은 통합된 경제협력권(서아프리카제국 경제공동체)을 결성하는 등 유럽의 협력구도 변화에 맞추어 아프리카 내의 협력관계를 재편성해 왔다.

중남미 지역에서도 1960년 라틴 아메리카 자유무역연합(LAFTA)의 결성을 계기로 중앙 아메리카 공동시장(CACM), 안데스공동시장, 카리브공동시장 등의 통합체가 형성되어 왔다. 라틴 아메리카의 지역통합 움직임은 1970년대와 1980년대의 침체기를 거쳐 1990년대 들어서는 신지역주의의 부상으로 새로운 전기를 맞고 있다. 즉 종전까지의 형식적인 소그룹별 협력관계에서 벗어나 남미 남부공동시장(MERCOSUR)과 같이 역내 대국을 포함한 실질적인 시장통합을 추진하고 있는가 하면 대외적으로는 EU 및 북미자유무역협정(NAFTA)과의 연계관계를 모색함으로써 국제협력을 통한 남미발전의 길을 모색하고 있다.

아시아 지역에서도 1967년 개도국 간의 통합운동에 영향을 받아 정치, 경제, 문화적 협력기구로서 동남아국가연합(ASEAN)이 결성되었다. 1970년대 후반 이후 ASEAN은 비록 점진적이고 부분적이기는 하나 역내시장을 결합하고 지역 내의 내부 결속도를 높일 수 있는 조치를 꾸준히 도입함으로써 개발도상국 간의 경제통합 가운데서는 그 성과가 가장 두드러진 경제통합체로 발전해 왔다. 특히 1990년대 이후 냉전체제가 종식되면서부터는 일면 인도차이나 사회주의권 국가를 모두 회원국으로 받아들이는 한편 ASEAN 자유무역지역(AFTA)을 발족시킴으로써 자체시장권의 확보와 대외교섭력의 강화에 주력해 오고 있다. 회원국도 당초의 5개국(태국, 인도네시아, 말레이시아, 싱가포르, 필리핀)과 후참국 보르네이에 이어 1990년대 후반에는 인도차이나 반도의 베트남, 라오스, 캄보디아, 미얀마가 참가하여 10개국에 이르고 있다.

특히 1997년 금융위기를 경험하고 난 동아시아지역에서는 외부로부터의 경제적 쇼크를 지역차원에서 완화시키고 역내에서 발생하는 경제위기의 역내 전염효과를 방지하기 위해 역내 국가 간의 지역협력의 필요성을 공감하게 되었다. 그리하여 1997년부터 ASEAN 10개국 정상과 한국, 중국, 일본 3개국의 정상(ASEAN+3 정상회의)이 매년 정기적으로 회합을 가지고 상호협력기반을 다지고 있으며, 관계 장관회의도 정례화하고 있다. 이들 회의를 통해 동아시아국가들은 장기적으로 동아시아 자유무역협정(EAFTA)을 포함한 경제공동체 구축을 목표로 상호협력을 다지고 있다.

그 외에도 동아시아 내에서는 개별 국가 간 혹은 집단과 개별 국가 간 쌍무적 자유무역협정을 확대해 오고 있다. 2000년대 들어서는 ASEAN·일본 CEPA, ASEAN·한국 FTA, ASEAN·중국 FTA를 위시하여 한국, 중국, 일본 상호 간의 FTA도 추진되고 있다. 동북아에서는 2010년대에 접어들면서 한·중 FTA에 이어 한·일 FTA 및 한·중·일 FTA 협상이 추진되고 있다. 2020년에는 ASEAN과 동북아 및 호주, 뉴질랜드를 연결하는 범 동아시아 차원의 시장통합인 RCEP 협정을 체결함으로써 동아시아에서도 역내 다자간 FTA 시대를 열어갈 전망이다.

한편 지역적 경제통합이 이루어지지 않고 있던 북미지역에서도 1980년대 말부터는 지역통합 움직임이 구체적으로 실현되어 왔다. 즉 미국과 캐나다는 1985년부터는 양국 간 전면적인 자유무역지역 설립을 위한 구체적인 계획을 검토해 왔던 바, 1989년 1월부터는 양국 간 자유무역지역(Canada-U.S. Free Trade Area)이 출범하게 되었다. 이어 1994년부터는 여기에 멕시코가 가입함으로써 북미자유무역협정(NAFTA)이 발족하였다. 2019년부터는 NAFTA가 미국-멕시코-캐나다 협정(USMCA)으로 개편되어 현재 발효 중에 있다.

이외에 대양주에서는 오스트레일리아와 뉴질랜드 간의 경제무역 긴밀화협정(CER)이 체결되어 있고 이들 CER과 ASEAN 및 동북아 국가들과 개별적 자유무역협정이 추진되고 있다. 아랍권에서도 아랍연맹 외에 걸프만협력위원회(GCC, 1981), 아랍자유무역지역(1997) 등이 결성되어 있으며, 아랍 이외 국가들과의 자유무역협정이 추진되고 있다.

표 2.1 지역별 주요 경제통합 현황(2020)

지역	지역협정 형태	설립년도	참가국	주요내용
유럽	유럽연합(EU)	1958 EEC 1967 EC 1993 EU	벨기에, 네덜란드, 룩셈부르크, 프랑스, 독일, 이탈리아, 영국, 아일랜드, 덴마크, 그리스, 스페인, 포르투갈, 스웨덴, 오스트리아, 핀란드+지중해(말타, 사이프러스), 동유럽(항가리, 체코, 폴란드, 발트3국, 루마니아, 불가리아, 크로아티아 등) 총 28개국 (2014) 2020.1 영국 탈퇴(총 27개국)	1958년 Rome조약에 의거 EEC 설립 1967년 EC로 개칭 (EEC, EURATOM 및 ECSC 통합) 1968년 관세동맹 완성 1987년 SEA에 의거 기능 확대 1992년말 역내시장통합(공동시장 완성) 1993년 마스트리히트조약에 의해 EU로 발전(경제, 외교, 사법적 공조체제 구축) 1999년 역내 공동통화(EURO) 도입 2007 리스본 조약 : 유럽이사회 상임의장, 공동대외업무담당 대표직 도입

표 2.1 지역별 주요 경제통합 현황(2020) (계속)

지역	지역협정 형태	설립년도	참가국	주요내용
유럽	EU의 대역외 연합협정(FTA, CU, AA 등)	2019 현재	EFTA, 시리아 ,안도라, 산마리노, 터키, 이스라엘, 페로제도, 팔레스타인, 튀니지, 남아공, 모로코, 마케도니아, 요르단, 칠레, 레바논, 이집트, 알제리, 알바니아, 몬테네그로, 보스니아, 헤르체코비나, 세르비아, 한국, 페루, 콜롬비아, 중미, 조지아, 몰도바 협상 중 : GCC, ASEAN, 리비아, 아르메니아, 아제르바이잔	대상국에 따라 FTA, 관세동맹(CU), 연합협정(AA) 등으로 다양한 형태의 경제협력협정을 체결함 2019년 말 현재, 발효 32건 타결 혹은 서명 5건 협상 중 5건 총 42건의 FTA가 추진 중이며 6건은 검토 중에 있음
	EFTA	1960	아이슬란드, 리히텐슈타인, 노르웨이, 스위스	1960년 당시 EEC에 대응하여 설립된 영국 중심의 유럽자유무역협정이었으나 초기 가맹국이었던 영국, 스웨덴, 오스트리아 등이 EU에 가입함에 따라 현재 4개국만이 남아 있음
	EFTA의 대역외 FTA 및 연합협정	2019 현재	터키, 이스라엘, CEFTA(중유럽자유무역협정), 팔레스타인, 모로코, 멕시코, 크로아티아, 마케도니아, 요르단, 싱가포르, 칠레, 튀니지, 한국, 레바논, 이집트, SACU, 캐나다, 알바니아, 세르비아, 콜롬비아, 페루, 몬테네그로, 홍콩, 우크라이나, GCC, 중미, 보스니아, 헤르체코비나, GCC, 인도네시아 등	EFTA 회원국과 중동부 유럽 및 지중해 제국간에 92년 이후 개별적으로 자유무역협정을 체결함 좌측 국가들 외에 2015년 현재 ASEAN 개별국가, MERCOSUR, 몽골, 알제리, 인도 등과 상이한 형태의 FTA 추진 내지 검토 중 2019년 현재 32건의 FTA 발효 중
북미	북미자유무역협정 (NAFTA)	1994	미국, 캐나다, 멕시코	자유무역협정, 자본이동 자유화, 노동 및 환경에 대한 보완협정, 분쟁처리기구 설치
	USMCA	2020	NAFTA 대체	자동차 부문의 원산지 기준 강화

표 2.1 지역별 주요 경제통합 현황(2020) (계속)

지역	지역협정형태	설립년도	참가국	주요내용
북미	미국의 대외 FTA	1985 이후~ 2000년대	이스라엘과의 FTA를 시작으로 요르단, 모로코, 바레인, 오만, 칠레, 페루, 콜롬비아, 파나마, 싱가포르, 한국, 호주 및 CAFTA 등과 체결, 2015년 TPP 타결	초기에는 주로 중남미, 중동 아시아 소국들과 체결함. 시장확대 의도보다 정치, 외교 및 안보전략적 측면이 작용함. 2000년대 이후에는 세계시장질서 재편의 주도적 역할을 위해 TPP, TTIP, FTAAP 등 주요 선진국을 포함한 다자간 FTA 추진에 관심을 모으고 있음 2019년 말 현재 총 14건의 FTA 발효, 8건의 FTA 협상 진행
	멕시코의 대외 FTA	2015 현재	NAFTA, 코스타리카, 볼리비아, G3, 니카라과, 칠레, 이스라엘, EU, EFTA, 우르과이, 일본, 페루, 중미, 파나마, TPP (2015 타결) 협상 중 : 터키, 요르단, 파라과이 브라질 등	라틴아메리카 중심의 FTA에서 아시아 및 유럽권으로의 확대가 추진됨 2019년 현재 총 16건의 FTA 발효
	캐나다의 대외 FTA	2015 현재	이스라엘, 칠레, 코스타리카, EFTA, 페루, 콜롬비아, 요르단, 파나마, 온두라스, 한국, TPP 및 EU와의 CETA가 타결됨(2015) 협상 중 : CARICOM, 인도, 일본, 싱가포르, 모로코 등 터키, 태국, MERCOSUR, CAN 등과도 검토 중	미국과의 무역이 절대적인 비중을 차지하고 있어 NAFTA가 가장 중요한 FTA 협정이 되고 있음. 2000년대 들어서는 유럽, 아시아, 중남미 국가들과의 자유화 협정 체결을 확대하고 있음. 2019년 현재 총 14건의 FTA 발효, 9건이 협상 중
중남미	중미공동시장 (CACM)	1960	과테말라, 온두라스, 니카라과, 엘살바도르, 코스타리카	관세동맹으로 출발, 1993년 공동시장 형성 조약 체결
	안데스 공동체 (ANCOM, CAN)	1969	콜롬비아, 에콰도르, 볼리비아, 베네수엘라, 페루, 칠레 (77 탈퇴)	자유무역지역으로 출발, 1995년 역외공통관세 도입으로 관세동맹 형성 공동외자정책 등 실시
	카리브 공동체 (CARICOM)	1973	쿠바를 제외한 카리브해 13 개국	1973년에 설립된 카리브공동시장을 정비하여 1994년 자유무역권 설립을 재조인함. 공동시장으로의 전환을 모색

표 2.1 지역별 주요 경제통합 현황(2020) (계속)

지역	지역협정 형태	설립년도	참가국	주요내용
중남미	남미남부공동시장 (MERCOSUR)	1991	브라질, 아르헨티나, 파라과이, 우르과이, 베네수엘라 (2006) 준회원국 : 칠레, 페루, 볼리비아, 콜롬비아, 에콰도르	1995년 1월 관세동맹 출범, 장기적으로 공동시장 목표. 거시경제정책 공조, 무역분쟁 해결 공동제판소 설치 공동시장 회원국과 칠레('96), 볼리비아('97)와 자유무역협정 체결
	MERCOSUR의 대외 FTA	2019 현재	CAN, 볼리비아, 콜롬비아, 에콰도르, 베네수엘라, 페루, 이스라엘 등	중남미 중심의 FTA를 우선 추진하되, 역외에서는 EU, 한국과의 FTA를 선별적으로 검토하고 있음 2019년 총 9건의 FTA 발효
	G3 자유무역권	1995	멕시코, 콜롬비아, 베네수엘라	2005년까지 자유무역지역 완성 목표
	멕시코-볼리비아 FTA	1995	멕시코, 볼리비아	포괄적 자유무역협정 (상품자유이동, 투자 무차별 대우 등)
	멕시코-코스타리카 FTA	1995	멕시코, 코스타리카	포괄적 자유무역협정 (상품자유이동, 투자 무차별 등)
	멕시코-이스라엘 FTA	2000	멕시코, 이스라엘	2005년까지 공산품 관세철폐
	멕시코-칠레 FTA	1998	멕시코, 칠레	1992년 경제보완협정을 자유무역협정으로 확대
	칠레-캐나다 FTA	1997		
	CACM-도미니카 FTA	1998	CACM, 도미니카	상품, 서비스 교역 자유화, 투자촉진, 자본이동 자유화, 공공조달협정 등
오세아니아	경제협력 긴밀화 협정(CER)	1983	오스트레일리아, 뉴질랜드	양국 간 자유무역지역 창설 외에 경제, 무역에 관한 상호협력 강화
남아시아	남아시아 특혜무역협정 (SAPTA)	1995	인도, 파키스탄, 방글라데시, 스리랑카, 네팔, 부탄, 몰디브	1985년 설립된 남아시아 지역협력기구(SAARC)가 전신임. 운송, 우편, 농업협력 및 무역 자유화 추진. 내정 불간섭 등 지역평화 유지
	인도-스리랑카 FTA	2000	인도, 스리랑카	자유무역협정(예외 품목 다수)

표 2.1 지역별 주요 경제통합 현황(2020) (계속)

지역	지역협정 형태	설립년도	참가국	주요내용
중동	아랍연맹 (The Arabian Nations League)	1945	당초 이집트, 사우디아라비아, 이라크, 레바논, 시리아, 요르단 등 7개국에서 1950년대 이후 페르시아만 지역의 전 아랍국가들이 참가 1990년 이후 PLO를 포함한 21개국이 참가	아랍제국의 독립과 주권옹호 아랍권 국가들 간의 정치, 경제, 문화에 대한 공동협력
	걸프만 협력위원회(GCC)	1981	바레인, 쿠웨이트, 오만, 카타르, 사우디아라비아, 아랍토후국 연합	지역집단안전보장 2005년까지 역외공통관세 설치, 공동시장을 목표로 함
	GCC의 대외 FTA	2015 현재	범 아랍자유무역지대(GA), 레바논, 싱가포르, EFTA, 뉴질랜드 협상 중 혹은 중단 상태 : 중국, 한국, EU, MERCOSUR, 터키, 파키스탄, 인도, 일본, 호주 등. 기타 ASEAN, 중앙아시아 국가들과의 FTA 검토 중	아랍 석유수출국기구의 주요 멤버들로서 아랍권과의 협력을 우선하고 있음 석유자원의 안정적 확보를 원하는 역외국들의 요구에 의해 선별적으로 FTA 협상이 진행되고 있음
	아랍자유무역지역	1997	이집트, 튀니지, 모로코, GCC 6개국, 요르단, 이라크, 시리아, 리비아, 레바논	아랍연맹 가맹국 간의 자유무역지대 창설 목적, 2007년까지 역내관세 철폐
	이스라엘의 FTA	1985 이후	미국, 캐나다, 멕시코 등	자유무역협정
	경제협력기구(ECO)	1985	이란, 파키스탄, 터키, 아프카니스탄	상호 간 경제협력 및 무역자유화 추진
아프리카	남부아프리카 관세동맹(SACU)	1970	남아공, 나미비아, 스와질랜드, 레소토, 보츠와나	남아프리카 공화국 중심의 관세동맹 및 공동통화 도입
	남부아프리카 개발공동체(SADC)	1992	앙고라, 보츠와나, 레소토, 말라위, 모잠비크, 나미비아, 남아공, 스와질란드, 탄자니아, 잠비아, 짐바웨이, 모리셔스, 세이쉘, 콩고, 레소토	자원개발, 인프라정비 분야의 공동사업 추진, 무역투자교류 촉진, 2012년까지 역내관세철폐, 지역평화, 안전보장연대 등 포괄적 협력
	서아프리카 경제통화동맹 (UEMOA)	1994	베닌, 부르키나파소, 코트디브아르, 말리, 니제르, 세네갈, 토고, 기네아비소	역내관세철폐, 대외공통관세 추진 중, 지역 공동의 증권거래소 개설 추진

표 2.1 지역별 주요 경제통합 현황(2020) (계속)

지역	지역협정 형태	설립년도	참가국	주요내용
아프리카	동남부아프리카 공동체(COMESA)	1994	앙골라, 부룬디, 코모로, 콩고, 지부티, 에티오피아, 케냐, 말라위, 마다가스카르, 모리셔스, 나미비아, 루완다, 세이셸, 수단, 스와질란드, 잠비아, 탄자니아, 짐바웨이, 우간다, 이집트	공동시장을 목표로 하고 있음
	EU-남아공 무역·개발협력협정	2000	남아프리카공화국, EU	자유무역협정 및 개발협력
	동아프리카 공동체 (EAC)	2000	케냐, 탄자니아, 우간다	1967년 동아프리카 공동체로 발족 후 1977년 해체, 1999년 재발족 관세동맹, 공동시장을 추진하고 있으며 금융동맹 및 정치적 동맹까지 목표로 하고 있음
	서아프리카 경제공동체 (ECOWAS)	1975	베닌, 부르키나파소, 캡베르디, 코트디브아르, 감비아, 가나, 기네아, 기네아비소, 라이베리아, 말리, 모리타니, 니제르, 나이지리아, 세네갈, 토고, 시에라리온	가맹국 간 경제안정 및 관계 개선 관세 및 수량제한 점진적 철폐 노동 및 주거 이전 자유화 추진 1990년 역내 통일통화 창설 합의(당초 2000년을 목표로 함)
동아시아	ASEAN	1967	1967년 당시 싱가포르, 말레이시아, 인도네시아, 필리핀, 태국 등 5개국으로 출발. 브루나이(1984), 베트남(1995), 라오스, 미얀마(1997), 캄보디아(1999) 가입. 현재 10개국	1960년대 초 인도차이나반도의 공산화에 공동 대처하기 위한 협력 기구로 출발. 2020년까지 정치안보, 사회문화, 경제분야의 3개 공동체 형성 목표. 2015 경제공동체(AEC) 발족
	ASEAN 자유무역지역 : AFTA ASEAN 경제공동체	1993 2015	싱가포르, 말레이시아, 인도네시아, 필리핀, 태국, 부르네이, 베트남, 라오스, 미얀마, 캄보디아 ASEAN 10개국	ASEAN의 자유무역지대화. 2003년 역내관세를 5% 이내로 축소. 2018년 역내관세철폐, 역내 공동산업협력 추진. 상품, 자본, 서비스, 사람의 자유이동 추진
	ASEAN의 대역외 FTA	2019 현재	한국, 일본, 중국, 인도, 호주, 뉴질랜드, 홍콩, RCEP	포괄적 경제협력 협정 혹은 포괄적 경제파트너 협정. 동아시아 중심의 광역 FTA(EAFTA) 형성의 주도적 기능 수행

표 2.1 지역별 주요 경제통합 현황(2020) (계속)

지역	지역협정 형태	설립년도	참가국	주요내용
동아시아	한국의 FTA	2000 이후 본격 추진 2020 현재 상황	칠레, 싱가포르, EFTA, ASEAN, 인도, EU, 페루, 미국, 터키, 호주, 캐나다, 뉴질랜드, 베트남, 콜롬비아, 중국 등과 체결 2020. 11 현재 56개국과 16건의 FTA 발효. 영국, 이스라엘, 인도네시아, RCEP은 서명 완료	2000년대 이후 FTA 중심의 통상확대 정책을 전개해 오고 있음. 아시아에서는 미국, EU 등 거대 경제권과의 FTA를 가장 먼저 추진해 왔고 동아시아 신흥시장의 확보에 주력하되 유럽, 미주 등의 수출시장과 호주, 중동지역에서의 자원 기지 확보를 위한 FTA 정책을 전개하고 있음
	중국의 FTA	2003 이후 본격 추진 2019 현재 추진 상황	홍콩, 마카오, 대만, ASEAN, 태국, 칠레, 파키스탄, 뉴질랜드, 싱가포르, 페루, 코스타리카, 아이슬란드, 스위스, 한국과 체결 2019. 11 현재 16건의 FTA 발효. 9건은 협상 중	FTA 협정을 기본으로 하나 중화경제권 국가인 대만, 홍콩, 마카오 등과는 포괄적 경제동반자협정(CEPA)을 체결함. 내용은 대상국별로 상이함 동아시아 중심의 광역 FTA에 비중을 두고 있으나 APEC 전체를 FTA권으로 묶는 FTAAP에 관심을 두고 있음
	일본의 FTA	2019 현재	싱가포르, 멕시코, 말레이시아, 칠레, 태국, 인도네시아, 브루나이, 필리핀, ASEAN, 스위스, 베트남, 인도와 체결. 2015 TPP 타결 2019. 11 현재 15건의 FTA 발효	FTA보다는 경제동반자협정(EPA) 형태의 무역협정을 주로 체결하고 있음. 한국과는 2005년 이후 10년째 협상이 중단되고 있음. 미국과의 협력을 중시하여 RCEP보다는 TPP협상에 적극적 입장을 보여 왔음 CPTPP, RCEP, EUEPA가 서명됨
	ASEAN+3 정상회의 및 EAFTA	2020	ASEAN+한국, 중국, 일본 간의 경제협력 및 자유무역지대 검토	지역협력조직으로 제도화(2000년 11월). 정상회의 및 각료급회의 개최. 통화 스왑(swap) 협정. 2020년 RCEP 체결로 동아시아 자유무역협정(EAFTA) 추진 목표 달성
	한중일 FTA	2020	한·중·일 3국 간 FTA 협상 3개국 모두 RCEP 협정에 참가함	3개국 정상 간 검토 합의 서울에 상설 사무국 개설 영토, 역사적 갈등 문제로 협상 지연

표 2.1 지역별 주요 경제통합 현황(2020) (계속)

지역	지역협정 형태	설립년도	참가국	주요내용
대륙 간 협정	APEC	1989	한국, 중국, 일본, 대만, 홍콩, 브루나이, 인도네시아, 말레이시아, 필리핀, 싱가포르, 태국, 오스트레일리아, 뉴질랜드, 파푸아뉴기니, 미국, 캐나다, 멕시코, 칠레, 러시아, 베트남, 페루 등 21개국	역내무역·투자의 자유화 추진 1994년 보고선언 : 역내 선진국은 2010년, 개도국은 2020년까지 무역자유화 조치 채택. 개방적 지역주의 실현 2007년 아태자유무역지대(FTAAP) 연구 보고서 채택. 2010 18차 정상회의 FTAAP 창설 의지 확인. 역내의 TPP와 RCEP을 어떻게 FTAAP로 흡수할 수 있는가가 과제임
	ASEM	1996	ASEAN+3(한국, 중국, 일본)과 EU 간의 대화. 매 2년마다 개최	미국-유럽, 미국-아시아와 대등한 수준으로 아시아-유럽 관계를 확대시키기 위한 회의
	TPP	2010 협상 개시 2015 타결	미국, 캐나다, 멕시코, 칠레, 페루, 콜롬비아+일본, 호주, 뉴질랜드, 싱가포르, 말레이시아, 베트남, 브루나이 등 12개국 간의 다부문 FTA 협정. 2015년 타결됨	높은 수준의 무역자유화 추진, 관세, 비관세 철폐. 상품, 서비스, 투자, 지재권, 경쟁, 환경, 노동 등 21세기 무역 규범 선도 목표 미국 주도의 아태지역 무역질서 창출 의도. 일본은 미일관계 구축과 아베노믹스 성장전략과 연계 추진
	CPTPP	2019	2017 미국의 TPP 탈퇴 후 잔여 11개국 간 CPTPP 발효	
	RCEP	2012년 협상 개시	ASEAN 10개국+한국, 중국, 일본+호주, 뉴질랜드, 인도 등 16개국(ASWAN+1) 간의 동아시아 차원의 다목적 자유무역지대. 개방적 지역주의 원칙	상품, 서비스, 투자, 지재권, 경제협력, 위생검역, 기술표준 원산지 기준, 통관, 무역구제, 법률, 경쟁, 정부조달 등의 공동규범 설정과 자유화 목표. 참가국의 경제여건 차이로 높은 수준의 자유화 목표를 유연하게 설정함.
		2020	2020. 11 인도 제외 15개국 간 협정문 서명	
	TTIP	TAFTA의 수정안 2013 협상 개시 2015 11차 협상 진행	EU와 미국 간의 무역 및 투자자유화 협정 2013년 협상 개시 후 2015년 현재 11차례의 협상이 개최된 후 타결됨 TTIP(미국+EU28개국)의 경제규모 : 세계 GDP의 46%, 상품무역의 33%, 서비스무역의 42% 점유 2016년 영국의 EU 탈퇴 결정 이후 협상 중단	TPP에 상응하는 대서양경제권 구축 목표. 농업, 환경, ISD, 비관세 등에서 양측 간 견해차가 커서 협상이 장기화될 전망임. 당초에는 DDA 협상 지연 등으로 독일 등에 의해 TAFTA가 강조된 바 있으나 2010년 들어 TAFTA의 대안적 성격으로 TTIP가 논의됨. 산업별로 TTIP에 대한 반대 여론이 적지 않으나 아시아 중심의 세계질서 창출보다는 구미(유럽) 중심의 경제질서를 유지해 가야 한다는 구미우월적 사상이 TTIP 추진에 영향을 주고 있음

제3장

경제통합과 국제경제질서

경제통합은 경제의 국제화를 촉진함으로써 세계무역의 자유화에 기여할 수도 있으며, 세계경제의 블록화를 유발함으로써 범세계적 자유무역에 대한 역기능을 가질 수도 있다. 이러한 경제통합과 관련된 세계시장질서의 변화요인들을 파악하기 위해 지역화, 국제화, 세계화 및 국제경제질서와의 관계를 이해할 필요가 있다.

제1절 경제의 지역화, 국제화 및 세계화

경제통합이 결성되면 역내 제국 간에는 국경이 개방되고 경제적 상호의존성이 증대하므로 경제의 국제화가 촉진된다. 그러나 경제통합으로 인한 경제의 국제화는 특정지역에 집중되어 나타나므로 경제의 지역화를 유발하는 요인이 된다. 그리고 경제통합이 아니더라도 경제의 국제화가 특정 지역에 집중되어 나타나게 되면 이 역시 경제의 지역화 현상으로 파악될 수 있다. 반면 경제통합이 범세계적 규모로 전개된다면 이것은 경제의 세계화를 유발하는 동인이 될 수 있다. 따라서 경제통합과 국제경제질서의 관계를 이해하기 위해서는 경제통합과 관련된 국제 간 상호의존의 현상으로써 지역화, 국제화 및 세계화의 문제를 우선 관찰할 필요가 있다.

1. 지역화, 국제화 및 세계화의 개념

경제의 지역화(regionalization)는 경제통합과 같은 지역적 무역협정이 있거나 아니면 경제적 보완성, 지리적 인접성, 문화적 공통성 등에 의해 특정 지역 내의 국가 간에 경제적 상호의존성이 심화되는 과정 또는 그것으로 말미암아 해당 지역이 하나의 경제권으로 접근해 가는 현상을 의미한다. 오늘날 경제의 지역화는 주로 지역별 무역협정(regional trading arrangement : RTA) 혹은 지역적 경제통합에 의해 유도되고 있으나 지역협정이 없이 경제적 보완성이 시장의 매개기능으로 서로 연결되어 지역화가 일어나는 경우도 있다.

경제의 국제화(internationalization)는 일반적으로 국제 간 상품, 서비스 및 생산요소의 이동이 증대됨으로 인해 국민경제 상호 간의 경제적 상호의존성이 확대되어 가는 과정으로 파악할 수 있다. 각국 경제가 상호의존의 바탕 위에서 국제경제권으로 통합되면 국가 단위의 경제적 국경은 와해되거나 그 기능의 축소가 불가피하게 되며, 그 대신 국제적으로는 새로운 질서와 규범이 생겨나게 된다. 따라서 우리는 국민경제의 상호의존적 접근을 통해 국경장벽이 낮아지고 국제 간에 새로운 경제질서와 새로운 국제적 규범이 형성되는 과정을 국제화현상으로 정의할 수 있다.

한편 경제의 세계화(globalization)는 국제화가 범세계적 영역으로 확대되어 가는 현상을 의미한다. 즉 세계화는 국경장벽이 완화되어 국제 간 상품, 서비스 및 생산요소의 이동이 자유로워지며 그로 인해 개별 국민경제가 세계경제의 일부로 통합되어 가는 과정을 의미한다. 세계화가 진행되면 세계시장을 대상으로 하는 제품 및 기술의 표준화, 즉 글로벌 스탠다드(global standard)가 생겨나게 되며 세계시장질서를 규제하기 위한 세계적 규범이 다시 요구된다. 제품 기술의 세계적 표준화가 진행됨에 따라 부품, 중간재의 표준화가 진행되고 그로 인해 세계적 규모의 부가가치 생산망이 구축되는 등 새로운 발전 모델이 나타나고 있다.

2. 국제화 및 지역화의 전개

(1) 국제화의 전개

19세기 말까지 무역을 통한 국제화의 진전이나 통상협정을 통한 국제적 결속관계의 구축은 특정 지역이나 특정 국가 간에 국한하여 나타나는 현상이었다. 더욱이 그때까지의 국제 간 상호의존 구조는 각국 고유의 배타적 국경을 고수한다는 전제하에서 전개되었던 현상이었다. 그러나 현재와 같이 세계적 규모의 국제경제질서가 수립되어야 할 만큼 시장을 통한 다각적 의존관계가 나타나기 시작한 것은 제2차 세계대전 이후부터라 할 수 있다.

제2차 세계대전 이후 운송, 통신 분야에서의 기술 진보와 GATT를 중심으로 한 무역자유화 조치 및 각국의 시장 개방정책으로 인해 상품 및 생산요소의 국제 간 이동은 빠른 속도로 증대되어 왔다. 그 결과 각국 경제는 생산과 무역의 양면에서 모두 상호의존적으로 발전해 왔으며 그 범위도 특정 국가에 국한하는 것이 아니라 세계 주요 무역국들 일반에 걸쳐 나타났던 것이다. 이러한 국제 간 상호의존적 발전이 오늘날과 같은 경제의 국제화 내지 세계화 현상을 초래해 오고 있다.

(2) 지역화의 전개

한편 이러한 세계화의 진전 속에서도 각국은 지리적, 문화적, 경제적 동기에 의해 지리적으로 인접한 국가들 간에 우선적으로 경제교류를 확대함으로써 세계화의 진전 속에 경제의 지역화 현상이 나타나고 있다. 지리적으로 인접한 국가 간의 거래는 원격지의 국가보다 거래비용, 통신비용이 절감되고 문화적 공통성이 있는 경우에는 의사소통의 오차가 축소되므로 국제 간 거래가 용이하게 이루어질 수 있다. 여기에 더하여 지역적 경제통합이 일어나게 되면 관련 지역 내에서는 인위적 무역장벽이 제거되므로 관련 지역 내에서 무역의 상호의존성은 더욱 높아지게 된다. 이로 인해 오늘날과 같이 지역 경제통합이 계속 확대된다면 세계화의 진전 속에서도 경제의 지역화는 계속 나타날 수밖에 없을 것이다.

이러한 지역화, 국제화 및 세계화의 진전으로 말미암아 오늘날 각국의 생산, 소비 및 고용수준은 국제 간 상호의존의 관계 속에서 결정될 수밖에 없다. 그 결과 국민경제 내의 경제운영질서 및 국별 정책은 상호의존관계에 있는 외국 및 해외시장의 정책변수로부터 많은 영향을 받지 않을 수 없게 되었다. 또한 각국 경제는 국제기구 및 국제공통의 규범과 질서로부터도 점점 더 많은 영향을 받게 되었다.

제2절 세계화의 촉진요인과 전개형태

1. 세계화의 전개

세계화란 정보통신 분야의 기술혁신과 운송수단의 발달로 세계 각국이 지리적, 시간적 거리를 극복하고 하나의 생활권으로 접근해 가는 현상을 의미한다. 경제적으로는 이러한 기술적 요인 외에도 무역, 투자의 자유화, 다국적 기업의 확산 등으로 세계가 하나의 경제권 내지 단일 시장권으로 접근해 가는 과정을 의미한다.

현재 우리가 직면하고 있는 이러한 세계화 현상은 1980년대 말과 1990년대 초 이후에 전개된 사회주의권의 개혁·개방과 인터넷 기반의 정보통신 기술혁신 등이 겹치면서 나타난 21세기형 세계화를 의미한다. 그러나 역사적으로 세계화 현상은 19세기 후반 제2차 산업혁명기의 국제무역 확대를 통해 이미 전개된 바 있다. 그리고 제2차 세계대전 이후 IMF, GATT 체제의 출범과 함께 전개된 무역 자유화 현상도 세계화의 한 측면으로 볼 수 있다.

우리는 19세기 후반의 국제 무역확대 현상을 제1차 세계화, 제2차 세계대전 후의 무역자유화 물결을 제2차 세계화로 부를 수 있으며, 1990년대 이후의 세계적 통합현상을 제3차 세계화 물결로 구분해 볼 수 있다. 논자에 따라서는 제2차 세계대전 이후의 무역자유화 추세를 생략하고 19세기 후반의 국제무역 확대를 제1차 세계화 물결, 1990년대 정보화 시대 이후의 세계화 추세를 제2차 물결로 구분하기도 하나 이 책에서는 세계적 규모의 무역자유화 흐름을 기준으로 다음과 같이 세 단계로 구분하고자 한다.

(1) 제1차 세계화 물결 (1870~1914)

역사적으로 세계화 물결이 처음 일어났던 시기는 제2차 산업혁명이 시작된 이후 제1차 세계대전이 일어나기 전까지 자유무역이 확산되었던 시기, 즉 1870~1914년의 기간이다. 1760~1830년 기간 중에 일어난 영국의 방직공업 중심의 산업혁명을 제1차 산업혁명이라 한다면 1860~1900년 사이 독일이나 미국 등에서 일어난 전기, 화학, 철강, 석유 중심의 기술혁신 기간을 우리는 제2차 산업혁명이라 한다. 1차 산업혁명기에는 영국은 자유무역을 주장했으나 후진상태의 미국, 독일은 아직 보호주의가 필요한 시기였다. 그러나 2차 산업혁명기에 접어들면서 영국과 대륙 간의 산업화가 동시에 진행되고 상호 간 비교우위에 입각한 무역이 확대되면서 자유무역의 전성기를 맞이하게 되었다. 그 결과 영국과 유럽대륙 및 신대륙의 미국 사이에는 무역, 자본, 인구 이동이 활발하게 일어났고 경제성장도 빠르게 진행되어 국제 간, 대륙 간 상호의존성도 높아지게 되었다.

(2) 제2차 세계화 물결 (1948~1980년대 말)

두 번째 세계화 물결은 제2차 세계대전 이후 국제무역 및 외환자유화를 위한 브레튼우드 체제가 출범하고 GATT, IMF가 제 기능을 발휘하기 시작한 1948년 이후부터 시작되었다. 제1차 세계대전과 세계 대공황 그리고 제2차 세계대전을 겪으면서 국제무역은 크게 위축되었고 보호무역과 경제적 블록화의 위험성을 각국은 경험하게 되었다. 이러한 경험을 토대로 무역마찰을 피하고 국제협력과 자유무역의 제도적 기반을 마련하기 위해 만든 전후의 국제기구가 GATT와 IMF였다. 전후의 강력한 패권국으로 부상한 미국의 주도 아래 다자주의와 자유무역주의를 표방하는 두 기구가 출범하게 되자 세계 각국은 관세장벽 완화와 외환 자유화 조치에 협력하게 되었고 국제무역과 경제성장은 다시 확대되기 시작하였다.

　이 시기는 특히 국제무역에 적극적으로 참여하는 아시아 개발도상국의 경제성장이 세계의 성장을 이끌어 온 시기이기도 하다. 1950년대 이후에는 패전국 일본의 성장이 괄목할 만하였고 1970~1980년대에는 한국, 대만, 홍콩, 싱가포르 등 무역확대를 추진했던 아시아 신흥공업국(NIEs)의 성장이 세계적 주목을 끌었던 시기였다. 이 시기에는 일본과 아시아 신흥공업국이 세계 전체의 무역 증가와 성장률 확대를 주도하였다. 반면 보호무역을 강조했고 수출보다는 수입대체전략에 비중을 두었던 인도나 중남미 국가들은 성장이 부진하였다. 그 결과 동아시아 국가들이 보여준 수출주도형 성장 정책이 새로운 성장모델로 학계의 관심을 끌기도 하였다.

(3) 제3차 세계화 물결 (1980년대 말~)

1980년대 말부터 시작된 동유럽 사회주의권의 개혁·개방정책, 새로운 정보화 기술의 보급, 후발 개도국의 국제무역 참여가 합세하면서 1990년대 이후부터는 현재 우리가 관찰하고 있는 본격적 의미의 세계화가 시작되었다.

이 시기에는 다음과 같은 사건들로 인해 세계화가 크게 전개될 수 있었다.

① 1980년대 말 소련의 해체와 사회주의권의 개혁·개방정책
② 동남아 ASEAN 국가들의 개방정책과 국제 무역체제로의 편입
③ 1990년대 이후 중남미 국가들의 개방정책과 수입대체 노선의 탈피
④ 1995년 WTO 출범 이후 제조업 제품에 더하여 농산물, 서비스 부분의 무역 자유화가 확대되고 지역별 무역협정의 확산을 통해 상품, 자본, 기술 이동의 자유화가 추진됨
⑤ 1990년대 이후 전개된 인터넷 기반의 정보통신 기술의 발달과 보급 및 운송기술의 발달로 지구촌 사회의 시간적·공간적 거리가 급속히 좁혀져 옴. 그로 인해 세계무역은 경제성장 속도보다 더 빠르게 증가하였고 각국은 하나의 시장권, 하나의 경제권으로 접근하게 됨

2. 세계화의 촉진요인

(1) 무역 및 투자의 자유화

제2차 세계대전 이후 GATT 체제하에서 이루어진 다자간 관세인하협상과 그로 인한 관세인하조치 및 IMF 체제하의 외환통제 완화조치 등은 상품 및 자본의 국제적 이동을 추진하는 직접적 동기가 되었다. 그리고 1995년 WTO 출범 이후 자본시장 및 서비스시장에 대한 각국의 규제완화 조치도 국제 간 거래를 확대시키는 요인이 되고 있으며, 경제통합에 의한 지역별 무역자유화 정책도 국민경제의 개방을 촉진하여 세계화를 유발하는 요인이 되고 있다.

(2) 경제성장과 소득증대

경제성장도 국제화 내지 세계화를 유발하는 요인이 되고 있다. 경제성장은 국제 간 투입 수입재 및 내구소비재의 수입수요를 유발하게 된다. 그리고 소득의 증대로 차별화된 제품에 대한 소비욕구가 늘어나 산업내무역의 기회가 확대되고 있다. 또한 소득증대는 관광, 교육, 의료와 같은 서비스 분야에서의 국제 간 교차 수요를 유발하여 세계화를 촉진하게 된다.

(3) 운수, 정보, 통신기술의 발달

기술진보는 기존의 비교우위구조를 변화시키고 국제 간 기술격차를 유발함으로써 국제무역을 촉진하게 된다. 뿐만 아니라 운수, 통신 기술의 발달은 국제 간 지리적, 시간적 거리를 단축시킴으로써 국제 간 거래를 더욱 용이하게 한다. 특히 1980년대 이후 전자, 컴퓨터 및 인터넷과 같은 정보통신 기술의 발달은 시공을 초월한 국제 간 거래를 가능하게 함으로써 경제의 세계화를 촉진하는 중요한 요인이 되고 있다. 인터넷과 같은 정보통신 기술의 발달은 금융, 보험, 교육 등을 포함한 상업적 서비스의 국제 간 이동성을 높이고 거래비용을 경감시키며, 상거래의 범위를 세계적 규모로 확대시키는데 결정적 역할을 하고 있다.

(4) 다국적 기업의 확산

세계 전역으로 확산되고 있는 다국적 기업은 기업 내의 국제적 영업망을 통해 국제 간 수출입을 유기적으로 연결하고 있으며, 현지생산 및 범세계적 차원의 생산기지 배치를 통해 재화는 물론 생산요소의 세계적 이동을 촉진하고 있다.

다국적 기업에 의한 국제적 생산 네트워킹으로 인해 국제무역은 산업 간 무역보다 산업내무역 비중이 점점 높아지고 있으며, 산업내무역 가운데서도 공정분업에 의한 수직적 산업내무역 비중이 높아지고 있다. 그로 인해 다국적 기업이 생산거점을 확보하고 있는 국가 간에는 공정분업에 의한 국제적 결합생산이 일어나고 있다. 그 결과 생산의 국제화 내지 생산의 세계화가 일어나고 있다.

(5) GVC의 확산

글로벌 가치사슬(Global Value Chain : GVC)이란 여러 나라에서 생산된 소재, 부품 및 서비스가 결합되어 하나의 완제품으로 만들어지는 현상을 의미한다. 이러한 GVC 현상은 정보통신기술과 운송수단의 발달로 야기된 경제활동의 세계화를 실현하는 가장 대표적인 수단으로 부각되고 있다. 특히 21세기 이후 글로벌 생산 네트워크(global production network)의 형성 내지 생산의 세계화를 가져오는 대표적 생산방식으로 드러나고 있다.

세계적 다국적 기업인 미국 애플 사의 휴대전화 아이폰4의 예를 들어 보자. 아이폰4

제품은 중국에서 조립생산되고 있다. 그러나 배터리, 플래시 메모리, 액정 디스플레이는 한국에서, 전파수신기, 전원관리기는 독일, 와이파이와 GPS 기능은 미국, 터치 스크린은 대만, 자이로스코프는 프랑스, 나침반과 카메라는 일본에서 수입하여 조립 생산하고 있다. 2009년 베트남에 건립한 삼성전자 스마트폰 공장에서도 한국을 비롯한 세계 여러 나라에서 조달한 부품을 사용하여 완제품을 생산하고 있다.

이러한 GVC는 세계에서 가장 생산조건이 유리한 지역을 선택하여 해당 부품의 생산 공정을 설치하거나 현지 조달함으로써 생산비 절감과 세계적 경쟁력을 높이는 수단으로 선택되고 있다. 동시에 질 좋은 노동력을 많이 가지고 있는 개도국들은 해당 공정 내지 완제품 조립기지를 자국에 유치하여 고용을 늘리고 기술을 습득하고자 관련 다국적 기업의 유치에 주력하고 있다. 이들 모두가 생산의 세계화를 유발하는 요인들이다.

3. 세계화의 전개형태

(1) 시장의 세계화

오늘날 전개되고 있는 경제의 세계화는 다양한 분야에서 다양한 형태로 상호 연계되어 나타나고 있어 그 독립된 형태를 분류하기는 쉽지 않다. 그러나 지금까지 진행되어온 경제의 세계화는 대체로 시장, 생산, 자본 및 노동의 국제적 이동을 통해 실현되고 있다.

시장의 세계화(globalization of market)는 무역을 통해 수출입 시장이 범 세계적 규모로 확대되는 현상을 의미한다. 이것은 GATT/WTO에 의한 무역자유화조치와 각국의 국내시장 개방 정책으로 인해 경제적 거래 가운데 세계화가 가장 먼저 나타난 현상이기도 하다. 특히 운송, 통신, 정보 기술의 발달로 세계시장에 대한 정보가 생산자 및 소비자에게 쉽게 전달되고 인터넷을 통한 e-트레이드가 가능하게 됨으로써 시장의 세계적 통합은 급속하게 진전되어 왔다.

(2) 생산의 세계화

생산의 세계화(globalization of production)는 생산자본의 국제적 이동 및 다국적 기업의 해외 생산 기지 건립을 통해 생산의 국제적 결합이 세계적 규모로 확대되는 현상을 말한다. 다국적 기업에 의한 해외 직접투자는 생산 공정의 국제적 결합과 국제적 결합생산을 가능하게 함으로써 생산의 세계화를 유발하는 직접적인 요인이 되고 있다. 그리고 비용절감을 위해 범세계적 차원에서 일어나고 있는 원자재, 부품의 해외 조달(outsourcing)이나 생산라인의 해외이전(offshoring)도 생산 세계화의 한 축을 이루고 있다. 이러한 생산의 세계화를 주도하고 있는 대표적 현상이 GVC이다. 다국적 기업에 의한 GVC망의 구축은 기업내무역 및 중간재 무역과 같은 신국제분업을 유발하는 계기가 되었다.

(3) 자본의 세계화

자본의 세계화(globalization of capital)는 생산 및 금융자본의 범세계적 이동이 확대되는 현상을 의미한다. 이는 각국의 자본 자유화 정책, 자본 이동에 대한 규제 철폐, 국제금융시장의 발달 및 국제금융기구의 확대에 의해 추진되고 있다. 다국적 기업의 해외직접투자 활동도 자본의 세계화를 가져오는 원인이 되고 있다.

생산요소로서 자본의 국제적 이동은 요소부존의 제약을 해소함으로써 헥셔-오린형 무역조건의 한계를 극복하는 데 기여하게 되었으며, 완제품 간의 무역에서 공정분업형 무역으로 무역 형태를 변화시키는 데에도 큰 영향을 미쳐 왔다.

자본의 세계화에 수반하여 금융의 세계화도 동시에 일어나고 있다. 금융의 세계화는 정부의 금융시장 개방 조치뿐만 아니라 국제 간 금융거래를 지원하는 정보, 통신 기술의 발달에 의해 촉진되고 있다. 1960년대 이후 1980년대까지는 유러달러 시장과 같은 국제금융시장의 발달이 금융의 국제화를 주도해 왔으나 1990년대 이후에는 인터넷과 같은 정보통신 기술의 보급에 의해 금융의 국제화는 범지구적 규모로 급속히 확대되고 있다.

(4) 노동의 세계화

노동의 세계화(globalization of labour)는 노동자의 국적, 기술, 언어, 가족관계, 생활관습 등으로 인해 제한된 범위 내에서만 일어나고 있다. 그러나 1980년대 이후 서비스 및 기술교역이 확대되자 이에 결합된 노동력의 국제 간 이동이 늘어나고 있다. 다국적 기업의 해외직접투자와 해외 자회사 설치의 증대도 관리 인력의 국제적 이동을 증가시키는 원인이 되고 있다. 그리고 최근 들어서는 노동의 합법적 이동을 자유화하는 지역별 경제협정이 늘어나면서 통합지역 내에서의 국제 간 노동 이동이 늘어나는 추세에 있다. 지역협정에 의한 노동의 국제적 이동은 특정 지역 내에 국한되어 나타나는 반면 자본의 세계화와 생산의 세계화에 수반된 노동의 국제적 이동은 범세계적 영역으로 확산되는 특성을 가지고 있다.

제3절 세계화의 영향

1. 세계화의 긍정적 영향

경제의 세계화는 세계 전체의 입장에서 볼 때 자원배분의 효율성을 높이고 소비후생을 증진시키는 등의 긍정적 기능을 가지고 있다. 그러나 세계정부가 없는 상태에서 시장원리와 경쟁원리만 강조하는 세계화가 진행된다면 국가 간, 산업 간, 계층 간 소득격차는 확대되고 지구촌의 다양성은 소실되며, 지구 공유자원의 고갈화가 빨라지는 등의 부정적인 영향은 피할 수 없게 된다. 여기서는 세계화로 인한 국제사회의 긍정적 영향과 부정적 영향을 살펴보고 반세계화 운동의 취지도 함께 공부해 보기로 한다.

(1) 자원배분의 효율성과 경제적 합리성 제고

세계 각국이 국경 없는 하나의 세계시장으로 통합됨에 따라 자본이나 경영인력의 국제 간 이동도 자유로워지고 세계시장에 대한 경영정보도 광범위하게 탐색, 활용할 수 있게 되었다. 그 결과 다국적 기업들은 세계시장에서 가장 낮은 비용으로 생산, 조립할 수 있는 생산기지를 선정하게 되고, 세계에서 가장 유리하게 조달할 수 있는 부품별 조달기지를 각국에 분산하여 확보하게 되었다. 가장 유리한 유통 시장에 접근하기 위한 물류기지와 유통망도 같은 원리에 의해 세계 각지에 전략 배치하게 되었다. 소위 세계적 부가가치생산망(global value chain : GVC)을 구축하게 된 것이다. 이렇게 형성된 GVC는 세계화의 결과로 나타난 현상이기도 하나 동시에 GVC 확산을 통해 생산의 세계화, 시장의 세계화가 유기적으로 추진되어 온 양면성을 가지고 있다. 이러한 세계화의 전개는 세계 전체의 입장에서 볼 때 경쟁촉진으로 인한 경영의 합리화, 규모의 경제, 생산의 최적화를 통해 궁극적으로는 자원배분의 효율성 증대라는 긍정적 효과를 가져오고 있다. 소비면에서도 시장의 세계화가 일어남에 따라 세계 공급자로부터 최적의 제품을 최적가격으로 선택할 수 있게 되었다. 소비자 선택의 폭이 확대되고 소비후생을 높일 수 있는 기회도 많아진 것이다.

(2) 세계자본주의로의 통합과 지구촌 사회로의 접근

세계화가 진행될수록 상품, 자본, 서비스 및 사람의 국제 간 이동은 촉진되며 각국 간 경제적 상호의존성은 더욱 높아지게 된다. 특히 자본의 세계화, 생산의 세계화, 금융의 세계화가 진전됨에 따라 GVC 확산에서 보는 바와 같이 자본주의적 생산양식과 시장규모는 세계적 규모로 확대되며, 그로 인해 각국 경제는 하나의 세계자본주의, 하나의 세계시장으로 통합되어 가고 있다. 그리고 운송, 정보 통신기술의 발달로 국가 간 이동 및 거래의 시간적 · 공간적 거리가 단축되고 국제 간 사람, 서비스, 문화 교류의 영역이 확대됨에 따라 각국은 하나의 지구촌 사회로 접근하게 된다. 그로 인해 국가 간에는 경제적 거래뿐만 아니라 사회 · 문화적 교류의 폭도 넓어지게 되며 국가 간, 민족 간 상호 이해의 폭도 확대되게 된다.

(3) 국가기능의 축소, 국제기구의 역할 증대

경제의 세계화가 진전되면 국가 간 경제적 상호의존성은 점차 높아지게 된다. 그로 인해 일국의 정책변수들, 예를 들면 생산, 수출, 수입, 고용, 물가, 국제수지 등은 해외 요인에 의해 보다 많은 영향을 받게 되며 그런 만큼 국내 경제정책은 독자적 정책효과를 얻을 수 없게 된다. 그 대신 국제 간 상호의존성은 확대됨으로 국제관계, 국제질서를 규율하는 국제적 규범과 국제기구의 역할은 더 증대하게 된다. 전후 제조업 중심의 무역자유화를 목표로 했던 GATT 만으로는 농업, 서비스를 포함한 전 산업의 무역 자유화를 관리할 수 없게 되자 새로운 규범을 가진 WTO 체제로 개편한 것이 그 대표적 예가 될 수 있다.

　국제기구의 통제기능이 강화되고 국제적 규범의 역할이 높아짐에 따라 개별 국가의 주권영역이나 정책영역은 그만큼 제한을 받게 된다. 국제질서를 규정하는 국제규범은 실질적으로 세계질서를 주도하는 패권국에 의해 창출되지만 그 운영은 국제 간 합의에 의해 설립된 국제기구를 통해 실행된다. 그러나 역사적으로 볼 때 기존의 패권국이 새로운 강대국에 의해 도전을 받을 경우 패권체제는 과도기적으로 동요하게 된다. 이 기간 동안 세계질서는 불안정하게 되고 국제기구도 제 기능을 하지 못하게 된다. 반면 블록경제권과 같은 집단적 보호주의 혹은 국별 보호주의가 다시 대두하고 세계화 과정은 후퇴하게 된다.

(4) 국제 간 거래 주체 및 국제 관계의 다원화

세계화의 추진 주체는 국가와 다국적 기업이다. 국가는 국제 간 협정을 체결하여 무역자유화, 국경개방의 제도적 기반을 제공하는 주체이며, 다국적 기업은 상품, 자본, 기술의 국제 간 이전을 실천하고 수출, 수입, 생산의 국제적 결합, GVC의 구축을 담당하는 주체이다. 국가는 세계적 공격으로부터 국민경제, 국내시장을 보호하려는 책무를 지고 있으며, 다국적 기업은 이윤추구 동기에 의해 정부의 규제를 벗어나 세계시장으로 진출하려는 속성을 지니고 있다. 따라서 세계화 시대에는 대내적 보호요구를 받고 있는 정부와 대외 지향적 속성을 가진 다국적 기업 간의 상호관계에 의해 일국의 개방성이 결정되는 특성을 지닌다.

여기에 다시 세계화 과정에서 새롭게 부상하고 있는 지역 경제통합체도 세계화의 주체로 추가될 수 있다. 경제통합은 뜻을 같이 하는 국가들 간에는 무역자유화를 추진하고 역외국가에 대해서는 무역상의 차별을 두는 국가 간 협정이다. 이러한 속성을 가진 경제통합은 역내 회원국 간에는 WTO 이상으로 높은 수준의 시장개방을 추진하고 있으므로 세계화를 지원하는 주체로 볼 수 있다. 그러나 역외국에 대해서는 차별적 무역그룹이 될 수 있으며, 세계화로 인한 무한경쟁으로부터 회원국시장을 어느 정도 보호하려는 집단적 보호주의의 속성을 가질 수 있다. 따라서 EU, RCEP, CPTPP와 같이 세계시장에의 영향력이 큰 지역 통합체는 세계무역의 자유화에도 영향을 미치는 정책 주체가 되고 있다. 따라서 세계화 시대의 국제관계는 전통적 개념의 ① 국가와 국가 간의 관계 외에도, ② 국가와 다국적 기업, ③ 국가와 지역 경제통합체, ④ 국가와 국제기구, ⑤ 지역통합체와 지역통합체 간의 관계로 다원화되어 가고 있다.

이러한 국제 관계의 다원화로 인해 국가기능과 패권국의 위상은 상대적으로 축소되는 반면 국제기구의 역할은 다시 높아지고 있다. 향후의 세계경제 질서 역시 다원화된 국제 거래 주체의 상호관계에 의해 재편성되고 다시 조정되어 갈 것이다.

2. 세계화의 부정적 영향

다른 한편 세계화가 진행됨에 따라 지구촌 사회에서는 불평등의 심화, 자원고갈, 환경오염 확산, 다양성의 소멸과 같은 부정적 효과도 많이 나타나고 있다. 앞의 긍정적 효과는 상당부분 관세철폐로 인한 가격효과와 관련된 사항, 즉 시장 메커니즘 내에서 발생한 효과가 많은 편이며, 부정적 효과는 시장기능 밖의 외부 불경제적 요소를 내포하고 있는 경우가 많다.

(1) 소득 불평등의 심화

세계화가 진전되고 국경장벽이 낮아지면 국제 간 경쟁은 격화되고 그 범위도 세계적 규모로 넓어지게 된다. 그로 인해 국제 간, 산업 간, 계층 간의 소득 불평등은 더욱 확대될 수 있다. 세계시장을 무대로 자유경쟁이 격화되면 시장에서의 승자와 패자 간의 소득 격차는 시간이 지날수록 더 커질 수밖에 없다. 오늘날 국제무역을 지배하는 기술제품의 경우 기술 선진국과 전통산업에 묶여 있는 개발도상국 간에는 기술격차에 따른 소득 불평등의 심화가 불가피한 현실이 되고 있다. 일국 내에서도 국제무역이 확대될수록 기술집약산업과 전통산업, 자본소득과 근로소득, 기술인력과 단순 노동력 간의 소득격차는 커지는 경향이 있다.

그러나 어떠한 형태의 무역이 일어나는지에 따라 선진국과 개도국, 자본가와 노동자, 기술인력과 단순 노동력 간의 소득 불평등의 정도나 방향은 달라지므로 세계화의 진행이 반드시 소득 불평등을 확대시키는 것으로는 볼 수 없다. 이론적으로 볼 때는 '스톨퍼-사뮤엘슨' 정리와 같이 자유무역을 하게 되면 자본 풍부국에서는 자본의 가격은 상승(노동의 가격은 하락)하고 노동 풍부국에서는 노동의 가격이 상승(자본의 가격은 하락)하여 자본소득과 노동소득 간의 격차가 줄어들게 된다. 그러나 자본이 많은 선진국 내에서는 세계화가 진행되고 무역이 확대되면 자본가 소득은 더 높아져 노동자와의 소득격차는 더 커지게 된다. 반면 노동력이 풍부한 개도국에서는 무역으로 인해 노동소득이 더 빠르게 상승하므로 자본가 그룹과의 빈부격차를 줄이는 데 기여할 수 있다. 국제 간 자본이동이 일어나는 경우에도 같은 현상이 나타날 수 있다. 자본시장이 개방되어 자본 유출이 일어나는 선진국에서는 자본의 가격은 올라가고 임금은 상대적으로 하락할 수 있으므로 양자간 빈부격차가 확대될 수 있다. 그러나 자본을 받아들이는 개도국 입장에서는 자본의 가격이 하락하고 임금은 오히려 상승 압박을 받게 되므로 국내에서는 양 계층 간 빈부격차가 오히려 축소될 수 있다.

제3의 세계화 물결로 불리고 있는 1990년대 이후의 세계화 현상은 정보통신기술의 발달에 큰 영향을 받고 있는 산업, 특히 지식집약산업에서 세계화가 빠르게 나타나고 있다. 지식집약산업은 전통적 산업과 달리 수확체증이 일어나는 산업적 특성을 가지고 있다. 즉 초기 개발에는 많은 연구개발 자금과 긴 개발기간이 소요되지만 일단 개발에 성공하여 세계시장을 장악하게 되면 승자독식의 이윤추구가 가능한 산업이다. 이러한 승자독식 구조는 ICT산업 등 일부의 첨단기술 부문에서 일어나는 세계화 현상의 일환으로 볼 수 있다. 신제품 개발에 많은 위험과 비용이 수반되지만 일단 성공하면 추가 개발비용 없이 세계화에 편승한 수확체증의 이익을 누릴 수 있게 된다. 따라서 오늘날 세계화를 이끄는 첨단산업 부문에서는 첨단 선진국과 후발 개도국 간의 빈부격차는 확대될 수밖에 없으며, 선진권 내에서도 수확체증이 작용하는 지식정보산업과 수확체감이 작용하는 전통산업 간의 소득 격차는 세계화의 진전에 따라 더욱 커질 수밖에 없을 것이다.

이상을 종합해 볼 때 세계화 그 자체가 반드시 국제 간, 산업 간, 계층 간 소득 불평등을 가져오는 것으로는 볼 수 없다. 그러나 세계 시장에서 경쟁우위를 점하고 있는 산업은 주로 수확체증이 작용하는 지식집약산업이거나 규모의 경제가 작용하는 기술집약산업임을 고려할 때 세계화의 진전은 이들 경쟁우위 산업을 보유한 선진국에 유리하고, 국내에서는 자본가 그룹, 기술 및 지식체화형 근로계층에 점점 더 유리한 배분효과를 가져오는 것은 분명한 사실이다.

(2) 자원고갈, 환경오염, 외부불경제의 확대

국경개방과 자유무역의 확대는 기업으로 하여금 세계적 규모의 경쟁을 유발하고 세계시장을 대상으로 이윤극대화를 추구하게끔 유인하고 있다. 국제 경쟁에서 승리한 기업은 세계시장 수요에 맞추어 대량생산하게 되고 그에 소요되는 자원 및 소재의 대량 채굴을 유발하게 된다. 그로 인해 해당 제품생산에 소요되는 특수 자원의 고갈은 빠르게 진행된다. 동시에 세계시장의 통합으로 인한 소비의 동시화는 대량 폐기물의 동시 방출을 불가피하게 만들고 있다. 그 결과 자원고갈 및 환경조건의 악화가 빠르게 진행되고, 대량 폐기물 누적과 지구오염의 가속화로 인해 지구의 자정능력이 위협을 받고 있다.

특히 1990년대 이후의 세계화가 시장원리, 경쟁원리를 앞세운 신자유주의 사상에 의해 추진되고 있음을 고려할 때 시장가치로 측정할 수 없는 지구적 차원의 공유자원이 과소평가되고 또 집단적으로 훼손되는 현상이 늘어나는 것은 오늘날 세계화가 가져오는 가장 큰 부작용이 아닐 수 없다. 이러한 지구 공유자원의 훼손이나 환경오염의 가속화는 시장 메커니즘을 통해 조절될 수 없는 외부불경제 효과이므로 지구촌 사회에서는 가장 경계해야 할 세계화의 부정적 영향이라 할 수 있다. 그 외에도 2020년 COVID19 바이러스와 같이 운송수단의 발달과 함께 상품 및 사람의 세계적 이동이 확대되면서 국지적 전염병이 세계적으로 전파되는 펜데믹 현상이 일어나는 것도 세계화에 수반되는 외부불경제 효과라 할 수 있다.

(3) 사회, 문화적 다양성의 소멸, 국별 자주성의 제한

세계화의 진전으로 인해 국가 간 경제적·지리적 거리가 단축되고 지구촌이 하나의 생활권으로 좁혀져 감에 따라 국제 간에 존재해 왔던 사회, 문화, 전통의 다양성도 점차 소멸되고 있다. 그 결과 사회·문화적 다양성으로 인한 삶의 역동성과 창의성이 사라지고 있다. 경쟁력이 없는 지역이나 민족의 전통 문화적 자산이 보존되지 못하는 현상도 세계화의 어두운 측면이라 할 수 있다.

일국 내에서는 세계화가 확산될수록 자국의 국내 정책은 상호의존 관계에 있는 외국의 영향을 더 많이 받게 되므로 정책적 자주성이 제한되고 있다. 국민 경제의 개방도가 높아지고 대외 의존도가 높아질수록 국민 경제는 세계시장 여건 변화에 노출되는 비중이 크며 그런 만큼 국별 경제정책의 독자성은 축소되고 국가 경제의 불확실성은 높아질 수 있다.

3. 반세계화 운동

(1) 반세계화 운동의 배경

신자유주의적 시장논리에 의거한 세계화가 빠르게 확산되자 1990년대 말부터는 세계 도처에서 세계화의 부작용과 문제점에 대한 비판운동이 일어나기 시작했던 바, 극우파 정치세력, 환경주의자 및 선진국의 NGO가 중심이 되어 벌이고 있는 이들의 세계화 규탄 및 비판운동을 총칭하여 반세계화 운동(anti globalization movement)이라 부르고 있다. 반세계화 운동을 벌이고 있는 NGO들은 주로 다음과 같은 논리적 근거에 의해 세계화를 비판하고 있다.

① 세계화는 외형상 빠른 성장과 부의 증식을 가져오는 데 기여했으나 그 결실의 분배는 고르지 못한 결과 부의 양극화가 심해지고 있다. 특히 신자유주의적 세계화 과정은 소수의 다국적 기업이나 일부의 선진국에만 부를 집중시키고 다수의 대중과 개발도상국에게는 상대적 빈곤을 더해 줄 뿐이다.

② 세계화는 국경을 자유롭게 이동 할 수 있는 초국적 기업에게만 유리한 시장환경을 제공해 주고 있다. 세계시장에 대한 시장정보를 충분히 가지지 못하고 있는 중소기업이나 현지 기업들은 세계적 자원(인적자원, 물적자원, 천연자원)의 이용 면에서 다국적 기업, 초국적 기업에 비해 불리할 수밖에 없다. 따라서 이들 중소기업은 세계시장을 활용할 수 있는 GVC 전략을 구사하기 어렵고 오프-쇼어링이나 아웃소싱에도 한계가 있을 수밖에 없다. 그 결과 윤리의식은 무시되고 시장원리만 강조되는 세계화 과정에서는 소수의 초국적 기업에게만 부가 집중되는 문제점이 생겨나고 있다.

③ 1990년대 이후의 세계화 물결은 WTO, IMF, OECD 등 국제기구나 국제협력 조직에 의해 지지되고 추진되는 양상을 보이고 있다. 범세계적 무역자유화, 자본자유화 여건은 이들 국제경제기구에 의해 조성되어 오고 있다. 이들이 지지하는 세계화는 세계적 부가 시장원리에 의해 자연스러운 방법으로 소수의 엘리트 계층기업과 일부의 선진국에 집중되는 것을 합리화시켜 주는 통로가 되고 있다. 따라서 이러한 부의 편중을 조장하는 다국적 기업이나 국제경제기구의 역할은 축소되거나 조정되어야 한다.

(2) 반세계화 운동의 전개

반세계화 운동이 세계적 관심을 받기 시작한 것은 1990년대 후반부터였다. 이 운동의 중심 주체는 대부분 선진국의 NGO들이었으나 정당이나 정치세력도 이에 가세하는 추세이다. 이들의 운동방식은 주로 시위 형태의 장외투쟁방식을 취하고 있다. 이를 통해 세계화의 문제점을 부각시키고 이에 대한 대응을 촉구하는 형태로 운동이 전개되고 있다. 지금까지 전개된 반세계화 운동의 사례로는 다음과 같은 사건들을 들 수 있다.

① 1997년 OECD의 다자간 투자협정 계획안에 대한 인터넷상의 저항운동 및 협정 계획 폐기유도

② 1999년 시애틀 WTO 각료회의 저지 : 개막 지연 및 회담 지장 초래

③ 2000년 세계경제포럼(WEF) 연차총회, IMF 연차총회 회의장 시위, 국제기구주도의 세계화에 대한 문제점 제기와 그에 대한 관심 유발

④ 2011년 제네바 정상회담장의 시위 : 20만 명 규모, 폭력적 충돌

   2003년 프랑스 에비앙 정상회담 반대시위

   그 후 폭력시위 자제, 대체 글로벌화 촉구 쪽으로 운동방향이 전환되고 있으며, 대규모 시위는 줄어드는 추세임. 그러나 유럽과 미국의 보호주의 및 민족주의 부상으로 세계화에 반하는 정치적 행보는 계속되고 있음

⑤ 2016년 영국의 브렉시트(Brexit) 결정 : 유럽 내에서 세계화는 외국인 근로자 유입을 촉진하고 수입을 증가시켜 국내 실업 증가와 국민 복지를 위협한다는 극우주의자들의 주장이 확산됨. 특히 영국에서는 이러한 주장이 득세하여 결국 EU탈퇴와 같은 폐쇄주의 노선을 선택하게 됨

⑥ 2017년 미국 트럼프 행정부의 미국 중심주의와 폐쇄적 보호주의 노선으로 인해 TPP를 탈퇴하고 25년 이상 유지해 왔던 NAFTA를 폐기하고 미국 중심주의의 새로운 북미협정(USMCA)을 체결함

⑦ 2017년 독일, 프랑스 등 일부 유럽국가에서는 반세계화를 주장하는 정당의 득표율이 상승세를 보이고 있음

⑧ 이외에도 환경주의자들은 지구환경보호, 고갈성자원 보존, 지구 공유자원 보호, 기타 세계화의 외부불경제적 요인을 부각시키며 세계화에 대한 저항운동을 계

속하고 있음

(3) 반세계화 운동에 대한 반론과 대안

다른 한편, 반세계화 논거에 대한 반론도 적지 않다. 우선 반세계화의 주된 논거로 제시되고 있는 소득 불평등의 경우, 이는 기술진보나 소비자 기호의 변화에 의해서도 불평등이 야기될 수 있으므로 세계화만의 문제로는 볼 수 없다. 예컨대 기술진보가 있는 경우 숙련 노동자와 단순 노동자 간의 임금격차는 불가피하다. 제조업제품에서 문화, 서비스재로 소비의 중심이 이동하는 경우 제조업 부분과 서비스 부분 간의 불평등은 더 확대될 수 있다. 그리고 세계화가 위축되면 국제무역은 축소되고 성장률도 하락하게 될 것이므로 고용기회 감소로 인한 소득 불평등은 더 확대될 수도 있는 것이다. 그럼에도 불구하고 현재까지는 수확체증이 작용하는 지식정보산업의 세계화가 크게 부상되면서 이들 산업과 전통산업 간 또는 이들 산업에 투입된 요소 간 소득 불평등이 크게 인식되면서 반세계화 정서가 나타나고 있는 것으로 볼 수 있다.

일반적으로 볼 때 세계화는 세계적 자유무역을 촉진하는 현상이므로 세계 전체의 입장에서는 자원배부의 효율성을 높이고 경제성장을 촉진하는 순 기능을 더 많이 가진 것으로 평가할 수 있다. 따라서 세계화 자체를 반대하거나 규제하기보다 세계화의 이익을 여러 이해 그룹 간에 합리적으로 배분할 수 있는 정책적 묘를 찾는 데 더 관심을 가져야 할 것이다. 반세계화 운동도 세계화의 대세는 받아들이되 문제점에 대한 토론의 장을 확대하고, 세계화의 문제점 개선을 위한 대안 개발을 촉구하는 방향으로 운동을 전환해 갈 필요가 있다.

4. 탈세계화 현상

반세계화 운동과는 별개로 2008년 세계금융위기 이후는 국제무역이 위축되고 자본이동이 감소하여 국제 간 상호의존성이 다시 약화되는 소위 탈세계화(deglobalization) 현상이 간헐적으로 나타나고 있다. 그러한 탈세계화의 사례로는 2008년 미국 발 금융위기로 인한 금융의 탈세계화, 2018년 이후의 미·중 무역마찰로 인한 무역의 탈세계화, 2020년 COVID19 펜데믹으로 인한 생산의 탈세계화 현상 등을 들 수 있다.

2008년 세계금융위기는 미국 발 금융위기가 금융의 세계화를 통해 세계적 금융위기 내지 세계적 경제위기로 발전한 결과 국제 간 금융거래가 경색되고 세계무역이 크게 감소하는 등 세계화에 역행하는 현상을 유발하였다. 2018년부터 시작된 미·중 무역마찰은 미·중 패권경쟁과 결부되어 나타난 경제대국 간의 구조적 갈등문제이므로 이는 양국만의 문제가 아니라 세계시장질서에 영향을 미치는 세계적 문제이기도 하다. 그로 인해 미국이나 중국과의 무역거래나 무역협정은 경제적 변수 못지않게 지정학적 위험도를 고려해야 하는 상황이 되고 있다. 그에 따라 세계가 하나의 시장으로 통합되는 세계화 추세는 크게 위축되고 미·중 간의 대립구도에 따라 시장권이 분할되거나, 지역협력권이 분리되는 현상도 나타나고 있다. 개정된 북미 자유무역협정(USMCA)에서 미국이 캐나다, 멕시코로 하여금 중국과의 양자간 FTA체결을 규제하고 있는 것이 그 첫 사례가 되고 있다. 2017년 트럼프 행정부 이후 미국은 자국 우선형 보호주의 시각에서 대중 무역규제를 실행하고 있으며, 중국은 2010년대 이후 세계의 공장에서 세계의 시장으로 자국경제의 중심기능이 전환되면서 국내시장에서도 자국기업 우선, 외자기업 차별형 무역정책을 쓰고 있다. 이러한 양대 경제대국의 보호주의 기조로 인해 자유, 무차별 원칙에 기반을 둔 WTO도 그 기능이 크게 약화되고 있으며, 그만큼 자유무역 확대를 통해 추진되어 왔던 세계화 추세도 세력이 약해지고 있다.

2020년 봄부터 유행성 바이러스(COVID19)의 세계적 전파가 장기간 지속되자 국제사회에서는 방역을 위해 사람의 이동은 금지 혹은 제한되고 제품, 중간재, 부품생산에는 차질이 생겼고 이들 제품의 무역도 크게 위축되었다. 그로 인해 국제 간 직접투자에 의한 생산의 세계화, 특히 세계적 부가가치생산망(GVC)이 정지되거나 위축되는 현상이 일어나고 있다. 펜데믹으로 인한 GVC의 위축은 RVC(Regional Value Chain) 확대로 전환되거나 리쇼어링으로 대체됨으로써 탈세계화가 나타나고 있다.

이렇듯 2008/2009년의 세계금융위기를 겪고 난 이후 세계경제는 1980년대 말부터 가속화되어 온 세계화 추세에서 벗어나 혹은 국별 보호주의 혹은 내외 차별적 경제통합에 의해 다시 세계시장을 분할하는 경향이 나타나고 있다. 지역별 경제통합의 경우에는 일면 세계화는 촉진하는 기능도 있으나 배타적 성격의 소규모 통합의 경우에는 집단적 보호주의의 성격이 강하므로 탈세계화의 성격을 가질 수도 있다. EU의 경우에는 수차에 걸친 회원국 확대와 역내 경제활동의 자유화 및 역외국과의 자유무역협정 등을 통해 세계 전체의 무역자유화를 유도한 기능이 더 크게 작용하고 있다. 그러나 영국의 브렉시트는 이러한 EU의 기능에서 후퇴하는 조치이므로 오히려 탈세계화의 한 현상으로 볼 수 있다.

이러한 탈세계화 현상은 아직까지 세계화의 대세를 거스를 만큼 지배적 현상은 아니며 COVID19가 극복되고 미·중 무역마찰이 조정과정에 들게 되면 세계화의 일반적 흐름은 계속 유지될 것으로 보인다. 다만 COVID19 이후 생산 및 구매 패턴의 변화가 일어나고 미·중 무역마찰이 패권 경쟁으로 발전해 갈 가능성이 있으므로 앞으로의 세계화는 1990년대 이후만큼 빠른 확장세를 유지해 가기는 어려울 전망이다.

제4절 경제통합과 세계시장질서

1. 자연적 무역블록과 차별적 무역블록

경제의 지역화는 지역별 무역협정에 의해 인위적으로 추진될 수도 있으며, 다국적 기업의 국제적 활동이 시장적 요인에 의해 특정 지역에 집중됨으로써 일어날 수도 있다. 전자의 경우에는 지역 협정이 역내 우선 역외 차별의 속성을 가지고 있으므로 차별적 무역블록(discriminative trading bloc)이 조성될 수 있다. 그러나 후자의 경우에는 시장기능에 의해 자생적으로 일어난 현상이므로 자연적 무역블록(natural trading bloc)을 형성하게 된다. 지역통합에 의한 차별적 무역블록은 역내외 차별 기능으로 인해 세계시장의 분할을 유도할 수 있으며, 무역전환이 크게 나타날 경우에는 세계 전체의 후생증진에 부정적인 영향을 가져올 수도 있다. 그러나 자연적 무역블록은 시장 내에서의 비교우위원리에 의해 추진된 국제적 결합현상이므로 세계시장 통합의 기초가 될 수 있고 무역확대를 통한 세계 후생증진에도 기여하게 된다.

2. 경제통합과 경제의 블록화

제도적 경제통합에 의해 특정 지역이 하나의 경제권으로 통합될 경우, 여기에는 역내 우선, 역외 차별 원칙이 적용되므로 외부세계에 대해서는 시장진입상의 차별성이 작용하게 된다. 따라서 이러한 유형의 지역통합은 그 자체가 차별적 무역블록으로서의 속성을 가지게 되고 세계시장의 분할을 가져올 위험을 안고 있다. 특히 지역주의에 입각한 경제통합이 집단적 보호주의(collective protectionism)의 실현 수단 혹은 보호주의의 국제적 카르텔(cartelization of international protectionism)로서 기능을 하게 될 경우 지역통합은 이러한 세계시장의 분할을 촉진할 우려가 있다.

그러나 오늘날의 경제통합은 외부지역에 대해 완전히 배타적 성격을 가진 자급자족형 경제권을 유도하는 것이 아니라 외부세계와의 정치, 경제적 개방성을 유지하는 개방적 지역주의에 기초를 두고 있다. 따라서 지역통합이 비록 블록화의 속성을 가지고 있다 하더라도 블록 간의 충돌보다는 복수의 블록 간에 경제적 교류영역을 가지면서 상호 공존할 수 있는 유연성을 내포하고 있다. 이러한 의미에서 경제통합형 블록화는 19세기의 배타적 블록권과는 그 기능이나 속성에서 차이가 있다.

3. 경제통합과 세계화

1990년대 이후 경제의 세계화가 확산된 배경에는 1986~1994년 사이에 이루어졌던 우루과이라운드(UR) 협상과 그 협상 결과를 실현하기 위한 세계무역기구(WTO)의 출범(1995년)이 작용하고 있다. 그 이전 GATT 체제하에서는 주로 공산품 무역의 자유화에 치중하고 있었고 농산물, 섬유, 서비스 교역은 별도의 협상 대상으로 취급하고 있었다. 그러나 UR 협상에서는 이들을 모두 GATT의 협상 대상으로 포함시켰고 그 외에도 지식재산권보호, 분쟁해결기능 강화, 분쟁절차의 공정성 등도 다자간 협상 의제로 삼았다.

그 결과 UR 협상이 타결되고 새로운 무역규범을 관리하기 위해 WTO가 출범하면서 세계무역은 제조업, 농업, 서비스 등 전 산업에 걸쳐 자유화 과정을 밟게 되었으며 그로 인한 경제의 세계화 속도도 빨라지기 시작하였다. 특히 1993년 UR이 타결될 당시 GATT 가맹국 수가 125개국에 이르렀음을 고려할 때 이들 모두가 참여하는 점진적 시장개방이 세계 교역 확대에 미치는 영향은 지대했던 것이라 아니할 수 없다.

이렇듯 WTO의 출범이 경제의 세계화를 지원하는 제도적 배경이었다면 WTO의 무차별주의와 속성을 달리하는 지역별 경제통합은 세계화의 전개에 어떠한 영향을 미치고 있는가? WTO는 GATT와 마찬가지로 최혜국대우 원칙에 의거한 무차별주의를 표방하고 있다. 그러나 지역 경제통합은 역내 회원국에게는 무역상의 특혜를 주고 역외국에 대해서는 무역장벽을 유지하는 특혜무역협정이다. 다시 말하면 경제통합은 역내우선, 역외차별이라는 차별주의 무역협정이며, 논리적으로는 WTO의 무차별주의와는 상충되는 무역협정이다. 그러한 의미에서 지역 경제통합은 세계시장을 지역별로 분할하는 속성을 가지므로 세계화의 장애요인으로 해석될 수 있다.

그러나 WTO의 다자간 무역협상이 지지부진하게 진행되어 온 현실적 상황을 고려하면 소수국가 간의 경제통합은 오히려 WTO의 취약점을 보완하면서 경제의 세계화를 지원하는 긍정적 기능을 가지고 있는 것으로 볼 수 있다. 다음의 제4장에서 소개하고 있는 바와 같이 WTO의 다자간 협상방식은 100여 개 회원국(2019년 말 현재 164개국)이 협상 대상국이고 주제별로 입장이 다른 수십 개의 국가가 협상에 참여하므로 그 타결이 쉽지 않고 된다 하더라도 많은 시간과 협상비용이 소요된다. 1986년 9월, 3년 목표로 시작되었던 UR이 만 7년 경과한 1994년 봄에야 겨우 최종 타결된 사례에서 다자간 협상방식의 현실적 한계를 확인할 수 있다. WTO 출범 이후 첫 번째 협상인 DDA협상도 2002년에 개시되었으나 2020년까지도 일괄타결 목표에는 이르지 못하고 있는 것도 다자간 협상의 한계점을 말해 주고 있다.

이에 비해 지역 경제통합은 높은 수준의 무역자유화에 대해 공동의 이해관계에 있는 국가 간의 무역협정이므로 협상이 효율적으로 진행될 수 있고 소수국가 간의 협정이므로 협상결과에 대한 무임승차 유인을 제거할 수 있는 장점이 있다. 또한 통합 이후 역외국에 대한 무역장벽을 더 높이지 않고 통합에의 신규 참여를 자유롭게 하는 등의 개방적 지역주의를 구현한다면 이는 세계시장의 블록화가 아니라 WTO의 한계점을 보완하면서 세계 전체의 무역 자유화에 접근하는 보완적 수단이 될 수 있다.

EU뿐만 아니라 CPTPP, RCEP 협정에서 보는 바와 같이 최근의 지역무역협정에서는 기술, 환경, 지역공공재 등으로 협상 영역이 확대되고 높은 수준의 자유화 조치가 이루어지고 있어 WTO에서는 기대하기 어려운 무역자유화 규범을 선도적으로 창출해 내고 있다. 무역자유화에 대한 이러한 현실적 선도 기능을 고려할 때 경제통합은 세계화의 걸림돌(stumbling block)이 아니라 세계화를 기능적으로 지원하는 디딤돌(building block)의 역할을 하는 것으로 볼 수 있다.

4. 신지역주의의 확산과 지역주의에 기초한 국제경제질서의 부상

1980년대 말 냉전종식 이후의 국제협력질서는 이념적 결속에서 경제적 결속으로 그 목적과 형태가 변화되어 왔다. 이에 따라 1990년대 이후에는 세계화의 진전 속에서도 경제적 실리추구를 위한 신지역주의가 확산되어 왔다.

통상정책 면에서의 지역주의는 국제 간 거래의 효율성이 큰 인접 국가 간의 경제 및 무역 협력을 우선적으로 고려하며 역내 우선, 역외 차별의 정책기조를 기본 속성으로 하고 있다. 이러한 속성의 지역주의가 2000년대 이후 다시 확산되어 온 것은 다자주의에 입각한 무역협상의 비효율성이 우루과이라운드(UR)를 통해 노출되어 왔고, WTO 출범 이후의 새로운 다자간 무역협상인 DDA라운드 마저 예정대로 진전되지 못한데 따른 반작용의 현상이기도 했다. 이에 따라 국제무역의 자유화협상은 다자주의보다 쌍무주의에 입각한 자유무역협정(FTA)에 의존하려는 경향이 확대되어 왔다.

쌍무주의에 입각한 무역자유화 협정은 정치, 경제, 지리적 공통성이 있는 인접국 간에 우선적으로 이루어져 온 결과 경제적 지역주의를 확산시키는 계기가 되었다. 이러한 지역주의는 그것이 가지고 있는 정치, 경제적 효율성－시장확대의 경제적 이익, 대외교섭력 확대, 지역안보 여건 조성 등－으로 인해 각국이 세계화의 대응 수단으로 선택하고 있는 것도 지역주의의 확산 요인이 되고 있다. 더욱이 최근의 지역주의는 다자주의를 대체하는 것이 아니라 그것을 보완하는 기능을 가짐으로써 다자주의와 양립할 수 있는 방향으로 발전하고 있어 세계 각국이 지역주의를 선택하는 명분을 제공하고 있다. 예를 들면 다자주의에서 다루지 못했던 환경, 공해, 지역안보와 같은 국제공공재 문제를 지역주의를 통해 해결하고 있으며, 다자주의의 무임승차 문제를 지역통합에서 해소할 수 있다는 점 등이 그 예가 될 수 있다.

이러한 점에서 오늘날의 지역주의는 다자주의의 예외적 현상이 아니라 다자주의와 병행해서 나타나는 21세기형 국제질서로 파악되고 있다. 이에 따라 지역주의를 실현하는 정책 수단으로서 FTA와 같은 쌍무적 무역협상방식도 계속 선호될 것으로 보인다.

제5절 경제통합과 세계체제의 안정화

패권체제의 순환

경제통합형 지역주의가 장기적으로 지속되고 복수의 경제블록이 병존하게 될 경우,

세계제체의 패권 순환					
기간	16~17C	17~18C	18~19C	19~20C	20C	21C
패권국	포르투갈	네덜란드	영국 I	영국 II	미국 I	미국 II
도전국	스페인	프랑스		독일	소련	EU, 동아시아 (중국)

이는 단일의 패권체제 위에 수립된 지금까지의 자본주의 세계체제를 구조적으로 변화시키는 요인으로 작용하게 될 것이다. 16세기 이후의 근대 세계체제에서는 일련의 패권국들이 세계경제를 지배해 왔다. 초기 패권국인 포르투갈과 스페인의 쇠퇴에 이어 17~18세기에는 네덜란드가, 18~19세기에는 영국이 각각 세계의 정치, 경제질서를 안정시키는 패권국으로 군림해 왔다. 그리고 20세기에는 미국이 UN 및 브레튼우즈 체제를 통해 세계 패권국의 위치를 승계해 오고 있다. 각 기간에 있어서 패권국은 무정부적일 수 있는 국제사회를 안정화시켜 왔으며, 쌍무적 국제관계나 다자간 국제기구에서의 리더십을 통해 게임의 룰(rules of game)을 따르도록 다른 국가에게 압력을 넣어 오기도 했다. 이러한 주도적 역할을 통해 세계체제는 안정될 수 있었다.

그러나 지역주의에 기초를 둔 경제통합이 대륙규모로 확대되고 대륙별 통합이 독자적인 협력질서를 창출해 감에 따라 세계체제(world system)가 앞으로도 단일의 주도국에 의한 패권체제로 유지될 것인가에 대한 의문이 제기되고 있다. 일면 세계체제는 운수, 통신기술의 발달로 세계 전체가 하나의 지배력을 중심으로 하는 세계적 패권체제로 더욱 공고히 결합되어 갈 가능성이 있다. 그러나 다른 한편으로는 기존의 계층적 패권체제(hegemonic hierarchy, hierarchical hegemonism) 대신 지역주의에 의한 다극형 지배체제(polyarchy)가 국제체제의 신질서로 대두될 가능성도 있기 때문이다.

단일의 패권국이 더 이상 세계경제체제를 관리하지 못할 것이라는 다극론자들의 주장은 1990년대 이후 EU, NAFTA 및 동아시아 경제권 등 강력한 지역블록의 등장과 신지역주의의 확산으로 인해 설득력을 얻어가고 있다. 특히 1990년대 이후의 세계경제는 대륙규모의 지역통합과 대륙별 국제질서를 모색하는 지역주의에 영향을 받고 있어 세계체제의 다극화(multi-polarization)는 이미 진행단계에 접어들고 있다는 주장이 많다.

그러나 중상주의 이후 자본주의 세계체제의 역사가 패권순환의 역사였음을 고려할 때 이러한 다극화 현상이 곧 패권시대의 종언을 의미하고 세계체제가 다극체제로 전환되어 가는 전환점을 의미하는가에 대해서는 논란의 여지가 있다. 다만, 오늘날의 블록 경제권이 경제통합의 내적 합리성으로 인해 장기적으로 지속될 수 있고 다극체제가 그러한 경제통합형 경제권에 의해 유지되고 있다는 사실을 고려할 때 현재 나타나고 있는 다극체제는 비록 역사적으로는 과도기적 현상이라 할지라도 그 과도기적 기간은 세기적 상태로 보아야 할 만큼 긴 기간이 될 수도 있을 것이다.

다극체제의 대두

개방적 지역주의에 기초를 두고 있는 다극체제 아래서는 지역 블록 간의 협력채널을 통해 복합적 상호의존관계를 유지해 갈 수 있다. 특히 미국의 패권이 쇠퇴하고 다자간 무역협상이 한계에 봉착하고 있는 현실 속에서는 지역통합에 의한 다극체제가 오히려 세계체제의 안정화에 도움을 줄 수 있다. 집단행위(collective action) 모델이 시

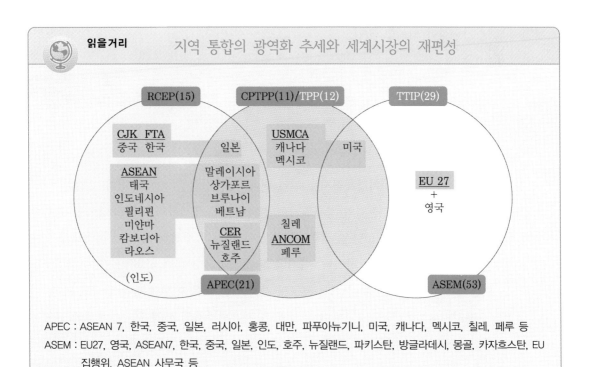

읽을거리 지역 통합의 광역화 추세와 세계시장의 재편성

RCEP(15) CPTPP(11)/TPP(12) TTIP(29)

CJK FTA
중국 한국

일본

USMCA
캐나다
멕시코

미국

ASEAN
태국
인도네시아
필리핀
미얀마
캄보디아
라오스

말레이시아
싱가포르
브루나이
베트남

EU 27
+
영국

(인도)

CER
뉴질랜드
호주

칠레

ANCOM
페루

APEC(21) ASEM(53)

APEC : ASEAN 7, 한국, 중국, 일본, 러시아, 홍콩, 대만, 파푸아뉴기니, 미국, 캐나다, 멕시코, 칠레, 페루 등
ASEM : EU27, 영국, ASEAN7, 한국, 중국, 일본, 인도, 호주, 뉴질랜드, 파키스탄, 방글라데시, 몽골, 카자흐스탄, EU 집행위, ASEAN 사무국 등

사하는 바와 같이 세계적 협상에서 참가자가 다수가 아니라 소수라고 가정할 경우 소수행위자 간의 감시감독으로 인해 협력과 합의가 용이할 수 있기 때문이다. 따라서 세계체제는 패권체제가 아니라 다극체제나 복수의 지역통합체 간의 협력에 의해 유지될 가능성이 있는 것이다.

실제 21세기 들어 확대되고 있는 FTA의 광역화 추세는 세계경제체제의 다극화를 유도하는 방향으로 전개되고 있다. 2000년대 이후 FTA를 중심으로 하는 지역경제통합은 쌍무적 협정에서 다자간 협정으로, 소지역별 통합에서 대륙별 통합으로 확대되고 있다. 특히 EU의 확대·심화에 이어 동아시아에서는 역내 포괄적 경제동반자협정 (RCEP), 환태평양 경제동반자협정(TPP)이 결성되고 각기 지역 실정을 반영하는 무역질서를 창출해 가고 있다. 그리고 이들 대륙별 통합은 ASEM(유럽과 아시아), APEC (아시아와 미주), TTIP(미국과 EU)와 같은 대륙 간 협력조직을 통해 상호개방성을 유지하고 있다. 이러한 광역통합 현상은 제2차 세계대전 전의 배타적 경제 블럭화와는 성격을 달리하는 것으로 상호병존의 논리를 내포하고 있다. 따라서 21세기 세계경제 체제는 일국 중심의 패권체제가 아니라 대륙별 경제통합에 의한 다극체제로 발전해 갈 가능성이 커지고 있다.

제6절 미·중 패권경쟁과 세계경제질서

1. 미국의 패권 쇠퇴와 중국의 도전

21세기 들어 세계 정치경제질서는 여러 면에서 큰 변화를 보이고 있다. 2008년 미국발 금융위기가 세계 전체의 경제위기로 전파되면서 세계화의 부정적 효과를 경험하게 되었다. 그리고 2010년을 전후하여 발생한 유럽의 재정위기는 EU 협력체제에 대한 의구심을 불러오기도 하였다. 여기에 다시 영국은 2016년 국민투표를 통해 EU 탈퇴를 결정하는 사태가 일어났다. 서구적 가치의 한 축을 이루고 있는 영국의 EU 탈퇴는 제2차 세계대전 후 지금까지 유지해 온 자유민주주의형 경제안보 체제에 균열이 생겼다는 것을 의미한다. 그리고 2017년 트럼프 행정부 출범 이후에는 미국 중심의 보호주의 노선을 채택하면서부터 지금까지 미국이 주도해 왔던 자유무역질서도 상처를 받게 되었다. 트럼프 행정부에서는 2019년 지난 25년간 유지되어 왔던 NAFTA를 미국 중심의 보호주의적 지역협정(USMCA)으로 개편하는가 하면 WTO 분쟁해결 기능에 불만을 품고 WTO에 부정적 입장을 취하는 등 미국은 최근 자유무역 시스템에도 소극적인 자세를 보이고 있다. 이로 인해 영미식 자본주의와 신자유주의 경제사상도 더 이상 세계 모든 국가를 위한 글로벌 스탠더드로 인식될 수 없게 되었다. 이러한 서구적 협력시스템의 균열로 인해 그것에 기반을 두고 형성된 미국의 패권질서도 약화되지 않을 수 없게 되었다.

이에 반해 지금까지 서구적 가치와 미국형 패권질서에 이끌려 왔던 아시아 지역은 중국과 주변 신흥국들의 경제적 부상으로 새로운 국제질서 창출의 중심지로 떠오르고 있다. 1978년 이후 개혁, 개방을 추진해 온 중국의 고속성장에 더하여 아시아 신흥국들의 눈에 띄는 경제성장이 지속되면서 아시아, 특히 동아시아 지역은 21세기 들어서도 세계적 성장의 견인차 역할을 해오고 있다. 그 결과 세계경제의 흐름을 주도하는 중심축은 바야흐로 서구에서 아시아, 특히 중국, 일본, NIES, ASEAN을 포괄하는 동아시아로 이동하고 있는 것이다. 동아시아 중에서는 장기침체를 겪어 온 일본을 대체하여 제2의 경제대국으로 부상하고 있는 중국이 동아시아뿐만 아니라 세계 전체에 성장 동력을 제공해 오고 있다.

중국은 개혁, 개방 이후 급속하게 확대된 경제력과 거대한 국부를 배경으로 정치, 외교, 군사적으로 미국의 패권에 도전하기 시작하였다. 미국의 패권에 대한 중국의 도전 배경에는 자체 내의 경제력뿐만 아니라 주변의 중화경제권, ASEAN 및 신흥공업국들과 맺고 있는 자본 및 시장의 유기적 결속 관계가 동시에 작용하고 있다. 중국의 국내 정치노선도 시진핑 정부 이후에는 과거에 보여 왔던 도광양회(韜光養晦)나 화평굴기(和平崛起) 전략과 달리 주동작위(主動作爲) 노선으로 세계무대에서 자기들의 몫을 적극적으로 주장하는 입장을 취하고 있다. 다시 말하면 미국 주도로 설립된 전후의 국제무역, 국제통화질서의 구속에서 벗어나 중국은 이제 적극적으로 자기 노선과 자기 몫을 요구하기 시작한 것이다. 국제사회에서 이러한 주동작위 노선은 사실상 미국에 대한 패권도전으로 나타나고 있다. 실 예로 시진핑 이후 중국은 미국형 패권질서에 대한 대항조치로 자국 주도의 국제협력망을 별도로 구축해 오고 있다. 아프리카, 남미제국과의 자원외교에서 거액의 개발자금을 지원하고 있으며, 아시아 인프라

투자은행(AIIB)과 일대일로(一帶一路) 정책을 통해 서아시아, 중동, 유럽에 이르는 개발협력 통로를 구축하고 있다. 무역 면에서도 미국의 보호주의에 맞서 중국은 역설적으로 자유무역을 주장하며 미국과의 무역마찰을 불사하고 있다. 이러한 중국의 도전은 세계질서에 대한 중국의 존재를 과시하는 전략이며, 미국 중심의 패권체제에 대한 의도적 도전으로 관측되고 있다.

2. 미·중 무역마찰과 패권 경쟁

(1) 미·중 무역 마찰의 배경

1978년 개혁, 개방 이후 사회주의 시장경제를 표방해 왔던 중국은 2001년 자유무역을 표방하는 세계무역기구(WTO)에 가입하게 되었다. 미국을 위시한 서방세계에서는 중국이 WTO 가입을 계기로 사회주의 국가간섭주의를 버리고 자유무역원칙과 무차별주의에 의거하여 국제 간 자유무역 질서에 편승하기를 기대하였다. 그러나 WTO 가입 이후 약 20년 가까운 기간 동안 중국은 미국과 서방국가들의 기대와는 달리 수입은 억제하고 수출은 확대하는 국가관리형 무역정책에만 주력해 왔다. 자국기업에게는 정부보조금을 지급하고 외국기업은 차별하는가 하면 국내 진출 외자기업에게 기술이전 압력을 행사하거나 기술 탈취용 M&A 행위를 감행하는 등 불공정 거래 행위를 지속해 왔던 것이다.

특히 중국은 13억 인구의 거대한 국내시장에서 자국기업에는 보조금 등의 유리한 경쟁조건을 제공하고 거기서 경쟁력을 키운 뒤에 수출시장으로 진출하여 세계시장을 공략하는 정부간섭 정책을 유지해 온 것이다. 거대시장 중국은 소국형 개방경제 국가들과 달리 국내시장 그 자체가 국제 경쟁력 배양의 온실이 되었고 세계시장 공략의 교두보 역할을 해 온 것이다. 그리하여 중국은 2010년대 이후부터 세계 제1의 제조업 대국이 되었고, 일본을 능가하는 제2의 경제대국이 되었으며, 4차 산업혁명의 선도주자 자리를 노리는 위치에 서게 된 것이다.

미국의 입장에서 볼 때 이러한 중국의 부상은 WTO의 자유무역주의와 무차별원칙을 위반한 차별적 무역정책의 결과이고 외국기업에 대한 불공정한 기술이전 요구와 기술도용의 결과로 보였으므로 그에 상응하는 규제조치가 있어야 한다고 보았다.

2017년 트럼프 행정부 이후 노골화하기 시작한 미·중 무역 분쟁은 이러한 불공정 행위의 지적과 규제발표에서 시작된 것이다.

(2) 미국의 공격

중국의 불공정 무역관행에 대한 트럼프 행정부 이후의 규제조치는 중국제품에 대한 고율의 수입관세 부과로 시작되었다. 즉 2018년 3월 500억 달러의 중국제품 수입에 대해 미국이 25%의 추가관세를 부과하면서 무역 분쟁이 시작된 것이다. 추가 관세 부과의 외형적 목적은 대 중국 수입을 억제하여 무역적자를 줄이고 중국기업에 빼앗긴 일자리를 다시 찾겠다는 것이었다.

　미국의 고율 관세 압력으로 중국은 미국 농산물 수입확대, 공산품, 에너지, 서비스 수입 추가 확대 등의 대안을 제시하여 양측 간 마찰은 임시 조정되기도 하였다. 그러나 중국 측의 실행의지가 미온적으로 나타남에 따라 미국은 2019년 이후 다시 상품무역 외에 중국 금융시장의 추가 개방, 지적 재산권보호 강화, 기술이전의 투명성 요구, 환율조작 금지와 같은 금융, 기술 부문으로까지 개방요구를 확대하기 시작하였다. 이러한 요구로 인해 양측 간의 임시합의는 무산되고 중국 측에서도 대 미국 수입품에 추가 관세를 부과하게 되자 양국 간 무역마찰은 본격화하게 되었다. 양측의 무역마찰이 본격화되자 미국 측에서는 대중 무역규제를 단순한 무역적자 해소 차원이 아니라 중국의 기술굴기 자체를 견제하기 위한 방향으로 확대시키게 되었다. 즉 2020년 이후에는 중국의 국내시장 추가 개방뿐만 아니라 지재권 보호 강화, 전략산업에 대한 보조금 금지, 주요 과학연구사업에 중국학자 참여제한, 중국 5G 통신장비업체(화웨이)에 대한 부품공급 봉쇄로까지 확대하기 시작하였다. 무역적자 해소 명분의 무역마찰이 기술추격이나 경제적 도전 기반을 제재하는 무역전쟁 단계로 발전하게 된 것이다.

(3) 중국의 대응

중국은 1978년 개혁 개방 이후 민족주의적 경제발전을 이룩하고 과거 중화주의 시대의 영광을 회복하자는 긴 목표 아래 점진적 발전 전략을 유지해 왔으며, 그 수단으로 시장경제의 도입과 WTO 가입을 선택하였다.

　중국의 발전전략을 보면 과거 등소평 시대에는 흑묘백묘(黑猫白猫)론의 실용주의 노선을 표방하여 시장경제에 대한 논쟁을 극복하였고, 대외적으로는 도광양회 노선을 택함으로써 국제사회의 견제와 경계를 피하면서 발전기반을 닦아 왔다. 그러나 2013년 이후 시진핑 정부에서는 주동작위 노선을 통해 지금까지 쌓아온 경제력을 바탕으로 미국에 대응하는 패권국가로의 도전 욕망을 드러내기 시작하였다. 대내적으로는 일인 통치체제를 굳히고 대외적으로는 중국 제조업을 세계최강 수준으로 현대화하며('중국 제조 2025'), 2050년까지는 중국 군사력을 세계최강 수준으로 현대화한다는 꿈을 천명하고 있는 것이 그것을 대변하고 있다. 이러한 공격적 노선을 선택한 결과 2020년 이후에는 미국의 추가 관세 부과에 대해 타협보다는 보복적 추가관세로 응수하고 있으며, 미국 주도의 세계질서에 대해서도 순응보다는 중국식 질서 구축이라는 독자노선을 표방하고 있는 것이다. 미국이 절대적 우위에 있는 국제금융질서 면에서도 중국형 국제금융기구로서 AIIB를 설립하였고, 미국달러에 대응하여 위안화의 국제화를 추진함으로써 미국 독주의 국제통화 및 금융질서에 제동을 걸고 있는 것이다.

(4) 미·중 마찰의 해결 전망

2010년대 이후 진행되고 있는 미·중 무역 마찰은 미국의 보호주의적 통상정책이 지속되고 중국의 패권 도전 의도가 철회되지 않는 한 일시적 현상으로 끝나기는 어려울 전망이다. 단기적으로는 2017년경부터 노출되기 시작한 통상마찰은 트럼프 행정부의 특수 형태 때문에 유발된 측면이 없지 않다. 그러나 미국 유권자들의 중국에 대한 경계심과 비호감도가 높게 나타나고 중국의 경제적·기술적 도전이 지속되는 한 미국 행정부가 교체된다 하더라도 양국 간 무역 마찰은 쉽게 해소되기는 어려울 전망이다.

세계 전체의 입장에서 바람직한 해소 방안은 중국이 완전한 시장경제 체제로 진입하여 민간주도 경제로 전환하고 WTO가 요구하는 공정무역 질서를 통해 새로운 성장동력을 찾아가는 길이다. 그러나 위에서 본 중국의 주동작위 노선으로 볼 때 이러한 국제적 요구가 수용되기는 어려울 전망이다. 그럴 경우 미국은 지금까지와 같은 관세 인상, 기술규제뿐만 아니라 미국이 절대적 영향력을 행사하고 있는 국제금융 분야에서의 대중 제재까지도 행사할 수도 있을 것이다.

현재의 시점에서 미국이 발동할 수 있는 금융규제 수단은 위안화 환율절상, 중국계 은행에 대한 금융제재, 중국계 다국적 기업에 대한 금융거래 제한 등이 있을 수 있다.

세계 외환거래의 80%가 미국 달러로 결제되고 있음을 고려할 때 미국의 이와 같은 금융규제는 관세정책과는 비교할 수 없는 규모의 충격을 중국에 안겨 줄 수도 있다. 여기에 대응하여 중국도 1조 2천억 달러로 추정되는 미국 국채를 투매로 대응한다면 국제금융시장의 혼란과 미국의 신뢰추락이라는 반대급부도 피하기 어려울 것이다. 그러나 중국 역시 자국 경제의 충격을 감내하면서 강한 반격을 선택하기는 쉽지 않은 상황이다. 무역 및 금융마찰로 인한 성장률 추락과 그로 인한 실업 증가는 중국 정부의 리더십 약화로 연결될 수 있고, 내핍을 통한 대미 항전을 요구하기에는 이미 물질적 풍요를 맛본 인민들에게 흡수력이 없을 수 있기 때문이다.

따라서 단기적으로는 양국이 경제전쟁으로 나아갈 만큼 극단적 충돌은 일어나지 않을 수 있다. 그러나 장기적 흐름에서 볼 때 정치, 경제, 군사력의 확대에 따른 도전국으로서의 중국과 기존 질서를 지키고자 하는 미국 간의 패권경쟁 구도는 시간을 두고 확대될 수밖에 없는 상황이 되고 있다. 더욱이 미·중 간 패권경쟁은 양차 대전후 영·미 간의 패권 이양과 달리 인종, 문화, 경제체제 및 이념적으로 이질적인 국가 간의 경쟁이므로 결국은 '투키디데스함정'을 우려하지 않을 수 없는 상황에 빠질지도 모른다. 역사적으로 볼 때 이질적 성향의 두 집단 간의 패권경쟁은 결국 전쟁의 함정에서 벗어날 수 없었던 선례가 많았기 때문이다. 이런 점에서 미·중 간 패권경쟁과 함께 전개되고 있는 양국 간의 무역 마찰을 세계 각국은 우려하지 않을 수 없는 것이다.

제4장

지역주의와 다자주의

제1절 지역주의와 GATT/WTO

1. 지역주의와 다자주의의 개념 및 속성

오늘날 국제경제질서는 크게 다자주의와 지역주의 혹은 세계화와 지역화의 양대 개념으로 설명되고 있다. 다자주의(Multilateralism)는 GATT/WTO가 추구하는 무차별주의를 기본 이념으로 하여 세계적 차원의 무역자유화를 추구하는 정책 사조를 의미하며, 이를 위해 GATT/WTO 회원국이 다자간 무역협상을 통해 관세인하를 추진해 오고 있다. 이에 비해 지역주의(Regionalism)는 지리적 인접성, 문화적 공통성 및 경제적 이해를 함께하는 국가들이 경제, 무역에 관한 협정을 체결하여 역내국가에 대해서는 무역 및 자본거래상의 특혜를 부여하고 역외국들에게는 차별적 조치를 취하는 형태의 정책 사조를 의미한다. 지역별 경제통합이나 지역별 무역협정이 지역주의 실현의 대표적 수단이 되고 있다.

　다자주의는 WTO에 가입한 모든 나라가 공동으로 무역자유화 협상에 참여하고 협정 체약국에 대해서는 무차별적인 무역상의 특혜−최혜국대우−를 공여함으로써 세계 전체의 무역자유화를 유도하고 있다. 따라서 다자주의는 세계 전체의 시장을 하나로 통합하는 소위 세계화(Globalization) 의 유발 요인이 되고 있다. 여기에 비해 지역주의는 지역별 무역협정에 참가한 국가에게는 무역상의 특혜를 제공하는 반면 역외국에 대해서는 무역상의 차별을 가하는 역내 우선 역외 차별 원칙에 입각하고 있으므로 이는 무역이나 자본의 흐름을 지역별로 편중시키는 경제의 지역화(Regionalization)를 초래하는 요인이 되고 있다.

2. 지역통합과 세계후생

이론적 측면에서는 지역주의보다 다자주의가 세계 전체의 후생 증진에 더 도움이 될 수 있다. 세계 전체의 후생극대화는 세계 전체가 자유무역에 접근할 때 가능하게 된다. 다자주의는 세계 여러 나라가 공동으로 무역자유화를 약속하고 자유화 협정에 참가하는 모든 국가에게 차별 없는 대우를 하는 것이므로 세계 전체의 무역자유화를 추진하는 데에는 지역주의보다 더 효율적인 접근 수단이 될 수 있다. 반면 지역주의는 역내 회원국의 이익을 우선적으로 고려하고 역외국을 차별하므로 세계시장을 분할하는 속성을 가지게 되며, 그로 인해 세계 전체의 무역자유화에는 이르지 못하는 한계점이 있다. 그로 인해 차선책 이론이 지시하는 바와 같이 지역규모의 무역자유화를 실현하는 지역통합의 수가 많아진다고 하여 그것이 반드시 세계후생 증가에 도움이 된다고는 볼 수 없다.

그러나 현실적으로는 다자주의의 이론적 기능은 여러 가지 측면에서 제한을 받고 있다. 다자주의는 수많은 국가들이 동시에 협상에 참가함으로써 협상의 비용은 많이 드는 반면 협상의 효율성은 낮으며, 여러 국가 그룹 간에 서로 다른 입장이 교차함으로써 협상 성과는 부진한 한계점을 안고 있다. 더욱이 다자간 협상의 결과에 대해서는 많은 무임승차자가 나타남으로써 이론적으로 기대할 수 있는 세계 전체의 무역자유화 효과를 실현하기 어렵다는 것을 인식하게 되었다. 1960년대 이후 GATT 체제하에서 여러 차례의 다자간 관세인하 협상을 추진해 왔으나 세계 전체의 무역자유화에는 쉽게 접근하지 못하고 있다. 그 이유는 일부의 국가들은 GATT 정신에 입각한 무역자유화 조치를 정책에 반영하고 있으나 다른 일부 국가들은 세계시장의 자유화 혜택은 수혜하면서 자국 시장은 다양한 형태의 보호수단으로 보호하는 소위 자유무역의 무임승차국이 있어 왔기 때문이다.

반면 지역주의는 소수의 국가 간에 무역자유화 협정을 체결하는 것이므로 협상타결이 용이하며, 지역 통합체 내의 공동기구를 통해 역내무역협상 결과를 효율적으로 관리할 수 있다. 그 결과 소수 국가 간의 지역통합에서는 역내무역자유화에 대한 무임승차자가 생겨날 수 없다. 따라서 지역주의는 국제 간 무역협상이나 무임승차자 관리 면에서 다자주의의 한계점을 보완하는 보완적 기능을 가지고 있다. 이러한 지역통합의 수가 많아지면 많아질수록 세계 전체의 무역자유화 폭도 그만큼 커지는 것으로 볼 수 있다. 그러나 세계 전체가 복수의 지역통합체로 나누어질 경우 그것이 폐쇄적 블록 경제권으로 발전하여 상호 배타성을 가지게 되면 세계시장은 블록 경제권 수만큼 협소하게 분할되고 세계 전체의 무역자유화에도 역행하게 된다. 그렇지 않고 지역통합이 역내무역은 자유화하되 역외에 대해서도 무역장벽을 더 높이지 않고 점진적으로 낮추어가는 개방적 지역주의를 실현한다면 지역통합의 확산은 현실적으로 세계무역의 자유화를 유도하는 수단이 될 수 있다. 또한 세계적 무역자유화를 위해 개별 국가 대신 지역통합체 대표 간의 무역협상이 진행된다면 이는 세계 모든 국가들이 참여하는 다자간 무역협상보다 협상참가자 수가 적으므로 협상을 효율적으로 추진할 수 있고 협상의 시간적 경제적 비용도 줄일 수 있게 된다. 이러한 점에서 지역통합은 다자주의의 현실적 제약을 보완하면서 세계적 무역자유화에 접근하는 차선책으로 평가할 수 있다.

다른 한편 경제통합이론에서 볼 때 지역통합이 세계후생 증진에 기여하기 위해서는 다음과 같은 조건이 충족되어야 한다. 즉 지역통합은 이론적으로 ① 무역창출효과, ② 무역전환효과, ③ 무역확대효과, ④ 교역조건효과, ⑤ 시장확대효과, ⑥ 경쟁촉진효과, ⑦ 투자전환 및 투자창출효과 그리고 자유무역지역에서는 ⑧ 간접무역굴절효과 등을 가지고 있다. 이 가운데 무역전환효과, 교역조건효과 및 투자전환효과 등은 역외국의 희생위에 역내 회원국의 이익을 가져오는 효과이다. 따라서 역내 회원국이 얻을 수 있는 무역창출, 시장확대, 경쟁촉진 등의 이익이 이들 역외국의 손실을 능가할 수 있어야 세계 전체로는 지역통합의 순이익이 생겨날 수 있다. 그리고 장기적으로는 지역통합에 의한 새로운 무역확대 과정에서 역외국과의 무역도 증가할 수 있어야 한다.

이렇듯 지역통합을 통해 세계 전체의 순이익을 증대시키기 위해서는 무역전환으로 인한 역외 지역의 손실을 극소화하고 무역확대 및 경쟁촉진의 효과를 극대화시키는 방향으로 지역통합이 추진되어야 한다. 이러한 취지에서 GATT/WTO에서는 지역통합을 현실적으로 인정하되 일정조건(GATT 제24조, GATS 제5조)을 부과하여 역외에 미치는 손실을 극소화하고자 했다.

3. GATT 제24조와 지역통합

GATT는 무차별주의와 다자주의에 입각하여 세계 전체의 무역을 자유화하는 것을 궁극적 목표로 하고 있다. 이를 위해 GATT 제1조에서는 최혜국대우(most favoured nation treatments : MFN) 원칙을 규정하여 모든 협정 참가국들에게 동등한 대우를 하면서 무역을 자유화하도록 명문화하고 있다. 그러나 GATT는 현실적 사정을 고려하여 지역통합의 경우에는 일정 조건을 충족할 경우 최혜국대우(MFN) 의무에 대한 예외(GATT 제24조 및 GATS 제5조)를 인정하고 있다. 지역통합은 역내에서는 무역을 자유화하지만 역외국에 대해서는 무역장벽을 두어 차별대우를 하는 것이므로 GATT의 기본 원칙에는 위반되는 행위이다. 그럼에도 불구하고 이러한 지역통합을 GATT 제1조 최혜국대우 원칙의 예외로 인정하게 된 배경에는 GATT 설립 당시 국제사회가 안고 있던 정치, 경제적 현실이 작용하고 있었던 것이다.

즉 제2차 세계대전 직후 GATT가 수립될 당시 이미 유럽에서는 벨기에·룩셈부르크 경제동맹이 있었고 베네룩스 관세동맹이 사실상 타결 단계에 있었다. 그리고 국내시장이 협소하여 공업화정책 수행이 어려웠던 개발도상국 측에서도 그들의 개발 목적을 달성하기 위해 관세동맹이 필요하다는 주장을 하고 있었던 것이다. 특히 GATT 협상을 주도했던 미국은 MFN 조항이 영연방 특혜무역권(The Commonwealth)과 같은 종주국과 식민지 간의 특혜무역협정을 종식시키는 수단으로 보고 있었을 뿐 기존의 소규모 동맹이나 일부 개도국 간의 무역협정이 세계 전체의 무역자유화에 큰 영향을 미치지 않는다고 보았던 것이다. 그리고 전후 냉전체제하에서 EEC와 같은 서유럽의 경제적 결속은 동유럽의 위협에 대한 공동방위라는 정치적 의미를 가지고 있었던 것이다. 따라서 서방진영에서도 지역통합을 현실적으로 인정하는 것이 시장경제권 내에서 자유무역질서를 안정시키는 데 도움이 되는 것으로 판단하고 있었다. 그 결과 GATT 제24조에서는 다음과 같은 일정조건을 충족하는 경우에 한해 지역무역협정을 최혜국대우의 예외로 인정하게 된 것이다.

GATT 제24조에 규정된 지역협정의 조건은 다음과 같다.

① 관세동맹(자유무역의 경우에도 같은 기준 적용)의 경우 전체의 수준에서 동맹이 설치하는 관세, 기타의 무역장벽은 동맹 결성 전보다 더 높아서는 아니 된다(제24조 5항 a).

With respect to a customs union (the same criteria are applied to a free trade area), 'duties and other regulations of commerce imposed at the institution of any such union … shall not on whole be higher or more restrictive than the general incidence of duties … prior to the formation of such union'(Article XXIV, Paragraph 5 a)

② 동맹지역 내에서의 관세 및 기타 무역장벽의 철폐는 실질적으로 모든 무역에 대해 이루어져야 한다(제24조 8항 a).

'duties and other restrictive regulations of commerce are eliminated with respect to substantially all the trade between the constituent territories of the union or at least with respect to substantially all the trade in products originating in such territories.' (Article XXIV, Paragraph 8 a)

③ 자유무역지역이나 관세동맹 수립의 이행 기간을 설정할 경우 합당한 기간 내에 이를 완료할 수 있는 실행 계획을 세워야 한다(제24조 5항 c).

Any interim agreement leading to a free trade area or a customs union 'shall include a plan for the formation of such a free trade area … within a reasonable length of time'(Article XXIV, Paragraph 5 c)

그러나 이러한 예외 인정조건은 다음과 같은 조문 해석상의 불명확성으로 인해 국제사회에서 논란의 대상이 되어 왔다.

첫째, "비가맹국에 대한 무역장벽이 동맹 전체의 수준에서 동맹 전보다 높지 않아야 한다"('shall not on the whole be higher…')에 대한 해석상의 불명확성이다. 이 경우 동맹은 역외로부터의 일부 중요 수입품에 대한 관세율을 높이는 반면 다른 일부 품목에 대해 관세율을 낮춤으로써 전체적으로는 세율을 종전보다 낮게 할 수 있다.

그리고 EEC의 경우와 같이 국별 관세의 산술평균치를 공통관세로 설정함으로써 보호주의적 국가의 관세는 낮추었지만 역내 개방주의적 국가의 관세는 더 높아지게 되었다. 그 결과 동맹 전체의 실질적 무역장벽이 동맹 전보다 더 낮아졌다고 판단하기 어려운 경우가 있다. 특히 동맹 전체의 평균관세 수준을 비교의 기준으로 할 경우 기존의 관세동맹이나 자유무역지역에 관세수준이 높은 개도국이 신규로 가입할 경우 동맹지역의 대외 무역장벽은 더 높아질 수 있기 때문에 제24조의 기본 취지를 희석시킬 우려가 있다. 예를 들면 EU가 관세수준이 높은 중동부 유럽국가들을 신규회원국으로 가입시키는 경우 혹은 NAFTA의 자유무역지역이 중남미지역으로 확대될 경우 EU나 NAFTA 전체의 평균관세 수준은 더 높아질 수 있는 것이다.

둘째, 제24조에서는 실질적으로 모든 무역('substantially all trade')에 대해 역내관세 및 기타의 무역장벽을 제거하도록 규정하고 있으나 여기서 '실질적'이라는 용어의 해석이 문제시되어 왔다. 예를 들면 교역대상 품목 가운데 30%의 전략적 품목은 제외하고 잔여 70%에 대해 100%의 관세를 철폐하는 경우가 있을 수 있다. 반면 100%의 모든 교역대상품목에 대해 70%의 관세인하를 하는 경우도 있다. 이중 어느 쪽을 실질적인 관세인하로 볼 수 있는가에 대한 명시적 조항이 없다. 따라서 제24조의 조건은 그 해석상의 불분명성으로 인해 지역통합의 보호조치를 완화하는 데에는 한계가 있으며 실제 GATT에서는 이러한 제한조치의 위배 때문에 지역무역협정이 거부된 예가 사실상 없었던 것이다.

셋째, 자유무역지역이나 관세동맹으로의 이행기간에 대한 구체적 언급이 없었다는 점이다. 그러나 이러한 지역통합에의 실행기간에 대해서는 1994년에 타결된 우르과이 라운드(Uruguay Round) 협상에서 그 이행기간을 통상 10년을 초과할 수 없다고 규정함으로써 이에 대한 해석은 분명하게 되었다.

이러한 해석상의 불명확성에도 불구하고 GATT의 제24조는 GATT 설립의 기본 취지에 도움을 줄 수 있다는 긍정적 해석 때문에 지금까지 유지되고 있다. 1994년 우루과이라운드(UR) 타결 이후 GATT에서는 제24조를 "지역통합협정은 가맹국 간 무역을 촉진하는 한편 비 가맹국에 대해서는 무역장벽을 높여서는 아니 되며 더욱이 GATT의 다른 회원국과의 무역에 부정적인 영향을 미쳐서는 아니 된다."고 해석하고 있다. 이러한 취지를 1995년 이후의 WTO에도 승계시키고 있다. 즉 이 조항의 취지는 지역

읽을거리 GATT 체제하에서 지역주의를 수용하게 된 배경

지역주의와 다자주의는 그 개념적 속성으로 보아서는 양립이 어려운 대체관계에 있다. 전자는 차별주의, 후자는 무차별주의에 입각하고 있기 때문이다. 다자주의가 세계 전체의 무역자유화를 촉진하고 세계적 통합을 유도한다면 지역주의는 세계시장을 지역별로 블록화하고 세계시장을 분할하는 기능을 하게 된다. 따라서 양자 간에는 세계 전체의 입장에서 볼 때 시장통합에 대한 운동의 방향이 서로 다르게 작용하기 때문에 국제무역질서로서는 양립이 어려운 속성을 가지고 있다. 그러나 제2차 세계대전 이후의 무차별주의를 표방하는 GATT 체제하에서도 차별주의에 입각한 지역적 경제통합을 예외조치로 수용해 왔으며(GATT 제24조에 의거), 1995년 이후 WTO 체제하에서도 그러한 지역통합을 수용해 오고 있다. 전후 세계적 무역자유화를 지향했던 GATT 체제하에서 경제통합과 같은 지역주의적 협력조직을 수용한 배경에는 다음과 같은 시대적, 경험적 상황이 작용하고 있었다.

즉 GATT 체결 당시 이미 유럽에서는 베네룩스 관세동맹과 같은 지역협정이 존재하고 있었으며, 제2차 세계대전 이후 유럽 부흥과 유럽안보를 위한 지역협력이 추진되고 있었다. GATT에서는 이러한 유럽 일부의 지역주의는 GATT 이전의 기존 질서이고 또 이러한 지역주의가 세계적 자유무역을 해칠 만큼 큰 규모가 아니라는 점에서 이를 예외적으로 인정하게 된 것이다. 더욱이 제2차 세계대전 이후 동서 냉전이 시작됨에 따라 서유럽에서는 동유럽 공산권의 확산에 대응할 수 있는 협력조직이 필요했으므로 미국 중심의 GATT 체제에서는 유럽 내의 지역협력조직을 인정하지 않을 수 없었다.

또한 1980년대 말부터 1993년에 이르는 우루과이 라운드 협상 과정에서 다자주의의 한계점이 노출되기 시작했고 이 한계점을 보완하는 수단으로 지역주의를 새롭게 인식하기 시작한 것이다. 즉 다자주의는 수많은 국가들이 동시에 협상에 참가함으로써 협상의 비용은 많이 드는 반면 협상의 효율성은 낮으며, 협상 성과는 부진한 경험을 하게 되었다. 더욱이 다자간 협상의 결과에 대해서는 많은 무임승차자가 나타남으로써 이론적으로 기대할 수 있는 세계 전체의 무역자유화 효과를 실현하기 어렵다는 것을 인식하게 되었다. 반면 지역주의는 소수의 국가 간에 무역자유화 협정을 체결하는 것이므로 협상타결이 용이하며, 협상 결과에 대해서도 효율적으로 관리할 수 있다. 그 결과 소수 국가 간의 지역통합에서는 역내무역자유화에 대한 무임승차자가 생겨날 수 없다. 따라서 지역주의는 국제 간 무역협상이나 무임승차자 관리 면에서 다자주의의 한계점을 보완하는 보완수단으로 용인되고 있는 것이 WTO 체제하에서도 지역주의를 수용하게 된 배경이다.

이러한 지역주의를 합리화하기 위해 GATT 제24조 및 GATS 제5조에서 지역무역협정을 인정하는 조항을 설치하게 된 것이다. 즉 GATT 제24조에서는 자유무역지역 및 관세동맹에 대해 최혜국대우의 예외를 인정하고 있으며, 이 조항은 1995년에 새로 출범한 WTO 체제에서도 그대로 승계되고 있다. 그리고 1994년 우르과이 라운드 협정을 반영한 서비스무역에 관한 일반협정(General Agreement on Trade in Services : GATS) 제5조에서도 지역무역협정에 대해서는 최혜국 대우 의무의 예외를 인정하고 있다.

통합 가맹국 간의 무역은 더욱 자유화하고 비가맹국에 대해서는 추가적인 무역장벽을 높이지 않음으로써 세계 전체의 입장에서는 무역자유화의 기회를 조금이라도 더 확대하고자 하는 데 있다. 이러한 취지에서 지역통합 협정에 의한 역내무역장벽의 완전한 제거는 비록 그것이 지역규모의 차별화에 기초를 두고 있더라도 세계 전체의 무역과 투자의 자유화에 기여할 수 있는 것으로 볼 수 있다. 이러한 해석에서 보면

특혜무역협정은 다자간 무역자유화에 대한 현실적 접근방법이 될 수 있으며 GATT의 근본 취지에도 상충되지 않는 조치가 될 수 있다.

한편 1995년부터 발족된 세계무역기구(WTO)에서는 서비스무역에 관한 일반협정(GATS)을 별도로 체결하고 있다. 이 서비스무역에 관한 일반협정의 제5조(GATS, Article 5)에서도 지역통합의 경우에는 MFN 의무의 면제를 예외적으로 인정하고 있으며 그 인정조건은 앞에서 지적한 GATT 제24조의 3개 요건과 같다.

그 외에도 1979년 동경라운드에서 채택된 GATT의 허용조항(enabling clause)에서는 개발도상국들의 무역을 통한 성장촉진과 GATT의 의무 수행을 지원하기 위해 최혜국 대우 원칙의 예외를 인정하고 있다. 이에 따라 개도국에 대해서는 일반특혜관세제도(GSP)와 개도국 상호 간 특혜무역협정이 허용되고 있다.

제2절 지역주의와 다자주의의 양립성 문제

1. 지역주의와 다자주의의 기능 비교

GATT/WTO는 자유, 무차별, 다자주의에 입각하여 세계무역의 자유화를 추진하고 있다. 이를 위해 GATT 체제하에서는 8차에 걸친 다자간 무역자유화 협상을 통해 세계 전체의 관세인하를 추진해 왔다. 이에 반해 지역주의에 입각한 지역통합은 쌍무주의와 차별주의에 입각하여 역내무역의 자유화만을 우선적으로 추진하고 있다. 따라서 WTO가 추구하고 있는 다자주의 및 무차별주의는 지역통합이 추진하고 있는 쌍무주의 및 차별주의와 근본적으로 상충되는 속성을 가지고 있다. 그러나 1994년 우루과이라운드(UR)가 타결되고 GATT 정신을 승계한 WTO가 출범한 이후에는 오히려 지역주의에 입각한 지역별 무역협정이 확산되고 있어 지역주의와 다자주의의 양립성 여부가 학계의 관심이 되고 있다.

(1) 지역주의와 다자주의의 상반된 기능

지역주의와 다자주의의 상호관계에 대해서는 두 가지 상반된 견해가 있다. 하나는 지역주의와 다자주의가 상반된 기능을 하고 있다는 견해이고 다른 하나는 지역주의가 다자주의에 보완적 기능을 하고 있다는 견해이다. 우선 지역주의와 다자주의가 상반 관계에 있다고 보는 논지는 다음과 같다.

첫째, 지역통합에서는 역내 회원국 간에는 무차별적 무역자유화를 실현하지만 역외 제국에 대해서는 차별적 관세를 부과하고 있다. 따라서 지역주의는 무역차별화의 한 수단으로 이용될 수 있으며 그로 인해 보호주의적 무역블록을 유발하게 된다. 그리고 지역통합은 가맹국들로 하여금 '우리 시장이 충분히 크다'는 신드롬에 빠지게 하여 지역무역 조직을 확대하거나 다자간 무역자유화에 대한 유인을 감소시킬 수 있다. 따라서 지역주의는 세계 전체의 입장에서 볼 때 무차별주의를 추구하는 다자주의와 상충되는 기능을 가지게 된다.

둘째, 여기에 더하여 지역통합에서 원산지 규칙, 높은 수준의 현지 부품조달 규정, 덤핑방지관세의 자의적 운용, 기타 역외에 대한 기술적 장벽이 강화될 경우 지역통합은 배타적 경제블록으로 발전할 가능성이 있다.

셋째, 지역통합은 GATT, WTO의 다자간 협상에 비해 가맹국 수가 적고 역내무역자유화의 교섭이 용이하다. 따라서 지역통합 규정이 우선되고 WTO하의 다자간 교섭에 대한 선호도가 약화될 수 있다. 이로 인해 지역통합에 대한 선호도가 높아지고 지역협정의 수나 규모가 확대되어 간다면 세계시장은 여러 개의 블록으로 분할될 수 있으며, 세계적 무역자유화를 추구하는 WTO의 존립기반은 그만큼 침식되어 갈 수밖에 없다.

(2) 지역주의와 다자주의의 보완적 기능

반면 지역주의가 다자주의를 실현하는 보완적 수단이 될 수 있다는 주장은 다음과 같은 사실에 근거를 두고 있다.

첫째, 지역주의가 배타적 블록 경제권을 추구하는 것이 아니라 합리적 지역주의 형태(reasonable forms of regionalism)를 취할 경우에는 세계 전체의 무역자유화에 보완적 수단이 될 수 있고 세계 후생을 높이는 방책이 될 수 있다. 합리적 지역주의란 역내무역의 자유화는 촉진하되 역외국에 대해서는 무역장벽을 높이지 않는 형태의 지역주의를 의미한다. 이러한 지역주의는 역외국과의 무역을 저해하지 않으면서 지역협정 참가국 간의 무역은 자유화하게 되므로 세계 전체의 무역 확대에 기여하게 된다.

둘째, 지역통합이 자연적 무역블록에 기초를 두거나 무역창출적 통합인 경우에는 그 자체로도 세계후생 증대에 기여하게 된다. 현실적으로 지역통합은 무역의존도가 높은 교역 상대국 간에 결성됨으로써 자연적 무역블록의 성격을 가지는 경우가 많다. 자연적 무역블록에 기초를 둔 지역협정에서는 기존의 무역 흐름에 대한 인위적 무역 장벽을 제거하는 조치가 취해지므로 무역전환의 소지는 감소하는 반면 역내무역 확대의 기회는 더 커지게 된다.

무역전환이 수반되는 통합이라 하더라도 무역창출이 무역전환을 능가하는 경우에는 세계후생이 증대할 수 있다. 오늘날과 같이 다국적 기업의 해외투자 및 국제 간 요소 이동의 폭이 넓어짐에 따라 지역통합으로 인한 무역전환의 손실은 점차 축소되는 경향이 있다. 즉 해외 자회사로부터의 중간재 및 제품의 수입 혹은 그 반대의 기업 내무역 흐름을 통해 역외 제국과의 무역에서 발생하는 무역전환의 소지는 그 만큼 더 줄어들기 때문이다.

여기에 더하여 시장통합으로 인한 규모의 경제 효과가 무역전환의 손실보다 더 클 경우에는 지역통합이 세계후생을 증대시킬 수 있다. 각국의 산업구조가 다양화되고 국제 간 분업 및 특화의 폭이 확대됨에 따라 무역전환보다는 규모의 경제 효과가 더 크게 나타날 가능성이 커지고 있기 때문이다.

셋째, 개방적 지역주의를 통해 세계무역의 자유화에 점진적으로 접근해 갈 수 있다. 신지역주의에서 강조되고 있는 개방적 지역주의는 역내무역의 자유화를 추진하면서 역외국에 대한 개방성을 유지하는 것이 그 특징이다. 지역통합의 개방성으로 인해 기존 협정에의 가입이 가능할 뿐만 아니라 하나의 지역협정에 참가하고 있는 국가는 다른 지역협정에도 참가할 수 있다. 이로 인해 지역협정 상호 간에는 개방적 교류 채널이 유지되고 있다. 그리고 기존의 소규모 협정에 주변국들의 가입을 확대시켜 감으로써 소지역별 협정이 대륙규모의 협정으로 확대되어 가고 있다. 이로 인해 오늘날의 지역통합은 배타적 블록화가 아니라 범세계적 자유무역에 대한 징검다리의 기능을 하고 있다.

넷째, 냉전종식 이후의 지역통합은 무역 및 투자의 자유화만을 추구하는 것이 아니라 국별로 상이한 제도나 기준들을 조정, 조화시킴으로써 지역공동의 사회, 경제적 규범을 통일해 가고 있다. 지역통합의 이러한 기능은 WTO 다자간 협상에서 충분히 다루어질 수 없는 분야에서 선행된 국제규범을 창출하는 기능이므로 이는 다자간 교섭을 저해하는 것이 아니라 오히려 선도해 가는 기능으로 볼 수 있다.

마지막으로, 지역통합의 역내 분쟁처리 기능은 범세계적 차원에서 해결해야 할 국제분쟁의 상당부분을 대신 해소하게 된다. 국제 간 상호의존의 심화와 세계화의 진전에 따라 일국의 국내 문제나 지역 문제가 세계적 문제로 확산되는 추세를 보이고 있다. 이에 따라 지역 내 문제를 지역 내에서 처리하는 지역 시스템의 구축은 세계 전체의 입장에서 국제분쟁의 소지를 줄이는 길이고 지역분쟁이 범세계적 분쟁으로 확산되는 것을 방지하는 안전핀 역할을 하게 된다.

이와 같이 오늘날의 지역통합은 일면 국제분쟁과 같이 세계적으로 확산될 수 있는 국제적 외부불경제—예를 들면 국지적 분쟁—는 지역차원에서 규제하고 자유무역질서와 같은 국제적 외부경제는 개방적 지역주의를 통해 범세계적으로 확대시켜 갈 수 있는 순기능을 가지고 있는 것이다. 이러한 점에서 지역통합은 세계경제에 대한 하부조직(sub-system)으로서의 역할을 담당하고 있으며, 지역주의는 다자주의에 대한 보완적 기능을 하고 있는 것으로 평가할 수 있다. 1990년대 이후 지역주의와 다자주의가 국제경제질서의 양대 축으로 병립하고 있는 것은 지역주의의 이러한 보완적 기능이 보다 크게 작용하고 있기 때문이다.

2. 지역주의와 다자주의가 양립하고 있는 현실적 이유

오늘날 지역주의가 다자주의와 양립해 가고 있는 배경에는 앞에서 지적한 보완적 기능 외에도 다음과 같은 국제 환경의 변화와 지역주의에 대한 새로운 논리적 접근이 작용하고 있다.

(1) 개방적 지역주의로의 기능 변화

과거의 지역주의가 배타적 속성을 가졌다면 오늘날 지역주의는 개방적 지역주의로 바뀌어 가고 있는 것이 큰 특징이다. 그로 인해 지역주의와 다자주의 간의 관계도 새로이 정립되고 있다. 전후 GATT 체제하에서의 지역주의는 역내 우선 역외 차별 주의로 인해 지역통합이 경제의 블록화를 가져오는 요인으로 이해되었다. 그러한 이해는 제2차 세계대전 이전 경제의 블록화가 결국은 세계대전이라는 엄청난 비극을 유발한 원인이었기 때문에 배타적 블록 경제에 대한 경계심이 작용한 결과로도 볼 수 있다.

그러나 오늘날의 지역주의는 비록 역내 우선 역외 차별의 원칙은 유지하더라도 역외에 대한 배타적 성격의 블록화를 가져올 정도의 차별성은 발견하기 어렵다. 지역통합에 참가하고 있는 국가들은 WTO 원칙에 준하여 모든 국가와 무역하는 것을 원칙으로 하되 다만 역내 회원국 간에는 우선적으로 무역을 자유화하는 정도의 지역주의를 실현하고 있다. 경제통합의 결성도 제2차 세계대전 이전의 블록 경제처럼 역내 국가에 대한 강제구속력을 가지게끔 하는 것이 아니라 가입과 탈퇴가 자유로우며, 어떤 지역의 국가와도 경제적 이해가 일치하면 협정을 체결하는 형태의 유연성을 가지고 있다.

그리고 냉전체제 종식 이후 현재까지 전개되고 있는 지역별 무역협정은 반드시 지리적으로 인접하거나 문화적으로 공통성이 있어야하는 것이 아니라 경제적 이해만 일치하면 어느 지역 어느 국가와도 자유롭게 체결되고 있다. 그 결과 2008년 현재 WTO에 보고된 지역별 무역협정 211건 가운데 대륙 간 무역협정이 전체의 약 1/3에 이르는 70건에 이르고 있다. 이는 오늘날의 지역주의가 배타적, 폐쇄적 지역주의가 아니라 개방적, 유연적 지역주의로 전환되고 있음을 말해 준다. 이러한 개방적 유연적 지역주의는 GATT/WTO가 우려하는 세계시장의 분할을 가져오기보다는 오히려 다자주의만으로 해결하지 못한 무역자유화 문제를 지원해 주는 기능을 하는 것으로 볼 수 있다.

(2) 다자주의와의 보완성 유지

지역주의가 개방적 지역주의로 발전함에 따라 그것이 세계무역에 미치는 영향도 과거와는 다르게 해석되고 있다. 과거에는 지역주의가 세계시장을 분할하여 세계적 자유무역을 저해하며 그로 인해 세계 전체의 후생극대화에는 도움이 되지 못한다고 보는 견해가 많았다. 그러나 최근에 와서는 오히려 지역주의가 무역협상의 효율성을 높이고 무임승차자를 제거함으로써 오히려 다자주의보다 세계 전체의 후생 극대화에 더 효율적으로 접근해 갈 수 있다는 해석을 하고 있다. 다자주의에 의한 세계적 자유무역이 세계후생을 극대화시키는 최적해이나 현실적으로는 모든 분야에서 세계적 규모의 무역자유화 협상을 추진하는 자체가 어려울 뿐만 아니라 된다 하더라도 무임승차국의 존재 등으로 인해 세계 전체의 완전한 자유무역의 실현은 불가능하다. 그렇다고 세계 모든 나라가 민족주의에 입각하여 국별 보호주의를 유지하는 것은 세계 전체의 입장에서 볼 때 더욱 바람직하지 못하다. 이러한 현실 세계 속에서 차선책으로 선택될 수 있는 대안이 지역주의에 의한 무역자유화 영역의 확대라 할 수 있다. 더욱이 지역주의에 의한 무역자유화 협정이 특정 지역 내로 제한되는 것이 아니라 대륙 간 협정 또는 지역 간 협정으로 다변화됨으로써 지역주의를 통한 세계시장의 통합이 이루어지고 있는 것이다. 따라서 지역주의는 다자주의를 대체하는 것이 아니라 세계시장 통합에 대한 다자주의의 한계점을 보완하면서 상호 양립하는 형태로 전개되고 있다.

제1절 신지역주의의 대두배경과 특징

1. 신지역주의의 대두배경

(1) 지역주의

지역주의(regionalism)란 지역 경제통합이나 지역별 특혜무역협정(preferential trade agreements) 등을 통해 무역 및 국제 협력상의 제 문제를 지역 차원에서 우선적으로 해결하고자 하는 정책사조를 의미한다. 이러한 지역주의는 1958년 유럽경제공동체(EEC)의 설립을 계기로 생겨나기 시작하였으며, 1960년대 들어서는 많은 개발도상국들이 지역별 경제통합을 결성하면서부터 국제경제질서의 한 조류로 부각되어 왔다. 1960년대 이후에 전개된 지역주의를 최근의 지역주의와 구분하기 위해 논자에 따라서는 구 지역주의 혹은 1차 지역주의로 지칭하기도 한다.

1960년대에 전개된 지역주의의 주요 목적은 공업화에 필요한 시장을 확보하기 위해 협소한 국내시장을 상호 통합하는 데 있었다. 그러나 서유럽의 EEC나 동남아의 동남아국가연합(ASEAN)의 경우에는 대 시장뿐만 아니라 인접한 공산진영의 위협에 공동 대처하기 위한 정치적 목적을 동시에 추구하고 있었다. 그 외에도 아랍지역의 아랍연맹이나 마그레브동맹 등은 사회, 문화적 공감대를 유지하기 위한 목적으로 결속이 이루어지기도 하였다.

그러나 1960년대의 지역주의는 EEC를 제외하면 대부분 개발도상국들에 의해 추진되어 왔으며 세계무역에 대한 그들의 무역비중이 미약하여 세계 전체의 경제질서에는 큰 영향을 미치지는 못했다. 더욱이 당시 개도국 간의 경제통합은 가맹국 상호 간의 무역구조가 유사하고, 선진국에 대한 무역의존도가 높았기 때문에 개도국 상호 간의 시장통합 효과는 크게 기대할 수 없었으며, 그 결과 1970년대 이후 이들 개도국 간의 지역통합의 대부분은 유명무실한 지역협력체로 전락하게 되었다.

이러한 사정으로 인해 1960~1970년대에는 지역통합의 수적 증가에도 불구하고 세계 전체의 무역질서에는 큰 영향을 미치지 못하였고 세계무역질서는 여전히 GATT가 지향하는 다자주의와 무차별주의에 기초를 두고 유지되어 왔다. 즉 당시 국제사회에 존재하고 있었던 소규모 지역통합들은 GATT 체제 내의 예외적 현상으로만 용인되어 왔을 뿐 그것이 국제무역의 흐름을 주도할 무역질서로 자리 잡지는 못하였던 것이다.

(2) 신지역주의

그러나 1980년대 말 냉전체제가 종식되고 세계 전체가 하나의 시장경제권으로 재통합되면서부터 경제적 지역주의는 다시 확산되기 시작하였다. 특히 우루과이라운드(UR)가 타결되고 새로운 세계무역기구(WTO)가 출범한 1990년대 중반에 들어서는 선·후진국을 망라한 대부분의 국가들이 지역협정에 참가함으로써 세계경제는 새로운 지역주의 시대를 맞이하게 되었다. 2010년 말 현재 WTO에 보고된 290건의 지역무역협정(regional trade agreement : RTA) 가운데 1990년 이후에 보고된 건수가 213건(전체의 73%)에 이르고 있는 사실이 새로운 지역주의의 부활을 대변해 주고 있다. 1990년대 이후에 확산되고 있는 지역주의는 미국, 유럽과 같은 세계경제의 중심국들에 의해 주도되고 있으며, 지역협정의 규모나 형태가 다양하고 지역 블록의 세계시장 지배력이 크다는 점에서 1960년대의 지역주의와는 많은 차이를 보이고 있다. 그로 인해 1990년대 이후의 지역주의를 1960년대의 1차 지역주의와 구분하기 위해 신지역주의(new regionalism)라 지칭하고 있다.

읽을거리 WTO에 보고된 지역무역협정(RTA)의 수

GATT/WTO 규정에 명시한 무차별대우의 예외를 인정받는 지역별 특혜무역협정이나 경제통합협정은 그 협정사실을 GATT/WTO에 보고하고 예외 인정 심사를 받아야 한다. 2020년 12월 현재 세계무역기구(WTO)에 보고된 지역별 무역협정 건수는 모두 494건에 이르고 있다. 이 가운데 GATT가 활동을 개시한 1948년부터 1989년 사이에 보고된 지역협정은 77건에 불과한 반면 1990년 이후 보고된 건수는 417건, 전체의 84%에 이르고 있다. 이 가운데 GATT 제24조에 의한 상품무역협정이 269건(FTA 248건, 관세동맹 21건)으로 전체의 55%를 차지하고 있다. 그리고 서비스무역에 관한 일반협정(GATS 5조)에 의한 지역협정이 164건으로 전체의

33%이며, 나머지 61건(12%)은 개발도상국 간의 특혜협정 인정 조항(Enabling Clause)에 의거하여 체결된 지역협정이었다. 이렇듯 지역별 무역협정은 냉전 당시보다 오히려 냉전체제가 종식되고 경제의 세계화가 본격적으로 진행되기 시작한 1990년대 이후부터 급속히 증가해 왔다. 그러나 2012년 이후부터는 다시 줄어들고 있다.

WTO에 의하면 2020년 현재 GATT/WTO에 보고된 RTA 건수는 상품, 서비스 협정을 포함하여 총 705건(형태별 중복보고 포함)이며 이 중 494건이 발효 중에 있는 것으로 공시되고 있다.

(3) 신지역주의의 대두 배경

1990년대 이후 지역주의가 다시 확산되기 시작한 배경에는 다음과 같은 국제협력환경의 변화가 작용하고 있었다.

1) 냉전체제 종식 이후의 국제협력 구도 변화

제2차 세계대전 이후의 국제협력체제는 동서 냉전체제하에서 형성된 이념적 대립구조 위에서 형성되었다. 그러나 1980년대 말을 기점으로 냉전이 종식되면서 국제협력구도는 이념적 결속이 아니라 경제적 실리 추구를 위한 지역적 결속구도로 전환되어왔다. 이에 따라 동유럽제국은 동구 상호경제원조회의(COMECON)를 해체하는 대신 EU와의 무역협정을 체결하게 되었으며, 중국과 러시아 극동지역은 사회주의권 내의 상호의존보다 동북아지역 내에서 한국, 일본과의 교류협력에 더 관심을 가지게 되었다. 이러한 냉전종식 이후의 새로운 국제협력 기류에 따라 동남아 지역에서도 인도차이나 공산권에 대처하기 위해 결성되었던 ASEAN이 1990년대 중반부터는 베트남, 라오스, 미얀마, 캄보디아를 회원국으로 맞아들이게 되었다. 이렇듯 냉전체제가 종식되면서 지금까지 지리적으로 인접해 있으면서도 이념적 장벽으로 분리되어 있던 국가들이 다시 교류협력을 확대하기 시작하였으며, 이러한 지역규모의 교류협력 재개가

1990년대 이후 신지역주의의 확산 배경으로 작용하고 있다.

2) GATT 체제와 다자주의의 한계점

신지역주의 대두 배경으로 지적할 수 있는 근본적 요인은 GATT 체제와 다자주의의 한계점을 들 수 있다. GATT는 출범 초기부터 미국을 중심으로 하는 주요 선진국들에 의해 운영되어 왔으며, 공산품에 대한 무역자유화가 주요 목표였다. 그러나 GATT의 제8차 무역협상(우루과이라운드, UR)이 전개될 1980년대 후반에는 선진국은 물론 대부분의 개발도상국들까지 GATT에 가입하고 있었으며, 1994년의 WTO 협정에는 100개국 이상의 선후진국이 참가하고 있었다. 그리고 UR 협상 이후 GATT의 무역자유화 협상에서는 공산품뿐만 아니라 농산물, 서비스, 지적 소유권에 이르기까지 다자간 협상대상 영역이 확대되기 시작하였다. 그 결과 선진국 중심의 공산품 무역자유화 규범만으로는 백수십 개 국가 간에 일어나는 공산품, 농산물 및 서비스의 자유화 질서를 효율적으로 관리할 수 없게 되었다. 더욱이 1980년대 이후에 와서는 관세뿐만 아니라 비관세장벽이 확산되고 지구환경 보호나 자본 및 노동 이동에 대한 국제적 규범이 요구되는 등 새로운 국제협력 과제가 대두됨에 따라 종전의 GATT 체제로는 이러한 새로운 과제를 모두 흡수할 수 없는 한계점이 있었다.

그리고 GATT가 택하고 있는 다자주의 방식으로는 이러한 광범위한 국제협력 과제에 대처하기가 점점 더 어렵게 되었다. 많은 국가들이 참여하는 GATT의 다자주의 원칙하에서는 국별 이해관계의 차이로 인해 점차 늘어나는 다양한 협상주제에 대해 공동의 규범을 만들어 내는 것이 불가능하게 되었다. 또한 다양한 협상주제에 대해 다수국간의 합의가 가능하다고 하더라도 거기에는 많은 시간과 노력이 소요되는 등의 협상비용은 증가하는 반면 무임승차 문제로 인해 협상의 효율성이 제한되는 문제점이 수반되고 있었다. 이에 따라 1990년대 이후 많은 국가들은 협상참가국 수는 제한하는 한편 자국이 원하는 여러 가지 협력과제를 포괄적으로 수용할 수 있는 지역주의를 선호하게 된 것이다.

3) 미국의 지배력 약화와 미국에 의한 지역주의 선택

제2차 세계대전 이후 GATT 체제는 미국의 절대적 지배력하에서 의해 운영되어 왔다.

그러나 1970년대 이후 미국은 국제수지 적자, 재정적자의 누적으로 대내외 경제적 기반이 약화되기 시작하였다. 여기에 더하여 일본과 아시아 신흥공업국의 성장으로 동아시아의 경제력은 크게 확대되어 왔다. 다른 한편으로는 유럽공동체 가맹국 수가 확대되고 그 기능이 강화됨에 따라 유럽경제권이 미국의 영향력에서 벗어나는 과정을 밟아 왔다. 그리하여 미국의 세계경제에 대한 상대적 지위는 약화되기 시작하였고 GATT 협상에 대한 미국의 지배력에도 한계가 나타나기 시작하였다. 그 결과 세계 각국은 GATT를 통한 다자주의에 호소하기보다 지역주의에 의거하여 국제협력의 현안문제를 해결하고자 하였다. 특히 1986~1993년에 이루어진 우루과이라운드 협상과정에서 미국의 리더십이 한계를 보이게 되자 미국은 교섭력 강화와 UR에 대한 각국의 협력을 촉구하기 위해 NAFTA 결성을 추진했던 것이다. 그러나 미국에 의한 NAFTA의 결성은 GATT의 기능을 강화하기보다 오히려 다른 국가들로 하여금 또 다른 지역협정을 유발하고 그것을 합리화하는 계기로 작용해 왔다.

4) 도미노 효과에 의한 지역주의 확산

1990년대에 접어들면서 지금까지 범세계주의를 주창해 왔던 미국이 NAFTA 결성이라는 지역주의 노선을 선택하기 시작하였다. 또한 동유럽 공산권에 대응하기 위해 서유럽 국가간에 결성된 EC가 1990년대 후반부터는 동유럽을 포함하는 범유럽경제권으로 확대되어 갔다. 이에 따라 세계 각국은 지역주의를 더 이상 GATT 체제하의 예외적 현상이 아니라 GATT/WTO 체제와 병행하여 나타나는 새로운 국제질서로 인식하게 되었다. 이에 따라 주변 개도국들은 새로운 국제질서에 대한 낙오를 우려하여 기존의 지역통합에 가입하거나 새로운 지역협정의 필요성을 느끼게 된 것이다. 더욱이 신지역주의에서는 지역통합의 목적이 단순한 상품시장의 통합만이 아니라 노동, 환경, 기술규범 및 거시경제정책 등으로 확대됨에 따라 역외국의 역내시장에 대한 비관세 진입장벽은 더욱 높아지고 있다. 이에 따라 역외국은 통합된 공동시장의 진입장벽을 회피하고 국제협상에서의 고립을 피하기 위해 어떤 형태로든 지역협정에 참가하려는 동기를 가지게 된 것이다. 이러한 파급효과가 지역통합에 대한 도미노 효과로 작용하여 신지역주의가 확산되어 온 것이다.

2. 신지역주의의 특징

신지역주의는 통합목표, 통합방식, 세계경제질서에 대한 영향 등에서 1960년대의 지역주의와는 구분되는 몇 가지 특징을 가지고 있다.

(1) 정책지향적 통합

1960년대의 지역주의는 주로 시장지향적 통합(market led integration)의 성격을 가지고 있었다. 통합 당사국 간에 관세장벽을 철폐하여 시장규모를 확대하고자 했던 것이 경제적 측면에서 본 지역통합의 주요 목적이었다. 그러나 현재는 대부분의 무역국가들이 GATT의 다자간 관세인하 협상을 통해 이미 상당한 수준의 무역자유화를 실시하고 있다. 따라서 지역통합에서 관세 철폐와 무역자유화 그 자체가 가지는 의미는 많이 약화되고 있다. 그 대신 국제 간 경제적 상호의존이 심화됨에 따라 무역 외에 투자, 환경, 노동분야에서 국별 정책협조의 필요성이 높아지고 있다. 그러나 지금까지 GATT의 경험에서 확인된 바와 같이 많은 국가가 참여하는 다자간 협상방식으로는 새로이 생겨나는 다양한 정책협력 과제에 효율적으로 접근할 수 없다. 이에 따라 최근의 신지역주의에서는 정책협조의 필요성이 높게 인식되고 있는 인접국 간에 우선적으로 무역장벽의 제거뿐만 아니라 환경, 노동, 자본, 기술 기타 거시경제정책 분야에서의 정책협조를 도모하고자 시도하고 있다. 그 결과 신지역주의하의 지역통합은 시장지향적 통합에서 정책지향적 통합(policy led integration)으로 전환되는 특징을 보이고 있다.

(2) 수직적, 전략적 경제통합

1960년대의 지역주의에서는 발전단계가 유사한 국가들 간의 수평적 시장통합이 추구되어 왔다. 그러나 1990년대의 신지역주의에서는 선진국과 개발도상국 간의 통합 혹은 하나의 중심국과 여러 개의 주변국들이 상호 통합하는 수직적 통합이 선호되고 있다. EU가 27개국으로 확대되기 전 유럽연합(EU)과 중동부 유럽국가 및 지중해 제국간에 맺어진 각종의 무역협정이 이러한 통합의 예가 될 수 있다. 미국과 캐나다 및 멕시코간의 자유무역협정(NAFTA)도 이러한 속성을 지니고 있다. 2005년을 목표로 추진하고자 했던 미주자유무역협정(FTAA) 구상은 미국을 중심축으로 하고 중남미 주변국들이 합세하는 중심·주변부형 통합 모형이었다.

이러한 중심·주변부형 통합이나 수직적 통합에서는 중심 선진국과 주변 개도국 간의 보완적 무역관계는 확대될 수 있으나 주변 개도국 상호 간의 교류는 제한적일 수밖에 없는 문제점을 안고 있다. 그러나 이러한 통합에서는 선·후진국 간의 산업 재편성이나 생산의 국제적 결합과 같은 생산통합의 효과를 꾀할 수 있는 장점이 있다.

1960년대와 달리 1990년대 이후 선·후진국 간 수직적 통합이 시도되고 있는 것도 국제 간 비교우위 조건이 변화되고 있기 때문이다. 1980년대 이후 전자혁명으로 인해 제조공정은 점차 노동절약적이고 R&D 집약적으로 되어 가는 경향이 있다. 이에 따라 노동집약 산업에서 개발도상국이 누려왔던 비교우위 조건은 점차 완화되고 있다. 이러한 비교우위조건 변화에 대응하기 위해 개발도상국은 선진국과 분리된 국제분업이 아니라 선진국의 기술과 자본유입을 자유화함으로써 선·후진국 간 일체화된 분업구조를 선택하기 시작하였다. 이러한 개도국의 정책전환은 노동집약적 산업의 해외 이전을 모색하는 선진국의 이해와 합치되면서 선진국과 개도국 간의 수직적 통합으로 발전하게 된 것이다. 이러한 수직적 통합은 선진국과 개도국 간의 산업구조조정 및 비교우위 전략을 위한 국제적 제휴의 성격을 가지고 있으므로 전략적 통합(strategic integration) 혹은 국제 간 전략적 제휴라 할 수 있다. 신지역주의 시대의 국제 간 경제 통합은 이러한 의미에서 선진국과 개도국 간의 전략적 제휴를 위한 지역통합의 형태로 추진되고 있는 것이다.

(3) 개방적 지역주의

과거의 지역주의는 역내 우선 역외 차별 조치만을 부각시킴으로써 다자주의와는 상충되는 개념으로 인식되어 왔다. 그러나 신지역주의는 역내 우선 원칙에 기초를 두고 있으나 역외 국가들의 참여를 제한하거나 역외국에 대한 무역장벽을 추가로 설치하지 않고 있다. 그리고 지역주의에서는 신규가입을 희망할 경우 통합조건만 충족된다면 가입문호가 개방되고 있으며 역외국에 대한 무역차별도 WTO 기준에 의해 점차 완화되고 있다. 이러한 점에서 신지역주의는 개방적 지역주의(open regionalism)의 성격을 가지고 있는 것이다.

1960년대의 지역통합은 대부분 GATT에 가입하지 않은 개발도상국 간의 통합이었다. 그러나 현재 지역협정에 참가하고 있는 대부분의 국가들은 WTO에 가입하고 있으며 다자간 무역협상에 개별 혹은 집단적으로 참가하고 있다. 그리고 동유럽 체제전환국의 대 EU 접근이나 인도차이나 사회주의권 국가들의 ASEAN 가입에서 보는 것처럼 세계적 자유무역체제에 접근하기 위한 수단으로 지역협정에 우선 가입하는 경우를 볼 수 있다.

또한 신지역주의에서는 하나의 지역통합에 참여하고 있는 국가가 다른 지역협정에 복수로 참가하거나(NAFTA의 멕시코, 안데스 공동시장의 콜럼비아, 베네수엘라 간의 FTA 협정 등) 지역통합체 상호 간의 무역자유화 협정(EC와 EFTA 간의 EEA 협정)을 추진하는 등 중첩된 지역주의를 구현하고 있다. 더 나아가서는 하나의 지역통합체가 더 넓은 지역협력체에 참가(APEC 내의 ASEAN과 NAFTA)하는 중층적 지역주의가 실현되고 있다. 이러한 중층적이고 중첩된 지역협력 채널을 통해 오늘날의 지역통합은 역외 지역과의 교류영역을 넓혀갈 수 있는 개방성을 유지하고 있다.

(4) 선진국 주도형 지역주의

1960년대의 지역주의가 주로 개발도상국 간의 지역통합 움직임으로 대표되어 왔던데 비해 1990년대의 지역주의는 미국, EU와 같은 주요 선진국들에 의해 주도되고 있다. 1990년대 중반 이후 지역주의가 범세계적 추세로 확산된 직접적 동기는 EC의 역내시장 통합과 미국에 의한 NAFTA의 결성에서 찾을 수 있다. 1992년 당시 EC의 역내시장 통합은 서유럽 시장으로의 진입장벽을 우려한 주변 유럽국가들의 지역협정 및 대 EC 가입신청을 촉구하는 계기가 되었다. 그리고 지금까지 다자주의와 범세계주의를 지지해 왔던 미국이 NAFTA를 통한 지역주의의 길을 선택하게 되자 잔여 개발도상국들은 지역주의를 주어진 국제질서로 받아들이지 않을 수 없게 되었다. 이렇듯 1990년대 이후의 신지역주의는 국제질서를 창출하는 미국, EU 등 선진국에 의해 주도되어 왔고 개발도상국들은 이에 추종하는 형태로 전개되었다.

제2절 지역주의의 신경제학

1. 지역주의의 순기능 확대

전후 GATT 체제하의 지역주의에서는 역내에서는 관세를 철폐하여 무역을 자유화하고 역외국에 대해서는 기존 관세를 유지하거나 공통관세를 부과하는 등의 차별을 가하는 것이 지역협정의 주요내용이었다. 정태분석에 입각한 전통적 관세동맹이론에서는 역외에 대한 관세상의 차별화로 인한 무역전환효과 때문에 지역주의는 무차별적 무역자유화에 비해 후생효과 면에서 불리한 것으로 평가해 왔다. 그리고 GATT 체제하에서는 이러한 지역통합의 역내외 차별조치 때문에 지역주의를 다자주의에 상충되는 개념으로 파악하고 이를 억제하거나 인정하더라도 GATT 규범상의 예외적 현상으로만 인정해 왔다.

그러나 최근 들어서는 국제 간 상호의존의 폭이 확대되고 국제 간 협력범위도 단순히 무역장벽의 제거만이 아니라 국제거래에 관련된 각종의 기술적, 제도적 거래장벽의 제거로 확대되고 있다. 뿐만 아니라 국제 협상에 참여하는 국가들도 전후에는 선진공업국에 국한되어 있었으나 최근에는 개발도상국이나 체제 전환국에 이르기까지 확대되고 있다. 이렇듯 국제협력에의 참가 대상국이 늘어나고 협력 범위가 다양한 부문으로 확대됨에 따라 GATT 체제가 지향해 왔던 전통적 다자주의 방식만으로는 더 이상 범세계적 합의점을 찾는 것이 어렵게 되었다. 다자주의는 협상목표와 협상상대국 수가 많을수록 협상타결이 어려운 구조적 취약점을 안고 있기 때문이다.

그 결과 1990년대 들어서는 많은 나라들이 협상 참가국 수를 제한하면서 자국이 원하는 다양한 협력과제를 다각적으로 수용할 수 있는 지역주의를 선택하게 되었으며, 이러한 선택이 오늘날의 신지역주의로 나타나고 있는 것이다. 지역주의 확산 이후 지역주의에 대한 학계의 연구동향도 이러한 현실을 반영하여 지역주의의 순기능을 확인하는 추세를 보이고 있다. 1990년대 이후 지역협정을 둘러싼 학계의 연구동향은 주로 ① 지역주의와 다자주의의 상호관계, ② 신지역주의의 후생증대 기능, ③ 지역주의의 선택동기, ④ 신지역주의를 설명할 수 있는 새로운 분석수단의 모색에 모아지고 있다.

지역주의와 다자주의의 상호관계에 대해서는 상호보완적 기능을 강조하고 그것을 토대로 양자가 양립할 수 있는 근거를 모색하는 추세이다. 지역주의의 후생증대 기능에 대해서는 지역주의를 통해서도 다자주의가 달성할 수 있는 후생수준에 이를 수 있으며, 협력영역에 따라서는 지역주의가 오히려 세계후생에 더 도움이 될 수 있다는 점을 주장하고 있다.

지역주의가 다자주의보다 세계후생에 오히려 더 도움이 될 수 있다는 주장은 국제환경문제나 국제평화질서와 같은 국제공공재의 수급과 관련하여 제기되고 있다. 즉 무역이 자유화되고 생산의 국제화가 이루어짐에 따라 대량생산, 대량소비가 촉진되어 왔다. 그로 인해 지구환경 파괴, 월경성(越境性) 공해의 확산, 자원 고갈화와 같은 국제공공재에 대한 문제가 심각하게 부상되고 있다. 국제공공재는 국제 간 소비의 비배제성, 비경합성 및 무임승차 유인 등으로 인해 국가단위 혹은 개별 정부에서는 그 수급을 관리할 수 없는 특성을 가지고 있다. 따라서 국제공공재는 세계정부를 통해 관리될 수밖에 없다. 그러나 세계정부의 수립이 불가능한 현실세계에서는 지역통합 조직을 통해 이러한 국제공공재 문제에 접근하는 것이 다자주의에 입각한 자유무역체제보다 더 효율적이라는 것이다.

지역주의의 선택 동기에 대해서도 과거의 지역주의는 시장지향적 통합(market led integration)을 지향하였고 따라서 대시장의 확보가 지역협정 선택의 주된 동기였다. 그러나 최근의 신지역주의는 노동, 기술, 서비스, 환경, 마약, 범죄 등 다양한 협력과제를 내포하고 있으며 더 나아가서는 전략적 무역정책을 실현하기 위한 정책협조에 이르기까지 시장보다는 정책통합(policy intergration)을 추구하고 있다. 따라서 개별 국 입장에서는 다양한 정책통합을 수용할 수 있는 지역주의를 선택하고자 한다. 세계 전체의 입장에서도 과거 시장지향적 통합에서는 지역통합의 대외 차별성 때문에 무역전환이 일어나므로 세계후생 증진에는 도움이 되지 않는 것으로 보았다. 그러나 정책지향적 통합에서는 역외 차별은 수반하지 않으면서 바람직한 국제협력 과제를 수행하므로 세계 전체의 입장에서도 긍정적 파급효과를 가져올 수 있다. 이에 따라 신지역주의 이후에 와서는 지역주의가 단순히 무역효과만을 분석대상으로 해 온 Viner 류의 전통적 분석시각으로는 현재의 지역주의를 설명할 수 없다는 견해가 확산되고 있다. 경제적 효과 분석에서도 정태적 무역효과뿐만 아니라 Ethier는 국제협상의 비용편익 분석에 의해 지역주의가 선택될 수 있는 기준을 검토하고 있으며, Melo와

Grether는 쌍대성정리(duality approach)를 통해 불완전경쟁하에서 경쟁력 효과, 규모의 경제, 다양성 증대의 가능성을 기준으로 지역주의의 효과를 강조하고 있다. 이러한 연구결과는 동태적 시간경로와 지역주의의 후생효과에 대한 Bhagwati의 연구와 함께 지역주의가 다자주의를 보완 혹은 대신하여 세계후생에 기여할 수 있음을 증명하고자 하는 새로운 시도로 평가할 수 있다.

어쨌든 이러한 최근의 연구를 통해 지역주의는 다자주의와 상충되는 개념이 아니라 보완적 개념으로 이해되거나 지역주의 그 자체만으로도 세계후생에 기여할 수 있는 것으로 재인식되고 있다. 이러한 인식의 변화는 신지역주의가 전개되고 있는 세계경제환경이 과거의 지역주의 시대와는 다르다는 점에 기초를 두고 있다. 즉 신지역주의는 주요 공업국들 간의 무역이 이미 상당한 수준으로 자유화되고 있는 상황에서 전개되고 있다. 따라서 신지역주의에 서는 무역자유화 그 자체보다 오히려 새로운 국제협력 과제로 부상되고 있는 투자, 환경, 거래질서 등에 대한 국제협력이 더 중시되고 있으며, 이러한 새로운 과제에 대해서는 다자주의보다 지역주의가 더 효율적인 해결수단인 것으로 인식되고 있기 때문이다.

2. 지역주의와 세계후생

지역주의가 다자주의보다 세계후생 증진에 더 효율적일 수 있다는 주장은 다자주의의 무임승차 문제와 관련하여 논의가 계속되고 있다. 여기서는 Bhagwati의 논의를 중심으로 지역주의의 유효성에 대한 주장의 일단을 소개해 두고자 한다. 다자간 무역협상에서 해결하지 못하고 있는 무임승차자(free rider)의 문제를 고려할 경우 지역주의는 다자주의보다 세계 전체의 후생극대화에 더 효율적인 접근방법이 될 수 있다. 다자간 무역협상에서는 모든 협상 당사국에게 관세양허에 대한 의무와 수혜권한을 동시에 요구하고 있다. 일부 국가가 양허의 혜택은 받아들이고 의무는 거절할 경우 다자주의 무역자유화 기능은 축소되지 않을 수 없다. 지금까지 GATT 체제하에서는 이러한 무임승차자에 대한 강제 구속력이 없었을 뿐만 아니라 그 처리에 대한 유효한 실적도 쌓아오지 못하였다. 그 결과 뜻을 같이하는 국가들 간에 시장개방의 의무와 혜택을 동시에 가지도록 하는 지역협정을 선택하게 되었으며, 이러한 점에서 지역주의는 GATT의 다자주의를 보완하는 무역자유화의 수단으로 평가될 수 있다.

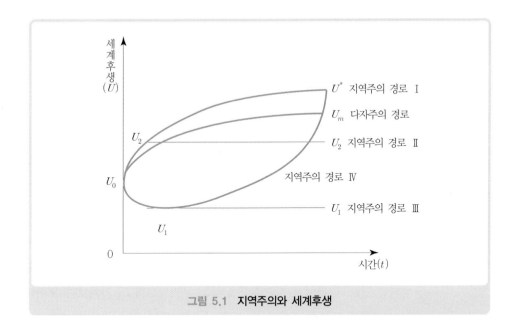

그림 5.1 지역주의와 세계후생

지역협정에서는 특정국 고유의 주장과 이해관계가 지역 내의 공동 이해관계로 조정 통합되게 된다. 여기서 생겨난 지역블록들이 세계적 무역협상의 주체로 참여할 경우 그 블록 내에서는 세계적 무역자유화에 무임승차하는 국가가 없을 것이며, 그로 인해 세계 전체의 무역자유화를 통한 후생극대화에 더 효율적으로 접근해 갈 수 있는 것이다.

이러한 지역주의 후생효과를 J. Bhagwati의 설명을 인용해 보자. Bhagwati는 지역주의가 세계경제를 분할하는가 아니면 통합하는가에 따라 세계 전체의 후생에 미치는 효과가 다르다고 보고 그 파급과정을 동태적 시간경로(dynamic time-path)를 통해 관찰하고 있다.

그림 5.1에서 U_0는 무역장벽이 있는 초기 상태의 세계후생수준, U^*는 자유무역상태의 최대 후생수준을 각각 나타내고 있다. 여기서 지역주의는 다음과 같은 네 가지 경로를 따라 세계후생을 변화시킬 수 있다.

① 지역주의가 발생할 경우 즉각적인 후생효과는 U_2로 개선(순무역창출효과)되거나 U_1로 악화(순무역전환효과)될 수 있다.

② 시간이 경과함에 따라 무역블록이 세계경제를 분할시키는 상태로 정착된다면 후생수준은 U_2(경로 II) 혹은 U_1(경로 III)으로 정체될 것이다.

③ 초기블록이 계속 확장되고 상호 결합되어 세계시장이 점차 통합될 경우 지역주의는 경로 I 혹은 IV를 통하여 자유무역하의 후생수준 U^*에 이르게 된다.

④ 그러나 다자주의 경로는 무임승차자들 때문에 U^*에 이르지 못하고 U_m의 후생수준에 머물게 된다. 다자주의에서 무임승차자의 문제를 해결한다면 후생수준은 U^*에 접근할 수 있다.

이와 같이 무임승차자가 있는 한 지역주의는 다자주의보다 세계후생을 극대화시키는 데 더 유효한 수단이 될 수 있다.

3. 지역주의의 도미노 효과

한편 1990년대 이후에 지역주의가 범세계적으로 확산되는 동기가 무엇인가에 대해서도 이론적, 정책적 검토가 이루어져 왔다. 그 가운데 특기할만한 주장은 신지역주의가 시장지향적 동기보다 정책지향적 동기에 더 영향을 받고 있으며 그로 인해 지역통합에의 도미노 효과가 발생하고 있다는 주장이다. 신지역주의는 세계경제질서를 창출하는 중심국에 의해 주도되고 있다. 따라서 주변부의 개도국들은 지역주의를 하나의 국제질서로 간주하여 이를 추종하지 않을 수 없게 되었다. 지역주의가 하나의 국제질서로 정착됨에 따라 대부분의 무역국가들은 새로운 국제질서에 편승하려는 유인을 가지게 된다. 특히 신지역주의에서는 관세뿐만 아니라 기술규격, 환경, 노동 및 자본 이동에 대한 공동규범 혹은 정책협조를 추진하고 있다. 그 결과 역외 국가들은 통합된 시장으로의 진입장벽을 더욱 크게 느끼게 된다. 이러한 진입장벽 극복을 위해 각국은 기존 통합체에의 가입을 추진하거나 신규통합을 추진하는 지역주의의 도미노 현상이 생겨나고 있다.

그림 5.2는 경제통합이 이루어질 경우 역외 기업이 통합시장에서 받게 될 수익의 변화를 나타내고 있다. 시장 및 정책통합이 이루어지면 역외 기업은 관세 차별화로 인한 진입장벽뿐만 아니라 역내시장에서 거래조건상의 불이익이 추가로 생기게 된다. 그로 인해 역외기업이 직면한 수요곡선은 D_0에서 D_1으로 이동하게 되며, 한계수

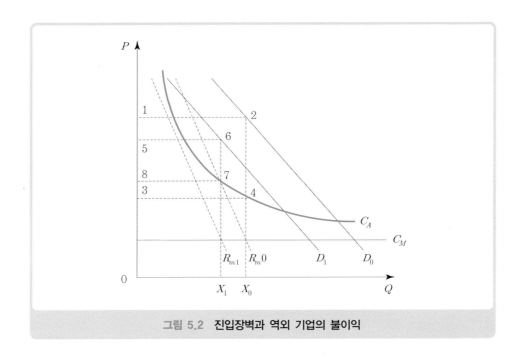

그림 5.2 진입장벽과 역외 기업의 불이익

입 곡선도 R_{m0}에서 R_{m1}으로 이동하게 된다. 시장통합 이후 규모의 경제가 작용하는 경우를 상정하고 평균비용 곡선이 C_A이고 한계비용곡선이 C_M으로 일정하다고 할 경우 이 기업의 총이윤은 통합 전 사변형 1243의 면적에서 통합 후에는 사변형 5678의 면적으로 축소되지 않을 수 없게 된다. 이러한 영업상의 불이익을 회피하기 위해 역외기업과 역외국은 공동체에 가입하기를 희망하게 된다. 이와 같이 공동체의 진입 장벽이 높아지거나 비회원국에 대한 거래조건이 불리하게 될수록 역외국은 공동체에 대한 신규가입 유인을 더 강하게 받게 된다. 이러한 공동체에의 가입 유인을 지역주의의 도미노 효과라 한다.

시장통합만을 경제통합의 주목적으로 간주해 왔던 전통적 통합이론에서는 무역전환만이 역외국의 불이익으로 파악되어 왔다. 그러나 현재와 같이 환경기준, 기술규격, 자본 이동 및 기타의 거래규범에 대한 정책조건을 통일하고자 하는 포괄적 통합(deep integration)에서는 이들 규범의 차이로 인한 거래비용의 증대가 오히려 더 큰 불이익이 될 수 있으며, 이것이 주변국으로 하여금 통합 참가를 자극하는 새로운 도미노 효과로 나타나고 있다.

4. 정치경제학에서의 지역주의

잉여가치의 생산과 분배에 분석의 초점을 두고 있는 전통적 정치경제학에서는 지역통합이나 지역주의에 대한 관찰이 이루어지지 않고 있다. 다만 제2차 세계대전 이전의 블록 경제권이나 1960년대의 개발도상국 간의 경제통합에 대해서는 제국주의이론과 종속이론의 입장에서 관찰하는 시각이 있었다. 즉 금융자본의 배타적 투자영역을 확보하고 이를 국가적 차원에서 지원하려는 독점자본주의의 대외정책 양식을 제국주의로 본다면 제2차 세계대전 이전의 블록 경제권은 제국주의의 확산과정으로 해석할 수 있다. 그리고 1960년대 이후 남미에서 생성한 종속이론에서는 주변부 개도국이 중심부가 설치한 세계체제에 편입되면서부터 양자간 불평등 교역이 일어나고 그로 인해 주변부의 저발전은 심화된다는 것이다. 따라서 주변부의 개발도상국은 중심부의 선진국과 자유무역협정을 체결하는 것이 바람직하지 못하다고 보았다. 그리고 선진국에 대한 의존관계에서 탈피하기 위해 개발도상국 상호 간의 무역을 확대하는 것이 바람직하다고 주장함으로써 개도국 상호 간의 경제통합을 간접적으로 지지하기도 하였다. 1960년대 이후 중남미 제국 간에 다양한 형태의 지역통합이 추진되어 왔던 것은 이러한 종속이론과 무관하지 않은 것으로 볼 수 있다. 그러나 이러한 정치경제학적 시각으로는 전후의 시장확대를 위한 수평적 경제통합이나 오늘날과 같은 선진국과 개도국 간의 전략적 통합은 설명하지 못하는 한계점이 있다.

그러나 1970년대 이후에 생성되기 시작한 프랑스의 정치경제학파—레규라시옹 학파—에서는 현대적 시각에서 오늘날의 지역주의를 관찰하고 있어 지역주의에 대한 새로운 접근을 예시하고 있다. 레규라시옹(regulation) 학파에 의하면 현재와 같은 지역통합 움직임을 신축적 국제분업 및 생산조직의 신축성을 확보하기 위한 제도적 규제양식의 변화과정으로 보고 있다. 즉 포디즘에 기초를 두고 형성된 전후의 경직적 생산방식과 기술은 1980년대 이후 응용폭이 넓은 전자기술의 보급으로 위기를 맞고 있다. 대량생산, 대량소비에 접합될 수 있는 포드주의 생산방식은 수요의 세분화, 생산의 다양화로 인해 그 한계성이 드러나고 있으므로 이를 대신할 수 있는 신축적 생산양식이 요구되고 있다. 이에 따라 자본, 노동, 생산기술 및 국제분업 관계는 새로운 신축적 생산양식에 맞추어 재조정되어 가고 있다. 국제무역과 관련해 볼 때 이러한 신축적 생산양식은 국제적으로 분산되어 있는 중소 생산조직(기업)이 일련의 분업관계로 결합되는 형태로 나타나고 있다. 즉 현재의 국제분업은 대량생산형 국제분업형태에서 소규모 다품종 생산체제의 국제분업으로 전환되고 있으며, 제품 간 국제분업에서 생산공정상의 국제분업으로 전환되고 있다. 말하자면 현재의 국제분업은 시장수요에 대응한 제품개발과 그 생산에 대한 신속한 적응력을 가질 수 있는 신축적 국제분업 양식으로 전환되고 있는 것이다.

이러한 국제분업관계의 변화과정 속에서 나타나고 있는 지역주의는 지역 내 요소이동 및 생산조직의 국제적 결합을 촉진함으로써 국가 및 기업규모의 신축성을 지역혹은 대륙규모로 확대시키는 기능을 하게 된다. 이러한 의미에서 지역주의는 일면 관리무역정책으로서의 보호주의 성격을 가지고 있으나, 다른 한편으로는 경제적 신축성의 국제적 확장으로 생산효율을 개선시키고 국제무역을 촉진시키는 긍정적 기능을 동시에 수반하고 있는 것이다.

PART

2

경제통합의기초 이론

제6장

자유무역지역이론

늘날의 지역통합은 대개 자유무역지역, 관세동맹, 공동시장 혹은 경제동맹 중의 한 형태를 취하고 있다. 그 가운데 자유무역지역(free trade area : FTA)은 대외 공통관세가 없고 역외 국가에 대해서 독자적인 관세를 부과할 수 있기 때문에 국제 간 경제통합 가운데 가장 널리 선호되고 있는 통합 형태이다. 자유무역지역이란 동맹 당사국 간에는 관세, 수량제한과 같은 무역장벽을 철폐하여 무역을 자유화하고 역외 국가에 대해서는 개별 회원국이 독자적으로 무역정책(관세정책)을 실시하는 지역통합을 의미한다. 따라서 자유무역지역은 다음과 같은 두 가지 측면에서 다른 형태의 경제통합과 차이가 있다.

첫째, 각 가맹국은 역외 지역으로부터의 수입에 대해 독자적인 수입관세를 부과한다.

둘째, 자유무역 대상 품목이 역내에서 생산되거나 주요 생산공정이 역내에서 이루어진다는 점을 밝히기 위한 원산지 규정(rule of origin)이 수반된다.

자유무역지역은 이들 두 가지 조건으로 인해 관세동맹이나 공동시장과는 다른 고유의 무역효과를 가지고 있다. 이 장에서는 자유무역지역이 가지고 있는 고유의 무역효과를 중심으로 자유무역지역의 경제적 효과를 살펴보기로 하자.

제1절 자유무역지역의 무역효과

1. 무역굴절효과와 간접무역굴절효과

(1) 무역굴절효과

자유무역지역이 형성되면 역내 국가들 간에는 관세가 철폐되지만 역외로부터의 수입에 대해서는 회원국에 따라 관세가 다르게 적용된다. 이러한 역내외 관세율의 차이를 이용하여 역외 제품이 먼저 역내 저관세국으로 수입된 다음 이 제품이 다시 역내 무관세를 이용하여 고관세국으로 반출되는 현상이 일어날 수 있다. 이렇듯 역외 제품이 역내 저관세국을 통해 고관세국으로 수입되는 현상을 무역굴절효과(trade deflection effect)라 한다. 이러한 무역굴절현상이 발생하면 역내 고관세국은 역외에 대한 고관세 부과의 효과가 없어지게 되므로 원산지 규정의 도입을 통해 이러한 효과를 제거하고자 한다. 원산지 규정이 도입되면 역외 제품과 역내 제품의 구별이 가능하고 이에 따라 역외 제품은 비록 그것이 역내 저관세국을 통해 수입되더라도 고관세국으로 재유입될 경우에는 추가관세가 부과되기 때문에 무역굴절효과는 발생하지 않게 된다.

(2) 간접무역굴절효과

다른 한편 자유무역지역 내에서 저관세국의 생산자가 자국 제품을 모두 고관세국의 동맹국에 수출하고 자국 내에 필요한 제품은 저관세제도를 이용하여 역외에서 수입하여 공급하는 현상이 생겨날 수 있다. 이러한 현상을 자유무역지역의 간접무역굴절효과(indirect trade deflection effect)라 한다. 간접무역굴절 현상은 역내에서 유리한 생산조건을 가진 동맹국이 자국 제품은 역내로 수출하고 자국이 필요한 제품은 자국의 관세기준에 의해 역외에서 수입하는 현상이므로 원산지 규정이 도입되더라도 제거되지 않는 무역효과이다. 이러한 간접무역굴절효과로 인해 자유무역지역은 동맹 전체의 입장에서 볼 때 역외 제국과의 무역은 유지하면서 역내무역을 확대시킬 수 있는 장점을 가지게 된다. 무역굴절효과와 간접무역굴절효과는 회원국이 역외국에 대하여 부과하는 관세율이 다르기 때문에 생겨나는 현상이므로 자유무역지역에서만 나타나는 무역효과이다.

2. 무역창출효과, 무역전환효과 및 무역확대효과

자유무역지역이 결성되면 동맹국에 대해서는 관세가 철폐되지만 역외 비가맹국에 대해서는 각국이 여전히 수입관세를 부과하게 되므로 역내국과 역외국 간에는 관세상의 차별이 불가피하게 나타난다. 이러한 관세상의 차별대우로 인해 자유무역지역에서도 다른 형태의 경제통합에서 일반적으로 나타나는 무역창출효과, 무역전환효과 및 무역확대효과가 발생하게 된다.

(1) 무역창출효과

자유무역협정에 의해 동맹국 상호 간에 관세가 철폐되면 종전까지 비교우위의 상태에 있었음에도 관세장벽 때문에 역내에서 교역되지 않았던 상품이 다시 유통되기 시작한다. 이렇듯 역내관세 철폐로 인해 동맹국 간에 새로운 무역이 생겨나는 현상을 무역창출효과(trade creation effect)라 한다. 역내관세가 철폐되면 보호를 받고 있던 자국 생산이 가장 낮은 생산비로 생산하는 동맹국 생산으로 대체되며 그로 인해 역내 제국 간에는 새로운 무역이 발생하게 된다. 이러한 무역창출은 동맹국 전체의 입장에서 볼 때 자원의 최적배분을 가져오며 세계 전체의 후생증대에도 기여하게 된다.

무역창출은 J. Viner가 관세동맹의 생산효과를 분석하면서 경제이론에 처음 도입한 개념이다. 이로 인해 경제통합이론에서 Viner의 무역창출은 일반적으로 자원배분의 효율성을 높일 수 있는 생산면에서의 무역효과—고비용 생산자에서 저비용 생산자로의 공급원이 이동하는 현상—를 지칭하고 있다.

(2) 무역전환효과

자유무역협정이 체결되면 역내관세는 철폐되지만 역외 제국에 대해서는 각국이 종전과 같은 관세를 부과하게 되므로 역내외 제국 간에는 관세상의 차별대우가 나타나게 된다. 이러한 관세상의 차별대우로 인해 동맹 전에는 역외에서 수입되던 제품이 동맹 결성 후에는 역내 동맹국에서 수입되는 현상이 발생할 수 있다. 이와 같이 관세상의 차별 대우로 인해 생겨나는 수입원의 전환을 무역전환효과(trade diversion effect)라 한다. 무역전환은 역외 지역의 저생산비 공급자 대신 상대적으로 고비용을 가진 역내 생산자가 역내외 관세 차이를 이용하여 역내 제국에 수출하는 현상이므로 세계 전체의 입장에서는 자원배분의 효율성을 저하시키고 후생수준을 감소시키는 원천이 된다. 이로 인해 경제통합의 경제적 효과를 분석할 경우 무역창출은 세계 전체의 무역자유화와 후생증진에 긍정적 효과를 주는 반면 무역전환은 무역흐름을 왜곡시키고 세계후생에 부정적 영향을 미치는 것으로 평가하고 있다.

(3) 무역확대효과

자유무역협정이 개시되어 역내관세가 철폐되면 동맹국에서 수입된 제품의 가격은 관세폭만큼 하락하게 된다. 그로 인해 국내에서는 가격하락으로 인한 소비 증대가 일어나며 소비가 증대되는 만큼 수입도 늘어나게 된다. 이와 같이 동맹 결성 이후 가격하락과 소비 증대로 인한 수입의 증대를 무역확대효과(trade expansion effect)라 한다. 이 경우 역내관세 철폐로 인한 소비 증대는 자국 생산의 증대에 의해서가 아니라 저비용으로 생산하는 동맹국 제품의 수입으로 충족하게 되므로 동맹 내에서는 새로운 무역을 창출시키는 효과를 가진다. 따라서 소비 면에서 발생하는 이러한 무역확대효과도 자유무역지역의 무역창출효과라 할 수 있다. 학자에 따라서는 생산 면에서의 무역창출과 소비 증대로 인한 무역확대를 합하여 총무역창출효과(gross trade creation)라 지칭하기도 한다.

3. 투자유발효과

(1) 투자창출효과와 투자전환효과

자유무역지역이 형성되면 역내시장을 겨냥한 새로운 투자가 생겨나게 된다. 여기에는 역내시장에서 새로운 사업 기회를 확보하려는 역내 기업의 투자뿐만 아니라 확대된 역내시장을 안정적으로 확보하기 위해 역내로 진출하고자 하는 역외 기업의 투자가 포함된다. 역내시장 확대로 유발되는 이러한 투자증대효과를 투자창출효과(investment creation effect)라 한다. 그러나 역외로부터의 투자유입 가운데 일부는 제3국에 투자되어 있던 자본이 자유무역지역의 대시장을 확보하기 위해 역내시장으로 이전되어 올 수 있다. 제3국에 투자되어 있던 자본이 동맹 결성 지역으로 다시 이전되는 현상을 투자전환효과(investment diversion effect)라 한다. 투자창출효과는 순투자의 증대이므로 소득과 성장 촉진효과를 가질 수 있으나 투자전환효과는 역외 투자의 감소를 통해 역내 투자의 증가를 가져오므로 세계 전체로는 후생증감이 분명치 않게 된다.

(2) FTA가 회원국의 FDI에 미치는 영향

FTA로 인한 일반적 투자효과는 위에서 지적한 투자창출과 투자전환효과로 설명될 수 있다. 그러나 역내 회원국 간에는 시장 진입장벽이 사라지므로 역외국과는 다른 투자 동기를 가질 수 있다. 역내 회원국에 대한 투자효과는 수평적 FDI와 수직적 FDI에 따라 다르게 나타나고 있다. 이론적으로 볼 때 FTA는 역내 회원국 간 수평적 FDI는 감소시키고 수직적 FDI는 증가시키는 요인으로 작용할 수 있다. 그러나 FTA의 협정 내용이나 참가국 범위에 따라 역내 직접투자에 미치는 영향은 달라질 수 있다.

수평적 FDI에 미치는 영향

수평적 FDI는 일반적으로 현지 시장의 진입장벽이 높을 경우 이를 회피하기 위해 이루어지며, 현지 조립공장이나 물류기지 건설 또는 지사 설립 등의 형태로 나타난다. FTA로 인해 관세 등의 진입 장벽이 철폐되고 운송, 보험 시장이 개방되고 물류비용이 감소하면 회원국 상호 간에는 진입장벽 회피를 위한 수평적 FDI 유인은 감소한다.

EU나 NAFTA처럼 시장규모가 크고 다양한 국가들로 구성된 FTA에서는 역내 무역 장벽이 제거되더라도 회원국의 소득수준에 따라 차별화된 제품이 요구되며, 소비지 까지의 물류비용도 증가할 수 있다. 이러한 시장에서는 회원국 간에도 물류비용 절감, 차별화된 제품의 적시 공급을 위한 수평적 FDI가 유발될 수 있다. 그러나 일반적으로 체결되는 쌍무적 FTA에서는 상품, 서비스, 무역규범 등의 통일이 이루어지고 직접 수출에 따르는 진입장벽과 관리비용은 감소하게 되므로 회원국 간에는 수평적 FDI 유인이 감소하는 것으로 볼 수 있다.

수직적 FDI에 미치는 영향

수직적 FDI는 해외의 저렴한 노동력이나 저렴한 원자재 조달을 통해 생산비를 절감할 목적으로 이루어지는 해외 직접투자를 말한다. 따라서 수직적 FDI는 주요 생산공정에 집약적으로 사용하는 요소의 부존도가 높은 국가로 유입되는 경향이 있다. FTA

가 결성되면 역내 회원국 간에도 노동집약 공정은 임금이 낮은 국가로 기술집약 공정은 역내 선진국으로 생산기지의 재배치가 일어날 수 있다. 이러한 현상이 일어날 경우 FTA는 수직적 FDI를 증대시키는 요인으로 작용하게 된다.

경제의 글로벌화가 일반화되고 있는 21세기의 국제분업은 제품 간 분업보다 생산 공정의 국제분업이 더 중요한 의미를 가지고 있으며, 국제 간 생산네트워크나 국제 간 공급망(supply chain)의 효율화가 기업의 경쟁력을 좌우하고 있다. 따라서 글로벌 시대의 무역장벽은 점차 낮아지고 있는 관세가 아니라 국제 간 부가가치 생산망 (international values chain)을 저해하는 국내 조치나 제도들이 더 큰 무역장벽으로 인식되고 있다. 현재와 같은 포괄적 FTA협정은 관세인하 외에도 경쟁, 제도, 투자 부문에서의 자유화와 상호 접근을 목표로 하고 있으므로 생산의 국제화에 필요한 무역장벽을 낮추는 데 기여하게 된다. 이로 인해 역내 회원국 간에는 생산네트워크 구축을 위한 수직적 FDI가 용이하게 된다.

제2절 일국 입장에서 본 자유무역지역의 경제적 효과

이상과 같은 자유무역지역의 무역효과를 부분균형 분석을 통해 종합적으로 관찰해 보기로 하자. 지금 H국과 P국은 자유무역지역을 형성할 당사국이며 양국은 다같이 동일한 X재를 국내에서 생산하고 있다고 하자. 그리고 P국은 생산의 효율성이 높은 국가이며 낮은 관세를 부과하고 있는 반면, H국은 생산성이 낮고 높은 관세를 부과하고 있는 경우를 상정하고 있다. 그리고 역외 생산물이 저관세국 P국을 통해 고관세국 H국으로 유입되는 것을 방지하기 위해 원산지 규정을 두고 있다. 이러한 조건하에서 H국과 P국이 자유무역협정을 체결하게 되면 양국 제품만이 자유무역의 대상이 되며, 원산지 규정이 적용되므로 역외 제품은 각국의 관세 크기만큼 회원국 시장에서 비싸지게 된다. 그리고 동맹 전 H국의 관세는 수입 금지적 고관세로서 동맹 전에는 외국으로부터의 수입이 일어나지 않고 자급자족한다고 하자.

그림 6.1에서 H국의 공급곡선은 S_H, 관세수준은 WT_H이며 OT_H의 가격하에서 국내생산은 OL이 된다. 한편 P국의 관세는 WT_P이며, 공급곡선 S_{H+P}는 P국의 공

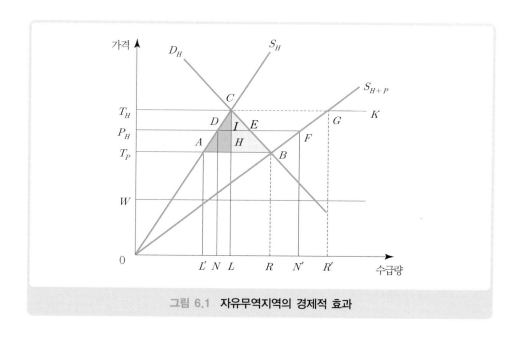

그림 6.1 자유무역지역의 경제적 효과

급곡선을 H국의 공급곡선에 더하여 얻어진 동맹 전체의 공급곡선이다. OW는 국제 시장 가격이며 W점에서 출발하는 수평선은 완전탄력적인 세계 공급곡선을 나타내고 있다.

1. 굴절 공급곡선

이러한 조건하에서 H국과 P국이 자유무역지역을 형성할 경우 역내 제품의 H국 내 가격은 OT_P(저관세국 P국의 관세포함 수입가격) 이하로는 내려가지 않는 반면 OT_H(H국 관세 포함 가격) 이상으로 상승하지도 않는다. 따라서 H국 입장에서 볼 때 역내 및 역외 제품을 포함한 당해 상품의 유효공급곡선은 T_PBGK와 같이 굴절공급곡선이 된다. 역내시장에 대한 P국의 공급량은 역내 가격수준에 따라 결정되며, 그 가격수준은 H국의 수요곡선에 의해 좌우된다.

2. 무역창출효과와 무역확대효과

그림 6.1에서 H국의 수요곡선이 D_H라 하면 자유무역지역의 결성으로 H국의 국내가격은 OT_P가 될 것이며 P국으로부터 $L'R$만큼 수입하게 된다. 이때 삼각형 ACH는

동맹 결성으로 H국이 자국생산을 줄인 만큼 P국으로부터 새로이 수입하게 되는 무역창출효과를 나타낸다. 이는 고비용의 자국 생산이 저비용의 동맹국 생산으로 대체되는 효과이므로 동맹 전체로서는 자원배분의 효율성을 높이고 후생이익을 가져오는 원천이다. 무역창출의 개념을 처음 도입한 Viner는 이와 같이 저생산비 국가로 공급자의 위치가 바뀌고 그로 인해 당사국 간에 무역이 발생하는 현상을 무역창출효과라고 했다. 삼각형 BCH는 자유무역지역 형성 이후 H국의 X재 소비증가로 인한 무역확대효과이다. 동맹 결성 후 이러한 소비 증대는 자국 생산이 아닌 동맹국(P)으로부터의 수입으로 충족되었으므로 양국 간에는 무역이 그만큼 더 확대될 수 있었던 것이다. 따라서 생산 면의 무역창출($\triangle ACH$)과 소비면의 무역확대($\triangle BCH$)는 모두 자유무역지역 결성 이후 새로이 발생한 역내무역흐름이므로 양자를 합해 총무역창출효과라 한다.

3. 간접무역굴절효과

그림 6.1에서 자유무역지역 형성 이후 P국은 역내 가격이 OT_P 이상으로 유지되는 한 자국의 공급능력의 범위 내에서 최대한 H국에 수출하려고 할 것이다. 그 결과 그림에서는 나타나지 않고 있으나 P국 내에서 공급부족이 일어나게 된다면 P국은 이 부족분을 역외에서의(WT_P의 관세를 부담하더라도) 수입으로 충당하고자 할 것이므로 간접무역굴절효과가 생겨날 수 있다. 이 경우 P국 내에서 X재의 가격은 H국에서의 최종가격 여하에 관계없이 OT_P 수준 혹은 그 이하의 수준으로 유지될 수 있는 것이다.

　간접무역굴절은 역내 저관세국이 자국 내 수요를 충족하기 위해 직접 역외로부터 수입하는 현상이므로 수입된 상품이 다른 동맹국으로 유출되지는 않는다. 따라서 이러한 간접무역굴절현상은 자유무역의 원산지 규정에 의해서도 제거되지 못하는 자유무역지역 고유의 효과라 할 수 있다.

제3절 동맹 당사국 입장에서 본 자유무역지역의 경제적 효과

다음은 동맹 당사자 양국의 입장에서 본 자유무역지역의 경제적 효과를 살펴보기로 하자. 그림 6.2에서는 H국과 P국의 X재에 대한 수요, 공급조건을 각각 나타내고 있으며, OW는 세계 공급가격을 나타낸다. 양국이 시장을 통합하기 전 P국은 비교적 낮은 관세 WT_P를 부과하고 있으며 관세포함가격은 OT_P이다. 동맹 결성 이후에는 이 OT_P 가격이 역내 공급가격이 된다고 하자. 그림에서는 H국과 P국이 유사한 수요조건을 가지는 반면 생산 면에서는 P국이 H국보다 더 효율적이고 생산조건이 유리하며 따라서 P국의 공급곡선은 H국보다 탄력성이 크다는 것을 전제로 하고 있다.

자유무역지역이 형성되기 전 P국은 OT_P의 가격하에서 OM만큼 생산하여 소비하며 WT_P의 관세수준 아래서 수입은 일어나지 않게 된다. H국에서는 OL만큼 국내에서 생산하고 ON만큼 소비하므로 LN만큼의 역외로부터 WT_H만큼 관세를 부담하고 수입하게 된다. 빗금친 사변형 β는 관세수입의 크기를 나타낸다. 여기서 양국이

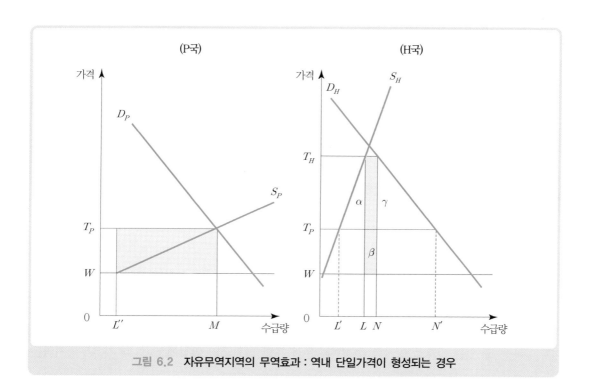

그림 6.2 자유무역지역의 무역효과 : 역내 단일가격이 형성되는 경우

자유무역지역을 형성하여 역내 가격수준이 OT_P로 된다면 역내 공급($OM + OL'$)은 역내 수요($OM + ON'$)보다 부족하게 된다. 그 부족분 $L'N'$는 OT_P 가격수준에서 P국이 공급할 수 있는 공급여력보다 작다($L''M = L'N'$으로 작도되어 있음). 자유무역지역의 형성으로 P국은 T_P의 가격으로 H국의 수요량 $L'N'$($L''M$)만큼을 H국에 수출하고 잔여 OL''만큼은 자국 내 시장에 공급하게 된다. P국 내의 공급부족분 $L''M$은 역외로부터 OW의 가격으로 수입(관세포함 국내공급가격은 OT_P)하게 되므로 간접무역굴절현상이 나타나게 되며 동시에 자유무역지역 내에서는 결국 단일 균형가격(역내 저관세국의 동맹 전 가격 OT_P)이 유지될 수 있는 것이다. 그러나 동맹 결성 후 H국의 수요가 급증하여 P국으로부터의 수입이 늘어날 경우 P국 생산자는 단기적으로 T_P 이상의 가격으로 H국에 공급하고 자국 내 공급부족분은 세계시장에서 수입하여 OT_P의 가격으로 공급할 수 있을 것이다. 이 경우 동맹 내에서는 일시적으로 단일가격이 유지되지 않을 수 있다. 그러나 장기적으로는 양국 간 수급조절이 이루어질 수 있는 수준에서 단일가격이 유지되게 된다.

여기서 자유무역지역의 형성으로 인한 당사국의 경제적 성과를 살펴보면 다음과 같다. 우선 H국의 경우를 보면 생산효과 α(Viner의 무역창출효과)와 소비효과 γ로 구성되는 무역창출효과가 무역전환효과 β(관세수입의 상실분 가운데 소비후생 증가로 상쇄되지 않은 아래사변형 부분)보다 더 크게 나타나고 있다면 H국의 후생은 자유무역지역 결성으로 개선될 것이다. P국에서는 종전과 같은 가격으로 같은 양을 생산하여 소비하게 되는 반면 빗금친 사변형 크기만큼의 정부의 관세수입이 증대되었다. 이것은 P국의 국민소득 형성에 플러스 요인이 되는 것이다. 역외 공급자의 경우에는 동맹지역으로 수출을 증대함으로 인해 이익을 얻을 수 있었다. 즉 P국이 H국의 수요를 충족시키기 위해 자국 생산품을 H국에 공급한 반면 자국 내 수요($L''M$ 만큼)는 역외로부터의 수입으로 충당하였기 때문이다. 이와 같이 자유무역지역은 동맹 당사국은 물론 역외 제국에 대해서도 그 경제적 후생을 개선시키는 효과를 가질 수 있다.

이상과 같은 자유무역지역의 무역효과를 종합해 볼 때 자유무역지역은 공통 역외 관세를 부과하는 관세동맹이나 그 이상의 통합 형태에 비해 다음과 같은 장점을 가지고 있는 것으로 평가할 수 있다. 우선 개별 회원국의 입장에서 볼 때 자유무역지역은 공통 역외관세를 도입하지 않고 독자적인 관세 체제를 유지함으로서 무역정책상의 자율성을 확보할 수 있다. 그리고 경제적 후생 측면에서 볼 때 역내관세 철폐로 동맹국간에는 무역창출과 무역확대의 이익이 생기며 간접무역굴절효과로 인해 역외로부터의 수입은 계속 유지될 수 있다. 1990년대 이후 개방적 지역주의와 선·후진국 간의 전략적 통합이 요구되고 있는 신지역주의하에서 많은 국가들이 자유무역지역 형태의 지역통합을 선호하고 있는 것은 이러한 정책적 자율성 및 이론적 후생효과에 그 근거를 두고 있는 것이라 할 수 있다.

제4절 자유무역지역이 선호되는 이유

순수 이론적 시각에서는 범세계적 자유무역이 세계 전체의 후생을 극대화하는 최선의 방책이다. 그러나 현실 세계에서는 세계 전체의 자유무역을 기대하기란 어려운 일이다. 다자간 무역협상을 통해 거기에 접근하더라도 시간이 많이 소요되며, 실질적인 성과는 매우 제한적이다. 따라서 많은 국가들은 세계적 무역자유화에 대한 차선책으로 지역단위의 무역자유화 방안을 선택하게 된다. 지리적으로 제한된 범위 내에서 무역자유화를 위한 지역협정을 체결할 경우 협정 당사국은 역외 제국에 대해 종전과 같은 국별 관세체계를 유지하든지 아니면 공통역외관세를 다시 설정해야 한다.

공통관세를 도입하는 관세동맹과 국별 관세체계를 유지하는 자유무역지역 가운데 어느 편이 더 바람직한가에 대해서는 동맹국 입장에서 보는가 세계 전체의 입장에서 보는가에 따라 해석이 달라질 수 있다. 그러나 WTO 체제 수립 이후의 국제질서는 개방화 세계화를 지향하고 있으며 GATT/WTO에서 인정하고 있는 지역통합도 세계 전체의 무역자유화를 해치지 않는 범위 내에서 수용되고 있다. 따라서 여기서는 세계 전체의 입장에서 자유무역이 더 선호될 수 있는 이유를 지적해 두고자 한다.

첫째, 자유무역지역에서는 위에서 지적한 바와 같이 관세가 낮은 국가가 자국 제품은 동맹국에 수출하고 자국수요는 역외 제품을 수입하여 충족하는 간접무역굴절효과를 가지고 있다. 이 효과를 통해 동맹지역 내에서는 무역확대를 도모할 수 있으며 역외 제국에 대해서는 무역의 개방성을 유지할 수 있다. 그러나 관세동맹에서는 공통

역외관세로 인해 이러한 역외 개방성은 유지될 수 없다.

둘째, 자유무역지역에서는 역내 고관세국의 실수요제품을 관세가 낮은 국가를 통해 역외로부터 수입하려는 무역굴절 동기가 작용하고 있다. 이러한 동기는 원산지 규정의 도입으로 현실화되기는 어렵다. 그러나 잠재된 무역굴절의 동기가 클수록 고관세국은 관세인하의 압력을 받게 된다. 따라서 동맹 내 국별 관세 수준은 역내 저관세국 수준으로 하향 조정되는 경향을 가지게 된다. 그러나 관세동맹에서는 공통역외관세를 설정하므로 동맹 전 저관세국의 관세를 오히려 높일 수 있다. GATT 제24조에서는 관세동맹의 경우 공통관세를 동맹 전 개별 회원국 관세의 평균 수준 이상으로 높이지 못하게끔 규정하고 있다. 이에 따라 관세동맹의 공통관세는 동맹 전 국별 관세를 평균한 수준에서 결정되고 있으며 그로 인해 저관세국의 관세는 오히려 높아지게 된 것이다.

셋째, 자유무역지역에서는 개별 회원국의 무역정책을 비교적 자유롭게 개선해 갈 수 있다. 특히 역외국에 대해서는 독자적인 관세를 부과할 수 있으므로 무역정책상의 자율성을 유지할 수 있다. 그러나 관세동맹에서는 공통역외관세(공동 무역정책)에 묶여 개방 지향적 국가들은 자유화 정책을 실현시키기 어렵다. 그리고 강력한 이익집단의 로비가 있을 경우 역내에서 경쟁력이 약한 생산자를 보호하기 위해 공통관세를 높게 책정할 우려가 있다.

이러한 이유는 세계 전체의 입장에서 자유무역지역이 가질 수 있는 상대적 장점일 뿐 자유무역지역의 절대적 우위나 모든 동맹 당사국에게 선호될 수 있는 논거는 되지 않을 수 있다. 오히려 동맹국 입장에서는 대역외 교역조건 개선이나 교섭력 강화 혹은 역내무역자유화의 효율성을 높이기 위해 관세동맹이나 공동시장을 더 선호할 수도 있다.

| 참고자료 | 초학도를 위한 FTA 경제학 |

1. FTA의 경제적 효과

자유무역협정은 회원국 상호 간에는 관세를 철폐하여 무역을 자유화하고 비회원국에 대해서는 각 회원국이 독자적으로 관세를 부과하는 경제통합의 한 형태이다. 이러한 자유무역협정이 체결되어 무역이 자유화되고 있는 지역을 자유무역지역(free trade area : FTA)이라 한다. 자유무역지역은 관세동맹이나 공동시장에 비해 공동정책 수행으로 인한 정책의 구속력은 적은 반면 회원국 간의 무역자유화로 인한 시장 확대의 효과는 동일하게 기대할 수 있기 때문에 국제 간 경제통합 가운데 가장 널리 선호되고 있는 통합 형태이다. 일반적으로 FTA를 통해 기대해 볼 수 있는 경제적 효과 및 정책 비용은 다음과 같다.

1) 무역확대효과(정태적 효과)

FTA가 결성되면 회원국 간에는 관세 및 비관세 장벽을 철폐함으로써 시장이 확대되기 때문에 역내무역은 증가한다. 이러한 역내무역의 증가는 무역창출효과와 무역전환효과에 의해 발생한다. 즉 FTA의 체결로 양국의 무역 장벽이 제거되면 지금까지 제3국에서 수입했던 제품을 FTA 당사국으로부터 수입하는 상품이 있을 수 있다. 이때 제3국이 효율적인 생산자임에도 불구하고 역내관세 철폐 때문에 FTA 파트너 국가로 수입원이 바뀌는 현상이 생겨날 수 있다. 이것을 무역전환효과라 한다. 반면 FTA가 체결되기 이전에는 높은 관세장벽으로 인해 국내에서 생산했던 상품이 FTA의 체결로 관세가 철폐되면 국내생산 대신 FTA 파트너 국가로부터 수입하여 사용하는 경우가 생길 수 있다. 이것을 무역창출효과라 한다. 무역창출은 국내보다 더 유리한 생산조건을 가진 동맹국에서 상품을 수입하는 것이므로 역내뿐 아니라 세계 전체의 입장에서도 자원배분의 효율성이나 후생증진 면에서 긍정적 효과를 가지고 있다. 이러한 무역창출효과와 무역전환효과로 인해 FTA 당사국 간에는 무역이 확대되는 것이다. 그러나 무역전환이 일어나면 역외국과의 무역은 감소하게 된다.

이외에도 자유무역지역에서는 관세동맹이나 공동시장 등에서는 발생하지 않는 고유의 무역효과로 무역굴절효과와 간접무역굴절효과가 발생할 수 있다. 무역굴

절현상은 원산지 규정 때문에 사실상 생겨날 수 없으나 간접무역굴절 현상은 원산지 규정이 있더라도 역내외 가격차가 크면 발생할 수도 있다.

2) 경제성장 촉진 효과(동태적 효과)

FTA 결성으로 관세 및 비관세 장벽이 제거되면 국제 간 경쟁이 격화되어 장기적으로는 기술진보, 경영의 합리화, 생산의 효율성 증대와 같은 동태적 효과가 발생한다. 일국 입장에서 볼 때에도 FTA가 체결되면 경쟁력이 약한 산업에서 경쟁력이 높은 산업으로 자원이 이동하여 국가 전체적으로는 자원 배분의 효율성이 증진된다. 그리고 자원 배분의 효율성이 향상된다는 것은 곧 국민소득의 증가를 의미하며 이렇게 증가된 소득의 일부는 저축되기 때문에 자본 스톡이 증가하고 투자가 증가한다. 투자와 자본 스톡의 증가는 다시 국민소득의 상승을 가져오게 되는데 이를 중기 경제성장효과라고 한다. 또한 오늘날과 같이 경제의 서비스화가 진행되고 지식집약산업의 비중이 높아지고 있는 사회에서는 FTA를 통해 기술 전파가 가속화되고 지식자본의 축적이 이루어지면 장기적인 경제성장효과가 크게 발생할 수 있다. 즉 FTA를 통해 지식자본 또는 인적 자본을 집약적으로 사용하는 산업의 생산이 증가하면, 이 산업에서는 인적 자본과 지식자본에 더 많은 투자를 하게 되고 이에 따라 국가 전체의 인적 자본과 지식자본이 축적되어 장기적인 경제성장효과는 더 크게 발생하게 된다.

3) 투자증대효과

자유무역지역이 형성되면 역내시장을 겨냥한 새로운 투자가 생겨나게 된다. 여기에는 역내시장에서 새로운 사업기회를 확보하기 위한 역내기업의 투자뿐만 아니라 확대된 역내시장을 안정적으로 확보하기 위해 역내로 진출하고자 하는 역외기업의 투자가 포함된다. 역내시장 확대로 유발되는 이러한 투자증대효과를 투자창출효과라 한다. 그러나 역외로부터의 투자 유입 가운데 일부는 제3국에 투자되어 있던 자본이 자유무역지역의 대시장을 확보하기 위해 역내시장으로 이전되어 올 수 있다. 제3국에 투자되어 있던 자본이 동맹 결성 지역으로 다시 이전되는 현상을 투자전환효과라 한다. 투자창출효과는 순투자의 증대이므

로 소득과 성장 촉진효과를 가질 수 있으나 투자전환효과와는 역외 투자의 감소를 통해 역내 투자의 증가를 가져오므로 세계 전체로는 후생 증감이 분명치 않게 된다.

2. FTA의 정책비용

FTA의 체결에는 위에서 설명한 바와 같은 경제적 이익만 수반되는 것이 아니라 국내 산업의 구조조정, 역외국의 무역전환적 손실과 같은 정책비용도 수반된다.

1) 구조조정 및 대내 협상 비용

FTA가 결성되면 국가 전체로는 이익이 되지만, 무역 장벽으로 보호받던 비효율적인 산업의 생산은 감소하거나 도태하게 된다. 이로 인해 경쟁력이 약한 산업은 손실을 보게 되고 국가적으로는 이에 따른 구조조정 비용이 수반된다. 즉 경쟁력이 약하고 비효율적인 산업의 폐쇄에 따른 생산 감소, 고용 감소 등의 부담이 국가적으로는 FTA의 비용으로 나타나게 된다. 국가적으로는 이들 정리 대상 산업에 고용되어 있는 인력이 효율적인 산업으로 이동할 때까지 일시적으로 실업문제가 발생할 수 있는데 이러한 구조조정 비용은 통합 전 보호장벽이 높을수록 더 클 것이다. 그리고 FTA 협상 과정에서 국내 사양 산업이나 경쟁력이 취약한 산업 부문의 저항이나 반대가 강할 경우 이들 국내 이해집단을 상대로 하는 대내협상비용(정치적, 행정적, 시간적 및 경제적 비용)이 수반된다.

그리고 FTA가 발효되면 이에 맞추어 관세법을 위시하여 협정 대상국과의 국제거래에 영향을 주는 법규나 제도의 개편도 FTA의 비용 요인으로 간주할 수 있다.

2) 국내 산업 및 노동 그룹 간 소득 격차

FTA로 무역이 자유화되면 국제경쟁력이 있는 산업과 그렇지 못한 산업 간의 소득 격차가 확대될 수 있다. 그리고 무역자유화 이후 국내 산업의 효율성이 증가하면 비숙련 단순 노동의 수요가 감소하여 숙련 노동과 비숙련 노동 사이의 소득 격차가 확대될 수 있다. 인적 자본의 수준이 높은 국가는 무역자유화로 인한 기술수준 향상을 비롯한 경제적 이익을 흡수할 수 있는 반면, 그렇지 않은 국가는 무역자유화의 경제적 이익을 거의 누리지 못하게 된다. 또한 숙련 노동이 풍부한 국가에서는 무역자유화로 소득배분이 개선되나, 그렇지 않은 국가에서는 소득배분이 악화될 수 있다.

3) 스파게티 볼 효과의 발생

FTA의 또 다른 정책 비용으로는 다양한 원산지 규정의 혼재로 인한 관리비용의 증가를 들 수 있다. FTA는 개별 국가 간에 체결하는 쌍무적 무역협정이다. 그러므로 개별 협정마다 자유화 대상 품목이나 원산지 규정이 서로 다르다. 따라서 FTA 협정 건수가 많으면 많을수록 그에 따른 원산지 규정 조건의 이행이나 관리를 위한 비용이 증가하게 된다. 특히 서로 다른 규정을 가진 여러 개의 FTA 협정이 난립하고 수많은 무역 당사국들이 서로 다른 FTA 협정의 적용을 받고 있다면 이를 관리하는 행정적, 시간적 비용은 기하급수적으로 증가할 수 있다. FTA 규정의 난립으로 인한 관리 비용의 증가 현상을 스파게티 볼 효과(spaghetti bowl effect)라 한다.

4) 무역전환으로 인한 역외국의 손실

세계 전체의 입장에서 야기되는 FTA의 코스트는 역외국이 입게 될 무역전환적 손실로 나타나게 된다. 이것은 세계 전체의 입장에서 볼 때 자원배분상의 비효율성을 나타낸다. 무역전환이란 역외의 저 생산비 공급자가 관세장벽 때문에 역내시장에 수출하지 못하고 역내의 고비용 생산자가 무관세의 혜택으로 역내시장에 수출하는 현상을 의미하므로 생산의 효율성이 높은 역외 생산자가 희생되는 손실을 가져오게 된다.

이러한 정책 비용에도 불구하고 현실적으로 많은 국가들이 FTA를 선호하고 있는 것은

① FTA에서는 대외 공통관세가 없으므로 관세동맹이나 공동시장에 비해 무역정책의 자율성을 유지할 수 있고 내외 차별이 약하며, 간접무역굴절효과 등으로 인해 개방적 지역주의의 실현이 가능하기 때문이다.

② 국내 취약부문의 시장개방은 일반적으로 FTA 체결 이후 3~10년의 유예기간을 두고 있으므로 국내 산업의 구조조정에 필요한 시간적 여유를 가질 수 있고 초민감 품목에 대해서는 양허 대상에서 예외를 둘 수 있기 때문이다.

③ WTO하의 다자간 무역협상이 원활하지 못한 현실 속에서는 이러한 비용을 고려하더라도 개별 국가의 입장에서는 FTA를 통한 무역자유화의 이익이 더 크다고 생각하기 때문이다.

제7장

관세동맹이론

경제통합에 대한 전통적 이론은 관세동맹이론을 중심으로 전개되어 왔다. 관세동맹이론은 1950년 Viner에 의한 관세동맹의 생산효과 분석에서 출발하여 1960년대 Meade, Lipsey 등에 의한 소비효과가 추가되면서 이론적 체계를 갖추기 시작하였다. 이 장에서는 이들 초기 학자들에 의해 개발된 관세동맹의 정태이론을 중심으로 관세동맹 결성으로 인한 생산효과, 소비효과 및 양자의 종합효과를 소개해 두고자 한다.

경제통합에는 자유무역협정, 관세동맹, 공동시장 등 여러 가지 형태가 있으나 어느 형태이든 공통적으로 가지고 있는 기능적 특징은 통합에 참가하는 회원국과 참여하지 않는 비회원국 간에 관세상의 차별대우를 한다는 점이다. 그러나 자유무역협정은 역외국에 대한 관세상의 차별대우가 회원국에 따라 다르고, 공동시장 이상의 통합에서는 관세 외에도 다른 형태의 추가적 차별조치가 취해지게 된다. 따라서 순수한 관세 상의 차별대우로 인한 무역효과는 역내에는 관세를 철폐하고 역외국에는 공통관세를 부과하는 관세동맹에서 가장 잘 나타날 수 있다. 이러한 의미에서 관세동맹이론은 경제통합의 무역효과를 분석하는 기초 이론으로 간주될 수 있다.

제1절 관세동맹의 정태적 효과

1. 관세동맹의 생산효과

관세동맹이론은 J. Viner의 『관세동맹의 제 문제(The Customs Union Issues)』(Carnegie Endowments, 1950)가 발간되면서 이론적 체계를 갖추기 시작하였다. 그 이전의 많은 학자들은 관세동맹이 세계무역의 자유화에 접근하는 차선의 방책으로 생각하였다. 즉 관세동맹은 가맹국 간에 관세 장벽을 제거하는 조치이므로 세계 무역의 자유화에 접근하는 수단이 되며, 동맹지역 내에서는 자유무역으로 인한 자원배분의 효율성이 증대될 수 있다는 것이다. 따라서 관세동맹은 세계 전체의 후생을 극대화하지는 못할지라도 그것을 증대시키는 데 기여하게 되므로 관세동맹은 바람직한 조치라고 생각해 왔다.

그러나 이상과 같은 Viner 이전의 사고는 관세동맹이 가진 상호 모순된 두 가지 특성, 즉 관세동맹 결성으로 인한 역내무역자유화의 측면과 역외국에 대한 무역 차별화의 양측면 중 전자만을 관찰한 결과이므로 관세동맹의 성격을 완전히 파악했다고는 볼 수 없다. Viner는 이와 같은 종전의 사고에서 벗어나 관세동맹의 결성으로 인한 역내 가맹국 간의 무역자유화와 비가맹국에 대한 무역 차별화의 성격을 정확히 파악하고 무역창출과 무역전환의 두 개념을 도입하여 이들의 효과를 체계적으로 분석하고자 했다. 그 결과 Viner는 관세동맹의 결성이 반드시 유리한 경제적 효과만 유발하는 것이 아니라 경우에 따라서는 불리한 효과, 즉 자원배분에 유해한 결과가 초래될 수도 있음을 밝히게 된 것이다. 이러한 Viner의 고찰은 관세동맹 결성으로 인한 생산 패턴의 변화에 초점을 두고 있으므로 이것을 우리는 관세동맹의 생산효과라 부르고 있다. Viner는 관세동맹의 생산효과를 무역창출효과와 무역전환효과의 양면으로 나누어 설명하고 있다.

(1) 무역창출효과

관세동맹이 결성되어 역내관세가 철폐되면 종전 동맹상대국에 비해 비교우위의 상태에 있었음에도 관세장벽 때문에 교역되지 못했던 상품이 새로이 역내국 간에 교역되기 시작하는 현상이 일어나게 된다. 이때 생산물의 공급원은 보다 높은 생산비로 생

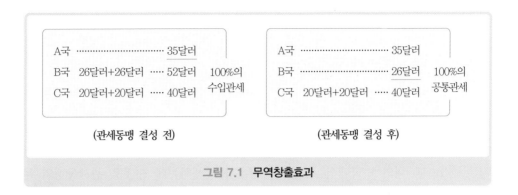

그림 7.1 무역창출효과

산하는 수입국(자국)의 공급자에서 낮은 생산비로 생산하는 수출국(동맹 상대국) 공급자로 전환하게 된다. 이와 같이 관세동맹이 결성되어 역내관세가 철폐되면 역내 회원국 간에는 새로운 무역이 발생하고 이때 재화의 공급원은 자국 내 고생산비 공급자에서 동맹국의 저생산비 공급자로 대체되는 현상을 무역창출효과(trade creation effect)라고 한다. 이러한 무역창출은 역외국에 손실을 주지 않고 동맹 내에서는 자원배분의 효율성을 높이게 되므로 세계 전체의 후생증대에도 기여하게 된다.

이 개념은 그림 7.1과 같은 Lipsey의 설명 모형을 이용하여 설명하면 보다 명확하게 이해할 수 있다. 지금 어떤 재화(X재)의 생산비가 규모에 대해 불변이고, 그 생산비는 A국에서 35달러, B국에서 26달러, C국에서 20달러라고 하자. 관세동맹이 결성되기 전 A국은 상품수입에 대해 100%의 관세를 부과하고 있다면 A국의 생산은 완전보호 상태에 있게 되고 수입은 행해지지 않는다. 여기서 A, B 양국이 관세동맹을 결성하고 역외 C국에 대해서는 역시 100%의 공통관세를 부과한다고 하자.

관세동맹 전 A국은 고율의 수입관세로 인해 수입은 일어나지 않고 자급자족하고 있었다. 이러한 자급자족 상태에서 B국과 관세동맹을 결성하여 B국으로부터의 수입에 대해서는 관세를 철폐하고, 역외 C국에 대해서는 100%의 공통관세를 부과한다면 A국은 생산비가 35달러인 자국 생산 대신 26달러로 공급하는 B국 생산물을 수입하게 될 것이다. 그 결과 고비용의 국내 생산 대신 저비용의 B국 생산물이 자국 내 시장을 지배하게 된다. 이때 생산물의 공급원(source of supply)은 고비용의 자국 생산자에서 저비용의 동맹국 생산자로 바뀌게 된 것이다. 이러한 공급원의 이동은 무역창출효과에 기인한 것이며, 자원배분의 효율성을 높여 주고 동맹 전체뿐만 아니라 세계 전체의 후생증대에도 기여하는 것이다.

(2) 무역전환효과

관세동맹이 결성되어 가맹국 상호 간에 관세가 철폐되고 대역외 공통관세가 부과되면, 가맹국 간의 수입 가격은 비가맹국으로부터의 수입 가격보다 상대적으로 혹은 절대적으로 하락하게 된다. 그 결과 종래 비가맹국으로부터 수입하던 상품을 이제는 동맹 내의 타국에서 수입하는 경우가 발생하는데 이것을 관세동맹의 무역전환효과(trade diversion effect)라 한다. 이러한 무역전환으로 인해 동맹국 간의 역내무역은 증가하나 그 무역확대는 역외의 저비용 생산자가 희생이 되고 고비용의 역내 생산자가 동맹 내 시장을 지배하는 과정에서 생겨난다. 따라서 무역전환효과는 동맹 내 소비자에게는 유리할 수 있으나 자원배분의 효율성 측면에서는 손실을 가져오며, 그만큼 세계 전체의 후생을 감소시키는 요인이 될 수 있다. 이러한 무역전환효과는 자유무역지역보다 역외 공통관세가 설치되는 관세동맹에서 더 크게 나타날 수 있다. 무역전환효과를 수치예로 설명하면 그림 7.2와 같다.

그림 7.2에서는 동맹 전 A국의 수입관세가 50%인 경우를 상정하고 있다. 동맹 전 수입관세가 50%라면 생산비가 35달러인 자국생산보다 C국으로부터 관세포함가격 30달러로 수입하는 것이 유리할 것이므로 A국은 국내생산 대신 C국에서 수입하게 된다. 이러한 상태에서 A국은 B국과 관세동맹을 결성하여 역내에는 관세를 철폐하고 역외 C국에 대하여는 여전히 50%의 공통관세를 부과한다고 하자. 이 경우 A국은 B국으로부터의 무관세 수입가격이 26달러임에 비해 C국으로부터의 관세포함 수입가격

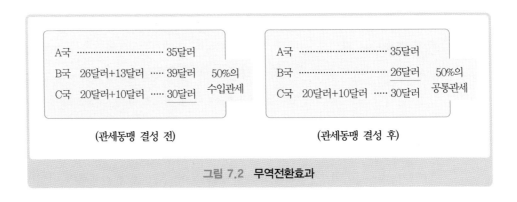

그림 7.2 무역전환효과

은 30달러이므로 A국은 동맹국 B로부터 수입하게 된다. 그 결과 상품의 공급원은 최저생산비 공급원인 C국에서 보다 높은 비용으로 생산하는 B국으로 전환하게 된다. 이러한 현상을 무역전환효과라 한다. 무역전환에 의한 공급원의 이동은 국제 간 자원배분을 비효율적인 방향으로 유도하고 세계 전체의 후생을 감소시키는 기능을 하게 된다.

이상과 같은 무역창출효과와 무역전환효과는 역내외 차별관세가 부과되는 모든 경제통합에서 공통으로 나타나는 무역효과이다. 그러나 자유무역지역에 비해 관세동맹은 역외공통관세가 설치되므로 무역창출, 무역전환 현상이 더욱 분명하게 나타날 수 있다. 그리고 공통역외관세는 역외국의 입장에서 볼 때 공동시장에 대한 진입장벽으로 작용하므로 이를 회피하기 위해 역외국은 통합된 지역 내에서 현지생산을 위한 직접투자 혹은 부품생산을 위한 아웃소싱 투자를 행할 수 있다. 소위 경제통합의 투자유발효과가 생겨나는 것이다. 이러한 투자유발효과는 대시장을 겨냥한 신규투자의 형태로 실현될 수도 있고 아니면 이웃 국가에 이미 투자되어 있던 해외생산 기지를 통합된 지역으로 이전하는 형태로 나타날 수도 있다. 전자를 투자창출효과, 후자를 투자전환효과라 한다. 어쨌든 이러한 형태의 역외 투자유인은 자유무역지역보다는 진입장벽이 큰 관세동맹에서 더 크게 일어날 수 있다.

(3) 생산 면에서 본 후생수준의 순변화

관세동맹 결성에 따른 자원배분의 효율성과 그로 인한 후생수준의 변화는 무역창출과 무역전환의 상대적 크기와 그때 발생하는 무역량의 크기에 의해 결정된다. 그러나 이러한 무역창출과 무역전환의 크기는 생산조건이 불변생산비, 체증생산비 및 체감생산비 조건 가운데서 어느 상태를 전제로 하느냐에 따라 달라질 수 있다. 체증비용과 체감비용조건하에서는 무역창출과 무역전환 이익의 증감이 서로 교차하므로 그 순효과를 획일적으로 설명할 수는 없다. 따라서 여기서는 불변생산비 조건하에서 무역창출과 무역전환으로 인한 순효과가 어떻게 나타나는가를 확인해 보기로 하자.

불변생산비 조건하에서 관세동맹의 후생효과는 위에서 설명한 바와 같다. 여기서는 독자들의 이해를 돕기 위해 앞에서 소개한 Lipsey의 설명 모형을 이용하여 이를 보다 구체적으로 살펴보자. 불변생산비하에서의 생산조건이 전술한 Lipsey 설명 모형과 같고, A, B 양국의 무역 대상 품목은 X, Y의 양 재화이며, A국이 X재에 대해서는 50%의 수입관세, Y재에 대해서는 100%의 수입관세를 부과하고 있던 상태에서 양국이 관세동맹을 결성한다고 하자. 관세동맹의 대외 공통관세는 A국의 초기 관세수준으로 결정한다면 X재에 대해서는 무역전환효과, Y재에 대해서는 무역창출효과가 나타나게 된다. 이때 X, Y 양 재화의 교역을 통한 동맹의 순이익은 다음과 같이 설명될 수 있다.

즉 A국은 동맹 결성으로 종전 역외 C국으로부터의 X재 수입을 포기하고(20달러+10달러=30달러의 국내가격) 동맹국 B로부터 X재를 26달러로 수입하여 소비하게 된다. 이러한 무역방향의 전환은 무역전환효과이며, 저생산비의 C국에서 고생산비의 B국으로 공급원이 전환되어 일어난 결과이다. 이때 A국의 X재 수입량이 1,000단위라고 하자. C국의 생산비가 20달러, B국의 생산비가 26달러이므로 무역전환효과에 의한 자원배분상의 손실은 전환된 무역량(1,000단위)과 단위당 생산비의 차(26달러-20달러=6달러)를 곱한 크기로 나타나며, 그 크기는 6,000달러가 된다.

한편 A국이 Y재에 대해선 지금까지 높은 수입관세(100%의 수입관세)로 인해 35달러의 생산비로 국내 생산하고 있었으나, B국과 관세동맹을 결성하면 국내 생산 대신 26달러의 B국 제품을 수입하게 될 것이므로 무역창출이 일어나게 된다. 그 수입량이 800단위라고 하면 무역창출의 이익은 7,200달러(무역량 800단위×생산비차 9달러)가 된다. 따라서 관세동맹의 순후생 증대효과는 무역창출의 이익에서 무역전환의 손실을 차감한 1,200(=7,200-6,000)달러로 표시될 수 있다. 이것은 무역전환량이 무역창출량보다 더 크다고 할지라도 무역창출을 가져오는 상품의 단위당 생산비차가 충분히 크기 때문에 야기되는 동맹 전체의 후생증대효과라 할 수 있다.

한편 무역전환으로 인한 손실은 다수의 비동맹국에 분산되는 반면, 무역창출의 이익은 소수의 동맹국에만 집중되기 때문에 비록 세계적 관점에서는 무역전환적 손실이 일어난다고 할지라도 당사국 간에는 무역창출과 수입가격 하락으로 인한 수요확대 효과가 크게 인식될 수 있으며, 이로 인해 관세동맹과 같은 지역통합에 대한 선호도가 강하게 일어날 수 있다.

2. 관세동맹의 소비효과

(1) 무역확대와 소비자후생

이상에서 살펴본 Viner의 무역창출효과와 무역전환효과 설명에서는 생산 측면만을 관찰하고 있을 뿐 소비의 변화는 고려하지 않고 있다. 그러나 관세동맹의 결성은 생산뿐만 아니라, 무역량 확대와 수입 증대로 인한 소비패턴의 변화 및 소비자후생에 대해서도 적지 않은 영향을 미치게 된다. 앞 절에서 소개한 Lipsey의 설명 모형에서와 같이 A국이 고율의 수입관세를 부과하고 있는 경우에 관세동맹을 결성하게 되면 A국은 동맹 상대국에서 낮은 가격으로 수입하게 되며 자국 내 소비자 가격은 35달러에서 26달러로 하락하게 된다. 따라서 수요의 가격탄력성이 0이 아닌 한 소비는 증대하게 되고 그로 인해 소비후생도 증가하게 된다. 만약 동맹 결성 이후 무역창출뿐만 아니라 무역전환에 의해 동맹국으로부터의 수입이 늘어나더라도 A국 소비자 입장에서는 그 수입가격이 종전의 국내 소비 가격보다 낮다면 소비와 수입은 늘어날 것이다. 이렇듯 동맹 결성 후 제품의 공급자가 누구든 간에 소비자 입수 가격의 하락으로 수입과 소비가 늘어나고 소비자 후생이 증가하는 것을 관세동맹의 소비효과라 한다.

관세동맹의 소비효과 분석은 1960년대 이후 Meade, Gehrels, Lipsey 등에 의해 전개되어 왔는바, 이들에 의한 소비효과의 설명 요지는 다음과 같다. 즉 동맹 전 A, B, C 세 나라가 있고 A, B 두 나라가 동맹 결성 당사국이라 하자. 동맹 전 3국은 모두 수입품에 대해 관세를 부과하고 있으며 그로 인해 국내에서 수입품의 희소성은 높게 나타나고 있다. 이러한 상태에서 A, B 두 나라가 관세동맹을 결성하여 역내무역을 자유화하면 양국은 모두 상대국으로부터의 수입품에 대한 가격하락으로 무역확대(소득효과)가 일어나고 희소재(수입품)에 대한 소비가 늘어나게 되므로 전체적으로 소비자 후생은 증가하게 된다. 그리고 A국에서는 종전 C국에서 수입하던 제품을 이제는 값이 싸진 B국 제품으로 대체하여 소비하려고 하는 대체효과가 발생하게 된다. 이러한 대체효과로 인해 역내무역은 더욱 증가하게 된다. B국 내에서도 같은 현상이 나타나게 될 것이다. 이러한 과정을 통해 양국 간의 관세동맹은 소득효과와 대체효과를 통해 역내무역을 확대(무역확대효과)시키고 소비자 후생을 증대시키는 것이다.

그러나 역외 C국에서는 동맹국과의 무역이 축소된 결과 A, B로부터의 수입이 감소하는 한편 자국의 동맹지역에 대한 수출도 감소하게 된다. 이러한 동맹국과 비동맹국과의 무역축소는 세계 전체의 입장에서 볼 때 경제적 손실이라 할 수 있으며 후생수준의 저하요인이 되는 것이다.

이러한 동맹국 간의 무역확대로 인한 이익과 역외국과의 무역축소로 인한 손실의 크기는 동맹 결성 전의 관세체계(관세율, 관세제도)와 각국의 수요조건(주로 생산물의 대체관계) 여하에 따라 결정된다. 즉 소비효과 면에서 볼 때 ① 동맹국의 동맹 결성 전의 관세가 높으면 높을수록, ② 역외국의 관세가 낮으면 낮을수록, ③ 동맹국의 생산물 간에 대체성이 높으면 높을수록, ④ 동맹국의 생산물과 역외국의 생산물 간에 대체성이 작으면 작을수록 관세동맹으로 인한 소비자 후생은 높아질 가능성이 많다.

소비패턴을 고정시켜 두고 생산 면만을 고찰할 경우 앞의 Viner의 이론에서처럼 무역창출의 크기가 무역전환의 크기를 능가할 때 관세동맹은 후생증진에 도움이 될 수 있다. 그러나 이상에서 살펴본 바와 같이 관세동맹으로 소비수요에 변화가 야기되고 당사국 간의 무역확대가 일어나게 되면 관세동맹은 비록 그것이 무역전환을 수반하는 경우라 하더라도 동맹 내 후생증대에는 기여할 수 있으며, 세계 전체의 입장에서도 관세체계와 교역대상 품목의 연관관계 여하에 따라서는 후생이 증대할 소지가 있는 것이다.

(2) 무역전환적 관세동맹의 후생효과

1) 소비패턴이 불변인 경우

앞에서 설명한 바와 같이 자원배분의 효율성이란 측면에서 보면 무역창출은 후생을 증대시키나 무역전환이 발생하면 후생수준은 감소하는 것으로 볼 수 있다. 이러한 주장은 앞의 Viner 이론에서처럼 소비에서는 재화 간 대체효과가 일어나지 않고, 재화 간 소비조합의 비율이 일정하며(소비패턴 불변), 생산함수는 일차동차성인 경우를 가정할 경우에 타당한 주장이다. 즉 앞의 Viner 모형에서는 무역전환을 역외 저생산비 국에서 역내 고생산비국으로 재화의 공급원이 바뀌는 국가 간 대체효과로 보았을 뿐 관세동맹 결성 이후 상대가격의 변화와 그로 인한 재화 간의 대체효과는 고려하지 않고 있었던 것이다.

여기서는 무역창출은 물론이려니와 무역전환적 관세동맹에서도 후생증대 효과가

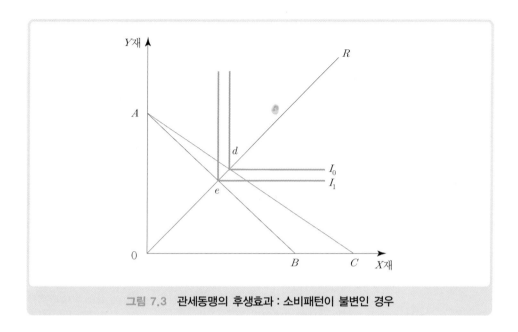

그림 7.3 관세동맹의 후생효과 : 소비패턴이 불변인 경우

일어날 수 있는 경우를 그림을 통해 확인해 보기로 하자. 여기서는 재화 간 대체효과를 고려하지 않고 소비패턴이 일정한 경우와 소비패턴이 변화하는 경우로 나누어 확인해 보자. 그림 7.3은 소비패턴이 불변인 경우를 설명하고 있다.

그림 7.3에서 A국은 Y재 생산에 특화하여 A점에서 생산한다고 하자. B, C는 각각 B국, C국이 X재에 특화하여 생산하는 점이다. A국이 무역을 개시하면 국제시장에서 가장 유리한 교역조건을 제공하는 C국과 무역을 할 것이며, 이때의 교역조건은 AC로 나타난다. 만약 A국의 소비자가 직선 OR이 나타내는 고정비율로 X재와 Y재를 소비한다면 이 경우의 소비점은 d점이 될 것이다.

이제 A국이 B국과 관세동맹을 결성함으로써 무역전환이 발생했다고 하자. 무역전환은 C국보다 높은 비용조건을 가진 B국과 동맹을 결성할 때 생겨난다. 이러한 무역전환적 관세동맹으로 A국의 교역조건은 AC보다 불리한 AB선으로 되었다. 이때 A국의 소비자는 OR선을 따라 소비하므로 OR과 AB의 교점 e에서 소비하게 된다. e점에서의 X, Y 양 재화의 소비량은 d점보다 작으며 따라서 후생수준은 I_0의 무차별곡선수준에서 I_1의 무차별곡선수준으로 감소했음을 알 수 있다. 이와 같이 상대가격이 변화함에도 불구하고 재화 간 대체를 고려하지 않고 소비패턴이 불변임을 전제로 할 때 무역전환은 후생수준을 감소시키게 되는 것이다.

2) 소비패턴이 변화하는 경우

그러나 관세동맹이 결성되어 역내관세가 철폐되고 재화의 상대가격이 변화하게 되면 재화 간 대체효과가 발생되며, 그에 따라 재화 간의 소비 조합비율도 달라지므로 소비패턴도 변하게 된다. 소비패턴이 변할 경우에는 무역전환적 관세동맹이라도 동맹 당사국의 후생증대에 기여할 수 있다.

그림 7.4는 소비패턴이 변화하는 경우의 후생효과를 설명하고 있다. 그림에서 OA 는 A국의 Y재 생산량을 나타내고, AC의 기울기는 A국에 X재를 공급하는 C국과 자유무역을 하는 경우, X, Y의 양재화의 교역조건을 나타내고 있다. 그리고 B국 역시 X재를 생산하는 국가이나 C국보다는 불리한 생산조건을 가진 공급자이다.

자유무역과 관세부과시의 균형점

이러한 조건하에서 A국이 자유무역을 실시하면 균형점은 AC의 교역조건과 소비 무차별곡선이 접하는 e점에서 결정될 것이며, 이때의 후생수준은 무차별곡선 I의 크기로 나타난다. 여기서 A국이 X재의 수입에 관세를 부과하면, 비록 그 관세가 A국에

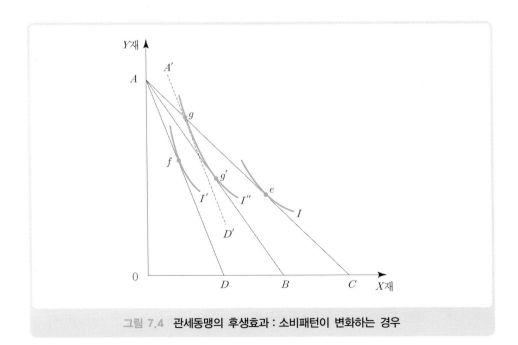

그림 7.4 **관세동맹의 후생효과 : 소비패턴이 변화하는 경우**

있어서 수입품의 공급원을 변화시킬 만큼 높지는 않다 하더라도 수입품 X재의 A국 내 소비자 가격을 관세 폭만큼 인상시키므로 A국 내에서 X, Y 양 재화의 상대가격은 변화하게 되며, X재 소비는 감소하는 반면 Y재의 소비는 증대하게 될 것이다. 이러한 수입관세의 부과로 인해 A국 내의 상대가격이 $AD(A'D')$로 되었다면 균형점은 f로 옮겨지고 이 점에서는 하위의 무차별곡선 I'와 접하게 된다. 즉 관세부과로 인해 A국의 후생수준은 I에서 I'로 낮아졌다.

수입관세 환원후의 균형점

그러나 A국 정부가 관세수입으로 들어온 재원을 모두 자국 소비자들에게 환원하여 소비자의 구매력을 지원한다면 국내 소비자들의 실질 구매력(예산제약선) 수준은 자유무역하의 구매력수준($A'D'$)으로 환원될 수 있을 것이다. 따라서 최종적인 균형점은 다시 AC선상의 한 점에서 결정될 것이다. 즉 관세 포함 X재 국내 가격조건은 여전히 AD선의 기울기로 나타나므로 AD에 나란한 예산선 $A'D'$와 AC가 만나는 g점이 소비점이 된다. 소비점 g가 비록 AC선상에 있다고 할지라도 관세포함 국내 가격비는 여전히 $AD(=A'D')$의 기울기로 결정되므로 국내 후생수준은 g점에서 $A'D'$의 가격선에 접하는 무차별곡선 I''의 수준으로 표시된다. 즉 I''는 수입품 X재에 관세를 부과한 후 그 관세수입을 소비자에게 환원할 경우 A국 내의 후생수준을 나타내고 있다.

관세동맹의 후생이익 조건

지금 세로축상의 A점에서 무차별곡선 I''에 접하는 접선을 그어 가로축과 만나는 점을 B라고 하고 이점이 B국의 생산점이라 하자. 여기서 A국은 C국에 대해서 종전과 같은 수입관세를 부과하는 한편, B국과는 관세동맹을 결성하여 B국으로부터 AB의 교역조건으로 X재를 수입한다고 하자. 이 경우 A국은 저생산비의 C국 대신 고생산비의 B국 재화를 수입하게 되므로 이는 무역전환적 관세동맹이 된다. 이러한 무역전환적 관세동맹이라도 AB의 교역조건으로 X재를 수입하는 한, A국의 후생수준은 관세동맹 전 무차별적 수입관세를 부과하고 있던 경우보다 불리하지는 않았다(I''수준 유지).

 그러나 동맹국 B와의 교역조건이 자유무역하의 AC선 보다는 악화되었지만, AB선 보다는 개선될 경우, A국의 후생은 이러한 무역전환적 관세동맹에 의해서도 더 개선될 수 있는 것이다. 즉 관세동맹 결성 이후 X, Y 양 재화의 교역조건이 AB선의 우측에 위치한다면(B국의 공급조건이 AB와 AC 사이에서 결정된다면) A국의 소비점은 보다 상위의 무차별곡선에 접근할 수 있게 되어 국내 소비자후생은 개선될 수 있다.

3. 관세동맹의 무역효과 : 종합

지금까지는 관세동맹 결성으로 인한 후생변화를 생산 및 소비 양면으로 나누어 관찰해 보았다. 그러나 관세동맹 결성으로 인한 생산효과와 소비효과는 서로 독립적으로 작용하는 것이 아니라 생산패턴의 변화는 소비패턴에 영향을 미치고, 또한 그 반대작용도 일어나게 되므로 양자를 동시에 고찰해 볼 필요가 있다.

그림 7.5에서 DD'는 A국의 수요곡선, SS'는 A국의 공급곡선이며, BB'는 B국의 공급곡선, CC'는 C국의 공급곡선으로 각기 무한 탄력적이라고 하자. 자유무역 상태에서 A국이 CT만큼의 관세를 부과한다면 A국은 C국에서 Q_2Q_3만큼을 수입하고 B국에서는 수입하지 않는다. 이때 A국의 국내가격은 OT이고 국내생산은 OQ_2, 국내소비는 OQ_3이다. 따라서 A국의 국내후생은 소비자잉여(수요곡선의 하부, TT'선의

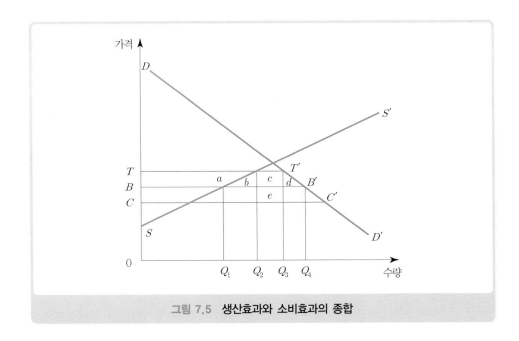

그림 7.5 **생산효과와 소비효과의 종합**

상부)+생산자잉여(공급곡선의 상부, TT'선의 하부)+관세수입($CT \times Q_2Q_3$)으로 계측된다.

여기서 A, B 양국이 관세동맹을 결성한다면, CT의 관세는 C국에 대해서만 적용되므로 A국 수입품의 공급원은 역외 C국에서 동맹 내의 B국으로 전환된다. 이때 A국의 국내가격은 OT에서 OB로 하락하고, 국내생산은 OQ_2에서 OQ_1으로 감소하는 반면, 소비는 OQ_3에서 OQ_4로 증대된다. 수입량은 Q_2Q_3에서 Q_1Q_4로 증대되지만 이것은 모두 B국에서 수입된다. 여기서 무역창출에 해당하는 수입 증가분(무역확대효과)은 국내 생산 감소분(Q_1Q_2)과 소비증가분(Q_3Q_4)의 합과 같다. Q_1Q_2의 크기는 고비용의 자국생산이 저비용의 동맹국(B국)생산으로 대체되는 무역량이며 이것은 Viner의 무역창출에 해당한다. Q_3Q_4는 가격하락으로 인한 소비증가를 고생산비의 국내공급에 의해서가 아니라 저생산비의 B국 공급으로 충족하는 무역량이므로 이것은 소비효과에 의한 무역창출이라 한다. 따라서 $Q_1Q_2 + Q_3Q_4$는 모두 무역창출효과로 간주할 수 있으며, 이것을 총무역창출효과라 한다. 그러나 Q_2Q_3는 종전 최저생산비 공급국인 역외 C국에게서 수입하던 것을 동맹 결성으로 인해 보다 생산비가 높은 역내 B국으로부터 수입하게 되는 무역량이므로 이것은 무역전환효과로 나타난다. 이러한 무역전환효과의 크기는 결국 관세수입의 상실분으로 나타난다.

이상을 종합해 볼 때 관세동맹 결정으로 A국의 소비자잉여는 $BTT'B'(a+b+c+d)$만큼 증대하고 관세수입은 $c+e$만큼 감소하며, 생산자잉여는 a만큼 감소한다. 따라서 순후생 변화의 크기는 $b+d-e$로 나타난다. b는 플러스의 생산효과이고, d는 플러스의 소비효과이며, e는 수입을 고생산비 공급원으로 전환하는 데서 생기는 순손실이다.

이러한 생산 및 소비의 종합으로부터 우리는 다음과 같은 유리한 통합조건에 대한 시사점을 찾을 수 있다.

첫째, 초기의 관세가 높으면 높을수록 무역창출적 이익이 크게 된다. 왜냐하면 관세동맹 결정으로 그 관세가 철폐되면 소비자 가격의 인하폭도 그만큼 커질 것이며, 따라서 역내무역확대와 소비 증대를 통한 이익의 폭이 크게 될 것이기 때문이다.

둘째, 동맹국과 비동맹국과의 생산비 차가 작으면 작을수록 무역전환의 손실이 작게 된다. 이것은 역외 저생산비 공급원에서 역내 고생산비 공급원으로 공급원이 전환됨에 따르는 무역전환의 손실이 작게 될 것이기 때문이다.

셋째, 국내 수요곡선의 기울기의 절대치가 작을수록(수요가 탄력적일수록) 무역확대효과가 커진다. 이것은 관세가 철폐되어 역내가격이 인하될 경우 수요의 가격탄력성이 클수록 소비 증대효과가 커지기 때문이다.

따라서 관세동맹의 이익은 위 세 경우에 부합될수록 더욱 증가될 소지가 큰 것이다.

이상은 동맹 내 어느 한 나라(A국)의 입장에서 관찰한 관세동맹의 효과이다. 관세동맹은 A, B 양국 간에 결성되므로 B국 입장에서도 이러한 관찰이 필요하며, B국의 효과와 A국의 효과를 종합해 보면 동맹 전체의 효과를 판정할 수 있을 것이다. 그러나 A, B 양국의 효과가 모두 긍정적으로 나타나더라도 이것이 세계 전체의 후생을 확대시킬 것인지 감소시킬 것인지는 알 수 없다. 왜냐하면 위의 그림 7.5에서는 역외국가의 후생변화를 관찰할 수 없기 때문이다.

여기서는 다시 동맹 당사국과 역외국에 미치는 영향을 함께 고려해 보기로 하자. 그림 7.6은 당사국, 그림 7.7은 동맹 상대국, 그림 7.8은 역외 제3국의 경우를 각각 나타내고 있다. 그림에서는 관세 이외의 무역장벽이 없다고 가정하고 있으며, 동맹은 국제시장에 영향을 미치는 대규모 동맹을 상정하고 있다. 따라서 각 그림에서 세계 공급곡선은 우상향 곡선으로 표시하고 있다. 그림에서는 m_x는 자국의 수요곡선(수입수요곡선), E_x는 외국의 자국에 대한 공급곡선을 각각 나타낸다. 즉 세 그림에서 $OX^t = OX^{bt} + OX^{wt}$, $OX_u = OX^{bu} + OX^{wu}$로 정의된다.

그림 7.6은 자국(A국)의 경우를 나타내고 있다. 여기서 종축의 P_0는 자유무역하의 국내 가격수준, p^t는 t%의 수입 종가관세를 부과했을 경우의 국내 가격수준이며, p^u는 동맹 결성 후의 가격수준을 나타내고 있다. 공급곡선 E_x는 자유무역하에서 이 나라에 대한 외국의 수출 공급곡선(동맹국+역외국)을 나타낸다. 공급곡선 E_x^t는 관세 부과 시 역외의 공급곡선, E_x^u는 관세동맹 시 동맹국의 수출 공급곡선을 각각 나타내고 있다. 그림 7.7은 동맹 상대국(B국)의 가격 및 수출 공급조건을 나타내고 있다. 공급곡선 e_x^b는 자유무역하의 공급조건, 공급곡선 e_x^{bt}는 자국(A국)이 관세를 부과했을 경우 B국의 공급조건을 각각 나타낸다. 그림 7.8은 역외 C국의 경우를 설명하고 있다. 공급곡선 e_x^{wt}는 A국이 관세를 부과했을 때 C국의 공급곡선, e_x^w는 자유무역하의

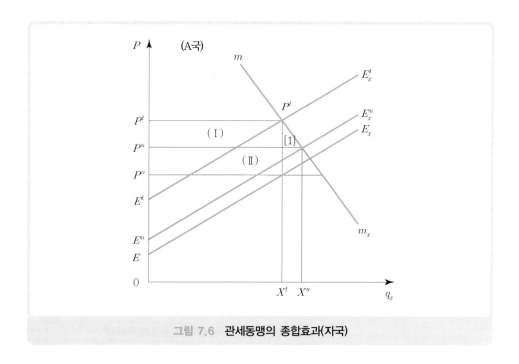

그림 7.6 관세동맹의 종합효과(자국)

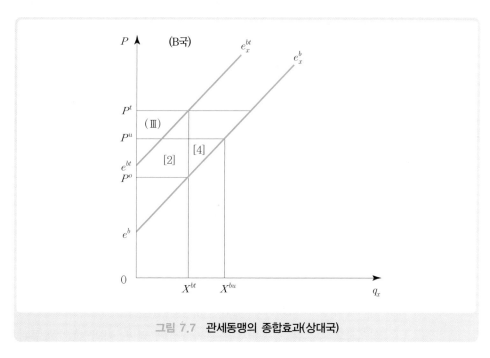

그림 7.7 관세동맹의 종합효과(상대국)

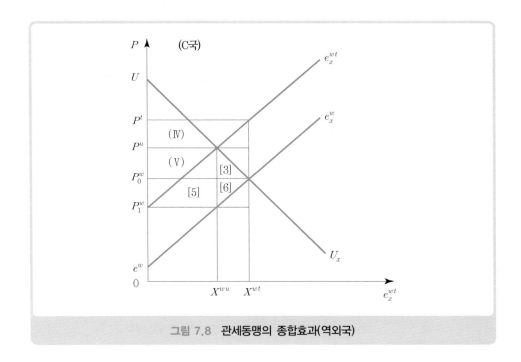

그림 7.8 관세동맹의 종합효과(역외국)

공급곡선을 각각 나타낸다. 수요곡선 U_x는 역외 제품에 대한 동맹 전체의 수요 조건을 나타내고 있다.

이러한 조건하에서 A국이 B국과 관세동맹을 결성하여 동맹국 간에는 관세를 철폐하고 역외국에 대해서는 종전에 부과하고 있던 관세를 공통관세로 부과할 경우 자국(A국), 상대국(B국) 및 역외국(C국)에 미치는 영향은 다음과 같다.

① 자국의 이익=[1]+(Ⅰ) : 소비자잉여의 증대

　　동맹 전 p^t의 가격이 동맹 후 p^u의 가격으로 인하됨에 따른 후생증대효과

② 동맹국의 이익=[2]+[4] : 생산자잉여의 증대

　　A국으로의 수출에 관세가 철폐되므로 e_x^{bt}곡선은 e_x^b로 이동되며, 동맹 내 가격 p^u하에서 X^{bu}만큼 A국으로 수출이 늘어남에 따른 후생이익

③ 역외국의 손실=[5]+[6] : 생산자잉여의 감소

　　역외국의 수출은 공통관세의 부과대상이 되며, 이와 같은 공통관세의 부과로 역외국의 관세포함 공급곡선은 e_x^{wt}로 이동하게 된다. 동시에 동맹의 수요곡선

과 관세포함 공급곡선이 일치하는 수준(X^{wu})까지 동맹지역으로 수출을 계속하기 위해서는 자유무역하의 수출가격 P_0^w를 다시 P_1^w으로 낮추어 공급해야한다. 이 경우 C국은 P_1^w 가격하에서 X^{wu}만큼 공급하게 되므로 P_0^w 가격하의 공급량 X^{wt}보다는 감소하였다. 이로 인해 C국은 생산자잉여의 감소에 해당하는 손실([5]+[6])이 생기게 된다. 여기서는 대규모 동맹을 가정하고 있으므로 역외국은 소국이 되며, 동맹이 공통관세를 부과할 경우 동맹 내 시장을 유지하기 위해서는 역외국이 수출가격을 낮추어 공급해야 한다. 즉 관세부과 이후 동맹 내 가격상승에 의한 동맹국의 수요 감소 부분을 제외한 잔여 부분에 대한 수출을 유지하기 위해서는 수출가격 인하가 불가피하게 된다.

④ 동맹 전체의 순변화=[1+4+5−3]

동맹 전체의 입장에서 보면 우선 A국의 교역조건 이익(I)은 자국의 관세수입 상실로 상쇄되며, B의 교역조건 이익 [2]는 A국의 수입비용 증대에 상응하므로 동맹 전체로서는 손익이 서로 상쇄된다. 따라서 동맹 전체의 순이익은 A국의 소비자잉여 증대분 가운데 관세수입 상실을 제하고 남은 부분 [1]과 B국의 생산자잉여의 증대분 가운데 A국 수입비용 증가로 전환되지 않은 부분 [4]가 된다. 여기에 역외국의 동맹국에 대한 수출가격 인하 [5]는 동맹 전체의 교역조건 개선의 이익이 된다. 그러나 자유무역 하에서 역외로부터 저가격으로 수입하여 소비할 수 있었던 [3]부분은 동맹 결성으로 인해 역외로부터의 수입이 $X^{wt} - X^{wu}$만큼 줄어듦으로써 그만큼 동맹 내의 소비자잉여가 감소된 것이다. 즉 역외국과의 무역에서 동맹 전체가 상실하게 되는 소비자잉여(V+3) 가운데 사변형 [V]는 동맹의 관세수입으로 전환되었으며, 따라서 순손실의 크기는 [3]으로 나타난다. 결국 동맹 전체의 순후생 변화는 동맹 전체의 순이익([1+4+5])과 순손실([3])의 차로 나타나게 된다.

⑤ 세계 전체의 후생 변화=[1+4−3−6]

세계 전체의 입장에서 보면 동맹이 누렸던 이익 가운데 [5]는 교역조건 변화를 통해 역외국의 소득이 동맹국으로 이전되는 것이므로 서로 상쇄되는 부분이다. 그리고 [3]은 동맹 결성으로 인해 보상되지 않은 동맹 전체의 소비자잉여의 순감소분이며, [6]은 역외국 생산자잉여의 순감소분이다. 따라서 동맹 결성으로 인한 세계 전체의 순후생은 무역창출적 이익[1+4]에서 보상되지 않은 소비자잉여 감소 및 생산자잉여 감소, 즉 관세동맹의 사중손실효과([3]+[6])를 제외한 크기로 나타날 것이다.

 참고자료 경쟁력이 상이한 두 국가 간의 경제통합이 주는 정책적 교훈

동일한 제품을 동시에 생산하고 있는 두 나라가 관세동맹을 결성할 경우 경쟁력이 있는 국가와 경쟁력이 약한 국가 간에는 서로 다른 무역효과를 가질 수밖에 없다. 그때 상이한 무역효과의 발생 근거는 다음의 그림에서 찾아볼 수 있다.

그림 7.9는 H국과 P국이 관세동맹을 결성할 경우의 무역효과를 설명하고 있다. 왼쪽 그림은 H국의 수요 공급조건을 오른쪽은 P국의 수요 공급조건을 각각 나타내고 있다. 경쟁시장을 전제로 하고 있으므로 잔여세계의 공급곡선은 완전 탄력적이며 그림에서는 국제가격

Pw에서 수평선으로 그려져 있다. H국은 P국보다 불리한 생산조건을 가지고 있으며 생산비가 더 많이 드는 경우를 상정하고 있다. 따라서 H국은 동맹 전 비교적 높은 관세를 통해 국내 생산을 어느 정도 유지하고 있으며, 관세포함 국내 공급가격은 P_{th}로 표시되어 있다. 반면 P국은 보다 낮은 생산비로 생산하고 있으며 낮은 관세를 부과하여 국내의 수요와 공급을 일치시키고 있다. P국 내의 관세포함 공급가격은 P_{tp}로 표시되어 있다.

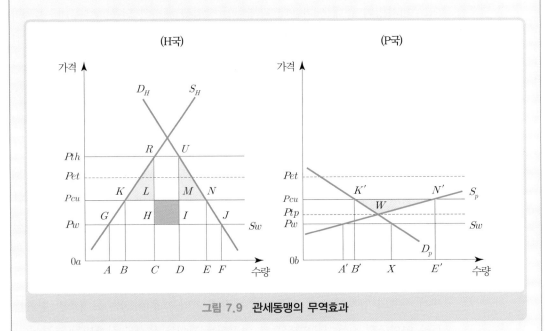

그림 7.9 관세동맹의 무역효과

이러한 상황에서 H, P 양국이 관세동맹을 결성하고 양국의 관세를 평균한 수준에서 공통역외관세를 설정 할 경우 관세포함 역내 공급가격은 P_{et}로 된다고 하자. 이러한 관세동맹이 결성되면 동맹 전체의 수요와 공급

이 일치($BE=B'E'$)하는 수준에서 동맹 내의 가격 P_{cu}가 결정된다. 즉 H국에서는 P_{cu} 가격이 P_{th}보다 낮으므로 국내 공급은 줄고 수요는 늘어나게 되어 BE만큼의 초과수요가 발생하게 된다. H국은 이 초과수요만큼 동맹 상대국 P국에서 수입하게 된다. 반면 P국에서는 동맹 후의 역내가격 P_{cu}가 종전의 국내가격 P_{tp}보다 높으므로 국내 소비는 감소하고 생산은 증가하게 되어 $B'E'$만큼 초과공급이 생기게 되며 이는 모두 H국으로 수출되게 된다. 이리하여 동맹 내에서는 H국의 초과수요(BE)와 P국의 초과공급($B'E'$)이 일치하는 수준에서 역내시장가격 P_{cu}가 결정된다.

이러한 관세동맹의 무역효과는 비교의 기준을 자유무역으로 하는가 아니면 보호무역으로 하는가에 따라 달리 설명될 수 있다. 그러나 세계 모든 나라가 자유무역을 하고 있는 상태는 하나의 이상적 가정일 뿐 현실적으로는 세계 각국이 크든 작든 수입품에 대해 관세를 부과하고 있는 것이 일반적 상황이다. 따라서 여기서는 H, P양국이 각각 th와 tp의 관세를 부과하고 있는 경우를 비교의 기준으로 하여 관세동맹의 무역효과를 살펴보기로 하자. 먼저 H국의 경우를 보자. H국은 동맹 결성 이후 BE만큼을 동맹상대국 P국에서 수입하게 된다. 이 가운데 CD는 역외 국가로부터의 수입을 동맹국 P국으로부터의 수입으로 대체한 무역량이므로 무역전환효과가 된다. BC는 값비싼 국내 생산이 줄어드는 대신 보다 유리한 생산조건을 가진 P국으로부터의 수입이므로 무역창출효과에 해당한다. DE는 국내가격이 P_{th}에서 P_{cu}로 낮아짐에 따라 늘어난 소비증가분이며, 이는 동맹상대국 P국으로부터의 수입에 의해 충족되어진다. 따라서 DE는 동맹 결성 이후 발생한 수입의 증대를 의미하므로 무역확대효과에 해당된다. 그러나 BC와 DE는 모두 관세동맹 결성 이후 역내 가격이 낮아지고 그로 인해 P국으로부터의 수입이 새로 생겨난 부분이므로 양자를 합해 총무역창출 효과로 볼 수 있다.

P국의 경우에는 동맹 결성 이후 역내 및 역외로부터의 수입은 없으므로 무역전환이나 무역창출효과는 발생하지 않는다. 그러나 $B'E'$만큼은 H국으로 수출이 이루어졌으므로 무역확대효과가 발생한 것이다.

이러한 무역효과로 인한 H, P 양국의 후생변화는 다음과 같다. H국의 경우, BC만큼의 무역창출로 인한 후생이익은 삼각형 KLR이 된다. DE만큼의 소비 증대로 인한 무역확대의 이익은 삼각형 MUN으로 나타난다. 삼각형 KLR과 MUN은 H국 내의 소비수요를 자국생산 대신 보다 저렴한 생산비의 P국 생산으로 충족한 후생이익이므로 총무역창출적 후생이익이라 할 수 있다. 그 대신 H국은 CD만큼의 무역전환으로 인해 사변형 $HLMI$만큼의 후생손실을 입게 된다. CD만큼의 수입은 당초 역외국에서 th만큼의 관세를 부담하고 수입하였다. 따라서 관세동맹 결성으로 H국은 사변형 $HRUI$만큼의 관세수입을 상실하게 되었으나 이중 사변형 $LRUM$만큼은 소비자잉여의 증대로 상쇄되었으므로 무역전환으로 인한 손실은 사변형 $HLMI$로 남게 된다. 따라서 동맹 후 H국의 순후생의 변화는 소비자 잉여의 증가분($\triangle KLR+\triangle MNU$)에서 보상받지 못한 관세수입의 상실분($\square HLMI$)을 제외한 크기로 나타나게 된다.

P국에서는 $B'E'(=K'N')$만큼 수출(무역확대)로 인한 무역이익이 생겼으며, 그 크기는 삼각형 $K'N'W$의 크기로 나타난다. 즉 P국에서는 동맹 전 P_{tp} 가격하에서 국내 수급이 일치하고 있었다. 그러나 동맹 결성으로 역내 가격이 P_{cu}로 상승함에 따라 국내 소비는 감소하였지만 생산이 늘고 H국으로의 수출도 가능하게 되었다. 그 결과 P국에서는 소비자잉여의 감소를 상쇄하고도 남는 생산자 잉여의 순증대(삼각형 $K'N'W$의 면적)가 발생하였다. P국의 이러한 생산자잉여의 증대는 동맹국으로의 수출확대에 기인한 것이므로 관세동맹 결성으로 인한 무역확대의 이익으로 설명될 수 있다.

이러한 분석 결과를 통해 우리는 다음과 같은 현실 정책상의 교훈을 얻을 수 있다. 즉 위의 분석 예에서 생산조건이 유리하고 경쟁력이 있는 P국은 시장통합으로 인한 무역이익이 분명하게 밝혀졌지만 생산조건이 불리하여 동맹 전 고율의 관세를 부과하고 있던 H국은 시장통합으로 인해 무역 이익이 증가할지 감소할지 분명치 않게 되었다. 위 그림에서는 무역창출로 인한 소비자 후생증가분과 관세수입 상실로 인한 재정수입 감소분의 크기에 따라 H국의 무역 이익 여부가 결정되기 때문이다. 이러한 이론적 논거로 인해 생산조건이 우위에 있는 국가는 FTA나 관세동맹 결성에 적극적인 반면 생산조건이 열위에 있는 국가는 역내관세를 철폐하는 지역협정에 부정적이거나 신중한 입장을 취하게 된다.

읽을거리   차선책이론

차선책이론(the theory of second best)은 파레토최적이 충족될 수 없는 추가적 제약요건이 발생할 경우 차선의 최적 상태를 달성하기 위해 충족되어야 할 조건의 성질을 검토하는 이론이다. 즉 파레토최적을 달성하는 여러 개의 조건 가운데 어느 하나가 충족되지 않으면 조건 충족의 수가 늘어나더라도 파레토최적 상태는 달성될 수 없다. 여기서 새로운 최적 상태에 접근하기 위해서는 다른 모든 파레토최적 조건에서 벗어남으로써만 가능하다. 그때 궁극적으로 달성된 최적 상태는 파레토최적에 이르지 못하게 하는 하나의 제약요인이 작용하고 있는 상태하에서의 최적 상태이기 때문에 차선의 최적 상태(the second best optimum)로 정의될 수 있고 이러한 차선의 최적 조건을 검토하는 이론이라는 의미에서 차선책이론이라 한다.

세계 전체의 자유무역과 관련하여 차선책이론을 풀이하면 다음과 같이 설명될 수 있다. 세계 모든 나라가 관세를 부과하지 않고 완전한 자유무역을 실행하면 세계적 자원이 가장 효율적으로 배분되어 세계 전체의 산출량과 후생수준은 극대화될 수 있다. 이러한 조건을 세계 후생에 대한 파레토최적 조건이라 할 수 있다. 그러나 일부 국가가 자유무역에서 벗어나 관세를 부과한다면 그 부과 형태 여하를 불문하고 세계 전체의 파레토최적 조건은 이미 파괴되는 것이다. 일단 최적 조건이 파괴된 상태에서는 다시 자유무역에 참가하는 국가 수가 늘어나더라도 그것이 반드시 세계후생을 증대시킬지 어떨지는 선험적으로 판단할 수 없다. 왜냐하면 이미 최적 조건을 충족시키지 못하는 하나의 제약요인이 작용하고 있기 때문에 다른 제약요인의 수가 감소한

다고 하여 그것이 반드시 원래의 최적 상태에 접근하는 것으로는 볼 수 없기 때문이다. 따라서 파레토최적을 파괴하는 하나의 제약조건이 존재하고 있는 상황에서는 그 파레토최적 조건에서 벗어나 새로운 하위 최적 조건(sub-optimal condition)을 탐구해야 한다는 것이 차선책 이론가들의 주장이다.

차선책이론은 1950년대 이후 관세동맹이론의 전개과정에서 개발되기 시작하였다. 1950년 Viner가 관세동맹이론을 발표하기 전까지 많은 사람들은 세계 전체가 자유무역을 하지 않더라도 많은 국가들이 자유무역을 하는 방향으로 접근해가면 그만큼 세계 후생도 높아진다고 생각했다. 관세동맹은 각국이 관세를 부과하고 있던 상태에서 회원국 간에 무역을 자유화하는 조치이므로 제3국에 대해 관세를 추가적으로 더 높이지 않는다면 관세동맹은 세계 전체의 후생을 그만큼 더 높일 수 있는 것으로 생각했다. 그러나 Viner는 관세동맹이 결성되더라도 세계후생은 증가할 수도 있고 하지 않을 수도 있다고 생각했다. 즉 세계 전체의 완전한 자유무역 조건이 충족되지 않는 한 그 조건 충족 수를 늘리는 것만으로 반드시 세계적 후생이 증대되는 것은 아니라고 보았다. Viner에 의해 도입된 이러한 차선책 개념은 1955년 J. E. Meade에 의해 이론으로 체계화되었고 그 후 Lipsey, Lancaster 등에 의해 일반화되었다. 이러한 차선책이론은 당초 관세동맹이론의 전개과정에서 생겨난 하나의 부산물로 간주되었으나, Lipsey-Lancaster에 의해 하나의 이론으로 일반화된 이후 관세동맹뿐만 아니라 최적해를 구하는 모든 경제문제에도 적용되고 있다.

제2절 관세동맹의 무역효과에 영향을 미치는 제 요인

이상과 같은 관세동맹의 무역효과는 다음과 같은 동맹 당사국의 경제적 여건에 따라 그 크기가 달라질 수 있다.

1. 생산구조의 유사성과 경합성

동맹 당사국 간 생산구조가 상호 보완적인 관계에 있었다면 동맹 결성 전부터 양국 간에는 이미 상당수준의 분업화가 진전되어 온 것으로 볼 수 있다. 따라서 보완적 생산구조를 가진 국가 간에는 동맹이 결성되고 역내관세가 철폐되더라도 추가적인 무역창출이나 무역확대의 효과는 크지 않을 수 있다. 예를 들어 농산물을 생산하는 H국과 공산품을 생산하는 P국이 상호 간 무역을 해온 상태에서 새로이 관세동맹을 결성하여 역내관세를 철폐하게 되면 가격인하로 인한 소비 증대와 그로 인한 무역확대는 어느 정도 일어날 수 있으나 새로운 분업기회와 무역창출의 소지는 크지 않을 수 있다.

반면 동맹 당사국의 생산구조가 유사하고 잠재적으로 보완관계에 있는 경우에는 동맹 결성으로 인한 무역확대 효과는 더욱 커질 수 있다. 생산구조가 유사한 경우 동종 산업 내에서 동맹국 중 가장 유리한 생산자가 역내시장을 지배할 것이므로 특화생산과 역내무역의 기회가 확대될 수 있기 때문이다. 또한 유사한 산업구조를 가졌더라도 분업구조상 잠재적 보완성이 있는 국가 간의 동맹에서는 제품 차별화로 인한 산업내 무역의 기회가 확대될 수 있다. 예를 들어 섬유산업에서 각기 높은 자급도를 유지하고 있던 H, P 양국이라 하더라도 H국이 면직물에 비교우위를 가지고 있고 P국이 합성섬유 제품에 비교우위를 가지고 있는 상태에서 양국 간 동맹을 결성하고 시장을 확대하게 되면 이들 제품에 대한 특화기회가 늘어나고 무역 기회도 확대될 수 있을 것이다.

2. 동맹의 크기

관세동맹에 참가하는 국가의 규모가 크고 동맹국 수가 많을수록 세계시장에 대한 동맹국의 무역비중이 크게 된다. 따라서 세계 전체의 입장에서 볼 때 역외국에 대한 무역전환의 소지는 그만큼 작아질 수 있다. 그러나 세계시장에 대한 지배적 공급자가 역외국으로 남는 경우에는 동맹규모가 클수록 무역전환의 가능성도 커지게 되므로 동맹의 크기가 정태적 무역이익을 평가하는 절대적 기준은 되지 못한다. 반면 동맹지역 내에서는 국제분업의 기회가 많아지므로 무역창출과 무역확대의 이익이 더 커질 수 있다. 특히 규모의 경제가 작용하는 산업에서는 동맹의 규모가 클수록 무역이익은 더 증대할 수 있다. 동맹의 교역조건 개선효과도 동맹규모가 클수록 유리하게 된다.

3. 동맹 전 관세와 공통 역외관세의 수준

동맹 전 당사국의 관세수준이 높을수록 관세동맹으로 인한 무역창출과 무역확대효과
는 더 커질 수 있다. 동맹 전 초기 관세가 높은 만큼 동맹 당사국 간의 무역은 더
많이 억제되어 왔다. 따라서 동맹 결성으로 상호 간 관세를 철폐하게 되면 관세에 의
해 제한되어 왔던 회원국 간의 무역이 자유화되므로 무역창출과 무역확대의 이익은
그만큼 더 크게 나타날 수 있다. 그러나 관세동맹의 공통 역외관세 수준이 높으면 높
을수록 진입장벽이 높고 무역전환의 소지가 크게 되며, 따라서 역내무역확대로 인한
후생이익을 잠식할 수 있다.

4. 운송비 및 거래비용 조건

전통적 무역이론에서는 지리적 요인에 의한 운송비나 역사적, 문화적 요인에 의한 거
래비용을 무시하고 있다. 그러나 현실세계의 관세동맹에서는 이러한 요인들을 무시
할 수 없다. 만약 동맹 당사국 간의 운송비가 관세수준보다 더 높다면 동맹 결성에도
불구하고 동맹국 간의 무역은 발생하지 않을 수도 있다. 이에 따라 현실적으로 관세
동맹은 지리적으로 인접한 국가 간에 체결되는 경향을 가지고 있다.

뿐만 아니라 국제 간 거래는 언어와 거래 관행의 차이에서 발생하는 거래비용에도
영향을 받고 있다. 언어의 공통성과 문화적 동질성은 의사소통과 거래 관행상의 장벽
을 줄이는 요인으로 작용한다. 그리고 사회 문화적 공통성은 소비행태의 유사성으로
인한 제품차별화 무역의 기초가 된다. 따라서 관세동맹의 무역효과는 동맹국 간의 지
리적 거리뿐만 아니라 사회문화적 거리에 의해서도 영향을 받게 된다.

5. 생산의 유연성

관세동맹이 결성되면 시장의 확대, 경쟁 격화 및 분업기회의 확대와 같은 새로운 경
쟁여건이 조성된다. 따라서 개별 회원국의 산업구조나 생산여건이 이러한 환경 변화
에 신축성 있게 적응할 수 있다면 시장통합으로 인한 이익은 크게 기대될 수 있다.
그러나 역내무역장벽의 철폐에도 불구하고 산업구조의 경직성이나 생산의 애로요인
이 작용하게 되면 시장 확대로 인한 국제분업의 진전은 기대할 수 없게 된다.

역내관세가 철폐되고 무역이 자유화되면 경쟁력이 약한 사양산업은 도태되고 경쟁

력이 있는 산업은 생산을 확대하여 역내시장을 넓게 확보해 갈 것이다. 이때 국내에서는 사양산업의 구조조정을 유도하는 한편 비교우위 산업은 지원하는 조치가 필요하게 된다. 그러나 국내 고용구조의 경직성이나 이해집단의 저항으로 인해 사양산업의 구조조정이 어렵고 신생산업의 육성이나 경쟁력 있는 산업으로의 요소 이동이 원만하지 못하다면 시장통합의 효과는 크게 기대할 수 없게 된다.

제3절 교역조건 효과

1. 대규모 동맹의 경우

관세동맹은 역외 공통관세를 부과하기 때문에 동맹 전체의 교역조건을 개선시킬 수 있으며 이를 통해 동맹국은 무역이익을 도모할 수 있다. 관세동맹에 참가하는 국가의 수가 많거나 소수의 국가가 참가하더라도 대국으로 구성된 대규모 동맹일 경우에는 동맹 전체의 수요, 공급량의 변화가 세계시장 가격에 영향을 미치게 된다. 이 경우 잔여 세계의 공급곡선은 완전탄력적인 공급곡선이 아니라 가격에 따라 공급량이 조절되는 우상향의 공급곡선으로 나타나게 된다.

그림 7.10은 대규모동맹을 상정하여 관세동맹 결성의 교역조건 개선효과를 설명하고 있다. 그림에서 S_{cu}는 동맹 전체의 공급, D_{cu}는 그 수요곡선을 나타내며 S_0는 역외세계의 공급곡선을 나타낸다. S_0는 관세동맹이 세계시장가격에 영향을 미칠 만큼 큰 규모의 동맹체임을 전제로 하고 있으므로 우상향의 곡선으로 작도되어 있다.

동맹 전 역외국은 S_0의 공급곡선을 따라 공급하고 있으며, 이때 동맹당사국은 AB만큼을 수입하게 되고 수입가격은 P가 된다. 동맹을 결성하고 $t\%\left(t = \dfrac{PT}{OP} = \dfrac{P_1P_1'}{OP_1}\right)$의 종가관세(역외공통관세)가 부과된다고 하면, 동맹 내의 가격은 P에서 T로 상승하고 역외로부터의 수입은 CD로 감소하게 된다. 역외국은 동맹 결성으로 인해 AB의 수출이 CD로 축소될 위험에 처하게 된다. 이러한 수출의 감소가 역외 제국의 산업 및 고용유지에 많은 문제를 유발할 경우 역외 제국은 동맹 내 시장을 최대

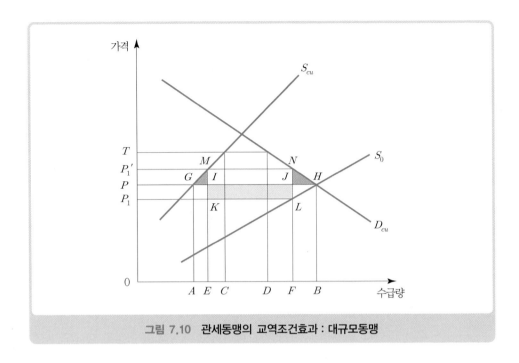

그림 7.10 관세동맹의 교역조건효과 : 대규모동맹

한 유지하기 위해 수출가격의 인하를 단행할 수 있을 것이다(즉 공통관세의 일부를 수출가격 인하로 흡수함으로써 동맹 내 시장을 좀 더 확보하고자 할 것임). 역외국이 자국 내 경제사정과 관련하여 수출하고자 하는 필요수출량이 $MN(=EF)$이라고 하면, 역외국은 OF의 공급량이 공급곡선과 만나는 수준의 가격, 즉 L점에 대응하는 P_1까지 수출가격을 인하해서라도 MN만큼의 동맹 내 시장을 확보하고자 할 것이다. 그 결과 동맹 내의 관세포함가격은 T보다 낮은 P_1'로 하락할 것이며, 동맹의 대역외 수입은 CD에서 EF로 다시 늘어나게 된다.

이와 같이 대규모동맹을 전제로 할 경우 관세동맹 결성으로 인한 공통역외관세의 설치는 그 일부를 역외공급자가 부담함으로써 실질적으로는 수출가격(세계가격)의 인하를 유도하며 그에 따라 동맹 전체의 대 역외 교역조건은 가격인하 폭만큼 개선 되는 것이다. 여기서 교역조건 개선효과의 크기는 수입량 EF와 수입가격인하폭 PP_1에 의해 결정되며 그림에서는 사변형 $IJLK$의 면적으로 표시된다. 그러나 관세 동맹 결성으로 동맹 내의 소비자후생은 $\triangle GMI$와 $\triangle JNH$를 합한 크기만큼 감소되 었으므로 동맹 결성으로 인한 순이익은 사변형 $IJLK$의 교역조건이익에서 삼각형

$GMI + JNH$의 후생손실을 제외한 잔여의 크기로 결정될 것이다. 그리고 이러한 교역조건 개선효과의 크기는 역외국 공급곡선의 탄력성과 동맹국시장의 크기에 의해 주로 영향을 받게 되며, 동맹 전체의 순이익의 크기는 동맹 내의 수요·공급조건(곡선의 탄력성)에 의해 영향을 받게 된다.

2. 일반적인 경우

다음은 관세동맹이 세계시장가격을 변화시킬 만큼 대규모 시장을 형성하는 것은 아니더라도 대외 무역정책에서 공동보조를 취하며 관세협상 등에서 대외 교섭력을 제고시킬 정도의 수준에서 운영되고 있는 경우를 상정해 보자. 그리고 이러한 동맹에서는 다수의 소국이 참여하고 고율의 공통역외관세를 부과함으로써 역내외 무역에서는 국가 간 대체에 의한 무역전환이 발생할 소지는 큰 것으로 보자.

　이 경우 동맹 내 시장규모(수급량)만으로는 세계시장가격을 변화시킬 수 없으므로 역외의 공급곡선은 완전 탄력적이거나 혹은 그에 유사한 형태를 취하게 된다. 그림 7.11에서는 이러한 역외 공급곡선이 S로 표시되어 있다. 그림에서 자유무역하의 공급곡선은 S이며, 당초 동맹지역의 대 역외수입량은 AB이고 수입가격은 P였다. 지금 관세동맹을 결성하여 PT만큼 고율의 공통역외관세를 부과하게 되면 동맹 내의 가격은 OT로 인상되고 대 역외수입은 CD로 감소한다.

다수의 소국들이 참가하는 관세동맹의 경우

그런데 여기서는 다수의 소국들이 참여하는 다양성이 높은 동맹을 가정하고 있으며 역내 생산이 유발될 만큼 고율의 공통역외관세를 부과하는 경우를 전제로 하고 있다. 따라서 동맹 결성에 의한 이러한 수입 감소는 역내시장 확대, 대외보호관세 설정이라는 조건을 이용하여 동맹 내에서는 새로운 생산자를 탄생시키고 이들에 의한 신규공급의 증대가 일어나게 된다. 물론 이러한 신규공급은 역외로부터의 수입을 대체하는 것이므로 무역전환적 성격을 가지게 된다. 이와 같이 다수의 소국으로 형성된 동맹에서는 새로운 역내 공급자를 생성시킴으로써 동맹 후 역내 공급곡선은 탄력적으로 변하게 된다. 그러나 이러한 공급곡선의 탄력성은 관세동맹이 형성되고 역내에서 새로운 고가격이 설정된 시점부터 시장에 반영되므로 실제로는 그림 7.11의 S'_{cu}와 같이

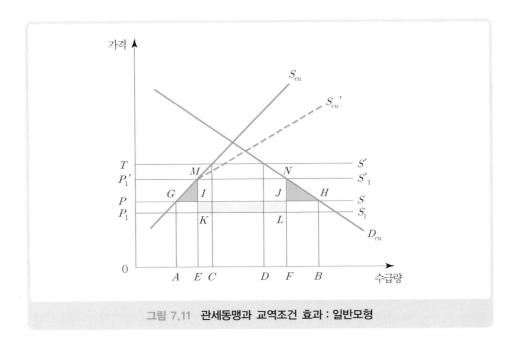

그림 7.11 관세동맹과 교역조건 효과 : 일반모형

굴절공급곡선을 그리게 될 것이다. 동맹 후 이러한 공급곡선의 굴절현상은 동맹 결성으로 규모의 경제가 작용하고 역내시장 확대가 실현된다는 가정하에서 가능하게 된다.

이와 같이 관세동맹이 결성되어 고율의 공통관세가 설정되면 동맹 내에서는 가격탄력성이 큰 잠재적 공급곡선을 따라 역내 생산이 확대될 수 있으며, 그 경우 역내 생산이 역외 생산을 대체하는 무역전환과 그로 인한 수입 감소는 더욱 확대될 것이다. 이러한 이유 때문에 동맹국은 대 역외무역협상에서 유리한 교섭력을 행사할 수 있는 반면, 역외국은 동맹시장에 대한 수출감소와 시장상실을 극소화하기 위해 공통관세의 일부를 수출가격에 흡수하게 되며 이를 위해 역외국은 수출가격을 인하하게 된다. 이때 동맹국의 수출가격이 불변이라고 하면 동맹의 교역조건은 그만큼 유리하게 개선되는 것이다.

그 결과 그림 7.11에서 역외국은 당초의 수출가격 P를 P_1으로 인하했으며 관세포함 동맹 내 가격은 P_1'으로 되었다. 이때 역외국의 수출가격 P_1은 자유무역하의 세계가격(P)보다 낮은 수준이므로 이는 동맹 내의 수출시장 상실을 방지하기 위한 정책가격이라 할 수 있다. 즉 이러한 가격의 인하폭은 동맹과 역외국 간의 교섭력에 의해 결정되며, 그 배후에는 동맹 전체의 잠재적 공급곡선의 탄력성(S'_{CU}) 크기와 수출 감소로 인한 역외국의 경제사정이 작용하고 있는 것이다.

어쨌든 이러한 가격조정의 결과 역외 제국의 공급곡선은 P_1S_1으로 하방이동하게 되고 관세 포함 역내 공급곡선은 $P_1'S_1'$으로 이동하게 된다. 자유무역과 비교해 볼 때 이러한 관세동맹의 형성은 동맹국의 입장에서 볼 때 EF만큼의 수입이 PP_1만큼 인하된 가격으로 수입되었으므로 사변형 $IJLK$만큼의 교역조건 개선으로 인한 이익이 발생했다. 그러나 국내 소비자 후생 측면에서는 삼각형 $GMI + JNH$만큼의 소비자 잉여가 감소하였으므로 동맹 결성의 순이익은 양자의 상대적 크기에 의해 결정될 것이다. 그런데 동맹의 후생손실 가운데 삼각형 GMI는 $GI(= AE)$만큼의 무역전환에 기인한 손실이며, 이러한 무역전환은 동맹의 공급곡선의 탄력성과 공통관세의 수준에 따라 그 크기가 달라진다. 무역전환에 기인한 후생 순손실은 동맹국만의 손실이 아니라, 역외국의 수출 감소와 직결된 부분이므로 이것은 양자간 관세 및 가격협상의 주요 고려사항이 될 것이다. 삼각형 JNH는 가격인상에 의한 소비감소 부문이므로 동맹의 수요곡선이 일정할 경우 역외국의 수출가격에 따라 그 크기가 달라질 것이다.

제4절 투자유발효과

1. 투자창출효과

관세동맹으로 인한 투자유발 효과는 자유무역지역의 투자효과와 같이 투자창출효과와 투자전환효과로 설명될 수 있으며 본질적으로 자유무역지역의 투자효과와 같은 성격을 가지고 있다. 다만 관세동맹에서는 대외 공통관세가 부과되므로 자유무역지역에 비해 공동체에 대한 진입장벽이 크게 작용한다는 점에서 차이가 있다. 그러한 차이로 인해 역외 기업은 공동체의 진입장벽을 회피하기 위한 투자 동기가 강하게 일어날 수 있다.

즉 관세동맹이 결성되어 역내관세가 철폐되고 역외 공통관세가 부과되면 일면 FTA와 마찬가지로 확대된 역내시장을 확보하기 위한 투자가 증가할 수 있으며, 다른 한편으로는 역내시장으로의 진입장벽을 회피하기 위해 현지생산을 위한 투자가 늘어날 수 있다. 이러한 투자 증가효과를 관세동맹의 투자창출효과라 한다.

2. 투자전환효과

관세동맹 지역으로의 투자 증대는 대시장을 겨냥한 신규투자뿐만 아니라 제3국에 투자되어 있던 자본이 관세동맹 지역으로 이전되어 오는 투자도 포함될 수 있다. 종전 개별국의 국내 시장을 겨냥하여 진출해 있던 다국적 기업이 인접국에 관세동맹이 결성되면 대시장이 형성된 동맹지역으로 생산 기지를 옮겨가는 투자전환이 일어날 수 있다. 이러한 투자 대상지역의 이전으로 인한 투자증대 현상을 관세동맹의 투자전환효과라 한다. 투자창출효과는 다른 국가의 투자 감소가 없이 동맹지역의 투자를 증대시키는 현상이므로 세계 전체의 성장을 촉진시킬 수 있으나, 투자전환효과는 역외 투자의 감소를 통해 역내 투자의 증가를 가져오므로 역외 국가에는 후생감소 요인이 될 수 있고 세계 전체로는 후생 증감이 분명치 않게 된다.

3. 투자재편성효과

무역장벽이 있는 국가들 간에 관세동맹을 결성하게 되면 역내 제국 간의 무역장벽은 제거되고 시장은 하나로 통합되므로 종전까지 여러 회원국에 분산되어 있던 현지 투자는 통합된 역내시장 환경에 맞추어 재조정되게 된다. 예를 들면 종전 역내 여러 국가에 진출해 있던 다국적 기업(MNE)은 자신의 탐지능력(scanning power)을 이용하여 역내에서 생산비가 가장 적게 드는 곳으로 역내 생산을 집중시키고자 할 것이다. 유통부문에서는 역내에서 물류비용이 가장 절약될 수 있는 지역으로 물류기지를 집중시키고자 할 것이다. 이러한 기존 투자의 지리적 재배치 효과를 관세동맹의 투자 재편성 효과라 한다. 역내시장을 겨냥한 이러한 MNE의 투자 조정 행위는 내부화동기에 의해서가 아니라 입지우위(L-advantages)요인에 의해 유도되는 것이며, 규모의 경제와 생산의 합리화를 추구하기 위한 투자전략이므로 이는 통합지역 전체의 입장에서 볼 때 자원배분의 효율성을 높이는 기능을 하게 된다.

제8장

공동시장이론

공동시장(common market)은 동맹 당사국 간에 재화, 서비스의 자유무역뿐만 아니라 생산요소의 자유 이동을 보장하며 역외 지역에 대해서는 공동의 무역장벽을 설치하는 형태의 경제통합을 의미한다. 따라서 공동시장이론은 노동, 자본과 같은 생산요소 이동의 자유화로 인한 경제적 효과를 분석하고 재화와 요소시장과의 상호관계를 관찰하는 것을 주요 과제로 삼고 있다.

일반적으로 공동시장을 추구하는 이유는 자본과 노동의 한계생산성이 낮은 국가에서 높은 국가로 그 요소를 이동하게 함으로써 자원배분의 효율성을 높이고자 하는데 있다. 따라서 우리는 어느 정도로 요소시장이 통합되었을 때 각국간 요소의 생산성이 균등화되고 그로 인해 경제적 후생을 얼마나 증진시킬 수 있는가를 우선 관찰해 보아야 할 것이다. 그리고 재화시장과 요소시장 간에는 어떠한 상호작용이 있으며, 양 시장에 대한 교역장벽이 제거된 경우 이것이 당사국의 경제적 후생에는 어떠한 영향을 미치고 있는가에 대해서도 관찰해 볼 필요가 있다.

제1절 자본시장 통합의 경제적 효과

공동시장의 결성에 의한 생산요소 이동의 경제적 효과를 파악하기 위해서는 노동, 자본, 서비스 등의 모든 요소가 이동 가능한 경우를 관찰해 보아야 할 것이다. 여기서는 우선 공동시장의 구성요인 가운데 자본시장이 통합되어 가맹국 간에 자본만이 자유이동되고 있는 경우를 상정해 보자.

지금 H국과 P국이 현재 관세동맹을 결성하고 있으며 공동시장을 결성하기 전까지 양국 간에는 요소 이동의 장애요인이 작용하고 있다고 하자. 그리고 H국과 P국 간에 결성된 관세동맹 내에서는 양국 간 자본의 사회적 한계생산력에 차이가 있고 관세동맹만으로는 그 격차가 해소되지 않는다고 하자. 양국에 있어서 요소의 공급은 일정하고 단일의 복합생산물이 생산되고 있는 경우를 상정하자. 그리고 공동시장 결성 시 제3국과의 자본 이동은 금지되며 자본의 보수는 자본의 한계생산물로 표시된다고 하자. 이러한 전제하에서 요소 이동으로 인한 경제통합의 효과를 부분균형분석에 의해 고찰해 보기로 하자.

그림 8.1은 H국과 P국의 생산조건을 나타내고 있다. 직선 M_H와 M_P는 각각 H국과 P국의 자본스톡의 크기 및 자본의 한계생산력수준을 나타내고 있다. 그림 8.1에서 노동 및 기타의 생산요소는 일정하다는 것을 전제로 하고 있다.

관세동맹단계에서 H국과 P국의 자본스톡은 각각 OM, OQ로 결정되어 있다. 공동시장이 결성되기 전에는 자본의 국제 간 이동이 불가능하므로 OM의 자본스톡은 H국에서, OQ의 자본스톡은 P국에서만 이용된다. 조세가 없고 완전경쟁모델을 상정할 경우 자본의 단위당 이윤은 그 한계생산물의 크기와 같게 된다. 따라서 H국의 경우 총이윤의 크기는 $b+e$가 된다. 총생산물의 크기는 $a+b+c+d+e$로 나타나며 자본이윤의 크기를 제외한 잔여분 $a+c+d$는 노동분배의 몫이 된다. P국의 경우에는 자본에 대한 총이윤이 $i+k$가 되며 노동분배의 몫은 j가 된다.

이러한 경우 양국 간에는 관세동맹이 존재하고 있음에도 불구하고 자본의 보수는 양국 간에 다르게 나타남을 알 수 있다. 자본의 보수는 H국보다 P국이 더 높게 나타나며 따라서 P국은 자본의 생산력 면에서 볼 때보다 유리한 생산조건을 갖추고 있는 것이다.

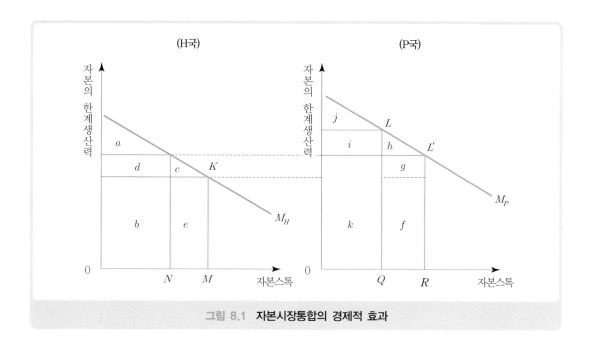

그림 8.1 자본시장통합의 경제적 효과

이러한 여건하에서 H와 P 양국은 공동시장을 결성하여 제3국에 대한 자본 이동은 제한하는 한편 역내에서의 자본 이동은 자유화한다고 하자. 역외 지역과의 자본 이동을 금지할 경우 공동시장을 결성하더라도 동맹 내의 총자본스톡에는 변화가 없다. 그러나 역내 자본 이동의 자유화 조치로 인해 H국의 자본은 보다 높은 보수가 지불되는 P국으로 유출되어 갈 것이다. 양국 간의 자본배분의 균형점은 양국에서의 자본의 한계생산력 수준이 일치하는 점에서 결정될 것이다. 이 점에서 양국 내에는 새로운 자본스톡의 크기가 결정된다. 즉 H국에서는 자본스톡이 ON으로 줄어든 반면 P국에서는 OR로 늘어나게 되었다(그림 8.1에서 $NM = QR$).

당사국 간의 소득변화

공동시장결성으로 인해 양국 간 자본스톡의 변화가 일어나게 된 결과 각국의 생산과 소득수준도 다음과 같이 변화하게 된다. 즉 H국의 국내생산은 종전 $a + b + c + d + e$에서 $a + b + d$로 줄어든 반면 P국의 국내생산은 종전 $i + j + k$에 더하여 $f + g + h$만큼 생산물이 추가로 늘어났다. 그러나 H국은 P국에 투입된 자본으로부터 이윤송금 $(f + g)$을 받게 되므로 결국은 종전에 비해 $g - c$만큼의 소득증대가 이루어진 셈이 된다. 그러나 P국은 $f+g+h$만큼의 국내생산이 추가되었지만 H국으로의 이윤송금 $(f+g)$을 제외하고 나면 h만큼만 국민소득이 증대된 셈이 된다.

자본풍부국의 소득재분배

이러한 국내생산 및 국민소득의 재편성과정에서 노동과 자본에 대한 분배구조도 수정되게 되었다. 즉 H국의 경우에는 공동시장 결성 이후 국민소득에 대한 노동의 분배비율이 감소하게 된 반면 자본소유자에게는 유리한 방향으로 소득분배가 이루어지고 있다. 관세동맹 당시 H국의 노동보수는 $a+d+c$였으나 공동시장 결성 이후에는 그것이 a의 크기로 감소되었다. 반면 H국의 자본보수는 관세동맹 당시 $b+e$였으나 공동시장 이후에는 국내자본보수 $b+d$와 P국으로부터의 송금이윤 $f+g$를 합한 크기로 확대되었다. 이 가운데 d는 H국 내에서 노동보수가 자본보수로 이전되는 소득재분배효과를 나타낸다. 그리고 H국이 P국으로부터 송금받는 $f+g$만큼의 자본보수는 자국 내의 생산감소 $c+e$를 대가로 하여 얻게 되는 소득증대분이다. 여기서 $e=f$이므로 H국의 순소득증대는 $g-c$의 크기로 나타나며, 이것은 H국의 노동보수가 아니라 자본에 대한 보수로 돌아간다.

공동시장 결성 이후 이러한 소득재분배 과정으로 인해 노동보수를 상실한 H국의 노동조합이나 노동단체들은 비록 요소시장 통합이 국내총생산을 증대시킨다고 할지라도 자기들의 분배 몫이 감소하는 것을 우려하여 공동시장 형성에 의한 자본의 역내유출을 반대하게 되는 것이다.

자본희소국의 소득재분배

한편 P국에서는 이와 반대의 소득분배효과가 나타나게 된다. 공동시장 결성 전 P국의 노동보수는 j, 자본보수는 $i+k$이었다. 그러나 공동시장 결성 이후 P국의 노동보수는 $h+i+j$로 확대되었으며 자본보수는 k로 축소되었다. 이 가운데 i는 자본보수가 노동보수로 전환되는 소득재분배효과를 나타낸다. h는 자본 이동의 자유화 이후 P국 내 생산증대로 인한 국민소득의 순증가를 나타내며 이것은 노동에 대한 보수로 귀속된다. 이 경우에는 H국과는 반대로 P국 내 자본가들이 자본보수의 감소를 우려하여 H국으로부터의 자본유입을 저지하거나 그 원천이 되는 자본시장 통합을 반대하게 될지도 모른다. 어쨌든 전체적으로 볼 때 자본 이동의 자유화를 전제로 하는 공동시장의 결성으로 인해 H국에서는 $g - c$만큼, P국에서는 h만큼의 순소득증대를 가져올 수 있으며, 이러한 소득증대는 양국 간 자본의 한계생산력이 균등화될 수 있는 방향으로 자본의 재배분이 이루어져 왔기 때문이다.

이상에서 살펴본 바와 같이 공동시장이 결성되어 생산요소의 자유 이동이 이루어지게 되면 요소의 한계생산력이 균등화될 수 있는 방향으로 요소의 국제 간 재배분이 이루어지고, 자원배분의 효율성이 증대되므로 가맹국 전체의 소득 및 후생수준은 증대될 수 있다.

그러나 위의 분석모형은 자본이 그 한계생산성이 높고 이자율이 높은 지역으로 이동한다는 경제적 논리에 의존하고 있으므로 자본이 공동체의 지역개발정책 등에 의해 저개발 지역으로 이동하는 경우나 다국적 기업에 의한 전략적 자본 이동형태 등은 고려하고 있지는 않다. 그리고 자본이 한 방향으로만 이동하여 일국 혹은 특정 지역이 상대적으로 낙후될 수 있는 문제점 등도 고려되지 않고 있음을 유의할 필요가 있다.

제2절 노동시장 통합의 경제적 효과

노동시장이 통합되어 역내 제국 간 노동의 자유 이동이 보장되면 다른 여건에 변화가 없는 한, 역내 노동력은 노동의 한계생산력이 낮은 나라에서 높은 나라로 또는 임금이 낮은 나라에서 높은 나라로 이동하게 된다. 그로 인해 공동시장 내에서는 가맹국 간 노동의 한계생산력이 균등하게 되고 공동체 전체로서는 총생산의 증대가 가능하게 된다.

국제 간 노동이동의 한계

그러나 노동력의 이동은 자본의 경우와 달리 금전적 보수(pecuniary reward)만에 의해 영향을 받는 것이 아니라 노동자의 언어, 관습, 문화적 배경, 가족관계 등 사회적 근접성(social proximity)에 의해 영향을 받으므로 노동 이동은 생산성격차나 임금격차만으로 국제 간 이동이 완전하게 이루어질 수 없는 한계점이 있다. 뿐만 아니라 이주비용, 세제상의 차이, 노후에 대한 보장 및 고향에의 향수 등도 노동 이동의 비용으

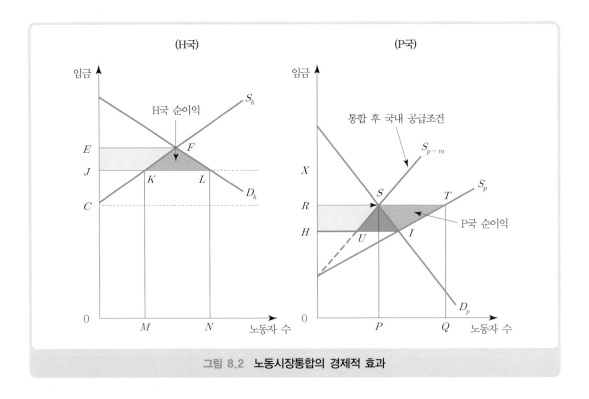

그림 8.2 **노동시장통합의 경제적 효과**

로 작용하게 되므로 노동시장이 통합되더라도 국제 간 노동의 한계생산력이나 임금 수준이 완전히 균등화되는 것은 현실적으로 기대하기 어렵다. 따라서 여기서는 노동시장의 통합으로 가맹국 간 노동의 한계생산력이 균등화되는 것이 아니라 그 격차가 축소되는 경우를 중심으로 노동 이동 자유화의 효과를 살펴보기로 하자.

그림 8.2는 노동시장을 통합하는 H국과 P국의 노동시장 상황을 설명하고 있다. 그림에서 S_h, S_p는 각각 H국과 P국의 노동공급곡선을 나타내며 D_h, D_p는 각각 H국과 P국의 수요곡선을 나타낸다. 노동시장에서는 수요와 공급에 의해 고용량이 결정되며 국제 간 노동력 이동은 이동비용과 임금에 의해 영향을 받는다고 보자.

노동시장이 통합되기 전에는 양국 간 노동시장이 분리되어 있고 상호 간 노동력 이동이 없다고 하자. 이 경우 H국에서는 수요공급조건에 따라 고임금이 형성되고 P국에서는 저임금이 형성된다.

노동시장 통합의 효과

이러한 상황에서 H, P 양국이 노동시장을 통합하여 양국간 노동 이동의 장벽을 제거한다면 P국의 노동자가 보다 높은 임금을 받을 수 있는 H국으로 이동해 갈 것이다. 그러나 양국 간 노동력 이동은 경제적 혹은 경제외적 비용을 수반하게 되므로 양국 간 임금의 완전한 균등화를 가져오지는 못한다. 그림 8.2에서 노동 이동 비용은 CJ ($=RX$)의 크기로 표시되어 있다. 그러나 P국에서 H국으로의 노동력 유입은 H국 내에서 임금을 E에서 J로 하락시키게 되고 그에 따라 국내공급은 OM으로 감소되는 반면 국내수요는 ON으로 늘어났다. 초과수요분 MN은 P국으로부터의 이민으로 충당되고 있다.

　P국에서는 반대의 현상이 나타난다. 노동력 유출로 인해 국내임금 수준은 H에서 R로 상승하고 그 결과 국내공급은 OQ로 증가하나 수요는 OP로 줄어들었다. 초과공급 $PQ(=MN)$는 H국으로의 이민자 수를 나타낸다. 이와 같이 P국에서는 고임금국 H국과의 노동시장 통합으로 자국 노동자의 유출이 발생하게 되며, 그 결과 자국 내의 실질 노동 공급곡선은 당초의 공급곡선(S_p)에서 H국으로의 유출이민을 제외한 잔여의 곡선(S_{p-m})으로 이동하게 된다. 이때 국내 노동 공급곡선은 다른 여건이 불변인 상태에서 노동력만 감소한 경우의 새로운 공급조건을 반영하므로 종전보다 비탄력적인 공급곡선이 된다. 이러한 노동력 이동으로 인한 양국의 노동자 및 사용자에 대한 후생효과는 다음과 같이 설명될 수 있다.

노동자 입장에서 본 노동시장 통합의 소득효과

노동자 측에서 볼 때 H국 노동자는 임금하락으로 $JEFK$ 만큼의 손실(생산자 잉여의 감소)을 입게 되는 반면 P국에 남아 있는 노동자는 직업 선택의 기회가 많아졌고 임금이 인상된 만큼 이익을 얻게 된다. 이때 P국 노동자들에 의한 생산자잉여의 증대는 새로운 공급곡선의 상부 $HRSU$의 크기로 나타난다. H국으로 이민 간 P국 노동자 역시 H국의 고임금소득으로 이익을 얻게 된다. 그러나 여기에는 이민에 따르는 비용 요인을 고려해야 하므로 이민노동자의 실질이익은 초기공급곡선(S_p)의 상부와 이민 후 공급곡선(S_{p-m})의 하부의 면적 $USTI$로 나타난다. 즉 P국의 이민노동자들의 임금은 당초의 OH에서 이민 후 $OX(=OJ)$로 상승하였으나 여기에 이민비용($JC=XR$)

을 공제하면 실제로 임금소득이 증대될 수 있는 부분은 HR의 크기로 나타난다. 따라서 P국 노동자 전체의 생산자 잉여는 $HRTI$로 확대될 수 있으나 $HRSU$는 국내 잔류 노동자의 실질 잉여이므로 이민노동자에게 돌려질 수 있는 잉여의 크기는 $USTI$로 표시될 수 있다.

사용자 입장에서 본 노동시장 통합의 소득효과

한편 사용자(고용주)의 입장에서 보면 H국의 사용자는 이익을 얻은 반면 P국의 사용자는 손실을 입었다. H국에서는 노동유입과 임금하락으로 소비자잉여(사용자의 후생증대)가 $JEFL$만큼 늘었으나 $JEFK$는 자국 노동자의 소득이 사용자의 소득으로 재분배된 것이기 때문에 삼각형 KFL만큼의 순이익이 생겼다. 반면 P국 사용자는 임금인상과 그로 인한 이윤감소를 감수해야 한다. P국 사용자의 잉여(노동 소비자잉여)는 $HRSI$만큼 감소하였으며, 이 중 $HRSU$는 국내 잔류 노동자의 소득으로 재분배되었다. 그리고 이민노동자의 소득증대분 $USTI$가 모두 본국(P국)으로 송금되어 올 경우 P국 내에서는 이러한 이민소득 증대분으로 국내 사용자의 순손실(USI)을 보상하고도 △STI만큼의 순후생이익이 생겨나게 된다. 만약 이러한 송금이 없을 경우 P국은 노동자시장 통합으로 사용자의 손실에 상당하는 △USI만큼의 순손실을 보게 된다.

공동체 전체 입장에서 본 노동시장 통합 효과

그러나 공동체 전체의 입장에서 볼 때는 노동자시장 통합으로 인해 H국의 순이익 △KFL과 P국의 순이익 △STI를 합한 크기만큼 순후생증대효과가 생겨난 것이다. 이러한 순후생증대효과는 노동력 이동의 비용으로 인해 양국 간 노동의 한계생산력이 완전히 균등하게 되지는 못했더라도 노동 이동의 자유화가 추진됨으로써 가맹국 상호 간 노동의 한계생산력이 유사한 수준으로 좀 더 접근하게 되었기 때문에 생겨난 결과이다.

제3절 금융(서비스)시장 통합의 경제적 효과

노동 및 자본시장의 통합에 더하여 공동시장을 구성하는 또 하나의 중요한 시장통합

대상은 자본 및 노동 이동에 관련된 서비스시장의 통합이다. 통상 서비스라 하면 그 대상 업종에 따라 금융, 보험, 운송을 위시하여 의료, 법률서비스와 같은 개인 서비스에 이르기까지 매우 다양하다. 그리고 서비스시장에서는 그 수요공급이 서비스의 가격뿐만 아니라 각국의 법률, 세제, 자격기준, 보건위생기준 등의 시장외적 요인에 의해 크게 영향을 받고 있는 특징을 가지고 있다. 이러한 이유 때문에 서비스시장의 통합효과는 시장 내적인 수요원리나 한계원리만으로 설명할 수 없는 복합성을 가지고 있으며 따라서 단순한 이론모형으로는 그 후생효과를 설명하기 어려운 분석상의 한계점을 가지고 있다.

여기서는 다양한 서비스시장 가운데 자본시장통합과 관계가 있는 금융시장의 통합을 살펴보기로 하자. 설명을 단순화하기 위해 서비스시장에 영향을 미치는 시장외적인 요인은 사상하기로 한다. 자본의 흐름은 이자율에 영향을 받고 이자율은 저축과 투자에 의해 결정된다고 하자. 그리고 자금의 공급자(저축자)와 수요자(투자자)는 은행에 의해 서로 연결되며 은행은 예금과 대출 금리차 만큼의 이윤으로 운영된다고 하자. 그리고 국내시장에서는 은행이자율이 변경되면, 저축·투자규모가 변동될 수 있을 만큼 잠재적 저축자와 투자자가 상존하고 있다고 하자.

금융시장 통합 전 H국은 자본유입에 대해 통제를 가하며, 외국은행의 국내 진입도 통제되고 있다. 따라서 국내 자본시장은 비효율적으로 운영되고 국내은행은 보호된 시장하에서 독점적 이윤을 누리게 된다. 그 결과 H국 내에서는 은행부문에 의해 공급되는 금융상품이 그 종류나 양에 있어서 불충분하게 되고 잠재적 저축자와 투자자의 시장 참여도 위축되게 된다.

그림 8.3은 이러한 상황에서 H국이 주변 국가들과 금융시장을 통합할 경우 H국의 후생수준은 어떻게 변화할 수 있는가를 설명하고 있다. 그림에서 S_h는 H국의 저축곡선, I_h는 투자곡선을 나타낸다. 위의 시장여건에 의해 통합 전 H국 내의 저축과 투자는 OA로 제한되고 있으며, 은행 대출이자율은 OI이고 예금이자율은 OL이다. 그 차율 IL은 자금중개자로서 은행이 얻게 되는 서비스요율(마진율)이다. 이러한 서비스요율은 외국은행의 진입을 통제하여 국내은행이 보호를 받고 있기 때문에 발생하는 독점적 요율(금융서비스의 가격)이며 이때 국내은행의 독점이윤은 사변형 $LIEH$의 면적으로 표시된다.

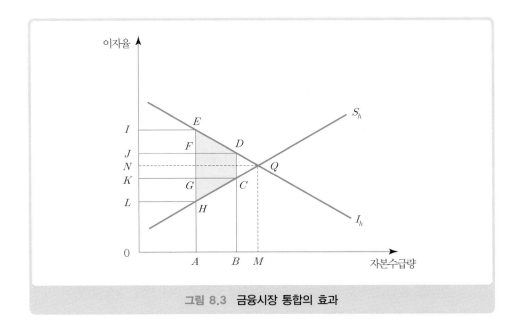

그림 8.3 금융시장 통합의 효과

여기서 이 나라가 주변 주요 금융국가들과 금융시장을 통합하여 금융서비스의 자유 이동을 보장한다고 하자. 그렇게 되면 외국은행이 진입하여 국내의 자금 매개기능이 늘어나고 서비스 경쟁이 일어나게 되며, 국내은행은 지금까지 누려왔던 독점적 이윤은 더 이상 누리기 어렵게 된다. 이에 따라 국내은행은 국내 저축자와 투자자가 원하는 새로운 금융상품을 개발하고자 할 것이다. 국내은행은 자신의 서비스요율을 축소하더라도 저축자에게는 종전보다 높은 이자를 지불하고 투자자에게는 종전보다 낮은 이자를 요구하는 형태의 금융상품을 개발하여 외국은행과 경쟁을 유지하고자 할 것이다. 그리하여 국내 금융시장에는 보호하의 비효율성이 제거되고 저축과 투자활동은 활성화되어 국내 생산활동은 촉진되게 될 것이다.

그림 8.3에서는 금융시장 통합으로 은행의 대출금리가 OJ로 인하되었고 예금이자율은 OK로 인상되었다. 은행의 서비스요율은 JK로 축소(서비스가격의 인하)되었다. 이러한 금융시장의 합리화로 H국에서는 자금량이 AB만큼 더 늘어났으며 그로 인해 저축자의 소득과 투자자의 투자이익도 추가적으로 더 늘어나게 되었다. 즉 H국 내에서는 △EFD만큼의 소비자잉여(자금수요자, 투자자의 잉여)와 △GHC만큼의 생산자잉여(자금공급자, 저축자의 잉여)가 추가적으로 증대되었으며 □$CDFG$만큼

의 은행수입이 생겨났다. 국가 전체로는 사변형 $CDEH$만큼의 순후생증대가 생겨났으며 이것이 금융시장 통합의 순후생증대효과이다. 다만 여기서 개별기업으로서의 은행은 경쟁에 의한 이윤폭감소(사변형 $IEFJ + KGHL$)와 자금공급확대로 인한 이윤증대(사변형 $CDFG$)가 교차됨으로써 순이익은 양자의 상대적 크기에 의해 결정될 것이다. 만약 국내은행의 서비스 합리화에 더하여 외국자본 유입이 계속된다면 국내시장에 대한 자본공급은 수요, 공급이 일치하는 Q점까지 늘어날 수 있다. 이렇게 되면 국내의 자금수요자(투자자)와 공급자(저축자)의 이익은 삼각형 EHQ로 극대화될 것이다. 반면은행의 수수료율은 제로가 될 것이므로 더 이상의 자본이나 은행유입은 일어나지 않게 된다.

그런데 여기서 유의할 사실은 서비스시장의 속성상 H국의 순후생증대가 반드시 동맹상대국의 서비스공급 감소라는 대가를 수반하는 것은 아니라는 점이다. 앞의 자본 및 노동시장의 통합에서는 통합 당사국의 요소부존량이 일정하므로 일국으로의 자본 및 노동유입은 그 만큼 상대국으로부터의 유출을 전제로 하고 있었다. 따라서 통합의 순효과는 일국의 후생증대분 가운데 상대국의 요소유출로 인한 후생감소분을 공제한 잔여분으로 평가되었다. 그러나 금융서비스의 경우 그 자체가 하나의 생산된 상품이므로 서비스의 양은 고정되어 있는 것이 아니라 시장 상황에 따라 가변적으로 조절될 수 있는 것이다. 따라서 H국의 순후생증대($CDEH$)가 반드시 상대국의 후생손실을 대가로 하는 것은 아니다. H국에 진출한 외국은행의 수만큼 외국에서의 은행수가 감소하는 것은 아니기 때문이다. 상대국 내에서 시장통합으로 인해 금융서비스의 공급이 줄어들지 않는 한(실제로는 금융시장 통합으로 상대국에서도 외국은행이 진출하므로 금융서비스는 더욱 늘어날 가능성이 있음) H국의 후생증대는 통합체 전체의 후생증대로 연결되는 것이다.

제4절 상품시장 통합과 요소시장 통합의 상호관계

이론적 측면에서 볼 때 상품시장의 통합으로 회원국간 자유무역이 이루어지면 궁극적으로는 관련 제국 간 요소가격의 균등화가 이루어지므로 요소 이동의 필요성이 없어지게 된다. 그러나 현실세계에서는 자유무역에 대한 여러 가지 제약요인으로 인해 무역을 통한 요소가격의 균등화는 기대하기 어려우며, 따라서 요소가격의 균등화를 꾀하기 위해서는 요소 이동의 자유화를 위한 별도의 조치가 요구된다. 요소 이동의 자유화를 추진할 경우 이는 당사국의 생산구조 및 생산량의 변화를 가져오며 그로 인해 상품무역 구조도 변화하게 되므로 양자간에는 다음과 같은 상호작용이 나타나게 된다.

1. 상품시장의 통합이 요소 이동을 대체하는 경우

우선 무역의 자유화가 요소 이동의 동기를 소멸시키는 경우를 상정해 볼 수 있다. 지금 H국은 노동이 상대적으로 풍부하고 임금이 낮으며, P국은 자본이 상대적으로 풍부하여 이자율이 낮다고 하자. 양국이 관세동맹이나 자유무역지역을 결성하여 무역을 자유화한다면 H국은 노동집약재, P국은 자본집약재에 각각 특화하고 이를 수출하게 될 것이다. 국제 간에는 요소 이동이 없는 대신 국내에서는 산업 간 요소 이동이 자유롭다고 할 때 이러한 무역의 자유화는 각국으로 하여금 비교우위산업으로 자국의 생산요소를 집중시키는 기능을 하게 된다. 즉, H국의 경우 자본집약재 생산을 줄이는 대신 거기에 투입되었던 요소를 노동집약재 생산으로 전환시키게 된다.

이러한 생산구조의 변화과정이 지속되면 H국 내에서는 노동에 대한 수요는 증대하는 반면, 자본에 대한 수요는 감소하게 되므로 임금은 상승하고 이자는 낮아지게 된다. P국에서는 그 반대의 과정이 일어날 것이다. 이로 인해, 양국 간에는 요소가격이 균등하게 될 것이므로 국제 간 요소 이동의 유인이 없어지게 된다. 이와 같이 무역의 자유화가 요소가격의 균등화를 가져온다면 자유무역협정이나 관세동맹의 결성만으로도 역내 제국 간 생산요소의 가격이 균등화될 것이다. 따라서 요소시장 통합을 전제로 하는 공동시장의 필요성은 생겨나지 않을 수 있다. 그러나 현실세계에는 국내산업 간일지라도 생산요소의 완전 대체는 기대하기 어려우므로 상품시장의 통합이 요소시장의 통합을 완전히 대체하기는 어려운 일이다.

2. 요소시장 통합이 상품무역을 대체하는 경우

다른 한편, 공동시장이 결성되어 H와 P 양국 간 요소 이동이 자유화되면 양국 내에서 요소의 상대적 희소성은 완화되고 요소가격의 차이도 없어지게 된다. 양국 간 요소 이동의 자유화로 인해 요소가격의 균등화가 일어나면 재화의 생산비 차이도 없어지게 되므로 결국은 양국 간 무역발생의 동기마저 사라지게 될 것이다. 이러한 과정이 진행되면 국제 간 요소 이동은 상품무역을 대체하는 효과를 가지게 된다. 이러한 논리는 국제 간 생산 요소의 이동이 완전히 자유로울 때 타당할 수 있다. 그러나 현실경제에서는 토지, 천연자원, 자연환경과 같이 국제적 이동이 불가능한 요소가 있을 수 있으며 이동이 가능하더라도 노동과 같이 임금요인 외에 다른 사회적 비용으로 이동이 제한되는 경우도 있다. 따라서 요소시장 통합의 무역대체 기능도 상대적 개념일 뿐 절대적 개념으로 받아들이기는 어렵다.

3. 요소 이동과 상품무역이 보완적인 경우

현실세계에서는 위 두 가지 경우가 부분적으로 동시에 작용하거나 아니면 상품의 자유무역과 요소의 자유 이동 간에 보완성이 작용하는 경우가 많이 있다. 자본 이동의 대표적인 형태인 국제 간 직접투자는 본국과 현지국 간에 자본재, 중간재 및 완제품의 무역을 유발하는 요인이 된다. 반대로 상품의 자유무역이 요소 이동을 유발할 수도 있다. 관세동맹이 결성되어 역내자유무역이 실현되면 일국은 비교우위에 있는 산업에서 규모의 경제를 실현할 수 있게 된다. 따라서 규모의 경제가 있는 산업의 생산은 증가할 것이며 이 산업에 필요한 특수적 요소의 고용은 늘어나게 되고 그 요소의 가격은 상승하게 된다. 그로 인해 초기 단계에서 요소가격이 유사한 수준에 있다 하더라도 무역이 자유화되면 특수적 요소가 요구되는 특정 산업의 생산증대로 인해 요소가격의 차이가 다시 생겨나게 되는 것이다. 따라서 무역의 자유화나 시장통합조치는 국제 간 요소가격을 균등화시키기보다 오히려 요소가격의 격차를 크게 하여 국제 간 요소 이동의 동기를 더 많이 유발할 수도 있는 것이다. 첨단기술산업이나 정보통신 및 이에 관련된 서비스산업의 경우 이들 산업의 무역자유화가 이루어지고 생산이 늘어나게 되면 여기에 필요한 노동력은 국내의 단순 노동력으로 대체될 수 없기 때문에 외국의 전문화된 이민노동력을 필요로 하게 된다. 더욱이 자유무역협정에 의해 상품과 서비스시장은 통합하더라도 자본에 체화된 서비스나 자본장비의 무역은 자본과 기술인력의 이동을 수반하지 않으면 일정 수준이상 확대되기 어렵다. 이러한 의미에서 요소 이동의 자유화는 무역자유화에 보완적 기능을 하는 것으로 볼 수 있다.

더욱이 오늘날 국제무역은 산업별 특수요소를 필요로 하는 첨단기술부문과 그에 관련된 서비스산업이 주도해가고 있다는 점에서 무역과 요소 이동 간의 보완성은 더욱 높아질 것으로 예상된다. 무역과 요소 이동 간의 보완성이 높아질수록 상품시장의 확대를 목표로 하는 시장통합은 그 통합의 성과를 높이기 위해 공동시장으로 접근해 가고자 하는 내적 동기도 그만큼 더 커지는 것이라 할 수 있다.

제5절 보호무역과 요소시장 통합

자유무역과 요소 이동 간에는 상호보완성과 대체성이 동시에 작용하고 있다. 따라서 상품시장의 통합과 요소시장의 통합 간에도 동일한 상호작용이 나타날 수 있다. 무역의 자유화와 요소 이동의 자유화 간에 상호 보완적 기능과 대체적 기능이 동시에 작용할 경우 통합 당사국의 입장에서는 어느 쪽을 우선시키는 것이 더 큰 정책효과를 가져올 수 있으며, 양자를 조합할 수 있는 정책수단은 무엇인가에 대한 관심이 높아지게 된다.

1. 상품시장통합이 자본시장통합보다 우선되어야 하는 이유

경제통합에 대한 역사적 경험을 통해서 볼 때 무역자유화를 위한 자유무역협정이나 관세동맹은 요소 이동의 자유화를 위한 공동시장보다 앞서 추진되어 왔음을 볼 수 있다. 그것은 다음과 같은 정책적 및 이론적 고려에 근거를 두고 있다.

일반적으로 국제 간 노동 이동은 경제적 요인 외에도 이민노동자에 수반되는 사회, 문화적 비용이 추가되기 때문에 각국은 노동 이동의 자유화보다는 상품무역과 자본 이동을 먼저 선호하게 된다. 그리고 자본 이동은 각국의 거시경제정책에 직접 영향을 미치므로 정책적 독립성 유지를 위해 자본 이동의 자유화보다는 상품무역의 자유화를 먼저 추진하고자 한다.

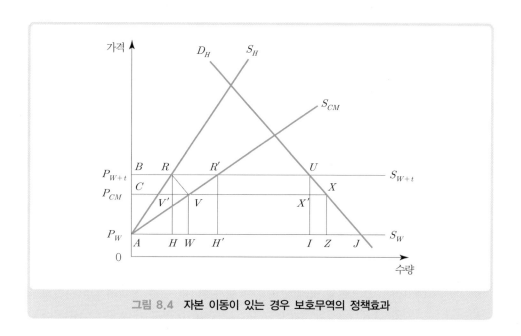

그림 8.4 자본 이동이 있는 경우 보호무역의 정책효과

2. 보호조치가 있는 경우의 자본시장 통합과 보호정책의 우선순위

이러한 정책적 고려 외에 이론적 측면에서도 무역의 자유화가 요소 이동의 자유화에 앞서 추진되어야 할 이유가 발견되고 있다.

그림 8.4에서 곡선 D_H는 H국의 수요곡선, S_H는 자본 이동이 없는 경우 H국의 공급곡선을 각각 나타내고 있다. S_W는 자유무역하의 세계 공급곡선, S_{W+t}는 관세부과 이후의 세계 공급곡선을 각각 나타내고 있다. S_{CM}은 공동시장이 형성되어 외국자본이 유입될 경우 H국의 공급곡선이다. 여기서는 자본자유화가 있는 경우의 자유무역 및 보호무역의 정책효과 비교를 통해 요소 이동과 무역 간의 관계를 살펴보기로 하자. 그리고 자본자유화가 이루어지고 있는 상태에서 보호무역이 필요할 경우 어떠한 정책수단이 바람직한가를 분석하기 위해 관세, 수량제한 및 수출자율규제의 정책효과를 살펴보기로 하자.

(1) 관세의 경우

먼저 H국이 상품수입에 대해 t만큼의 관세를 부과하는 경우를 보자. 관세가 부과되면 H국 내의 가격은 P_{W+t}가 되므로 국내 소비자후생은 삼각형 IUJ 만큼 감소하게 된다. 이러한 소비 측면에서의 후생손실은 외국자본의 유입(자본시장의 통합)이 있는 경우이든 없는 경우이든 동일하게 발생한다. 그러나 생산면에서 후생손실은 외국자본의 유입이 없는 경우에는 삼각형 ARH이나 외국자본의 유입이 있는 경우에는 $AR'H'$로 확대된다. 즉 자본유입이 없는 경우 관세부과로 인한 국내 소비자후생 손실은 사변형 $ABUJ$로 나타나지만 이 가운데 삼각형 ABR는 생산자 후생증가로, 사변형 $HRUI$는 정부 재정수입으로 각각 상쇄된다. 따라서 관세의 사중손실 가운데 삼각형 IUJ는 소비감소로 인한 후생손실이고 삼각형 ARH는 고비용의 국내생산으로 인한 후생손실(자유무역 대비)이다.

외국자본이 유입되어 국내생산이 확대될 경우 소비면에서의 사중손실은 변화가 없지만 생산 면에서의 정책비용은 더 늘어나게 된다. 국내 생산자잉여는 ABR'로 늘어나지만 자유무역에 비해 고비용의 생산증가로 인한 정책비용도 삼각형 $AR'H'$로 늘어나기 때문이다. 정부의 재정수입도 자본시장 통합 전에는 $HRUI$였으나 외국자본 유입이후에는 $H'R'UI$로 감소되었다. 재정수입감소의 일부는 생산자잉여의 증가로 전환되지만 다른 일부는 생산면의 사중손실로 남게 된다. 더우기 외국자본의 유입으로 인한 생산자잉여의 증가분 ARR'는 외국기업의 지대이윤으로 전환될 것이므로 정부는 자본 이동 자유화로 $HRR'H'$만큼의 재정수입만 상실하게 된다.

이와 같이 관세를 통해 보호무역을 하고 있는 상태에서 자본자유화(혹은 자본시장 통합)를 하게 되면 관세부과에 따른 정책비용은 자본 이동이 없는 경우보다 더 크게 되는 것이다. 따라서 수입국의 입장에서는 관세에 의한 보호조치가 불가피할 경우 자본시장통합 혹은 자본자유화를 하지 않거나, 자본자유화를 하고자 할 경우에는 관세를 철폐하여 상품무역을 먼저 자유화하는 것이 바람직하다. 이러한 논리에서 상품시장의 통합을 목적으로 하는 관세동맹은 요소시장 통합을 위한 공동시장보다 먼저 추진되어야 할 필요가 있는 것이다.

(2) 수량제한의 경우

다음은 H국이 관세 대신 HI(RU)만큼 수입수량을 제한하고 있는 경우를 살펴보자. 외국자본의 유입이 있기 전에는 수입수량제한으로 국내가격이 P_{W+t}까지 상승하게 된다. 만약 정부가 이러한 가격상승으로 독점이윤을 얻게 되는 수입업자에게 세금을 부과하여 재정수입을 확보한다면 수입쿼터의 효과는 관세와 동일하게 된다. 그러나 H국이 외국과 자본시장을 통합하여 외국자본의 유입이 이루어진다면 국내가격은 P_{CM} 까지만 상승하게 된다(그림에서는 RV와 UX가 평행하며 수입쿼터량 RU와 VX는 같게끔 작도되어 있다). 이때 정부가 수량할당권(quota rights)을 경매제도를 통해 외국생산자에게 판매한다면 재정수입은 $WVXZ$가 된다. 이 경우 수량제한의 정책비용은 삼각형 AVW와 ZXJ의 합으로 나타난다. 이 가운데 수량제한으로 인한 생산면의 정책비용 AVW와 관세의 정책비용 ARH 간에는 어느 쪽이 더 큰지 분명치 않다. 그러나 소비면의 정책비용은 수량제한의 ZXJ가 관세의 IUJ보다 분명히 작다. 따라서 생산면의 정책비용(사중손실)에는 차이가 없고 소비 면에서 수량제한(quota)의 정책비용이 작다면 요소 이동이 있는 경우의 보호무역 수단은 관세보다 수량제한이 더 유리하게 된다.

(3) 수출자율규제의 경우

마지막으로 H국이 무역 상대국에 대해 $HI(RU)$만큼의 수출자율규제(voluntary export restraint : VER)를 요구하는 경우를 보자. HI만큼 VER이 실시되면 국내에서는 가격이 P_{W+t}로 상승하게 된다. 정부가 국내 가격상승분을 조세로 회수한다면 그 정책효과는 관세와 같게 된다. 그러나 정부가 재정수입을 도모하지 않고 수출국으로 하여금 수출수량만 자발적으로 제한해 주기를 원한다면 $HRUI$만큼의 독점적 지대는 외국생산자에게 귀속된다. 여기서 H국이 외국자본의 유입을 자유화한다면 수출국으로 전환되는 H국의 후생손실은 $WVXZ$로 줄어들게 된다. 그림에서 $WVXZ$는 $HV'X'I$와 같으므로 자본 이동이 있는 경우에는 자본 이동이 없는 경우보다 $V'RUX'$만큼 수출자율규제의 정책효과가 더 큰 것이다. 따라서 국제 간 자본 이동이 있는 상태에서 일국이 자국시장의 보호조치를 취해야 할 경우에는 관세보다 수출자율규제가 더 효율적인 정책수단이 될 수 있다.

이상 세 가지 정책수단과 요소 이동 간의 관계를 통해 우리는 다음과 같은 정책적 시사점을 얻을 수 있다. 즉 관세를 철폐하지 않는 상태에서 자본 이동을 자유화하게 되면 당사국의 경제적 손실은 더 커질 수 있으므로 자본 자유화 이전에 무역을 자유화하는 것이 유리하다. 그리고 자본 이동이 없는 상태에서의 쿼터나 VER은 관세와 유사한 정책비용을 수반하지만 자본 이동이 이루어진다면 수입수량제한이나 수출자율규제의 정책비용은 크게 경감될 수 있다. 따라서 국제 간 자본 이동이 자유화되고 있는 상태에서 무역상의 보호조치가 필요하다면 그 보호의 수단은 관세보다 쿼터나 *VER*을 선택하는 것이 유리하다. 현실적으로 1980년대의 신보호주의하에서 선진국들이 일반 관세 철폐와 자본자유화를 추진하면서 다른 한편으로는 수출자율규제나 수입수량제한 정책을 유지해 왔던 것은 이러한 정책효과의 차이를 반영한 결과로 볼 수 있다.

제9장

경제동맹이론

경제동맹(economic union)은 가맹국 간 상품 및 생산요소의 자유 이동과 대외 공통관세의 설치에 더하여 가맹국 상호 간에 경제정책의 조정과 조화, 나아가서는 정책통합을 실현하는 형태의 경제통합을 의미한다. 현재 유럽연합(EU)이 이러한 경제동맹의 단계에 접근하고 있다. 공동체 내에서 회원국 간 경제정책의 통합이라 하더라도 그 대상 영역과 정도는 경우에 따라 다양하게 나타날 수 있으므로 그 효과를 정형화된 이론으로 분석하기는 어려운 일이다. 따라서 여기서는 경제동맹에서 다루어져야 할 공동정책의 대상 영역과 내용에 대해서만 개괄적으로 설명해 두고자 한다.

경제동맹에 필요한 정책통합의 대상 영역은 공동시장의 기능을 활성화하고 공동체 및 개별 회원국 간의 조화로운 발전을 꾀할 수 있는 분야로 제한될 수 있다. 왜냐하면 정치적 통합을 포함한 완전한 경제동맹이 이루어지지 않는 한, 각국은 경제적 주권영역을 최대한 유지하려고 할 것이며 공동의 이익이 보장되지 않는 정책 영역에서는 경제적 주권을 양도하는 정책통합에 찬성할 수가 없기 때문이다.

공동시장의 기능을 활성화하고 공동체의 균형발전에 필요한 공동정책의 영역으로서는 크게 ① 자원의 효율적 배분과 관련된 정책, ② 역내 경제의 안정과 관련된 정책, ③ 회원국 간 통합이익의 배분에 관련된 정책, ④ 공동체의 대외 관련 정책 등의 4개 부문으로 관찰될 수 있다. 이하에서는 이들 4개 분야에서 정책통합의 필요성과 의의를 살펴보기로 하자.

제1절 자원배분의 효율화를 위한 공동정책

자원배분의 효율성 제고란 측면에서 국제 간 공동정책 내지 정책의 조화가 필요한 분야는 경쟁정책, 가격 및 수량통제, 시장접근 규제 및 구조정책 분야가 될 수 있다.

1. 경쟁정책

공동시장 내에서 독점이 지배하여 실질 생산비 이상으로 시장가격이 책정되거나, 시장분할 및 담합 등에 의해 국별 시장이 현지기업에 의해서만 지배된다면 시장통합으로 인한 경쟁촉진 등의 이익은 기대될 수 없다. 따라서 상품시장 통합의 효율성을 극대화하기 위해서는 가맹국 상호 간 시장경쟁을 유지할 수 있는 공동의 정책조치가 필요하다. 여기에는 공동체 차원에서 실시하는 독점, 덤핑, 카르텔 금지법 등이 포함될 수 있다.

2. 가격 및 수량통제

경쟁의 촉진은 시장기구에 의해 이루어져야 한다. 그러나 공동체 전체의 사회적 후생 증대에 도움이 될 경우에는 직접적인 가격 및 수량통제가 이루어질 수 있을 것이다. 즉 자연적 독점에 의해 소비자들의 가격부담이 과중하거나, 불완전한 시장기능(농산물 시장)으로 인해 생산자의 시장참여 이익이 보장되지 못할 경우 공동체에서는 선도가격 혹은 보증가격을 설정하는 것이 바람직할 것이다. 그 외에도 사회적 고려에서는 최저임금 수준을 설정하거나 소비관련 외부효과(건강, 환경요인에서)가 작용하는 경우에는 장기적 후생 증진을 위해 공동체 차원에서 가격규제 혹은 수량규제를 실시하는 것이 바람직하다.

3. 시장접근 규제

공동시장 내에서 국별 제품의 규격이 상이하고 서비스의 질이 다를 경우 역내시장은 하나로 통합되기 어렵기 때문에 공동시장 형성의 이점을 살릴 수 없게 된다. 이 경우 공동체 전체의 차원에서 기술적 표준규격을 설정하는 것이 역내시장을 실질적으로 통합하는 방법이 될 것이다.

특히 불완전한 정보로 인해 공동체 내의 소비자가 재화나 서비스의 질과 사용방법을 판단하기 어려운 경우 혹은 재화의 생산과 소비가 각국의 보건, 위생, 환경상의 폐해를 유발하여 장기적으로 후생감소를 가져오는 경우 이러한 제품에 대해서는 보건, 환경, 기술규격 측면에서 시장접근을 통제하는 것이 공동체 전체의 이익에 도움이 될 것이다.

4. 구조정책

경제통합으로 인한 시장의 확대와 그로 인한 경쟁의 촉진은 공동체 내에서 국제 간 산업구조를 동태적으로 재편성시킨다는 점에서 경제통합은 산업 구조정책과도 밀접한 관련을 가지고 있다. 통합체 내에서의 산업구조 재편성 문제는 시장실패이론과 제품주기이론에 입각해서 고려해 볼 필요가 있다.

시장실패론에서 본 견해

시장실패이론에서는 시장통합으로 인한 경쟁격화와 그로 인한 역내 제국 간 산업구조의 재편성(사양산업의 정리와 신규 경쟁산업의 창출지원) 과정은 완전경쟁 이론만으로 최적화될 수 없다. 즉 역내시장에서 독점, 공공재, 외부효과, 시장정보의 불충분 등이 작용할 경우 경쟁조건은 왜곡되며, 그로 인한 국제 간 산업구조의 재편성은 오히려 비효율적인 구조조정으로 귀착될 수 있기 때문이다. 따라서 공동시장 내에 이러한 시장실패 요인이 작용할 경우에는 공동체 단위의 개입정책이 필요하게 된다.

여기서는 공동시장에서 나타날 수 있는 외부경제와 관련하여 공동정책이 필요한 경우를 좀 더 살펴보자. 오늘날과 같이 기술진보가 급속하게 이루어지고 정보, 통신의 발달이 이루어지는 사회에서는 기술적 외부경제(technological externalities) 효과가 경쟁조건의 중요한 변수로 작용하고 있다. 더욱이 기술적 외부경제 효과는 기술의 국제적 파급경로가 다양화되고 은닉화 됨에 따라 국제적 외부효과의 형태로 발전해 가고 있어 이와 관련된 정책적 대응이 새로운 과제로 제기되고 있다. 국제 간 기술적 외부경제의 작용은 국제시장에서의 왜곡을 유발하게 되어 자유무역의 기능을 왜곡시키게 된다. 즉 외부경제를 발생시키는 국가와 외부경제의 수혜국 간에는 국제 시장가격과 사적 공급비용이 일치하지 않게 되고 그로 인해 국제 간 특화의 방향이 왜곡되는 현상이 일어나게 된다. 이는 비효율적인 생산조건을 가진 국가가 외부경제의 수혜국이 되는 경우 수출 특화국으로 나타날 수 있으며 그러한 특화의 방향은 세계 전체의 입장에서 자원배분의 효율성을 저해하는 것이 된다.

이러한 국제적 외부효과의 시장왜곡은 개별국의 정책수단으로는 조정될 수 없으며 관련 제국이 시장통합과 정책조정을 꾀할 수 있는 경제통합을 통해 그에 대한 대응정책의 채택이 가능할 것이다.

시장왜곡에 대응한 국제 간 정책조정 및 정책통합의 필요성은 국제 간 외부불경제가 작용하는 경우에도 동일하게 적용된다. 국경에 인접한 공업지대, 국제하천 및 국제적으로 인접한 연안지역은 대기오염, 수질오염과 같은 국제적 외부불경제에 노출되어 있다. 이러한 외부불경제는 앞의 외부경제와는 반대방향으로 사적비용과 사회적 비용간의 격차를 유발하여 시장을 왜곡시킬 뿐만 아니라 국제 간에도 공해 발생국과 공해 피해국 간의 비용왜곡을 가져옴으로써 특화의 방향을 왜곡시키게 된다. 따라서 이러한 외부불경제의 직접적인 손실과 그로 인한 국제 간 특화방향의 왜곡을 시정하기 위해서는 관련 제국 간의 정책조정 내지 정책통합이 필요하다.

제품수명주기론에서 본 견해

제품수명주기이론에 입각해 보면 통합된 새로운 시장여건하에서는 국제 간 제품순환 사이클이 더욱 단축되고 동태적으로 전개된다. 그런데 신제품의 도입단계에서 시장의 정보가 불완전하거나 잘 보급되어 있지 못하여 민간의 의사결정에 대한 교란요인이 작용할 경우에는 국제 간 산업 재편성의 방향이 잘못될 수 있는 것이다. 따라서 이러한 경우 공동체 차원의 정책적 개입은 정보의 완전화와 민간에 의한 생산능력의 조정비용의 최소화를 가져올 수 있는 것이다. 특히 시장정보가 불충분한 농업과 서비스 부문의 구조조정에서는 공동체 차원의 합리적 선도정책이 조정과정의 마찰과 비용을 최소화하는 데 기여할 것이다.

제2절 안정화정책

경제통합의 결성은 가맹국 간 특화기회를 확대시키고 재화, 서비스 및 생산요소의 이동을 촉진시킨다. 그 결과 가맹국 간에는 경제적 상호의존성이 높아지고 경제일반에 대한 국제화가 촉진되게 된다. 따라서 통합체 내에서는 한 가맹국에서의 발전이 다른 가맹국으로 파급되는 파급효과(spill-over effect)가 발생하며, 일국의 경제정책은 다른 가맹국에 영향을 주고 다른 가맹국의 정책으로부터도 영향을 받게 됨으로써 국별 경제정책이 제한을 받게 된다.

예를 들면, 어느 한 나라가 정부지출의 확대를 통해 산출고를 증대시키고자 팽창예산정책을 실시하였지만, 국내에서 추가적으로 창출된 구매력이 동맹국으로부터 수입재에 주로 지출되어 버린다면 그 나라의 예산정책은 실효를 거둘 수 없는 것이다. 또한 인플레이션을 억제하기 위해 일국이 통화긴축정책을 실시하였으나 역내 가맹국의 임금상승으로 수입재의 가격이 상승한다면 그 나라의 통화정책은 성과를 거둘 수 없을 것이다.

이렇듯 관세동맹이나 공동시장과 같은 경제통합이 결성되면 역내 제국 간 경제적 상호의존성이 강화됨으로써 국별 거시경제정책 및 통화정책은 크게 제약을 받게 되며 그러한 제약을 회피하기 위해 국경장벽을 강화한다면 공동시장의 기능이 다시 위축될 수밖에 없는 모순이 야기된다. 따라서 경제적 상호의존성이 높은 고도의 경제통합체에서는 각 회원국의 경제안정과 공동체의 조화있는 발전을 위해 주요 거시경제정책 및 통화정책분야에서의 정책적 조화 내지 정책의 공동화가 필요시된다.

현실적으로 이러한 정책조정의 필요성은 각 회원국 간 환율의 안정과 인플레이션율의 일치 등에서 나타나고 있으나 이에 관한 이론적 설명은 다음의 통화동맹이론에서 상술하기로 한다.

제3절 재분배정책

관세동맹이나 공동시장의 결성으로 역내 자유무역이 이루어지고 회원국 간 생산요소의 이동이 자유롭게 되면 공동체 전체로서는 그만큼 경제적 효율성이 증대될 수 있는 반면, 역내 제국 간에는 요소의 집중, 비대칭적 경쟁력구조의 형성 등으로 발전격차가 확대될 위험성이 있다.

역내 회원국들 간의 발전격차는 공동체 전체의 후생증대 요인과는 관계없이 역내 후진국 혹은 통합체 결성이익의 배분혜택을 받지 못하는 국가들로부터 불만을 유발하게 되어 공동체의 유지를 위태롭게 할 수 있다. 따라서 경제통합에서는 가맹국 간 발전적 격차를 축소하고 통합이익의 국제 간 배분을 실현할 수 있는 공동의 배분정책이 주요한 공동정책의 분야로 제기되고 있다.

뿐만 아니라 경제통합이 이루어지면, 경제주체 간의 분배와 협력의 범위가 국가구조가 아닌 공동체 전체의 모든 국가 모든 국민들에게까지 확대되므로 공동체 차원의 국제 간·지역 간 분배정책은 국가 및 공동체 전체의 필수적인 정책영역으로 간주되지 않을 수 없는 것이다.

공동체 차원의 분배정책은 회원국 간의 통합에 따른 비용과 편익 및 미래지향적 경제활동의 기반조성에 목표를 두고 수립되어야 할 것이다. 경제통합에 참여하는 국가는 통합으로부터 후생이익이 기대될 수 있기 때문에 통합 결성에 참가하게 된다. 그러나 국가에 따라서는 통합결성 이후 편익을 구체화시키는 데에는 많은 시간이 소요되는 반면 조정비용은 즉시 나타날 수 있으며, 어떤 국가에서는 그 반대의 현상이 나타날 수도 있다. 따라서 공동체의 배분정책은 이러한 국가 간 편익과 비용의 불균등성을 조정할 수 있는 시각에서 수립되어야 할 것이다.

공동체의 배분정책은 역내 경제의 안정화 목표와 함께 공동체 형성으로 기대할 수 있는 장기적인 후생증진 목표에 접근할 수 있도록 계획되어야 할 것이다. 이를 위해서는 사양산업이나 침체지역에 대한 지원조치뿐만 아니라 통합 결성의 동태적 효과를 극대화시킬 수 있게끔 미래지향적 산업의 창출이 필요하며, 그에 따른 자원의 지역 간, 국가 간 재분배조치가 수반되어야 한다.

제4절 대외정책

한편 경제통합이 결성되면 그 통합의 정도와 형태에 따라 차이가 있으나 우선적으로는 역내 제국 간 시장통합에 관련된 정책조정이 일어나고 다음 단계에서는 대 역외관계에서 공동의 규칙 내지 공동정책이 수립되게 된다.

공동체 형성의 근본 취지는 가맹국의 경제적 후생증진에 있으므로 역내국과 역외국간에는 관세를 포함한 재화와 요소 이동상의 차별조치가 존재하게 된다. 이때 가맹국간의 정책조정에 의한 공동시장화 조치는 그 자체가 대외정책의 목적이 될 수 있다.

1. 기본 정책

통합체가 실시하고자 하는 대외정책은 크게 두 종류로 분류될 수 있다. 하나는 역내시장(상품 및 생산요소) 통합을 실현하고 그 효율성을 높이기 위해 수행되는 기본적인 대외정책의 통합이고, 다른 하나는 가맹국별 대외정책 자체의 효율성을 극대화하기 위해 적극적으로 취해지는 대외정책의 통합이다.

자유무역지역에 있어서 공동원산지 규정이나 관세동맹에 있어서 공동역외관세 등은 역내시장통합을 달성하기 위해 기본적으로 수반되어야 하는 공동정책이다. 이러한 기본적 공동정책은 공동시장의 경우 노동 및 자본 이동에 대한 공동역외정책의 형태로 전개될 수 있다. 예를 들면 자본시장통합은 역내자본의 자유 이동을 전제로 한 요소시장의 통합이므로 제3국 자본이 개방도가 높은 역내 회원국을 통하여 다른 회원국시장으로 자유진입하는 것은 억제되어야 한다. 따라서 공동시장에서는 통합된 역내 자본시장과 국제자본시장을 구분하기 위한 자본자유화정책이 필요한 것이다.

2. 적극적 대외정책

이러한 공동시장의 기능수행을 위한 공동 대외정책 외에도 경제통합이 결성되면 여러 가지 형태의 대 역외 정책통합이 요구될 수 있다. 기존 공동시장의 기능을 확대하고 통합체의 기능을 고도화하기 위한 조치로서 공동의 환율정책, 공동 무역협상정책 등이 있을 수 있으며, 제3국에 대한 국별 경제협력 정책을 공동체 단위로 통합함으로써 대외협력의 효율성을 높이고 대외협력 기능을 강화하기 위한 공동대외정책이 있을 수 있다.

공동체의 적극적 대외정책은 지구환경문제와 지구의 고갈성 자원에 대한 국제협력 분야에서 더욱 그 필요성이 강조되고 있다. 지구환경이나 지구 공유자원의 경우에는 국제공공재의 특성으로 인해 GATT/WTO 차원의 다자간협상을 통해서는 그에 대한 대책수립에 한계가 있다. 국제공통의 기준이나 규제규범의 설정이 어려울 뿐만 아니라 무임승차자의 존재로 인해 실행성과에도 한계가 있다. 따라서 지구적 차원에서 불가피한 국제협력분야에서 국제협상을 유도하고 협상타결을 가능하게 하기 위해서는 공동체 차원의 공동대응이 필요하다. 이러한 점에서 지역통합에서는 범세계적 국제협력을 용이하게 하기 위한 지역공동의 대외협력정책이 요구된다.

제10장

통화동맹이론

경제통합의 일반적인 목표는 가맹국 상호 간에 무역장벽을 제거하여 역내무역을 자유화하고 역내시장을 하나로 통합하는 데 있다. 그러나 지역 협정에 의해 관세와 같은 인위적인 무역장벽이 제거되더라도 역내통화 간의 환율 변동폭이 크고 환율이 불안하다면 역내의 무역 및 자본거래는 다시 제한되지 않을 수 없다. 환율 불안에 따르는 이러한 시장통합 문제점을 제거하기 위해 고도의 통합단계에서는 역내 제국 간 환율을 고정시키거나 단일통화를 도입하게 된다. 이 장에서는 이러한 통화부문에서의 협력 및 통화통합의 문제를 검토해 보기로 하자.

제1절 통화동맹의 이론

1. 통화동맹의 개념 및 형태

통화동맹(monetary union)이란 가맹국 통화 간에는 환율 변동폭을 철폐하여 역내통화간의 평가를 절대적으로 고정시키고 역내통화 사이에는 완전한 교환성을 확보하기 위한 통화협력 조직이라 할 수 있다. 이러한 통화동맹에는 단순히 회원국 간 환율의 안정만을 추구하는 환율동맹에서 궁극적으로 모든 회원국이 하나의 단일 통화권으로 통합되는 통화통합에 이르기까지 다양한 형태가 있을 수 있다.

W. M. Corden에 의하면 통화동맹이라 하더라도 환율은 절대적으로 고정되어 있지만 경제정책의 통합, 외환준비의 풀(pool)제 운영 및 일원적 중앙은행제도가 존재하지 않는 단계와 이들 조건이 충족될 뿐만 아니라 공동통화까지 존재하는 단계에는 중요한 차이가 있으며, 전자를 '유사환율동맹(pseudo-exchange rate union)', 후자를 '완전한 환율동맹(complete exchange rate union)'이라 하고 있다. 또한 통화동맹은 일반적인 통화 및 외환협력을 목적으로 하는가, 교환성 유지를 목적으로 하는가, 아니면 평가의 안정을 목적으로 하는가에 따라 지역통화권(regional monetary zone), 공동외환권(common exchange zone) 및 공동환율권(common exchange rate zone) 혹은 환율동맹(exchange rate union) 등으로 분류되기도 한다.

일반적으로 통화동맹이 체결되면 여기에는 환안정과 교환성 유지 외에도 그에 관련된 자본시장 통합(capital market integration)이 요구되고 있으며 더 나아가서는 통일된 통화정책, 외환보유의 풀제 운영 및 대 역외 공동환율제도 등이 아울러 요구되고 있다.

2. 통화동맹의 의의 및 효과

통화동맹이 결성되면 역내 환율이 안정되므로 교역이 촉진되고 자본거래의 불확실성이 제거될 수 있다. 뿐만 아니라 통화동맹은 경제통합의 화폐적 측면을 나타내므로 역내시장통합에 더하여 통화통합이 이루어지면 자본 및 금융시장의 통합도 동시에 일어나게 되어 완전한 경제통합을 실현할 수 있게 된다. 그리하여 상품 및 자본의 자유 이동 폭이 확대되며 지역 전체로 볼 때 자원배분의 효율성은 한층 증대될 수 있다. 통화동맹은 완전한 경제통합의 촉진과 역내 자원배분의 효율화란 측면에서 그 의의가 크다고 볼 수 있다. 이러한 통화동맹의 경제적 이익을 요약하면 다음과 같이 정리될 수 있다.

① 환율변동으로 인한 불확실성이 제거되므로 역내무역 및 자본거래가 안정적으로 확대될 수 있다.

② 환율변동에 따르는 환투기 등 투기적 요소가 사라지므로 자본 이동은 이윤율과

이자율의 차이에 의해 일어나게 된다. 그리하여 자원배분구조가 개선되고 역내 자원배분의 효율성이 높아진다.

③ 공동통화가 설정될 경우 이종통화 간의 교환에 따르는 금전적, 비금전적 비용이 제거되고 환율변동에 대비하기 위한 선물시장이 필요 없게 된다.

④ 외환준비의 풀제가 실시될 경우 각국의 외환보유부담은 경감되고 외환의 절약을 가져올 수 있게 된다. 역내 적자국의 외환준비 부족분은 역내 흑자국의 보유외환으로 충당될 수 있으므로 동맹 전체의 외환준비규모는 축소될 수 있다. 그리고 역내무역금융에서는 외환이 필요하지 않게 되므로 외환의 절약과 외환보유규모의 감소를 꾀할 수 있는 것이다.

⑤ 자본시장이 통합될 경우 자본조달에 있어서 규모의 경제효과를 누릴 수 있게 되며 기타 금융비용(financial management cost)을 절감할 수 있게 된다.

3. 통화동맹에 대한 현실적 유인

국제 간 통화동맹이 추진되고 있는 것은 기존의 경제통합체 기능을 강화하거나 잇따른 국제통화 불안으로부터 탈피하고자 하는 현실적인 필요성이 있기 때문이다. 여기서는 EU의 경험을 중심으로 하여 통화동맹의 현실적 유인이 무엇인가를 살펴보기로 하자. EU의 경우 통화동맹에 대한 욕구가 강하게 작용해온 배경에는 크게 다음 세 가지의 현실적인 유인이 있었기 때문이다.

첫째, 관세동맹이 완성되고 공동시장으로 발전하는 과정에서 역내 경제의 내부결속도가 높아져온 점을 들 수 있다. 그 결과 EU 역내 제국 간에는 환율 변동을 가능한 회피하여 시장통합의 장점을 최대한 활용하고자 하였다.

둘째, EU의 공동농업정책의 유지를 위해 통화동맹이 필요시되고 있다. EU는 1968년 이후 공동농업정책에 의해 농산물에 대해서는 역내에서 통일된 가격을 설정하고 있으며, 그 가격은 1978년 이전까지 공통 계산단위인 UC(Unité de Compte, 1UC=순금 0.888671g)로 그리고 1979년 EMS 출범 이후에는 ECU(European Currency Unit)로 표시되고 있었다. 따라서 어느 한 가맹국 통화의 평가절하는 그 통화로 표시된 농산물가격을 상승시키고 농산물생산을 과잉시키는 원인이 되었다. EC는 이러한 평가변경이 있을 때마다 그 영향을 줄이기 위해 역내 농산물무역에 대한 통화 보정금

(Monetary Compensation Fund) 등의 추가비용을 부담해야 했다. 이러한 비용부담을 제거하고 농산물의 단일시장을 유지하기 위해 역내통화 간의 변동폭을 제거하고 평가를 고정시킬 필요가 있었던 것이다.

셋째, 1970년대 초반 이후 잇따른 달러위기가 EU의 통화동맹을 촉구하는 요인이 되어 왔다. 1968년 3월 달러의 금 교환성이 사실상 상실되고 1971년 닉슨조치로 달러의 금 태환이 공식적으로 정지되면서 IMF 제도는 붕괴되기 시작했고 그로 인해 국제통화위기는 빈발하게 되었다. 환율의 급변으로 EU 제국은 역내무역 및 농산물 단일시장의 유지에 많은 곤란을 겪게 되었으며, 통화위기에 대처하기 위하여 터널 속의 뱀(snake system)이라든가 공동플로트제도 등의 조치를 강구하기도 했다. 그러나 이러한 공동의 통화협력 노력에도 불구하고 EU는 달러권에서 완전히 탈피하여 독립적인 통화동맹의 단계로 발전하지는 못했다. 더욱이 서로 다른 국별 사정에 의해 일부 회원국은 공동플로트제도에 참여하지 못함으로써 역내의 환율안정과 대 달러 공동플로트의 성과는 제한되고 있었던 것이다.

이러한 요인들로 인해 EU는 역내 환율안정과 달러 영향권으로부터 독립성을 유지할 수 있는 독자적 통화동맹에의 필요성을 느껴온 것이다. 그리하여 1979년부터는 유럽통화통합의 기반으로서 EMS를 발족시켰고, 1999년부터는 역시 단일통화로써 EURO를 도입하게 된 것이다.

4. 통화동맹에 수반되는 국별 정책의 제한요인

통화동맹의 결성에는 가맹국에 대해 환율안정과 교환성 유지에 따르는 이점이 있는 반면, 일국의 재정정책, 통화정책 및 기타의 경제정책을 제한하고 국내균형을 희생시키는 등의 제약요인이 수반된다. 통화동맹 결성에 따르는 정책적 제약요인(통화동맹의 코스트)으로는 다음과 같은 내용들을 들 수 있다.

첫째, 국내균형과 국제균형의 조정이 곤란하다. 경제정책의 최적성(optimality)은 국내균형(완전고용, 물가안정)과 국제균형(국제수지균형)을 동시에 달성하는 데서 보장될 수 있다. 이러한 대내외균형을 동시에 달성하기 위해서는 환율변경수단이 동원되어야 할 경우가 많다. 그러나 통화동맹의 경우 고정환율의 유지로 인해 이러한 환율변경수단의 이용이 불가능하므로 국내균형과 국제균형 중 어느 한 쪽이 희생될 가능성이 크다.

둘째, 동맹 내 선·후진국 간의 격차가 더욱 확대될 위험이 있다. 통화동맹의 결과 역내 자본 이동이 촉진되면 자본은 이윤율이 높은 지역으로 이동되지만 노동력의 이동은 자본 이동만큼 자유롭지 못하므로 임금과 생활수준 면에서 볼 때 지역 간 격차는 더욱 심화될 가능성이 높다. 자본시장의 통합이 꾀해지는 경우 이러한 격차는 더욱 확대될 것이므로 이러한 위험이 큰 지역에서는 공동체단위의 지역개발정책이 수반되어야 할 것이다.

셋째, 각국 경제정책의 독립성이 희생되고 있는 점을 들 수 있다. 통화동맹에서는 단일의 중앙은행이 설립되어 주조주권(seigniorage)이 공동체기구로 완전 이양되며, 그 이전 단계의 통화통합에서도 동맹국 간에는 성장률, 물가, 실업률, 국제수지 등의 기본지표의 조정과 조화가 필요하다. 그 결과 각국은 국민경제적 목표 이상의 실업률과 물가상승률을 감수해야 할 경우가 있을 수 있다. 따라서 자국의 이익과 동맹 전체의 이익을 동시에 조화시켜야 하는 과제가 제기되며 양자가 상충될 경우 동맹의 유지를 위해서는 자국이익을 희생시킬 수밖에 없다.

이러한 장애요인을 경감하기 위해서는 각 가맹국 상호 간의 협력 및 정책적 조정이 필요하다.

첫째, 역내 각국 간 경제정책의 조정과 조화가 필요하다. 특정국이 성장률, 물가상승률, 국제수지 등에서 타국과 현저히 다른 방향으로 정책목표를 설정하여 실시한다면 동맹 내 각국의 대내외균형 달성은 어렵게 되고 빈번한 환율조정 등의 정책 코스트가 따르게 된다. 따라서 각국은 주요한 거시적 정책변수에 대해 서로 조정하고 협력해야 할 필요가 있다.

둘째, 통화동맹에서는 환율정책에 의한 국제수지조정이 불가능하므로 각국의 국제수지적자를 일시적으로 지원해 주기 위한 공동기금 내지 신용공여기관이 필요하다. 이러한 기관이 설치되면 각국으로 하여금 국제수지조정을 위한 환율조정의 필요성을 제거하고 역내 환율안정 기금으로서의 기능을 할 수 있는 것이다.

셋째, 역내자본 이동이 자유화됨에 따라 특정 지역으로 자금이 집중되어 지역 간 발전격차 및 생활수준의 격차가 야기될 수 있다. 따라서 이러한 지역격차의 해소를 담당할 전문기구가 필요하다. 이 기구는 후진지역의 지역개발사업, 지역 간 산업구조

조정뿐만 아니라 지역 간 자금배분, 수요의 양적 통제 등을 통해 역내 제국 간 혹은 역내 선·후진지역 간 경제활동수준의 격차를 해소하는 기능을 하게 된다.

제2절 최적통화권이론

1. 최적통화권의 개념

최적통화권(optimum currency areas)이란 단일통화가 통용되는데 이상적인 크기의 지역범위를 의미한다. 현실적으로 단일통화가 통용되는 지리적 영역은 국가의 경제적 국경영역으로 한정되고 있다. 미국이나 소련과 같은 연방국가는 여러 개의 연방이 하나의 단일통화권으로 통합된 영역이므로 연방국은 그 자체가 하나의 최적통화권을 형성하고 있는 것으로 볼 수 있다. 그리고 국제 간에도 환율을 고정시키게 되면 결국 단일화폐를 사용하는 것과 같은 효과를 가지게 되므로 국제 간의 최적통화권이란 고정환율제도를 영속적으로 유지하기에 가장 적합한 규모의 통화권을 의미한다.

앞에서 살펴본 통화동맹은 그 일차적 목표가 가맹국 통화 간의 환율변동을 제거하여 지역 전체를 하나의 고정 환율권으로 통합하고자 하는데 있다. 따라서 통화동맹은 가맹국 전체를 하나의 최적통화권으로 발전시키기 위한 조치로 볼 수 있으며, 역으로 최적통화권의 성립요건을 갖춘 지역은 통화동맹의 필요조건을 구비한 지역으로 볼 수 있다.

최적통화권이론은 모든 국가가 변동환율제도를 채택하는 것이 최선은 아니며 일정의 기준을 충족한 지역에서는 오히려 고정환율제도 내지 공동통화권으로 결합되는 것이 바람직하다는 것을 논증하고 또한 거기에 필요한 요건이 무엇인가를 설명하는 이론이다. 최적통화권이론은 1961년 R. A. Mundell의 연구를 시발점으로 Mckinnon, Kennen, Ingram, Ishiyama 등에 의해 보완·발전되어 왔다. 이들의 이론은 최적통화권의 경계영역이 종래의 국경과는 반드시 일치할 필요가 없다는 등의 비현실적인 측면이 있기는 하나 통화권형성의 조건을 규명함으로써 EU 통화통합의 현실적인 문제에 많은 교훈을 가져다주었다. 이하에서는 최적통화권의 성립요건을 중심으로 지금까지 개진되어 온 최적통화권이론의 주요내용을 간략히 살펴보기로 하자.

2. 최적통화권의 성립요건

지금까지의 최적통화권이론에서는 최적통화권의 성립요건으로 다음과 같은 몇 가지 사항들을 지적하고 있다.

① 생산요소의 이동성이 클 것(high degree of factor mobility)
② 생산에 있어서 교역재의 비중 및 개방도가 클 것(high degree of openness and share of tradables in production)
③ 생산물의 다양성이 작을 것(low degree of product diversification)
④ 금융시장 통합의 정도가 클 것(high degree of international financial integration)
⑤ 인플레이션율의 유사성이 클 것(similarity in rates of inflation)
⑥ 정책적 통합의 폭이 클 것(high degree of policy integration)

이하에서는 이들의 기준을 좀 더 자세히 검토해 보도록 하자.

첫째, 생산요소의 이동성은 R. A. Mundell이 제창한 단일통화권(unified currency area)의 기준이다. 관련지역 내에서 각국 간 생산요소의 국제 간 이동성이 높은 경우, 즉 B국의 생산물에서 A국의 생산물로 수요가 전환됨에 다라 B국의 자본과 노동력이 A국으로 용이하게 이동될 수 있다면 임금율이나 이윤율에서 지역격차는 해소될 수 있게 된다. 다라서 양국은 공동통화 내지는 고정환율제로 용이하게 결합될 수 있는 상태에 있다고 볼 수 있다.

그러나 이러한 Mundell의 주장은 Fleming, Corden 등에 의해 다시 비판을 받고 있다. J. M. Fleming에 의하면 자본의 이동성은 역내불균형을 더욱 악화시킬 가능성이 있다는 것이다. 즉 위와 같은 생산물의 수요가 B국에서 A국으로 전환될 경우, 양자간 환율이 고정되어 있다고 할 때, 양국의 국제수지균형은 B국에서의 부분적인 디플레이션과 실업 및 A국에서의 부분적인 인플레이션에 의해 다시 회복된다고 하자. 이 경우 B국에 대한 투자유인은 디플레이션영향으로 감소하는 반면 A국으로의 투자유인은 증대한다. 만약 B국의 투자유인감소가 저축감소보다 더 크게 나타나고 A국의 투자증대요인이 저축증대보다 더 크게 나타난다면 B국에서는 실업이 증가하고 A국에서는 인플레이션이 확대될 것이다. 이러한 경우 자본 이동성은 비록 자본순환상의 균형을 가져온다고 하더라도 각국의 국내불균형을 더욱 악화시킬 위험이 있는 것이다.

그리고 노동력의 이동에 있어서도 T. Scitovsky 및 W. M. Corden 등은 비록 노동 이동에 관한 비용을 무시한다 하더라도 지역 간의 충분한 노동 이동을 국제수지조정 메커니즘으로 간주할 수 없다고 주장하고 있다. 왜냐하면 일국 내에서도 원격지 간의 주거이전이 용이하지 않음을 가정할 때 국제 간 대량의 노동력 이동을 통한 수지조정 효과는 기대하기 어렵기 때문이다. 그리고 노동력 이동이 수지조정기능을 담당하려 면, 수요가 감소된 지역(혹은 국가)의 노동자들이 그들의 고장을 떠나 가치관, 관습, 기후 등이 전혀 다른 원격지의 수요증대 지역으로 이동할 수 있어야 하지만 사실상 이러한 이동, 특히 국제 간의 이동은 이민의 실질적 비용이 너무 크기 때문에 기대하 기 어려운 것이다.

둘째, 생산에 있어서의 교역재(tradables in production)의 비중은 R. I. Mckinnon이 최적통화권의 한 조건으로 제시한 기준이다. 생산에 있어서 교역재 수출 및 수입의 비중이 크다는 것은 경제의 개방성이 크다는 의미로 해석되기도 한다. 지금 앞의 경 우와 같이 수요의 전환이 발생하여 A지역과 B지역 간에 수지불균형이 발생할 경우 양 지역에서 교역재의 비중이 크다면 적자지역에서는 약간의 디플레이션 정책, 흑자 지역에서는 약간의 인플레이션 정책을 취함으로써 용이하게 수지불균형을 시정할 수 있게 된다. 따라서 양 지역에서는 고정환율제 내지 공동통화로 결합될 수 있는 통화 권형성의 가능성이 큰 것이다.

그러나 이러한 Mckinnon의 기준은 Corden이 지적한 바와 같이 통화권의 일반적 기준은 되지 못하고 있다. 왜냐하면 Mckinnon의 주장은 국내의 수요관리와 관련하여 수지균형의 회복문제를 다루고 있으며 국내에 있어서도 미시경제적 수요 변화만을 조정의 대상으로 삼고 있다. 따라서 이 기준은 해외로부터의 거시경제적 교란이 있을 경우 그 적용이 곤란하다. 만약 수지불균형이 해외의 거시적 요인에 의해 발생된다면 그 경제는 변동환율제로부터 단절된 상태 혹은 폐쇄경제로 전환하지 않으면 안 될 것이다.

셋째, 생산물의 다양성이 적어야 한다는 기준은 P. B. Kennen이 독립적인 통화권 형성의 한 조건으로 제시한 것이다. 외적 요인에 의해 특정 상품에 대한 외국의 수요 가 감소했다고 하자. 생산물의 다양화가 진전되어 있는 국가에서는 그 타격이 작을 것이다. 왜냐하면 다른 생산물의 수출증대로 그 충격을 보완할 수 있을 것이기 때문이다. 그러나 생산물의 다양성이 적을 경우 그 충격은 크게 되며 충격흡수의 방안이 여의치 못하게 된다. 따라서 생산물의 다양성이 적은 국가들은 독립된 통화권을 형성하여 역내에서는 환율의 안정을 꾀하는 한편 역외에 대해서는 변동환율제도로 대처하도록 하는 것이 효율적이라는 것이다.

그러나 Kennen의 이러한 조건은 전술한 Mckinnon의 개방성 기준과는 서로 반대되는 조건이다. 즉 상품의 다양성이 적을수록 대외무역 부분의 폭이 좁게 되어 오히려 통화권형성의 제한요인이 될 수 있는 것이다. 만일 일국경제가 고정환율제도의 영향을 받고 있다면 이 나라는 대외불균형을 시정하기 위해 재정·금융정책을 택해야 할 것이며 그렇게 되면 주객전도(tail-wagging dog)의 바람직하지 못한 상태가 야기되는 것이다.

이러한 Kennen과 Mckinnon의 상반된 결론은 수지불균형의 원인을 어떻게 보느냐 하는 가정상의 차이에 기인한 것이다. Mckinnon은 이론을 단순화하기 위해 대내적인 요인을 가정한 반면 Kennen은 수출재에 대한 외적 충격에 관심을 두고 있었던 것이다. 만약 불균형의 원인이 역외에서 파생된 것이라면 변동환율제를 통해 경제를 외부의 교란요인으로부터 단절시키는 것이 바람직한 것이다.

넷째, 금융시장통합의 정도가 커야 한다는 기준은 J. C. Ingram, T. Scitovsky 등이 최적통화권의 조건으로 제시한 기준이다. 이들에 의하면 단기 및 장기의 화폐·자본시장의 통합이 진전된 지역에서는 교란적 자본 이동이 일어나지 않게 되고 자본 이동은 결국 균형회복력을 가지게 된다는 것이다. 따라서 장기 및 단기에 걸쳐 금융적 통합이 진전되고 있는 지역은 변동환율 제도가 필요하지 않게 된다는 것이다.

이러한 Ingram의 주장에 대해서도 논란의 여지가 있다. 우선 Fleming의 비판과 같이 역내 자본 이동이 촉진될 수 있는 금융적 통합이 진행되었다 하더라도 시장불균형을 가져오는 자본 이동의 소지는 남게 된다. 그리고 현실적으로 볼 때 국제적으로 널리 수용될 만한 금융자산(financial assets)은 크지 않으며, 더욱이 수지 흑자국의 거주자는 적자국으로 대량의 자금을 대부하려고 하지 않기 때문에 자본 이동에 의한 수지균형 회복기능은 현실적으로 많은 제약이 따르는 것이다.

다섯째, 인플레이션율의 유사성이 커야 한다는 기준은 G. Harberler, J. M. Fleming

등에 의해 강조되고 있는 기준이다. 이들의 주장에 의하면 국제수지 불균형은 각국 간 인플레이션율의 격차에 기인한 것이며, 인플레이션율의 추세에 괴리가 생기는 것은 경제발전구조, 노동조합의 압력, 국가별 통화정책상의 차이가 있기 때문이다. 따라서 이들은 수요·공급조건상의 교란요인을 미시경제적 입장에서가 아니라 거시경제적 측면에서 찾고자 했으며, 최적통화권 조건도 거시경제적 시각에서 제시하고 있다. 이러한 인플레이션율의 기준은 수지불균형의 원인이 되는 인플레이션율의 격차와 생산성증대의 격차 여하에 따라 그 유용성이 달라질 것이다.

그리고 마지막으로 Harberler, Ingram 등은 정책적 통합의 정도를 통화권 형성의 한 지표로 주장하고 있다. 각 가맹국 간 정책수행의 시각과 자세가 상호 유사하게 되면 비록 정책통합의 내용은 분명치 않다고 하더라도 통화권 형성을 성공적으로 이끌어갈 수 있다는 것이다.

3. 필립스곡선과 최적통화권의 조건

앞에서 언급한 여러 기준 가운데 현실적인 관점에서 가장 중요한 의미를 가지는 것은 인플레이션율의 유사성이라 할 수 있다. 각국의 평가 변경요인이나 국제수지 불균형 요인은 가맹국 간의 인플레이션 격차에 의해 직접적으로 영향을 받고 있으며 동시에 인플레이션은 국내의 실업, 임금, 생산성 문제와도 상호 관련되어 각국의 정책수행에 중요한 변수로 작용하기 때문이다.

따라서 이하에서는 Fleming과 Corden의 접근방법에 의해 인플레이션의 기준을 좀 더 자세히 관찰해 보기로 하자. 여기서는 화폐임금의 변화율과 실업률 간에는 반비례적인 관계에 있다는 A. W. Phillips의 전제에 근거를 두고 인플레이션 기준의 중요성을 검토해 보기로 한다.

그림 10.1은 A국과 B국에 있어서 실업률(U)과 화폐임금 상승률($\dot{W}$) 간의 상반관계(trade-off)를 설명하는 필립스곡선을 나타내고 있다. 제1상한에는 A국의 필립스 곡선, 제4상한에는 B국의 필립스곡선이 표시되어 있다. 제2상한에는 A국의 임금상승률과 인플레이션율($\dot{P}_A$)과의 관계를 나타내는 선 WI_A가 그려져 있으며 제3상한에는 B국의 그것(WI_B)이 그려져 있다. 완전경쟁을 가정하여 WI_A 및 WI_B 선은 각기 직선으로 표시되고 있다.

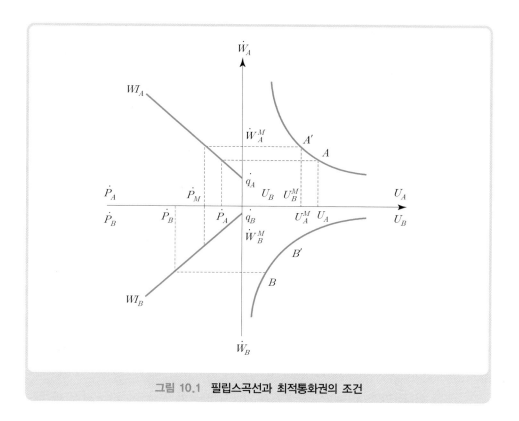

그림 10.1 **필립스곡선과 최적통화권의 조건**

주지하는 바와 같이 인플레이션율, 임금상승률, 생산성상승률($\dot{q}_A$) 및 노동분배의 상승률($\dot{\alpha}_A$) 사이에는 다음과 같은 관계가 성립한다.

인플레이션율($\dot{P}_A$)＝임금상승률($\dot{W}_A$)－생산성상승률($\dot{q}_A$)－노동분배의 상승률($\dot{\alpha}_A$)

여기서 노동분배율이 일정하다고 하면($\dot{\alpha}_A=0$) WI_A선은 생산성변화율에 의해 영향을 받게 될 것이다. 제2상한의 WI_A선은 종축과의 절편이 $\dot{q}_A$인 45° 직선으로 그려져 있으며 제3상한의 WI_B선도 $\dot{q}_B$를 절편으로 한 45° 선으로 그려져 있다. 여기서 $\dot{q}_A > \dot{q}_B$로 나타난 것은 A국의 생산성상승률이 B보다 더 크다는 것을 가정하고 있기 때문이다.

지금 A국의 필립스곡선상의 A점에 대응하는 실업률과 임금상승률을 선택한다고 하면 A국의 인플레이션율은 $\dot{P}_A$로 된다. B국의 필립스곡선에서 B점에 대응하는 실업률과 임금상승률을 택한다면 B국의 인플레이션율은 $\dot{P}_B$로 될 것이다.

여기서 A·B 양국이 통화동맹을 결성한다고 하자. 현재 상태에서는 양국 간에 인플레이션율에 차이가 있기 때문에 B국의 환시세는 $\dot{P}_B - \dot{P}_A$만큼 하락(depreciation of currency B)하게 될 것이다. 따라서 통화동맹을 지속시키기 위해서는 A·B 양국은 협정에 의해 인플레이션율을 일치시키지 않으면 안 될 것이다. 양국 간의 협정의 결과 인플레이션율이 $\dot{P}_A$와 $\dot{P}_B$의 중간 수준인 $\dot{P}_M$으로 조정되었다고 하자. 균등화된 인플레이션율 $\dot{P}_M$에 대응하는 A·B 양국의 임금상승률은 각각 $\dot{W}_A^M$, $\dot{W}_B^M$으로 되며, 실업률은 각각 $\dot{U}_A^M$, $\dot{U}_B^M$으로 된다. 즉 통화동맹 형성 전에 비해 A국은 보다 높은 인플레이션율, 보다 높은 임금상승률 및 보다 낮은 실업률을 가지게 되었다. B국은 보다 낮은 인플레이션율, 보다 낮은 임금상승률, 보다 높은 실업률을 가지게 되었다. 이와 같이 통화동맹의 형성에 의해 양국은 각기 이익을 누릴 수 있게 된 반면, 다른 한편으로는 자기의 선호와는 다른 경제적 상황을 강요받게 되는(A국의 경우보다 높은 임금상승률 및 물가상승률, B국의 경우보다 높은 실업률) 희생이 따르게 되는 것이다. 만약 $\dot{P}_A = \dot{P}_B$라는 조건 외에도 양국의 임금상승률을 같게 한다든가 실업률을 같게 한다는 조건을 추가할 경우 그 조건의 실현을 위해서는 생산성상승률($\dot{q}$), 노동분배율($\dot{\alpha}$) 및 필립스곡선의 위치와 형태를 변화시켜야 할 것이다. 이를 위해서는 가맹국간에 기술혁신, 소득재분배, 노동력정책(man-power policy) 등의 구조정책이 취해져야 할 필요가 있다.

이상에서 볼 때 최적통화권 형성에 있어서 인플레이션율의 유사성이 가지는 중요성은 매우 큰 것으로 볼 수 있다. 이 조건을 충족시키는 데 따르는 희생이 통화권 형성으로 인한 이익보다 더 크다면 그 통화권 혹은 통화동맹은 유지가 곤란할 것이다. 실제 1970년대 중반 영국, 이탈리아, 프랑스 등이 EC의 공동플로트(float)에서 이탈하게 되었던 것은 이들과 잔류국(독일, 네덜란드 등) 간의 인플레이션율에 차이가 컸던 것이 그 주된 원인이었다.

그러나 인플레이션율의 접근이 중요한 요인이긴 하나 이것을 지나치게 고정된 기준으로 생각할 필요는 없을 것이다. 왜냐하면 대외준비금 공급을 위한 신용공여기관이 정비되어 있든가 중장기 정책조정에 대한 합의가 이루어진다면, 단기적으로 인플레이션율에 괴리가 생기더라도 이것이 곧바로 환율변경으로 연결되지 않도록 할 수 있기 때문이다.

제3절 통화동맹의 비용과 편익

1. 통화동맹의 비용

통화동맹은 관련 제국 간 환율 및 통화불안으로 인한 거래비용 및 그로 인한 국민경제적 교란요인을 축소시킬 수 있는 경제적 편익(benefit)을 수반하는 반면 국민경제의 입장에서는 이를 수행하고 유지하는 데 상당한 비용(cost)를 지불하지 않으면 안 된다.

(1) 통화정책의 자율성 상실

통화동맹의 코스트는 국민통화를 포기하고, 통화정책의 수단과 집행기능을 상실하는 데 따르는 국민경제적 손실과 불이익을 의미한다. 즉 완전한 통화동맹이 이루어지게 되면 각국의 중앙은행은 존재하지 않거나 있다 하더라도 자국통화 가치의 변경이나 통화량 조절 등의 통제기능을 가질 수 없게 된다. 이러한 독자적 통화정책의 상실이 곧 통화동맹의 코스트라 할 수 있다. 그 외에도 간접적으로는 재정정책상의 제약으로 인한 비용이 수반될 수 있다. 예를 들면 재정상의 목적으로 국채발행이 필요한 경우 일국의 국채금리는 단일 통화를 매개로 하여 회원국의 국채금리와 연동하여 움직이게 되므로 개별국의 독자적 입장은 제한을 받게 된다. 이외에도 시장통합 이후 국제 간 수요의 이동이나 노동이동에서 유발되는 정책비용이 생겨날 수 있다. 이하에서는 최적통화권이론과 관련하여 야기될 수 있는 통화동맹의 비용 측면을 살펴보기로 한다.

(2) 수요의 이동으로 인한 비용

먼저 R. A. Mundell의 최적통화권이론 가운데 수요의 이동에서 야기되는 통화동맹의 비용을 살펴보자. 통화동맹을 하고 있는 EU 내에서 EU 소비자의 선호가 프랑스 제품에서 독일 제품으로 바뀌었다고 가정하자. 수요의 이동으로 프랑스에서는 수요곡선이 하방 이동하는 반면 독일에서는 상방으로 이동하게 된다(그림 10.2 ①). 그 결과 생산은 프랑스에서는 감소하고 독일에서는 증가한다. 그에 따라 프랑스에서는 추가

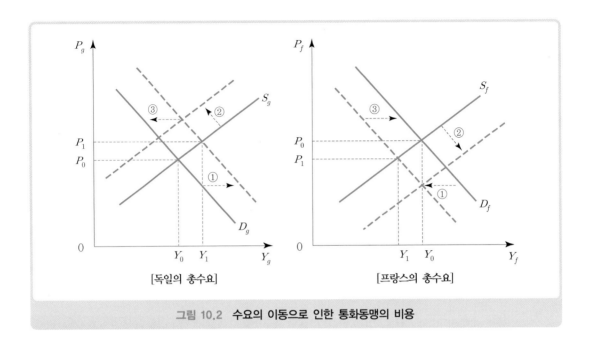

그림 10.2 수요의 이동으로 인한 통화동맹의 비용

적 실업이 늘어나고 독일에서는 실업이 줄어들게 된다.

동시에 이러한 수요의 이동은 양국의 경상수지에서도 영향을 미치게 된다. 경상수지를 국내생산에서 국내지출을 뺀 금액으로 정의할 때 프랑스에서는 적자, 독일에서는 흑자가 나타나게 된다. 즉 프랑스에서는 수요의 감소로 국내생산은 감소하였다. 만약 프랑스의 거주자에 의한 지출이 생산물가치의 감소분만큼 줄어들지 않는다면 프랑스의 경상수지는 적자로 될 수밖에 없다. 실제 프랑스에서는 사회보장제도에 의한 실업수당 등으로 국내 소비자의 가처분소득은 국내생산 감소분만큼 감소하지 않게 된다. 따라서 수당 지급액만큼 정부의 재정적자 요인이 되고 대외적으로는 경상수지 적자요인이 되는 것이다. 반대로 독일에서는 생산증가와 생산물가치 증가만큼 총지출의 증가가 일어나는 것이 아니다. 소득증가 중 일부는 저축되기 때문이다. 그 결과 독일에서는 경상수지의 흑자요인이 발생하게 된다.

이로 인해 프랑스에서는 실업과 경상수지 적자로 고민하고 독일에서는 물가상승 압박과 함께 경상수지 흑자를 누적하게 된다. 이러한 상황에서 양국이 평가절상 및 절하에 의거하지 않고 자동적 균형을 달성할 수 있는가의 문제가 야기된다. 여기에는 임금의 신축성과 노동 이동의 2개 메커니즘에 의한 해답을 고려해 볼 수 있다.

1) 임금 신축성

프랑스와 독일의 임금이 신축적일 경우 위와 같은 양국 간의 불균형은 임금수준의 변화를 통해 조정될 수 있다. 실업이 늘어나고 있는 프랑스에서는 임금요구가 억제되는 대신 독일에서는 노동의 초과수요로 인해 임금상승 압박이 일어나게 된다. 이에 따라 프랑스에서는 임금율이 저하하여 총공급곡선(S_f)이 하방이동하게 된다(그림 10.2 ②). 그 결과 프랑스에서는 생산물가격이 하락하고 수요가 자극되며 제품의 국제경쟁력이 개선된다. 독일에서는 반대로 임금이 상승하여 총공급곡선(S_g)이 상방이동하게 되어 가격이 상승하며 수요가 억제되고 제품경쟁력이 감소하게 된다. 이러한 과정을 통해 양국의 경상수지는 균형을 찾을 수 있게 된다.

2) 노동의 이동

한편 양국 간 노동시장이 통합되어 양국 간 노동 이동이 자유롭다면 프랑스의 노동자는 노동의 초과수요가 있는 독일로 이동하게 된다. 노동력의 이동으로 프랑스에서는 임금하락이 억제되고 독일에서는 임금상승 요인이 없어지게 된다. 동시에 프랑스에서는 실업문제가 해소되는 한편 독일에서는 인플레를 유발하는 임금상승 압력이 소멸된다. 이로 인해 경상수지 불균형도 축소되게 된다.

따라서 임금이 신축적이고 양국 간 노동의 이동성이 충분히 높은 경우 혹은 위 두 조건 중 하나만이라도 충족되는 경우에는 독일과 프랑스 간의 국제수지 조정문제는 해소될 수 있다. 그러나 요소시장이 통합된 EU의 경우에도 위 조건이 충분히 달성되기는 어려운 것이 현실이다. 실업상황에도 불구하고 프랑스에서는 임금이 하락하지 않을 수 있으며, 프랑스 노동자가 경제외적 요인들로 인해 독일로 쉽게 이동하지 못하는 경우가 있다. 이 경우에는 불균형 상태가 고정되거나 장기화 될 것이다. 독일에서는 노동에 대한 초과수요가 임금상승을 압박하여 공급곡선을 상방 이동시키게 된다. 이렇게 되면 불균형의 조정은 독일의 물가상승을 통해서만 달성될 수 있다. 독일의 물가상승은 프랑스 재화의 경쟁력을 높이고 프랑스 제품의 수요를 증대시켜 프랑스의 총수요곡선을 상방 이동시키게 된다. 따라서 프랑스에서 임금이 하락하지 않는 경우 불균형의 조정은 독일에서 인플레이션의 확대를 통해 가능하다.

여기서 독일이 인플레이션 압력에 대항하는 정책을 쓰면 경상수지 흑자가 줄어들지 않으며 경상수지 흑자를 제거하려면 물가상승을 감수해야 하는 것이다. 이러한 딜레마에서 벗어나기 위해 '프랑'에 대한 '마르크'의 평가절상을 단행할 수 있다. 마르크의 평가절상으로 독일의 총수요는 감소하고 총수요곡선은 왼쪽으로 복원된다. 프랑스에서는 프랑의 평가절하로 수출경쟁력이 높아지고 그에 따라 총수요곡선은 우측으로 다시 복원된다(그림 10.2 ③). 이러한 조정으로 프랑스에서는 실업문제가 해소되고 독일에서는 인플레 압력을 회피할 수 있다. 동시에 양국 제품의 경쟁력도 조정되므로 프랑스의 적자, 독일의 흑자도 해소될 수 있다.

그러나 프랑스와 독일이 통화동맹을 결성하여 자국의 환율정책을 포기한다면 프랑스는 실업과 디플레이션에 의해서만 경상수지 적자를 해소해야 하는 부담이 생기게 되는 것이다. 프랑스의 경우 이것이 통화동맹의 코스트로 나타나게 된다. 독일의 경우에도 통화동맹의 결성으로 바람직하지 못한 인플레이션을 받아들여야 하므로 통화동맹의 코스트를 치르게 되는 셈이다.

(3) 인플레이션과 실업에 대한 선호의 차이

인플레이션에 대한 선호의 차이가 공동통화 도입의 코스트로 작용할 수 있다. 지금 이탈리아와 독일이 통화동맹의 대상국이라 하고 양국 간 인플레이션율의 차이가 있는 경우를 보자.

그림 10.3에서 우측에는 양국의 필립스곡선을 나타내고 있다. 종축에는 임금율의 변화율을 횡축에는 실업률을 표시하고 있다(그림 10.3에서는 필립스곡선이 안정적인 경우를 상정하고 있다). 왼쪽에는 임금과 물가와의 관계를 나타내고 있다. 그림 10.3의 관계는 다음과 같은 식으로 표시할 수 있다.

$$\dot{P}_I = \dot{W}_I - \dot{q}_I \qquad \qquad ①$$

$$\dot{P}_G = \dot{W}_G - \dot{q}_G \qquad \qquad ②$$

여기서 $\dot{P}$ 는 인플레이션율, $\dot{W}$ 는 임금상승률, $\dot{q}$ 는 노동생산성 상승률을 각각 나타내고 있으며, I, G는 각각 이탈리아와 독일을 나타내고 있다. 이 방정식은 어느 나라에서 임금이 10% 상승하고, 노동생산성이 5% 증대하였다면 총 부가가치 중에서 이익을 일정비율로 유지하기 위한 물가 상승률은 5%가 된다는 것을 의미하고 있다. 따

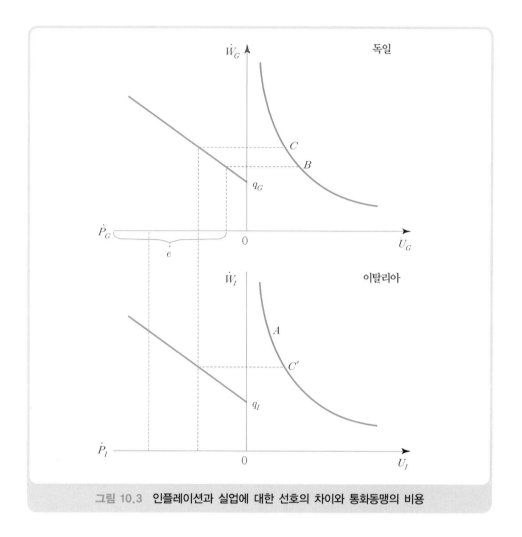

그림 10.3 인플레이션과 실업에 대한 선호의 차이와 통화동맹의 비용

라서 ①과 ②식은 이익을 부가가치의 일정비율로 유지하기 위한 물가의 변화율을 설명하는 방정식으로 정의될 수 있다. 이 관계가 그림 좌측의 직선으로 표시되어 있으며 절편 q_I, q_G는 각국의 노동생산성의 비율이 증가하면 상방으로 이동하게 된다.

양국환율은 구매력평가조건 $\dot{e} = \dot{P_I} - \dot{P_G}$—③에 의해 결정된다. 여기서 $\dot{e}$는 독일 마르크에 대한 이탈리아 리라의 환율 변동률이며, 방정식 ③은 환율의 균형조건으로 볼 수 있다. 즉 이탈리아가 독일보다 높은 '인플레이션율'을 보이고 있다면 이탈리아는 자국 제품의 경쟁력을 유지하기 위해 자국통화가치를 떨어뜨려야 한다는 것을 나타내고 있다. 만약 양국이 통화동맹을 결정하고자 한다면 환율이 고정($\dot{e} = 0$)되고 인플레이션율이 동일하지 않으면 안 된다. 그렇지 않고 이탈리아의 인플레이션율이 독일보다 높다면 이탈리아는 경쟁력을 상실하게 될 것이다.

여기서 독일과 이탈리아 간에 인플레와 실업에 대한 선호의 차이가 있다고 가정해 보자. 이탈리아가 필립스곡선상의 A점을 선택하는데 비해 독일은 B점을 선택한다고 하자. 이렇게 되면 양국 간 인플레이션율은 서로 다르게 되고 고정환율도 유지할 수 없게 된다. 여기서 양국이 환율동맹을 통해 환율을 고정시키려 한다면 양국은 인플레이션율이 같게끔 필립스곡선에서 선호도가 낮은 다른 점을 선택(C와 C'점)하지 않으면 안 된다. 여기서 통화동맹의 코스트가 발생하게 된다. 즉 이탈리아에서는 보다 낮은 인플레이션율과 보다 높은 실업을 감수하지 않으면 안 되며 반대로 독일은 보다 높은 인플레이션과 보다 낮은 실업을 받아들여야 한다. 따라서 보다 높은 인플레이션율과 보다 낮은 실업률을 선호했던 이탈리아는 통화동맹을 유지하기 위해 그러한 선호를 포기해야 하며 독일은 그 반대의 선호를 역시 포기해야 하는 코스트를 감수하게 되는 것이다.

위의 분석은 필립스곡선이 안정적인 경우를 상정하고 있다. 그러나 필립스곡선이 불안정한 경우 특히 인플레이션에 대한 기대가 높을수록 필립스곡선이 상방 이동하는 상황에서는 위의 비용분석은 설득력이 약해질 수 있다. 즉 필립스곡선이 상방 이동하여 장기적으로 수직선화하는 경우에는 인플레이션과 실업간의 선택폭이 좁아지게 된다. 이 경우 각국은 실업증가의 코스트를 수반하지 않고도 환율조정에 의해 자국의 인플레이션율을 상대국 수준으로 조정할 수 있게 된다. 이에 따라 코스트를 지불하지 않고도 통화동맹에 접근할 수 있게 된다. 그러나 단기적으로는 필립스곡선이 고정된 상태로 볼 수 있으므로 필립스곡선에 의한 통화동맹 비용론은 타당성을 가지는 것으로 볼 수 있다.

여기서 흥미로운 사실은 단기의 경우라 할지라도 인플레이션 억제 비용이 반드시 통화동맹의 코스트라고도 볼 수 없다는 점이다. 이탈리아가 높은 인플레율을 보이고 있는 경우 이탈리아 정부는 이에 대한 대책을 취하지 않을 수 없다. 그러면 이탈리아는 독일과의 통화동맹 결성에 관계없이 단기적으로는 실업증대에 직면할 수 있는 것이다. 문제는 이탈리아가 인플레이션 억제를 위해 이탈리아 단독으로 정책을 수행하는 것보다 독일과의 통화동맹을 결성하는 편이 더 낮은 코스트를 지불하는 방법이 될 수 있지 않을까 하는 점이다. 최근 들어서는 이점에 대한 논의가 진행되고 있으나 여기서는 상세한 논의를 생략하기로 한다.

(4) 노동시장 조직의 차이에서 오는 비용

유럽의 경우에는 국가에 따라 노동시장의 제도적 차이가 크게 나타나고 있다. 독일의 경우에는 고도로 집중된 노동조합이 노동시장을 지배하고 있는가 하면 영국의 경우에는 노동조합이 분산되어 있다. 이렇듯 노동시장제도에 차이가 있을 경우 통화동맹을 결성하는 데에는 상당한 코스트가 들게 된다. 왜냐하면 동일한 경제적 교란이 발생하더라도 이러한 제도적 차이로 인해 임금과 물가에 미치는 영향이 당사국 간에 다르게 나타나기 때문이다.

여기서는 집중된 노조를 가진 국가와 분산된 노조를 가진 국가 간에 임금교섭 패턴이 어떻게 다르게 나타나고 그것이 국내물가 및 실질임금에 어떤 영향을 미치는가의 비교를 통해 통화동맹의 추가 비용이 생기는 경우를 상정해 보자. 임금교섭이 하나의 중앙 대표기구로 집중된 경우(corporatist) 노동조합은 임금상승에 의한 인플레이션을 고려하게 된다. 즉 노조는 과도한 임금상승이 물가를 상승시켜 결국은 실질임금을 상승시킬 수 없다는 것을 알게 되며, 그로 인해 과도한 임금요구는 자제된다는 것이다.

반면 집중도가 낮은 노조에 의해 임금교섭이 이루어지는 국가에서는 이와 반대의 현상이 나타나게 된다. 이 경우에는 여러 개의 개별 노조가 명목임금 인상 교섭에 임하게 되므로 개별노조의 입장에서는 자기들의 명목임금 상승이 전체 물가수준에 미치는 영향은 매우 작을 것으로 생각하게 된다. 개별 노조는 전체 노동력의 일부만을 대표한다고 생각하기 때문이다. 그래서 개별노조는 임금의 물가에 대한 영향을 고려하기보다 자기 조합원의 명목임금 인상에만 관심을 가지게 되는 것이다. 그리고 특정 개별노조의 입장에서는 소속조합원의 명목임금 인상에 관심을 가지지 않을 경우 다른 조합원의 명목임금이 인상되면 자기 조합원의 실질임금은 낮아지게 된다고 생각하게 된다. 이렇듯 집중도가 낮은 비협조적(non-corporatist) 교섭구조를 가진 국가에서는 명목임금 억제를 받아들일 수 있는 개별노조가 존재하지 않게 되고 결국은 모든 조합원의 명목임금 인상, 물가상승, 실질임금 감소와 같은 과정을 밟게 되는 것이다.

이와 같이 임금교섭에 임하는 노조의 집중도, 즉 노동시장제도에 따라 외적 쇼크가 국민경제에 대한 임금 및 물가상승에 미치는 영향은 다르게 전개될 수 있는 것이다. 임금과 물가에 미치는 영향이 다를 경우 환율이 비가역적으로 고정된다면 그 격차 시정은 더 어려울 수밖에 없으며 그 만큼 통화동맹의 정책비용은 더 많이 소요되는 것이다.

(5) 성장률의 차이

통화동맹 당사국 간에 성장률에 차이가 있는 경우에도 통화동맹의 코스트는 높아지게 된다. A, B 양국이 동맹 당사국이고 양국이 상대국으로부터의 수입에 대한 소득탄력성은 1이라고 가정하자. 여기서 A국의 GDP 성장률은 연 5%, B국의 성장률은 3%라 가정하면, A국의 B국으로부터의 수입은 5% 늘어난 반면 B국의 A국으로부터의 수입은 3% 증대에 불과하게 된다. 그 결과 고성장국 A국은 수입이 수출(B국으로)보다 더 빨리 증가하여 무역수지 불균형 문제가 생겨나게 된다.

A국은 무역불균형을 해소하기 위해 교역조건의 악화를 감수하더라도 수출가격을 인하하여 수출경쟁력을 높이고자 할 것이다. 이를 위해 A국은 자국통화를 평가절하하거나 국내 물가상승률을 B국보다 낮게 유지해야 한다. 그런데 A국이 B국과 통화동맹을 결성하게 되면 평가절하 방법은 더 이상 선택할 수 없게 된다. 따라서 A국은 디플레이션 정책에 의한 물가억제와 성장억제라는 코스트를 치러야 한다. 결과적으로 통화동맹은 고성장국에 정책조정 비용을 더 안겨 주는 셈이다.

2. 통화동맹의 편익

통화동맹을 실현하는 데에는 관련 제국 간 물가, 고용, 국제수지의 조정 등에 따르는 거시경제적 비용이 수반된다. 반면 국제 간 공동통화를 도입하거나 통화동맹에 의해 환율을 고정시키게 되면 환율변화에 따르는 거래비용이나 위험을 제거하는 등의 편익도 얻을 수 있게 된다. 대체로 통화동맹이나 공동통화를 도입하는데 따르는 비용은 거시경제적 측면에서 관찰되고 있으며 편익이나 이점은 미시경제적 측면에서 관찰되고 있다.

국민통화를 포기하고 공동통화를 도입함으로써 얻을 수 있는 경제적 이익은 우선 국민통화 간의 교환에 따르는 거래비용의 제거를 들 수 있고 다음으로는 환율의 불확실성에서 오는 위험 제거를 들 수 있다. 이 장에서는 이들 2개의 이익을 중심으로 통화통합의 이점을 살펴보도록 하자.

(1) 거래비용 제거에 의한 직접적 이익

하나의 통화를 다른 통화로 교환하는 데에는 거래비용이 수반된다. 통화의 교환에 따르는 거래비용은 개별 소비자에게 별도의 후생 증진이 없이 지불되어야 하는 비용 항목이다. 따라서 관련 제국 간 통화가 통합되면 이러한 이종 통화 간의 교환에 수반되는 비용은 제거될 수 있다는 점에서 통화동맹의 이익이 생겨나는 것이다. 여기에는 이종통화 간의 직접적인 교환비용뿐만 아니라 국제 간 무역 및 자본거래에 따르는 결제비용의 절감도 포함된다. 국제 간 통화가 다르고 환율이 불안정하면 상품무역과 국제 간 자본거래가 불안정하게 된다. 반면 통화동맹이 이루어지고 환율이 고정되면 상품 및 자본거래에 수반되는 통화 측면의 장애요인이 제거되므로 국제 간 거래가 원활하게 이루어질 수 있다.

여기서 유의할 점은 완전한 공동통화가 도입되는 경우와 국민통화가 존속하면서 관련제국 간 환율의 비가역적 고정화가 추진되는(통화동맹, 환율동맹) 경우와의 차이점이다. 당사국 간에 통화통합이 이루어지고 단일통화가 도입되는 경우에는 국민통화가 더 이상 존재하지 않으므로 국민통화의 교환에 따르는 일체의 거래비용은 제거되게 된다. 그러나 국민통화가 존속되는 상황 아래서 완전한 환율동맹에 의해 관련 제국이 환율의 비가역적 고정화를 유지하고 있는 경우에도 거래비용이 계속 남아 있게 된다. 다만 환율이 고정되어 있는 경우에는 환율변동으로 인한 불확실성의 위험은 제거 될 수 있다.

(2) 불확실성 제거로 인한 가격 메커니즘의 효율성 제고

기업이나 개인은 장래 불확실한 수익보다는 확실한 수익을 선호하게 된다. 통화동맹이나 공동통화의 도입은 환리스크를 제거하게 되므로 그 만큼 미래 활동에 대한 불확실성을 줄이는 기능을 하게 된다. 특히 환율의 변동이 가격 불확실성의 원인이 되고 있는 경우에 환리스크의 제거조치(공동통화 사용)는 가격기구의 분배적 효율을 높이는데 기여하게 된다.

환율의 불확실성은 재화나 서비스의 장래가격에 대한 불확실성을 유발하게 된다. 그리고 일반 경제주체는 생산, 투자 및 소비선택을 시장의 가격 시스템에서 제공되는 정보에 의존하여 결정하게 된다. 만약 시장이 제공하는 이들 가격이 불확실하게 되면 생산, 소비, 투자 등의 결정 또한 불안정하게 될 것이며 그 결정의 질도 떨어지게 될 것이다. 환율에 대한 불확실성이 증대하면 해외사업이나 수출입관련 시장가격체계에 불안정이 확대되며 그로 인해 기업이나 개인의 의사결정에 오류가 생길 수 있다.

공동통화의 사용이나 통화동맹에 의한 환율의 고정화는 이러한 가격 메커니즘의 불안정성을 줄이고 경제주체의 장래에 대한 합리적 의사결정을 가능하게 한다는 점에서 그 편익이 크다.

제4절 통화동맹의 역사적 사례

1. 제2차 세계대전 이전의 통화동맹

(1) 라틴 통화동맹과 스칸디나비아 통화동맹

제1차 세계대전 이전의 국제 간 통화동맹의 사례는 유럽지역에 한정되어 나타나고 있다. 유럽지역에 있어서 통화통합의 원초적인 사례는 단일국가로의 정치적 통일이 추구되면서 경제통합과 통화통합이 동시에 일어난 사실에서 발견될 수 있다. 이러한 경우는 19세기의 스위스, 독일, 이탈리아 등의 국민경제적 통합과정에서 찾아볼 수 있다. 한편 지배, 종속적 통화동맹의 경우로는 1928년부터 1979년까지 지속된 영국과 에이레 간의 통화동맹을 들 수 있다. 그러나 파운드를 중심으로 한 이들 양국 간의 통화동맹은 제2차 세계대전 이전의 식민지적 통합과정에 나타난 수직적 통화통합의 형태에서 출발했으며 주권국가 간에 형성된 오늘날의 통화동맹과는 차이가 있다. 이러한 형태의 통화통합은 제2차 세계대전 이전 동남아지역의 엔블록에서도 발견할 수 있다.

오늘날과 같은 국제 간 수평적 통화동맹의 예로는 1865~1926년에 결성되고 있었던 라틴 통화동맹과 1873년에서 1920년까지 유지되었던 스칸디나비아 통화동맹을 들 수 있다. 1831년 벨기에의 독립과 1848년 스위스연방의 성립을 계기로 양국은 각기 자국 고유의 화폐제도를 수립하게 되었으며, 그 화폐제도를 기존의 프랑스 프랑에 연결시킴으로써 라틴통화동맹이 형성되었던 것이다. 즉 당시 금본위제도 아래서 1벨기에 프랑=1스위스 프랑=1프랑스 프랑이 되게끔 각국은 주화의 평가와 금 함량을 상호 간에 일치시켰던 것이다. 또한 벨기에 및 스위스에서 프랑스 주화(금화 및 은화)가 각각 법화(legal tender)로 승인되었으며 이들 주화는 3개국에서 자유로이 유통될 수 있었다. 그 후 1860년에 국민적 경제통합을 완성한 이탈리아도 자국의 화폐제도를 이들 3국과 같은 기준에 맞추어 수립함으로써 라틴 통화권에 가입하게 되었다. 이리하여 프랑스, 벨기에, 스위스, 이탈리아 4개국은 사실상 하나의 공동통화권으로 결합되게 되었던 바, 1865년 각국은 이러한 사실상의 공동 통화권을 라틴 통화동맹으로 사후적으로 추인하게 된 것이다. 따라서 라틴 통화동맹의 존속기간은 제도적으로는 1865년부터 세계대공황 직전의 1926년까지로 볼 수 있으나 실제로는 벨기에가 독립한 1830년대부터 국제금본위제도가 정지되었던 1929년의 대공황까지라 할 수 있다.

한편 스칸디나비아 통화동맹은 1873년부터 제1차 세계대전까지 유지되었던 스웨덴, 노르웨이, 덴마크 등 3개국 간의 통화동맹이다. 이는 당시 3국 간에 상호 등가관계에 있던 크로네를 상호 간 법화로 인정하여 역내유통을 자유화하는 형태로 진행되었다. 즉 통화동맹은 각국 간 주화뿐만 아니라 은행권에 대해서도 상호 간 법화로 인정하여 3국 간에 자유로운 유통을 보장하고 있었다. 따라서 스칸디나비아 통화동맹은 라틴 통화동맹보다 통화통합의 정도가 큰 동맹이라고 볼 수 있다. 그러나 이들 2개의 통화동맹은 제1차 세계대전에 의한 금본위제도의 붕괴와 함께 해체되게 되었다. 즉 제1차 세계대전으로 인해 국제금본위제도가 붕괴되고 고율의 인플레이션이 진행되면서 금본위제도에 근거를 둔 이들 통화동맹은 더 이상 유지가 곤란하게 되었기 때문이다.

제1차 세계대전 이전까지 스칸디나비아 3국은 금환본위제를 실시하고 있었다. 그리고 라틴 통화동맹 제국도 법제적으로는 금본위제를 채택하지 않았거나(이탈리아), 은을 법화로 하는 파행금본위제도를 유지하고 있었지만 이들 모두가 금본위제도의 규칙에 따라 행동하고 있었다는 점에서는 공통점이 있었다. 따라서 이들 유럽제국은 금본위제도의 운영규칙을 중심으로 각국 간 경제정책의 조화를 꾀하게 되었던 것이며 이것이 통화동맹을 장기간 유지시킬 수 있었던 중요한 요인이었던 것이다. 그러나 제1차 세계대전을 계기로 국제금본위제도가 동요하기 시작했고 금본위제도에 기초를 둔 각국의 정책조정이 불가능하게 됨으로써 이들 유럽제국 간의 통화동맹도 더 이상 유지가 곤란하게 되었던 것이다.

(2) 벨기에 · 룩셈부르크 통화동맹

벨기에 · 룩셈부르크 통화동맹은 벨기에 · 룩셈부르크 경제동맹의 일환으로 결성되고 있다. 벨기에 · 룩셈부르크 경제동맹은 1921년 7월에 조인된 브뤼셀 조약에 의해 성립되었으며 1935년과 1963년에 각기 그 조약의 내용을 보완해 왔다. 그리고 동 조약은 1982년과 1992년에 갱신되어 현재에 이르고 있다. 동 조약은 경제 · 통화동맹이 추구하는 일반적인 내용, 즉 역내 재화, 서비스, 생산요소의 자유 이동과 아울러 경제정책의 조정 및 통합을 꾀하며 공동통화권을 구성한다는 것을 내용으로 하고 있다. 그로 인해 통화 면에서 양국은 사실상 하나의 단일통화권(벨기에 · 프랑 중심)으로 결속되어졌으며, 룩셈부르크 프랑과 벨기에 프랑 간에는 평가가 고정되고 양자간에 완전한 교환성이 유지되게 되었다.

한편 금융기구 면에서도 룩셈부르크는 독립적인 발권은행으로서의 중앙은행을 가지고 있지 않으며, 벨기에 중앙은행이 양국의 통화당국으로서의 기능을 담당하고 있다. 1999년 공동통화 '유로'가 도입되기 전까지 룩셈부르크 통화와 벨기에 통화는 양국에서 자유로이 유통되고 있었으나 룩셈부르크가 발행하는 통화는 상징적 주화를 위시한 소액통화에 그치고 있었으며, 일반 경제거래에는 대부분 벨기에 프랑이 사용되고 있었다. EU 통화 통합 이전까지 룩셈부르크 프랑은 사실상 룩셈부르크 국내의 공적 통화유통량의 약 5%에 불과하며 룩셈부르크 국내에서만 통용되고 있었다. 룩셈부르크의 대외거래는 모두 벨기에 프랑으로 결제되었고, 룩셈부르크 프랑은 외환시장에서 상장되고 있지 않을 뿐만 아니라 벨기에 프랑을 매개로 하여 대외 통화와의 교환이 이루어지고 있었다. 따라서 양국 간의 통화동맹은 룩셈부르크 통화가 벨기에 통화로 흡수되는 형태의 비대칭적 통화통합의 성격을 띠고 있었다.

벨기에 · 룩셈부르크 통화동맹의 또 다른 특징은 복수의 발권기관이 존재하고 있다는 점이다. 벨기에통화의 약 95%는 벨기에 중앙은행(Banque Nationale de Belgique) 및 재무국(le Trésor Belge : 이는 주로 보조화폐를 발행)에서 발행하고 있었다. 따라서 이들 벨기에 발권은행의 통화정책은 룩셈부르크의 통화정책에 결정적 영향을 미쳐 왔다. 그리고 룩셈부르크 측에서는 주로 정부의 금고(caissier général d'etat) 역할을 하고 있는 국립저축은행(La caisse d'epargne de l'Etat)이 발권기능을 담당하고 있었다. 그리고 민간은행으로서 대표적 은행이라 할 수 있는 룩셈부르크 국제은행(La Banque Internationale, 1856년 창설)이 정부의 공인하에 발권특권을 가지고 있으며 총 5만 프랑 한도 내에서 액면 100프랑 권을 발행하고 있었다. 그러나 이들 양국 간의 통화동맹은 룩셈부르크통화의 벨기에 내 유통기피현상 등과 같은 통화의 비대칭성과 룩셈부르크의 중앙은행 부재로 발생되는 EU 역내통화문제 결정에 대한 룩셈부르크의 대표성 결여 등의 문제점을 안고 있었다.

(3) 프랑권

국제통화권 가운데 역사가 오래되고 규모가 큰 통화협력권의 대표적 사례로는 프랑스 프랑을 기축통화로 하는 프랑 통화권을 들 수 있다. 프랑권(la zone franc)이란 프랑스 프랑(F. Franc)을 기축 통화로 하여 프랑스 및 프랑스계 아프리카 14개 개발도상국이 형성하고 있는 통화협력권을 의미한다. 여기에는 6개의 발권기관이 있으며, 프랑스·프랑과 그 프랑에 지지를 받고 있는 세 종류의 통화가 사용되고 있다. 엄격한 의미에서 프랑권과 다음에 소개할 스털링권은 본장에서 논하고 있는 통화동맹과는 성격과 기능 면에서 차이가 있다. 그러나 이들 통화권 내의 각 통화간에는 상호 교환성이 인정되고 고정환율제도가 유지되며 공동준비제도가 운용되고 있다는 점에서 광의의 통화동맹으로 간주될 수 있다.

1) 고전적 프랑권 (1939~1958)

프랑권이 하나의 통화권으로서 사실상 존재하기 시작한 것은 제2차 세계대전 발생 직전부터이다. 제2차 세계대전 발생 직전인 1939년부터 식민지 통화가 창설된 1945년 12월 25일까지 프랑스령 인도차이나를 제외한 모든 프랑스의 해외영토 및 식민지에서는 유일한 통화로서 프랑만이 존재하고 있었다. 당시 프랑은 프랑스은행만이 아니라 소수의 특허은행에 의해 발권이 인정된 결과 외형상 디자인이 다른 복수의 프랑으로 구성되어 있었다. 특허은행에 의해 발행된 프랑은 서아프리카, 마다가스카르, 마르티니크 지역에서 법정통화로 유통되었으며, 이들 프랑은 그 통화의 명칭이 본국 프랑과 동일하며 가치도 본국통화와 등가로 교환되었다. 따라서 프랑스 본국 프랑을 사용하는 식민지 지역과 특허은행권을 사용하는 이들 지역은 제2차 세계대전 이전부터 이미 사실상 하나의 단일통화권으로 결합되고 있었던 것이다.

그러나 프랑권이 제도적으로 형성되기 시작한 것은 제2차 세계대전 이후 식민지 통화가 창설(1945년)되고 1951년 프랑권 통화위원회가 설립되면서부터라고 볼 수 있다. 1945년 12월 프랑스는 IMF 협정에 서명함으로써 프랑의 평가를 IMF에 통고할 필요가 있게 되었다. 이를 위해 동년 12월 25일 본국 프랑의 평가조정과 함께 두 종류의 식민지 프랑을 창설하게 되었다. 즉 1945년 12월 서아프리카 및 적도 아프리카지역에 대해서는 프랑스령 아프리카 식민지프랑(Franc de la Colonie Française d'Afrique : CFA프랑, 100CFA프랑=170본국 프랑)과 프랑스령 태평양 지역에 대하여는 프랑스령 태평양 식민지 프랑(Franc de la Colonie Française Pacifique : CFP프랑, 100CFP프랑= 240본국 프랑)의 창설이 그것이었다. 이들 CFA프랑 및 CFP프랑의 창설로 인해 프랑스령 해외 영토는 크게 3개의 통화 그룹으로 나누어지게 되었다. 즉 본국 프랑과 동일한 환율을 유지해 오고 있는 북아프리카그룹(알제리, 튀니지, 모로코, 안츄, 기안느)과 아프리카 식민지 프랑권 및 태평양 식민지 프랑권이 그것이다. 이들 3개 지역은 모두 프랑스 프랑을 기축통화로 하고 있으며, 프랑스 프랑에 환율을 고정시켜 상호교환성을 유지함으로써 하나의 통화권을 형성하게 된 것이다. 이렇게 형성된 프랑권을 식민지 독립후에 형성된 프랑권과 구분하기 위해 고전적 프랑권(la Zone franc classique)이라 한다.

2) 신프랑권 (1958~1970)

1950년대 말 내지 1960년대 초에 이르러 프랑스 식민지로서 프랑권에 편입되어 있는 아프리카의 대부분 국가들은 모두 독립을 하게 되었다. 독립 후 이들 아프리카 제국은 종래의 프랑권을 붕괴시키고자 한 것이 아니라 새로운 프랑권으로서 재출발을 시도하게 되었다. 즉 독립한 구식민지 국가들은 프랑스에 대하여 종속이 아닌 대등한 입장에서 통화 협력에 관한 협정에 조인하게 되었다. 그 결과 과거 종속적 블록 경제권으로서의 고전적 프랑권은 대등한 국제 통화협력 조직으로 새로 출발하게 된 것이다. 1960년대 이후 이렇게 새로이 출발된 프랑 중심의 통화 협력권을 신프랑권이라 한다.

이러한 프랑권의 성격이 변화됨에 따라 1960년대에 들어서는 프랑권의 기구 개편이 시작되어 그 중요한 내용은 서아프리카 및 중부(적도) 아프리카 지역의 2개 발권국으로 하여금 중앙은행의 기능을 가지게 하고 이들 2개의 중앙은행을 중심으로 각각의 통화동맹을 형성하는 것이었다. 즉 1959년 4월 프랑스령 서아프리카 및 토고 발권국(Institut d'Emission de l'Afrique Occidentale Française et du Togo)은 서아프리카제국 중앙은행(Banque Centrale des Etats de l'Afrique de l'Ouest : BCEAO)으로 개편되었으며, 프랑스령 적도 아프리카 및 카메룬 발권국(Institut d'Emission de l'Afrique Equatorial Française et du Cameroun)은 적도 아프리카 카메룬 중앙은행(Banque Centrate des Etats de l'Afrique Equatoriale et du Cameroun)으로 개편되었다. 서아프리카제국 중앙은행에의 가맹국은 아이보리코스트, 어퍼볼타, 니제르, 다호메(베냉), 토고, 세네갈, 모리타니아, 말리 등이며, 중부아프리카 중앙은행의 가맹국은 콩고, 중앙아프리카, 차드, 가봉, 카메룬, 기니 등이다. 이들 2개의 중앙은행제도에 가입한 제국들은 1972년 프랑스 본국과의 사이에 2국 간 혹은 다수국 간의 형식으로 경제·통화·재정에 관한 협정을 체결하여 새로운 통화협력권의 기초를 마련해 왔다.

이 가운데 서아프리카제국 중앙은행(BCEAO) 관련국들은 서아프리카 통화동맹협정(1962년 발족, 1973년 수정)을 체결하여 공동통화, 공동 준비제도를 실시해 왔다. 그리고 적도 아프리카 카메룬 중앙은행은 1972년 관련제국 간 통화협력협정을 체결하여 공동의 중앙은행(la Banque des Etats d'Afrique Centrale : BEAC)을 설립하고 공동통화(CFA 프랑)를 발행해 왔다. 그후 국제경제정세의 변화와 가맹국의 아프리카화(Africanization) 요구에 의해 1973년 이후부터는 이들 중앙은행의 임원과 직원의 아프리카화가 추진되었으며, 통화동맹국 정상회의의 설치(서아프리카의 경우) 및 가맹국이 취득한 외화의 집중 의무 완화, 중앙은행 기능 개편 등이 잇따르게 되어 아프리카 측의 상대적 지위가 향상되는 방향으로 발전되어 왔다.

이렇게 발전해 온 프랑권은 지금까지 역내통화 간의 자유교환, 고정환율 및 공동준비제도를 주요내용으로 하여 운영되어 왔으며 금융, 외환, 무역 기타 경제 정책상의 협력조치도 함께 취해 왔다. 그러나 냉전체제가 무너진 1990년대 이후부터는 프랑스가 소속한 EU의 대 아프리카 정책이 수정되기 시작하였고 EU의 대 동유럽 접근정책이 추진되면서 프랑스와 이들 아프리카 프랑권 국가와의 협력관계에도 변화가 일어나고 있다. 특히 2002년부터 프랑스 프랑이 EU의 공동 통화인 EURO로 대체됨에 따라 지금까지와 같은 프랑스 프랑 중심의 통화권은 더 이상 유지되기 어렵게 되었다.

(4) 스털링 통화권 (1931∼1973)

스털링 통화권(Sterling Area, Sterling Bloc)은 제2차 세계대전 직전부터 1960년대 말까지 영국 파운드화를 기축통화로 사용하였던 공동 통화권을 의미한다. 자국통화의 평가를 영국 파운드에 연결시키고 자국의 대외준비를 영국 파운드로 보유하며, 대외거래를 영국 파운드로 계산하고 결제하는 국가들로 구성된 통화권역을 총칭해서 스털링 통화권이라고 하고 있다. 이러한 스털링 통화권은 넓은 의미로 파악할 경우 영국의 파운드화가 유통되는 지역을 총칭하기도 하나, 보다 엄격한 의미로 파악할 경우 스털링 통화를 기축통화로 하여 공동준비제도, 고정환율제도 및 통화의 교환성이 상호 간에 유지되고 있는 지역을 의미하며, 구체적으로는 1947년 영국의 외환관리법상의 명시된 지정지역을 의미하게 된다.

영국의 외환관리법상 스털링 통용지역으로 지정된 지역에는 영연방, 영국 위임통치령, 영국의 보호령 및 보호국이 모두 포함되고 있다. 따라서 영국본토를 위시하여 오스트레일리아, 뉴질랜드, 남아프리카연방, 남로데지아, 인도, 파키스탄, 스리랑카, 방글라데시 등이 스털링 통화권의 주요국이며 미얀마, 아이슬란드, 이라크 등도 여기에 포함되고 있다.

스털링 통화권이 처음으로 모습을 갖추기 시작한 것은 1931년 9월 캐나다를 제외한 모든 영연방제국(The Common-Wealth of Nations)과 이라크 및 포르투갈이 자국의 통화와 스털링 파운드 간에 고정환율을 유지하도록 결정하면서부터였다. 따라서 초기의 스털링권은 일종의 환율동맹으로 출발된 통화권이라 할 수 있다. 그러나 엄격한 의미에서 통화권을 정의할 경우, 그것은 역내 제국 간 고정환율의 유지, 교환성 유지 및 대체의 자유, 공동준비제도의 운영, 외환통제에 관한 공동규칙의 설치 등과 같은 일정한 조건을 충족해야 한다. 스털링 통화권에서 이러한 조건을 제대로 충족하고 있었던 시기는 1939년부터 1960년대 말까지였다. 1970년대 이후 특히 1973년 영국의 EC 가입 이후부터는 영연방 특혜무역권의 와해와 함께 스털링 통화권은 사실상 소멸되기 시작하였다.

2. EU의 통화동맹

한편 제2차 세계대전 이후에는 IMF를 축으로 하는 국제 고정환율제도가 정착되면서 국제 간 통화동맹이나 환율동맹에 대한 요구가 크지 않았다. 그러나 1960년대 말부터 IMF 체제가 혼란을 거듭하고 1970년대 이후 고정환율제도가 붕괴되면서 국제 간 환안정 협력의 필요성은 다시 강조되기 시작하였다. 특히 공동농업정책을 위시하여 역내 단일시장을 추구하고 있는 EC권에서는 역내 환안정을 위한 통화협력의 필요성이 다른 지역보다 훨씬 높게 나타나고 있었다. 그 결과 EC 내에서는 1970년대 초반부터 역내 환안정을 위한 공동협력을 모색해 왔던 바 그간의 협력노력이 현재의 단일통화 EURO를 탄생시키는 기초가 되었다.

1970년대 초반부터 전개된 유럽공동체의 통화협력은 다음과 같이 3단계로 나누어 관찰해 볼 수 있다.

스네이크 제도

첫 번째 단계는 1970년대 초 IMF의 고정환율체제가 동요하면서 생겨난 스네이크 제도이다. 1971년 미국 달러의 금태환 조치로 고정환율에 기초를 둔 IMF 체제는 붕괴되기 시작하였으며 그로 인해 국제통화제도는 사실상 고정환율제에서 변동환율제도로 바뀌게 되었다. 이에 당시 EC 회원국들은 변동환율제도에 따른 통화질서의 혼란을 극복하기 위해 미국 달러에 대해서는 변동환율을 유지하되 역내통화 간에는 기준환율에서 상하 변동폭(2.25%)을 제한하는 스네이크(snake) 제도를 도입하게 되었다. 그러나 스네이크 제도는 회원국 간의 인플레 격차와 국제수지 불균형으로 인해 회원국들의 가입과 탈퇴가 반복되면서 역내 환율안정 제도로서 성과를 거두지 못했다.

EMS

두 번째 단계는 1979년 이후의 유럽통화제도 시기이다. 스네이크 제도의 실패 이후 변동환율제도하에서 공동체 내의 환율 안정을 도모하기 위해 도입된 제도가 1979년에 발족한 유럽통화제도(European Monetary System : EMS)이다. EMS는 역내통화 간의 환율 안정과 회원국 간의 통화협력을 위해 유럽통화단위(European Currency Unit

: ECU)를 도입하고 이를 기준으로 역내 환율조정제도(Exchange Rate Mechanism : ERM)를 운영하며, 환율 안정을 지원하기 위해 유럽통화협력기금을 설치하는 것이 주요 내용이다. 이 가운데 ECU는 역내 중앙은행 간의 시장 개입수단, EC 공동체의 예산 및 통계에서의 표시통화 나아가서는 민간에서의 표시통화 등으로 사용됨으로써 후일 유럽 단일 통화 도입의 기초가 되었다.

ERM은 가맹국 간 환율 안정을 위한 일종의 환율동맹이라 할 수 있다. ERM 참가국 간에 기준 환율을 설정하고 자국통화의 환율을 이 기준환율의 일정범위(당초 2.25%) 이내로 유지하도록 하는 제도이다. 이러한 EMS 제도는 1980년대 초 중반까지는 비교적 성공적으로 유지되어 왔다. 그러나 1980년대 중반 이후에는 회원국 간의 경제력 격차가 커지고 역내 고정환율 유지에 부담이 가중됨에 따라 영국, 이탈리아 등의 주요 회원국들이 잠정 탈퇴하면서 불안정한 모습을 보여 왔다. 여기에 더하여 유럽 국가들의 자본자유화가 진행되고 국제 투기성 단기자본이 유입되면서 EMS는 더욱 불안정한 상태에 빠지게 되었다.

통화동맹과 '유로'의 도입

세 번째 단계는 유럽연합조약(Treaty on European Union, 일명 마스트리히트 조약)에 의한 통화통합의 과정이다. 1980년대 중반 이후 EC 회원국들은 미국, 일본으로부터의 경쟁에 대응하기 위해 역내시장 통합의 필요성을 인식하고 있었으며 여기에 EMS 제도의 불안정이 큰 장애요인임을 인식하고 역내통화통합을 추진하게 되었다. 유럽 통화통합 계획은 1988년에 구성된 들로르(Jacques Delors) 위원회에서 작성되어 1991년 12월 마스트리트(Maastricht) 정상회의에서 채택(마스트리히트 조약)되었다.

마스트리히트의 통화통합 계획에 의해 EC는 경제통화동맹을 나타내는 EU(European Union)로 개칭되는 한편 1998년에는 역내 공동중앙은행(ECB) 제도를 도입하였고 1999년에는 역내 단일통화로서 '유로(Euro)'를 도입하게 되었다. 단일 통화 '유로'를 사용하는 통화동맹 가입국은 1999년 1월 발족 당시 가입조건이 충족된 11개국이었으며, 영국, 스웨덴, 덴마크는 정치적 이유로, 그리스는 조건 미달로 가입을 유보하고 있었다. 이들 유보 국가들에게는 추후 가입의 길을 열어 둔 채 기존 가입국들은 2002년 7월부터 자국통화를 폐기하고 '유로'만을 단일의 법정통화로 사용하는 통화통합을 이루어 오고 있다. '유로'를 단일 법정통화로 사용하고 있는 지역을 '유로존' 혹은 '유로랜드'라 한다. 2014년 현재 EU 회원국은 28개국으로 늘어났으며, 이중 '유로'를 공동통화로 사용하고 있는 '유로랜드' 가입 국가는 19개국에 이르고 있다.

2015년 현재 '유로존'에 가입하고 있는 19개국은 1999년 발족 당시 가입한 벨기에, 룩셈부르크, 네덜란드, 독일, 프랑스, 이탈리아, 아일랜드, 포르투갈, 스페인, 오스트리아, 핀란드를 위시하여 그리스(2001), 슬로베니아(2007), 키프러스(2008), 몰타(2008), 슬로바키아(2009) 등이며, 리투아니아(2010), 에스토니아(2011), 라트비아(2014)가 다시 가입하여 '유로존' 회원국은 총 19개국에 이르고 있다.

유로존 가입 조건

한편 EU 회원국이 '유로존'에 가입하기 위해서는 다음과 같은 물가, 금리, 재정, 및 환율 안정 등 '유로존' 가입조건을 충족해야 한다. 물가안정의 경우, 최근 1년간 소비자물가 상승률이 가장 낮은 3개 회원국의 평균 상승률의 ±1.5% 이내여야 한다. 금리의 경우, 최근 일년 간 소비자물가 상승률이 가장 낮은 3개 회원국의 명목 평균 장기금리의 +2% 포인트 이내여야 한다. 재정의 경우, 재정적자가 명목 GDP의 3% 이내이고, 정부부채 잔액이 경상GDP의 60% 이내여야 한다. 환율의 경우, 자국 통화와 회원국 통화간의 환율은 ERM의 환율 변동폭 이내로 유지하되, 최근 2년간 각 회원국 통화 간에 설정된 중심환율을 유지해야 한다. 그러나 '유로존'에 가입하지 않고 있는 영국, 덴마크, 스웨덴 3개국은 이들 가입조건의 미충족 때문이 아니라 국민들의 반대로 가입을 미루고 있는 상태이다.

그리고 EU 내에서는 '유로'화와 '유로존' 불참국 통화 간의 환율 안정을 위해 새로운 환율 조정 메커니즘(new European Rate Mechanism : ERM 2)을 운영하고 있다. 이는 '유로'와 비참가국 통화 간의 환율 변동폭을 일정 수준 이내로 제한하는 제도이며, 이를 위해 유럽 중앙은행과 ERM 2 참가국 중앙은행은 물가안정을 저해하지 않는 범위 내에서 환율 변동폭을 벗어나지 않도록 시장에 개입하고 있다.

제11장

경제통합의 동태적 효과분석

경제통합의 순수이론에서는 주로 경제통합이 가져오는 정태적 효과, 즉 무역창출효과, 무역전환효과 및 소비효과를 중심으로 경제통합의 효과를 분석하고 있다. 그러나 즉 경제통합에 의한 시장규모의 확대는 ① 대량생산 및 규모의 경제, ② 외부경제(기술혁신, 특화, 경영관리상의 이익 등), ③ 경쟁이 격화되는 시장구조, ④ 대외거래의 불확실성 감소로 인한 무역 및 투자확대 등의 과정을 통해 관련제국의 경제성장을 촉진하는 동태적 효과를 동시에 가져온다. 이 장에서는 이러한 경제통합의 동태적 효과를 정리해 보기로 하자.

제1절 대시장의 기술적, 경제적 이익

1. 시장 확대의 동태적 이익

경제통합으로 인한 경제적 이익은 주로 시장 확대, 즉 대시장의 형성에 의한 경쟁촉진과 생산의 동태적 확산과정에서 기대될 수 있다. 즉 경제통합에 의해 회원국 간에 무역 장벽이 철폐되면 시장이 확대되고 경쟁이 격화된다. 이에 대응하여 기업은 기술혁신과 경영합리화를 추구하는 한편 대시장을 겨냥한 대량생산 방식의 도입을 통해

생산비를 절감하게 된다. 이러한 대량생산 및 경영합리화 과정에서 경제적 외부효과
—대량생산과 대규모화에 의한 금융비용의 감소, 산업 확장에 따르는 시장 외적인 비
용절감 효과—가 작용하여 제품가격이 낮아지게 된다. 그 결과 대중 소비가 증가하여
시장은 더욱 확대되고 생산 및 시장규모의 동태적 확산이 생겨나게 된다. 이러한 효
과는 통합 추진 후 상당한 시간이 경과한 후에 나타나는 현상이고 동시에 각 과정이
상호 반응을 일으키며 일어나는 효과이므로 이를 경제통합의 동태적 효과로 관찰 하
고 있다. 이러한 동태적 효과는 다음과 같은 시장 확대의 기술적 이익과 경제적 이익
으로 나누어 관찰할 수 있다.

2. 시장 확대의 기술적 이익

초기 단계의 유럽경제통합을 이론적으로 관찰한 Deniau는 시장 확대로 인한 기술진
보와 그 기술진보에 관련된 생산상의 이점을 대시장의 기술적 이익이라 칭했다. 시장
의 확대는 대량의 규격화된 상품제조를 가능하게 하므로 기계설비의 완전고용을 가
져온다. 또한 시장 확대로 인한 대량 생산은 기업으로 하여금 고정비용과 경상비의
절감을 가져오고 단위당 평균비용을 절감하여 제품가격을 인하시킨다. 그리고 회원
국 간에 시장이 통합되면 기업은 다수의 소비자가 존재함으로 역내 기업 간에 생산의
전문화를 꾀할 수 있고 생산규모를 확대할 수 있게 된다. 생산의 전문화(specialization)
는 대량생산에 의한 기계 및 노동의 완전고용뿐만 아니라 노동력의 최적 이용에도
기여하게 되어 생산원가의 절감을 가져오게 된다. 또한 기업 내에서는 대시장 내의
경쟁 격화에 대비한 경영합리화 노력이 일어나고 이에 따라 노동자, 간부, 자재, 시설,
판로의 전문화와 같은 기업구조의 합리화가 추진될 수 있다.

3. 시장 확대의 경제적 이익

다른 한편 경제통합에 의해 역내시장이 확대되면 경쟁이 심화되므로 기업 내부에서
능률적인 생산조직을 채택하게 할뿐만 아니라, 지역 내에서는 재화, 요소의 자유 이
동과 자유경쟁이 이루어지므로 경제활동의 최적배분을 실현할 수 있게 된다. 즉 대시
장이 형성되면 역내에서는 재화뿐만 아니라 원자재, 노동력, 자본의 자유 이동이 촉
진되고 공동체 내에서 지역 간, 산업 간 경제활동의 배분이 효율적으로 이루어지게

되므로 경제적 능률이 향상된다. 이러한 제 효과를 Deniau는 대시장의 경제적 이익이라 하였다.

제2절 경제통합과 규모의 경제

오늘날의 경제통합은 관세동맹뿐만 아니라 생산요소의 자유 이동을 포함하는 공동시장, 나아가서는 가맹국 간 정책통합을 꾀하는 경제통화동맹 등으로 발전해가고 있다. 그로 인해 경제통합의 동태적 효과도 더욱 확대될 것으로 기대되고 있다. 통합의 형태가 고도화됨으로 인해 기대될 수 있는 동태적 효과는 규모의 경제(economies of scale), 외부경제(external economies), 투자유발 효과 등으로 요약될 수 있다.

그러나 규모의 경제를 제외한 다른 요인들은 전통적 분석기법으로 설명하기가 어려울 뿐만 아니라 그 효과 또한 매우 장기간에 걸쳐 간접적으로 나타날 수 있는 것이어서 정형화된 개념으로 설명하기가 어렵다. 따라서 이 절에서는 전통적 분석 수단으로 설명할 수 있는 규모의 경제만을 관찰해 보기로 한다.

1. 관세동맹과 규모의 경제

일반적으로 규모의 경제는 기업의 내부경제를 의미하며, 이는 생산량 증대에 따라 단위당 생산비가 체감하는 현상으로 파악하고 있다. 관세동맹과 같은 경제통합이 결성되면 가맹국간 시장이 통합되고 시장규모가 확대됨에 따라 경쟁력이 있는 기업은 확대된 역내시장을 대상으로 생산량을 증대시킬 수 있고 이에 따라 단위당 생산비도 절감시킬 수 있다.

경제통합으로 인한 규모의 경제효과는 여러 상황을 가정하여 설명할 수 있으나 여기서는 역내외 관세 차별 효과가 분명한 관세동맹의 예를 들어 보기로 하자. 그림 11.1은 설명을 명확히 하기 위해 매우 제한적인 상황하에서 전개되고 있는 관세동맹의 단순한 모형을 제시하고 있다. 여기서 우리는 H국과 P국이 관세동맹 당사국이고 양국의 수요함수가 매우 유사하다고 가정하자. 따라서 $D_{H,P}$는 H국의 수요곡선임과 동시에 P국의 수요곡선으로 나타난다. D_{H+P}는 양국의 수요곡선을 수평으로 합한

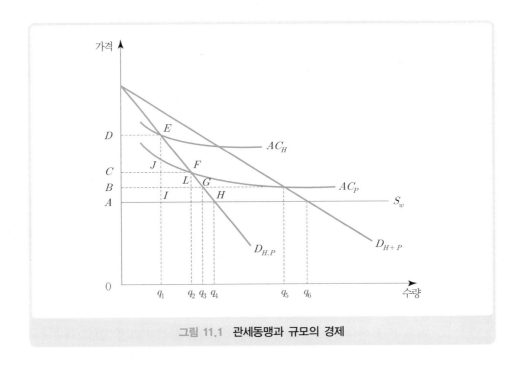

그림 11.1 관세동맹과 규모의 경제

동맹 전체의 수요곡선이다. S_w는 세계 공급곡선이며 무한 탄력적이다. AC_H와 AC_P는 각각 H국과 P국의 평균비용곡선이며 규모의 경제를 전제로 하고 있으므로 우하향하는 비용곡선으로 그려져 있다. 그림에서는 역외세계 W가 고정된 평균비용곡선(S_w)을 가지고 있으며 H국, P국보다 더 효율적인 공급자임을 나타내고 있다. 따라서 가장 효율적인 정책은 역외 세계와 자유무역을 행하는 것이며, 그 경우 H국과 P국의 소비는 OA의 가격에서 각각 Oq_4이며, 이는 역외국으로부터의 수입에 의해 충당된다. H국과 P국의 수요를 합한 총수요는 $Oq_6(Oq_4 = q_4q_6)$이다.

이러한 자유무역 상황하에서 H와 P 양국이 합리적 수준의 관세를 부과한다고 하자. 합리적 수준의 관세는 이들 국가에서 사적 비용과 사회적 비용간에 격차가 존재하여 시장기능이 왜곡될 경우 이를 시정하기 위해 부과되는 관세라 할 수 있다. 즉 이러한 관세는 국내에서 독점이익을 유발하지 않고 국내소비를 충족시키는 수준까지 국내생산을 장려할 수 있는 수준의 관세라 할 수 있다. 이러한 관세를 El-Agraa는 최선의 관세율(the best tariffs rate)이라 하고 있으며, W. M. Corden은 조정관세 혹은 조치관세(made to measure tariffs)라 지칭하고 있다. 그림에서 이들 관세는 각각 H국에서 AD, P국에서 AC의 크기로 나타난다. 그 결과 국내생산의 크기는 H국에서 Oq_1, P국에서 Oq_2로 결정된다.

이러한 관세부과의 상황하에서 다시 H국과 P국이 관세동맹을 결성한다고 한다. 역내관세가 철폐되고 역외로부터는 공통관세에 의해 보호를 받으므로 비용조건이 유리한 P국이 동맹시장을 지배할 것이다. 규모의 경제가 작용하므로 P국은 보다 낮은 가격 OB 수준에서 Oq_5를 생산하여 동맹 전체의 수요를 충족시키게 된다. Oq_5의 생산량은 동맹 전 국내생산량 Oq_1과 Oq_2의 합계가 아니라 동맹 내 공급가격이 OB로 인하됨에 따라 양국의 소비가 각각 Oq_3로 증대되었고 이들 증대된 양국 소비의 합계 $(Oq_5 = Oq_3 + Oq_3)$를 표시하고 있다.

이렇듯 관세동맹 결성으로 동맹 내에서 효율적인 생산조건을 가진 P국은 H국의 국내소비량만큼 생산량을 증대시킴으로써 자국소비를 포함한 동맹 전체의 공급가격을 OC가 아닌 OB수준으로 인하시킬 수가 있게 된 것이다. 이러한 규모의 경제효과로 인해 H국에서는 $BDEG$, P국에서는 $BCFG$만큼의 소비자잉여가 증대되었다. 이 가운데 H국에서는 $BDEI$만큼의 비용감소효과가 발생하며 이는 무역창출효과에 해당한다. 그리고 삼각형 EIG는 가격하락으로 인한 소비효과이다. 이는 q_1q_3만큼 P국으로부터의 수입을 유발시킨 소비 증대이므로 무역확대효과에 해당한다. P국에서는 $BCFL$만큼의 비용감소 효과가 발생하며 삼각형 FLG는 소비효과이다.

그러나 규모의 경제로 인한 이러한 이익은 소비 측면에서는 동맹 당사국 모두의 이익으로 평가될 수 있으나 생산측면에서는 상반된 결과를 가져온다. 즉 P국은 생산 증대로 인한 이익을 얻을 수 있으나 H국에서는 생산중지로 인한 손실이 발생한다. 따라서 규모의 경제가 작용하더라도 관세동맹이 정당화되고 계속 유지될 수 있기 위해서는 P국의 이익이 H국의 손실을 보상하고도 남을 만큼 충분히 커야 하며 동시에 동맹 전체로서는 순이익이 생기더라도 이것이 동맹당사국 간에 균등하게 배분될 수 있는 조건이 갖추어져야 한다.

2. 일국만이 생산하는 경우

동맹 결성 전 어느 한 나라(H국)만이 당해 재화를 생산하고 있는 경우 H, P 두 나라가 관세동맹을 결성하면 기존의 생산자가 동맹 내 시장을 모두 장악하게 될 것이다. 이 때 P국은 대 역외수입을 H국으로부터의 수입으로 대체할 것이다. 이러한 수입원의 대체는 저생산비의 역외공급을 고생산비의 역내공급으로 대체하는 것을 의미하므로 무역전환효과로 나타난다. P국의 무역전환으로 인한 손실은 대 역외수입에 부과되던 관세수입의 상실분이다. 그러나 동맹 전체의 입장에서 볼 때, H국은 P국으로 수출을 통해 초과이윤을 얻게 되므로 이러한 무역전환의 손실은 다소 경감될 수 있다. 반면 H국에서는 규모의 경제로 인해 통합 후에는 보다 낮은 비용으로 생산할 수 있게 되어 비용감소의 이익을 얻게 된다.

그러나 여기서 생산의 역전이 일어날 가능성도 있다. 즉 관세동맹을 결성하여 시장이 확대되면 지금까지 잠재적 생산자로 남아 있던 P국도 새로이 생산을 개시할 수 있을 것이다. 그렇게 되면 P국은 종전 동맹 상대국 H국에서 수입하던 것을 자국 생산으로 대체하게 된다. 이럴 경우 P국에서는 H국으로부터의 수입을 국내 생산으로 대체하므로 소위 무역억제효과(trade suppression effect)가 발생한다. 무역억제효과는 당초 저생산비의 공급원이 고생산비의 공급원에 의해 대체되므로 무역전환효과와 같은 성질을 가지나, 무역억제효과에서는 고생산비의 공급원이 동맹상대국이 아니라 자국생산자라는 점에서 무역전환효과와 차이가 있다.

3. 양국이 모두 생산하고 있지 않는 경우

동맹 결성 전 H국과 P국이 모두 생산을 하지 않고 양국이 모두 역외에서의 수입으로 국내수요를 충당하게 되는 경우를 보자. 이 경우 동맹을 결성하게 되면 규모의 경제가 작용하는 산업에서는 시장 확대로 인해 평균비용이 지금까지의 국내가격 수준보다 낮아질 수 있기 때문에 이 중 어느 한 나라(H국)가 생산을 개시할 수도 있다. 이럴 경우 H국에서는 수입을 자국 생산으로 대체하게 되므로 무역 억제효과가 발생하며 P국에서는 저 생산비의 대 역외수입을 고 생비의 H국 생산으로 대체하므로 무역전환효과가 발생한다.

4. 규모의 경제에 대한 문제점

규모의 경제가 작용할 경우 관세동맹에 대한 이론적 분석은 이상에서 지적되지 않은

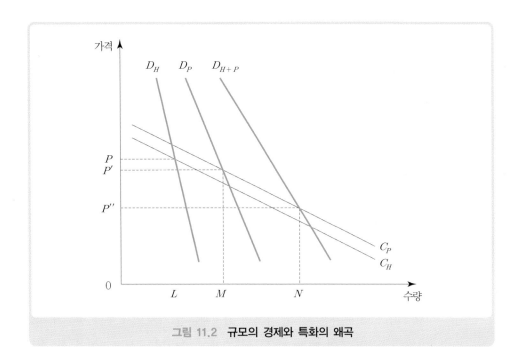

그림 11.2 규모의 경제와 특화의 왜곡

별도의 문제점이 나타날 수 있다. 특히 여러 개의 가능성 있는 균형점 가운데 어느 것이 관세동맹에서 생겨날 균형점인지를 비교 정학적 분석방법으로는 규명할 수 없다. 예를 들면 어떤 재화의 생산이 동맹 당사국에서 모두 이루어지고 있을 경우 관세동맹을 결정하게 되면 이 중 어느 한 생산업자가 동맹 내 시장을 모두 지배할 것이다. 그러나 그 생산자가 반드시 동맹 내의 최적 생산자인지 어떤지는 선험적으로 알 수 없다. 경우에 따라서는 장기적으로 더 효율적인 공급자가 희생이 되고 비효율적인 공급자가 동맹 시점의 낮은 비용조건 때문에 역내시장을 지배할 수도 있을 것이다.

규모의 경제에서 야기되는 이러한 문제점에 대한 검토는 H. C. Grubel과 같은 일부 경제학자들에 의해 전개되어 왔으며, 이들은 무역자유화가 반드시 최적특화를 가져오는 것만은 아니라는 견해를 가지고 이 문제를 논하고 있다. 그림 11.2를 통해 이러한 논점을 정리해 보기로 하자.

곡선 C_H와 C_P는 각각 자국(H국)과 상대국(P국)에 있어서 특정 생산물을 생산하는 데 소요되는 평균비용곡선을 나타내고 있다. 관세동맹 결정 전 OL만큼을 생산할 경우 H국의 생산비는 OP이며, 이는 같은 량을 생산했을 때 P국의 생산비보다 낮다.

그럼에도 불구하고 동맹 전 P국의 생산량이 OM이라고 가정하면 그 생산량의 시장 가격은 OP'가 된다. 이것은 생산조건과 관계없이 실제시장에서는 P국의 가격이 저 생산비국 H국의 가격 OP보다 낮다는 것을 의미한다. 이 상태에서 H국과 P국이 관세동맹을 결성한다면 H국의 소비자는 자국생산품을 값싼 P국의 생산품으로 대체하고자 할 것이다. 이리하여 P국의 생산은 확대될 것이고 그 가격은 더욱 하락할 것이다. 반면 H국에서는 그 반대의 현상이 일어나 생산은 위축되고 자국생산물의 가격은 더욱 비싸게 될 것이다. 그 결과 단위당 생산비는 P국이 H국보다 높음에도 불구하고 규모의 경제를 선취한 P국이 점점 더 많은 이익을 얻게 된다. 궁극적으로 동맹 내 균형점은 P국의 생산이 동맹 전체의 수요를 충족시키는 점에서 결정되며 이때의 가격은 OP'', 총생산량은 ON이 될 것이다.

이와 같이 규모의 경제가 작용하는 경우 관세동맹의 시장을 어느 나라가 지배하느냐에 따라 역내 자유무역이 자본의 최적배분을 가져오지 못할 경우가 생기는 것이다. 이러한 특화패턴의 왜곡이 규모의 경제에 수반되는 문제점이라 할 수 있다.

제3절 경제통합의 성장촉진 효과

1. 규모의 경제에 의한 수출증대와 경제성장

경제통합으로 인한 국경개방은 시장의 확대에 따르는 규모의 경제를 실현하게 하고 통합체 내에서 생산비의 절감 및 생산설비의 효율적 이용과 같은 내부경제 효과를 발생시킨다. 이러한 내부경제 효과는 통합체내에서 특화구조 및 비교우위조건의 개선을 유도함으로써 수출증대를 통한 경제성장을 가능하게 한다. 시장통합으로 인한 수출증대와 성장촉진에의 동태적 영향은 다음과 같은 세 단계의 파급과정을 통해 설명될 수 있다.

첫째, 수출증대는 수출업자의 예상이익을 높여 주고 잠재적 예상수요에 대한 전망을 밝게 함으로써 투자증대를 가져오게 한다. 이에 따라 생산설비의 개선이 일어나고 노동생산성이 증대된다. 이때 임금인상이 노동생산성을 상회하지 않는 한 그 나라의 국제경쟁력은 개선되고 수출이 추가적으로 증대되는 유발효과를 가지게 된다.

둘째, 시장의 확대는 규모의 경제뿐만 아니라 범위의 경제(economies of scope)를 가능하게 함으로써 새로운 경쟁력의 원천으로 작용하게 된다. 즉 시장 확대가 이루어지는 경제에서는 기술적 생산단위의 적정화를 통해 생산비의 절감을 가져온다. 나아가서는 생산공정의 연장(우회생산) 및 다양화(제품차별화)와 같은 범위의 경제를 수반함으로써 다양한 시장수요에 대한 적응력과 경쟁력을 확대시켜 준다. 이러한 합리화 과정은 국내 산업의 고도화를 촉진하므로 장기적으로는 국내 산업뿐만 아니라 역내 국가 간에도 산업의 재편성을 유도하는 재편성효과(restructuring effects)를 가지게 된다.

시장 확대에 대응한 기업규모의 증대는 자본시장에의 접근(자본조달 비용의 절감)을 용이하게 하고 일차산품 및 중간재 조달상의 비용절감을 가능하게 한다. 또한 공동의 생산조직, 공동의 R&D 전략을 통해 경영관리상의 효율성을 높일 수 있다. 그리고 이러한 효과가 유발되는 산업에서는 외부경제효과가 발생함으로써 개별기업들은 부수적인 혜택을 누릴 수 있다. 이 경우 외부경제효과는 공동체 내에서 형성된 효율적인 노동시장, 공동의 연구개발 기구 및 기술이전 과정 등을 통해 확산된다.

끝으로 이러한 여러 가지 효과는 규모의 경제에 관한 학습효과(learning by doing)와 관련되어 나타난다. 즉 생산의 확대는 경험과 지식의 습득을 가능하게 할 뿐만 아니라 통합체 내에서의 문화 및 정보의 흐름을 촉진함으로써 기업의 학습효과는 배가될 수 있다. 이러한 학습효과는 기업의 생산성향상으로 연결되어 대내적으로는 성장 촉진, 대외적으로는 경쟁력구조의 개선으로 나타나는 것이다.

이상과 같은 시장 확대 → 수출 증대 → 성장 및 투자 증대 → 규모의 경제, 범위의 경제 → 생산성 확대 → 경쟁력 증대 → 수출 증대 간의 호 순환적 동태성은 그림 11.3 과 같은 파급과정으로 표시될 수 있다.

2. 경쟁촉진에 의한 생산의 합리화

경제통합이 성장에 미치는 동태적 효과로서 이상과 같은 규모의 경제효과 외에도 시장 확대로 인한 경쟁촉진효과가 있다. 통합으로 인한 국경개방은 역내 기업들 간의 경쟁을 유발함으로써 관련 기업으로 하여금 경영합리화, 기술혁신 및 근대화에 대한 노력을 촉구하게 된다(경쟁의 냉수마찰효과; the cold shower effect of competition).

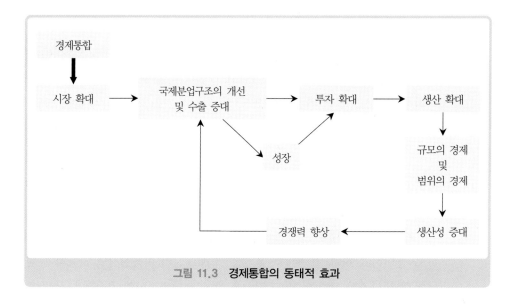

그림 11.3 경제통합의 동태적 효과

이러한 노력은 결국 생산비 절감과 자원이용의 효율화를 가져오게 되어 통합체 내의 경제적 이익을 증대시키는 것이다.

경제통합에 의한 국경 개방은 역내 회원국들로 하여금 보다 풍부한 시장정보 및 경쟁정보를 가질 수 있는 기회를 제공한다. 그로 인해 역내 국가 간에는 폐쇄시장에서의 독점과 같은 비능률적인 생산구조가 개편되고 확대된 시장조건과 경쟁조건에 적합한 형태로 생산 및 특화구조의 재편성이 일어나게 된다. 이러한 특화구조의 재편성은 비효율적인 수입대체 활동을 억제하고 효율적인 수출공급이 확대되는 방향으로 전개되어 당해국의 경제적 효율성을 증대시킨다.

또한 시장통합으로 역내 특화구조가 산업내무역을 촉진하는 방향으로 개편될 경우에는 산업 간 무역의 경우보다 경쟁의 중요성이 더욱 높아지게 된다. 따라서 H. Leibenstein 류의 X-효율성(X-efficiency)이 증대될 수 있다. 즉 경쟁격화에 의한 이윤 감소는 기업가로 하여금 경영노력을 배가시키는 소득효과와 여가(혹은 휴식) 증대를 유도하는 대체효과를 동시에 가지고 있다. 일반적으로 수출재와 수입 대체재를 동시에 생산하던 일국의 대표적 기업이라면 위에서 지적한 특화구조의 합리적 재편성과정에 잘 적응할 수 있는 기업으로 볼 수 있으므로 이러한 기업들에게는 우수한 경영노력의 이익이 더욱 크게 될 수 있는 것이다.

3. 외부효과의 내부화 및 투자유발효과

기술이 지배되는 첨단산업 부문에서는 시장통합으로 인한 정보의 파급과 그로 인한
외부효과에 매우 민감한 반응을 보이게 되어 통합결성 이후에는 회원국 상호 간의
공동 연구개발에 대한 노력이 강화될 수 있다. 1980년대 중반 이후 전자통신 및 첨단
산업 부문에서 EU 역내 기업 간 연구개발협력(ESPRIT, RACE 계획 등)이 강화되고 있
는 것도 경쟁촉진과 관련된 공동시장의 한 효과라 할 수 있다. 그로 인해 EU 내에서
는 회원국 상호 간 경쟁촉진에 의한 경쟁력 구조의 수평적 확산(수평무역, 산업내무
역)과 함께 일부 첨단산업 부문에서는 공동체 전체의 대외 경쟁력을 개선하는 성과를
보여 왔다.

　기술개발이나 환경오염과 같이 외부효과가 작용하는 분야에서의 정책협력은 외부
효과의 내부화를 실현할 수 있다는 점에서 정책적 효율성이 강조될 수 있다. 특히 외
부효과가 있는 산업에서 공동정책은 회원국 간 국별 투자의 중복을 피하면서 국별
투자와 동일한 효과를 얻을 수 있기 때문에 오늘날의 경제통합은 단순한 시장통합만
이 아니라 정책통합을 지향하고 있는 것이다.

　그리고 통합으로 인한 시장의 확대는 역내외 기업으로 하여금 역내 투자를 유발하
게 된다. 이러한 투자는 역내 기업에게는 확대된 역내시장에서 새로운 투자기회를 활
용하고 역외기업에게는 통합된 대시장장의 이용과 함께 공동 역외관세와 같은 진입
장벽을 회피하기 위한 목적으로 이루어지게 된다. 역내 자본의 신규 투자 및 역외기
업의 역내 진입으로 역내 생산활동과 고용기회는 확대되고 역내외 기업 간의 경쟁은
격화되어 생산 및 경영관리상의 효율성은 더 한층 개선될 수 있다.

제12장

경제통합 효과의 측정

경제통합이 결성되면 그것이 자유무역지역이든 관세동맹이든 아니면 공동시장이든 역내 가맹국 간에는 무역장벽을 제거하는 반면 역외 비가맹국에 대해서는 무역상의 차별을 가하는 조치가 취해지게 된다. 그로 인해 가맹국 간에는 관세 철폐로 인한 무역창출, 무역확대가 일어나게 되고 장기적으로는 상호 간 경쟁촉진에 의한 산업 및 분업구조의 변화가 일어나게 된다. 반면 역외국과의 무역에서는 무역상의 차별조치 때문에 무역전환효과가 발생할 수 있고 역외국과의 무역은 역내 상대적으로 축소되지 않을 수 없다. 그로 인해 세계무역은 경제통합이 이루어진 특정 지역으로 집중되는 무역의 지역화 현상이 나타나게 된다.

이 장에서는 경제통합으로 인해 야기되는 이러한 무역효과를 현실적으로 측정하는 방법을 소개하고자 한다. 엄격한 의미에서 경제통합의 무역효과는 통합이 결성되지 않고 시간이 경과한 경우와 통합이 실제로 결성되어 시간이 경과한 경우를 비교하여 그 차이를 통합의 무역효과로 해석해야 할 것이다. 그러나 현실적 세계와 현실에 존재하지 않는 세계를 비교하는 것은 어려운 일이다. 그로 인해 학계에서는 이론적으로 규정하고 있는 경제통합의 무역효과를 과학적으로 검증할 수 있는 측정방법의 개발에 관심을 기울이고 있으나 아직까지는 경제통합 고유의 효과만을 측정할 수 있는 측정수단을 개발하지는 못하고 있다. 지금까지는 주로 무역구조 분석을 위한 통계적 접근 방법을 지역통합에 적용하여 경제통합의 무역효과를 관찰하고자 했다. 최근 들어서는 중력모형이나 연산균형분석(CGE)을 통해 경제통합의 효과를 예측하는 모형들이 개발되고 있다. 그러나 이러한 분석수단들은 지역통합에서 나타나는 특정한 무역효과만을 관찰하거나 아니면 국민경제의 일반적 효과를 보더라도 일정한 가정하에서 미래의 성과를 추정하는 정도에 그치므로 실제 상황의 효과 측정과는 거리가 있을 수 있다.

따라서 이 장에서 소개하고 있는 경제통합 효과의 검증수단은 분석 대상과 목적에 직접적으로 사용될 수도 있으나 경우에 따라서는 간접적으로 목적에 접근하는 수단으로 소개되는 경우가 많다. 그리고 개별 분석수단은 각기 독자적, 배타적으로 사용되는 것이 아니라 분석 목적에 따라서는 상호 보완적으로 사용되어야 소기의 결과를 얻을 수 있는 수단임을 주지할 필요가 있다.

제1절 경제통합 고유의 무역효과 측정

경제통합의 결성으로 야기될 수 있는 직·간접의 무역효과는 여러 측면에서 관찰될 수 있다. 그 가운데 경제통합 고유의 무역효과는 역내외 관세 차이로 생겨나는 무역창출, 무역전환 및 간접무역굴절효과로 설명될 수 있다. 그러나 이론적으로 정의된 이러한 무역효과를 현실적으로 측정하기란 쉽지 않은 일이다. 통합으로 인한 무역효과를 사후적으로 측정하기 위해서는 통합된 상태와 통합되지 않았던 상태를 비교할 수 있어야 하나 현실적으로 통합된 지역에서 통합되지 않았던 상태의 경제지표를 추정해 내는 것이 사실상 불가능하기 때문이다. 따라서 경제통합 고유의 무역효과는 통합 전 혹은 통합 후의 현실을 일정한 가정으로 제한하거나, 아니면 다른 보완적 경제지표를 이용하여 간접적으로 추정하는 방식에 의존하고 있다.

1. 통합 전후의 교역량 비교를 통한 무역효과

(1) 무역창출효과

무역창출효과는 지금까지 높은 수입관세로 인해 수입이 되지 않고 국내에서 자급자족하던 재화가 경제통합 결성으로 역내관세가 제거되면 역내 다른 회원국에서 수입하게 되는 현상을 말한다. 따라서 이러한 무역창출현상은 해당 재화의 통합 전후의 무역량을 비교함으로써 관찰할 수 있다.

만약 통합에 참가하는 i국의 k재가 통합 전에는 자급자족 상태였으나 통합 후에는 동맹국(j국)에서 수입하고 있다면 무역창출효과가 생겨난 것으로 관찰할 수 있다.

즉 $M_{ij0}^k = 0$이고 $M_{ij1}^k > 0$이면 무역창출이 발생한 것이다.

여기서 M_{ij0}^k는 통합 전(기준시점 : 0) i국이 동맹 내 j국으로부터의 k재 수입량을 의미하고, M_{ij1}^k은 통합 후(비교시점 : 1) i국이 동맹 내 j국에서 수입한 k재의 수입량을 의미한다. 통합 전 동맹 당사국 간에 이미 무역을 하고 있었더라도 통합 후 관세 철폐로 무역량이 더 증가한 경우, 즉 $\dfrac{M_{ij1}^k}{M_{ij0}^k} > 1$인 경우에도 무역창출이 일어난 것으로 볼 수 있다. 그러나 후자의 경우에는 관세 철폐로 인한 수입가격 하락으로 i국내 소비가 증가하는데 따른 무역창출이 포함되어 있으므로 총무역창출 내지 무역확대 효과로 보아야 한다. 따라서 $\dfrac{M_{ij1}^k}{M_{ij0}^k} > 1$는 무역확대 혹은 총무역창출 효과의 지표가 될 수 있다.

(2) 무역전환효과

한편 무역전환효과는 종전 역외에서 수입하던 상품을 통합 후에는 역내외 관세 차이 때문에 역내 가맹국에서 수입하는 현상을 의미한다. 따라서 통합 전 역내수입은 없고 ($M_{ij0}^k = 0$) 역외로부터의 수입이 있는($M_{if0}^k > 0$) 상태에서 통합 후 역내수입이 발생하고 대 역외수입이 감소(혹은 제로)한다면 이는 경제통합으로 인한 무역전환이 일어나고 있는 것으로 볼 수 있다.

즉 $\dfrac{M_{if1}^k}{M_{if0}^k} < 1$이고 $\dfrac{M_{ij1}^k}{M_{ij0}^k} > 1$이면 무역전환이 일어나고 있는 것으로 볼 수 있다. 여기서 M_{if0}^k는 통합 전 통합에 참가하는 i국이 역외국 f로부터 수입하는 k재의 수입량을 의미하고 M_{if1}^k은 통합 후 i국의 대 역외수입량을 의미한다.

(3) 간접무역굴절효과

다른 한편 자유무역협정(FTA)에서는 역내 회원국 간에는 관세를 철폐하지만 역외국에 대해서는 각 회원국이 독자적인 관세를 부과하는 것을 허용하고 있다. 그로 인해 동맹 내 저관세국인 i국은 자국 내 k상품은 비싼 값을 받을 수 있는 동맹국 j국에 무관세로 수출하고 자국 내에 부족한 재화는 역외에서 낮은 가격으로 수입하여 국내 시장에 공급하는 현상이 일어날 수 있다. 이러한 현상을 자유무역지역의 간접무역굴절효과라 한다. 이러한 간접무역굴절현상은 FTA의 원산지 규정에 의해서도 제거되지 않는 FTA 고유의 무역효과이다. 현실적으로 동일한 k재를 동맹국에 수출하고 역외에서 다시 같은 k재를 수입하여 소비하는 경우는 쉽게 일어날 수 없다. 그러나 k재와 대체관계에 있는 상품의 수출입이나 k재와 수직적 산업내무역구조를 가진 중간재 무역에서는 여기에 준하는 무역효과가 발생할 수 있다. 즉 원산지 규정을 피하기 위해 자국산 제품은 높은 가격이 유지되고 있는 동맹국에 수출하고 자국은 역외에서 저렴한 부품을 수입하여 조립한 후 국내 소비하는 현상이 일어날 수 있다. 이러한 무역현상도 개념상 간접무역굴절의 한 현상으로 볼 수 있다.

이러한 간접무역굴절효과의 개념은 다음과 같이 표현될 수 있다.

즉 $\dfrac{X_{ij1}^{k}}{X_{ij0}^{k}} > 1$이고 $\dfrac{M_{if1}^{k}}{M_{if0}^{k}} > 1$이면, FTA로 인한 간접무역굴절효과가 나타난 것으로 해석할 수 있다.

여기서,

　　0 : 통합 전 시점

　　1 : 통합 후 시점

　　X_{ij}^{k} : i국의 j국에 대한 k재의 수출

　　M_{if}^{k} : i국의 f로부터의 k재 수입을 각각 나타낸다.

즉 통합 전에 비해 통합 후 i국의 역내 j국에 대한 k재 수출이 더 증가하면서 동시에 i국은 역외(f)로부터 같은 제품(k)류의 수입을 늘려 왔으므로 간접무역굴절효과가 일어나고 있는 것으로 볼 수 있다. 그러나 이러한 역내외 국가와의 무역확대는 반

드시 FTA의 간접무역굴절효과만이 아니라 다국적 기업의 아웃소싱이나 해외직접투자 등 산업내무역 유발 요인에 의해서도 일어날 수 있다. 따라서 FTA의 간접무역굴절 현상과 산업내무역 유발효과는 구분해서 관찰할 필요가 있으나 무역통계에서 그것을 구분하는 것은 어려운 일이므로 여기서는 그 개념만 소개해 두고자 한다.

2. 수입수요의 소득탄력성 비교

앞에서는 통합 전후의 무역량 비교를 통해 무역창출, 무역전환의 측정방법을 살펴보았다. 경제통합의 무역효과는 이외에도 수입의 소득탄력성의 비교를 통해서도 추정해 볼 수 있다. 즉 경제통합 이후의 무역증대분 가운데 경제성장에 의한 자연적 무역 증가분을 추계하고 거기서 설명되지 않는 잔여분을 무역창출 혹은 무역전환에 의한 효과로 볼 수 있다. Balassa는 역내 상품에 대한 수입수요의 소득탄력성이 증가하여 역내무역이 늘어난 것을 총무역창출로 보았다. 동시에 역외로부터의 수입에 대한 소득탄력성이 낮아지면 역외수입이 역내수입으로 대체될 수 있으므로 이를 무역전환효과로 보고자 했다. 이렇듯 통합 전후 역내외 국가로부터의 수입수요의 소득탄력성 비교를 통해 무역창출과 무역전환효과를 추정해 볼 수 있다.

3. 총공급 구성비의 비교

국내 총소비 가운데 국내생산, 역내수입, 대역외수입이 차지하는 비중, 즉 총공급의 구성비가 경제통합 이후에 어떻게 변화하는가를 비교하여 무역창출효과와 무역전환효과를 추정해 볼 수 있다. 즉 국내생산, 역내수입 및 대역외수입 중 통합 후 국내 생산이 감소하고 역내수입이 증가하면 무역창출이 발생한 것으로 볼 수 있다. 국내생산이 감소하고 대역외수입이 증가하는 경우는 Viner의 무역창출 개념은 아니지만 저효율의 국내생산이 고효율의 역외 생산으로 대체되었다는 점에서 경제통합의 무역창출효과라 할 수 있다. 이러한 무역창출을 Viner의 무역창출—고비용의 국내생산이 저비용의 동맹국 생산으로 대체되는 현상—과 구분하기 위해 외부무역창출효과라 한다. 이러한 외부무역창출효과는 통합 후 동맹 전체의 대외 공통관세가 통합 전 회원국의 관세수준보다 더 낮은 경우에 발생할 수 있다.

제2절 역내무역구조의 변화

경제통합이 결성되어 역내관세가 철폐되고 역외국에 대해서는 관세상의 차별이 가해지게 되면 회원국 간의 무역의존 관계는 더욱 깊어지는 반면 역외국과의 무역은 상대적으로 침체되게 된다. 그리고 역내에서는 요소 및 제품 이동이 자유화되므로 생산의 국제적 결합이 촉진되고 그로 인해 가맹국 간의 분업구조와 경쟁력 구조에도 변화가 생겨나게 된다. 이러한 무역구조의 변화는 다음과 같은 지표를 통해 통계적으로 검증해 볼 수 있다.

1. 역내무역 의존 구조의 변화

(1) 역내무역 비중

경제통합이 결성되어 역내관세가 철폐되면 가장 먼저 관찰될 수 있는 무역구조의 변화가 바로 역내무역 의존 비중의 증가 현상이다. 역내무역 의존 비율은 가맹국의 대외 총무역 가운데 역내무역 비중의 상대적 크기로 표시되며 역내수출비율과 역내수입비율로 나누어 관찰할 수 있다.

$$역내무역비율 = \frac{X_{ij} + M_{ij}}{X_i + M_i} \times 100$$

$$역내수출비율 = \frac{X_{ij}}{X_i} \times 100$$

$$역내수입비율 = \frac{M_{ij}}{M_i} \times 100$$

여기서 X_i는 i국의 총수출, M_i는 i국의 총수입, X_{ij}는 i국에서 j국으로의 수출, M_{ij}는 i국의 j국으로부터의 수입을 각각 나타낸다.

(2) 역내무역결합도

역내무역 비중은 산식이 단순하고 무역의 지리적 집중도를 파악하는 데는 도움이 되는 지표이다. 그러나 관련 국가 간의 무역벡터나 국민소득을 고려한 상대적 무역집중도를 파악하지 못하는 단점이 있다. 이러한 단점을 보완하는 수단으로 무역결합도를 사용할 수 있다.

무역결합도의 측정에서도 수출결합도와 수입결합도를 분리해서 관찰할 수 있으며 양자를 합한 무역결합도로 관찰할 수도 있다. i국의 j국에 대한 수출결합도는 수출상 대국 j국이 세계시장에서 차지하는 시장규모$\left(\dfrac{M_j}{M_w}\right)$와 i국에서 j국으로의 수출이 i 국 총수출에서 차지하는 비중$\left(\dfrac{X_{ij}}{X_i}\right)$의 상대적 크기로 표시된다. 수입의 경우에도 같은 개념으로 표기될 수 있다.

$$\text{수출결합도} = \frac{X_{ij}}{X_i} \Big/ \frac{M_j}{M_w}$$

X_{ij} : i국에서 j국으로의 수출액

X_i : i국의 총수출액

M_j : j국의 총수입(혹은 세계의 j국에 대한 수출)

M_w : 세계총수입(혹은 세계총수출 : X_w)

$$\text{수입결합도} = \frac{M_{ij}}{M_i} \Big/ \frac{X_j}{X_w}$$

M_{ij} : i국의 j국으로부터의 수입

M_i : i국의 총수입

X_j : j국의 총수출(혹은 세계의 j국으로부터의 수입)

X_w : 세계총수출(혹은 세계총수입)

무역결합도의 값이 1보다 크면 양국 간 무역의존도가 세계 평균치보다 높고 그 값이 커질수록 역내무역결합도가 높다고 평가한다. 무역 당사국의 세계시장에 대한 상대적 크기를 고려하여 당사국 간 수출입의 상호의존 관계를 측정하는 지표이므로 시장규모 대비 역내무역의존의 상대적 강도를 측정하는 데 유용한 수단이 될 수 있다.

2. 역내 분업구조의 변화

(1) 수출경쟁력 구조의 변화

경제통합이 결성되어 역내시장이 하나의 시장으로 통합되면 가맹국 간에는 새로운 경쟁조건에 따른 무역구조의 변화가 일어나게 된다. 그러한 변화의 대표적 현상이 회원국 간 경쟁력구조와 분업구조의 변화라 할 수 있다.

수출 경쟁력구조의 변화는 현시비교우위지수, 무역경합도지수 및 순위상관계수 등을 통해 관찰할 수 있으며, 관찰의 목적에 따라 이들 지표 중 하나 혹은 복수를 선택하여 보완적으로 사용할 수 있다.

1) 현시비교우위지수

현시비교우위지수(Revealed Comparative Advantage Index : RCA지수)는 특정 상품의 특정 시장에 대한 비교우위 정도와 그 국제 간 비교 수단으로 사용되는 지표이다. 경제통합이 결성되어 역내관세가 철폐되면 지금까지 잠재적 수출 경쟁력을 가지고 있었음에도 불구하고 관세장벽 때문에 수출되지 못했던 상품은 역내시장에서 새로운 수출 기회를 가지게 된다. 이 경우 이 나라의 특정 상품의 수출경쟁력은 통합 후에 나타나는 현시비교우위 지수를 통해 파악할 수 있다. 현시비교우위지수의 산출식은 다음과 같다.

$$RCA_{ij}^k = \frac{X_{ij}^k}{X_{ij}} / \frac{X_j^k}{X_j} = \frac{X_{ij}^k}{X_j^k} / \frac{X_{ij}}{X_j}$$

RCA_{ij}^k : i국의 j시장에 대한 k재의 현시비교우위지수

X_{ij}^k : i국의 j시장에 대한 k재 수출액

X_{ij} : i국의 j시장에 대한 총수출액

X_j^k : j시장에 대한 세계 전체의 k재 수출액(혹은 j시장의 k재 총수입액)

X_j : j시장에 대한 세계 전체의 총수출액(혹은 j시장의 총수입액)

위 식에서 k재의 RCA지수가 1보다 크면 그 재화는 i국의 다른 수출상품에 비해 j시장에서 비교우위가 있는 것으로 평가할 수 있다. 그리고 국가 간 비교에서 i국의

특정 품목의 RCA지수가 다른 국가의 해당품목 RCA지수보다 높다면 i국은 그 상품 수출에 더 큰 비교우위가 있는 것으로 볼 수 있다.

2) 수출경합도지수

경쟁 관계에 있는 두 나라가 제3국 시장에서 특정 재화의 수출을 두고 경합을 벌이고 있을 때 그 경쟁의 정도를 측정하는 지표로서 수출경합도지수(export similarity index) 를 사용할 수 있다.

수출경합도지수 $S(ab,c) = \left\{ \sum_k Minimum[X_k(ac), X_k(bc)] \times 100 \right\}$

    a, b, c : 무역국가

    k : 수출상품

위 식은 a, b 양국의 c국 시장에 대한 수출구조의 경합도를 측정하는 공식이다. 위 식에서 $X_k(ac)$는 a국에서 c국으로의 총수출 가운데 k재가 차지하는 비율, 즉 $\frac{X_{ac}^k}{X_{ac}}$ 를 나타내며, $X_k(bc)$는 b국의 c국에 대한 총수출 가운데 k재가 차지하는 비율, 즉 $\frac{X_{bc}^k}{X_{bc}}$ 를 나타낸다. 만약 a국과 b국의 c국에 대한 수출에서 k재가 차지하는 비율이 같으면 $S(ab,c)$의 값은 100이 되며, 양국 간 수출패턴이 전혀 다르면 위 값은 0이 될 것이다.

독자들의 정확한 이해를 돕기 위해 수출경합도 지수의 산출 예를 들어보면 다음과 같다. 표 12.1은 a국과 b국이 c국에 대해 제1재와 제2재를 수출하고 있는 경우를 나타

표 12.1 c국 시장에 대한 a, b 양국의 수출경합 구조

상품 \ 수출국	a국		b국	
	금액($)	$X_k(ac)$	금액($)	$X_k(bc)$
제1재	10	0.1	50	0.5
제2재	90	0.9	50	0.5
총계	100	1.0	100	1.0

내고 있다.

표 12.1에 나타난 수출구조를 기초로 수출경합도를 측정하면 다음 풀이에서 보는 바와 같이 양국 간 수출경합도는 60으로 나타난다. 완전 경합관계이면 100, 전혀 무관한 관계이면 제로이므로 60의 경합도는 약간의 경합구조를 가지고 있는 것으로 볼 수 있다.

$$S(ab,c) = [\min(0.1, 0.5) + \min(0.9, 0.5)] \times 100$$
$$= [0.1 + 0.5] \times 100$$
$$= 60$$

이러한 수출경합도 지수의 정기적인 측정을 통해 시장통합 이후 역내 회원국 간 역내시장에서의 경쟁력구조의 변화를 관찰할 수 있다. 그리고 위의 산출식에서 c를 역내시장으로 보고 a국을 역내국, b국을 역외국으로 둘 경우 역내시장에 대한 역내회원국과 역외 비회원국 간의 수출 경합도 지수를 비교할 경우 역외국에 대한 무역전환 효과를 간접적으로 유추해 볼 수 있다. 즉 다른 여건의 변화가 없는 상태에서 통합 이후 역내 a국의 수출이 증가하고 a, b 양국 간의 수출경합도가 통합전보다 낮아졌다면 공동체에 대한 관세 차별로 인해 역외국의 수출경쟁력이 상실된 결과로 해석해 볼 수 있다.

3) 순위 상관계수

한편 경제통합 이후 역내 국가 간 혹은 역내 공급자와 역외 공급자 간의 경쟁력구조의 변화를 파악하기 위해 수출품목의 순위상관계수를 측정해볼 수도 있다. 즉 일정한 수의 주요 교역대상 품목을 선정하고 이들 품목을 각국의 상대국에 대한 수출액이 많은 품목 순으로 나열하여 상호 간 수출 품목의 순위상관계수를 측정해 보면 통합 후 경쟁력구조의 변화를 읽을 수 있다. 예컨대 A국은 B국으로 IT제품, 자동차, 철강, 섬유의 순으로 수출하고 B국에서는 A국으로 목재, 고무, 펄프, 비료의 순으로 수출했다면 양자간에는 순위상관도가 낮으며, 분업관계는 보완적으로 유지되고 있다고 볼 수 있다. 그러나 B국 역시 A국으로 IT제품, 자동차, 철강, 섬유제품 등의 순으로 수출하고 있다면 양자간에는 높은 순위 상관계수를 가지게 되며, 분업구조는 경쟁적으로 발전하고 있는 것이다. 여기서 사용되는 순위상관계수의 산출식은 다음과 같은 Spearman의 공식을 이용할 수 있다.

$$순위상관계수(R_s) = 1 - \frac{6\sum D^2}{N(N^2-1)}$$

      D : 해당 품목의 양국 간 순위차

      N : 나열된 품목 수

이러한 순위상관계수는 0.001의 값이라도 상관도의 유무에 영향을 미칠 수 있으며, 또한 이 값은 비교 대상품목(N)의 수에 따라 그 유의도에 차이가 있으므로 품목 수를 충분히 늘려서 관찰할 필요가 있다. SITC 분류에 의거할 경우 양국의 비교품목을 0~9까지 대분류로 비교할 것이 아니라 가능하면 SITC 2자리 내지 3자리 이상으로 세분하여 동일산업 내 다품목간의 순위상관을 관찰하는 것이 상관도의 신빙성을 높이고 경쟁력구조의 구체적 특성을 파악하는 데 도움이 된다.

(2) 분업구조의 변화

경제통합으로 야기되는 분업구조의 변화추세는 앞에서 소개한 수출경쟁력 지수의 변화를 통해서도 일반적 윤곽은 파악할 수 있다. 그러나 일국 경제 내에서 특정 산업이 수출산업으로 부상 혹은 쇠락하거나 특정 산업 내에서의 교차 무역이 일어나는 등의 구체적 현상은 수출산업의 특화계수나 산업내무역 지수를 통해서 보다 정확히 파악할 수 있다.

1) 특화계수

특화계수(specialization coefficient)는 앞 절의 현시비교우위(RCA)와 유사한 개념이다. 그러나 RCA지수는 특정 시장 내에서 수출국의 특정 재화가 차지하는 비교우위의 정도를 나타내는데 비해 특화계수는 수출국의 특정 재화가 세계시장에서 차지하는 특화의 정도를 나타낸다는 점에서 차이가 있다. 일반적으로 일국의 특정재화(k재)에 대한 수출특화계수는 세계무역에서 k재가 차지하는 비중과 일국 총수출에서 k재가 차지하는 상대적 비중으로 파악하고 있으며, 다음과 같은 산식으로 표시된다.

$$특화계수(S_k) = \left(\frac{X_{ik}}{X_i} \Big/ \frac{X_k}{X_w} \right) \times 100$$

X_{ik} : i국의 k재 수출액

X_i : i국의 총수출액

X_k : 세계 전체의 k재 수출액

X_w : 세계총수출액

위 식에서 특화계수의 값이 100보다 크면 i국은 k재 시장에서 수출특화하고 있는 것으로 볼 수 있다. 즉 세계총수출에 대한 k재의 수출 비중보다 자국의 총수출에서 k재가 차지하는 비중이 더 크다면 S_k의 값은 100보다 크게 되며, 이 나라는 세계시장에서 k재 수출에 특화하고 있는 것으로 해석할 수 있다.

이 식을 경제통합이 이루어진 역내시장에만 적용한다면 식의 X_k, X_w는 각각 역내시장에서의 k재 수출량 및 역내 총 수출량을 나타내게 된다. 이 경우 특화계수는 역내시장에서 개별 회원국이 특정 재화에 어느 정도의 수출특화를 하고 있는가를 나타낸다.

2) 산업내무역지수

경제통합의 결성으로 역내국간 무역이 자유화되고 경쟁이 치열하게 되면 산업구조의 재편과 함께 분업구조의 변화가 일어나게 된다. 지금까지 EU나 ASEAN의 경험 등에서 볼 때 시장 확대로 인한 경쟁촉진은 회원국 상호 간 산업 간 무역보다 산업내무역(Intra-Industry Trade)을 더 촉진해 온 것으로 관찰되고 있다.

산업내무역의 정도는 일반적으로 그루벨-로이드(Grubel-Lloyd)지수를 이용하여 측정하고 있으며, 그 산출식은 다음과 같다.

$$산업내무역 \ 지수(IIT_k) = 1 - \frac{X_k - M_k}{(X_k + M_k)}$$

k : k재 산업

X_k : k재 산업의 수출액

M_k : k재 산업의 수입액

산업내무역 지수(Intra-Industry Trade Index : IIT)는 0과 1 사이의 값을 가진다. 0은 산업내무역이 없는 상태, 즉 산업 간 무역만 있는 상태이고 1은 산업내무역만 있는 상태이다. 위 식은 일국의 대외무역에 대한 일반적 상황을 나타내고 있다. 만약 i국이 j국과 경제통합을 결성하고 i국의 j국에 대한 산업내무역의 진전 상황을 측정할 경우 위 식은 다음과 같이 표시될 수 있다.

$$\text{산업내무역 지수}(IIT_{ij}^{k}) = 1 - \frac{X_{ij}^{k} - M_{ij}^{k}}{X_{ij}^{k} + M_{ij}^{k}}$$

IIT_{ij}^{k} : k재 산업에 대한 i국의 j국에 대한 산업내무역 지수

X_{ij}^{k} : i국에서 j국으로의 k재 수출

M_{ij}^{k} : i국의 j국으로부터의 k재 수입

논자에 따라서는 위 IIT에 100을 곱하여 산업내무역을 백분율로 표시하기도 한다. 그리고 산업내무역내에서도 전후방 연관관계에 있는 산업내무역은 수직적 산업내무역으로 분류하고 동종 산업 내 차별화된 제품 간의 무역은 수평적 산업내무역으로 분류한다. 수직적 산업내무역과 수평적 산업내무역은 수출재와 수입재의 단위가치(unit value)비율을 가지고 분류할 수 있다. 그리고 수입재에 대한 수출재의 단위가치 비율이 일정수준 이상이면 우위품질 산업내무역(high quality IIT)이라 하고 그 비율이 일정수준 이하이면 열위품질 산업내무역(low quality IIT)이라 한다. 이러한 개념을 수식으로 표시하면 다음과 같이 표시될 수 있다.

$$\text{수평적 산업내무역(HIIT)} : 1 - a \leq \frac{UV_{X}}{UV_{M}} \leq 1 + a$$

UV_{X} : 수출재의 단위가치

UV_{M} : 수입재의 단위가치

a : 수평적, 수직적 산업내무역의 구분을 위한 단위가치 비율의 조정범위

위 식에서 수출재와 수입재의 단위가치 비율이 일정범위(a) 이내이면 수평적 산업내무역이고 그 이상 괴리되면 수직적 산업내무역으로 분류한다. a의 값은 연구자에 따라 차이가 있으나 주로 0.15 또는 0.25를 쓰고 있다.

$$\text{열위품질 산업내무역} : \frac{UV_X}{UV_M} < 1-a$$

$$\text{우위품질 산업내무역} : \frac{UV_X}{UV_M} > 1+a$$

위 식에서 수출국 입장에서 수출재의 단위가치 비율이 $1+a$ 이상이면 수출재를 우위품질로 그 값이 $1-a$ 이하이면 수출재가 열위품질인 것으로 구분한다. 이러한 열위품질과 우위품질의 산업내무역은 수직적 산업내무역 가운데서도 고급품과 저가품간의 산업내무역을 진단하는데 도움이 될 수 있는 지표이다.

제3절 지역화 추세의 측정

경제통합에 의한 역내관세의 철폐는 회원국의 무역을 역내시장으로 집중시키는 효과를 가지고 있다. 그로 인해 국제무역은 통합된 지역으로 집중되는 소위 세계무역의 지역화 현상이 나타나게 된다. 특히 1990년대 이후 신지역주의 시대에 와서는 지역별 통합이 EU 혹은 NAFTA와 같이 대륙규모의 통합으로 나타나고 있어 경제통합에 의한 무역의 지역화 추세는 더욱 뚜렷하게 나타나고 있다.

이러한 무역의 지역화 추세는 지역화계수와 무역편향도 지수를 통해 측정해 볼 수 있다.

1. 지역화계수

지역화계수(regionalization coefficient)는 세계무역에 대한 상대국 시장의 상대적 크기와 자국 총수출에 대한 역내무역의 상대적 비중을 비교하는 지표이다. 이 값이 1보다 크면 무역의 지역집중도가 강하고, 1보다 작으면 지역화의 정도가 약하다고 평가할 수 있다. 그 산출식은 앞에서 설명한 수출결합도와 같은 식을 사용하고 있다.

$$\text{지역화계수} = \frac{X_{ij}}{X_i} \bigg/ \frac{X_j}{X_w}$$

X_{ij} : i국에서 j국으로의 수출액, X_i : i국의 총수출액

X_j : j국으로의 세계총수출(j국의 총수입), X_w : 세계 총수출

2. 무역편향도지수

무역편향도(propensity to intra-regional trade)는 세계시장에서 교역 대상지역이 차지하는 상대적 비중과 당해지역(혹은 국가)의 총 GDP에 대한 상대국(지역)으로의 무역이 차지하는 상대적 비중의 크기로 측정된다.

$$무역편향도(P_y) = \frac{X_{ij}}{GDP_i} / \frac{M_j}{M_w} = \frac{X_i}{GDP_i} \cdot I_{ij}$$

X_{ij} : i국(지역)에서 j국(지역)으로의 수출

GDP_i : i국(지역)의 국내 총생산

M_j : j국(지역)의 총수입

M_w : 세계총수입

X_i : i국의 총수출

I_{ij} : 무역결합도 지수

무역편향도는 산출식이 시사하는 바와 같이 GDP에 대한 역내무역비중(여기서는 수출의 경우만을 표시하였으나 수입 혹은 수출입을 모두 식에 반영할 수도 있음)을 측정하고 있으므로 당해국(지역)의 GDP 성장에 따른 지역별 무역의존도의 변화를 나타내는 지표가 될 수 있다. 무역결합도는 총무역에 대한 역내무역 비중만으로 지역의존도를 측정하지만 무역편향도에서는 총생산에 대한 역내무역비중을 측정하므로 양자간에는 같은 기간에도 상반된 결과가 나타날 수 있다. 즉 역내무역에서 무역결합도(I_{ij}) 지수는 낮아지더라도 GDP에 대한 역내무역 비중이 높아진다면 무역편향도 지수는 높아질 수 있다. 따라서 무역편향도는 경제규모, 경제성장 기타 GDP에 영향을 미치는 경제여건의 변화에 따른 무역의 지역화 경향을 파악하는데 유용한 지표가 될 수 있다. 특히 경제가 성장함에 따라 특정국의 무역이 어느 지역에 집중되는가를 파악하는데 필요한 계측 수단이 될 수 있다.

제4절 중력모형과 CGE 모형에 의한 통합효과의 측정

이상에서 제시한 통합효과의 측정방법은 무역의 방향과 무역구조의 변화를 측정하는 데에는 유용한 분석수단이 될 수 있으나 통합 이후 어떠한 요인들로 인해 역내무역이 확대되고 또 어떠한 요인들로 인해 통합 이후 당사국의 무역과 경제에 긍정적 효과가 발생할 수 있는가를 파악하는 데에는 도움이 될 수 없다. 이러한 무역 및 경제에 미치는 일반적 영향을 종합적으로 파악하기 위해 최근에는 중력모형과 CGE 모형에 의한 통합효과의 측정이 많이 시도되고 있다.

1. 중력모형

중력모형(Gravity Model)은 어떤 활동에 관하여 두 지역 간에 관찰되는 흡인력에 대한 경제적, 기능적 상호작용을 표현하는 인력(引力)모델이며 뉴턴의 만유인력 법칙에서 고안된 분석모형이다. 이 모델에서는 두 지역 간의 상호작용은 각 지역에서 추출되는 변량의 크기와 강도의 함수로 표시되며, 두 지역 간의 거리(경제적, 시간적, 지리적)에 반비례하는 것으로 표시된다. 경제통합의 무역효과 측정에서는 통합대상 국가 간의 거리(물리적, 경제적, 시간적 거리), 인구, 국민소득, 기타 각국이 소속한 기존의 무역협정 등의 변수를 동시에 고려하여 통합에 대한 무역집중력을 측정하고 있다. 이러한 개념을 반영한 중력모형의 회귀방정식은 다음과 같이 표시된다.

$$\log X_{ij} = \log b_0 + b_1 \log D_{ij} + b_2 \log Y_i + b_3 \log Y_j + b_4 \log N_i$$
$$+ b_5 \log N_j + b_6 \log A_{ij} + b_7 P_{ij}^{RTA1} + b_8 P_{ij}^{RTA2} + \log e_{ij}$$

여기서 X_{ij}는 i국의 j국에 대한 수출액, Y_i, Y_j는 각각 i국과 j국의 국민소득, N은 인구, D는 양국간 거리, A_{ij}는 인접국을 나타내는 더미변수(dummy variable), P_{ij}^{RTA}는 각국이 속한 지역무역협정에 적용되는 더미변수를 나타내고 있다. 특히 Y_i와 N_i는 i국의 잠재적 수출공급을 결정하는 함수이며, Y는 생산능력을 N은 시장규모를 각각 결정한다. D는 무역 당사국 간에 작용하는 운송비, 운송시간 등의 무역 억제요인을 대변하는 대리변수(proxy variable)이다. 인접국을 나타내는 더미변수 A_{ij}

는 인접국 간의 공동 이해관계나 기호, 문화적 유사성 등의 무역촉진요인을 나타내는 변수이다. $\log e_{ij}$는 오차 항이다.

이들 더미변수는 실증적으로 측정이 어려운 사실의 근사치를 나타내는 변수들이므로 위의 방정식에 의한 무역효과는 어디까지나 근사치로 추정되는 값에 불과하다. 따라서 중력모형에 의한 무역효과는 현실 통계를 통해서는 얻을 수 없는 두 지역 간의 무역효과를 무역에 영향을 미치는 종합적 요인을 동시에 고려하여 추정한다는 장점은 있으나 근사치로 추정한 여러 개의 더미 변수를 사용해서 얻은 값이므로 그것이 실제 사실을 어느 정도 반영하고 있는가에 대한 의문은 여전히 남게 된다.

2. 일반연산균형(CGE) 분석

(1) 국제무역의 CGE 기본 모형

1990년대 이후 경제의 지역주의가 확산되고 국제 간 자유무역협정(FTA)이 늘어남에 따라 지역경제통합의 파급효과를 종합적으로 관찰하는 수단으로 일반연산균형(Computable General Equilibrium : CGE) 모형이 널리 사용되고 있다. CGE 분석모형은 시장에서 수요와 공급이 일치하는 일반균형 개념에 기초하여 개발된 경제분석 모형이다. 시장균형에 이르기 위해 가격은 생산요소의 수요가 그 부존량과 같아질 때까지 조정되고, 소비자는 주어진 소득에 맞추어 재화의 조합을 선택하며, 기업은 이윤을 극대화 할 수 있는 수준의 생산점을 선택한다는 것을 가정하고 있다. 이러한 CGE 모형은 1960년대에 개발되어 현재에 이르기까지 연구목적, 관찰대상 경제의 특성 등에 따라 다양한 형태의 모형으로 응용 개발되고 있으며, 1990년대 이후부터 FTA의 국민경제적 파급효과 분석에 널리 사용되기 시작하였다.

이 책에서는 경제통합효과의 기초가 될 수 있는 국제무역의 CGE 모형을 소개해 두고자 한다. 무역, 관세, FTA 등 개방경제를 상정한 CGE 모형을 국제무역의 CGE 모형이라 할 수 있다. 이는 왈라스적 신고전파 일반균형이론에 바탕을 두고 있으며, 현재 사용되고 있는 대부분의 CGE 무역모형은 신고전파 일반균형모형을 응용한 모형들이다. 신고전파 CGE 모형에서는 완전경쟁적 상품시장, 완전고용, 산업 간 노동, 자본의 자유 이동을 가정하고 있다. 그리고 소규모 개방경제를 가정하고 있으며, 무역재의 국제시장 가격은 고정된 것으로 간주한다. 동일한 상품류 속에 수입재, 수출재, 국내재가 있다고 가정한다. 아밍톤(Armington) 가정을 채택하여 수입재와 국내재는 불완전 대체관계에 있고, 수출재와 국내재는 불변변환탄력성(CET) 함수에 의해 (산출로부터) 변환된다는 가정하에 모형이 수립되고 있다.

신고전파 CGE 모형의 방정식 체계는 일반균형의 정의에 따라 개별 경제주체들의 적정화조건들과 시장청산조건 및 모형을 마무리하는 거시균형 조건들로 구성된다. 여기서는 소규모 개방경제를 가정하고 가계의 적정화조건, 정부의 적정화조건, 기업의 적정화조건과 경쟁이윤조건, 시장청산조건, 물가지수조건으로 구성된 CGE 방정식 체계를 소개해 두고자 한다.[1]

먼저, 소규모 개방경제 가정은 해당 경제가 세계시장 가격에 영향을 미칠 수 없는 소규모 경제이고 국제시장가격을 주어진 조건으로 받아들인다는 것을 의미한다. 이러한 가정은 다음의 CGE 기본 모형 방정식체계(223쪽)의 (C.1), (C.2)에 반영되어 있다. 수입재의 국내시장 가격은 국제시장 가격에 관세(Tariff) 명목환율을 곱한 값이며, 수출재의 국내시장 가격(PM_j)은 국제시장가격에 수출보조금을 더한 값으로 표시된다.

무역장벽에는 관세뿐만 아니라 수입수량제한(Quota)도 있을 수 있다. 수입수량제한이 있는 경우에는 해당산업에 그것을 반영하는 제약식을 방정식 체계에 추가로 반영해야 한다. 가계는 기업에 노동과 자본을 공급하고 요소소득을 얻으며 그 소득의 일부를 직접세로 정부에 납부하고 잔여분은 소비지출과 가계저축을 하게 된다. 여기서는 저축을 가처분 소득의 일정률로 가정하고 있다. 이러한 관계는 식 (C.3)~(C.6)까지의 예산 제약하의 가계효용 극대화 조건으로 나타내고 있다.

식 (C.3)은 가계 소비에서 복합재 간의 한계대체율($MRS_{j,k}$)이 복합재의 상대가격 $\left(\dfrac{P_j}{P_k}\right)$과 일치해야 한다는 효용극대화의 1차 조건이다. 식 (C.5)는 직접세를 뺀 가계의 가처분 소득(HI), 식 (C.6)은 가처분 소득에 저축률을 곱한 가계저축(HS)을 각각 나타낸다. 식 (C.4)는 예산 제약식을 나타낸다. 식 (C.3)~(C.6)에서 가계의 복합재 수요함수를 도출하게 된다.

---

1) 여기서 소개하는 CGE 기본 모형은 신동천, 『국제무역의 연산균형분석』, 세명사, 1999를 참조하여 소개하였다.

가계의 한계대체율은 효용함수에서 도출되기 때문에 CGE 모형 분석을 위해서는 효용함수 형태에 대한 구체적 가정이 필요하다. 효용함수는 일반균형이론과 일관성이 있어야 하고 균형의 존재를 보장하는 함수형태가 되어야 한다. 특히 효용함수에서 도출되는 수요함수는 왈라스의 법칙을 만족해야 한다. 그리고 효용함수에서 도출되는 수요함수는 분석적으로 다루기 쉬운 형태여야 한다. 이러한 조건을 충족하면서 CGE 모형에 많이 사용되는 효용함수로는 콥 더글러스(Cobb-Douglas)형, CES(Constant Elasticity of Substitution)형 및 선형지출형(Linear Expenditure System : LES) 효용함수가 있다.

만약 가계의 효용함수가 $U = CD_1^{a1}, CD_2^{a2}, \cdots CD_n^{an}$ 과 같은 콥 더글러스형이라 한다면 (C.3)식은 다음과 같이 표시될 수 있다[복합재 $1(k=1)$을 기준으로 할 때].

$$MRS_{j1} = \frac{a_j CD_1}{a_1 CD_j} = \frac{P_j}{P_1}, \ (j = 1, 2, ..., n) \qquad ①$$

위 ① 식을 식 (C.4)와 결합하면 복합재 수요함수는 다음과 같이 된다.

$$CD_j = \frac{a_j \cdot (HI - HS)}{P_j}, \ (j = 1, 2, ..., n) \qquad ②$$

콥 더글러스형 효용함수는 다루기 편리한 장점이 있으나 수요의 소득탄력성과 자기 가격탄력성이 모든 소득수준과 가격체계에서 1이라는 문제가 있다.

CES형 효용함수를 쓰면 수요의 소득탄력성은 1이지만 자기 가격탄력성은 가격체계의 변화에 따라 변동하는 장점을 얻을 수 있다. 그 대신 CES형을 가정할 경우에는 복합재 사이의 대체탄력성들을 가정하거나 추정해야 한다.

LES형 효용함수는 콥 더글러스형이나 CES형 효용함수에서 각 상품의 최소한의 필요소비량을 가정한 함수이다. LES형의 경우 수요함수의 가격탄력성과 소득탄력성은 가격체계와 소득수준에 따라 변하게 된다는 점에서 일반적인 함수형태라 할 수 있다. 그러나 LES형에서는 필요소비량 $(\overline{D_j})$을 가정하거나 추정해야 하는 문제점이 있다.

이로 인해 CES형이나 LES형 함수에서는 많은 매개변수를 CGE 모형 밖에서 얻어야 하는 문제점이 있고, 그로 인해 분석결과를 해석하는 데에도 어려움이 있을 수 있다.

그러나 콥 더글러스형 효용함수를 가정할 경우 복합재별 지출비중을 나타내는 $a_j (j = 1, 2, ..., n)$를 CGE 모형 내에서 기준년도의 자료에서 보정(Calibration) 과정을 통해 얻을 수 있기 때문에 많은 경우 콥 더글러스형 함수를 가정하고 있다.

식 (C.7)~(C.10)은 정부의 효용극대화 조건을 나타내고 있다. 정부의 복합재 소비는 정부가 가지고 있는 효용함수를 극대화하는 결과로 도출되고 정부의 각 복합재 소비량은 고정된 것으로 가정 할 수 있다. 여기서 복합재(Composite commodity)란 국내재와 수입재로 구성된 재화를 의미한다. 식 (C.7)~(C.8)은 정부가 효용함수를 가지고 있다는 가정에서 도출된 정부의 적정화 조건이며, 식 (C.9)~(C.10)은 정부수입(GR)과 정부저축(GS)을 정의하는 식이다.

정부수입은 가계에 대한 직접세, 생산활동에 대한 간접세 및 관세 등에서 생기는 세수입에서 수출 보조금을 뺀 금액으로 보고 있다. 이들 세수 항목은 분석 목적에 따라 더 세분할 수 있다. 정부 측에서도 세수입의 일정 부분을 저축하는 것으로 가정한다.

식 (C.11)~(C.18)은 기업의 이윤극대화 조건들과 그것에서 도출되는 복합중간재 수요를 나타내는 식이다. CGE 모형은 투입·산출(Input-Output)모형이나 사회회계행렬(Social Accounting Matrix : SAM)모형을 일반화시키고 투입·산출관계가 안정적이라고 보고 있다. 따라서 투입−산출 계수들을 고정된 것으로 보고 각 산업의 생산함수를 복합 중간재와 본원적 생산요소의 레온티에프 고정계수 함수로 가정한다. 식 (C.11)~(C.12)는 생산함수가 레온티에프 함수이고 본원적 생산요소로 구성된 하나의 복합요소(VA_j)가 생산에 투입된다는 가정하에 주어진 산출량(XD_j)을 생산하기 위한 적정 요소 수요량을 나타내고 있다. 식 (C.13)은 복합요소(Composite factor)의 함수식이고 식 (C.14)는 복합요소를 만들기 위한 노동과 자본의 최적투입량을 결정하는 조건식이다. CGE 모형에 일반적으로 사용되는 복합요소의 함수형태는 콥 더글러스형 아니면 CES형이다. 콥 더글러스형이라면, 즉 $\left[g^j (L_j, K_j) = AD_j L_j^{b_j} K_j^{1-b_j} \right]$라면 한계 기술대체율과 요소의 상대가격이 일치해야 하는 조건 (C.14)식은 다음과 같이 다시 표현될 수 있다.

$$\frac{\partial g^j / \partial L_j}{\partial g^j / \partial K_j} = \frac{b_j}{1-b_j} \cdot \frac{K_j}{L_j} = \frac{P_L}{P_K}$$

식 (C.15)와 (C.16)은 수출재와 국내재의 가격이 주어질 때 식 (C.11)의 복합중간재와 식 (C.12)의 복합요소의 투입으로 생산된 산출량을 수출재와 국내재로 최적으로 변환하는 조건들을 나타낸다. 식 (C.15)는 산출량에서 국내재량으로 변환하는 조건이고, 식 (C.16)은 국내재로 변환된 양이 식 (C.15)로 결정되면 이에 따른 수출재 공급량을 나타낸다. 식 (C.15)의 $\Phi^j\left(\dfrac{PE_j}{PS_j}\right)$는 불변변환탄력성(CET) 함수에서 도출된 식이다. 식 (C.17)은 변환된 수출재와 국내재를 각각의 시장가격으로 평가한 가치의 합이 산출액과 같아야 한다는 조건을 나타내며, 이 조건에서 산출가격이 결정된다. 식 (C.18)은 경제전체의 복합중간재에 대한 총 수요량 (ID_j)을 나타낸다. 식 (C.19)는 경쟁시장균형에서 정상이윤 조건을 나타내며, 경쟁균형에서의 산출량(XD_j)이 결정된다.

식 (C.20)~(C.22)는 투자수요와 거시균형 조건을 나타낸다. 식 (C.20)은 총저축(TS)이 총투자(TZ)와 일치한다는 거시균형 조건을 나타낸다. 식 (C.21)은 총투자 중에서 산업별 투자액이 산업별 자본재 생산비용과 일치한다는 조건이며 식 (C.22)는 산업별 자본재 생산에 필요한 경제 전체의 복합재별 투자수요를 나타낸다.

식 (C.23)~(C.28)은 시장청산조건을 나타낸다. 식 (C.23)은 모든 용도에서 복합재 함수는 동일하다는 가정하에서 복합재의 총수요를 정의하는 식이다. 식 (C.24)는 일반균형에서 복합재의 총수요로부터 파생되는 국내재의 총수요가 국내재의 총공급과 일치한다는 시장 청산조건을 나타낸다. 식 (C.24)에서 $\Psi^j\left(\dfrac{PS_j}{PM_j}\right)$는 복합재의 구성을 최적화하는 과정에서 도출된다. 식 (C.25)는 수입공급의 가격탄력성이 무한대라는 가정(소규모 개방경제를 상정함)에서 수입재의 파생적 총수요량을 나타낸다. 수입공급의 탄력성이 무한대이므로 식 (C.25)는 국내시장에서 수입재의 시장청산조건이 될 수 있다. 식 (C.26)은 노동시장의 청산조건, 식 (C.27)은 자본시장의 청산조건을 각각 나타낸다. 이 청산조건에서 노동의 임금 (P_L)과 자본에 대한 지대(P_K)가 결정된다. 식 (C.28)은 외환시장의 청산조건을 나타낸다.

식 (C.29)와 (C.30)은 물가지수를 반영한다. 식 (C.29)는 개별 주체들이 적정 복합재 수요량을 결정하는데 신호가 될 수 있는 복합재 가격 결정식이다. 식 (C.30)은 복합재 가격들을 가중평균한 값을 물가지수로 정의한 식이다.

　이상의 식에서 도입된 복합재는 국내재와 수입재로 구성된 재화를 의미하며, 복합 중간재도 국내 중간재와 수입 중간재로 구성된 중간재를 말한다. 복합재를 도입하지 않고 직접 수입재와 국내재의 수요함수를 도입하여 시장균형을 찾을 수 있으나 CGE 모형의 계산과 방정식체계의 단순화를 위해 복합재 개념을 도입하고 있다.

　식 (C.1)에서 (C.29)까지 $(n^2 + 18n + 8)$개의 방정식들로 구성된 체계는 왈라스법 칙으로 인하여 $(n^2 + 18n + 7)$개의 방정식만이 독립적이다. 소규모 개방경제하에서 는 수출입재화의 국제시장가격과 본원적 생산요소 부존량 $(\overline{L}, \overline{K})$은 외생적으로 주어지고 선호함수나 생산함수, 정부정책 관련 매개변수들의 값이 주어진다.

　따라서 CGE 모형에서 내생적으로 결정되거나 모형 밖에서 외생적으로 주어져야 할 변수들은 수량변수 $(n^2 + 13n)$개, 환율을 포함한 가격변수 $(5n + 4)$개, 무역지수 를 포함한 금액 변수 6개 등 총 $(n^2 + 18n + 10)$개가 된다. 신고전파 CGE 모형에서는 수요함수와 공급함수가 가격체계에 대해 0차동차(zero homogeneity)의 성격을 가지 고 있으므로 그 가격체계 중 하나를 기준재(numeraire)로 하고 그 가격을 1로 하여(혹 은 물가지수를 정의하여 물가지수를 고정시킴으로써) 상대가격체계를 계산할 수 있 다. 즉 가격들 중 하나를 외생변수화하거나 식 (C.30)과 같은 물가지수식을 추가하여 그 기준을 잡을 수 있다. 이리하여 식 (C.1)~(C.30)에서 독립된 방정식 수가 물가지 수를 포함하여 $(n^2 + 18n + 8)$개이고, 결정되어야 할 변수가 $(n^2 + 18n + 10)$개 이므 로 변수들 중에서 2개가 외생적으로 결정되어야 한다.

　일반적으로 CGE 모형에서는 물가지수를 정의하고 이를 고정시키고 있다. 여기서 설명하는 CGE 방정식체계에서는 소비자 물가지수의 개념을 지닌 복합재 물가지수를 고정시키고 있다. 고정시켜야 할 나머지 변수로는 환율과 무역수지가 있을 수 있으나 여기서 소개하는 CGE 모형에서는 무역수지를 외생적으로 고정시키고 있다. 그리하 여 본 CGE 모형은 $(n^2 + 18n + 8)$개의 독립된 방정식과 $(n^2 + 18n + 8)$개의 내생변 수들로 구성된다.

　이상의 제 조건들을 반영하고 물가지수$(\overline{P})$와 무역수지(TB)를 고정시킨 신고전파 CGE 무역모형의 방정식 체계와 내, 외생변수 및 변수명은 다음과 같다.

CGE 기본 모형의 방정식체계

(C.1) $\quad PM_j = (1 + tr_j)ePWM_j$

(C.2) $\quad PE_j = (1 + te_j)ePWE_j$

(C.3) $\quad MRS_{j,k} = \dfrac{P_j}{P_k}, \quad j \neq k$

(C.4) $\quad \displaystyle\sum_{i=1}^{n} P_i CD_i = HI - HS$

(C.5) $\quad HI = (1 - dr) \cdot \left[P_L \overline{L} + P_K \overline{K} \right]$

(C.6) $\quad HS = s \cdot HI$

(C.7) $\quad MRS_{j,k}^{G} = \dfrac{P_j}{P_k}, \quad j \neq k$

(C.8) $\quad \displaystyle\sum_{i=1}^{n} P_i GD_i = GR - GS$

(C.9) $\quad GR = dr \cdot \left[P_L \overline{L} + P_K \overline{K} \right] + \displaystyle\sum_{i=1}^{n} inr_i \cdot PD_i XD_i$
$\qquad\qquad + \displaystyle\sum_{i=1}^{n} tr_i \cdot ePWM_i M_i - \displaystyle\sum_{i=1}^{n} te_i \cdot ePWE_i E_i$

(C.10) $\quad GS = s^G \cdot GR$

(C.11) $\quad V_{ij} = a_{ij} XD_j$

(C.12) $\quad VA_j = a_{vj} XD_j$

(C.13) $\quad VA_j = g^j(L_j, K_j)$

(C.14) $\quad \dfrac{\partial g^j / \partial L_j}{\partial g^j / \partial K_j} = \dfrac{P_L}{P_K}$

(C.15) $\quad XS_j = \dfrac{1}{\Phi^j\!\left(\dfrac{PE_j}{PS_j}\right)} XD_j$

(C.16) $\quad \dfrac{E_j}{XS_j} = \left[\dfrac{PE_j}{PS_j} \dfrac{1 - q_j}{q_j} \right]^{\epsilon_j}$

(C.17) $\quad PD_j XD_j = PS_j XS_j + PE_j E_j$

$$\text{(C.18)} \qquad ID_j \;=\; \sum_{i=1}^{n} V_{ji}$$

$$\text{(C.19)} \qquad \left(1 - inr_j\right)PD_j XD_j \;=\; P_L L_j \;+\; P_K K_j \;+\; \sum_{i=1}^{n} P_i V_{ij}$$

$$\text{(C.20)} \qquad TZ \;=\; HS \;+\; GS \;+\; e \cdot TB$$

$$\text{(C.21)} \qquad \sum_{i=1}^{n} P_i c_{ik} Z_k \;=\; \theta_k TZ, \;\; k = 1, 2, \cdots, n \quad \left(\sum_{k=1}^{n} \theta_k = 1 \right)$$

$$\text{(C.22)} \qquad ZD_j \;=\; \sum_{k=1}^{n} c_{jk} Z_k$$

$$\text{(C.23)} \qquad X_j \;=\; ID_j \;+\; CD_j \;+\; GD_j \;+\; ZD_j$$

$$\text{(C.24)} \qquad XS_j \;=\; \frac{1}{\Psi^j \left(\dfrac{PS_j}{PM_j} \right)} X_j$$

$$\text{(C.25)} \qquad \frac{M_j}{XS_j} \;=\; \left[\frac{PS_j}{PM_j} \frac{d_j}{1 - d_j} \right]^{\sigma_j}$$

$$\text{(C.26)} \qquad \sum_{i=1}^{n} L_i \;=\; \overline{L}$$

$$\text{(C.27)} \qquad \sum_{i=1}^{n} K_i \;=\; \overline{K}$$

$$\text{(C.28)} \qquad TB \;=\; \sum_{i=1}^{n} PWM_i M_i \;-\; \sum_{i=1}^{n} PWE_i E_i$$

$$\text{(C.29)} \qquad P_j X_j \;=\; PM_j M_j \;+\; PS_j XS_j$$

$$\text{(C.30)} \qquad \sum_{i=1}^{n} \Omega_i P_i \;=\; \overline{P}$$

내생변수와 외생변수

(내생변수) 수량 : $CD_j,\ GD_j,\ ID_j,\ ZD_j,\ X_j,\ XD_j,\ XS_j,\ E_j,\ M_j,\ VA_j,\ Z_j$

$\qquad\qquad\qquad L_j,\ K_j,\ V_{ij} \quad \left(n^2 + 13n \text{개} \right)$

$\qquad\quad$ 가격 : $P_j,\ PD_j,\ PS_j,\ PE_j,\ PM_j,\ P_L,\ P_K, e \qquad \left(5n + 3 \text{개} \right)$

금액 : HI, HS, GR, GS, TZ (5개)

(내생변수의 총수 : $n^2 + 18n + 8$개)

(외생변수) $PWM_j, PWE_j, \overline{L}, \overline{K}, TB, tr_j, te_j, inr_j, drs, s^G, a_{ij}, \theta_j, c_{ij}, \Omega_j, \overline{P}$

변수명

PM_i = 수입재의 국내가격

PE_i = 수출재의 국내가격

tr_i = 관세율

te_i = 수출보조금율

PWM_i = 수입재의 국제가격

PWE_i = 수출재의 국제가격

P_i = 복합재 가격

PS_i = 국내재 가격

PD_i = 산출가격

PL = 임금률

P_K = 자본지대

X_i = 복합재량

XS_i = 국내재량

XD_i = 산출량

M_i = 수입량(서비스 포함)

E_i = 수출량(서비스 포함)

inr_i = 간접세율

a_{ij} = 투입－산출계수

VA_i = 부가가치(간접세 제외)

L_i = 노동수요량

K_i = 자본수요량

AT_i = CET함수의 상수

q_i = CET함수의 분배상수

r_i = CET함수의 지수

ID_i = 복합중간재 수요량

CD_i = 민간부문의 복합재 수요량

HI = 민간부문의 가처분소득

dr = 직접세율

HS = 민간부문의 저축

s = 가계저축율

GR = 정부수입

GS = 정부저축

GD_i = 정부복합재 수요량

s^G = 정부저축율

ZD_i = 복합재 투자수요량

c_{ij} = 자본구성계수

Z_i = 자본재 증가량

TB = 무역수지

TS = 총저축

TZ = 총투자

e = 명목환율

θ_i = 투자배분율

Ω_i = 물가지수 가중치

$\overline{P}$ = 물가지수

(2) 관세인하의 경제적 효과를 관찰하기 위한 CGE 모형

FTA 효과를 예측하기 위해서는 FTA의 핵심요소인 관세인하의 경제적 효과를 관찰해야 한다. 즉 FTA가 결성되어 역내관세가 철폐되면 국내시장 전반의 상대가격체계가 변동하게 되고 그로 인해 자원배분과 소득 재배분이 일어나게 된다. 특히 상대가격변화는 투입·산출구조를 통해 각 부분의 산출과 소득에 영향을 미치고 국내소비와 수출에도 변화가 일어나게 된다. 이러한 관세인하의 파급효과를 나타내는 CGE 방정식 체계는 앞에서 소개한 CGE 기본 모형을 약간 수정하여 설정할 수 있다.

　FTA의 일차적 효과는 관세인하로 인한 국제무역의 변화에서 발견될 수 있다. 따라서 앞의 CGE 기본 모형에서는 무역수지를 외생적으로 고정시켰으나 여기서는 물가지수와 명목환율을 고정시키고 (그로 인해 실질환율이 고정됨) 무역수지는 내생변수로 가정한다.

　앞의 식 (C.1)~(C.30)으로 구성된 기본 모형에서는 가계와 정부의 효용함수에 대해 구체적 가정을 하지 않았다. 여기서는 가계와 정부의 효용함수로 Cobb-Douglas, CES, LES형 가운데 계산상의 편의를 위해 콥 더글러스형을 가정한다. 이에 따라 앞의 가계 효용극대화 조건을 나타내는 식 (C.3), (C.4)는 콥 더글러스 효용함수 $U = CD_1^{a1}$, $CD_2^{a2}, \cdots CD_n^{an}$ 의 가정에 따라 다음과 같은 가계의 복합재 수요함수를 구할 수 있다.

$$P_j CD_j = a_j \cdot (HI - HS) \qquad\qquad ③$$

따라서 기본 모형의 식 (C.3), (C.4)는 식 ③으로 대체될 수 있다. 마찬가지로 정부의 효용함수도 $U = GD_1^{g1}, GD_2^{g2}, \cdots GD_n^{gn}$ 으로 가정하면 정부효용극대화 조건식 (C.7)과 (C.8)도 정부의 복합재 수요함수 식 ④로 대체될 수 있다.

$$P_j GD_j = g_j \cdot (GR - GS) \qquad\qquad ④$$

그리고 앞의 기본 모형에서는 도입하지 않았으나 여기서는 자본에 대한 감가상각을 가정하고 감가상각을 총저축의 추가적인 원천으로 도입하였다. 가계가 얻는 노동, 자본에 대한 요소소득은 그 요소가 생산한 부가가치 중에서 감가상각분을 제외한 몫이다.

　본원적 생산요소가 생산한 산업별 부가가치는 $PVA_j VA_j (= P_L L_j + P_K K_j)$ 이고, 산업별 감가상각률을 $depr_j$라 할 때 감가상각분은 $depr_j P_K K_j$가 된다. 가계가 얻는 소득은 산업별 부가가치에서 감가상각분을 공제한 금액을 합계한 액수, 즉 $\sum_j (PVA_j VA_j - depr_j P_K K_j)$가 된다. 가계가 실제 저축과 소비지출에 쓸 수 있는 가처분소득은 여기서 다시 직접세를 공제한 금액이다. 즉

$$HI = (1 - dr) \cdot \sum_{i=1}^{n} (PVA_i VA_i - depr_i P_K K_i) \qquad ⑤$$

앞의 기본 모형에서 식 (C.13)은 본원적 생산요소의 함수로 정의되는 복합요소함수(부가가치함수)이다. 앞에서는 그 구체적 형태는 지정하지 않았으나 실제 응용을 위해서는 이 함수에 대한 구체적 가정이 있어야 한다. 여기서는 콥 더글러스형으로 가정한다. 즉

$$VA_j = V^j(L_j, K_j) = AD_j L_j^{bj} K_j^{1-bj} \qquad ⑥$$

부가가치함수를 ⑥과 같이 정의하면 주어진 복합요소량(혹은 부가가치)을 최소비용으로 생산하기 위한 비용극소화조건 식 (C.14)는 다시 식 ⑦과 같이 표시될 수 있다.

$$\frac{b_j}{1 - b_j} \frac{K_j}{L_j} = \frac{P_L}{P_K} \qquad ⑦$$

부가가치의 가격 PVA_j는 생산된 부가가치에 가격을 곱한금액을 부가가치 생산비용과 일치시킴으로써 계산할 수 있다.

$$PVA_j VA_j = P_L L_j + P_K K_j \qquad ⑧$$

이상과 같이 CGE 기본 모형에서 가계와 정부의 효용함수와 부가가치함수를 구체적으로 가정하고 자본의 감가상각을 고려하면서 관세인하의 경제적 효과를 분석하기 위한 일반균형 방정식 체계는 다음의 식 (F.1)~식 (F.29)로 설정될 수 있다. 여기서는 방정식의 수가 내생변수보다 1개 더 많으나 왈라스의 법칙에 의해 1개 방정식은 독립적이 아니다.

방정식체계

(F.1) $\qquad PM_j = (1 + tr_j)ePWM_j$

(F.2) $\qquad PE_j = ePWE_j$

(F.3) $\qquad P_jCD_j = a_j \cdot (HI - HS)$

(F.4) $\qquad HI = (1 - dr) \cdot \sum_{i=1}^{24} (PVA_i VA_i - depr_i P_K K_i)$

(F.5) $\qquad HS = s \cdot HI$

(F.6) $\qquad P_jGD_j = g_j \cdot (GR - GS)$

(F.7) $\qquad GR = dr \cdot \sum_{i=1}^{24}(PVA_i VA_i - depr_i P_K K_i)$
$$+ \sum_{i=1}^{n} inr_i \cdot PD_i XD_i + \sum_{i=1}^{n} tr_i \cdot ePWM_i M_i$$

(F.8) $\qquad GS = s^G \cdot GR$

(F.9) $\qquad V_{ij} = a_{ij}XD_j$

(F.10) $\qquad VA_j = a_{vj}XD_j$

(F.11) $\qquad VA_j = AD_j L_j^{b_j} K_j^{1-b_j}$

(F.12) $\qquad \dfrac{b_j}{1-b_j} \dfrac{K_j}{L_j} = \dfrac{P_L}{P_K}$

(F.13) $\qquad PVA_j VA_j = P_L L_j + P_K K_j$

(F.14) $\qquad XD_j = AT_j \left[q_j E_j^{r_j} + (1 - q_j) XS_j^{r_j} \right]^{\frac{1}{r_j}}$

(F.15) $\qquad \dfrac{E_j}{XS_j} = \left[\dfrac{PE_j}{PS_j} \dfrac{1-q_j}{q_j} \right]^{\epsilon_j}$

(F.16) $\qquad PD_j XD_j = PS_j XS_j + PE_j E_j$

(F.17) $\qquad ID_j = \sum_{i=1}^{n} V_{ji}$

(F.18) $\qquad (1 - inr_j)PD_j XD_j = P_L L_j + P_K K_j + \sum_{i=1}^{n} P_i V_{ij}$

(F.19) $\qquad TZ = HS + GS + e \cdot TB + \sum_{i=1}^{n} depr_i P_K K_i$

(F.20) $\quad \sum_{i=1}^{n} P_i c_{ik} Z_k = \theta_k TZ, \ k = 1, 2, \cdots, n \quad \left(\sum_{k=1}^{n} \theta_k = 1 \right)$

(F.21) $\quad ZD_j = \sum_{k=1}^{n} c_{jk} Z_k$

(F.22) $\quad X_j = ID_j + CD_j + GD_j + ZD_j$

(F.23) $\quad X_j = A C_j \left[d_j M_j^{-a_j} + (1 - d_j) XS_j^{-a_j} \right]^{-\frac{1}{a_j}}$

(F.24) $\quad \dfrac{M_j}{XS_j} = \left[\dfrac{PS_j}{PM_j} \dfrac{d_j}{1 - d_j} \right]^{\sigma_j}$

(F.25) $\quad \sum_{i=1}^{n} L_i = \overline{L}$

(F.26) $\quad \sum_{i=1}^{n} K_i = \overline{K}$

(F.27) $\quad TB = \sum_{i=1}^{n} PWM_i M_i - \sum_{i=1}^{n} PWE_i E_i$

(F.28) $\quad P_j X_j = PM_j M_j + PS_j XS_j$

(F.29) $\quad \sum_{i=1}^{n} \Omega_i P_i = \overline{P}$

(방정식의 총수 : $n^2 + 19n + 9$개)

내생변수

(내생변수) 수량 : $CD_j, GD_j, ID_j, ZD_j, X_j, XD_j, XS_j, E_j, M_j, VA_j, Z_j,$

$\qquad\qquad L_j, K_j, V_{ij} \qquad \left(n^2 + 13n \text{개} \right)$

가격 : $P_j, PD_j, PS_j, PE_j, PM_j, PVA_j, e, P_L, P_K \qquad (6n + 3\text{개})$

금액 : $HI, HS, GR, GS, TZ \qquad (5\text{개})$

(내생변수의 총수 : $n^2 + 19n + 8$개)

변수명

PM_i = 수입재의 국내가격 PE_i = 수출재의 국내가격

tr_i = 관세율 te_i = 수출보조금율

PWM_i = 수입재의 국제가격 PWE_i = 수출재의 국제가격

P_i = 복합재 가격 PS_i = 국내재 가격

PD_i = 산출가격 P_L = 임금율

P_K = 자본지대율 X_i = 복합재량

XS_i = 국내재량 XD_i = 산출량

M_i = 수입량(서비스 포함) E_i = 수출량(서비스 포함)

inr_i = 간접세율 a_{ij} = 투입−산출계수

VA_i = 부가가치(간접세 제외) L_i = 노동수요량

K_i = 자본수요량 AT_i = CET함수의 상수

q_i = CET함수의 분배상수 r_i = CET함수의 지수

ϵ_i = 변환탄력성 σ_j = 대체탄력성

ID_i = 복합중간재 수요량 CD_i = 민간부문의 복합재 수요량

HI = 민간부문의 가처분소득 dr = 직접세율

HS = 민간부문의 저축 s = 가계저축율

GR = 정부수입 GS = 정부저축

GD_i = 정부복합재 수요량 s^G = 정부저축율

ZD_i = 복합재 투자수요량 c_{ij} = 자본구성계수

Z_i = 자본재 증가량 TB = 무역수지

TS = 총저축 TZ = 총투자

e = 명목환율 θ_i = 투자배분율

Ω_i = 물가지수 가중치 $\overline{P}$ = 물가지수

위의 식 (F.1)~(F.29)로 구성된 CGE 모형을 이용하여 관세인하에 따른 산업별 효과를 파악하기 위해서는 산업분류가 선행되어야 한다. 산업분류는 한국의 경우 한국

은행에서 발표한 산업연관표에 의해 산업을 분류할 수 있다. 위 모형을 이용하여 외생변수인 관세율을 인하했을 때 기준년도와 비교년도 사이의 GDP, 국내물가, 수출입의 변화와 산업구조의 변화를 파악할 수 있다. 즉 기준년도의 관세율하에서 위 모형과 관련된 모수들을 결정하고 부문별로 관세율을 일정률로 인하시킴으로써 생산, 가격, 수출입의 변화를 비교 정태분석할 수 있다. FTA의 경우 산업별, 연도별 관세인하 시나리오를 설정하여 이를 상호 비교함으로써 FTA의 관세 인하로 인한 국내경제의 파급효과뿐만 아니라 바람직한 FTA 협상모델의 선별이 가능하게 된다.

CGE 모형 구축에 있어 중요한 과정은 모형의 규모와 생산함수 형태를 연구 목적에 맞게 합리적으로 구성하는 것과 신뢰할 수 있는 입력 자료를 구축하는 작업이다. 모형의 규모와 함수형태의 개발은 초기의 GTAP(Global Trade Analysis Project) 정태모형에서 더 발전하여 자본축적모형, 기술진보모형으로 발전하고 있으며, 최근에는 기술진보를 외생변수가 아닌 내생변수로 처리한 완전동태적 CGE 모형에 이르기까지 다양하게 개발되고 있다. 그리고 모형의 입력 데이터는 GTAP data base를 기초로 지역별 사회회계행렬(Social Account Matrix : SAM)을 구축하여 사용하고 있다. 그러나 연산에 필요한 모든 정보를 SAM으로부터 얻을 수 없기 때문에 외생적으로 주어진 대체탄력성을 가지고 모수값 등을 추정하는 조정작업(calibration)이 필요하다.

(3) 동태적 CGE 모형

앞에서 소개한 CGE 기본 모형은 정태분석에 입각한 분석모형이다. 그리고 지금까지 국내외에서 사용되고 있는 CGE 모형은 대부분 GTAP 중심의 정태모형에 의존하고 있다. 그러나 FTA등 경제통합에 의한 역내무역자유화는 역내 자원배분의 효율성을 향상시키는 정태적 효과뿐만 아니라 외국인투자 촉진, 규모의 경제, 생산성 향상 및 그로 인한 자본축적과 총 요소생산성을 향상시키는 동태적 효과도 동시에 유발한다. 따라서 FTA로 인한 무역자유화의 효과를 합리적으로 평가하기 위해서는 정태적 효과뿐만 아니라 동태적 효과도 동시에 관찰할 수 있는 모형이 요구된다. 최근 국내외에서는 이러한 요구에 부응한 동태적 모형구축이 많이 시도되고 있다. 그중 한국경제연구원에서 개발한 FTA의 경제적 효과 분석을 위한 KERI-CGE 모형 개발은 FTA로 인한 장기 동태적 파급효과를 파악하는데 진일보한 성과를 보여 주고 있다.[2]

KERI-CGE 모형은 자본축적과 기술진보에 따른 규모의 경제가 내생적으로 반영된 모형을 통해 FTA의 정태적 효과뿐만 아니라 동태적 효과를 동시에 분석할 수 있는 완전 동태적 연산 가능 일반균형모형으로 구축되고 있다. 그리고 동 모형에서는 노동과 여가가 모형 내에서 동시에 결정되기 때문에 FTA에 따른 고용의 변화를 합리적으로 평가할 수 있게끔 구축되어 있다. 그러나 이러한 동태적 모형의 응용은 CGE 기본 모형의 이해가 선행되어야 가능하므로 여기서는 그 모형구조의 설명은 생략하고자 한다.

(4) CGE 모형의 활용도와 한계점

경제통합효과의 측정수단으로써 CGE 모형이 가지는 장점과 유용성은 널리 인정되지만 그 한계점도 없지 않으므로 CGE만에 의한 통합효과의 판정은 위험한 일이다. 여기서는 그 활용상의 장점과 한계점을 간략히 지적해 두고자 한다.

FTA가 체결되면 일국 경제 내에서는 일련의 정책변화가 일어나기 때문에 CGE 모형에서는 이 정책변화(예를 들면 관세인하)에 맞추어 시장이 다시 조정되고 새로운 균형점에 도달하는 경제상황을 시뮬레이션 하게 된다. 이렇게 하여 FTA 이전의 균형 상태와 FTA 이후의 새로운 균형상태간의 소득 등을 비교하게 되고 이를 통해 FTA 효과를 추정한다. 이러한 CGE 모형의 장점은 FTA의 효과를 다부문에 걸쳐 계량적으로 파악할 수 있고, 이론적으로 일관성 있는 결과를 도출할 수 있다는 점이다. 그리고 무역자유화로 인한 소득 증감의 원인을 밝히고 그 증감이 국별, 지역별로 어떻게 배분되는가를 나타내 줄 수 있다.

이러한 기능으로 인해 CGE 시뮬레이션은 FTA 협정으로 야기될 수 있는 취약부문의 손실을 미리 예측하여 FTA 협상자료로 활용할 수 있게 하고, 취약산업의 구조조정과 보상 대책 수립의 자료도 제공할 수 있다. 또한 선택 가능한 여러 개의 FTA 시나리오에 대한 시뮬레이션을 동시에 실행함으로써 불리한 FTA를 유리한 FTA로 바꿀 수 있는 선택정보를 얻을 수 있다.

그러나 CGE 모형에서는 노동, 자본 등 생산요소가 국내 산업 간에는 이동되나 국

---

2) 조경엽, 송원근, 「FTA의 경제적 효과 분석을 위한 KERI-CGE 모형 개발연구」-한·EU FTA 분석을 중심으로-, 한국경제연구원, 2009.

제간에는 이동 불가능한 상태를 가정하고 있다. 따라서 CGE 모형에서는 FDI나 외국인 근로자와 같은 요소들의 존재가 모형에 제대로 투영되지 못하는 단점이 있다. 그로 인해 요소시장의 통합이나 자본의 세계화와 같은 현실세계의 무역효과를 설명하는 데에는 한계점이 있다. 그 결과 CGE는 FTA의 효과 분석에는 유용하나 국제 간 자본 이동이나 공동시장의 효과분석에는 바로 적용될 수 없는 한계점이 있다. 그리고 CGE 모델에서는 비록 최근들어 보완적 접근이 일어나고는 있으나 지금까지는 서비스 무역장벽의 정보부족 등으로 서비스 교역의 자유화 문제를 모형에서 다루지 못한 한계점이 있다.

그리고 CGE는 FTA의 미래효과를 설명하는데 유용한 분석수단이 될 수 있으나 중력모형(Gravity model)과 같이 시간경과에 따른 쌍방무역패턴의 변화 현상을 설명하는 데에는 유용하지 못한 단점이 있다.

이러한 몇 가지 장단점을 고려할 때 CGE는 FTA 효과를 거시적으로 분석할 수 있는 유용한 수단이기는 하나 그 자체만으로 FTA의 모든 효과를 판단할 수는 없으며, 그 한계점을 보완할 수 있는 다른 수단을 함께 사용할 필요가 있다.

PART

3

국제 간
경제통합의 실제

제13장

유럽연합(EU)과 유럽의 지역주의

제1절 유럽통합의 문화적 배경 및 통합사상

1. 유럽통합의 문화적 배경

유럽의 근세사를 통해서 볼 때 유럽 내 개별 민족 국가들은 각기 다양한 역사적, 문화적 배경을 가지고 발전해 왔기 때문에 EU권 전체를 공동의 정체성(common identity)이 작용하는 문화권으로 보기 어렵다는 것이 많은 학자들의 견해이다. 그러나 유럽의 중세사를 관찰해 보면 제2차 세계대전 후 유럽통합의 중심이 되었던 서유럽 국가들은 기독교 문화를 공유하고 기독교 정신을 공동의 가치로 하는 문화적 공통성을 가졌던 국가들이며, 이를 통해 유럽의 정체성이 형성되어 왔던 역사적 경험을 가지고 있다.

중세 유럽에서 기독교 문화를 중심으로 유럽 정체성을 확보하게 된 역사적 계기는 이베리아 반도의 국토회복 투쟁과 이슬람 세계를 대상으로 한 십자군 전쟁에서 발견된다. 10세기에서 15세기에 걸쳐 전개된 이베리아 반도 주변의 이슬람 세력 축출 투쟁(레콩키스타 : Reconquista)을 통해 유럽인들은 이슬람 문명과의 경계를 확정하게 되었고 이것이 유럽의 정체성을 수립하는 계기로 작용했다. 그리고 지중해 일대에서 전개된 십자군의 전쟁(11세기 말~13세기)을 통해 유럽은 하나의 기독교적 일체감으

읽을거리　　　　유럽통합의 문화적 배경

중세 유럽의 대학에서는 신학, 법학, 의학의 세 학부가 개설되는 것이 통례였다. 이 중 성직자 양성을 위한 신학부는 로마교황의 특허장이 있어야 했고, 법학부는 로마법을 다루고 있었기 때문에 신성로마제국 황제의 특허장이 있어야 교육할 수 있었다. 그리고 이들 중세 대학에서는 라틴어를 공용어로 하여 학습하고 이를 근거로 국제적으로 공인되는 자격증을 취득할 수 있게 하였다. 이렇듯 중세 이후 유럽에서는 정신문화의 계도는 로마교황을 정점으로 하는 기독교 사상에, 현실적 법질

서는 신성 로마황제를 정점으로 하여 관리되는 로마법 체제에 기초를 두고 발전하게 되었다. 이러한 연고로 인해 중세 이후 서유럽 지역(서로마, 신성로마제국 영역)은 로마법, 기독교, 라틴어를 공통분모로 하는 문화적 공동체로서의 속성을 유지해 왔다. 이러한 문화적 공통성이 유럽통합 운동의 역사적 배경으로 작용해 왔고 제2차 세계대전 이후에는 유럽통합과 유럽인의 결속을 가능하게 하는 촉매 역할을 해 온 것이다.

로 단합하게 되었고 교황은 전 세계 기독교를 통합하는 상징으로 부각되었다. 이러한 십자군의 전쟁을 계기로 유럽이라는 지리적 개념이 부각되게 되었고 유럽 기독교국 이외의 타자(others)의 존재를 인식함으로써 기독교 정신을 공통분모로 하는 유럽적 정체성을 확립하는 계기가 되었다.

그 후 15세기를 전후해서 에스파니아가 유럽세계의 중심부로 부상하게 되고 이를 계기로 유럽의 영역은 지중해에서 대서양 유럽으로 확대되어 갔으며, 이러한 영역 확장의 과정에서 기독교문화에 입각한 문화적 동질성과 유럽 중심주의가 생겨나게 된 것이다. 이렇게 형성된 기독교적 유럽이 하나의 문화권으로 부각되게 된 이면에는 다음과 같은 문화적 연결고리가 작용하고 있었기 때문이다. 즉 중세 이후 유럽의 다양한 민족 국가 간에는 서로 다른 언어와 지배구조를 가지고 있었으나 이들 상호간의 공동 언어로서 라틴어가 사용되고 있었고 로마법을 공법으로 하는 공통성을 가지고 있었다. 여기에 로마 교황을 정점으로 하는 기독교 사상이 유럽을 지배함으로써 유럽은 하나의 문화권으로 발전해 올 수 있었던 것이다.

이러한 문화적 공통성의 배경 위에 유럽에서는 이미 14세기경부터 유럽통합 사상이 태동하기 시작하였다. 14세기에 Pierre Dubois는 유럽을 하나의 기독교 연합국 (united christendom)으로 통합하고 이를 통해 유럽연맹(European Confederation)으로 접근해 갈 것을 주장한 것이 그 대표적 사례이다. 그 후 19세기까지 서유럽의 기독교권 내에서는 유럽통합사상이 꾸준히 표출되어 왔으며 제1차 세계대전 이후 그 의지는

더욱 구체적으로 나타나기 시작했다. 즉 제1차 세계대전을 계기로 미국 주도의 대서양 시대가 열리게 되자 중세 이후에 형성된 유럽 중심주의가 후퇴하게 되었다. 이러한 유럽 중심주의의 후퇴에 대응하여 서유럽 내에서는 유럽 국가들의 결속에 의한 범유럽주의를 실현하려는 시도가 나타나기 시작했다.

즉 제1차 세계대전 직후 R. Coudenhov Kalergi 경의 유럽 통합운동(범유럽의회와 유럽 관세동맹을 거쳐 최종단계에서 유럽연합을 실현하자는 운동)과 1929년 A. Briand 프랑스 수상의 유럽합중국 계획안이 그 예이다. 그리고 제2차 세계대전을 계기로 국제질서가 미국 중심으로 재편되고 유럽의 표준은 더 이상 세계적 표준이 될 수 없고 유럽의 역사가 더 이상 세계의 역사가 될 수 없는 유럽 중심주의의 위기를 맞게 되었다. 이러한 유럽의식의 위기에 직면하여 유럽화의 재시도 내지 세계적 유럽의 복원을 위한 시도가 제2차 세계대전 후의 유럽통합운동으로 발전해 온 것이다. 제2차 세계대전 이후에는 미국과 소련이라는 새로운 세력이 대두하였고, 이러한 외부 세력은 전통적 유럽에 대한 새로운 도전으로 인식되었던 바, 이에 대한 대응으로서 전후 유럽의 경제통합이 추진되어 온 것이다.

그리고 냉전체제가 종식된 1990년대 이후에는 북아메리카의 지역주의, 동아시아의 경제적 도전과 같은 새로운 외부 세계의 도전(타자성의 인식)에 직면하게 되자 유럽은 다시 지리, 문화적 인접성이 큰 동유럽의 정교권(Orthodox)까지를 하나의 공동체로 포섭하는 소위 EU의 동유럽 확장정책을 추진하게 되었던 것이다.

요약컨대 유럽통합운동은 제2차 세계대전 이전부터 시도되어 온 역사적 운동으로서 중세 이후 기독교 국가들 간에 형성된 문화공동체의 역사적 유산과 거기서 파생된 유럽의 정체성에 기초를 두고 있다. 그리고 내외 상황의 변화에 따라 이들 국가들이 공동대응할 수 있는 인식공동체를 형성하고자 하는 현실적 자각이 유럽통합운동을 유도해 왔다. 여기에 이슬람세계, 동유럽 공산권의 위협, 미국 및 동아시아의 도전과 같은 타자성의 인식과 외부세계의 도전에 직면하여 유럽은 더욱 통합되고 확대되어 온 것이다.

2. 유럽의 통합사상

현재 우리가 관찰하고 있는 유럽연합(EU)은 제2차 세계대전 후에 서유럽 중심으로

표 13.1 유럽통합운동의 역사적 전개

시기	주창자	주요내용
14세기	Pierre Dubios	유럽 기독교 연합국(United Christendum)을 통한 유럽연맹(European Confederation) 창설 제안
17세기	Sully	유럽의 평화유지를 위한 단일 유럽군대(European Army) 주창
1693년	William Penn	유럽의회(European Diet) 제안
19세기	Proudhon	유럽연합(European Federation) 제안
1861년	Victor M. Hugo	유럽합중국 주장(프랑스 의회연설)
1923년	R. Coudenhov Kalergi	유럽연합(European Union)을 최종 목표로 하는 통합운동전개(범유럽회의, 방위동맹, 관세동맹을 거쳐 유럽연합에 접근)
1929년	Aristide Briand (프랑스 수상)	유럽합중국(United State of Europe) 구상
1930년	프랑스 정부	'유럽연방조직에 관한 프랑스 정부각서' 발표
1946년	W. Churchill	유럽합중국 주장(취리히 대학 연설)
1946년	Jean Monnet	유럽민족국가의 통합을 통한 공존의 공동체 건설 주장
제2차 세계대전 이후	서유럽 중심	OEEC, ECSC, EEC의 실현

결성된 유럽 석탄·철강 공동체(ECSC)와 유럽경제공동체(EEC)를 모체로 하여 발전해온 범유럽공동체이다. 제2차 세계대전 이후 유럽인들이 이러한 공동체를 만들게 된배경에는 제2차 세계대전의 충격이 컸던 만큼 무엇보다 유럽에서 전쟁의 재발을 막아야 한다는 생각이 작용하고 있었다. 그래서 전후 유럽인들은 유럽의 평화와 제 민족간의 공존의 길을 모색하는 데 관심을 모으게 되었으며, 그에 대한 해결책으로 상호협력과 '통합을 통한 공존의 길'을 모색하게 된 것이다.

역사적으로 볼 때 유럽은 제1, 2차 세계대전뿐만 아니라 19세기의 보불전쟁(1870~1871), 14~15세기의 100년 전쟁(영불전쟁) 그리고 그 이전의 십자군의 전쟁(11세기~

읽을거리 유럽연합(EU) 한눈에 보기(2019년 기준)

설립년도 : 1958년 EEC → 1967년 EC → 1994년 EU

가맹국 : 27개국(2020.12.31 영국 탈퇴).

인구 : 27개국 약 4억 4,400만 명(세계전체의 약 5.6%)

GDP : 19조 5,900억 달러, 세계전체의 약 22%(28개국 기준)

　(미국 21조 4,200억 달러, 중국 14조 3,400억 달러)

1인당 GDP : 3만7천 달러(룩셈부르크 10만 달러-불가리아 8천 달러)

무역비중 : 세계무역의 약 32%, 역내무역 비중 약 64%.

공동통화 : Euro(€), 유로존 19개국(3억 4천만 명)이 공식통화로 사용.

공동의 가치 : 자유, 민주, 평등, 인권, 결속, 법치.

통합의 중심축 : 역내 단일시장, 경제통화동맹, 정치동맹.

공동체의 중심 기능

　1. 자유이동 : 사람, 상품, 자본, 서비스의 역내 자유이동. 물리적(국경통제), 재정적(세제차이), 기술적(표준규격) 국경장벽 철폐.

　2. 공동정책 : 공동통상정책을 위시하여 농업, 산업, 과학기술, 교육문화, 지역개발 등 다양한 분야에서 EU 차원의 공동정책 실행.

　3. 공동 외교안보정책-유럽 대외관계청(EEAS) 설치. EU 외교담당 대표직: 임기 5년(유럽외무장관 역).

　대외정책, 대외협상 창구의 단일화, one voice 체제.

　4. 내무, 사법 협력 : 유럽경찰청(Europol), 유럽 형사범죄 협력청(Eurojust) 설치.

주요기구 : 유럽의회, 유럽이사회, 각료이사회, 집행위원회, 유럽재판소, 유럽 중앙은행(ECB) 외 산하 기구.

의사결정 제도 : 2중 다수결제도, 인구의 65%+15개국 이상 찬성이 가결 요건.

생활 속의 유럽 : 국경 없는 자유이동, 교육, 취업, 은퇴 근로조건 등에서 국적 차별 없는 동등 대우. 기타 전화, on-line service에 이르기까지 월경 서비스에 대한 추가 부담이 없는 단일 경제영역.

공동체의 상징물

유럽기(Flag) : 청색 바탕에 12개의 원형 금색 별; 동질성과 통일성 상징.

유럽가(Anthem) : 베토벤 교향곡 9번 4악장, "Ode to Joy"(환희의 송가).

유럽의 날 : 5월9일, 1950년 R.Schuman이 유럽 정치적 협력을 주창한 날 기념.

14세기)에 이르기까지 세계사에 기록될만한 역사적 전장의 중심지가 되어 왔다. 그로 인해 유럽 각국은 수세기에 걸친 민족국가 간의 전쟁과 충돌로 인해 수많은 희생과 파괴의 고통을 경험해왔다. 그 결과 유럽인들은 근대에 들어오면서 평화가 유지되고 각 민족이 함께 공존하는 유럽을 꿈꾸게 되었던바, 이것이 전후 유럽통합의 이면에 작용하고 있는 '통합을 통한 제 민족의 공존'사상이다. 약소국과 강대국, 패전국과 승전국을 함께 수용하는 통합의 장을 마련함으로써 약소국의 존립을 보장하고 침략의 욕을 공동체 차원에서 관리하자는 것이 통합을 통한 공존의 사상이다. 제2차 세계대전 후 전범국 독일을 분열시키자는 일부 반제국주의자들의 주장에도 불구하고 독일을 EEC 통합의 일원으로 수용하여 독일의 침략의욕을 관리하고 유럽의 평화를 유지하고자 하는 통합주의자들의 주장이 그것을 대변하고 있다. 전후 유럽통합의 아버지로 불리는 프랑스의 R. Schuman을 위시하여 전후 유럽의 정치적 안정을 주도했던 영국의 W. Churchill수상도 이러한 통합사상의 주창자라 할 수 있다.

제2절 EU의 기구와 기능

1. EU의 기능

유럽연합(European Union : EU)은 현재 경제통합의 분류 형태에서 볼 때 가장 고도의 통합형태인 경제동맹(Economic Union)의 단계에서 운영되고 있다. 즉 역내 회원국 간에는 관세를 포함한 모든 무역장벽을 철폐하고, 역외국으로부터의 수입에 대해서는 공통의 관세를 부과하고 있다. 그리고 역내 회원국 간에는 노동, 자본과 같은 생산요소와 서비스의 자유 이동이 이루어지고 있으며, 공동시장을 유지하는 데 필요한 다양한 공동정책이 공동체 차원에서 수행되고 있다. 따라서 경제적 측면에서 EU는 상품, 서비스, 노동, 자본이 자유롭게 이동하는 단일시장으로 통합되어 있을 뿐만 아니라 무역, 농업, 통화, 산업, 경쟁분야 등에서 다양한 공동정책을 실시하는 경제동맹으로 운영되고 있으며, 2002년 이후부터는 '유로'를 공동통화로 사용하는 통화동맹을 실현해 오고 있다.

여기에 더하여 1993년 발효한 EU 통합조약(마스트리히트 조약)에서는 외교안보 및 내무·사법 분야의 공조체제를 EU의 새로운 기능으로 추가하였다. 그리고 2009년부터 발효한 리스본 조약에서는 유럽이사회의 상임의장직과 공동체의 외교업무를 담당하는 고위 외교 담당직을 설치함으로써 EU는 경제통화동맹의 단계에서 더 나아가 연방제적 성격의 정치적 동맹의 성격을 띠기 시작하였다.

2. EU의 기본 기구

유럽연합을 움직이는 법적 기구로는 유럽이사회, 각료이사회, 유럽위원회, 유럽의회 및 유럽법원(재판소)이 있다. 그리고 공동체 운영을 원활히 하기 위한 공식 기구로 회계감사원, 지역위원회, 사회경제평의회, 유럽투자은행, 유럽중앙은행 및 브뤼셀 주재 상주대표위원회 등이 있다. 이 외에도 공동체 차원의 공동정책 수행을 위한 법적 기구 산하의 집행기관들이 있다. 1993년 마스트리히트 조약 이후부터는 유럽공동체(EC)가 유럽연합(EU)으로 기능을 확대함에 따라 유럽경찰청, 유럽환경청과 같은 유럽 차원의 정책집행을 위한 공동체 기구들이 추가로 설립되고 있다.

여기서는 로마 조약(1958) 이후 리스본 조약(2009)에 이르기까지 EU 설립 및 운영에 관한 조약(treaty)에 의해 법적 지위가 보장되어 있는 주요 조직과 기능만을 소개해 두고자 한다.

(1) 유럽위원회

유럽위원회는 유럽공동체 운영의 집행기구이며, EU의 행정부 기능을 담당하고 있다. EU 발족 이전에는 EC 위원회(The Commission of the European Communities)로 칭하였으나 1993년 마스트리히트 조약(EU 조약)에서는 유럽위원회(The European Commission)로 개칭하였고 2009년 리스본 조약 이후부터는 영어명칭을 European Commission으로 다시 변경하였다. EU의 공동체 운영에 관한 행정, 법규, 공동정책 등의 실질적인 집행기능을 하고 있으므로 통상 EU 집행위원회로 부르고 있다.

유럽 집행위원회의 주요 기능은 각료이사회와 유럽이사회에서 논의할 안건을 마련하고, 공동정책의 수행에 필요한 법안을 이사회에 제안하며, 거기서 결정된 법규와 결정사안을 집행하고 감독하는 기능을 가진다. 공동체 법규를 준수하지 않는 국가를 유럽법원에 제소할 수 있고, 유럽법원은 그 위반 국가에 대해 벌금을 부과할 수 있다. 또한 집행위원회는 EU 전체의 예산안을 마련하고 확정된 예산안을 집행, 관리하는 기능을 가진다. 그 외에도 외국 및 국제기구와의 조약체결이나 무역협정 체결 시 EU 회원국을 대표하여 협정을 체결하는 권한을 가진다. 정치적으로 독립된 집행기구이다.

유럽위원회의 위원(commissioners) 수는 현재 국별대표 1인씩 총 27명이다. 리스본 조약에 의해 2014년부터는 18명으로 축소할 예정이었으나 아일랜드의 리스본조약 비준을 위해 2008년 정상회의에서 1국 1위원을 유지하도록 하였다. 집행위원은 개별국의 장관급의 지위를 가지며 임기는 5년이다. 집행위원은 공동체의 이익을 대변할 뿐 소속 국가의 이익을 대변할 수는 없다. 유럽의회는 집행위원장과 집행위원 전원(en bloc)의 사임을 요구할 수 있으나 아직까지 그러한 선례는 없다. 2009년 리스본 조약 이후에는 EU 외무장관격인 대외업무 담당 고위대표(High representative of the union for the Common Foreign Affairs and Security policy)직을 신설하고 이 대표가 집행위원회 부위원장직을 겸하고 있다. 이 대외담당 고위 대표를 보좌하는 EU의 대외업무 총괄기구로 대외관계청(European External Action Service : EEAS)이 설치되어 있다.

유럽위원회 산하에는 초국적 사무국(유러크라트)을 두고 있다. 사무국 내에는 2014년 현재 40개 총국(Directorates General : DG)이 있으며, 약 2만 5,000여 명의(임시계약직 포함 약 4만 명) 직원이 있다. 이 중 행정관련 직원은 약 6,000명 선이고 잔여 인력은 23개 회원국 언어의 통·번역 요원이다. 유럽위원회 산하에는 자문위원회(advisory committee), 운영위원회(management committee), 조정위원회(regulatory committee)가 있다.

(2) 각료이사회

유럽각료이사회의 공식명칭은 Council of the European Union이나 통상 각료이사회(Council of Minister)로 부르고 있다. 이는 회원국의 관련 분야 장관들로 구성되며 공동체 정책결정의 핵심적 기능을 담당하고 있다. 1990년대 초반까지는 각료이사회가 공동체의 최고 의사결정기구이고 유일한 입법기관이었다. 그러나 유럽단일화의정서(SEA)와 마스트리히트 조약 및 리스본 조약에서 의회의 입법기능이 추가되면서 현재는 유럽의회가 입법안에 대해 공동결정권과 부결권을 가지고 있다. 그러나 입법사안의 발의권은 각료이사회가 가지고 있으므로 입법 활동의 중심은 여전히 각료이사회에 있다. 그리고 공동체 설립조약에 의거하여 집행위원회가 제안한 입법사안 등 일부 의안은 각료이사회 단독으로 처리할 수 있다.

각료이사회가 의회와 공동으로 결정하는 EU의 입법형태는 '규칙', '지침', '결정' 및 '권고' 혹은 '의견'의 네 가지 형태를 취하게 되는바 그 내용은 다음과 같다.

① 규칙(regulation)은 회원국 정부, 법인, 개인에게 직접 적용되는 조치이며, 개별 회원국 내의 국내 법적 편입절차 없이 국내법에 우선하여 법적 효력을 가진다.

② 지침(directive)은 공동체가 달성해야 할 일반적 목표와 제정 시한만을 제시하고 구체적인 시행방법은 개별 회원국에 위임하는 형태의 조치이다. 공동체 지침이 개별 회원국에서 효력을 가지기 위해서는 별도의 국내법이 다시 제정되어야 하며, 모든 회원국에 적용되는 것이 아니라 관련 있는 회원국에만 적용될 수 있다. 회원국별 사회문화적 여건이 달라 획일적인 규정의 적용이 부적절할 때 지침 형식으로 입법하며, 구체적 실행방법을 회원국에 위임하는 입법조치이다.

③ 결정(decision)은 특정사안에 관계되는 국가, 법인, 개인에 대하여 특정의 권리나 의무 혹은 금지를 요구하는 조치이다. 경쟁정책 집행사안, 역외국에 대한 반덤핑조치 실행 등이 요구될 때 이러한 조치가 취해질 수 있다. 결정은 공동체가 관련 대상자에게 직접 전달함으로써 효력이 발생한다. 이 결정은 전체 회원국이 아닌 특정 주체에만 적용되므로 규칙과 다르며, 실행방법이 회원국에 위임되지 않고 직접 적용된다는 점에서 지침과 다르다.

④ 권고(recommendation), 의견(opinion)

EU 각료 이사회나 집행위원회는 공동정책의 목적을 제시하거나 특정 사안에 의견을 제시하거나 권고를 할 수 있다. 이는 법적 구속력은 없으나 공동체 운영에 중요한 영향을 미친다. 이사회의 해결(resolutions), 의회의 의견(communication) 제시 그리고 집행위원회의 백서(white paper)에 나타난 의견이 여기에 해당한다.

각료이사회의 의사결정방식은 1960년대까지 만장일치제에 의한 의사결정이 대부분이었다. 그러나 1970년대 이후 회원국 수가 늘어나고 통합이 심화되면서 심의안건이 복잡화됨에 따라 의사결정 방식도 만장일치, 다수결, 가중 다수결, 2중 다수결 등으로 다양화되고 있다. 만장일치가 요구되는 사안은 신규회원국의 가입, 조약의 개정, 세제의 조화와 같은 주요 안건 혹은 법안 제안기관인 집행위원회의 의사에 반대하여 수정을 요구할 경우 전원일치가 요구된다.

의사진행 절차상의 문제, 조약에 규정되어 있는 사안은 50% 이상의 찬성으로 의안이 가결된다. 그 외의 일반사안은 가중 다수결(QMV)방식에 의거한다. 가중 다수결제는 회원국 규모에 따라 투표권 수가 다르게 배분되고 일정수준 이상의 찬성표와 일정수 이상의 찬성국가가 있을 때 법안이 통과되는 제도이다. 2009년 발효한 리스본 조

표 13.2 EU각료이사회의 가중 다수결 제도에서 차지하는 국별 투표 비중(2010년 현재)			
회원국	가중 다수결에서 행사하는 표의 수 (a)	인구 규모(b) (단위 : 100만 명, 2007년 기준)	한 표당 대표되는 인구의 수(b/a) (단위 : 100만 명)
독일	29	82.3	2.84
프랑스	29	63.3	2.18
영국	29	60.7	2.09
이탈리아	29	58.9	2.03
에스파냐	27	44.5	1.65
폴란드	27	38.1	1.41
루마니아	14	21.6	1.54
네덜란드	13	16.3	1.28
그리스	12	11.2	0.93
포르투갈	12	10.6	0.88
벨기에	12	10.6	0.88
체코	12	10.3	0.86
헝가리	12	10.1	0.84
스웨덴	10	9.1	0.91
오스트리아	10	8.3	0.83
불가리아	10	7.7	0.77
덴마크	7	5.4	0.77
슬로바키아	7	5.4	0.77
핀란드	7	5.3	0.76
아일랜드	7	4.3	0.61
리투아니아	7	3.4	0.49
라트비아	4	2.3	0.58
슬로베니아	4	2.0	0.50
에스토니아	4	1.3	0.33
키프로스	4	0.8	0.20
룩셈부르크	4	0.5	0.13
몰타	3	0.4	0.13
합계	345	494.7	

약에서는 2014년부터 2중 다수결제도에 의한 의사결정을 하도록 다시 조정하였다. 즉 공동체의 의사결정은 회원국 전체 투표권 수의 55% 이상의 찬성과 유럽연합 전체 인구의 65% 이상이 찬성하면 가결되도록 하였다. 이러한 의사결정방식은 경제규모, 인구규모가 다른 국가들이 신규회원국으로 가입하면서 국별 영향력의 균형과 소국들의 영향력을 보장하기 위해 도입된 제도이다. 영국의 EU 탈퇴 이후 가중 다수결 제도에서 국별 투표권 비중 조정은 과도기간이 끝나는 2021년 이후에 다시 조정될 예정이다.

(3) 유럽이사회

유럽이사회(European Council)는 EU회원국 정상들의 모임이며, 집행위원회위원장, 각료이사회 의장도 참석하고 있다. 1975년부터 회의가 개시되었고 1987년 유럽단일화의정서(SEA)에서 그 법적 기반이 확보되었다. 즉 SEA 제2조에는 유럽이사회는 회원국 정상과 집행위원회 위원장으로 구성되고 각국 외무장관 및 집행위원 1명이 이 회의를 보좌하고 회의는 연 2회 개최한다고 명시함으로서 그 법적 기초가 마련되었다. 리스본조약이 발효된 2009년 이후부터는 EU의 공식기구로 되었다. 유럽이사회는 회원국 정상들의 회의체이므로 통상 유럽정상회의라고 부르기도 하나 공식명칭은 유럽이사회이다. 유럽이사회의 주요 기능은 EU 발전에 필요한 정치적 지침을 내리는 일이다. 즉 EU의 장기 정책방향을 결정하고 정치적 이슈나 경제통합의 심화와 같은 주요 의제에 대해 국별 입장을 조율하는 역할을 하고 있다. 특히 1993년 마스트리히트 조약 이후 EU가 외교안보, 사법 분야까지 협력범위를 넓혀감에 따라 유럽이사회는 EU의 정치적 가이드라인을 제시하고 공동 외교안보 분야에서의 협력을 추진하는 기능을 담당하고 있다.

2001년 니스 조약 이후부터는 의장국을 순회하며 개최하던 공식회의를 브뤼셀에서 개최하도록 하였고, 2009년 리스본 조약에서는 의장직을 윤번제가 아닌 상근 선출직으로 바꾸어 유럽정상회의를 대표하게끔 하였다. 상근 의장의 임기는 2년 6개월이고 1회 연임할 수 있다.

(4) 유럽의회

유럽의회는 국가조직의 국회와 같은 성격을 가진 유럽연합의 대의기구이다. 유럽의

회의 기원은 1952년 설립된 석탄철강공동체(ECSC)의 공동총회(Common Assembly)에서 출발되며, EEC 설립 후에는 총회(Assembly)로 개칭되었고 1962년부터 현재와 같은 유럽의회(European Parliament)로 개편되었다.

유럽의회 의원 선출은 1952년부터 1979년까지 각국 국회의원 중에서 국내의 정치적 집단의 구성 비율을 반영하여 유럽의원을 호선하는 간접 선출방식에 의거했으나 1979년부터는 각 회원국 국민이 직접 선출하는 직접선거 방식으로 바뀌었다. 유럽의회 의원 수는 직접선거가 실시되던 1979년에는 410석이었으나 회원국 수가 늘어나면서 2008년에는 27개 회원국에서 모두 785명의 의원이 선출되었다. 2009년부터는 총 의석수가 의장 1명을 포함하여 751명으로 조정되었다. 회원국별 최대 선출가능 의원 수는 96명(독일), 최소 선출 의원 수는 6명(룩셈부르크, 몰타)이다. 회원국 시민이면 자국이 아닌 다른 회원국에서도 유럽의원으로 선출될 수 있다(마스트리히트 조약 이후). 2020년 1월 영국의 EU 공식 탈퇴로 2019~2024 기간의 제9대 유럽의회 의석은 705석으로 조정되었다. 종전 영국 배정 의석 73석 가운데 27석은 프랑스, 스페인 등 역내 국가에 배분되고 46석은 신규가입국 몫으로 공석으로 남겨두었다. 법정의석수 751석은 그대로 유지되고 있다.

유럽의회를 구성하는 정당은 국적은 다르나 정치적 성향이 같은 국가별 정당으로 구성된 정치적 집단(political group)을 의미한다. 2014년 유럽의회 총선에서는 중도우파(EPP)가 751석 중 214석(28.5%)을 차지하여 제1당이 되었고 사회당(PES)이 그 뒤를 이었다.

유럽의회의 주요 권한은 각료 이사회와 공동으로 결정하는 입법권, 조약 비준권, 예산 심의권, 유럽위원회 위원장 임명동의권 및 위원(전체)의 불신임권, 옴부즈맨 임명권 등이 있다. 이러한 권한을 통해 각료이사회와 집행위원회의 활동을 감독하고 통제하는 기능을 하고 있다. 그러나 개별국의 의회와 달리 법안 발의권은 각료이사회가 가지고 있으며, 유럽의회는 이사회와의 공동결정 과정에서 법안을 거부할 수 있고, 집행위원회에 법안 제출을 요구할 수 있다.

의회가 각료 이사회와 공동으로 법안을 성안시키는 과정은 자문, 동의, 공동결정 형식으로 진행된다. 자문(consultation)은 EU 조약에 의거하여 집행위원회가 제안한 법안을 각료이사회가 성안시키기 전에 의회의 자문을 거치는 제도이다. 조약에 명시

표 13.3 유럽의회의 각국별 의석 수

회원국	2008년 의석 수	2009년 선거 의석 수 (리스본 조약)	선거 의석 수		인구규모 (단위 : 100만 명, 2007년 기준)
			2014	2019	
독일	99	96	96	96	82.3
프랑스	78	74	74	79	63.3
영국	78	73	73	—	60.7
이탈리아	78	73	73	76	58.9
에스파냐	54	54	54	59	44.5
폴란드	54	51	51	52	38.1
루마니아	35	33	32	33	21.6
네덜란드	27	26	26	29	16.3
그리스	24	22	21	21	11.2
포르투갈	24	22	21	21	10.6
벨기에	24	22	21	21	10.6
체코	24	22	21	21	10.3
헝가리	24	22	21	21	10.1
스웨덴	19	20	20	21	9.1
오스트리아	18	19	18	19	8.3
불가리아	18	18	17	17	7.7
덴마크	14	13	13	14	5.4
슬로바키아	14	13	13	14	5.4
핀란드	14	13	13	14	5.3
크로아티아	—	—	11	12	4.4
아일랜드	13	12	11	13	4.3
리투아니아	13	12	11	11	3.4
라트비아	9	9	8	8	2.3
슬로베니아	7	8	8	8	2.0
에스토니아	6	6	6	7	1.3
키프로스	6	6	6	6	0.8
룩셈부르크	6	6	6	6	0.5
몰타	5	6	6	6	0.4
합계	785	751	751	705	499.1

된 공동정책 관련 법안, 즉 경쟁정책 관련 법안이 이러한 자문과정을 거치도록 되어 있다. 동의(assent)는 각료이사회가 중요 사안을 결정하기 전에 미리 의회의 동의를 받아야하는 조치를 말한다. 신규회원국 가입, 제3국과의 조약체결, 의회선거제도, 중앙은행 권한결정 등의 중요 사항이 여기에 해당한다. 공동결정(co-decision)은 위 사항 이외의 대부분의 법안에 대해서는 이사회와 의회의 공동합의에 의해 법안을 통과시키는 제도를 말한다.

유럽의회의 이러한 권한은 1987년 SEA, 1993년 마스트리히트 조약, 2009년 리스본 조약 등을 통해 점차 강화되어 왔다. 유럽의회의 권한 및 기능 강화 조치는 유럽 각국이 국민적 결속보다는 유럽시민으로서의 결속을 더 다지고 국별 민주주의가 아니라 유럽의 민주주의를 실현하기 위한 유럽인들의 의지를 반영한 조치로 해석되고 있다.

(5) 유럽법원

유럽법원은 유럽공동체 및 유럽연합을 설립하는 조약의 해석과 적용을 통하여 공통법을 준수하게 하는 사법기구이다. 공식명칭은 유럽공동체법원(Court of Justice of the European Communities : EU 법원)이며, 통상적으로는 유럽법원(European Court of Justice) 혹은 유럽 재판소로 칭하고 있다. 유럽법원의 기능은 공동체의 사법기구로서의 일반 재판소 기능 외에도 EU의 행정소송(행정법원 기능), 공동체 설립조약에 근거한 파생법의 적합성을 심사(헌법재판소)하는 기능을 동시에 가지고 있다. 그리고 EU의 기본 조약에 위반하는 가맹국의 입법을 심사하는 국제재판소적 기능을 가지고 있다.

유럽법원의 구성은 판사, 법무관 및 서기관으로 구성된다. 2021년 현재 판사는 27명, 법무관은 8명으로 구성되어 있다. 법원장은 판사와 법무관에 의해 선출되며 임기는 3년이다. 판사는 각 회원국에서 1명씩 선출하고 임기는 6년이며, 3년마다 일부 판사를 교체한다. 판사는 특정국의 이익을 옹호할 수 없으며 특정 기관의 이해에 구속되지 않는 독립성을 가진다. 판사의 독립성 보장을 위해 재판은 비공개로 행해지고 반대의견은 기록되지 않는다. 비공개 원칙에 따라 재판에는 법무관이나 통역의 참석이 허용되지 않는다. 통역이 없으므로 통상 최종 심리는 프랑스어로 이루어지고 있다. 그리고 다른 EU 기구에 의해 사임을 요구받지 않는다. 유럽법원의 판사는 법무관의 지원을 받아 재판을 수행한다. 법무관은 검사직보다 판사업무를 보좌하는 법률심의관 내지 법무관으로서의 기능이 주된 업무이다. 법무관은 관련사건을 미리 조사하고 사유를 첨부한 '의견(conclusion)'을 제시하여 판사의 공정한 재판을 보좌한다. 법무관의 자격과 지위는 판사와 동일하나 그 '의견'은 판사의 판결을 구속할 수 없다. 그 대신 '의견'은 판결문과 함께 판례집에 게재됨으로써 유럽 법질서의 형성에 중요한 영향을 미치고 있다.

유럽법원의 소송은 EU 설립 조약 이행과 관련하여 가맹국을 대상으로 하는 소송과 EU 기구를 대상으로 하는 소송이 있다. 이들 소송은 가맹국, 이사회, 위원회, 의회, 일정 조건을 갖춘 자연인과 법인이 제기할 수 있다.

한편 유럽법원은 회원국 수의 증대와 공동체 기능의 확대로 인해 재판관할 법 영역이 늘어나게 되자 이를 소화하기 위해 1989년부터는 제1심 재판소를 설치·운영하고 있다. 제1심 재판소(Court of First Instance : CFI)는 유럽법원의 산하기구이다. 공동체 법규 위반사안에 대한 제1심(초심) 법원이며, 여기서 불복하면 유럽법원에 제소할 수 있다. 자연인 및 법인에 의해 제기되는 사실심리가 필요한 소송은 제1심 법원에서 다루고 있다. 제1심 법원에는 법무관 제도가 없으며, 사실해명이나 법해석의 도움이 필요할 경우 다른 판사의 지원을 받도록 하고 있다.

2004년부터는 EU 행정법원(EU Civil Service Tribunal)을 설치하여 공동체 기구 산하 공무원과 직원들 간의 분쟁, 공동체와의 노사관계 관련 쟁의 등을 다루고 있다.

지금까지 유럽법원의 판결결과에 의하면 회원국의 국내법과 유럽연합의 조약 규정이 서로 상충될 경우 유럽연합 조약이 우선하며, 이를 번복할 수 없다는 원칙을 제시해 오고 있다. 이러한 유럽법원의 판결을 통해 유럽은 동일한 법률 체계하에서 생활하는 하나의 생활공동체로 접근해 가고 있다.

3. 기타의 공동체 기구

(1) 유럽감사원

유럽감사원(Court of Auditors)은 유럽연합의 예산 집행을 감시·감독하는 기구이다. 유럽연합은 개별 회원국과는 별개로 독립적인 예산을 가지고 운영되기 때문에 이에 대한 감독은 회원국으로부터 독립적 위치에 있는 감사원에서 행하고 있다. 1977년에 창설되었으며 1993년 마스트리히트 조약에 의해 EU의 공식기구로 승격되었다. 감사 위원은 15명이며 임기는 6년이다. 본부는 룩셈부르크에 있다.

(2) 유럽경제사회위원회

유럽경제사회위원회(European Economic and Social Committee : EESC)는 EU 법안제 안에 대한 자문과 이사회, 집행위원회, 의회에 대한 권고, 자문을 행하는 기관이다. 주로 농업, 환경, 교통, 보건, 주민이동 등의 공동정책에 대한 자문을 행한다. 27개 회원국에서 직능단체별(고용자, 노동자, 이익단체) 대표 총 344명(2010년 현재)의 위 원으로 구성되며 임기는 4년이다.

(3) 유럽지역위원회

유럽지역위원회(European Committee for the Regions)는 EU 내의 지역발전을 촉진하고 지역적 다양성을 유지하기 위해 마스트리히트 조약에 의거 1994년에 설립되었다. 유럽연합의 지역, 지역당국의 대표(연방, 지역지도자, 시장)로 구성된 자문기구이다. 지방의 독립성이 강한 연방제 국가의 지방의견을 반영하기 위해 도입되었으며, 주로 지역개발 정책과 그에 관한 EU 법안 제안에 대한 자문 등을 하고 있다. 각 지역대표 344명(2010년 현재)의 위원으로 구성되어 있다.

(4) 유럽중앙은행

유럽중앙은행(European Central Bank : ECB)은 공동통화 '유로(Euro)'를 사용하는 유로존의 중앙은행이며, 공동통화 '유로'를 발행·관리하고 유로존의 통화정책을 담당하고 있다. 1998년 6월에 발족하였으며, 프랑크푸르트에 본부를 두고 있다. ECB 주요 기능 중의 하나는 '유로'의 가치안정과 역내 물가안정을 유지하는 기능이다. 중앙은 행의 실질적인 기능은 유로존 회원국 중앙은행 총재단으로 구성된 집행이사회 (Executive Board of the ECB)에 의해 수행된다. 상근직 집행이사는 6인이며 임기는 8년이다. 그러나 EU 내의 단일통화정책은 ECB 단독으로 수행하는 것이 아니라 유럽 중앙은행체제에서 관장하고 있다. 유럽중앙은행체제(The European System of Central Bank : ESCB)는 ECB와 EU회원국 중앙은행 총재들로 구성된 기구이다.

ECB의 주요 정책결정은 집행이사회뿐만 아니라 정책이사회(Governing Council)와 일반이사회(General Council)에서도 이루어진다. 정책이사회는 집행이사와 유로존 중앙은행총재단(2019년 현재 19개국)으로 구성되며 유로존 국가 간의 실무적인 협력 사안에 대한 의사결정기구이다. 일반이사회는 EU 전체 회원국 중앙은행 총재와 ECB 총재, 부총재로 구성된다. ECB는 EU이 다른 기구나 회원국으로부터 간섭을 받지 않는 독립성을 가지고 있으며, 유럽이사회, 각료이사회, 유럽의회에 연례업무 보고 의무를 지고 있다.

(5) 유럽투자은행

유럽투자은행(European Investment Bank : EIB)은 유럽연합 내의 사회간접자본투자, 산업경쟁력 향상을 위한 설비투자, 연구개발투자, 낙후지역 개발투자 등을 지원하는 비영리 금융기관이다. 지역균형발전, 중소기업육성, 유럽사회 통합 등의 정책목표를 지원하기 위한 금융기관이며, 룩셈부르크에 소재하고 있다. 1991년에는 중·동부유럽 국가들의 시장경제 이행을 지원하기 위해 산하기구로 유럽개발은행(EBRD)를 설치하였다.

(6) 유럽 옴부즈맨

EU 내의 각종 기구나 조직의 행정상의 문제점과 불편사항을 접수하여 조사하고 유럽의회에 보고함으로써 유럽시민과 유럽 행정기구 사이의 중재자 역할을 하는 기관이다. ECSC나 EEC가 결성될 당시에도 조약 내용에 이러한 기능이 포함되어 있으며 유럽 옴부즈맨(European Ombudsman)은 그 활동의 독립성이 보장되어 있다.

유럽연합 시민, EU 역내 거주자, EU 내에 등록된 기업이나 단체는 이 제도를 통해 EU기구의 권력남용, 차별대우, 정보제공거부 등의 행정적 문제점을 접수할 수 있고 시정을 요구할 수 있다.

(7) 기타 주요 기구

1) 유럽경찰청

유럽경찰청(European Police Office : EUROPOL)은 마스트리히트 조약에서 내무, 사법 분야의 공조를 강조함에 따라 1995년 7월 설치가 결정되었고 1998년 1월 네덜란드

헤이그에 개청하여 업무가 개시되었다. '유로폴'은 미국 연방수사국(FBI)과 같이 마약, 테러 등 유럽 차원의 범죄예방과 단속을 주 임무로 하고 있다. 산하에 마약국을 두어 마약, 핵물질, 자동차 등의 밀매, 불법이민, 돈세탁 방지 등의 업무를 담당하고 있다. 2001년에는 유럽경찰 간부 양성을 위해 유럽경찰대학(European Police College)을 설치하여 운영하고 있다.

한편 2002년부터는 EU회원국 간의 사내공조 일환으로 판사, 검찰, 경찰로 구성된 유럽 형사범죄 협력처(Eurojust)를 설치·운영하고 있으며, 헤이그에 본부를 두고 있다.

2) 유럽환경청

유럽환경청(European Environment Agency : EEA)은 공동체 차원의 대기오염, 수질관리, 폐기물, 소음, 유독물질 관리 등 환경감시 및 국제기구와의 협력 업무를 담당하는 기구이다. 미국환경청(EPA)과 달리 오염방지를 위한 경찰기능은 수행하지 않고 있다. 환경정책의 결정은 유럽이사회에서 결정한다.

3) 기타

이외에도 EU 공동체에는 유럽 데이터보호 위원회, 유럽 직업훈련 개발센터, 근로조건 개선재단, 유럽마약감시센터, 유럽 의약청, 유럽 상표 및 의장청(office for harmonization in the internal market : OHIM) 등이 있다.

제3절 EU의 공동정책

유럽연합의 공동체적 기능은 1958년의 로마 조약, 1987년의 단일화 의정서, 1993년의 마스트리히트 조약 및 2009년 리스본 조약에 이르는 과정에서 계속 확대, 강화되어 왔다. 이들 공동체 조약에 나타난 공동체 기능의 강화는 EU 집행위원회가 중심이 되어 공동체 차원에서 실행하는 각종 공동정책을 통해 구체화되고 있다. 현재 EU 차원에서 실시하고 있는 공동정책은 종전 유럽공동체(EC) 단계에서 실시해온 각종 경제정책과 마스트리히트 조약 이후에 추가된 외교안보정책 및 사법·내무 협력을 위한 공동정책들이 있다.

EC 조약에 의한 공동정책은 역내시장통합, 공동농업정책, 어업정책, 경쟁정책을 위시하여 사회, 환경, 산업, 연구개발, 공공위생, 교육, 훈련, 문화, 소비자보호, 에너지, 관광, 시민보호 분야의 공동정책이 있다. 이들 분야의 정책수행에 필요한 역외국과의 교섭도 공동체 차원에서 이루어지고 있다. 내무·사법 분야의 공동정책으로는 이주정책, 제3국에 대한 사증(VISA)정책과 마약, 탈세, 범죄 저지를 위한 경찰 협력 등이 있다.

여기서는 이들 정책 중 EU가 전통적으로 공동체 차원에서 실시해 온 경제 분야에서의 공동정책을 소개해 두고자 한다.

1. 공동통상정책

EEC를 설립하는 로마 조약 제110조는 관세동맹의 완성을 위해 역내관세 철폐와 역외 공통관세 설정을 규정하고 있다. 그리고 조약 제113조 및 마스트리히트 조약 제133조에는 관세협정, 통상협정체결, 수출입정책, 반덤핑, 상계관세 등의 통상정책은 일률적인 원칙에 의거한다고 정하고 있다. 이 규정에 의해 유럽 공동체는 1962년부터 공동통상정책(Common Trade Policy)을 실시하였고 1968년 7월 관세동맹을 완성하였으며, 1970년부터는 통상정책 실행기능을 집행위원회로 일원화하였다. EU 조약(마스트리히트 조약) 제134조는 개별 회원국이 특정분야의 통상협정이나 자국 산업 보호조치를 취할 수 없도록 하는 한편 긴급한 상황일 때는 그 예외를 인정하고 있다. 이 예외에 따라 각국은 민감품목에 대해 국별 수입쿼터를 실시하기도 했다. 그러나 1993년 마스트리히트 조약은 국별 쿼터가 단일시장 정신에 어긋나므로 회원국별 수입규제를 금지하였고 긴급한 경우 집행위원회의 승인을 얻어 한시적으로 실행하도록 하였다. 그 대신 집행위원회는 국별 수입쿼터를 폐지하는 대신 공동체 차원의 반덤핑, 상계관세, 긴급수입제한조치 등을 실시하고 있다.

공동통상정책의 제안과 집행은 집행위원회가 담당하며, 통상관련규정의 제정이나 협정체결은 각료이사회가 결정하고 있다. 예를 들어 제3국이나 국제기구와 통상협정을 체결할 경우 집행위원회는 이사회가 부여한 지침의 범위 내에서 교섭을 행하고 교섭결과는 이사회에서 가중 다수결 원칙에 의해 체결 여부를 결정하게 된다.

역내시장 보호를 위해 집행위원회가 취하고 있는 공동통상정책의 수단으로는

① 반덤핑 및 반보조금 조치, ② 미국의 슈퍼301조에 대응하기 위한 신 통상정책 수단, ③ 민감 산업 보호를 위한 수입제한 조치 등이 있다.

집행위원회는 역내시장통합과 대외통상협정 추진에서 공동체를 대표하며, GATT와 WTO의 무역협상에서도 회원국을 대표하여 협상을 추진한다. EU 회원국은 WTO 회담에서 발언은 할 수 있으나 회의록에 기록은 되지 않으며 대신 집행위원회의 발언이 EU측의 의견으로 기록된다.

2. 공동농업정책

1) 배경

유럽공동체 설립 초기 단계에서 공동체를 지탱하는 2개의 바퀴는 관세동맹과 공동농업정책이었다. 관세동맹을 위해서는 역내관세를 철폐하고 역외공통관세를 설정하며 역외 국가에 대해서는 공동의 관세협상을 전개해야 하므로 공동체 차원의 통상정책이 필요했다. 이에 비해 공동농업정책(Common Agricultural Policy : CAP)은 별도의 설립배경을 가지고 있다. EEC가 설립되던 1950년대와 1960년대만 하더라도 농업인구가 전체 고용인구의 약 25%에 이를 만큼 큰 비중을 차지하고 있었으며, 식량자급이 불안정하고 식량자급이 국가안보와 직결되는 등 농업에 대한 중요성이 크게 인식되고 있었다. 그리고 당시에는 농산물 가격이 임금인상의 절대적 요인으로 작용한 결과 각국 산업의 대외경쟁력은 농산물시장 여건에 큰 영향을 받고 있었다. 여기에 더하여 당시 공동체 설립의 주체였던 프랑스는 독일산 공산품의 범람을 우려하여 그에 대한 보상조치로 자국 농업에 대한 보조금을 주장하였다. 이에 공산품 판로가 필요했던 독일이 이를 수용함으로써 보호주의적 공동농업정책이 도입되게 되었다.

이에 따라 로마 조약 제38조(EU 조약 제32조)는 관세동맹의 영향이 자동적으로 농산물 시장에까지는 미치지 못하므로 가맹국 간의 공동농업정책 수립이 필요함을 규정하고 조약 제39조(EU 조약 제33조) 등에서는 공동농업정책의 원칙과 목적 등을 규정하고 있으며, 이에 따라 1962년부터 공동체 차원의 농업정책이 실시되어 오고 있다.

2) 내용

공동농업정책의 주요 목적은 농업부문의 생산성 향상, 농민의 합리적 생활수준 향상,

농산물시장의 안정, 농촌지역 및 농촌경제유지, 지속가능한 자연자원 관리에 두고 있다. 이를 위한 정책수단으로는 종전까지 구조정책(structural policy)과 시장정책(regulated markets)이 실시되어 왔으나 최근에는 농가소득지원(income support)과 시장조치(market measures)가 주로 취해지고 있다. 그리고 적은 비중이기는 하나 국별, 지역별 농촌개발계획에 대한 보조가 이루어지고 있다.

이러한 정책목표와 수단의 실현에는 공동농업정책의 3대 원칙(로마 조약 제39조)이 적용되고 있다. 첫째는 역내 단일시장(a single product market)원칙으로 이는 역내 교역장벽을 제거하여 하나의 농산물에 대해 하나의 단일시장으로 통일하고 역내에서는 단일가격을 유지하며, 공동의 품질기준을 적용토록 하는 것이다. 둘째는 공동체우선(community preference)원칙으로, 이는 역외보다 역내 농산물을 우선적으로 보호하기 위해 역외로부터의 저렴한 수입품에 대한 관세나 과징금을 부과하는 한편 역내품의 수출 시에는 손실을 보전해 주는 것을 말한다. 셋째는 공동재정(financial solidarity)원칙으로 이는 공동농업정책에 중요한 각종 소요기금, 관리비용은 모두 공동체 예산에서 부담하고 개별 회원국은 직접 재정지원을 하지 않는 것을 의미한다. 이 원칙에 따라 EU의 공동농업정책은 유럽농업지도 보증기금(European Agricultural Guidance and Guarantee Fund : EAGGF, FEOGA)와 농촌지역개발을 위한 농업기금을 매개로 집행하며, 각 회원국은 농업정책의 재정에 대해 공동으로 책임을 진다.

위의 세 원칙 가운데 역외에서 볼 때 CAP가 보호주의적 정책으로 평가되고 있는 것은 공동체 우선원칙 때문이다. 공동체 우선원칙에 의해 EU는 수입농산물이나 국제가격 변동으로부터 공동체 시장을 보호하고 역내 농산물을 우선 구매하고 있다. 그리고 역내시장보호를 위해 가격지지정책, 무역제한정책, 소득보장정책 등의 수단을 통해 역내 농산물과 농업시장을 보호하고 있다.

시장조치 가운데 가격지지정책(guaranteed price system)은 EU 공동농업정책의 핵심제도로서 EU 공동체가 농민들의 생산원가를 보장하기 위해 일정 가격 이상으로 역내 농산물을 구매하는 제도이다. 매년 EU(농업이사회)는 농민들의 소득을 보장하기 위해 품목별 농산물의 목표가격(target price)을 결정하는데 이는 생산원가, 물가상승률, 재정부담능력, 국제가격등을 고려하여 결정한다. 목표가격보다 일정비율 낮은 수준에서 개입가격(intervention price)을 결정한다. 만약 공급과잉 등으로 시장가격이 개입가격 이하로 내려가면 공동체는 해당 농산물 시장에 개입하여 수매를 시작하고 개입가격 이상으로 상승하면 재고를 방출하여 시장을 안정시킨다. 소맥, 옥수수 등의 대부분의 곡물과 우유, 쇠고기, 버터, 포도주 등 농산물의 약 70%가 가격지지 대상이다. 공동통화가 도입되기 전에는 목표가격이나 개입가격을 국내통화로 환산해야 하므로 자국통화가 평가 절상되면 공동농산물가격은 절하되어야 하는 등의 문제가 있었다. 그래서 1969년부터는 환율변동에 따르는 농민 손실을 보전하기 위한 통화보상금제도(monetary compensatory amounts : MCAs)를 운영하였다. 그러나 1990년대 이후에도 환율이 안정되자 통화보상금제도의 필요성이 감소하였고, 통화보상금제도가 단일가격 원칙에 어긋나며 가격구조를 왜곡시킨다는 이유로 폐지를 추진해 왔다.

무역상의 제한조치로는 역외 저가 농산물의 수입으로 인한 역내시장의 교란을 방지하기 위해 역외 농산물 수입에 대해 관세, 수입과징금, 수량제한 및 보건환경기준에 의한 비관세장벽을 적용한다. 관세는 WTO, FTA 협정, 기타 연합협정 국가들에 대해 정해진 협정세율을 적용하고 있다. 과징금제도는 시장상황에 따라 가변적으로 운영되므로 가변과징금으로 알려져 있다. 과징금 부과를 위해서는 곡물, 설탕, 낙농제품, 올리브유 등에는 경계가격(threshold price)을 결정하고, 돼지고기, 계란, 닭고기, 가금육 등에는 수문가격(sluice gate price)이 결정된다. 수문(경계)가격은 품목별로 정해진 목표가격에 운송비를 차감한 가격으로 수입가격이 이 수문가격, 경계가격보다 낮으면 그 차액만큼 수입과징금이 부과된다. 그러나 1993년 우루과이라운드 타결로 이 국제가격과 경계가격의 차이를 메우기 위한 수입과징금은 점차 관세로 대체되고 있다.

수출의 경우 국제가격이 역내가격보다 높을 때 수출자의 초과이익을 환수하기 위해 수출과징금(export levy)을 부과하고, 국제가격이 역내보다 더 낮은데도 수출해야 할 경우에는 수출보상금(export refund)을 지급한다.

그 외에 공동농업정책에서는 역내 단일가격과 단일관세를 적용했으나 농산물의 가공, 판매, 저장 기준이 국가마다 다르고 식품의 보건 위생기준도 달랐다. 그래서 EU에서는 1984년부터 이들에 대한 표준화 작업을 실시해 왔고 1993년 역내 단일시장 완성을 계기로 농산물시험, 인증, 포장, 라벨, 가격표시, 동식물위생규제 등을 공동표준으로 통일하였다.

역내 농민소득 보상제도 가운데 올리브유, 목화, 담배 등 수입비중이 큰 일부 품목
은 생산원가에 일정 이윤을 더하여 보증가격을 결정하고 이 가격과 국제시장가격과
의 차이만큼 생산농가에 직접보상(direct subsidies)하고 있다. 직접보상제도는 재배농
가의 소득보장과 소비자를 위한 저가 수입을 허용하기 위해 도입되었다. 그러나 이
제도의 해당품목은 전체 농업생산의 2.5% 정도에 불과하다. 그 외에 농지규모나 품목
별 생산량에 대해 일정률을 보조금으로 지급하기도 한다(flat-rate aids). 대마, 호프,
생사 등 지역특산물이 여기에 해당되며 전체 농산물의 1% 미만에 불과하다.

3) 공동농업정책의 개혁

EU의 공동농업정책은 농산물 자급률 향상과 가격안정 및 농민소득 증대란 측면에서
는 상당한 성과를 거두어 왔으며 농업구조개선에도 크게 기여해 왔다. 그러나 다른
한편에서는 일부 농산물의 과잉 공급, 지역 간 계층 간 갈등요인, 지나친 공동체 예산
소요 등의 문제점도 생겨났다. 예를 들면 농업부문의 고용비중은 1960년대 25%에서
1980년대 5%로 떨어졌고 GDP에 대한 농업의 비중은 3% 수준으로 감소하였다. 그러
나 EU 전체 예산 중 공동농업정책예산의 비중은 1970년 94%, 1980년 73%, 1990년
66%로 감소해 왔으나 2019년 현재까지도 EU 예산의 약 35% 수준을 유지하고 있다.

1960년대 초 자급률이 80% 이하였던 곡물, 설탕, 우유, 쇠고기, 가금육 등은 90년대
이후 100%를 상회하여 재고처리가 부담이 되어 왔다. 농산물가격 상승은 프랑스와
북유럽 국가에 수익이 집중된 결과 저소득국인 그리스, 포르투갈 등과는 오히려 소득
격차를 심화시키는 결과가 되기도 했다. 이에 EU 측에서는 1970년대 이후 꾸준히 농
업정책의 개혁을 추진해 오고 있다. 1970~1980년대에는 주로 과잉생산 부문에 대한
지원제도 축소와 농촌구조개선에 초점을 두었다. 보증한도제를 도입하여 한도 이상
생산되면 익년도 개입가격을 인하하거나(곡물, 설탕, 포도주, 올리브유 등) 생산안정
장치를 통해 생산이 일정 수준을 넘으면 자동으로 지지가격을 내리는 조치(곡물 등)
를 취해 왔다. 1992년 UR 협상의 결과 EU는 새로운 공동정책 개혁안을 마련하였다.
즉 종래까지 유지해 왔던 가격지지정책을 소득정책으로 전환하고 수출보조금은 36%,
국내보조금은 20% 이상 줄이는 안을 결정하였다. 그리고 금지된 수입 품목은 관세화
를 통해 시장을 개방하고, 곡물, 치즈, 육류, 버터 등은 최소시장접근(minimum access)

에 의거 역내소비의 3%(6년 후 5%)는 수입하기로 한 것이다.

그 외에도 과잉생산으로 재정 부담과 무역 분쟁의 원인이 되어 온 곡물, 낙농제품 등은 지지가격을 인하하여 역내가격과 국제가격을 일치시키며 이를 통해 생산량을 감축하고 수출보조금은 폐지하고자 하였다. 대신 이로 인해 피해를 입은 농민에게는 그 소득감소분만큼 직접보상을 하고 있다. 그 외에도 역내 지지가격, 개입가격, 수문 가격의 조정으로 손실이 야기되는 농민에게는 종전과 같은 가격지지 정책 대신 직접 소득보상제도로 손실을 보전해 주고 있다. 그 결과 2019년 현재 소득지원예산이 공동 농업예산의 70% 이상을 차지하고 있다.

곡물의 경우에는 수입과징금 대신 개입가격에 일정률을 가산한 수준에서 상한가격 (ceiling price)을 정하고 수입가격과 상한가격 차이만큼은 관세를 부과하고 있다. 개 입가격은 생산자 가격에 운임을 포함한 가격으로 품목에 따라 상한가격 결정을 위한 가산율이 다르다.

이러한 시장개입정책 외에 EU는 농촌개발정책으로 농업후계자 육성, 조기은퇴 지 원, 불리한 지역 지원, 친환경농업 지원 등의 정책을 실시하고 있다. 현재 공동농업정 책의 두 번째 지주로 자리 잡고 있는 농촌개발정책은 ① 농림분야의 경쟁력 강화, ② 농촌지역의 경쟁력 강화, ③ 환경 및 유럽 고유의 농촌문화 유산 보존을 목표로 삼고 있다. 이를 위해 공동체의 지원은 농가의 소득과 생산조건 개선, 40세 미만의 젊은 농민정책 지원, 농림종사자의 직업기술 향상, 55세 이상 농민의 조기은퇴 지원 사업에 집중된다. 그 외에도 농지의 비농업용(환경조성 목적) 전용, 불리한 지역에서 의 영농(산악지역), 친환경 농업경영을 장려·지원하고 있다.

2000년부터는 중동부유럽 신규 가입국이 공동농업정책에 적응할 수 있도록 농촌개 발을 위한 재정, 기술 지원계획(special pre-accession program for agriculture and rural development : SAPARD)을 실시했으며, 2007년까지 약 36억 유로가 공동농업정책 재 원에서 지원되었다. 2003년 동구 10개국의 가입과 2007년 루마니아, 불가리아의 가입 으로 공동농업정책은 여러 가지 새로운 조정 과제를 안고 있다. 농지의 증가, 농업인 구의 증대, 저소득 소비인구의 증가와 함께 서유럽과의 지역 발전격차 문제가 동시에 제기되고 있다. 이에 따라 EU는 SAPARD를 통해 지속 가능한 농촌 및 지속 가능한 농업개발을 지원하고 있으며 지역정책(ISPA)을 통해서도 이들 지역의 개발을 지원해 오고 있다. 2010년대 이후에는 변화하는 경제 환경에 대응하고 늘어나는 가맹국과 역내 주민의 요구에 부응하기 위해 다시 공동농업정책의 개혁 작업을 시작하였다. 집행위원회는 이 개혁안을 2018년 의회와 이사회에 제출하였으며, 2021년 현재까지 검토가 진행되고 있다.

3. 공동통화정책

Werner보고서

유럽연합에 있어서 공동통화정책은 관세동맹, 공동농업정책과 함께 유럽통합을 추진하는 3대 지주를 형성하고 있다. EEC 설립 당시의 로마 조약에는 통화정책이나 통화통합에 대한 명시 규정이 없었기 때문에 1960년대까지는 역내통화정책에 대한 협력 성과는 미진한 상태였다. 그러나 1970년 EC의 경제통화동맹에 대한 '베르너' 보고서가 이사회에 제출되고 1971년 EC 정상회의에서 동 보고서의 구상이 공식 채택됨으로써 통화동맹에 대한 공동체의 노력은 가시화되기 시작했다. 당시 베르너(Werner)보고서에 나타난 통화동맹 구상은 ① 가맹국통화의 비가역적 교환성 회복, ② 금융, 자본시장의 통합, ③ 환율 변동폭의 철폐와 평가의 절대적 고정화로 되어 있다.

스네이크제도

이 보고서에 나타난 단계적 계획에 의해 당시 EC는 1971년 중반부터 역내통화 간 변동폭 축소를 위한 환율동맹을 추진하였다. 그 결과 당시 IMF 체제하의 대 달러 변동폭 4.5% 내에서 역내통화 간의 변동폭은 2.25%로 축소하는 소위 '스네이크(snake)'제도(1972년)를 도입하였다. 그러나 당시 국제통화 및 역내통화의 불안으로 '스네이크'는 오래 유지되지 못했고 1973년 3월 역내통화 간에만 2.25%의 축소 변동폭을 유지하되 달러에 대한 4.5%의 변동폭은 포기하는 소위 공동플로트제도로 이행하였다. 이 공동플로트제도 역시 1차 석유파동 이후의 경제적 혼란으로 1976년에는 유지가 어렵게 되었다.

EMS제도

그 후 1979년 3월에는 새로운 통화협력제도로 유럽통화제도(European Monetary

System : EMS)를 도입하였다. EMS 제도에서는 ① 역내통화가치의 기준이 되는 통화단위(ECU)를 창출하고, ② 역내통화 간의 조정 가능한 안정된 환율제도(Exchange Rate Mechanism : ERM)의 설립과 환시장 개입방법의 다양화, ③ 환시장 개입을 위한 신용제도 확충을 주 내용으로 하고 있었다. 이 가운데 유럽통화단위(ECU)는 1980년대 이후 각국의 준비자산, 결제수단으로 사용되고 민간금융시장에서 사용되기 시작하는 등 국제통화로서의 기능을 높여 왔다. 그리고 ECU는 그 후 1999년부터 실시한 유럽공동통화 '유로(EURO)' 도입에 필요한 경험적 기초가 되기도 하였다.

ERM은 역내통화 간 환율 고정화를 목표로 하고 있었으므로 역내통화 간 환율 변동폭을 2.25%로 정해 두고 그 이상 변동 시에는 통화당국이 의무적으로 무제한 개입하도록 함으로써 역내 환 안정에 기여해 왔다. 1992~1993년 유럽통화 위기 시에는 이 변동폭을 일부 국가에는 잠정적으로 15%까지 확대하여 가맹국의 개입부담을 경감하였다. 그 결과 1995년에는 오스트리아, 1996년 핀란드, 1998년 그리스가 각각 ERM에 가입하였으며, 1999년 공동통화 '유로'가 도입되어 새로운 ERM-유로존 국가와 불참국 간의 변동폭 유지를 규정하는 새로운 ERM제도-이 실시되기 전까지 유럽에는 영국과 스웨덴을 제외한 13개 회원국이 ERM에 참가하고 있었다.

유럽통화동맹 : EMU

1987년 역내단일화의정서(SEA)가 발효되자 경제통화동맹에 대한 필요성이 재인식되었고 이를 실현하기 위해 1989년에는 통화동맹에 대한 '들로르 보고서'가 이사회에 제출되었다. 이 보고서에는 1단계에서 역내 자본 이동의 완전자유화와 전 회원국의 ERM 가입 실현, 2단계에서 유럽중앙은행 설립과 역내 금융정책 협조 촉진, 3단계 공동통화도입을 통한 통화동맹의 실현계획이 제시되었다. 이 안은 1989년 6월 정상회의에서 채택되어 1990년 7월부터 실행에 들어갔다. 이러한 통화동맹에의 1단계 접근은 1990년과 1991년에 회원국의 협조로 소기의 성과를 얻게 되자 1992년에 체결된 '마스트리히트 조약'에서는 경제통화동맹의 2단계에서 유럽중앙은행 전신인 유럽통화기구(EMI)를 우선 설치하고 조건이 충족되고 희망하는 국가가 가맹국의 과반을 넘을 경우 이들 국가부터 공동 중앙은행을 설립하고 공동통화를 창출하며 잔여국가는 조건이 충족된 다음 통화동맹에 참가하도록 하였다.

Euro의 도입

경제통화동맹은 국가주권의 공동체 이양이라는 정치동맹적 성격을 가지고 있으므로 '마스트리히트 조약'에서는 통화동맹에의 가입은 각 가맹국이 결정하며 가입 시기도 국별 사정에 따라 조정할 수 있게 하였다. 이러한 조치에 따라 2단계 준비가 1994~1998년 사이에 모두 마무리되자 1999년 1월 통화통합조건이 충족된 선발그룹부터 단일통화 '유로(Euro)'를 도입하게 되었다. 이때 가맹국은 독일, 프랑스, 이탈리아, 벨기에, 룩셈부르크, 네덜란드, 스페인, 아일랜드, 오스트리아, 핀란드, 포르투갈의 11개국이었다. 이들 '유로'를 사용하는 국가들을 '유로존(Euro-zone)' 혹은 '유로랜드(Euro-land)'라 한다. 이들은 단일통화를 사용하고 1998년 6월 설립된 유럽중앙은행(ECB)을 통해 공동의 통화·금융정책을 실시함으로써 명실 공히 유럽의 통화동맹이 실현되기에 이른 것이다. 그리고 '유로존'에서는 2002년 1월부터 자국통화와 유로의 병용을 폐지하고 공동통화 '유로'만을 단일통화로 사용해 오고 있다. 2010년 현재 유로를 단일통화로 쓰는 '유로존' 국가는 초기 참가국 11개국 외에 그리스, 슬로베니아, 몰타, 키프로스, 슬로바키아를 합쳐 16개국이었다. 그 후 에스토니아(2011), 라트비아(2014), 리투아니아(2015)가 가입하여 2015년 이후 '유로존' 국가는 19개국이며 3억 3천만 명이 '유로'를 사용하고 있다. 미가입국으로는 덴마크, 스웨덴, 헝가리, 체코, 폴란드, 루마니아, 크로아티아, 불가리아 등이 있다.

유로존 가입조건

마스트리히트 조약에서는 유럽통화동맹에의 가입조건으로 다음과 같은 사항을 요구하고 있다.

① 소비자물가 상승률이 가장 안정된 3개국 평균의 1.5% 이내일 것
② 장기 국채금리가 ①의 3개국 수준에서 2% 이상 상회하지 않을 것
③ 재정적자의 GDP 비중이 3% 이내일 것
④ 정부부채총액이 GDP의 60% 이내일 것
⑤ 환율 변동폭이 2년 이상 ERM의 변동폭 이내로 유지될 것

등이며 미가입국 중 이 조건이 충족되고 자국이 희망하면 '유로존'에 가입할 수 있다.

이러한 단일통화 및 공동통화정책의 실시로 EU 회원국은 환율정책 및 통화정책에 대한 자율성과 자주권의 상실이라는 정책비용을 감수하지 않으면 안 되게 되었다. 그 반면 ERM에 가입하고 있거나 EURO에 참가하고 있는 회원국은 각종 거래비용과 정책비용이 경감되는 등의 경제적 이익을 추구할 수 있게 되었다. 통화통합으로 인한 이익은 미시 경제적 측면에서 볼 때 외환거래비용의 감소, 금융결제에 따르는 부대비용 감소, 역내무역 및 금융거래의 활성화, 역내 산업의 경쟁력 강화 등을 들 수 있다. 그리고 거시 경제적 측면에서도 실질환율의 변동폭 축소(ERM 참가국) 내지 변동폭 제거(EURO 참가국)로 인해 회원국 간 경쟁력의 급격한 변동이 일어나지 않게 되며 그에 따라 거시 경제정책의 조정도 용이하게 된다. 특히 공동체 차원에서 외부효과가 있는 정책부문, 규모의 경제가 있는 부문 및 보완성의 원칙(principle of subsidiarily)에 의거 상호 간 정책조정이 필요한 부문에서의 국별 정책조정과 공동정책의 수행이 용이해 질 수 있다. 뿐만 아니라 환시장에 대한 불확실성이 제거됨으로써 실물경제에 대한 투자증대와 함께 역내 자본 이동도 활성화될 것이다. 이러한 거시적, 미시적 효과로 인해 통화통합은 공동시장과 공동농업정책과 함께 유럽공동체의 내부결속을 유지하는 3대 지주로 작용하고 있으며, 역내 공동통화의 도입은 공동농업정책의 기능을 원활하게 하는 데에도 기여하고 있다.

4. 경쟁정책

EU의 경쟁정책은 통합된 역내시장에서 공정한 경쟁을 보장하기 위해 로마 조약 이후부터 공동체 차원에서 추진해 온 주요 정책 중의 하나이다. 경쟁정책의 주요내용은 역내시장에서의 독점, 기업합병과 카르텔, 시장분할, 집단적 매매가격조작 등을 금지하는 것이다. 로마 조약에서는 경쟁정책의 추진권한을 집행위원회에 부여하고 있으며 1992년 역대 단일시장 완성 이후에는 집행위원회의 경쟁정책 유지권한을 더욱 강화하고 있다. 개별 회원국의 정부나 사법부에서도 공동체 조약이 정한 경쟁원칙을 위반할 경우 이를 금지하고 처벌할 수 있는 권한을 가지고 있다. 그러나 집행위원회가 공동체 차원에서 공식적으로 경쟁정책에 개입할 경우 각국 정부나 그 사법부보다 집행위원회 결정이 우선적 효력을 가지고 있다.

EU의 경쟁정책 범위는 크게 다음과 같은 세 분야로 나누어진다.

첫째, 로마 조약 85조에 의해 기업들 간의 담합을 금지하는 조치이다. 일부국가에서는 담합의 남용만을 규제하고 있으나 EU 공동체는 담합행위 자체를 금지하고 있다. 다만 과학, 기술 연구개발과 관련된 분야와 중소기업 협력분야에서는 예외가 인정된다.

둘째, 특정 기업의 독점적 지위가 금지된다(로마 조약 제86조). 원래 유럽의 독점적 지위의 규제는 미국에 비해 약한 편이었다. 그러나 단일시장 추진으로 인해 독점규제의 필요성이 높아지게 되자 1990년부터 기업 간 합병 등으로 인한 기업집중이 독점으로 발전하는 것을 규제하고 있다. 또한 우월적 지위를 통해 경쟁을 제한하거나 왜곡시키는 행위도 금지하고 있다.

셋째, 국가의 보조금에 의한 경쟁왜곡을 규제의 대상으로 하고 있다. 로마 조약 제92조에는 중앙정부, 지방자치단체, 공공기관에서 제공하는 모든 보조금을 국가보조금으로 간주하고 이 보조금이 조약상의 예외조항에 속하지 않으면 금지하고 있다. 그러나 특정 기업, 특정 지역을 대상으로 하지 않고 전국에 무차별적으로 지원되는 보조금은 규제대상이 아니다.

경쟁정책의 규제대상에서 제외되는(예외조항) 경우는 주로 지역정책과 산업구조 조정정책에 관련된 경우이다. 지역개발의 지원 대상 지역은 공동체가 결정하며, 그리스, 포르투갈 등 저소득국, 스페인 빈곤지역, 북아일랜드, 프랑스 해외령 등은 저개발지역으로 보조금 지급이 용인되는 지역이다. 회원국 정부가 지역개발이나 산업구조 조정차원에서 보조금을 지급하는 경우라도 EU 집행위원회의 사전허가를 받아야 하며 그렇지 않으면 집행위원회는 이를 중단시킬 수 있다.

EU에서 경쟁정책을 중시하는 이유는 다음 두 가지 이유에서이다. 첫째는 경쟁과 경쟁적 시장조직은 공동체 조약에 명시된 경제적 목표를 달성하는 데 중요한 수단이 되기 때문이다. 경쟁촉진을 통해 대시장의 경제적 이익과 기술혁신의 기회를 창출하고자 하기 때문이다. 둘째는 국별로 수입제한적인 기업 행위가 일어나면 이는 가맹국과의 경쟁을 효과적으로 제한하는 결과를 유발하기 때문이다. 다시 말하면 민간부문에 의한 거래장벽이 공식적으로 제거된 국경 장벽을 다시 일으키는 효과가 발생할 수 있기 때문이다.

5. 공동산업정책

EU의 산업정책은 EU 기업의 국제경쟁력 강화, 산업구조 조정, 지역개발정책 등과 연계하여 추진되고 있으며, 역내자원의 최적 배분, 특정산업의 지원, 지역개발 및 연구개발 촉진 등의 목적으로 전개되고 있다.

통합 초기 유럽에서는 자유방임 사상의 영향으로 정부나 공동체가 개입하는 산업정책에는 큰 관심을 두지 않았다. 그리고 제2차 세계대전 후 자국 산업 보호정책을 실시한 경우에도 영국은 정부 개입, 프랑스는 정부와 기업 간 협력, 독일은 시장원리의 계몽차원에서 이루어졌으므로 국가마다 그 개념에 차이가 있었다. 이러한 여건으로 인해 로마 조약에서는 산업정책을 별도로 규정하고 있지 않았다. 그러나 1970년대 아시아공업국의 도전이 부각되고 섬유, 철강, 조선 등의 유럽 산업이 사양화되는 반면 자동차, 생명공학 등의 첨단산업은 일본, 미국에 뒤지게 되자 공동체 차원에서 산업정책에 관심을 가지기 시작하였다. 그 결과 1970년 유럽의 단일 산업기지, 1980년 유럽 산업지대(European Industrial Area) 설치안 등이 제시되었으며, 1990년 12월에는 '개방 경쟁 여건하의 산업정책'이라는 보고서를 채택하였고 마스트리히트 조약에서는 유럽 집행위원회에 산업경쟁력 강화를 위해 특별조치를 취할 수 있는 법적 권한을 부여하였다. 그 이후 집행위원회는 연구개발 및 품질향상, 직업훈련, 업계 상호 간의 산업협력을 지원하고 행정규제의 합리화, 대기업과 중소기업 관계발전에 중점을 둔 산업정책을 펴고 있다.

공동체 차원의 산업정책이 실시되는 이론적 논리는 외부경제, 독과점과 같은 시장왜곡이 있거나 자본시장이 불완전한 경우 생산성 제고를 위한 적정 기업규모의 유지 및 사양산업의 구조조정과 같은 개입정책의 필요성이 있기 때문이다. 특히 EU의 산업정책에 의한 정부 혹은 공동체의 개입은 자칫 경쟁정책과 상충되는 경우가 있으므로 위의 논리적 타당성이 있는 경우에는 경쟁정책의 예외를 인정받아 공동체가 관여하고 있다. 예를 들면 EU는 경쟁을 왜곡시키는 보조금 지급을 금지하고 있다. 그러나 사회복지, 재해복구, 낙후지역 개발, 기업 구조조정, 문화유산 보호 등에서는 예외로 보조금 지원을 인정하고 있다.

또한 지역 균형발전, 고용수준 향상, 사회간접시설 확충을 위해서도 광범위한 지원

제도를 운영하고 있다. 농업정책을 위한 농업 지도보증기금(EAGGF), 고용확대용 사회기금(ESF), 지역 불균형 해소를 위한 지역개발기금(ERDF) 및 마스트리히트 조약 이후의 저소득지역에 대한 사회간접자본 시설 지원을 위한 결속기금(cohesion fund : CF) 등은 직·간접으로 산업정책 지원재원과 관련이 있다. 예를 들면 지역개발기금에서 지원하고 있는 중소기업의 연구개발, 기술이전, 설비투자 등에의 지원은 지역 차원의 정책이기도 하나 산업정책의 속성을 동시에 가지고 있다.

EU 산업정책에서 특기할 점은 중소기업에 대한 지원여건을 폭넓게 갖추고 있다는 점이다. EU집행위 권고안에 의한 중소기업 규모는 종업원 250명 이하, 연간 매출액 5,000만 유로 또는 총자산 4,300만 유로 이하의 기업을 말한다. 종업원 50인 이하, 연간 매출액이나 총자산이 1,000만 유로 이하인 경우는 소기업이며, 10인 이하 총자산 200만유로 기업은 영세기업(micro-enterprise)으로 보고 있다. EU는 1985년 이후부터 중소기업 육성정책을 추진하고 있으며, 집행위원회 내에는 중소기업총국을 두어 행정적, 문화적 지원과 청소년 직업교육, 창업투자지원 등을 지원하고 있다.

6. 공동연구개발 및 과학기술정책

EU는 미국, 일본 등 역외 선진국에 비해 연구개발(R&D) 투자 수준이 낮고 대학의 연구기능이나 교육경쟁력이 약화되어 왔으며, 기술이전과 창업에 우호적이지 못한 여건 등으로 산업경쟁력이 떨어져 온 것으로 인식되어 왔다. 더욱이 공동체가 결성되어 있음에도 연구 활동은 국별로 나누어져 있고 산업계와의 연계성 부족으로 실질적인 기술발전은 큰 진전을 보지 못하고 있었다. 이러한 비효율성에 대한 반성의 결과 EU는 1980년대 이후부터 다양한 분야에서 공동체 차원의 연구개발 및 과학기술 정책을 추진해 오고 있다.

1978년 과학기술 전망 및 평가제도(Forecasting and Assessment in Science and Technology : FAST)를 도입하여 정보통신, 생명공학 등의 첨단산업 분야에서 공동 기술개발을 추진해 온 이래 1983년에는 2차 FAST를 추진해 왔다. 그 후 1984년부터는 기술개발 5개년계획을 4차례에 걸쳐 수행해 왔다. 마스트리히트 조약에서 과학기술 정책이 강조된 다음부터는 종전까지 개별적으로 추진해 왔던 연구개발 프로젝트를 5개년계획으로 통합하여 운영하고 있다. 1998년에 시작된 EU의 5차 기술개발계획을 정보화 사회와 산업경쟁력 강화에 중점을 두었고 2002~2006년의 6차 계획은 소위 BT, IT, NT, 우주산업, 식품안전, 지속 가능한 개발 문제에 중점을 두었다. 2007~2031 년까지는 국제협력에 중점을 둔 7차 계획이 추진되고 있다.

이러한 유럽연합의 과학, 기술 개발정책은 회원국 단독 수행이 곤란하고 범유럽 차원에서 접근해야 할 과제에 중점을 두고 회원국 간 기술격차의 축소를 목적으로 실행하고 있다. 2000년대 이후에는 유럽규모의 연구 영역을 설정하고 관련 예산규모도 크게 늘려가고 있다. 즉 2000년 3월 EU 정상회의에서는 소위 리스본 전략(Lisbon strategy)을 통해 유럽연구영역(European Research Area : ERA) 개념을 도입하고 각국의 연구개발 활동을 공동체 차원에서 통합하도록 유도하였다. 2002년 정상회의 결정에 따라 EU의 연구개발 투자를 종전 EU 전체 GDP의 약 1.9% 수준에서 2010년까지 3% 수준으로 높여 왔다.

7. 공동지역정책

EU의 지역개발정책은 공동체 내의 지역 간 격차를 축소하고 선진지역과 불리한 지역의 발전격차를 해소하기 위해 로마 조약 이후부터 추진해 왔던 정책이다. 1980년대까지는 주로 유럽투자은행을 통한 융자지원이 주요 수단이었으나 1987년 유럽단일화의정서(SEA)가 발효되고 역내시장통합이 이루어지면서 지역개발정책이 다시 강조되고 지원수단도 다양화되었다.

1990년대 이후 공동지역정책의 목적은 공동체의 재정수단(구조기금)을 통해 낙후지역을 지원하고 역내에서 추가적인 불균형의 발생을 방지하는 데 두고 있다. EU의 지역정책은 보조성의 원칙(subsidiary principle)에 따라 회원국별 지역정책을 우선적으로 존중하고 개별국보다 공동체 차원의 정책이 더 효과적이라고 판단될 경우에 한하여 공동체 차원의 지역정책이 추진된다. 공동지역정책의 또 다른 기능은 회원국별 투자유치 경쟁으로 낙후지역 개발정책의 효과가 상쇄되는 등의 부작용을 방지하기 위해 공동체 차원의 가이드라인을 설정하여 국별 지역정책을 조정하는 기능이다.

현재 공동지역정책의 수혜대상 지역은 그 내용에 따라 1, 2, 3군 지역으로 구분된다. 제1군 지역(Objective 1지역)은 1인당 GDP 수준이 낮고(공동체 평균의 75% 수준), 높은 실업률이 지속되며, 타 지역으로의 인구 유출이 있는 지역이다. 제2군 지역

(Objective 2지역)은 철강, 석탄 산업지역 등과 같이 사양산업으로 인한 구조조정의 어려움을 겪고 있는 지역이다. 여기에는 제조업의 사양화뿐만 아니라 쇠락하고 있는 농어촌 지역도 포함된다. 제3군 지역(Objective 3지역)은 제2군 지역으로 분류되지 않는 지역 중에서 장기 실업이나 산업구조 조정의 문제가 나타나는 지역이다.

이러한 지역개발 지원을 위한 재원을 총칭하여 구조기금(structural fund)이라 한다. 여기에는 유럽 지역개발기금(ERDF), 유럽 사회기금(ESF), 유럽 농업지도보증기금 (EAGGF, FEOGA), 수산업 지도기금(FIFG) 등이 포함된다. 이들 기금의 70% 이상이 Objective 1지역에 할당되고 있다. Objective 2지역은 11.5%가 할당되나 여기에는 전체인구의 18% 이상 초과하지 못하도록 하고 있다. Objective 3지역은 Objective 1 이외 지역의 교육, 훈련, 인력개발 등의 지원이 요구되는 지역이며 유럽사회기금에서만 지원된다. 위의 구조기금은 개발대상 지역에 대한 보조금 지급이 주요업무이나 보조금 외에 개발 자금 대출이나 보증업무는 유럽투자은행(EIB)이 수행하고 있다.

8. 기타의 공동정책

이 외에도 EU는 공동체 설립 목적과 기능 확대에 필요한 분야별 정책을 공동체 차원에서 수행하고 있는 바 그 주요 정책분야는 다음과 같다.

(1) 환경정책

EU의 공동 환경정책은 환경 공동시장이라는 개념 위에서 실시되고 있다. EU의 경우 다수의 국가들이 지리적으로 인접하여 공동하천을 이용하고 있고 자연자원이나 생태계를 공유하고 있다. 따라서 대기오염, 수질오염, 동식물 보호 등의 환경정책은 공동체 차원에서 추진해야 할 필요성이 일찍부터 인식되어 왔으며 로마 조약(제2조)에도 환경질의 유지와 개선을 주요 목표로 명시하고 있다. 특히 공동시장을 유지하고 있는 EU 내에서 환경기준의 차이는 역내에서 경쟁력 구조를 왜곡시킬 수 있고 환경규제의 차이는 무역규제 수단이 될 수 있으므로 공동체 차원의 접근이 요구되어 왔다.

EU의 환경정책은 '치유보다는 예방'이라는 원칙 아래 1970년대 중반부터 환경 실천계획을 통해 시도해 왔으나 본격적인 접근은 1980년대 후반부터 이루어져 왔다. 특히 1993년의 마스트리히트 조약에서는 환경정책에 관한 집행위원회 권한을 크게 강화하였으며, 1994년 8월에는 코펜하겐에 유럽환경청(European Environment Office)을 설치하여 회원국의 환경에 대한 모니터링, 친환경 기술개발, 국제 환경기구에의 협력 등을 수행하고 있다. EU의 환경정책의 경우 개별 회원국이 공동체 기준보다 더 엄격한 자체기준을 정할 수 있으며, 공동정책이 없는 분야에서는 독자적인 정책을 실시할 수 있도록 하고 있다.

현재 EU 환경정책은 수질오염, 대기오염, 소음, 폐기물관리, 야생동식물 보호 등을 주요 사업으로 하고 있다. 1992년부터는 각국이 사용해 오던 환경라벨을 공동체 차원의 환경라벨(eco-label)로 통일하였으며, 가전제품, 신발의류, p/c, 사무용품 및 숙박업소에 이르기까지 환경라벨 부여 대상을 넓혀오고 있다. 이를 위해 환경라벨위원회(Eco-Label Board)가 운영되고 있으며, EU의 공동환경라벨 제도는 역외국의 입장에서 볼 때 유럽시장에 대한 기술적 진입 장벽이 되기도 하였다.

(2) 사회 및 고용정책

유럽의 사회정책(social policy)은 인간의 존엄성 유지와 기회균등, 질병과 재해로부터의 보호, 고용수준의 향상, 근로자의 자유 이동과 사회통합을 목적으로 하고 있다. 이에 따라 EU 집행위원회는 고용, 사회보험, 산재예방, 근로자의 단체교섭권 등의 사회정책에 관한 회원국의 법령을 조화시키는 역할을 담당하고 있다.

현재 EU 집행위가 중심이 되어 추진하고 있는 사회정책의 내용은 고용수준 향상, 근로자 권익 보호, 여성근로자 보호(양성평등), 이민근로자 보호, 사회적 차별과 소외 방지 등에 중점을 두고 있다. 유럽의 경우 요람에서 무덤까지(from the cradle to the grave) 완전한 사회보장을 목표로 연금과 실업수당을 지급하고 있으나 최근에는 인구의 고령화, 회원국의 확대, 실업증가 등으로 사회보장 재원의 위기를 맞고 있으며, 그 제도 개혁이 다시 요구되고 있다. 사회보장정책의 경우에도 보조성의 원칙에 의거 국별 정책이 미흡할 경우 공동체 차원의 개입과 조정이 이루어진다.

(3) 에너지 정책

EU의 에너지 정책은 에너지 분야의 단일시장, 단일가격을 지향하고 에너지 정책의 조화를 목표로 하고 있다. 그러나 석유, 가스, 전력 등의 주요 에너지 자원은 국가안보와 직결된 문제이므로 국별 제도의 완전한 통합은 어려운 문제이다. 다만 공동체에서는 에너지의 품질 기준 통일과 역내 이동에 대한 장벽 제거를 우선 추진 과제로 삼고 있으며, 에너지에 대한 간접세(특소세) 조화, 에너지 기술개발 협력을 전개하고 있다. 1994년에는 에너지 제품의 무역, 수송, 분쟁해결을 위한 유럽 에너지 헌장조약을 체결하였다.

(4) 소비자 보호 정책

EU 단일시장의 완성은 역내 소비자들에게 좋은 품질의 서비스와 상품을 좋은 가격으로 제공하여 소비자 이익을 최대한 높인다는 목적을 가지고 있다. 이를 위해서는 소비자 보호조치가 수반되어야 하므로 EU는 현재 소비자의 건강과 안전보호, 소비자의 경제적 이익, 피해로부터의 보호, 시장정보와 교육기회 제공 및 정책 입안에 대한 소비자 참여를 공동정책의 대상으로 삼고 있다.

EU의 소비자 보호 정책은 1987년의 유럽단일화의정서 100조에 집행위원회로 하여금 높은 수준의 소비자 보호를 위한 조치를 취할 수 있도록 함으로써 법적인 뒷받침을 받게 되었다. 이에 따라 1995년부터는 과거의 소비자 상담위원회를 소비자위원회

읽을거리　　　　EU의 예산 구조

EU는 고유의 자체 재원을 확보하고 있으며, 세입의 범위 내에서 세출이 이루어지고 적자재정은 허용되지 않는다. 총예산 규모나 세입, 세출 항목별 비중은 매년 변화하고 있으므로 일정하지 않다. 2018년의 경우 총예산은 약 1,600억 '유로'로 전체의 약 96%가 공동정책 예산이고 잔여 약 6%가 공동체 기구 운영의 행정 및 관리 비용으로 지출되었다. 이 중 EU기구의 통번역 관련 예산은 총 예산의 1% 미만을 차지하고 있다. 세입, 세출항목 구성은 다음과 같다.

1) 세입항목 : 관세 및 수입부과금, 부가가치세, GDP 기준 국별 분담금(총 GNI의 1.2% 이내로 제한)으로 구성됨. 관세 및 부가가치세의 일부는 각 회원국이 징수하여 공동체 예산으로 납입하되 징수액의 25%는 회원국의 징수비용으로 지불함

2) 세출항목 : 지역격차 해소, 농업부문 구조개선, 지역 발전 및 환경보전 등 공동정책 부문에 대부분의 예산이 투입되고 잔여분은 행정 및 관리비용으로 지출됨. 1990년대 초까지 공동농업정책 관련 예산이 전체의 50%를 능가했으나 지금은 35% 이하로 줄었음. 동유럽 국가들이 가입한 2000년대 중반부터는 지역 불균형 개선을 위한 구조개선 및 Cohesion 관련 비용이 35% 이상으로 제일 큰 비중을 차지함. 세계의 주역으로서 EU의 역할을 수행하기 위한 원조 등 대외관련 비용이 전체의 약 6%, 공동체 운영에 필요한 행정관리비용이 약 6%를 각각 차지하고 있다.

(Consumer Committee)로 개칭하고 소비자 보호정책의 입안과정에 소비자의 의견을 광범위하게 반영하도록 하고 있다.

(5) 교통정책

EU는 상품, 서비스, 노동, 자본에 대한 자유 이동이 보장되는 역내 단일시장을 완성함에 따라 1993년 이후부터는 역내 운수·교통 분야의 환경개선이 불가피하게 되었다. 이에 따라 EU 내에서는 단일시장 형성에 따른 운송 산업 자유화를 목표로 국경장벽 폐지, 국내 운송의 자유화를 추진해 왔으며, 2000년대 이후에는 범유럽교통망(Trans European Transportation Network) 개발을 추진하고 있다. 공동 교통정책의 대상으로는 도로운송, 철도운송, 항공운송뿐만 아니라 내륙 수로운송, 해운까지 포함하고 있으며 그 구체적 내용은 운송 분야마다 차이가 있다.

(6) 어업정책

EU의 공동어업정책(Common Fisheries Policies)은 어업기술의 발전에 따른 수산자원의 남획 방지를 위해 1960년대부터 논의되어 왔으나 공동정책으로서의 종합적인 체계를 갖추기 시작한 것은 1980년대부터였다. EU 차원의 어업권 보호를 위해 북해와 북대서양에서 200해리 경제수역을 선언하였고 해양자원 관리를 위해 총 어획 가능량을 설정하여 EU회원국과 일부 역외국에 매년 어종별 쿼터를 배분하고 있다. 어업정책의 주요 목적은 해양수산자원 보존, 어업구조조정, 공동시장정책(수산물판매 공동기준 등)을 통한 수급안정 및 가격안정에 두고 있다.

(7) 기타 정책

이상과 같은 전통적 정책 외에도 현재 EU에서는 지식정보화정책, 지적재산권정책, 식품위생정책, 보건정책 등이 공동체 차원에서 추진되고 있다.

표 13.4 **EU의 통합 연표**

1952. 1	1951. 4 파리 조약(Treaty of Paris) 체결 유럽석탄철강공동체(ECSC) 출범, 2002년 종료
1958. 1	1957. 3 로마 조약(Treaty of Rome) 체결 유럽경제공동체(EEC)와 원자력공동체(EURATOM) 발족
1967. 7	EEC, EURATOM, ECSC가 하나의 공동체(EC)로 통합, EEC 관세동맹 완성
1973. 1	영국, 덴마크, 아일랜드 가입
1981. 1	그리스 가입
1986. 1	스페인, 포르투갈 가입
1987. 7	유럽단일화의정서(Single European Act : SEA) 발효 : 기존의 EEC, EURATOM, ECSC 조약의 개정, 공동체 기능 강화, 역내시장 단일화 추진
1993. 11	EU 창설조약(Treaty of Maastricht) 발효, 기존의 EC 기능 외에 외교안보, 내무·사법 분야의 공조 기능 추가.
1995. 1	오스트리아, 핀란드, 스웨덴 가입
1999. 1	암스테르담 조약(Treaty of Amsterdam) 발효, 가맹국 확대 대비 공동체 운영제도 개편, EC 조약 및 EU 조약 개정, 공동통화 '유로' 도입, ECB 발족
2002. 1	유로존 11개국 내의 단일통화 '유로' 통용
2003. 2	니스 조약(Treaty of Nice) 발효, 동유럽 가맹국 확대 대비 제도 개혁, 가중 다수결제도 개편 등
2004. 5	동유럽 및 지중해 10개국 가입 : 헝가리, 체코, 폴란드, 슬로바키아, 슬로베니아, 에스토니아, 라트비아, 리투아니아, 사이프러스, 몰타
2005	유럽헌법안−유럽이사회 싱임의장(유럽대통령), 유럽외무장관직 설치 등−비준 실패
2007	불가리아, 루마니아, 크로아티아(2013) 가입
2009. 12	리스본 조약(Treaty of Lisbon) 발효, 기존 EU 조약의 개정, 공동체 기능 강화, 유럽이사회 상임의장, 대외업무담당 고위대표직 설치
2020. 12	영국 탈퇴
가입후보국	터키, 마케도니아, 세르비아, 몬테네그로, 알바니아

제4절 EU의 확대 및 심화

1. EU의 가맹국 확대

1958년 로마 조약에 의해 출범한 유럽경제공동체(EEC)의 당초 회원국은 프랑스, 독일, 이탈리아, 벨기에, 네덜란드, 룩셈부르크 등 6개국이었다. 이들 6개국은 1952년 발족한 유럽석탄철강공동체(ECSC)의 회원국이기도 하다. EEC 가맹국은 1967년 원자력공동체(EURATOM)와 석탄철강공동체(ECSC)를 포함하여 하나의 단일 공동체 기구인 유럽공동체(EC)로 개편한 이후에도 그대로 유지되고 있었다. 그러나 1970년대 접어들면서 영국의 국제적 위상과 영연방특혜무역권의 비중이 줄어들게 되자, 영국은 EC 가입에 관심을 보이기 시작하였고, EC 측에서도 유럽국가, 시장경제, 민주주의와 같은 공동의 가치를 추구하는 나라로 회원국 확대를 모색하게 되었다. 그리고 국제적으로는 미국의 국제적 영향력이 높아지고 일본 등 아시아가 국제무대로 복귀함에 따라 서유럽권의 정치, 경제적 위상에 대한 우려가 작용하여 1970년대의 1차 가맹국 확대와 1980년대의 2차 확대정책이 이루어지게 되었다.

1973년 제1차 가맹국 확대 시에는 영국, 덴마크, 아일랜드가 가입하였고, 1980년대 2차 확대 시에는 1981년 그리스, 1986년 스페인, 포르투갈이 각각 가입하여 EU는 1995년까지 12개국으로 운영되었다. 1990년대 들어서면서 동서 냉전체제가 무너지고 동·서유럽 간 이념적, 군사적 대치구조가 풀리게 되자 주변 중립국 및 동유럽 국가들의 EU 가입신청이 이어졌고 EU 측에서도 냉전 종식이라는 새로운 국제환경에 맞추어 중동유럽으로까지 가맹국 확대를 검토하게 되었다.

냉전 종식 이후 EU 가입이 우선적으로 검토된 국가는 오스트리아, 스위스, 노르웨이, 스웨덴, 핀란드 등 유럽 자유무역연합(EFTA) 국가들이었으며, 이들은 1994년부터 EU와 유럽경제영역(EEA)협정을 체결하여 자유무역을 하고 있던 국가들이었다. 이들 중 국민투표에서 가입을 보류한 스위스와 노르웨이를 제외한 오스트리아, 스웨덴, 핀란드는 1995년에 EU에 가입하였으며(제3차 확대) 이로써 EU는 15개국이 되었다. 그리고 1993년 6월 코펜하겐 유럽이사회에서 중·동부유럽국가로의 EU 확대를 처음 결정한 이후 약 10년간의 협상과 준비기간을 거쳐 2004년에는 중동유럽의 체코, 헝가리, 폴란드, 에스토니아, 라트비아, 리투아니아, 슬로바키아, 슬로베니아와 지중해의

읽을거리   Brexit

Brexit는 영국(Britain)의 EU 탈퇴(exit)를 뜻하는 합성어이다. 영국은 1973년 EC에 가입하였으나 1992년에는 역내 공동환율제도(ERM)에서 탈퇴하였으며, 1999년에 출범한 유럽 통화통합체제 유로존(Euro Zone)에도 가입하지 않았다. 2008년 세계 금융위기 이후에는 비유로존 국가임에도 유로존 재정위기 국가에 대한 재정지원으로 인해 영국에 대한 EU의 재정 분담금이 늘어났다. 여기에 더하여 EU의 난민 입국 허용조치 이후 영어권인 영국으로 난민 입국이 늘어난 결과 영국 내에서는 자국 내 일자리 문제와 범죄 문제로 고심이 깊어지게 되었다. 이러한 사유로 인해 영국 내에서는 EU 탈퇴 여론이 높아지게 되었고 2016년 6월 국민투표에서는 투표자의 51.9%가 탈퇴에 찬성하여 결국 2020년 1월 가입 47년 만에 탈퇴가 확정되었다.

영국의 EU 탈퇴는 런던이 유럽의 금융허브 역할을 해 왔고 EU 재정 분담금도 독일 다음으로 많이 부담해 왔던 점을 고려하면 유럽경제에 미치는 영향은 적지 않을 것이다. 영국 내에서도 EU 잔류를 강하게 희망했던 북아일랜드의 불만, 스코틀랜드의 독립요구, EU 회원국인 아일랜드와 북아일랜드 간의 관세조정 문제 등이 탈퇴 이후의 과제로 남아 있다.

한편 2020년 12월 말에 타결된 영국과 EU 간의 Brexit 협상에서는 2021년 1월부터 양측 간의 국경장벽은 복원하더라도 상품무역, 어업협력, 노동, 환경, 경쟁정책 및 안보 분야의 기본협력은 유지하는 선에서 타결되었다. 즉 ① 상품무역에 대해서는 무관세, 무쿼터를 유지하되 국경검역 및 통관절차는 거치도록 함. ② 영국 해역 내 EU측의 어획량 쿼터는 향후 5년 6개월 동안 현재보다 25% 축소 유지함. ③ 유학, 취업 등 90일 이상 체류자는 별도 VISA를 받아야 하며, 전문 자격증 상호인증은 종료함. ④ 노동, 환경, 보조금 정책 등 공정경쟁 정책은 EU와 동일 수준에서 유지함. ⑤ 영국은 유럽사법협력기구(Eurojust), 유럽경찰청(Europol)에서 탈퇴하지만 실종, 도난, 테러관련 협력은 유지하도록 함.

몰타, 키프러스 등 10개국의 가입이 이루어졌고 2007년에는 불가리아, 루마니아, 2013년에는 크로아티아가 가입하여 현재 EU는 28개 회원국으로 확대되었다. 현재 새로운 가입 후보국은 터키, 마케도니아가 있으며, 잠재적 후보군으로는 알바니아, 세르비아, 보스니아, 몬테네그로 등이 있다. 한편 1973년 EU에 가입한 영국은 2016년 국민투표에서 탈퇴를 결정하였고 2020년 12월 공식 탈퇴하였다.

EU의 신규 가입조건

EU의 신규 가입조건으로는 ① 자유시장경제체제, ② 민주주의와 법치주의, ③ 기존의 EU 규범 수용 조건을 충족해야 하며, 이외에도 정치적, 종교적 측면의 고려와 기존 회원국과의 동질성 여부가 가입 여부를 결정하는 데 영향을 미칠 수 있다.

2. 공동체 기능의 심화

1980년대 말부터 동서 냉전체제가 무너지고 유럽대륙 내에서 이념적, 군사적 장벽이 제거되자 EU는 중·동부 유럽의 구 공산권 국가들까지 시장경제, 민주주의, 공동체협약 준수 등의 요건이 충족되는 것을 전제로 공동체 가입의 문호를 개방하였다. 그 결과 EU 회원국은 1993년까지 서유럽 12개국에 국한되었으나 1995년에는 15개국, 2004년에는 25개국 그리고 2007년에는 27개국으로 늘어나게 되었으며 아직도 터키, 크로아티아, 마케도니아 등 3개국의 가입 후보국이 대기 중에 있다.

가맹국 수가 이렇게 확대되자 EU는 자체 내의 의사결정방식과 회원국 간의 조화 있는 발전을 규제할 수 있는 새로운 법적·제도적 장치가 필요하였다. 이에 따라 EU는 1987년 역내시장단일화의정서(SEA)에 의한 역내시장통합을 1992년 완성한데 이어, 종전의 경제공동체 중심의 유럽공동체(EC)를 유럽연합으로 전환하는 마스트리히트 조약(1993)을 위시하여 공동체 거버넌스의 효율성을 높이기 위한 암스테르담 조약(1999), 가맹국 확대 이후의 의사결정방식의 개정을 골자로 하는 니스 조약(2002) 및 유럽헌법조약안을 완화하여 반영한 리스본 조약(2009) 등을 마련해 오고 있다. 이러한 일련의 공동체 기능을 확대하는 새로운 조약들로 인해 EU는 과거 경제공동체로서의 기능에 더하여 외교 안보, 사법 분야에까지 공조체제를 갖춘 강력한 지역통합체로 거듭 태어나고 있으며, 이를 통해 국제사회에서의 영향력도 크게 높여가고 있다. 이하에서는 이들 조약의 주요내용을 간략히 소개해 두고자 한다.

(1) 유럽단일화의정서

EU는 1987년에 발효된 유럽단일화의정서(Single European Act : SEA, 1987)를 통해 역내시장의 단일화를 추진하였다. 1970년대의 석유파동 이후 유럽은 높은 인플레이션과 대규모 실업 및 국제수지 악화로 어려움을 겪고 있었으며, 이로 인해 개별 회원국들은 국내 산업 보호압력에 시달리게 되었다. 그 결과 대 역외무역뿐만 아니라 역내 회원국 간의 무역에서도 보이지 않는 무역장벽이 나타나게 되었고 이것이 공동시장의 기능을 제한하고 있었다. 여기에 일본을 비롯한 한국, 대만 등 동아시아 공업국의 부상으로 유럽산업의 경쟁력은 더욱 어려움에 처하게 되었다. 이러한 문제에서 벗어나기 위해 EU는 국별로 분리된 시장을 하나의 단일시장으로 통합하여 역내수요를 확대하고 규모의 경제와 경쟁촉진을 통한 대외 경쟁력 강화를 도모할 필요가 있었다. 그 결과 취해진 조치가 1992년을 목표로 한 역내시장단일화 조치였으며, 이를 실현하기 위한 법적 조치로서 유럽단일화의정서(SEA)를 체결하게 되었던 것이다. SEA를 법적 근거로 하여 1987년부터 1992년까지 추진한 역내시장 단일화 조치는 역내 회원국 간 물리적, 재정적, 기술적 장벽의 제거를 주요 목표로 하고 있었다. 물리적 장벽은 국경을 통과하는데 적용하는 세관통관, 이민 수속 등의 장벽이다. 재정적 장벽은 부가가치세나 특별 소비세율의 차이로 인한 역내 상품, 서비스, 기업 이동의 장벽을 말한다. 그리고 기술적 장벽은 개별 회원국이 정한 자국 소비자보호 목적의 보건, 위생, 환경 규제 및 공산품 표준규격의 격차로 인한 교류장벽을 의미한다. 이러한 장벽은 1992년 말까지 회원국 간의 합의와 조정을 통해 대부분 제거하였으며, 이로 인해 1993년부터 EU는 사실상 재화, 서비스, 요소 이동의 자유화가 보장되는 하나의 공동시장을 달성하게 되었다.

(2) 마스트리히트 조약

1991년 12월 네덜란드 마스트리히트에서 개최된 유럽이사회에서 합의된 '유럽연합조약'(Treaty of European Union)을 일명 마스트리히트 조약(Maastricht Treaty, 1993)이라 한다. 이 조약에 의해 유럽공동체는 경제공동체중심에서 외교, 사법 분야에서의 공동협력을 포함하는 유럽연합(European Union)으로 발전하게 되었다. 즉 마스트리히트 조약에서는 종전까지 관심의 대상이었던 경제통화동맹을 포함하고, 공동의 외교·안보정책을 수립하며, 내무·사법 분야에서의 공동협력을 취하도록 합의함으로써 유럽은 경제공동체로서 뿐만 아니라 내무·사법 및 외교안보 분야에서도 하나의 공동체적 기능을 가지게 되었다. 이 중 경제통화동맹의 달성은 EEC 발족 후 지속적으로 추진되어 온 경제공동체로서의 기능을 완성시킨다는 의도를 반영하고 있다. 두 번째 목표인 공동 외교안보정책의 도입은 EEC 발족 이후 잘 이루어지지 못했던 외교·안보분야에서의 역내 결속을 강화하고 유럽연합의 국제적 영향력을 제고하기 위한 의도를 반영하고 있다. 그리고 세 번째 내무·사법 분야의 공조는 단일시장 출범 이후 역내 이동이 자유롭게 되면서 난민, 테러, 마약 등에 대한 국제공조의 필요성이 높아진데 따르는 대응 조치였다. 이러한 마스트리히트 조약은 국별 비준과정에서 적지 않은 진통을 겪었으나 1993년 중에 덴마크의 2차 국민투표가 가결되고 영국에서도 어렵게나마 비준이 통과됨으로써 유럽연합조약이 효력을 발휘하게 되었다.

마스트리히트 조약에서는 유럽통합의 중심과제였던 경제통화동맹을 세단계로 나누어 실현하도록 하였다. 우선 1990~1993년 말까지 단일유럽의정서(SEA)를 적용하고 종전의 유럽통화제도(EMS)체제하에서 경제·통화정책을 조정하고 협력하도록 하였다. 그리고 1994년부터 1998년 말까지는 단일통화 도입을 위한 준비 기간으로 각국은 물가안정, 재정안정, EMS 환율폭의 준수, 이자율 수렴 등의 조건을 충족하도록 했다. 세 번째 단계인 1999년 1월부터는 조건이 충족된 국가들로부터 공동통화(유로)를 도입하고 공동통화정책 담당기구로서 유럽중앙은행(European Control Bank : ECB)을 설립토록 하였다. 이러한 3단계 조치를 통해 1999년 1월에는 당시 15개 회원국 중 참여 유보를 결정한 영국, 덴마크, 스웨덴과 조건이 미달됐던 그리스 등 4개국을 제외한 잔여 11개국은 '유로'를 공동통화로 하는 통화동맹에 참여하게 된 것이다. 그 후 2002년 1월부터는 '유로'를 사용하는 '유로존'에서 국민통화의 사용이 금지되고 공동통화만을 사용하게 되었으며, 그리스도 이때부터 통화동맹에 참가하게 되었다.

(3) 암스테르담 조약

한편 1990년대 들어 오스트리아, 스웨덴, 핀란드가 새로운 회원국으로 가입하였고 2000년대 이후에는 중·동부 유럽 국가들의 가입이 예상됨에 따라 유럽연합은 회원국 확대에 따른 효율적인 공동체의 거버넌스를 위한 제도적 개혁을 추진하게 되었다. 마스트리히트 조약에서 공동체의 기능을 강화하고 공동정책의 영역도 확대하였으나 공동체 운영의 제도적 틀은 EEC 때 만들어진 틀을 계속 유지하고 있었기 때문에 그 개편은 불가피한 것이었다. EU의 제도개선을 위한 논의는 1995년부터 시작되어 1997년 10월 암스테르담 유럽이사회에서 최종 합의가 이루어져 암스테르담 조약(Treaty of Amsterdam, 1999)이 체결되었다. 암스테르담 조약의 주요내용은 다음과 같다.

의사결정방식 등 가맹국 간 이해관계가 첨예하게 대립될 수 있는 부문에 대해서는 마스트리히트 조약 체결 시 영국, 덴마크에게 일부 조항에 대한 선택적 탈퇴(Opt-out)를 허용하는 등의 분화된 통합(differentiated integration)을 하나의 원칙으로 포함시키되, 남발을 막기 위해 그 적용기준은 엄격하게 제한하였다. 의사결정방식 개선은 유럽통합이 기능적으로 심화되고 회원국 수가 늘어나면서 만장일치 방식의 의사결정은 비효율적이므로 이를 가중다수결방식으로 개선할 필요성은 인정했으나 회원국 간의 이해상충으로 최종합의는 보지 못했다. 집행위원(Commissioner) 정수 조정도 개편대상이었다. 유럽석탄철강공동체(ECSC) 이후 유럽집행위원은 인구가 큰 국가에서는 2명씩, 잔여국가에서는 1명씩 임명해 왔다. 그러나 앞으로 회원국 수가 늘어날 경우 집행위원 수를 무한정 늘릴 수만은 없으므로 그 조정의 필요성은 인정했으나 암스테르담 조약에서는 최종 결정을 보지 못했다. 유럽의회의 권한 강화에는 상당한 합의가 있었다. 종전까지 각료이사회나 유럽이사회에서 결정해 온 의사결정방식을 고용, 사회, 보건, 교통, 환경 등의 사안에 대해서는 유럽의회와 이사회가 공동으로 결정(co-decision)하며, 집행위원장의 임명도 의회의 승인을 받도록 했다. 그리고 유럽의회의 의석수는 700석으로 제한하기로 했다.

마스트리히트 조약의 세 축의 하나인 공동외교안보 기능의 강화를 위해 평화 유지, 인도주의적 사안에 대해 유럽연합의 책임을 강조하는 한편 EU의 대외업무를 관장할 '외교정책담당 고위대표'직 신설이 합의되었다. 내무·사법협조분야에서는 회원국 간 국경통제를 폐지한 센겐 조약(Schengen Agreements)을 EU의 법적 체제에 정식으로 포함시키고 이민, 범죄 소탕 등에 대한 회원국 간 협력을 강화하도록 했다. 이러한 제도 개선사항 중 의사결정방식과 집행위원정수 등 일부를 제외하고는 대부분이 1997년 6월 암스테르담 유럽이사회에서 합의되어 동년 10월 2일 조인되었으며, 각국의 비준을 거쳐 1999년 5월 1일부터 발효되었다. 이렇게 발효된 EU의 제도 개선 조약을 암스테르담 조약이라 한다.

(4) 니스 조약

암스테르담 조약에서 해결하지 못한 가중다수결방식의 개정 집행위원회의 규모 및 국별 영향력 배분에 대한 합의를 반영하여 2002년 말부터 발효한 조약이 니스 조약(Treaty of Nice, 2002)이다.

2001년 2월 니스·유럽이사회에서 체결된 니스 조약의 주요내용은 다음과 같다. 집행위원 수의 축소문제는 인구 소국의 반대로 인해 회원국이 27개국이 될 때까지 한 국가당 1명의 집행위원을 두기로 했다. 각료이사회와 유럽이사회의 의사결정방식은 다음 세 가지 기준을 충족할 때 결정되는 것으로 하였다. 첫째, 기존 가중 다수결방식 (QMV)에서 각국이 행사하는 득표수의 72% 이상 확보, 둘째, 유럽연합 전체 인구의 62% 이상의 지지, 셋째, 회원국이 요구하는 경우, 회원국 절대 과반의 지지 확보 등을 충족해야 한다. 유럽의회 의석 정수는 암스테르담 조약의 700석 상한을 넘어 732석으로 조정했다.

이러한 니스 조약은 공동체 의사결정권 배분을 두고 인구 대국과 소국 간의 갈등이 노출되고, 아일랜드의 1차 국민투표에서는 조약 비준이 부결되는 등의 공동체 기능강화를 위한 조치로서는 취약성을 보이기도 했다. 그러나 니스 조약에 대한 회원국의 불만과 미래 조약으로서의 부족한 점은 그 후 논의된 유럽헌법 제정 논의와 준비과정에서 다시 심도 있게 다루어지게 되었다.

(5) 헌법조약안

니스 조약이 2002년 각국의 합의와 비준을 마치고 발효되기는 하였으나 논의과정에서 나타난 회원국 간의 이해대립과 갈등으로 공동체 기능 강화를 위한 회의가 결과적으로는 정부 간 회의의 속성을 더 크게 드러내는 결과가 되었다. 그리하여 2001년 12월 벨기에 라켄에서 개최된 유럽이사회에서는 유럽연합이 민주주의, 개방성, 효율성을 더 높일 필요성을 인식하고 이를 위해 유럽헌법을 제정키로 결정하였다. 그 후 유럽헌법 제정을 검토하기 위한 유럽대표자회의(European convention)가 구성되어 유럽헌법안을 마련했으며, 이 안은 2003년 6월 그리스에서 열린 유럽이사회에서 그 초안이 승인되었고 2004년 6월에는 최종합의안이 각료 이사회를 통과하였다. 당시 합의안에 나타난 유럽헌법(Constitution for European Union, 2004)의 주요내용은 다음과 같다.

유럽이사회 의장(President of European Council)은 종전의 윤번제에서 선출직으로 변경하고 유럽을 대표하도록 하며, 임기는 2년 반으로 하고 재임이 가능하도록 한다. 대외 공동 외교안보정책을 담당할 EU 외무장관직(Union Minister for Foreign Affairs)을 신설하고 집행위원회 부위원장 직을 겸임하도록 한다. 집행위원회 규모에 대해서는 2014년까지 집행위원 수를 회원국 총수의 2/3선으로 줄이기로 한다. 집행위원(Commissioner)의 임기는 5년이며, 각 회원국은 집행위원이 세 번 임명될 때마다 한

번 씩 순서대로 집행위원을 임명하지 못하도록 한다.

가중 다수결제도의 경우, 이사회 투표수의 55% 이상, 유럽연합인구의 65% 이상을 충족하는 경우에 가결되는 이중 다수결(double majority) 방식으로 결정한다. 유럽의 회의 권한은 사실상 '모든' 정책을 이사회와 유럽의회의 공동결정 대상으로 한다는 것이 주요내용이었다.

그 외에도 헌법조약안에는 유럽시민의 권리를 규정하는 기본권 헌장(Charter of Fundamental Rights)을 담고 있다. 그리고 헌법안에는 유럽연합이 민주주의, 법의 지배, 인권 존중, 근본적 자유에 기초를 두고 있으며, 부여된 권한의 원칙(the principle of conferral), 보충성의 원칙(the principle of subsidiarity), 비례성의 원칙(the principle of proportionality) 및 EU법의 우위(the primacy of EU law) 등을 주요 조직운영의 원칙으로 규정하고 있다.

이러한 유럽헌법조약은 2004년 10월 29일 25개국 대표에 의해 조인되었으며, 각국의 비준을 거쳐 2006년 11월 1일부터 발효시킬 계획이었다. 그러나 2004년 11월 리투아니아의 비준을 필두로 헝가리 등 15개 회원국의 비준이 이루어졌으나 2005년 5월 프랑스의 국민투표와 6월 네덜란드의 국민투표에서 부결되고 영국 등 잔여 회원국의 비준이 연기 또는 취소되는 사태에 봉착했다. 이로 인해 야심차게 준비한 미래지향적 유럽헌법은 다수 회원국의 비준을 얻지 못한 채 사장되게 되었다. 그러나 유럽헌법 초안에 나타난 통합의지와 공동체 기능의 확대 의지는 2007년 12월에 조인된 리스본 조약에 상당부분 반영되고 있다.

(6) 리스본 조약

2005년 유럽헌법안이 각국의 비준과정에서 부결되는 초유의 경험을 한 EU 국가들은 약 2년간의 숙고기간을 거친 다음 2007년 6월 브뤼셀의 유럽이사회에서 새로운 유럽연합조약 마련을 위한 회합을 가지도록 합의하였다. 이후 6개월간의 국가 간 회의를 통해 유럽헌법안을 수정·보완한 개혁안을 마련하여 2007년 12월 13일 포르투갈의 리스본 이사회에서 최종 조인되었으며, 각국의 비준을 거쳐 2009년 12월 1일부로 조약이 발효되게 되었다. 이렇게 비준된 조약을 리스본 조약(Treaty of Lisbon, 2009)이라 하며 EU의 주요 제도를 개혁한 조약이란 점에서 개혁조약(Reform Treaty)이라고도

한다.

리스본 조약은 유럽헌법안의 국가기관적, 헌법적 성격으로 인해 회원국의 비준이 어려웠던 점을 고려하여 헌법적 성격이나 국가 기관적 성격의 표현(유럽국가, 국기, 대통령 등)은 삭제되었으며, 특정 국가에 대해서는 적용제외조항(opt-out)을 규정하여 국별 사정을 탄력성 있게 통합에 반영하도록 하고 있다. 그 외의 공동체 기능강화 부문 등에서는 앞의 헌법조약안을 대부분 반영하고 있다. 현재 발효 중인 리스본 조약의 주요 개정 내용은 다음과 같다.

우선 집행위원의 규모는 현재 국별 1명씩 지명하여 28명으로 구성된 집행위원 수는 2014년부터 18명으로 축소하기로 하였으나 리스본 조약 발효 후 추가 회원국 가입 및 역내 사정으로 당분간 28명의 위원수를 유지하고 있다. 집행위원회 명칭은 유럽집행위원회(European Commission)로 개칭하였다. 주요 관심사항이었던 의사결정방식은 유럽헌법안 대로 가중다수결(qualified majority)제에서 이중 다수결제도로 조정하였다. 즉 유럽이사회나 각료이사회의 의사결정방식은 각국투표의 55% 이상, 유럽전체 인구의 65% 이상을 충족해야 하며 27개 회원국 중 15개국 이상의 찬성을 얻어야 가결되도록 하였다. 부결을 위해서는 최소 4개국 이상이 부결에 동의해야 한다.

유럽헌법 논의에서 문제시되었던 유럽 대통령직은 폐지하고 대신 유럽이사회 상임의장직을 설치하여 이사회에서 선출하고 임기는 2년 반으로 하며, 재임이 가능하도록 했다. 그리고 외교담당 고위대표(High Representative of the Union for the Common Foreign Affairs and Security Policy)직을 설치하여 EU의 외교안보업무를 관장하며, 집행위원회 부위원장 직을 겸하도록 했다. 그 임기는 5년이다. 이는 앞의 유럽헌법안의 EU 외무장관직(Union Minister of Foreign Affairs)에 해당하는 직책이나 리스본 조약에서는 국가조직에서 쓰는 장관 호칭을 삭제하였다.

유럽의회의 의원 수는 751명으로 하되 개별 회원국의 최대정원은 96명(독일), 최소정원은 6명(룩셈부르크, 에스토니아, 몰타, 키프로스)으로 제한했다. 새로운 의결사항에 대해 의회는 이사회와 공동결정 권한(co-decision right)을 가지며, 각료 이사회가 독자적으로 결정하는 사안에 대해서도 유럽의회의 동의를 구하거나 사전 자문을 거치도록 했다. 예산감독 기능에서도 종전 집행위원회가 예비삼사를 거쳐 의회에 제출하던 것을 바로 유럽의회에 제출토록 했다.

리스본 조약에서는 유럽시민의 정치, 경제, 사회적 권리를 규정한 기본권 헌장을 포함하고 있으며 법적구속력을 가지도록 하고 있다. 그 외에 '유로'화 및 이를 관리하는 유럽중앙은행을 유럽연합의 화폐 및 중앙은행으로 규정하는 조항을 마련함으로써 통화통합의 법적 근거를 확실히 하였다.

이러한 개혁적 성격의 리스본 조약 발효로 인해 EU는 비록 헌법안이 사장되기는 하였지만 그 취지와 기능의 상당 부분이 다시 실현될 수 있게 되었으며, 이로 인해 EU는 경제통합뿐만 아니라 외교, 안보, 사법을 포함하는 정치, 외교적 공동체로서의 기능을 보강하게 되었다.

제5절 EU의 대외관계 및 세계 경제질서에 미친 영향

1. EU의 법적 지위 및 국제적 기능

EU는 국가 간의 협약에 의해 설립된 국제 조직이지만 형식상으로는 주권국가와 같이 입법, 사법, 행정의 3권 분립 체계를 갖추고 있다. 그리고 로마 조약(제210조)에 의거 EU는 법인격(legal personality)을 가진다. EU는 스스로 법령을 제정하여 회원국 정부와 시민에게 구속력을 가지는 조치를 취할 수 있고 독자적인 세입원을 가지고 있으며 제한적으로나마 경찰권도 행사하고 있다.

국제적으로 EU는 외국정부 혹은 국제기구와 통상협정을 체결하고 외교사절을 파견·접수한다. EU는 현재 165여 개국과 OECD, UNESCO, WTO, ILO, UNCTAD, UN, IAEA, FAO 등에 대표부를 파견하고 있다. EU는 주권국가와는 성격이 다르므로 그 외교 기구는 대사관이 아닌 대표부(Delegation)로 지칭되며, 그 외교사절 대표도 법적으로는 대표부 대표(Head of Delegation)라 한다. 그러나 편의상 대표부 대표를 대사로 부른다. 1989년 이후에는 집행위원회가 외국에 대표부를 설치할 때 이사회 승인을 받지 않고 통보만 하며, 현지 국에서는 국가원수, 행정수반에게 신임장을 제정한다. 대표부 사절은 비엔나 조약에 의한 외교관 면책 특권을 가지지는 못한다. 그러나 현지국은 집행위원회와 별도 협정을 통해 외교관 특권을 부여하고 있다. 한편 세계 160여 개국은 EU 본부가 있는 브뤼셀에 상주대표부를 설치하여 외교 기능을 수행하고 있다.

EU의 국제적 지위는 국제기구 및 국제협상의 성격에 따라 주권국과 같은 자격을 가지는 경우와 그 이상의 전회원국의 투표권을 대표하는 경우 및 투표권이 없는 옵져버 자격만 가지는 경우 등으로 다양하다. EU의 개별회원국이 정회원으로 있는 UN 및 UN 산하기구(UNCTAD, UNIDO, UNICEF, UNESCO, ESCAP)와 국제노동기구(ILO), 지적 소유권기구(WIPO), 원자력기구(IAEA), OECD, IBRD 등에는 집행위원회가 EU를 대표하여 옵져버로 참석한다. 이 경우 EU는 표결권은 없으나 해당 기구와 별도의 협약을 통해 총회, 이사회 등에서 발언하고 정보를 교환할 수 있다.

세계무역기구(WTO), 식량농업기구(FAO), 세계관세기구(WCO) 등 공동정책과 직접 관련있는 기구에는 EU집행위 대표와 개별 회원국이 모두 정회원으로 참석한다. 그러나 EU 집행위원회가 배타적 권한을 갖는 어업 관련 기구와 공동농업정책 대상품목(소맥, 올리브, 설탕협정 등)의 국제협정에는 집행위원회만이 정회원이고 개별 국가는 정회원 권한을 가지지 못한다. GATT협상에서는 1964년 케네디라운드 협상 때부터 회원국을 대표하여 관세인하협상에 참여하였으며, 이후 동경라운드와 우루과이라운드에서도 회원국을 대표하여 협상을 주도하였다. 1995년 이후의 WTO에는 EU(집행위원회 대표)가 개별 회원국과 함께 정회원으로 참석하고 있으며 1991년부터 FAO에도 정회원으로 참석하고 있다.

집행위원회가 정회원으로 참석하는 국제기구에서 EU 대표의 표결권은 다음 세가지 형태로 구분된다. 첫째, 북대서양 어업 관련 기구에서는 EU 집행위가 회원국을 대표하여 1표만 행사하며, 세계관세기구(WCO)에서는 회원국과 EU가 모두 정회원이지만 EU가 대신 표결할 경우 1표만 인정한다. 둘째, 세계무역기구(WTO)와 국제식량농업기구(FAO)에서는 회원국과 EU가 모두 정회원이며, EU 집행위가 대신 표결할 경우 회원국 수만큼 투표권을 행사한다. 소맥, 올리브유, 설탕, 천연고무 등 상품관련 다자협상에서도 EU대표는 회원국 수만큼의 표결권을 가진다. 셋째, 유럽개발은행(EBRD)에서는 회원국과 집행위원회는 각각 자기 지분만큼만 표결권을 가질 수 있다.

EU의 이러한 특수한 지위로 인해 WTO와 같은 국제기구에서의 다자간 무역협상에서는 집단적 표결권을 EU가 가지므로 국제무역질서 창출에 대한 막대한 영향력을 행사하고 있다. 그러나 회원국 간의 의견조율이 미흡하여 국제협상이 지연되거나 EU

집행위원회의 협상결과에 개별 회원국이 불만을 가지는 경우도 발생하고 있다.

2. EU의 대외관계

EU의 대외관계는 경제뿐만 아니라 정치, 외교, 안보 등 다양한 분야에서 이루어지고 있으나 경제동맹으로서 대외관계의 중심은 통상정책분야에 두어지고 있다. EU의 통상정책은 원칙적으로 역내 우선, 역외 차별을 수반하는 특혜무역협정(연합협정)에 기초를 두고 추진해 왔다. 우선적으로 유럽 내에서는 회원국 확대를 통해 상호 간 경제교류 및 무역의 자유화를 추진해 왔다. 그다음 순으로는 지중해 및 기타 유럽 국가들과 연합협정을 통해 무역을 확대해 왔다. 그 결과 EU 역내무역은 대외 총 무역의 약 2/3을 차지하고 있다. 여기에 대외 연합관계를 맺고 있는 주변 국가들과의 무역을 포함하면 대외 총 무역의 약 85%가 특혜무역협정에 의해 이루어지고 있다.

그러나 2000년대 이후 세계 각국이 FTA를 통한 개별적 자유무역협정을 확대해 나가자 EU는 2006년부터 '글로벌 유럽(Global Europe)' 전략을 발표하고 FTA의 외연적 확대를 추진해 오고 있다. 2006년 9월부터 추진된 '글로벌 유럽' 전략은 역외국과의 적극적인 FTA를 통해 EU의 통상 영역을 외연적으로 확대하는 것을 목표로 하고 있다. '글로벌 유럽' 전략에 의한 FTA 선정 대상국은 우선적으로 시장 잠재력, 시장 진입장벽, 경쟁국과의 FTA 체결 여부 등에 따라 결정하고 있다.

이러한 글로벌화 전략에 의해 EU는 2011년 한국과의 FTA를 발효시킨 데 이어 2014년에는 캐나다, 싱가포르와의 FTA를 타결하였다. 2015년 현재는 말레이시아, 베트남, 태국 등 ASEAN 국가 및 인도와 FTA 협상이 진행 중이다. 2013년부터는 미국, 일본과도 FTA 협상을 시작하였고 2015년 현재 협상 안이 최종 조율 단계에 들어 가 있다. 중남미지역에서는 MERCOSUR를 위시하여 안데스 공동체국가, 중앙아메리카 국가들과도 협상을 추진해 왔고 이 중 일부는 2014년부터 잠정 발효단계에 들어 가 있다(표 2.1 참조). 북아프리카 중동지역에서는 기존의 연합협정 국가 외에 GCC, 이집트, 모로코, 튀니지, 요르단 등과 개별적으로 FTA협상이 추진되고 있다.

이러한 EU의 대역외 FTA 협상은 그 대상국이 세계 각 대륙으로 확대된 만큼 협상 내용이나 수준이 서로 다른 특징을 가지고 있다. 예를 들면 ASEAN 국가들에 대해선 한-EU FTA를 기본틀로 제시하는 반면 중남미 국가들에 대해서는 기존의 GSP 혜택을 FTA로 전환하는 성격의 협정을 추진하고 있다. 따라서 글로벌 유럽 전략에 의한 FTA확대는 개방 범위나 수준이 평균적으로 낮게 유지되는 특징을 보이고 있다.

EU의 대외 통상협정 가운데 주목할 만한 사항은 경제대국 미국, 일본과의 FTA이다. 미국과의 FTA는 사실상 TTIP로 대변되는 바 이는 2013년 협상이 개시되어 2015년 현재 10차 회의를 진행 중에 있다. 일본과의 FTA는 2013년 협상이 개시되어 2015년 현재 12차 회의가 열렸으나 미국과 마찬가지로 상호 간 산업구조의 경합성 등 어려운 과제가 있어 타결까지는 시간이 더 소요될 전망이다. 미국과의 TTIP 협상은 2015년 가을에 타결된 아태지역의 TPP와 동아시아의 RCEP 협상에 자극 받아 어떤 형태로든 타결이 이루어질 것으로 예상된다. 왜냐하면 TTIP 협정은 동아시아 중심의 RCEP, 미국 중심의 TPP에 대응하는 유럽 중심의 대륙간 시장통합이고 이 협상의 내용과 성패여하에 따라 21세기 세계무역질서 창출에 대한 EU와 미국의 영향력이 달라질 것이기 때문이다.

3. 한국과 EU의 관계

한국은 1963년 7월 EU와 외교관계를 수립하였고 1969년 11월 브뤼셀에 상주대표부를 설치하였다. 초기에는 주 벨기에 대사가 EU 대표부 대사를 겸했다. 1989년 대표부 대사를 분리했으나 1998년 이후에는 다시 겸임하고 있다.

1996년 10월 한국과 EU 간에는 경제, 통상, 과학기술, 문화 등에서 포괄적 협력을 규정하는 기본협력협정(Korea-EU Framework Agreement)과 함께 정치적 협력을 위한 정치선언을 체결하였다. 그 외에도 세관분야의 상호협력, 통신분야의 정부조달협정 등을 체결하고 있다.

2010년에는 한국-EU 간 자유무역협정(FTA)이 체결되었고 2011년 7월부터 FTA가 발효되고 있다. 이를 통해 양측 간에는 공산품뿐만 아니라 농·축산물의 점진적 교역 자유화가 이루어지게 되었으며, 서비스 시장의 상호 개방도 추진되고 있다.

한-EU FTA 이행을 점검하고 현안을 논의하기 위해 한-EU 무역위원회를 매년 개최하고 있다. 또한 한-EU 간 경제, 과학기술, 환경 분야의 협력을 위해 한-EU 공동위원회를 매년 개최하고 있다. 경제분야 외에도 2014년부터는 위기관리 참여 기본협정을 체결하여 재난구호, 평화유지, 분쟁예방, 해적퇴치 분야에서 협력하고 있다.

4. 세계 무역질서에 미치는 영향

EU는 2014년 현재 28개국으로 구성된 지역공동체이다. 주요 기능은 국민경제적 국경을 개방하여 하나의 공동시장을 형성하고 필요한 분야에서는 공동의 경제, 사회, 지역정책을 수행하는 경제 공동체이다. 그리고 2000년대에 들어서는 정치, 외교, 안보, 사법 분야에서의 공조체제를 강화함으로써 경제공동체로서의 기능에 더하여 정치적 연합체로서의 기능을 추가해 가고 있다. 그로 인해 EU는 세계무역질서의 개편과정에서 절대적 교섭력을 행사하고 있으며, 국제정치무대에서도 미국에 버금가는 영향력을 구사하고 있다. EU의 이러한 영향력 증가는 세계경제 및 무역질서에 대해 다음과 같은 영향을 미치고 있다.

첫째, EU의 확대 및 심화는 세계경제의 지역화를 촉구하고 지역주의 국제질서를 주도하고 있다. EU의 공동체적 기능 확대와 가맹국 확대는 대내적으로는 회원국 상호간의 결속과 상호의존성을 높이는 조치가 될 수 있으나 역외국의 입장에서는 그만큼 유럽시장으로의 진출 장벽이 높아지는 조치로 해석될 수 있다. 그로 인해 다른 지역에서도 이에 대응한 지역협정과 지역주의를 다시 유발하는 지역주의의 도미노 현상이 일어나고 있다. 실제 1987년 유럽단일화의정서가 발효되고 1992년 역내시장 단일화가 추진되자 이에 자극받은 미국은 1994년 캐나다, 멕시코와 북미자유무역협정(NAFTA)을 체결하였으며, 2000년대 들어서는 NAFTA와 라틴 아메리카 국가들을 포함하는 미주자유무역협정(FTAA)을 추진해 왔다. EU의 확대·심화정책과 북미지역의 지역통합 촉진은 세계경제의 새로운 성장지역으로 부상되고 있는 동아시아 국가들에게 또 다른 지역주의를 유발하는 계기가 되었다. 즉 1980년대 말까지 미국과 유럽시장에 의존하여 수출확대 정책을 전개해왔던 일본 및 동아시아 신흥공업국들은 EU 확대와 NAFTA로 인한 진입장벽에 직면하여 동아시아내의 시장 확대에 눈을 돌리기 시작했으며, 이것이 동아시아 지역주의의 대두 배경으로 작용하였다. 특히 1997년 동아시아 외환위기가 발생하자 역내 국가들 간의 무역, 금융·통화협력의 필요성을 느끼게 되었고 2000년대 들어서는 동아시아의 지역협력이 구체화되기 시작하였다. ASEAN과 한·중·일 정상회의, 동아시아 통화 스왑협정(치앙마이협정)등이 그 예이다.

그 외에도 라틴 아메리카, 중동, 아프리카지역에서도 1990년대 이후 EU의 확대·심화정책에 자극받아 크고 작은 지역협정을 통해 지역우선의 협력조치를 선택해오고 있다. 그로 인해 2000년대 이후의 세계경제질서는 일면 세계화의 영향을 받고 있지만 다른 한편에서는 지역별 경제통합에 의한 지역주의의 영향을 받고있다.

둘째, EU는 일면 역내 우선의 지역주의를 기본으로 하고 있으나 다른 한편으로는 역외 국가들과 다양한 형태의 정치, 경제, 문화 분야의 협력협정을 통해 대외개방성을 유지해오고 있다. 그로 인해 EU는 비록 특정분야에서 역내시장의 요새화라는 비난을 받기도하였으나 대외관계의 확대를 통한 개방적 지역주의를 실천해오고 있기도 하다. EU는 미국과의 관계에서 범대서양 경제지대(Transatlantic Market Place), 대서양 경제파트너십(Transatlantic Economic Partnership) 관계를 설정해 오고 있으며, 동아시아 국가들과는 아시아 유럽대화(ASEM)를 비롯하여 국별, 지역별 협력관계를 확대해오고 있다. 그리고 EU는 GATT/WTO의 무역자유화 협상에서도 미국과 함께 세계무역 확대 협상을 주도해왔으며, 역외 지역과의 자유무역협정(FTA)을 추진함으로써 역내무역의 결속뿐만 아니라 역외와의 무역확대에도 실천적 의지가 있음을 보여 오고 있다. EU의 이러한 중첩된 역할로 인해 오늘날 세계경제질서는 지역통합, 지역 간 통합 및 범세계적 통합이라는 3차원의 운동원리에 의해 다원적으로 전개되고 있다.

 읽을거리　　보조성의 원칙(principle of subsidiarity)

EU는 공동체 차원의 공동정책을 수행할 경우 개별 회원국의 정책을 우선적으로 존중하고 공동체 레벨에서의 정책은 그것이 개별 회원국 정부보다 더 효율적으로 추진할 수 있는 분야와 시점에 한해서만 공동정책형태로 실시한다는 원칙을 의미한다.

EU의 모든 공동정책은 공동체에 독점적 정책결정권

이 부여된 분야에서는 공동체 차원의 정책을 수행한다. 그러한 권한이 부여되지 않는 분야에서의 공동정책은 모두 보조성의 원칙에 의거하여 수행해야 한다. 즉 회원국의 사회·문화적 특수성으로 인해 개별회원국 차원에서 정책을 수행하는 것이 더 효율적인 경우에는 공동체에서 개입을 하지 않게 된다.

읽을거리 비례성의 원칙(principle of proportionality)

특정부문의 통합정책이 공동체의 권한인지 아닌지를 EU 조약에 명시하지 않은 경우에 적용된다. 이 경우 연관관계에 있는 다른 부문의 통합과의 전체적인 상황에 비례하여 EU의 권한 범위를 결정한다는 원칙이다. 이 경우에도 EU의 공동정책은 공동목적 달성을 위해 필요한 최소한의 범위 내에서 수행함을 원칙으로 하며, 투명성원칙을 준수해야 한다. 1993년 마스트리히트 조약에서는 유럽연합의 확대, 강화로 인한 회원국 정부와의 충돌을 피하기 위해 보조성 원칙과 비례성 원칙을 입법화하였다.

 읽을거리 공동체 확정 영역(acquis communautaires)

EU가 공동정책이나 통합추진에 관해 (조약상)분명한 권한을 가지고 있거나 또는 EU 차원에서 이미 이룩한 업적은 각 회원국이 기정사실로 받아들여야 한다는 원칙을 말한다. 이는 공동정책의 추진뿐만 아니라 공동체 기능의 심화와 가맹국 확대정책에서도 적용된다.

제14장

북미 자유무역협정과 미주 지역의 경제통합

제1절 NAFTA의 결성 배경과 주요내용

1. NAFTA의 결성 배경

제2차 세계대전 이후 줄곧 다자주의와 범세계주의를 주장해 왔던 미국은 1990년대 들어서면서 캐나다, 멕시코와의 자유무역협정을 계기로 다자주의와 지역주의를 병행하는 통상정책을 전개해 오고 있다. 미국이 1990년대 들어 지역주의를 선택하게 된 배경에는 냉전체제 종식 이후의 신 지역주의의 확산, 우루과이라운드 협상의 지연, 유럽통합의 확대, 동아시아에 대한 무역적자 확대 등의 외적 요인에 더하여 미국 내의 정책실패로 인한 재정 및 국제수지 적자 누적과 같은 내적 요인이 동시에 작용하고 있었다.

1970년대 이후 일본 및 동아시아 신흥공업국의 부상과 유럽공동체의 확대 등으로 미국의 정치, 경제적 리더십은 상대적으로 크게 약화되기 시작하였다. 이에 대처하기 위해 당시의 Reagan 행정부는 레이거노믹스(Reganomics)라고 불리는 새로운 경제정책을 도입하였다. 레이거노믹스의 기본 발상은 통화긴축을 통해 인플레이션을 완화하고, 고금리로써 달러 가치를 높은 수준으로 유지하며, 개인 및 기업에 대한 감세와 정부 규제의 완화, 정부 지출 삭감으로 투자를 촉진하여 불황을 극복한다는 것이었다. 그러나 이러한 Reagan의 정책은 큰 성과를 거두지 못하였다. 고금리와 높은 달러 가치는 감세조치에도 불구하고 국내 투자를 크게 자극하지 못하였다. 오히려 국제시장에서 미국산업의 경쟁력을 약화시키는 요인으로 작용하였고 생산시설의 해외 이전을 촉진하여 국내 산업의 공동화를 초래하는 데 일조할 뿐이었다.

여기에 더하여 우주무기 개발을 비롯한 군비지출의 증가와 제3세계의 민족주의에 대한 개입 등으로 미국의 재정적자는 당초의 약속과는 달리 누적적으로 증대하였다. 이러한 재정적자는 동아시아 공업국의 부상으로 인한 국제수지 적자폭의 확대와 함께 소위 연방정부의 쌍둥이 적자로 나타났으며, 이것이 1980년대 이후 미국을 대내외적으로 어렵게 하는 경제적 요인이었다. 이러한 문제를 타개하기 위해 1980년대 말부터 미국은 새로운 무역협상(우루과이라운드)을 통해 세계경제 운영의 틀을 바꾸는 한편, 경제적 안보를 위한 수단으로 캐나다, 멕시코와 함께 북미 자유무역협정(NAFTA)을 체결하게 되었던 것이다. 즉 1989년 1월 미국은 캐나다와의 자유무역협정을 발효시킨데 이어 1991년 6월부터는 여기에 멕시코까지 포함한 3개국 간의 자유무역협상을 시작하였고 1992년 8월 북미 자유무역협정(North American Free Trade Agreement : NAFTA)을 체결하게 되었다.

1990년대 들어 미국이 NAFTA의 결성을 서두른 데에는 다음과 같은 국제적 환경이 작용하고 있었다. 첫째는 미국이 의도하는 방향으로 국제무역의 운영규범을 바꾸기 위해 1986년부터 우루과이라운드 협상을 시작하였으나 이는 당초 계획대로 추진되지 못하고 시간적으로 많이 지연되었고 농산물을 위시한 일부 산업에서는 무역자유화의 폭도 제한적이었다. 둘째는 유럽에서는 유럽공동체의 가맹국 확대정책과 함께 1992년 말을 목표로 역내시장 단일화가 추진됨으로써 유럽에 대한 미국의 정치, 경제적 영향력이 크게 위축될 상황에 직면하였다. 그리고 마지막으로는 아시아 태평양 지역에서의 급부상하고 있는 일본과 동아시아 경제권에 대한 견제 및 대응의 필요성이 크게 인식되었기 때문이다. 요컨대 미국은 자국의 기술과 자본, 캐나다의 천연자원, 멕시코의 저임금 노동력을 활용함으로써 자신뿐만 아니라 북미 경제 전체의 효율성을 증대시키고 이를 통해 아시아의 도전과 유럽통합에 공동으로 대처하고 동시에 당시 진행되고 있던 UR 협상 무대에서 보다 유리한 교섭력을 확보하기 위해 북미 중심의 지역통합을 추진하게 되었던 것이다.

추가적으로 NAFTA 협상 당시 지역통합에 대한 미국, 멕시코, 캐나다 3국의 주요 입장을 다음과 같이 정리할 수 있을 것이다. 우선 미국의 입장에서는 NAFTA를 통해 첫째, 미국의 기술과 자본, 캐나다의 천연자원, 멕시코의 노동력을 유기적으로 결합하여 미국 경제에 새로운 동기를 부여하고 이를 통해 블록화되어가는 세계경제에서 미국의 경쟁력을 높이고자 했다. 둘째, NAFTA를 통해 범 미주 및 아시아 태평양 국가와의 경제통합을 위한 기초를 마련하며, 셋째, NAFTA를 지렛대로 활용하여 교역 상대국에 대한 시장 개방 압력을 행사하고자 하는 것이었다. 그리고 마지막으로는 멕시코에 대한 미국기업의 투자확대 및 멕시코로부터의 불법 이민을 억제하고자 하는 것이 NAFTA 결성의 당면 목표였다.

멕시코의 입장에서는 전통적으로 수출의 약 3/4을 차지하고 있는 미국 시장에 대한 안정적 진출기반 확보, 미국과 캐나다의 자본유입 촉진과 미국으로부터 첨단 기술과 마케팅기법 도입을 통한 기업의 경쟁력 강화라는 목표가 작용하고 있었다. 또한 캐나다로서는 미국 시장의 안정적 확보와 멕시코의 자본 및 서비스 시장에 대한 진출 가능성 증대라는 목표가 작용하고 있었다.

2. NAFTA 협정의 주요내용

1992년에 협상이 체결되어 1994년부터 발효된 NAFTA의 주요내용은 시장 접근, 통상 규정, 서비스, 투자, 지적 소유권, 분쟁해결절차 등을 담고 있으며, 이 협정에 병행하여 환경 및 노동관련 협정을 체결하고 있다. 이 가운데 자유무역협정의 기본구조는 시장접근 관련 협정이며, 이는 관세 및 비관세장벽의 철폐를 주 내용으로 하고 있다. 그리고 자유무역협정의 경우 역내 회원국 간에는 관세장벽을 철폐하지만 역외국과의 무역에 대하여는 개별 회원국이 독자적으로 관세를 부과하고 있으므로 역내외 제품을 구별하기 위한 원산지 규정을 설치하는 것이 협정의 중요 사항이다.

(1) 관세 및 비관세 장벽의 철폐

NAFTA의 궁극적 목표는 미국, 캐나다, 멕시코 3개국 간에 공산품 및 농산물 교역의 관세를 철폐하여 완전한 자유무역지역을 형성하는 것이다. 그러나 3국의 경제 및 산업여건이 다르고 관세 철폐로 인한 국내 산업의 피해가 예상되는 취약산업을 고려하여 역내관세 철폐는 단계적으로 실행하도록 하였다. 즉 품목별로 관세 철폐 시기를 기존의 무역 촉진 품목에 대해서는 협상발효 직후 즉시 철폐하고 기타 제품은 발효 후 5년 내에 철폐하며, 일부 민감 품목에 대해서는 10년 혹은 15년 내에 철폐하도록 하였다.

협정발효 이전에 무관세로 수입되고 있었거나, 일반특혜관세(GSP) 수혜품목 등은 즉시 철폐의 대상이며, 섬유, 철강 및 일부 농산물은 10년간에 걸쳐 철폐하도록 하였다. 농산물 중 소수의 민감 품목은 15년 내에 관세를 철폐하도록 하였다.

수입수량제한(쿼터제), 수입허가, 국산품 사용의무비율 등의 비관세 장벽도 점진적으로 철폐하도록 하였다. 비관세 장벽의 대표적 사례가 되어 왔던 미국의 섬유 및 철강 수입에 대한 쿼터 적용과 멕시코의 원유 수입제한 등에 대해서는 발효 후 10년 내에 관세를 적용하도록 하고 그것을 단계적으로 철폐하되 비관세 장벽은 철회하도록 하였다. 다만 수입급증으로 일국의 국내 산업이 심각한 피해를 입을 경우 수입규제를 허용하는 긴급수입제한조치를 허용하도록 하였다. 상계관세, 반덤핑관세 부과와 같은 분쟁가능 분야에서는 당사국 정부에서 선임한 조정위원으로 구성된 위원회에서 심리하고 당사국에게 구속력 있는 판결을 내릴 수 있도록 하였다.

(2) 원산지 규정

자유무역지역에서 관세 철폐의 대상은 역내 제품에 국한하며, 역외 중간재를 사용하거나 국제적 가공을 거치는 경우 역내 제품으로 인정하기 위한 일정조건은 원산지 규정에서 명시하고 있다. NAFTA의 경우 역외 제품이 저임금의 멕시코를 통해 단순가공 후 미국으로 수입되거나 저관세국 미국을 통해 고관세국 멕시코로 다시 수입되는 무역굴절현상을 막기 위해 엄격한 원산지 규정을 두고 있다. 즉 NAFTA의 원산지 규정은 가공도 기준에 의한 관세 분류번호 변경(세번 변경) 기준에 의거하여 원산지 여부를 인정하나 자동차, 화학제품 등의 일부품목에 대해서는 부가가치기준을 적용하고 있다. 부가가치 기준의 경우 현지조달(local contents) 비율을 60%로 정하고 있다. 특히 섬유산업의 경우 봉제의류는 북미산 직물로 가공되어야 하며, 직물은 북미산 원사로 제조되어야 북미산으로 인정되는 조건을 추가하고 있다. 자동차의 경우에도 부가가치기준을 적용하고 있으나 엔진 및 변속기의 현지 부품조달 비율을 60% 이상으로 규정함으로써 사실상 북미산 엔진과 변속기를 사용해야 북미산 자동차로 인정되는 보호주의적 원산지 규정을 설정하고 있다.

(3) 서비스시장의 개방

NAFTA에서는 공산품, 농산물뿐만 아니라 서비스 시장의 단계적 개방도 포함하고 있다. 미국과 캐나다 간에는 이미 1989년부터 자유무역협정이 발효되고 있었으므로 NAFTA의 서비스시장 개방은 주로 멕시코의 시장개방을 목표로 하고 있었다. 개방 대상 서비스는 금융, 보험, 운송(육상운송), 통신부문 등이며, 국경을 초월한 서비스 판매, 내국민대우, 서비스산업 거점설립 보장 등을 내용으로 하고 있다.

이들 서비스 시장의 개방은 멕시코 서비스산업의 취약성을 고려하여 2000년 이후 본격적으로 개방을 확대하고 있으며, 운송서비스 중 철도운송은 개방대상에서 제외되었다.

(4) 투자제한의 철폐

미국, 캐나다, 멕시코 3국 간에는 상호 간 투자에 대해 내국민대우(national treatment)와 100% 과실송금을 보장하고 현지부품 조달비율, 기술이전 등의 이행조건을 부과하지 않기로 하였다. 그러나 통신, 석유, 가스, 우라늄, 문화사업(방송, 출판, 음악)에 대한 투자금지 조치는 예외로 인정하고 있다.

(5) 환경 · 노동 기준의 강화

NAFTA의 결성은 환경보호기준이나 노동관련 기준이 엄격한 미국과 그 기준이 낮은 개도국 상태의 멕시코가 하나의 시장을 형성하는 것이므로 미국의 입장에서는 멕시코와의 상품, 서비스 무역 및 투자자유화로 인해 북미시장의 환경조건이 더 악화되거나 불법이민이 늘어나는 등의 노동시장질서가 악화되는 것을 우려하지 않을 수 없다. 이에 따라 NAFTA에서는 이 협정에 병행하여 환경, 노동관련 협정을 별도로 체결하고 있다. 이 협정에서는 희귀동식물보호, 오존층파괴물질, 유해폐기물방출 등에 관한 국제협약의 취지를 그대로 반영하고 NAFTA 발효 이후부터는 환경보호기준을 더 완화시키지 못하도록 하고 있다. 투자유치를 위해 환경기준을 완화하는 것을 금지하며,

특히 멕시코의 느슨한 환경기준을 이용하기 위해 미국 기업이 멕시코에서 조업하는 행위는 규제하고 있다. 이로써 북미 전체로는 환경보호기준의 상향평준화를 지향하도록 한다는 것이 환경협정의 취지였다.

　노동문제에 대해서는 멕시코에서 미국으로의 불법이민의 증가가 주요 과제였다. 이에 NAFTA 결성을 계기로 멕시코에서는 임금수준개선, 고용기회창출 등의 기회가 주어질 것이므로 국내의 노동환경개선과 미국으로의 불법이민 방지를 위해 협조하기로 하였다.

3. NAFTA 협정이 국제경제 질서에 미친 영향

미국, 캐나다, 멕시코 3개국 간의 자유무역협정은 3국 간 경제의 보완성을 결합하고 투자를 자유화하여 북미 경제전체의 생산성과 경쟁력을 높이는 효과를 거두고 있다. 특히 NAFTA 결성 후 역내무역은 3개국의 대외 총 무역 증가율보다 더 빠르게 증가하고 북미지역에 대한 역외 투자가 늘어나는 등의 무역창출효과 및 투자유발효과가 긍정적으로 나타났다. NAFTA 발족 이후 역내무역은 미국·캐나다보다 미국·멕시코 간의 무역에서 더 활발하게 늘어난 것으로 관찰되었다. 1994년부터 2008년까지 미국·멕시코 간의 쌍방 무역은 3배 이상 증가하였다. 고용부문에서도 NAFTA 결성으로 미국 내 일자리가 축소될 것을 우려했으나 실제는 고임금 부문에서의 일자리가 크게 증가하여 미국 내 전체 고용사정은 개선된 것으로 조사되었다. 멕시코 측에서는 NAFTA 이후 미국과의 무역확대로 인한 고용증대 효과가 긍정적으로 나타났으며, 이것이 미국으로의 불법이민을 억제하는데 큰 역할을 한 것으로 보고 있다.

　이러한 고용구조상의 이익은 NAFTA 협정에 부수된 노동, 환경협정의 영향이 있었던 것으로 보고 있다. NAFTA 협정에서는 멕시코에서 미국보다 훨씬 느슨한 노동, 환경규제를 이용하기 위해 미국기업들이 멕시코에서 조업하는 것을 방지하기 위해 노동, 환경에 관한 부수적 협정을 체결했던 것이다. 그 결과 미국기업들은 멕시코로부터 노동집약적 공정의 부품은 수입하면서도 다른 기업활동은 미국 내에서 유지했기 때문에 멕시코에 저임금 일자리를 빼앗기지 않을 수 있었던 것이다. 멕시코로서도 저임금 공정의 대미 부품 수출이 늘어남으로써 자국 내 고용수준은 확대시킬 수 있었던 것이다. 다만 세계 전체로 볼 때 멕시코가 확보한 추가적 일자리는 미국에서 온 것이라기보다 멕시코와 임금 수준이 비슷한 역외의 말레이시아와 같은 국가에서 온 것이라는 점에서 고용전환 효과가 발생한 것으로 볼 수 있다.

어쨌든 이러한 역내시장 확대로 인한 무역 및 고용효과 외에도 NAFTA의 결성은 세계체제의 중심국이면서 지금까지 다자주의와 세계주의를 주창해 왔던 미국에 의해 주도되었다는 점에서 세계경제질서 특히 지역주의형 국제질서에 미치는 영향은 큰 것이었다. 경제통합에 근거한 지역주의는 1958년 EEC의 결성을 계기로 대두되었고 1960년대 이후 중남미, 아프리카 등지에서 확산되기 시작하였다. 그러나 1960년대에 나타난 지역주의는 EEC를 제외하면 모두 개발도상국에서 나타난 현상이었고 EEC도 제2차 세계대전 후 국제경제질서의 창출에 주도적 역할을 할 수 있는 규모는 아니었다. 그 결과 다자주의를 지향하는 GATT에서는 이러한 지역경제통합을 GATT 원칙(무차별대우 원칙)의 예외적 현상으로만 인정하게 되었다.

이에 비해 냉전종식 이후에 나타나고 있는 신지역주의는 개발도상국뿐만 아니라 미국을 위시한 유럽의 주요 선진국이 모두 참여하고 있다는 점에서 1960년대의 지역주의와는 국제경제질서에 미치는 영향이 다르다. 즉 1960년대의 1차 지역주의는 그 파급영향이 서유럽 일부국가들과 개도국에 국한하였고 세계 전체 경제질서의 변화에 영향을 미칠 수준에는 이르지 못했다. 반면 1990년대 이후의 지역주의는 유럽 및 북미의 선진국들이 모두 참여함으로써 GATT 체제하의 예외적 현상이 아니라 GATT의 다자주의, 무차별주의와 병행하는 새로운 국제협력질서로 자리 잡고 있는 것이다.

1990년대 이후 세계경제 내에서 지역주의 경제질서가 자리 잡아 가고 있는 배경에는 미국을 중심으로 하는 NAFTA의 결성이 큰 역할을 하고 있는 것으로 볼 수 있다. 왜냐하면 자유, 무차별, 다자주의를 표방하는 GATT 중심의 국제무역질서는 사실상 미국의 주도하에 형성되어 왔고, 미국은 세계 전체의 무차별적 무역자유화의 기수이자 감시자 역할을 해왔기 때문이다. 이러한 미국이 NAFTA 협정을 통해 캐나다, 멕시코와는 무역자유화를 추진하고 역외국과의 교역에는 관세를 부과하는 것은 지금까지의 무차별주의를 포기하고 역내 우선, 역외 차별의 지역주의를 선택하는 것을 의미한다. 미국에 의한 이러한 지역주의 선택은 다른 지역, 다른 국가들의 지역 우선형 무역협정 체결을 더 이상 억제하거나 규제할 수 없게 하는 결과로 이어졌다. 즉 NAFTA가 발족한 1990년대 이후부터는 지역적 무역협정이 급속히 증가하기 시작하여 2008년 현재 GATT/WTO에 보고된 무역협정 수는 211건에 이르게 되었다. 이 가운데 3/4 이상이 1995년 이후에 보고됨으로써 1994년 NAFTA의 출범이 지역주의 확산의 계기가 되어 왔음을 짐작할 수 있다.

이렇듯 미국이 포함된 NAFTA의 결성은 세계 전체의 경제질서를 GATT/WTO 중심의 범세계주의에서 지역적 경제통합에 의한 지역주의로 전환시키는 계기가 되었다는 점에서 그것이 세계경제질서에 미치는 영향은 큰 것이라 아니할 수 없다. 실제 1995년 WTO출범 이후에는 지역주의의 확산으로 인해 새로운 다자간 협상인 도하개발 아젠다(DDA)는 진전을 보지 못하고 있는 반면 EU의 확대 강화, 동아시아 내의 FTA 움직임은 더욱 확대되어 왔다.

제2절 미국-멕시코-캐나다협정(USMCA)

1. NAFTA에서 USMCA로의 개편

미국-멕시코-캐나다협정(United States-Mexico-Canada Agreement : USMCA)은 1994년 발족한 NAFTA를 대체하여 2020년 7월 1일부터 새로 출범한 북미 3개국 간의 자유무역협정이다. USMCA는 종전 NAFTA 협정의 기본취지와 내용을 그대로 승계하고 있으며, 개정된 내용도 대부분 종전의 조항을 보완한 수준에 머물러 있다는 점에서

NATFA 2.0 혹은 개정된 NAFTA 협정의 성격을 띠고 있다. NAFTA의 개정협상은 2017년 트럼프 행정부 출범 직후 미국의 요구로 시작되었으며, 2018년 말 협상이 타결되었고 2020년 7월부터 USMCA 이름으로 발족하였다. 재협상 취지는 미국 입장에서 볼 때 1994년 NAFTA 협정 이후 멕시코, 캐나다에 빼앗긴 제조업 일자리를 되찾고 미국 제조업의 경쟁력을 강화하기 위한 것이었다.

미국 입장에서 USMCA 협정의 가장 큰 관심사항은 자동차산업의 원산지 규정을 더욱 강화하여 역내, 특히 미국 내 생산비율을 높이고 미국으로의 투자 진출을 자극하여 자국 내 일자리와 부가가치 생산 비중을 높이는 데 있었다. 종전 NAFTA 체제하에서는 외국 자동차 업체의 북미 생산기지가 많은 미국, 멕시코의 자동차 소재, 부품의 역외 수입 비중이 2019년 기준 미국이 58.6%, 멕시코 42.9%에 달하고 있었다. 미국은 이러한 역외 수입 비중을 줄이고 자국 자동차 산업의 생산 및 고용기회를 늘리며 자국의 디지털 산업 등 일부 유력산업의 사업기회 창출을 위해 USMCA 협정을 추진하였던 것이다. USMCA의 협상 방식은 3자 간 지역 협상방식보다는 미국-캐나다, 미국-멕시코 간의 양자간 협상 방식으로 진행되었으며, NAFTA와 다른 협정임을 강조하기 위해 명칭은 USMCA로 개칭하였다.

2. USMCA의 주요내용

USMCA는 NATFA 협정의 내용과 취지를 큰 수정 없이 대부분 그대로 승계하고 있다. 다만 자동차 관련 소재 부품의 원산지 규정에서는 역외수입을 억제하기 위한 기준이 크게 강화되었으며, 그 외 지식재산권 보호, 대 캐나다 유제품 수출, 미국의 디지털무역 지원 등에서 일부 개선된 조항들이 있다. 그러나 비시장경제국과의 양자간 FTA를 규제하는 조항이나 자동차 부품 생산의 일정비율 이상을 시간당 16달러 이상의 임금 근로자에 의해 생산한다는 조항 등에서는 회원국 내에서뿐만 아니라 역외 무역 상대국들로부터도 이해를 받지 못하는 문제점을 안고 있다. NAFTA 협정에 비해 USMCA에서 변경된 주요내용은 다음과 같다.

① 자동차 원산지규정 강화
ⅰ) 미국, 멕시코, 캐나다 3국은 자동차 및 부품의 역내조달 비율을 종전 NAFTA 협정

의 62.5%에서 75%로 상향 조정함

ⅱ) 자동차 부품 생산의 40% 이상은 시간당 16달러 이상 임금을 받는 생산인력에 의해 생산되어야 함

ⅲ) 자동차 생산에 필요한 철강과 알미늄의 북미산 비중을 종전 30%에서 70%로 상향 조정함

② ISDS 활용 범위 축소

투자자-국가 간 분쟁해결(Investor-State Dispute Settlements : ISDS) 제도는 3년 내 폐지될 예정이며, 미국-멕시코간 천연가스, 오일, 인프라 등 특정분야의 정부계약에 관련된 ISDS는 종전대로 유지함

③ 디지털무역 조항

ⅰ) 환태평양 경제동반자 협정(TPP)의 관련 조항을 기초로 하고 있으나 USMCA에서 좀 더 진전된 내용을 담고 있음

ⅱ) 소프트웨어, 전자책, 동영상, 음악, 게임 등 디지털제품(digital products)에 대한 관세 및 차별적 관세 부과 금지

ⅲ) 인터넷 플랫폼 기업의 민사적 책임 회피

ⅳ) 공공데이터, 정부정보 접근성 확대 노력

ⅴ) 소스코드, 알고리즘 요구 금지

④ 환율 조항

3국은 경쟁적 평가절하 및 환율조작을 지양하고 외환시장 개입 시에는 그 내용을 협정국에 통보하도록 함

⑤ 비(非)시장 국과의 FTA 규제

USMCA 회원국 중 일국이 비시장국(중국 등)과 FTA 체결 시 3개월 전까지 회원국에 통보하고, 협상목적과 협정문을 서명 30일 전까지 회원국에 전달해야 함. 이 합의를 어기고 FTA를 체결할 경우 회원국은 6개월 내에 USMCA를 종료할 권한을 가짐

⑥ 캐나다 낙농시장 개방

캐나다는 정부주도의 가격통제, 수입쿼터제를 운영하고 있는 유제품시장에서 일부 유제품의 쿼터를 폐지하도록 함

⑦ 지식재산권 보호 확대

ⅰ) USMCA에서는 TPP보다 더 강력한 지식재산권 보호 규정을 담고 있음

ⅱ) 특히 생물의약품의 자료독점 정보 보호기간을 10년으로 연장함(TPP 협정에서는 5~8년)

⑧ 노동 관련조항 설치

NAFTA에서는 부속협정으로 담고 있는 노동관련 조항을 USMCA에서는 본 협정문의 한 장(chapter)으로 설치함. 이민노동자 대우, 직장 내 폭력, 성차별 등을 포함하고 있으며, TPP보다 강화된 내용을 담고 있음

⑨ 일몰조항

USMCA 협정은 16년간 유효하며, 3국은 발효일로부터 6년 후 추가 16년 연장 여부를 결정함

3. USMCA 출범의 의미와 파급 영향

앞에서 소개한 NAFTA 협정을 개정한 USMCA의 주요 변경 내용은 대부분 미국에 의한 미국 중심의 무역협정으로 일관되어 있다. 미국의 국제무역에 대한 지배적 위치를 고려할 때 이러한 미국 중심의 무역협정은 향후 전개될 미국과의 FTA 협정 및 미국을 포함한 다자간 무역협상의 방향타가 될 수 있다. 그런 점에서 USMCA 협정이 북미시장 및 세계 무역질서 특히 아시아 태평양 지역의 무역질서에 미치는 영향은 적지 않을 것으로 보인다.

USMCA 협정의 가장 큰 특징은 자동차산업의 원산지규정 강화로 인해 역외 부품의 진입장벽이 크게 높아졌다는 점이다. EU의 경우, 역외 무역장벽을 높이지 않으면서 역외국과의 FTA 등을 통해 대 역외 무역자유화를 추진하면서 역내에서는 사람, 상품, 자본, 서비스의 완전한 자유이동을 보장하고 있다. 따라서 EU는 세계적 무역자유화

의 디딤돌(building block)의 역할을 하고 있는 것으로 볼 수 있다. 그러나 자동차산업의 경우 USMCA는 대 역외 장벽을 지나치게 높이고 있으며, 역내에서는 자동차 생산의 노동가치 부가요건(시간당 임금 16달러 이상의 노동)을 도입하여 미국-멕시코 간의 비교우위원리에 입각한 자유무역 원칙을 위반하는 등 세계 전체의 무역자유화에 반하는 조치를 취하고 있다.

USMCA 회원국 중 일국이 비시장국과 FTA를 체결할 경우 타 회원국에 관련정보를 제공해야 하고 이를 위반하여 FTA를 체결할 경우 USMCA를 종료할 수 있다는 조항은 사실상 중국을 북미시장에서 배제하기 위한 조치로 해석할 수 있다. 이는 경제적 동기보다 정치적 동기에 의해 북미시장과 비시장국과의 자유무역 협정을 제한하는 조치이므로 WTO의 자유무역 원칙이나 세계 전체의 무역자유화 차원에서는 바람직한 조치라 할 수 없다. 동 조항은 미국과 패권 경쟁을 벌이고 있는 중국을 지역통합 차원에서 견제하고자 하는 조치이며, 이러한 취지가 향후 미국의 다른 대외 통상협정에서도 반영된다면 이는 세계시장을 미·중 양대 블록으로 구분하는 계기가 될 수도 있다. 즉 미국의 이러한 배타적 조치에 맞서 중국도 중화경제권, ASEAN과의 FTA 더나아가 RCEP 등에서 역내 결속은 지원하되 대미 차별 조치를 요구한다면 세계경제는 새로운 블록 경제권 시대로 진입할 위험이 있기 때문이다. 그러한 점에서 이번 USMCA는 세계적 통합의 디딤돌이 아니라 세계통합을 저해하는 걸림돌(stumbling block)이 될 수도 있다는 비판이 나오고 있다.

그 외의 개정 조항들, 예를 들면 디지털무역 자유화, 지식재산권 보호, 환율조작 억제 등은 세계무역의 자유화를 위해 각국이 공동노력해야 할 기준이므로 긍정적 파급영향을 가질 수 있을 것으로 전망된다.

전체적으로 볼 때 USMCA 협정은 종전 NAFTA 체제 위에 미국이 희망해 온 새로운 조항들을 다수 추가하는 형식으로 체결되었다. 3자 간 협상방식에 의해 캐나다, 멕시코 측의 입장이 반영되기보다 양자간 비대칭적 협상방식에 의해 미국 측 요구가 일방적으로 반영된 협정이며, 미국 중심주의를 실현한 협정이란 점에서 우려되는 바가 없지 않다. 특히 트럼프 행정부의 보호무역주의와 미국 우선주의가 USMCA를 통해 먼저 반영되었고 이것이 선례가 되어 미국의 다른 무역협정에도 요구된다면 그것이 세계무역질서 재편에 미치는 부정적 영향은 무시할 수 없을 것이다.

한편 USMCA 출범으로 인한 한국경제의 영향은 주로 자동차산업의 부품, 소재 수출에 국한되어 나타날 것으로 보인다. 자동차 부품의 원산지규정 강화로 부품의 대북미 수출이 어려워질 것이므로 생산의 현지화, 현지기업과의 공동생산, 공동 연구개발 등의 전략이 필요할 것이다. 원산지 기준 가운데서도 노동 부가가치 기준이 새로 도입됨으로써 멕시코 진출 생산기지의 미국 이전과 같은 새로운 투자전략도 검토되어야 할 것으로 보인다.

비시장국과의 FTA 제한 조치는 비단 FTA협정이 아니더라도 중국 제품의 북미시장 자유 진입을 차단하겠다는 정치적 의도가 작용하고 있다. 따라서 중국에서 제조하여 USMCA 시장 특히 미국시장으로 수출하는 자동차 관련 품목에는 앞으로 크고 작은 마찰이 있을 수 있을 것이다. 중국시장의 임금상승, COVID19로 인한 GVC의 재편에 이어 미·중 무역전쟁과 USMCA의 중국 규제 등이 겹치면서 중국은 더 이상 미국시장을 향한 제조업 생산기지로서의 장점을 유지할 수 없게 되었다. 한국 기업으로서는 이에 대한 대체전략으로서 ASEAN을 포함하여 새로운 광역 시장권으로 출범할 RCEP 시장에서의 RVC(regional value chain) 전략에 관심을 가질 필요가 있다.

제3절 중남미 지역의 경제통합

1. 남미남부공동시장(MERCOSUR)

(1) 추진배경

중남미 지역에서는 1960년대 초반부터 지역 경제통합운동이 확산되어온 결과 1960년 라틴 아메리카 자유무역연합(LAFTA)을 위시하여 1961년 중미공동시장(CACM), 1969년 안데스공동시장(ANCOM), 1967년 카리브자유무역연합(CARICOM) 등이 결성되었다. 그 후 1980년대에는 LAFTA가 라틴 아메리카 통합연합(LAIA)으로 개편되고 1990년대 이후에는 G3, MERCOSUR가 새로이 결성되는 등의 변화를 보여 오고 있다. 이들 중남미지역의 경제통합은 중남미국가들의 정치정세 불안, 상호 간 경제적 보완성 결여, 지리적 교역장벽 존재, 경제의 대미의존 등으로 인해 그 역사에 비해 통합의 성과는 미미한 실정이며, 초기의 통합체들은 유명무실하거나 다른 형태의 통합조직으로 개편되어 오고 있다.

그러나 1990년대 이후 세계경제의 2차 지역주의가 확산되면서부터 중남미지역에서는 MERCOSUR와 같은 새로운 통합조직이 결성되거나 안데스공동체와 같이 기존조직을 강화하는 움직임이 계속되고 있다. 여기서는 현재 작동하고 있는 남부공동시장을 중심으로 중남미지역의 통합체를 간략히 소개해 두고자 한다.

남미남부공동시장(Mercado común del Sur : MERCOSUR)의 결성 배경은 1990년대 이후 세계경제질서의 변화로 설명될 수 있다. 즉 1990년대 이후 공산권이 무너지고 동유럽의 시장경제화가 추진됨에 따라 경제의 자유화, 민주화, 세계화가 추진되어 왔다. 동시에 유럽에서는 EU 통합이 확대·심화되고, 아시아에서는 ASEAN 자유무역지대가 추진되는 등 지역주의 움직임이 확대되기 시작하였다. 이에 따라 중남미제국들도 경제의 자유화, 정치적 민주화와 함께 지역통합을 통한 무역의 자유화를 추진하게 되었다. 그리고 동유럽 국가들의 EU 가입을 전제로 한 대EU연합협정이 추진되고 ASEAN의 경제통합기능이 강화되자 이들 국가들과 원조, 차관, 외국인 직접투자 등 자본유치면에서 경합관계에 있던 중남미국가들은 자본유치에 필요한 경쟁적 조건 확보를 위해서도 지역통합이 필요했던 것이다. 그 외에도 1960년대 이후 동아시아의 개도국과 달리 대내 지향적 수입대체형 공업화를 추구해 왔던 브라질, 아르헨티나 등은 세계 경제적 개방화·자유화 추세에 따라 수입대체전략보다 수출지향적 개발전략의 필요성을 인식하게 되었고 이에 접근하기 위해 우선 인접국가 간의 시장 확대조치가 필요했던 것이다.

이러한 필요성에 의해 1990년 7월 브라질과 아르헨티나가 양국 간 시장통합 및 개방정책 촉진에 합의하였고 1991년 3월 26일에는 파라과이, 우루과이가 여기에 참여함으로써 남미 4개국은 1995년 1월 1일까지 역내관세 철폐, 역외공통관세 설치를 주 내용으로 하는 시장통합협정(아순시온 협정)을 체결하게 되었다.

(2) MERCOSUR 협정의 주요내용

브라질, 아르헨티나, 파라과이, 우루과이 등 4개국은 1991년 자유무역지역을 형성하였고 1995년 1월에는 관세동맹으로 이행하였다. 이에 따라 MERCOSUR 회원국은 1991년 11월 29일부터 역내관세 철폐작업에 들어갔으며, 1999년 말까지 점진적으로 역내관세를 철폐해 왔다. 그 결과 2000년 1월부터는 자동차, 설탕 등 일부 예외품목을 제외하고는 역내거래 전 품목에 대해 무관세가 적용되고 있다. 그리고 1995년 1월부터는 역외로부터의 수입에 대해 0~20%의 공통관세를 부과하기 시작하였다. 2006년 경에는 일부 예외품목을 제외하고 대역외 공통관세가 부과되는 관세동맹이 완성되었다. 예외품목은 일부의 자본재, 위성통신, 컴퓨터 및 소프트웨어 등으로서 이는 국별 국내 시장여건이 달라 획일적 공통관세 도입이 어려웠기 때문이며, 이들 품목에 대해서도 2006년에는 거의 통일되었다. 그러나 자동차, 설탕은 예외품목으로 역내관세 특혜뿐만 아니라 대 역외 공통관세 설정도 지연되고 있다. MERCOSUR의 대외공통관세 수준은 2006년 기준으로 광물 2.4%, 농업제품 7.5%, 플라스틱제품 11.9%, 전기제품 12.6%, 수송재료 14.9%, 섬유 17.1%이다.

이러한 관세동맹 조치 외에 MERCOSUR는 다음과 같은 투자, 서비스, 무역규제, 행정 및 정책공조 조치들을 취해 오고 있다. 먼저 투자분야에서는 역내 상호 투자보장 협정(1993. 12), 역외국의 투자촉진협정(1994. 8)이 체결되어 있다. 무역 및 시장개방 분야에서는 역외수입품에 대한 공동 세이프가드 조항 설치(1995. 12), 대 역외 공동반덤핑규정(1997. 12), 서비스교역의 자유화(1997. 12), 정부조달시장 상호 개방 촉진(1997), 통상분쟁 담당 상설재판소 설립(2002) 등이 추진되었다. 그리고 서비스 교역과 행정 및 정책조정 분야에서도 각국은 상호접근을 위한 노력을 기울여오고 있다. 회원국 간 행정제도 등의 조화부문에서 MERCOSUR 단일여권제 도입을 실현해왔으며 (2001년부터), 회원국의 대학 학위에 대한 상호인증, 노동자의 권익보호 합의, 인플레, 재정수지 등 거시경제정책목표 접근이 추진되고 있다. 그 외에도 공동통화도입, 공동 의회창설 등이 합의(2003)되고 있으나 아직 그 완전한 실현은 보지 못하고 있다.

(3) 통합의 성과

1960년대 라틴 아메리카 지역의 경제통합이 상호 간 경제적 보완성의 결여, 역내교통 수단의 미흡 등으로 시장 확대효과를 크게 실현하지 못했음에 비해 1990년대의 MERCOSUR는 무엇보다 역내무역의 급속한 증대를 통해 통합의 성과를 보여 왔다. MERCOSUR 4개국 간의 역내 수출은 1991년 발족시점부터 1999년 브라질 경제위기 이전까지 8년간 393%나 증가하였다. 같은 기간 4개국의 역외 수출이 44.2%에 불과했고 총수출이 75.2% 증가했던 것에 비하면 경제통합으로 인한 역내무역확대 효과가 매우 크게 나타났음을 알 수 있다. 그 결과 총수출 중 역내 수출 비중은 통합 전 1990 년 8.9%에서 1998년에는 25%로 증가하였다. 1990년부터 2004년까지 15년 동안의 장기간을 볼 때도 역내 회원국 간의 무역이 41억 달러(총무역의 8.9%)에서 171억 달러 (총무역의 12.6%)로 증가하였다.

그러나 1999년의 브라질 경제위기는 아르헨티나, 우루과이의 경제위기로 파급되어 회원국 전체의 경기침체와 역내무역 감소를 가져오기도 했다. 특히 2002년 아르헨티나의 경제, 금융위기는 아르헨티나 통화의 평가절하를 유발하였고 이로 인해 역내 회원국 간의 관계가 경색되어 역내 협력구조가 위험한 단계에 이르기도 하였다. 이렇듯 남미의 시장통합은 역내시장 확대, 역내무역 확대라는 무역이익을 가져오기도 하였으나 회원국 간 무역의존, 경제적 의존도의 증가로 인해 경제위기의 전염효과도 그만큼 커지는 부작용도 수반되고 있었던 것이다. 이러한 경험을 토대로 역내 국가들은 2000년대 이후부터 상호 간 거시경제정책의 상호접근과 같은 정책협조를 꾀하고 있다.

MERCOSUR 통합의 효과는 무역뿐만 아니라 자본유입 증가로도 나타났다. 즉 통합된 4개국 연평균 20억 달러 정도에 불과했던 외국인 직접투자(FDI) 유입은 관세동맹이 발족했던 1995년에는 100억 달러로 증가했으며, 1999년에는 529억 달러로 급증하기도 하였다. 그 결과 통합 전 세계 전체의 FDI 유입액 중 MERCOSUR 4개국으로의 유입비중은 1%에 불과했으나 1997년에는 6%로 증가하였다. 이러한 투자증가는 시장통합으로 인한 투자유발효과와 대시장을 겨냥한 신규 투자창출효과의 결과로 볼 수 있다. 그러나 역내 회원국 가운데 브라질, 아르헨티나 등 역내 대국으로 자본이 집중되고 역내 진출 자본이 투자여건이 유리한 다른 회원국으로 이동하는 투자전환효과도 동시에 나타나고 있어 통합이익의 균등화에 대한 문제점도 야기되고 있었다.

(4) 회원국 및 대외관계

1991년 MERCOSUR의 창립회원국은 브라질, 아르헨티나, 파라과이, 우루과이 4개국이며 2012년 베네수엘라가 가입하였으나 민주주의 불이행으로 2017년 회원자격이 정지되었다. MERCOSUR는 볼리비아와 칠레(1996), 페루(2003), 콜롬비아와 에콰도르(2004) 외에도 가이아나, 수리남을 각각 준 회원국으로 가입시키고, 멕시코는 옵져버로 참석시키고 있다. 이러한 주변국의 참여로 MERCOSUR는 사실상 라틴 아메리카 주요국을 모두 포괄하는 범 라틴 아메리카 통합의 중심 주체로 부상하고 있다.

또한 MERCOSUR는 규모의 경제 실현, 대외협상력 제고를 위해 중남미 제국과의 추가적인 무역자유화 협정뿐만 아니라 역외국과의 FTA 협정에도 적극적인 입장을 보이고 있다. 즉 1996년에는 칠레, 볼리비아와 통합체 차원의 자유무역협정(FTA)을 체결하였으며, 2019년에는 EU와 FTA 협정안에 합의하였고 향후 10년에 걸쳐 관세 90% 이상을 철폐할 계획이다. 2003년에는 안데스공동체(CAN) 회원국인 콜롬비아, 베네수엘라, 페루, 에콰도르 등과 FTA를 체결함으로써 MERCOSUR와 안데스공동체 간의 시장통합을 성사시켰다.

공동체 차원이 아닌 개별국 차원에서도 대외 FTA를 추진해 오고 있다. 1998년 아르헨티나는 멕시코와 무역협정을 체결하였고, 브라질은 1999년 안데스공동체와 특혜무역협정을 맺었다. 같은 해 우루과이도 개별국 차원에서 멕시코와 무역협정을 체결하였다. 그러나 이러한 개별 협정은 MERCOSUR의 역외공통관세 유지와 대외 공동교섭의 취지를 저해하는 것이므로 다른 회원국의 반발을 불러왔다. 그리하여 2000년대 이후부터는 안데스공동체, EU 등과의 무역협정을 공동체 차원에서 추진해 왔다.

역외 지역과의 협력관계를 위해서는 EU와의 FTA 외에도 남아공(2000년)과 인도(2003)와 각각 특혜무역협정(PTA)을 체결하였다. 2019년 8월에는 EFTA와도 FTA 협정안에 합의하였다. 한편 2000년대 들어서는 미국이 주도하고 있는 범미주 자유무역지대(FTAA) 협상에도 공동으로 참여해 왔다. MERCOSUR 회원국이 FTAA 협상에 적극적으로 참여하는 이유는 규모의 경제달성, 외국인 투자유치, 국제사회에서의 협상력 제고를 위해서였다. 그러나 보다 직접적인 동기는 미국시장에 대한 접근기회 확보에 있는 것으로 보이며, FTAA에서 배제될 경우 무역전환 및 투자전환으로 인한 손실을 방지하는 것도 중요한 동기로 파악된다. FTAA 협상은 당초 2005년까지 마무리지을 계획이었으나 미국과 브라질을 위시한 남미국가들과의 입장차 및 남미국가 상호 간의 입장 차이로 2010년대 이후부터는 협상이 사실상 중단되고 있다. 한국과는 2009년 FTA 체결을 위한 공동협의체를 구성했으나 2019년 말까지 가시적 성과는 내지 못하고 있다.

(5) 주요 기구

MERCOSUR의 주요 기구로는 우루과이 수도 몬테비데오에 있는 공동체 사무국을 위시하여, 공동시장협의회, 공동시장그룹, 공동의회위원회, 경제사회포럼, 무역위원회 등이 있다. 이중 공동시장협의회는 공동시장 최고 의사결정기구이며, 회원국 외무장관 및 경제부장관으로 구성된다. 공동시장그룹(Group del Mercado Común)은 공동시장의 집행기관이며 협정의 이행, 공동시장 달성계획의 집행을 담당하고 있다. 무역위원회는 공동시장그룹의 집행을 보좌하는 기구로서 역내교역 장벽제거, 제3국에 대한 공동무역정책 추진문제를 검토하고 집행기관에 자문한다. 회원국에서 추천된 1명씩의 상임위원으로 구성된다.

2. 기타의 경제통합

MERCOSUR외에도 현재 라틴 아메리카 지역에는 중앙 아메리카 공동시장(CACM), 안데스공동체(Andean Community), 카리브공동체(Caribbean Community) 및 G3그룹 등의 지역통합이 있다. 그 주요내용은 다음과 같다.

(1) 중앙 아메리카 공동시장

1961년 발족된 과테말라, 엘살바도르, 온두라스, 니카라과, 코스타리카 등 중앙 아메리카 지역 5개국 간의 공동시장(Central American Common Market : CACM)이다.

통합의 주요 목적은 역내 회원국 간 관세를 철폐하고 역외국에 대해서는 공통관세를 부과하며 회원국 간 산업협력을 추진하는 것이다. 이중 역내무역자유화 조치와 역외 공통관세 설치는 완성되었으나 역내 자본·노동 이동을 통한 산업통합계획은 공업조건이 유리한 과테말라, 엘살바도르와 상대적으로 열악한 잔여국간의 불균형문제로 큰 성과는 얻지 못하고 있다. 1990년대 들어서는 멕시코, 베네수엘라와 무역협정을 체결하고 1993년에는 G3국(멕시코, 콜롬비아, 베네수엘라)과 협력협정을 체결하는 등 주변국들과의 협력관계 구축에 적극적인 자세를 보여 왔다. CACM의 주요 기구로는 공동체 이사회와 사무국이 있으며, 본부는 과테말라에 있다. 다른 지역통합체에 비해 CACM은 중앙 아메리카 경제통합은행, 중미 경제통합기금 및 중미 결제기구를 갖추고 있는 것이 특징이다.

(2) 안데스공동체

1969년 안데스 산맥에 인접한 볼리비아, 에콰도르, 콜롬비아, 칠레, 페루 간에 맺어진 자유무역협정 형태의 통합조직이며, 회원국 간 무역, 농업 및 산업협력을 목적으로 결성되었다. 1973년 베네수엘라는 1973년 가입하였으나 2006년 탈퇴하였다. 창립멤버인 칠레는 1976년 탈퇴하여 2006년 준회원국으로 참여하고 있다. 브라질, 아르헨티나, 파라과이, 우르과이가 준회원국으로 참가하고 있다.

1995년부터는 역외공통관세를 도입하여 관세동맹을 이루었으며(페루는 1997년 자유무역지대에만 가입), 1996년부터는 회원국을 하나의 경제, 사회공동체로 통합한다는 취지에서 공동체의 명칭을 안데스공동체(Andean Community : ANCOM 혹은 Comunidad Andina de Naciones : CAN)로 개칭하였다. 공동체의 기구로는 정상회의, 외교장관회의, 집행위원회 사무국 등이 있다.

안데스공동체는 그 역사가 오래되었음에도 역내무역의존도가 낮고 경제발전이 부진하며, 정치적 불안정이 유지되는 등의 사연으로 공동체로서의 통합 성과는 크게 드러나지 않고 있다. 특히 2006년 이후 미국과의 FTAA 협상에서는 역내 회원국 간의 입장차이가 노출되고 좌파정부의 볼리비아는 공동체 탈퇴 발언을 하는 등의 갈등을 겪고 있어 공동체로서의 발전은 쉽지 않은 모습을 보이고 있다.

(3) 카리브공동시장

카리브공동시장(Caribbean Community, Caribbean Common Market)은 1973년 카리브 연안 14개국 간에 맺어진 경제통합 조직이다. 당초 카리브해연안의 영연방제국이 1967년에 설립한 카리브자유무역연합(CARIFTA)을 결성하고 있었으나 1973년 영국의 EC가입으로 영연방제국에 대한 특혜관세가 없어지게 된 것을 계기로 상호 간 협력과 대외교섭력을 높이기 위해 결성되었다. 주요 목적은 공동시장을 설립하는 것이고 이를 위해 역내관세 철폐, 역외공통관세 설치, 역내 공업 및 농업의 공동개발을 추진해 오고 있으며, 대외적으로는 경제뿐만 아니라 정치ㆍ외교적으로 공동보조, 상호 간 정책조정을 시도해오고 있다. 회원국은 도미니카, 그레나다, 가이아나, 자메이카, 바하마, 바베이도스, 트리니다드 토바고 등의 카리브해 도서국가들이며 본부는 가이아나에 있다. 카리브 공동시장은 이들 카리브 국가 간의 공동체를 결속시키기 위한 통합

조직으로 결성되었으며, 보다 큰 목적은 카리브연안 도서소국 간의 정치, 경제적 협력을 유지하는 카리브공동체의 유지발전에 있다. 공동시장 유지에 필요한 자금은 카리브개발은행이 조달하고 있다.

(4) G3 자유무역협정과 PA

1994년에는 멕시코, 콜롬비아, 베네수엘라 3개국 간에 자유무역협정이 체결되어 그 이듬해부터 협정이 발효되었다. 이들 3개국 간의 자유무역협정을 G3 자유무역협정으로 부르고 있다.

2011년 4월에는 칠레, 페루, 멕시코, 콜롬비아 4개국 간의 지역통합조직으로 태평양 동맹(Pacific Alliance : PA)이 체결되었다. 회원국 간 재화, 서비스, 사람, 자원이동의 점진적 자유화를 추진하고 사회, 문화교류, 환경, 경제개발에 상호 협력하는 것을 목표로 하고 있다.

이러한 소지역적 경제통합 외에도 현재 중남미 국가들은 개별국 차원의 양자간 FTA를 중남미 국가뿐만 아니라 북미, 유럽, 아시아, 아프리카, 중동지역 국가들과 체결해오고 있다. 중남미 국가들의 대외 FTA는 멕시코, 칠레가 가장 적극적이나 2000년대 이후에는 다른 나라들도 역내외 국과의 무역협정에 적극적인 입장을 보이고 있다.

제15장

동아시아의 지역주의와 경제통합

한국, 중국, 일본과 동남아국가연합(ASEAN) 등을 포함하는 동아시아 지역은 높은 경제성장과 무역신장으로 인해 냉전체제가 종식된 1990년대 이후부터는 세계적 경제성장의 중심축으로 부상해 오고 있다. 그리고 동아시아 국가들 상호 간에는 역내무역비중이 높고 다른 지역보다 더 높은 무역결합도를 유지함으로써 세계시장 내에서는 자립도가 높은 자연적 경제권으로 부상하고 있다. 그러나 제도적으로는 동남아의 ASEAN을 제외하면 동아시아 전체를 포함하는 경제통합이나 무역협정은 체결되지 않고 있는 지역이다. 그럼에도 불구하고 동아시아가 하나의 무역블록 내지 경제권으로 부상하고 북미의 USMCA(NAFTA), 유럽의 EU와 함께 세계 3대 경제권으로 지목되고 있는 것은 시장기능에 의한 역내경제의 기능적 통합이 이루어져 왔기 때문이다.

그러나 1997년 금융위기를 겪고 나서부터는 동아시아 내에서도 제도적 차원의 지역협력에 대한 필요성이 고조되어 왔으며, 2000년대 들어서는 역내 유일한 지역통합체인 ASEAN을 중심으로 제도적 경제통합에 대한 구체적 움직임이 일어나기 시작하였다. 그 대표적 예가 ASEAN이 한국, 중국, 일본과 각각 체결하고 있는 쌍무적 자유무역협정이며, ASEAN과 이들 3개국이 공동으로 참여하는 'ASEAN+3' 정상회의도 제도적 지역통합을 향한 하나의 움직임으로 나타나고 있다. 그리고 2010년대 들어서는 역내 3대 경제대국인 한국, 중국, 일본이 쌍방간 및 3국 간 FTA에 대한 공식적 접근을 실현하거나 시도하고 있다. 2020년에는 ASEAN+3와 호주, 뉴질랜드가 포함된 광역 동아시아 무역협정 RCEP가 체결됨으로써 새로운 동아시아 시장통합시대가 열리고 있다.

세계경제의 성장축으로 부상하고 있는 동아시아가 하나의 제도적 경제권으로 접근해 간다면 이것은 제2차 세계대전 이후 미국 중심의 세계경제질서를 미국, EU, 동아시아의 3극체제로 전환시키는 계기가 될 수 있고, 더 나아가서는 동아시아가 세계통합의 중심축으로 발전할 수 있는 기회를 제공할 수도 있다.

이 장에서는 지금까지 동아시아 내에서 유일한 지역통합체로 작동해 왔고, 범 동아시아 지역통합의 연결 매체 기능을 하고 있는 ASEAN과 2000년대 이후 전개되고 있는 동아시아 지역통합의 현황 및 전망에 대해 살펴보기로 하자.

제1절 ASEAN과 ASEAN 공동체

1. ASEAN의 설립배경

동남아국가연합(Association of Southeast Asian Nations : ASEAN)은 1967년 8월 인도네시아, 말레이시아, 필리핀, 싱가포르, 태국 등 5개국이 설립한 정치, 경제, 문화 분야의 지역협력조직이다. 설립 후 브루나이(1984), 베트남(1995), 라오스, 미얀마(1997), 캄보디아(1999)가 각각 가입하여 현재 10개국으로 구성되어 있다.

ASEAN의 당초 설립 목적은 1960년대 중반까지 확산되고 있던 인도차이나 반도의 공산화 위협에 대응하기 위한 공동안보체제 구축이었다. 인도차이나 반도의 여러 국가들은 제2차 세계대전 후 독립과정에서 발생한 민족내부의 갈등과 외부로부터 주어지는 안보상의 위험이라는 이중고를 겪고 있었다. 그러던 중 1960년대 중반 들어 베트남전쟁이 확대되고 인도차이나 반도에 공산주의 세력이 급속히 확대되는 한편 중국에서는 문화대혁명이 일어남으로써 동남아 각국의 안보상황이 크게 악화되어 갔다. 그로 인해 동남아 국가들은 지역 안보에 대한 공동협력의 필요성을 공감하게 되었다.

이러한 상황 속에서 1965년 8월 싱가포르가 말레이 연방에서 분리, 독립하고 친 공산정권으로 유지되던 인도네시아가 친미정권(수하르토)이 들어서면서 반공주의 노선을 선택함에 따라 동남아 지역안보를 위한 공동협력이 이루어지게 되었다.

그리하여 1967년 8월 8일 인도네시아, 말레이시아, 필리핀, 싱가포르, 태국이 ASEAN을 설립하는 '방콕선언'을 채택하게 되었다. ASEAN의 설립으로 1961년에 설립된 말레이시아, 태국, 필리핀 간의 반공협력조직인 ASA(Association of Southeast Asia)는 자발적으로 해체되었다. 그리고 1963년 결성된 말레이시아, 필리핀, 인도네시아 간의 반식민지, 중립주의를 표방하는 협력조직인 MAPHILINDO도 기능이 소멸되었다.

2. ASEAN의 주요 기구

ASEAN의 공식기구로는 정상회의, 외교장관회의, 경제장관회의, 상임위원회, ASEAN 사무국, 기타 분야별 각료회의, 고위관리회의 등이 있으며, 민간 기구로는 ASEAN 상공회의소 연합 등이 있다.

(1) 정상회의

1975년 베트남 등 인도차이나 3국이 공산화됨에 따라 ASEAN의 정치, 안보적 결속을 위해 1976년 2월 제1차 정상회의(Meeting of the ASEAN Heads of Government)가 개최되었다. 1992년 1월 제4차 정상회의에서 매 3년마다 공식적 회의를 개최하기로 하였고, 공식회의 사이에 1회 이상 비공식 정상회의를 가지도록 하였다. 1997년 11월 쿠알라룸푸르 비공식 정상회의에서는 'ASEAN+3(한국, 중국, 일본)' 정상회의를 처음으로 개최하였다. 1998년 제6차 ASEAN 정상회의에서는 공식, 비공식 정상회의를 불문하고 한국, 중국, 일본을 초청하는 회의는 모두 'ASEAN+3' 정상회의 형태로 개최하고 있다.

(2) 외교장관회의

ASEAN 외교장관회의(ASEAN Ministerial Meeting : AMM)는 1967년 설립 당시부터 연례개최가 결정된 공식기구이다. ASEAN 정상회의가 초기에는 부정기적으로 개최되고 다음에는 매 3년마다 개최됨에 따라 매년 열리는 외교장관회의가 사실상 ASEAN의 최고의사결정기구의 역할을 수행해 왔다. 회원국 알파벳순으로 의장국이 결정되고 의장국에서 회의가 개최된다.

(3) 경제장관회의

1975년 11월 ASEAN 정상회의 개최 준비를 위해 처음으로 경제장관회의(Meeting of the ASEAN Economic Ministers : AEM)가 개최되었으며, 1976년 2월 ASEAN 화합선언에 의한 회원국 간 경제협력 문제를 집중 협의하기 위해 부정기적으로 개최되고 있다. 경제장관회의 산하에 ASEAN 자유무역지역(ASEAN Free Trade Area)위원회를 두고 있으며, 외교장관회의와 함께 정상회의에 공동으로 보고서를 제출하고 있다.

(4) 상임위원회

상임위원회(ASEAN Standing Committee : ASC)는 외교장관회의 미개최 기간 중의 업무수행을 위해 설치되었다. 회의 주최국 외교장관 혹은 그 대리자가 의장이 되고 주최국 주재 ASEAN 대사, ASEAN 사무국 사무총장, 각국 ASEAN 국장 등이 참석한다. 회의는 보통 격월제로 개최되며, ASEAN 사무국은 사실상 이 상임위원회의 하부기관과 같은 역할을 하고 있다.

(5) ASEAN 사무국

1976년 제1차 정상회의에서 사무국(ASEAN Secretariat)이 공식기구로 결정되었으며, 1992년부터 사무총장은 장관급으로 격상되었다. 사무총장은 전문능력을 갖춘자 중에서 공개 선임키로 되었었으나 실제로는 회원국 간 윤번제로 운영되고 있으며 임기는 5년이다. 사무국의 주요 기능은 외교장관회의와 상임위원회로부터 주어진 업무, 외교장관회의 제출용 연례보고서 작성, ASEAN의 역내 활동의 조정, 감독 등이다.

사실상 ASEAN 상임위원회 산하기구로 작동하고 있으며 사무국 본부는 인도네시아 자카르타에 있다.

(6) 기타의 기구

이외에도 매년 농업장관회의가 열리고 격년제로 노동장관회의가 개최되고 있다. 그 외에 에너지, 보건, 과학기술, 환경, 교육, 법무 등의 분야에서 부정기적 회의가 열리고 있다. 외교장관회의를 보좌하기 위해 차관 혹은 차관보급으로 구성된 실무회의로 고위관리회의(Senior Officials Meeting)가 있다. 그리고 경제장관회의를 보좌하기 위한 차관(보)급의 고위 경제관리회의가 있다.

1998년부터는 ASEAN 재단이 설립, 운영되고 있다. 이 재단은 회원국 간의 민간교류증진, 회원국간 균등한 경제개발, 빈곤퇴치 등을 목표로 하고 있다.

3. AFTA와 ASEAN 공동체

(1) ASEAN 자유무역지역(AFTA)

1) 공동 유효 특혜관세협정(CEPT)과 자유무역지역(AFTA)의 형성

제2차 세계대전 및 1990년대 이후에 전개되고 있는 지역주의 움직임과 그로 인한 지역통합은 대부분 경제협력과 시장통합이 주된 목적이었다. 그러나 ASEAN의 경우는 지역적 특성상 역내 안보협력이 우선 과제였고 경제, 사회, 문화면의 협력은 안보협력과 병행해서 추구하는 특성을 가지고 있었다. 그러나 1990년대 이후 냉전체제가 종식되고 경제적 이해 관계에 중점을 두는 신지역주의가 확산되자 ASEAN도 안보 중심의 협력노선을 경제협력 문제로 전환하게 되었다. 그 결과 1992년 제4차 ASEAN 정상회의에서 '경제협력 증진에 관한 기본협정' 및 '공동 유효 특혜관세협정(Common Effective Preferential Tariff : CEPT)'를 체결하고 자유무역지역(ASEAN Free Trade Area : AFTA) 창설에 합의하였다.

ASEAN의 자유무역지역, 즉 AFTA는 ASEAN 회원국에 공동으로 적용되는 특혜관세(CEPT)제도를 통해 실현된다. CEPT 관세율을 점진적으로 낮추고 종국에는 그 관세율을 0~5% 미만으로 낮춤으로써 자유무역지역을 실현한다는 계획을 가지고 있다. 1992년 AFTA 설립 합의에 따라 1993년부터 역내 CEPT 관세 대상 품목을 제시하고 점진적으로 관세인하 작업에 착수하였다. 그러나 역내 회원국간 경제구조의 유사성으로 인해 관세인하에 대한 민감품목이 많고, 그로 인해 CEPT 대상 품목(CEPT inclusion list : IL) 수가 제한되는 등의 애로가 노정되었으며, 여기에 다시 1997년 동남아 금융위기가 발생하자 역내무역자유화 계획이 순조롭지 못하게 되었다. 그래서 금융위기가 지나간 1999년 제3차 비공식 정상회의에서 AFTA 완성 스케줄을 다시 확정하였다. 이 회의에서 ASEAN 선발 6개국(인도네시아, 말레이시아, 필리핀, 싱가포르,

태국 및 브루나이)은 2010년까지 그리고 후참 4개국(베트남, 라오스, 미얀마, 캄보디아)은 2015년까지 역내관세를 철폐하기로 하였다.

그후 2003년 1월에는 역내수입관세 철폐에 대한 AFTA-CEPT 개정 협정을 체결하여 역내관세 철폐를 통한 AFTA 실현시기를 앞당기기로 하였다. 이 협정에 따라 2003년 말 선발 6개국은 그들이 제시한 CEPT 대상품목(IL품목)의 64%에 대한 관세를 제거하였다. 그 결과 원 6개국의 CEPT 대상품목의 평균 관세율은 1993년 12.76%에서 2003년 말 1.51%로 낮아졌다. 2004년 말에는 선발 6개국 간의 CEPT 대상품목은 6만여 개로 설정되었고, 이 중 99%의 품목에 대해 이미 5% 미만의 역내관세가 적용됨으로써 ASEAN 선발 6개국 간에는 2004년 말 이후 사실상 자유무역지역이 발효되고 있는 상태이다.

후참국가인 베트남, 라오스, 미얀마, 캄보디아도 2000년대 들어서는 AFTA-CEPT 스케줄에 상당 수준 접근해 왔다. 2004년 이들 4개국 생산물의 약 80%가 CEPT 대상품목(CEPT-IL)으로 양허되고 이 중 약 2/3가 0~5% 관세 적용대상으로 지정되었다. 잔여 CEPT 품목에 대해서도 베트남은 2006년, 라오스, 미얀마는 2008년, 캄보디아는 2010년까지 역내관세율이 5%를 넘지 않도록 합의하였다. 이에 따라 2011년 이후 ASEAN 10개국은 0~5% 미만의 역내특혜관세가 적용되는 자유무역지대로 발전하게 되었고 2018년 1월부터는 회원국 간의 역내 관세가 전면 철폐되었다.

2) 투자 및 금융협력

이상과 같은 자유무역지역 설치 외에도 ASEAN은 2000년대 이후 통화, 금융, 투자 및 메콩강유역개발 등 다양한 분야에서 경제협력을 전개하고 있다. 그중 중요한 몇 가지 사업을 소개하면 다음과 같다.

① 투자협력

우선 ASEAN 투자지역 설치계획을 들 수 있다. 2000년대 이후 ASEAN은 하나의 단일 시장, 단일 생산권을 구축하여 동태적이고 경쟁력 있는 경제공동체를 만들어간다는 장기 구상을 마련하고 있다. 이를 위해 일면 AFTA를 실현하고 AFTA 중심의 경제통합 기능을 강화하기 위해 역내 투자자유화 및 투자촉진 조치를 취하고 있다. 즉 ASEAN은 1987년에 ASEAN 투자보장협정(IGA)을 체결하여 역내 투자촉진환경을 정비하였다. 1998년에는 역내투자를 촉진하기 위해 ASEAN 투자지역(ASEAN Investment Area : AIA)에 대한 기본합의서를 채택하였고 2010년까지 회원국 간 투자자유화를 위한 제도적 기반을 정비해 왔다. 2007년에는 자유롭고 개방된 투자환경을 조성하고 역내 경제통합을 달성하기 위해 이들 두 협정을 통합 조정하기로 하였다. 이러한 취지를 반영하여 2009년 초에는 ASEAN 포괄적 투자협정(ASEAN Comprehensive Investment Agreement : ACIA)을 체결하였다. 이 협정은 앞의 AIA와 IGA의 취지를 반영하면서 ASEAN 역내 투자의 자유화와 투자촉진을 유발하며 투자보장을 위한 공동협력을 규정하고 있으며 2009년 말부터 발효되고 있다.

② 통화 금융협력

통화, 금융부문에서도 ASEAN 차원의 협력이 이루어지고 있다. 금융분야에서는 1999년 이후 중앙은행이나 금융당국의 고위관리 간에 역내 재정, 금융문제에 대한 의견과 정보 교환을 통해 역내 금융시장을 관리하는 금융감시제도(ASEAN Surveillance Process : ASP)를 운영하고 있다.

그리고 2003년 ASEAN 재무장관회의에서는 ASEAN 통화, 금융통합을 위한 로드맵(Road map for Monetary and Financial Integration of ASEAN : RIA-Fin)이 승인되었다. 이 로드맵에 의하면 2015년까지 보다 넓은 영역의 ASEAN 경제통합을 실현한다는 목표 아래 i) 역내 자본시장 육성, ii) 금융서비스의 자유화, iii) 자본계정 자유화, iv) ASEAN 통화협력을 추진하는 것으로 되어 있다.

③ 치앙마이 협정

그 외에 ASEAN은 한국, 중국, 일본과의 협조하에 쌍방간 통화스왑 협정을 통해 역내통화의 안정을 추구하기 위한 통화협정, 즉 치앙마이 이니셔티브(The Chiang Mai Initiative : CMI) 협정을 체결하였다. CMI 협정은 2000년 'ASEAN＋3' 재무장관회의에서 합의되었으며, 주목적은 역내국가의 단기유동성 부족 문제에 대처하고 국제금융 안정에 기여하는 것이었다. 초기에는 'ASEAN＋3' 회원국 간 쌍무적 통화스왑협정 형태로 시작되었으나 2004년부터는 지역통합을 지원하고 스왑기능을 높이기 위해 스왑 규모를 확대하고 쌍무적 스왑의 다각화(Multilateralisation of CIM : CMIM)를 추진해왔다. 2010년 3월부터 CMI의 다각화가 실현되고 있으며, 스왑규모도 US 1,200억 달러

규모로 확대되었다. 2014년부터는 이 규모가 2,400억 달러로 다시 증액되었다. 이러한 CMIM은 2008년 미국발 세계적 금융위기에 직면하여 ASEAN 및 한국, 중국, 일본이 보여 준 가장 효과적이고 의미 있는 공동협력 조치로 평가되고 있다.

④ 아시아 채권시장

2003년에는 아시아 채권시장계획(Asian Bond Markets Initiative : ABMI)이 발족되었다. 이 계획의 주요 목적은 ⅰ) 현지통화 표시 채권시장의 육성과 ⅱ) 발행자와 투자자 모두가 쉽게 접근할 수 있고 기능이 원활한 지역 채권시장을 육성하는 것이다. 이러한 목적을 달성하기 위해 2008년 'ASEAN+3' 재무장관회의에서는 ABMI 실현을 위한 로드맵을 채택하였다. 여기에는 ⅰ) 현지통화표시 채권 발행, ⅱ) 현지통화표시 채권 수요 촉진, ⅲ) 규제관리제도 개선, ⅳ) 채권시장 관련 인프라 개선 등이 포함되어 있다. 2016년과 2019년 ASEAN+3 재무장관회의에서는 ABMI 중기 발전 로드맵을 각각 승인하였다. 여기서는 녹색채권 활성화, 채권시장 규제표준화, 인프라 금융지원강화, 채권시장인프라 개선 등이 포함되어 있다.

이러한 협력 외에도 ASEAN이 현재 중점사업으로 촉진하고 있는 공동 프로젝트로는 메콩강유역 개발협력(ASEAN Mekong Basin Development Cooperation : AMBDC) 사업을 들 수 있다. 이 사업은 1995년 ASEAN 정상회의에서 ASEAN의 장기협력 사업으로 채택되었으며, 1996년부터 공식적인 접근이 이루어지고 있다. 이 사업에는 ASEAN 10개국과 중국이 참여하고 있다. 일본은 자본협력의 형태로 한국은 메콩강 위원회를 통해 수자원 관리기술 중심으로 이 사업에 참여하고 있다. 한국은 메콩강 유역 협력사업으로 메콩강 유역 5개국과 년례 장관급회의를 개최하고 있다.

(2) ASEAN 공동체

ASEAN은 1990년대 EU의 확대와 심화, 북미의 NAFTA 발족 등 지역주의의 확산 추세에 대응하여 1997년 장기발전계획으로 'ASEAN 비전 2020'을 채택하였으며, 여기서 ASEAN 공동체 구상을 수립하게 되었다. 이 구상은 2003년 '발리 협약 Ⅱ'에서 구체화되었고 여기서 정치·안보, 경제, 사회·문화 등 3개 공동체 창설에 합의하였다. 동 공동체는 당초 2020년 설립계획이었으나 기한을 앞당겨 2015년 말 조기 설립되었다.

현재 ASEAN은 2015년 설립 당시 제안된 '2025년까지의 3대 공동체 발전계획안'과 당초의 설립 목표에 따라 통합과제를 수행 중에 있다. 3개 공동체의 주요내용은 다음과 같다.

1) ASEAN 정치안보공동체(APSC)

ASEAN 정치안보공동체(ASEAN Political-Security Community : APSC)는 내정불간섭, 상호주권존중 및 합의에 의한 의사결정(ASEAN 방식)을 바탕으로 포괄적 안보에 공동책임을 지며, 공동의 가치와 규범에 기초를 둔 공동체 형성을 목표로 하여 2015년 발족하였다. 즉 APSC는 지금까지의 선언적 협력의지와 달리 규범을 기반으로 제도화된 공동체를 지향하며 포괄적 안보개념을 도입하여 탈 냉정 시대에 맞는 역내 갈등해소, 테러, 마약, 초국가적 범죄 등 비전통적 안보와 재난 관리 등의 현실적 안보요구에 공동 대응한다는 목적을 가진 ASEAN 내의 기능적 공동체이다.

출범 이후 새로 마련된 2025년 목표의 APSC 청사진에는 규범에 기초한 사람 중심의 공동체, 평화롭고 안정된 지역, 대내외 협력에서 ASEAN에 대한 인식제고 등을 공동의 과제로 제시하고 있다. 1960년대 후반 ASEAN 발족 당시 인도차이나 반도의 공산화에 대응해 결성되었던 초기 목표에 비하면 이러한 포괄적 안보협력체로서의 새로운 비전 설정은 이 지역의 정치, 군사, 이념적 여건 변화를 반영한 현실성 있는 지역협력방안으로 평가될 수 있다. 특히 APSC에서 비전통 포괄적 안보협력은 군축, 비핵화뿐만 아니라 초국가적 범죄, 남중국해의 해양 및 해안 안보 등을 포함하고 있다. 이는 이 지역의 국제 간 분쟁이나 국제간 문제를 평화와 안정이라는 공동체적 가치와 ASEAN 중심성에 입각하여 해결하려는 의지를 나타낸 것으로 보인다.

2) ASEAN 경제공동체(AEC)

ASEAN의 3대 공동체 가운데 가장 성과가 크고 통합영역 면에서도 가장 주목받고 있는 공동체가 경제공동체(ASEAN Economic Community : AEC)이다. AEC는 안보, 사회문화 공동체와 함께 2015년 발족하였으나 그 뿌리는 1970년대로 거슬러 올라간다. 즉 ASEAN 국가들 간 경제협력의 제도적 기반은 1977년 ASEAN 특혜무역협정(PTA)에서부터 닦여지기 시작했다. 그 후 1993년 공동유효특혜관세 협정(CEPT), 1995년 ASEAN

서비스 협정, 1996년 ASEAN 산업협력, 1998년 ASEAN 투자지대, 2000년 e-ASEAN 협정을 거쳐 2003년 ASEAN 자유무역지대(AFTA)가 발족하였다. 이 가운데 e-ASEAN 협정은 역내 회원국 간 ICT 제품의 관세철폐, 역내 단일 정보망을 위한 인프라 구축, 역내 e-commerce 촉진을 위한 사업으로 2000년대 이후 AFTA와 함께 ASEAN이 구축해 온 주요 통합 계획의 한 축이다. 이러한 역내 경제통합의 단계적 접근을 통해 2003년 '발리협약'을 계기로 포괄적 경제통합체제로서 ASEAN 경제공동체 설립을 결정하게 되었다.

설립 당시 AEC 실현을 위한 장기 청사진에는 역내 회원국 간 상품, 자본, 서비스, 및 숙련노동자의 자유이동을 촉진하며, 역내 단일시장, 단일 생산기반을 지향하는 것을 주요 목표로 하고 있었다. 따라서 AEC는 역내 상품이동의 자유화에만 목표를 둔 AFTA와는 제도적 기반을 달리하고 있는 조직이었다. 특히 AEC는 AFTA와 달리 역내 시장 통합뿐만 아니라 단일생산 기반을 목표로 하고 있으며, 세계적 공급망(Global Supply Chain) 구축에 참여하여 세계경제로의 통합을 지향하고 있다는 점에서 ASEAN 통합의 미래지향적 기능을 미리 설정하고 있었던 것으로 볼 수 있다. 실제 2010년대 이후 ASEAN은 중국에 이어 세계적 부가가치 생산망(GVC)에 적극 참여하여 지역의 산업발전에 기여해 오고 있다는 점에서 AEC 목표 설정의 시의성은 높게 평가할 수 있다.

2015년 발족 이후 새로이 제시된 2025년까지의 AEC 청사진에는 ① 고도의 통합된 경제권, ② 경쟁력과 역동성 있는 ASEAN, ③ 연계성 강화, ④ 포괄적이고 인간중심적인 ASEAN ⑤ Global ASEAN을 지향하고 있다. 여기서 ① 고도의 통합된 경제권을 위한 과제로 상품, 서비스, 자본 및 금융시장 통합 추진, 숙련노동자 및 상용방문자 이동 자유화, 글로벌 가치사슬에의 참여를 주요 추진과제로 삼고 있다. ② 역동적 ASEAN을 위해서는 경쟁정책, 연구개발, 혁신, 소비자보호, 조세협력, 지속가능 발전, 무역관련 신흥 이슈의 도입 등을 추진하고 있다. ③ ASEAN 연계성 강화부분에서는 교통, ICT, e-commerce, 농식품, 관광, 과학기술 분야 협력을 주요 과제로 삼고 있다. ④ 인간 중심의 ASEAN을 위해 중소기업 지원, 민간부문 참여, 개발격차 해소, 이해관계자 참여 등을 주요 과제로 삼고 있다. ⑤ 글로벌 ASEAN 목표를 위해서는 FTA 및 GVC 참여를 통한 세계경제로의 편입정책을 강조하고 있다.

이러한 ASEAN 경제공동체의 건설계획 가운데 2015년 설립 이후 2019년 현재까지 추진된 구체적 사업실적도 적지 않다. 대표적 예로는 AFTA 결성 이후 5% 미만으로 잔존해 있던 역내 모든 관세가 2018년 1월 1일부터 전면 폐지되었으며, 역내 무역절차 간소화와 교역활성화를 위해 ASEAN 단일창구(single window) 시스템이 구축되어 있다. '아세안 싱글 윈도 시스템'은 회원국별 통관 시스템을 상호연계한 전자통관 시스템으로 2019년 완성되었다. 그 외 ASEAN 운영의 한 축이라 할 수 있는 동아시아공동체 구축의 목표도 2019년 말 RCEP 협정을 ASEAN 주도로 타결시킴으로써 동아시아 통합에 대한 ASEAN의 과제는 성과를 거둔 것으로 볼 수 있다.

그러나 AEC의 완전한 목표 달성을 위해서는 구조적 장애 요소도 적지 않다. 2019년 기준 일인당 GDP가 65,000달러인 고소득 국 싱가포르에서부터, 1,300달러 선의 미얀마에 이르기까지 회원국 간의 소득 및 발전격차가 크고, 선발 시장경제권 국가군과 후참 사회주의 개혁국 간의 제도적 격차 및 사회적 인프라의 차이 등 격차해소가 큰 과제로 남아 있다. 그리고 역내 관세는 철폐되었지만 인증제도, 이민정책 등에서 비관세 장벽이 크게 작용하고 있어 상품 및 사람의 이동에 장애가 되고 있는 점도 남은 과제이다.

역내 단일시장이 형성되고 있음에도 ASEAN 역내 무역 비중이 전체 무역의 1/4 수준에 머물고 있는 것도 ASEAN이 해결해야 할 해묵은 과제이다. ASEAN의 낮은 역내 무역 비중은 회원국의 산업구조가 서로 유사하고 후발 개도국으로서 공업화 특성 때문에 무역의 대부분을 역외 공업국과 이루어지는 등의 구조적 요인에 기인하고 있다. 2000년대 이후 일부 회원국들의 빠른 공업화 성장으로 인해 산업구조상의 보완성은 높아지고 있으나 아직 회원국 간 산업내 무역이 발달할 단계에서는 이르지 못하고 있다. 그러나 최근 중국이 세계적 생산거점 기지에서 벗어나 세계적 시장으로 탈바꿈하고 있는 데 영향을 받아 ASEAN 지역으로 선진국의 GVC 거점이 이동하는 경향이 있으므로 앞으로는 역내 회원국 간 수평교역의 기회가 늘어날 것으로 기대된다.

특히 RCEP이 발족하고 역내 누적 원산지규정이 도입되면 한국, 일본, 중국 및 ASEAN 간의 국제적 결합생산 조직이 확대되고 그에 따라 ASEAN은 세계적 생산조직으로의 결합뿐만 아니라 ASEAN의 내부 결합도도 높아질 것으로 보인다. ASEAN은 2019년 현재 6억 5천만 인구와 2조 3천억 달러의 국민 총생산을 가진 세계 6위의 경제권이며, 최근 수년 동안 중국 다음으로 높은 성장률을 보여 온 신흥 경제지역이다. 여기에 아태지역의 거대 FTA인 RCEP이 발효되고 ASEAN 각국의 공동체 건설 의지가 일관되게 유지되어 준다면 경제공동체로서 ASEAN의 전도는 결코 어둡지 않을 것으로 보인다.

3) ASEAN 사회문화공동체(ASCC)

ASEAN 사회문화공동체(ASEAN Socio-Cultural Community : ASCC)는 인간개발, 사회복지, 사회정의, 지속가능 성장 및 ASEAN의 정체성 형성을 실현하기 위한 ASEAN 역내의 협력조직으로 2015년 발족하였다.

설립당시 동 공동체 수립 청사진에 밝혀진 설립 목적은 주민 복지와 삶의 질 향상, 공동체의 정체성 모색, 국가 간 민족 간 연대성 강화, 사람 중심의 사회적 책임을 수행하는 데 두고 있다. 이를 위해 ASEAN은 현재 교육 및 인력개발, 노인, 여성, 청소년, 이주노동자의 사회적 보호, 전염병, 마약퇴치, 국제적 환경오염과 지속가능한 발전, 해양 환경 및 천연자원 관리, ASEAN공동체 의식 개발과 문화유산 보호 사업을 추진하고 있다.

4. ASEAN의 대외관계

ASEAN은 역내 통합뿐만 아니라 대외협력 관계의 구축에도 적극적인 입장을 유지해 오고 있다. 특히 ASEAN은 군소 개발도상국들의 통합체 임에도 불구하고 대외협력에서는 집단적 접근을 시도함으로써 협력의 성과와 대외교섭력을 동시에 제고시키는 성과를 거두어 오고 있다. 2000년대 이후 전개되고 있는 'ASEAN+3' 중심의 동아시아 지역통합 논의에서 보여 준 ASEAN의 매개 기능과 1996년 이후 지속되고 있는 동아시아 · EU 간의 ASEM 회의에서 ASEAN이 보여 온 외교적 기능이 그러한 성과를 대변하고 있다.

ASEAN의 대외협력은 주변 동아시아 국가들뿐만 아니라 EU, 미국과의 대화에도 중점을 두고 있으며, 2000년대 이후부터는 오스트레일리아, 뉴질랜드와도 협력채널을 유지해 오고 있다. 그러나 지금까지의 대외협력에서 구체적이고 가시적인 성과는 동아시아 주변국과의 협력관계에서 나타나고 있다. 1997년 동아시아 금융위기 이후 고조되어 왔던 지역협력의 필요성을 구체화시켜 'ASEAN+3' 정상회의로 발전시킨 주체가 ASEAN이었다. 그리고 동아시아 역내 제도적 경제통합의 한 형태로 나타나고 있는 쌍무적 FTA의 허브기능도 ASEAN이 담당하고 있다. 뿐만 아니라 앞에서 소개한 지역안보포럼이나 비핵지대화 구상도 ASEAN의 주도하에 주변 강대국이 참여하는 국제협력 사업이다.

이러한 점에서 동아시아 내에서 ASEAN의 대외협력관계의 역할과 의의는 결코 과소평가할 수 없는 단계에 이르고 있는 것으로 평가할 수 있다. 여기서는 ASEAN과 한국, 중국, 일본 및 10대 대화상대국과의 관계를 개략적으로 소개하고자 한다.

(1) ASEAN 확대외교장관회의

ASEAN의 대외관계는 확대외교장관회의(Post Ministerial Conference : PMC)를 통해 구체적으로 설정되고 있다. 확대외교장관회의(PMC)는 매년 개최되는 ASEAN 외교장관회의(AMM) 직후 대화 상대 10개국 외교장관들과 별도로 회의를 개최하는 형태로 유지되고 있다. 확대외교장관회의의 초청 대상이 되는 ASEAN의 10대 대화 상대국은 오스트레일리아(1974), 뉴질랜드(1975), 일본, 미국, 캐나다, EU(1977), 한국(1991), 인도(1995), 중국, 러시아(1996)이다. 파키스탄은 1997년 이후 부분 대화상대국이고 파루아뉴기니(1976)는 옵져버로 초청된다. ASEAN · PMC 회의는 1978년 6월 ASEAN · 일본 간의 외교장관회의가 열렸고, 1979년부터 확대 외교장관회의가 정례화되어 매년 ASEAN 외교장관회의 직후에 개최되고 있다.

회의개최의 주요 동기는 당초 선진국과의 경제협력과 시장개척, 인적자원 개발을 위한 선진국의 재정, 기술지원을 위한 대화창구 개설에 두었으나 최근에는 점차 외교, 안보, 환경, 지역협력 등 다양한 분야에서의 협력창구로 발전하고 있다.

PMC 회의는 10개국과 10대 대화 상대국이 모두 참석하는 회의이고, 개별회의는 ASEAN 10개국과 대화 상대국 1국만 참석하는 회의이다.

(2) ASEAN+3

ASEAN 대외협력 관계 중 그 성과가 가장 높게 평가되고 있는 협력관계는 ASEAN 10개국과 한국, 중국, 일본 3개국 간에 형성된 소위 'ASEAN+3' 협력체제의 구축이다.

'ASEAN+3' 협력체제는 동아시아 금융위기가 발생했던 직후인 1997년 12월 ASEAN 창설 30주년을 계기로 한국, 중국, 일본이 동시에 ASEAN 비공식 정상회의에 초청된 것이 계기가 되었고, 그 후 이 정상회의가 정례화되어 오늘에 이르고 있다. 'ASEAN+3' 협의체에서는 정치, 안보, 경제, 사회, 문화 등 다방면에 걸친 협력과제가 논의되고 있으며, 현재 20여 개 분야에서 50여 개의 정부 간 협의채널이 운영되고 있다. 'ASEAN+3' 협력체제의 양대 축은 정상회의와 각료회의이며 이를 지원하기 위한 고위관리회의(SOM)와 국장회의가 있다.

'ASEAN+3' 정상회의(ASEAN+3 Summit Meeting)는 1997년 12월 ASEAN 정상회의에 한·중·일 정상이 초청된 형식으로 처음 회합이 이루어졌다. 그 후 세계화의 진전과 지역주의의 추세 속에서 동아시아 차원의 지역협력의 필요성이 고조되자 이를 정례화하면서 지역협력의 구심체 역할을 해오고 있다. 2007년 11월 제11차 'ASEAN+3' 정상회의에서는 회의 출범 10주년을 맞아 제2차 '동아시아 협력에 관한 공동성명'을 채택하였고, 동 성명에서는 향후 10년간 'ASEAN+3'가 추구해야 할 협력방향과 목적을 설정함으로써 동아시아 지역협력이 앞으로도 'ASEAN+3' 중심으로 전개할 것임을 밝히고 있다.

ASEAN+3 정례 각료회의는 외교장관회의(ASEAN+3 FMM)와 경제장관회의(AEM+3)로 나눌 수 있으나 둘 다 1999년 'ASEAN+3' 정상회의에서 발표한 '동아시아 협력에 관한 공동성명'에 의해 2000년부터 정례화되었다. 외교장관회의는 지역의 정치, 외교, 안보 등의 문제를 다루고 'ASEAN+3' 정상회의의 준비작업을 담당한다. 경제장관회의에서는 동아시아 경제통합과 'ASEAN+3'의 경제협력 등을 논의한다.

이외에도 2001년부터는 ASEAN+3 농림장관회의가 개최되고 있으며 ASEAN 노동장관회의에서는 한·중·일 노동장관을 초청하기도 한다. 그 외에도 재무, 보건, 관광, 환경, 에너지, 정보통신, 국경범죄, 문화예술, 사회복지 분야의 장관회의가 필요시 'ASEAN+3' 차원에서 이루어지고 있다. 이들 분야에서는 고위관리회의가 개최되기도 한다. 2002년부터는 'ASEAN+3' 협력사업의 실행을 위해 실무 국장급회의가 매년 2회 개최되고 있다. 1회는 ASEAN 회원국에서 1회는 한·중·일 3국 중에서 개최되고, ASEAN+3 외교장관회의 또는 정상회의 직전에 개최된다.

(3) 치앙마이 이니셔티브(CMI)

'ASEAN+3' 차원의 지역협력 가운데 제도적 성과로 볼 수 있는 지역협력 사업이 치앙마이협정(Chiang Mai Initiative : CMI)이다. CMI는 2000년 태국 치앙마이에서 개최된 'ASEAN+3' 재무장관회의에서 외환위기 방지책으로 ASEAN과 한·중·일 국가 간에 외환위기 발생 시 양자간 통화스왑을 제공하기로 한 합의를 말한다. 양자간 통화스왑(Bilateral Currency Swap)이란 상호 약정된 금액과 기간 내에서 자국통화를 제공하고 상대국 통화를 받고 만기 시 다시 상대국 통화를 주고 자국통화를 회수하는 통화교환협정을 말한다.

당초에는 통화스왑이 양자간 협정 방식으로 이루어졌으나 2009년 재무장관회의에서 아시아 공동기금 출범과 함께 CMI의 다자화(multilateralisation)가 이루어졌다. 다자간스왑이란 역내 국가들이 합의된 금액만큼 자본금을 불입하여 기금을 조성하고 역내 일국이 금융위기에 처할 경우 지원규모를 정하고 분담 비율에 따라 지원하는 협력형태를 말한다. 이에 비해 종전의 양자간 스왑은 위기발생 시 당사국 중앙은행 간에 합의된 금액 범위 내에서 양자간에만 자금지원이 이루어지는 것이므로 지원규모나 지원능력에 한계가 있을 수 있다. CMI의 다자화로 인해 아시아지역의 외환 및 금융위기 대응능력이 크게 신장되었으며 양자간 스왑에 비해 외환조달 여력도 크게 개선되었다. 다자간 통화스왑을 위한 아시아 공동기금은 2009년 출발 당시 1,200억 달러였으나 2014년 7월부터는 이 규모가 2,400억 달러로 확대되었다. 이 중 한국이 16%, 중국이 32%, 일본이 32% 그리고 ASEAN(10)이 20%를 각각 부담하고 있다. 즉 한·중·일 3국이 전체 기금의 80%를 분담하고 있으며, 한국은 역내 세 번째로 큰 분담국의 위치를 차지하고 있다.

2014년 이후에는 스왑규모를 확대했을 뿐 아니라 CMIM의 독자적 지원기능도 보강하였다. 즉 IMF와 연계없이 지원가능한 지원 비율을 20%에서 30%로 확대하여 독자적 위기 대응능력을 높였다. 2019년부터는 IMF 연계자금 만기 연장을 3회까지 늘렸다. 그 외에도 IMF와의 정보공유 및 위기발생 시 긴급자료 지원 등의 협업체계를 갖추었다. 2016년부터는 CMIM 체제하에서 역내국의 경제상황에 대한 감시, 분석을 통해 신속한 자금지원을 하기 위한 기구로 'ASEAN+3' 거시경제 조사기구(AMRO)가 운영되고 있다.

(4) 기타의 대외관계

1) ASEAN·CER 경제 파트너십

ASEAN은 1977년부터 오스트레일리아 및 뉴질랜드와 정상회의를 개최해 왔고 2002년 9월에는 ASEAN과 오스트레일리아, 뉴질랜드를 포괄하는 경제협력 파트너십(ASEAN-CER CEP)협정을 체결하였다. 이 협정을 통해 ASEAN과 CER(Closer Economic Relations: 오스트레일리아·뉴질랜드 간의 경제협력협정) 간에는 무역, 투자 확대조치뿐만 아니라 비관세장벽제거, 통관절차 간소화협력, 검역, 위생, 표준제도협력, 중소기업 분야에서의 협력이 이루어지고 있다.

2) 대화 상대국과의 실무협의

이상과 같은 대외협력 외에 ASEAN은 10대 대화 상대국과 대화(dialogue), 포럼, 협력위원회(joint cooperation committee) 등의 이름으로 실무협의회를 구성하여 운영하고 있다. 이때 양측 대표는 외교차관 또는 차관보급 인사로 구성되고 있으며, 회의는 연 1회, 장소는 대화 상대국과 ASEAN 측 대화 조정국에서 윤번제로 개최하고 있다.

3) FTA를 통한 통상협력 확대

이외에도 ASEAN은 2000년대 이후 한국, 중국, 일본, 호주, 뉴질랜드와의 FTA를 위시하여 회원국별 또는 ASEAN 공동체 차원에서 역외국과의 FTA를 통한 통상협력 관계를 확대해 오고 있다. 2019년 현재 공동체 차원에서 ASEAN이 체결하고 있거나 협상이 진행 중인 FTA는 8건에 이르고 있으며 대상국은 한국, 중국, 일본을 위시하여 호주, 뉴질랜드, EU, 인도 등이다. 동시에 ASEAN은 동아시아 자유무역지대 형성에도 적극적인 관심을 보여 왔다. 2019년 11월에는 'ASEAN+3'와 호주, 뉴질랜드를 포괄하는 RCEP 협정을 주도하여 합의를 성사시키기도 하였다.

5. 한국과 ASEAN과의 경제협력

(1) 한국 · ASEAN 협력 현황

한국과 ASEAN은 1989년 부분 대화관계를 수립한데 이어 1991년 7월부터는 완전대화 상대국관계(Full Dialogue Partnership)로 발전해 왔으며, 지금까지 양자간에는 '한 · ASEAN Dialogue'를 통해 상호협력 사항을 논의하고 있다. 1997년 12월 이후부터는 'ASEAN+3' 정상회의 및 한 · ASEAN 정상회의를 개최해 오고 있다. 2004년 11월에는 '한 · ASEAN 포괄적 동반자 관계에 관한 공동선언'을 채택하여 양측 간 협력 분야를 종전의 무역, 투자, 관광 외에 기술이전, 개발협력, 인적자원 개발 등의 분야로 확대해 오고 있다. 그리고 2006년에는 한국 · ASEAN 간 FTA 상품무역협정이 타결되어 2007년부터 발효되었다. 이어서 2007년에는 양측 간 서비스 협정이 타결되었고, 2009년에는 한 · ASEAN FTA 투자협정이 체결됨으로써 현재 한국과 ASEAN 간에는 상품, 서비스, 투자를 포괄하는 자유무역협정이 작동되고 있다.

지금까지 양측 간의 협력내용을 보면 한국과 ASEAN 간의 협력관계는 크게 정치, 안보상의 협력과 경제분야의 협력관계로 이루어지고 있다. 정치, 안보상의 협력형태는 주로 ASEAN 확대 외교장관회의, 한 · ASEAN Dialoue, 한 · ASEAN 정상회의 등을 통해 이루어지고 있다. 지금까지 양측 간 정치, 외교, 안보 분야에서의 협력은 아세안 지역 안보포럼(ARF), 'ASEAN+3' 협력체제, APEC, 아시아 · 유럽대화(ASEM) 및 동남아 우호협력조약(TAC) 등에서의 공동협조 형식으로 이루어지고 있으며, 한반도 평화정착을 위한 상호 협력도 이루어지고 있다.

경제 분야에서는 2004년 포괄적 동반자관계 구축 이후 양측 간 경제장관회의를 매년 개최하여 경제협력 현안을 논의하고 있다. 지금까지 실현되었거나 논의되고 있는 협력분야는 이미 이루어진 FTA 외에도 메콩강 개발 사업자원, 에너지 및 자원개발, 금융, 교통, 노동, IT, 인적자원 개발 등이 있다. 2004년부터는 문화, 학술교류, 환경 분야로까지 협력 사업이 확대되고 있다. 이러한 교류협력 사업지원을 위해 한 · ASEAN 센터(서울, 2009), 주 ASEAN 한국 대표부(자카르타, 2012), 아세안 문화원(부산, 2017)을 설립하여 운영하고 있다.

이러한 협력사업의 추진을 지원하기 위해 한국은 한 · ASEAN 특별 협력기금

(Special Cooperation Fund : SCF)을 형성하여 대 ASEAN 지원에 투입하고 있다. 이 기금은 1989년 양측 간 부분 대화관계 구축 시 연 100만 달러씩 불입하는 형태로 발족되었으나 1991년 완전대화관계 구축을 계기로 기금 불입액이 연 200만 달러로 증액되었다. 그리고 양측 간 협력이 확대된 2005년부터는 연 300만 달러씩 증액해 왔으며, 2019년부터는 연간 1,400만 달러로 공여 규모를 확대하였다. 이 기금은 한·ASEAN 양측이 합의하는 각종 협력사업에 쓰이고 있으며, 주로 인적 교류 사업과 프로젝트성 분야별 특별사업에 사용되고 있다.

양측 간 구체적 협력사업 구상 및 조정은 공동 정책기획 심의위원회(Joint Planning and Review Committee : JPRC)에서 담당하고 있다. JPRC는 ASEAN의 회원국 수가 늘어나고 상호협력의 범위가 확대됨에 따라 협의의 효율성을 높이기 위해 ASEAN의 각국 대표 대신에 ASEAN 전체를 대표하는 대화 조정국과 ASEAN 사무국 대표 및 한국 대표만으로 구성된 협의기구이다. 회의는 연 1회 개최하나 필요시 별도회의가 가능하며 협력사업에 대한 기획, 심사, 예산배정, 보고서 채택 등의 업무를 담당하고 있다.

2016년 말부터는 양측 간 협력전담 기구로서 '한·ASEAN 협력사업 팀'을 자카르타에 설립하여 운영 중에 있다.

한·ASEAN 교역관계를 보면, 2000년대 이후 한국의 대 ASEAN 교역은 연평균 10% 이상의 빠른 신장세를 보이고 있으며, 2019년 기준 ASEAN은 중국에 이어 한국의 2대 교역시장으로 부상하고 있다. 한국의 대 ASEAN 무역규모는 한국 전체 무역의 약 15% 수준을 유지하고 있다. ASEAN 회원국 중에는 베트남, 싱가포르, 인도네시아, 말레이시아가 대 ASEAN 무역의 2/3를 차지하고 있으며, 후참국가인 캄보디아, 라오스, 미얀마는 한국의 대 ASEAN 교역의 10%에도 미치지 못하는 불균형적 구조를 보이고 있다.

그러나 ASEAN은 우리가 수입하는 주요 자원의 공급지역이고, 향후 추가 개발여력이 큰 잠재 성장지역이라는 점에서 볼 때 현재의 교역규모보다는 미래 교역가치가 큰 지역으로 평가될 수 있다. 현재 한국의 대 ASEAN 수입 주종품목은 천연가스, 석탄, 원유 등의 천연자원이며 우리의 수출품은 주로 석유제품, 반도체, 선박 해양구조물 및 부품 등으로 양자간에는 자원수입 가공제품 수출이라는 보완적 무역구조를 유지하고 있다.

(2) 한국 · ASEAN FTA

1) 개요

현재 한국과 ASEAN 간에는 자유무역협정(FTA)이 체결되어 있다. 이 협정은 기본협정, 상품무역협정, 서비스무역협정, 투자자유화협정, 분쟁해결제도협정으로 구성되어 있다. 양측 간 FTA 체결을 위한 협상은 2005년 2월부터 시작하여 그 해 연말 기본협정과 분쟁해결제도협정은 타결을 보게 되었다. 그리고 상품무역협정은 2006년 4월에 타결되어 2007년 6월부터 발효되었다. 서비스무역협정은 2007년 11월에 타결되어 2009년 5월부터 발효되었다. 투자자유화협정은 2009년 4월에 협상이 완료되어 현재 발효 중이다.

한국과 ASEAN 간의 FTA 협상이 단일 협상방식이 아니라 기본협정, 무역, 투자, 서비스 협정 등으로 나누어 진행한 것은 ASEAN 10개국의 경제적 여건이나 발전단계가 상이하여 단일 협상방식의 적용이 어렵기 때문이다. 그리고 한국과 ASEAN 간의 FTA는 ASEAN 개별국과의 FTA가 아니라 ASEAN 공동체와의 FTA이므로 ASEAN 10개국에 공통으로 적용되게 된다.

2) 기본협정

한 · ASEAN FTA의 기본협정은 양측 간 FTA의 기본골격을 규정하는 협정으로써 WTO 협정에 부합하며 높은 수준의 자유화를 추구한다는 목적을 제시하고 있다. 그리고 본 FTA 협정이 이미 존재하고 있는 협정의 권리와 의무를 무효화하지 않고, 또한 향후 일어날 수 있는 ASEAN 회원국 상호 간 혹은 한국과 ASEAN 회원국 간에 체결하는 양자 혹은 다자간 협정을 금지하지 않는다는 점을 규정하고 있다. 이는 이미 존재하는 한국 · 싱가포르 FTA나 앞으로 있을 수 있는 양자간의 FTA 및 동아시아 규모의 다자간 FTA 가능성을 열어두기 위한 조치이다.

① 한 · ASEAN 상품협정

한 · ASEAN FTA 상품협정에서는 양측 간 실질적으로 모든 상품무역에 대해 관세 및 무역규제를 철폐한다는 것을 규정하고 있다. 다만 ASEAN의 신규가입국인 캄보디아, 라오스, 미얀마, 베트남(CLMV 국가)의 참여 및 수출증가를 위해 이들 국가에게는 상품협정에 의한 개방의무가 탄력적으로 적용될 수 있게끔 규정하고 있다.

상품협정의 핵심사항은 역내 교역상품에 대한 관세인하 및 철폐조건이다. 관세인하의 정도와 시기를 조절하기 위해 교역대상 품목을 크게 일반품목군(Normal Track : NT)과 민감품목군(Sensitive Track : ST)으로 나누고, 민감품목은 다시 일반민감품목과 초민감품목으로 나누어 개방속도와 정도에 차등을 두고 있다.

일반품목군은 전체 관세품목의 90% 이상이어야 하고, 상대국으로부터의 수입도 (2004년 기준) 총수입의 90% 이상이 되도록 규정하고 있다. 따라서 관세 철폐의 유예대상이 되는 민감품목군은 전체 관세품목의 10% 이내이고 총수입액의 10% 이내가 되어야 한다. 다만 캄보디아, 라오스, 미얀마의 경우에는 수입액 기준 없이 전체 관세품목의 10%를 초과하지 않으면 되고, 베트남은 총수입액 기준을 10% 미만에서 25% 미만으로 완화하도록 하였다. 민감품목 가운데서도 일반 민감품목은 전체 관세품목의 7% 및 총수입액의 7%를 초과할 수 없고, 초민감품목은 관세품목의 3% 이내, 총수입액의 3% 이내로 제한하고 있다. CLMV 국가의 경우에는 수입액 기준 없이 관세품목 수의 3% 이내이면 된다.

이러한 분류 가운데 전체 품목의 90%에 해당하는 일반품목은 2010년까지 관세를 철폐하고, ASEAN 원 6개국은 2012년까지 5% 이내로 인하하도록 하였다. 일반민감품목에 대해서는 2012년 1월 1일까지 20%로 인하하고 2016년 1월 1일까지 0~5%로 인하하도록 하였다. 베트남의 경우는 2017년 1월까지 20%로 인하하고 2021년 1월까지 0~5%로 인하하도록 했다. CLMV 국가는 2020년까지 20%로 인하, 2024년까지 0~5%로 인하토록 차등조치하고 있다.

초민감품목은 5개의 그룹으로 나누어 민감의 정도에 따라 ① 50% 관세율 상한 적용, ② 20%만큼 관세 감축, ③ 50% 관세 감축, ④ 관세할당률(TRQ) 설정, ⑤ 양허 제외 등으로 차등을 두었다. 그리고 한·ASEAN 상품협정에서는 상호주의조항을 도입하고 있다. 즉 동일품목이 수출국에서는 민감품목에 속하나 수입국에서는 일반품목군에 배치된 경우 그 상품을 수출할 때는 FTA 특혜관세 대신 MFN(최혜국대우관세) 세율을 적용하도록 했다. ASEAN에서 한국으로 수출되는 승용차 및 차부품 등이 여기에 해당한다. 그러나 관세율이 10% 이하인 경우에는 MFN 세율 대신 수출국의 관세율이 적용된다(바다가재, 모터사이클 등).

② 원산지 규정

FTA 협정에서 관세인하 못지않게 중요한 협정 내용은 원산지 규정이다. FTA의 관세 철폐 대상이 체결 당사국의 상품이라야 하나 상품의 제조공정이 여러 국가에 걸쳐있 는 국제적 결합생산품인 경우에는 어느 수준까지 당사국 제품으로 인정하는가에 대 한 원산지 규정과 그 증명에 대한 협정이 있어야 한다. 한·ASEAN FTA 협정에서는 2국 이상의 국가에서 생산된 제품의 원산지 결정 기준을 별도의 부속서에서 품목별로 규정하고 있다. 동 부속서에 규정하지 않은 일반 상품의 경우에는 역내 부가가치 포 함비율(Regional Value Content)이 FOB 가격의 40% 이상이거나 HS 4단위에서 세번 (관세 상품 분류번호) 변경이 일어난 상품을 역내상품으로 인정하고 있다. 그리고 한·ASEAN 협정에서는 개성공단 제품과 같은 역외 가공 제품의 원산지를 인정하고 있다. 즉 역외(개성) 투입(재료비, 운송비 포함)의 총 가치가 최종재 FOB 가격의 40% 이하이고 당사국 재료의 총가치가 60% 이상인 경우 당사국(한국) 제품으로 인정하기 로 하였다. 그러나 개성공단 제품의 수입이 급증할 경우 ASEAN은 긴급 수입제한 조 치를 취할 수 있고 더 나아가 그 수입으로 ASEAN 측의 심각한 피해가 일어날 경우 이 조치를 철회할 수 있도록 하였다.

③ 서비스 협정

양측 간 서비스 무역협정은 상호 간 서비스 무역의 자유화와 서비스 공급의 다양화를 촉진하며 서비스 산업의 효율성과 경쟁력을 높이기 위해 상호 간 협력을 강화한다는 취지에서 체결되었다. 협정의 내용은 WTO의 서비스무역에 관한 일반협정(GATS) 수 준에서 타결되었으나 보조금 및 안보상의 필요에 의해 일부 예외를 인정하고 있다. 전반적인 개방수준은 ASEAN 측의 입장을 반영하여 한·미 FTA보다 낮은 수준에서 타결되었다. 협정내용에서 특기할 점은 방송 프로그램 공동제작의 근거를 마련하였 고, 무분별한 금융 세이프가드 조치를 제한한 점이다. 방송의 경우 공동제작을 위한 양자협정을 체결할 수 있게끔 함으로써 ASEAN 국가의 방송시장에 진출할 수 있는 길을 열게 되었다. 금융의 경우 금융건전성과 금융시장의 안정성을 확보하기 위해 금 융 세이프가드 조치를 허용하였다. 그러나 ASEAN 측의 세이프가드 조치 남용으로 시 장개방의 취지가 사라지는 것을 방지하기 위해 환율안정을 위한 세이프가드 발동 요건 및 발동기간을 제한하고 최혜국대우 원칙에 따라 이 조치가 적용되도록 하였다.

서비스 협정의 대상 분야는 컴퓨터, 통신, 해운, 건설, 금융 등 주요 서비스산업의 대다수 분야가 양허 대상에 포함됨으로써 사실상 GATS보다 훨씬 높은 수준의 자유화를 실현한 것으로 평가된다. 그러나 국가안보, 사회안정과 관련된 서비스 분야에서는 종전보다 개방 폭을 높이기는 했어도 국가에 따라 일정한 개방 상한선을 유지하고 있다. 말레이시아는 해운, 통신서비스 부문의 외국인 지불비율을 49%로 제한하며, 인도네시아는 통신서비스 분야의 외국인 지분을 40%로 제한하고 금융, 건설, 엔지니어링 서비스부분의 외국인 합작비율을 제한하는 것을 수용하고 있다.

④ 투자협정

투자협정은 한 · ASEAN FTA 협상 가운데 가장 늦은 2009년 4월에 타결되었다. 투자협정의 근본취지는 사업친화적인 투자환경을 조성하고 자유롭고, 원활하고, 투명하며 경쟁적인 투자제도를 만든다는 것이다. 이를 위해 투자 관련 제도를 점진적으로 자유화하고 투자협력을 강화하며 투자관련 규정의 투명성을 높이고 투자자의 보호를 제도적으로 지원하는 것을 추진해 가도록 하고 있다.

⑤ 분쟁해결제도 및 기타

한 · ASEAN FTA에서는 역내 당사국 간에 발생할 분쟁 조정과 해결을 위한 협정을 별도로 체결하고 있다. 여기에는 분쟁해결 절차, 중재패널 설치, 패널판정의 이행 등을 규정하고 있다. 동 협정에서는 중재 패널의 권고를 이행하지 않는 국가에 대해서는 FTA 혜택을 정지할 수 있도록 함으로써 분쟁중재 기능의 실효성을 높이고 있다.

이러한 FTA 협정이 발효됨으로써 한국과 ASEAN 10개국 간에는 상품무역 뿐만 아니라 서비스, 투자분야에서도 활발한 교류협력이 일어날 것으로 전망된다. 특히 한국 입장에서는 성장잠재력이 크고 풍부한 인적자원과 천연자원을 보유하고 있는 ASEAN 시장에의 접근이 제도적으로 보장되었다는 점에서 ASEAN과의 FTA가 가지는 의의는 큰 것이다. 그리고 ASEAN은 한국뿐만 아니라 중국, 일본과도 FTA를 체결하였고 인도, 오스트레일리아와도 FTA를 추진함으로써 지금까지는 동아시아 시장통합의 중심축(Hub) 역할을 하고 있다. 따라서 한 · ASEAN FTA는 비록 쌍무적 FTA이기는 하나 동아시아 전체로 볼 때는 ASEAN을 매개로 한 다자간 FTA 체계를 형성하는 하나의 디딤돌이 될 수 있다는 점에서 그 의의가 있을 수 있다.

제2절 동아시아 경제의 기능적 통합

1990년대 말까지 동아시아 지역에서는 ASEAN을 제외하면 지역주의 움직임이 활발하지 않았고 제도적 경제통합도 이루어지지 않고 있었다. 그러나 동아시아 내의 발전단계가 상이한 국가들 간에는 경제 및 무역구조의 보완성으로 인해 높은 경제적 상호의존성을 유지해 왔으며, 그로 인해 동아시아 지역 내에서는 지역 전체를 포괄하는 경제통합 장치가 없음에도 불구하고 시장기능에 의한 역내 경제의 기능적 통합(market led economic integration)이 이루어져 왔다. 역내 경제가 기능적으로 통합됨으로 인해 동아시아 내의 역내무역 비중이나 무역결합도는 EU나 NAFTA에 버금가는 수준으로 높아져 왔으며, 그로 인해 동아시아는 세계시장 내에서 하나의 자연적 무역블록 내지는 자생적 경제권으로 부각되게 되었다. 더욱이 중국경제의 시장화개혁과 세계무역체제로의 복귀가 본격적으로 이루어진 1990년대 이후부터는 동아시아의 무역통합이 더욱 강화되었고, 이것이 동아시아 지역의 급속한 경제성장과 결부되면서 동아시아는 세계무역과 세계적 성장의 중심축으로 부상해 오고 있다.

경제의 기능적 통합이 이루어지고 있는 동아시아에서 2000년대 들어서는 동아시아 자유무역협정과 같은 제도적 경제통합에 대한 움직임이 일어나고 있다. 동아시아에서의 제도적 경제통합(institutional economic integration)에 대한 필요성과 그 가능성은 여러 측면에서 관찰될 수 있고 보는 시각에 따라 그 전망이 다를 수 있다. 그러나 지금까지의 지역통합 논의에서 공통적으로 강조되고 있는 제도적 경제통합의 경제적 기반은 역내시장의 기능적 통합현상이다. 따라서 이 절에서는 무역통계를 통해서 관찰할 수 있는 동아시아 경제의 기능적 통합현상을 먼저 살펴보고 다음 절에서 제도적 통합의 전개 과정과 그 영향을 살펴보기로 한다.

1. 역내무역의 기능적 통합

동아시아 시장의 기능적 통합 현상은 여러 가지의 무역지표를 통해 확인할 수 있다.

표 15.1 3대 경제권의 역내무역 비중(%)[1]

구분	1978년	1988년	1998년	2009년
동아시아(10)[2]	31	36	43	51
EU[3]	57	62	55	66(EU27)
NAFTA[4]	36	41	51	48

자료 : IMF, Direction of Trade Statistics Yearbook, and International Financial Statistics Yearbook, 1980~
2009. Taiwan Statistical Data Book, Council for Economic Planning and Development, Taiwan 2005-9,
and Monthly Statistics of Exports and Imports, Taiwan Area, Ministry of Finance, The Republic of
China, 2005-9, www.moea.gov.tw

주 1) 역내무역비중 $= \dfrac{X_{ij}}{X_i} \times 100$, X_{ij} : i국에서 j국으로의 수출 X_i : i국의 총수출

주 2) 동아시아(10) : ASEAN(초기 5개국)+한국, 중국, 일본, 홍콩, 대만

주 3) EU : 98년까지 15개국, 2009년은 27개국임

주 4) NAFTA : 미국, 캐나다, 멕시코

우선 가장 단순한 지표인 역내무역 비중의 변화추세를 보면 총 무역 가운데 동아시아
제국상호 간의 역내무역 비중이 꾸준히 증가해 왔으며, 그 증가 속도가 EU나 NAFTA
보다 더 빠르게 나타나고 있다. 표 15.1에서 보는 바와 같이 ASEAN, 한국, 중국, 일본,
홍콩, 타이완을 포함하는 동아시아 국가들의 대외 총 무역에서 역내무역이 차지하는
비율은 1978년 31%에서 2009년 51%로 꾸준히 증가해 왔다. 이 비율은 2009년 현재
제도적 통합이 이루어지고 있는 EU의 66%에는 미치지 못하고 있으나 NAFTA의 48%
는 능가하고 있으며, 그 증가 속도는 이들 두 지역보다 더 빠르게 진행되고 있다.

이러한 역내무역 비중은 역내시장 규모가 커지면 자연적으로 증가하는 경향이 있
다. 따라서 세계 전체의 무역량에 대한 동아시아 시장의 상대적 크기를 기준으로 하
고 이것에 대한 역내무역의 상대적 크기로 측정한 무역결합도 $\left(\dfrac{X_{ij}}{X_i} \Big/ \dfrac{M_j}{M_w} \right)$는 1980년
대 이후 계속 2.0 이상의 높은 비중을 유지해 왔으며, 2007년의 경우 2.06으로 조사되
었다. 이는 세계무역에 대한 동아시아 시장의 상대적 크기만큼 역내무역이 이루어지
는 경우를 1로 볼 때 동아시아 역내무역은 그 시장규모의 상대적 크기보다 2배나 높
은 결합관계를 유지하고 있음을 말해 준다.

표 15.2 경제권별 역내무역의 지역화계수[1]

구분	1978년	1988년	1998년	2002년	2008년	2012년
동아시아(10)[2]	0.039	0.056	0.059	0.116	0.160	0.142
EU[2]	0.127	0.145	0.157	0.173	0.218	0.220
NAFTA[2]	0.028	0.033	0.053	0.053	0.059	0.062

자료 : 표 15.1과 같음.
주 1) 지역화계수 $R_c = X_{ij}/GDP_i$, X_{ij} : i국에서 j국으로의 수출액, GDP_i : i국의 국내총생산
주 2) 지역범위 : 표 15.1과 같음

2007년 기준 역내무역결합도는 제도적 통합으로 역내관세를 철폐하고 있는 EU의 1.78보다 높은 수준이고 NAFTA의 2.74에는 못 미치는 수준이나 세계평균이 1임을 고려할 때 동아시아의 역내 국가들 간에는 높은 무역결합 구조를 가지고 있음을 대변해 주는 통계적 지표이다.

다른 한편, 동아시아 지역은 과거 수십 년 동안 급속한 경제성장을 통해 세계적 성장을 주도해 왔다. 동아시아의 빠른 경제성장은 일본, NIEs, ASEAN 및 중국으로 연결되는 역내무역구조의 보완성에 영향을 받아왔고, 역내 제국의 급속한 경제성장은 역으로 역내 분업을 촉진하여 역내무역을 확대시켜 온 것으로 관찰되고 있다. 이러한 경제성장과 역내무역과의 관계는 GDP에 대한 역내무역의 비중을 나타내는 지역화계수를 통해 관찰할 수 있다. 표 15.2에서 보는 바와 같이 동아시아의 경우는 지역화계수(regionalization coefficient)의 크기가 1978년 불과 0.039에 불과했으나 1998년 0.059로 증가했으며 2000년대 들어서는 2002년 0.116 그리고 2008년에는 0.160으로 급속히 증가해 왔다. 동아시아의 지역화계수는 그 절대값 기준으로 보면 공동체의 가맹국 수가 많은 EU에는 미치지 못하지만 지역화계수의 증가 속도는 세 지역 중 가장 빠른 것으로 관찰되고 있다. 특히 미국, 캐나다, 멕시코로 구성된 NAFTA의 지역화 계수에 비하면 그 증가 속도나 지역화의 절대적 수준이 훨씬 높게 나타나고 있다. 이렇듯 지역화계수의 값이 높고 그 속도가 빠르다는 것은 동아시아의 경제(GDP)가 성장할수록 역내무역은 경제성장 속도보다 더 빠르게 증가해 왔다는 것을 의미한다. 이것은 동아시아의 경우 경제성장이 역내무역을 유발하는 소위 성장의 무역유발효과가 크기 때

문이며, 이러한 특수성으로 인해 동아시아에서는 무역자유화를 위한 무역협정이 없이도 역내무역의 기능적 통합이 촉진되어 온 것이다.

이와 같이 한국, 중국, 일본, ASEAN, 대만, 홍콩 등으로 구성된 동아시아 지역에서는 과거 수십 년 동안 총 무역 중 역내무역 비중이 꾸준히 높아져 왔고, 역내무역결합도 및 무역의 지역화계수가 빠르게 증가해 왔다. 그 결과 동아시아 역내시장은 무역에 의해 기능적으로 통합되어 왔으며, 그로 인해 동아시아는 세계 속에서 하나의 통합된 무역블록(trading bloc)으로 부상하게 된 것이다.

2. 동아시아 역내 시장통합의 특성

동아시아의 역내무역에 대한 과거의 연구들을 종합해 보면 동아시아의 역내무역 비중이 높아져 왔고 무역결합도가 높게 유지되고 있는 배경에는 다음과 같은 몇 가지 지역적 요인이 작용하고 있다.

첫째, 동아시아에는 일본, NIEs, ASEAN, 중국과 같이 발전단계가 상이한 국가들이 공존함으로서 상호 간 무역이 보완적으로 이루어질 수 있었고 보완적 무역구조가 역내 제국의 경제성장을 서로 지원하는 수단으로 작용해 왔다. 그 결과 역내 각국의 경제가 성장할수록 역내무역이 증가하는 호순환 과정을 이루어왔다.

둘째, 동아시아의 역내무역은 소비재의 교역보다 중간재, 부품무역이 비교적 큰 비중을 차지해 왔다. 그로 인해 동아시아 주요국 상호 간에는 생산의 국제적 결합이 일어나고 국제 간 생산 유발효과가 높아져 왔다. 이러한 생산의 국제적 결합은 경제구조의 보완성뿐만 아니라 역내 선진국의 역내 개도국에 대한 직접투자 등에 의해 유도되어 왔다.

셋째, 국제 간 생산 유발효과가 높고 국제적 결합생산 구조가 형성됨으로써 동아시아 내에서는 발전단계에 따라 계층적 공정분업이 발달하게 되었으며, 그로 인해 동아시아는 산업내무역에 기초한 생산공동체(production community)로서의 기능을 가지게 되었다. 즉 역내 선진국 일본, 중진국 NIEs, 신흥개도국 ASEAN 및 새로이 국제경제권에 편입된 중국과의 사이에 폭넓은 공정분업형 국제무역이 발달하게 되었고 이것이 동아시아로 하여금 생산의 국제적 결합도가 높은 경제의 기능적 통합을 유도해 온 것이다.

표 15.3 동아시아 국가들의 역내 수출의존도(%)[1]

구분		1970년	1978년	1988년	1993년	1998년	2002년	2004년
중국	일본	14.5	17.64	16.88	17.21	14.11	14.56	12.39
	NIEs[2]	33.9	28.53	41.40	31.23	30.66	26.48	26.64
	ASEAN[3]	5.9	3.29	2.78	2.65	2.77	4.03	4.12
일본	중국	2.9	3.13	3.58	4.79	5.26	9.05	13.07
	NIEs	13.7	15.39	18.80	22.30	20.22	21.07	24.98
	ASEAN	7.2	6.49	4.91	9.07	8.27	8.82	9.11
NIEs	중국	0.5	0.2	8.1	13.5	15.0	18.96	24.64
	일본	11.8	12.9	12.4	8.7	6.9	7.44	6.96
	NIEs	7.9	8.4	10.7	14.7	13.4	14.29	13.81
	ASEAN	9.6	8.0	6.3	8.6	9.9	9.87	9.10
ASEAN	중국	0.5	0.8	2.2	2.3	3.1	4.91	2.47
	일본	27.1	29.4	24.6	19.1	13.1	14.24	13.34
	NIEs	17.5	16.1	21.0	24.4	23.7	23.82	25.45
	ASEAN	2.4	3.2	3.6	4.4	6.5	7.47	3.36

자료 : 표 15.1과 같음.
주 1) 수출의존도 $(R_{ij}) = x_{ij}/x_i^*$, x_{ij} : i국에서 j국으로의 수출 x_i^* : i국의 총수출
주 2) NIEs : 한국, 대만, 홍콩, 싱가포르
주 3) ASEAN : 인도네시아, 말레이시아, 태국, 필리핀

　　마지막으로 1980년대 이후 중국의 개방화 정책 실시 이후 홍콩, 대만, 싱가포르 등 화교경제권의 대 중국 투자가 확대되었고 이를 통해 새로운 중화경제권이 형성되고 중화경제권 내의 무역이 증가하기 시작한 것이 동아시아 역내무역 통합을 촉진한 요인으로 작용하였다.

　　이상과 같은 동아시아 역내무역의 특징은 다음과 같은 무역통계를 통해 확인해 볼 수 있다. 먼저 표 15.3은 동아시아 국가들의 무역그룹별 역내시장 의존도의 변화 추

세를 나타내고 있다.

(1) 경제성장과 역내무역

표 15.3은 동아시아 역내 국가를 발전 단계별로 일본, NIEs, ASEAN 및 중국으로 나누어 각기 상대 그룹에 대한 수출의존도의 변화추세를 나타낸 표이다. 여기서 NIEs에는 한국, 대만, 홍콩, 싱가포르가 포함되어 있고, ASEAN에는 싱가포르를 제외한 말레이시아, 인도네시아, 태국, 필리핀 등 초기 4개 회원국이 포함되어 있다. ASEAN의 잔여 회원국은 조사 대상 기간 중의 무역량이 미소하고 개혁, 개방이 이루어지지 않았던 관계로 관찰 대상에서 제외하였다. 표 15.3에서 보는 바와 같이 중국은 1970년대부터 2004년까지 그 크기는 줄어들고 있지만 홍콩과의 특수 관계 때문에 NIEs에 대한 무역 의존도가 가장 높다. NIEs와 ASEAN국가들은 1970~1980년대까지는 일본에 대한 무역의존 비율이 제일 높았으나 1990년대 이후부터는 일본보다 NIEs에 대한 무역의존 비율이 더 높아져 왔다. 그리고 2000년대 들어서는 NIEs의 경우 중국에 대한 무역의존도가 제일 높은 비중을 차지하고 있고 일본도 2000년대 이후부터 중국에 대한 의존도가 급속히 높아지고 있다. ASEAN의 경우에는 2000년 이후에도 중국에 대한 의존 비율이 크게 높지 않은 편이다. 이는 2000년대 초반까지만 해도 중국과 ASEAN 국가들 간에는 수출구조가 유사하고 경제적 보완성이 비교적 약했기 때문이다. 그러나 동아시아 역내무역에서 ASEAN 4개국이 차지하는 비중은 크지 않았으므로 동아시아 전체의 역내무역 특성에는 큰 영향을 미치지 못했다. 일본, NIEs, ASEAN의 무역에서 ASEAN 시장이 차지하는 비중도 1990년대 이후부터는 ASEAN 국가들의 경제성장과 함께 빠르게 높아져 왔다. 그러나 이들의 시장규모가 크지 않아 역내무역에서 제일 큰 시장권으로 부각되지는 못하고 있다.

이러한 무역 그룹 간 수출의존 비중의 변화추세를 통해서 볼 때 동아시아의 역내무역은 1970~1980년대에는 주로 일본에 의해 유도되었고, 1990년대 이후에는 역내 중진국 NIEs가 역내무역을 주도했으며, ASEAN이 여기에 보조 역할을 하였다. 그리고 2000년대 들어서는 고속성장을 실현하고 있는 중국에 의해 역내무역이 주도되고 있는 것으로 볼 수 있다. 이러한 역내무역 유발 주체의 변화는 동아시아의 경제발전이 일본, NIEs, ASEAN 및 중국의 순으로 이어져 온 발전과정과 일치하고 있다. 이것은 역내 국가들 가운데 공업 성장이 높은 국가군이 역내무역을 더 촉진해 왔음을 말해 주고 있다. 또한 1960년대 이후 1980년대까지는 역내 선진국인 일본이 역내무역의 중추(hub)역할을 해 왔으나 1990년대 이후에는 역내 개발도상국인 NIEs 그리고 2000년 대에는 중국이 역내무역의 매개기능을 담당함으로써 역내 제국 간의 분업구조가 수직적 구조에서 수평적 구조로 변화되고 있음을 대변해 주고 있다.

(2) 중층적 국제분업과 산업내무역의 진전

1960~1980년대까지 동아시아 경제발전을 설명하는 이론 가운데는 안행형(雁行形) 경제발전론(flying geese theory of industrial development)이 있다. 동아시아 경제발전은 일본, NIEs, ASEAN 및 중국 등 발전단계가 다른 국가군 간에 순차적 연속적 발전이 일어남으로써 마치 야생 기러기 편대가 날아가는 모양을 하고 있다고 하여 붙인 이름 이다. 아까마추(赤松要)에 의해 제기된 이 이론은 1990년대 이후 중국의 전 방위적 공업성장과 한국 등 이웃국가에서 일본을 추적하는 첨단 산업이 발전함에 따라 그 설득력에 한계가 있다는 비판을 받고 있다. 그러나 1960~1980년대 동아시아 지역의 공업발전 형태를 설명하는 이론으로는 설득력을 가진 바 있다. 이 이론에 의하면 초기 일본의 고도 성장기에는 일본이 주변 개발도상국으로부터 원자재와 연료자원의 수입을 유발했고, 다음 단계인 NIEs의 고도 성장기에는 NIEs가 일본으로부터 자본재, 중간재 수입을 유발했으며, ASEAN으로부터는 공업원료와 일차산품의 수입을 촉진해 왔던 것이다. 그리고 1980년대 이후 ASEAN 제국의 공업화가 시작되는 시기에는 주변 의 일본과 NIEs로부터 자본재, 중간재 및 내구성 소비재 수입을 유발해 왔다. 그 이후 중국의 공업화 성장이 본격화되면서부터는 NIEs와 일본으로부터 자본과 함께 대량의 중간재 및 자본재 수입을 유발하여 역내무역이 다시 증가해 올 수 있었던 것이다. 표 15.3은 이러한 성장의 무역 촉진효과를 반영한 결과로 볼 수 있다.

이러한 안행형태론(雁行形態論)적 발전으로 인해 역내 국가 간 중층적 국제 분업이 발달해 왔고 중층적 분업 구조의 확산은 다시 산업내무역의 발전을 촉진하는 계기가 되었다. 산업내무역의 발달로 인해 역내 제국 간 공업생산은 상호의존성을 더해가고 무역이익의 국제적 배분도 균등화될 수 있는 분업 환경을 조성하게 된 것이다. 역내 발전단계가 다른 국가 간의 산업내무역 현상은 역내 선진국 일본, 역내 중진국 한국

표 15.4 한국의 대일, 대중 산업내무역 지수(Grubel-Lloyd 지수)[1]

구분		1993년	1995년	1998년	2000년	2005년	2007년	2010년
대일	HS 2 digit	0.40	0.46	0.52	0.52	0.52	0.54	0.58
	HS 4 digit	0.29	0.35	0.41	0.38	0.42	0.41	—
대중	HS 2 digit	0.37	0.49	0.49	0.56	0.57	0.58	0.55
	HS 4 digit	0.16	0.27	0.24	0.31	0.43	0.45	—

자료 : 관세청 무역통계 시스템

주 1) : Grubel-Lloyd 지수(IIT) $= 1 - \dfrac{\Sigma |X_i - M_i|}{\Sigma (X_i + M_i)}$

그리고 1990년대 초까지 역내 개도국이었던 중국 간의 산업내무역 추이를 통해 대표적으로 설명될 수 있다.

표 15.4는 한국의 대중, 대일 산업내무역 상황을 그루벨 로이드 지수로 산출한 표이다. 표 15.4에서 보는 바와 같이 1993~2010년에 한·일, 한·중 간의 산업내무역은 꾸준히 확대되어 왔고, 특히 상품 분류를 HS4단위로 세분류할수록 산업내무역 지수는 더욱 빠르게 증가하고 있다. 이는 같은 산업 내에서도 역내 3국이 서로 다른 차별화된 제품이나 서로 다른 공정의 제품에 특화하는 비율이 높아진다는 것을 의미한다.

(3) 국제 간 산업의존과 생산의 국제적 결합

역내제국의 경제발전에 따라 역내무역이 증가하게 되는 현상은 동아시아 국가 상호 간 생산의 국제적 연관관계를 통해서도 확인해 볼 수 있다. 표 15.5는 한국, 중국, 일본 3국 간 생산의 후방연관효과를 나타낸 국제 간 산업연관 분석표의 일부이다. 한·중·일 3국은 동아시아 전체(ASEAN10+3) 무역의 3/4를 차지하고 있다. 따라서 동아시아의 국제 간 산업연관구조와 역내무역과의 관계는 한·중·일 3국 간의 산업연관 관계를 통해서도 그 대체적 특성을 관찰할 수 있다. 표 15.5에서는 산업연관 분석표의 여러 산업 중 국제적 결합생산의 비중이 크고 생산의 후방연관효과가 큰 금속제품, 일반기계, 전기전자기계, 수송기기 및 정밀기계 산업만을 추출하여 1985~2000년의 국제 간 생산 유발효과를 산출한 결과를 나타내고 있다. 표 15.5의 수치는 역내

표 15.5 한·중·일 3국 간 생산의 후방연관효과

	산업	1985년			1990년			1995년			2000년		
		중국	일본	한국	중국	일본	한국	중국	일본	한국	중국	일본	한국
중국	금속제품	2.1609	0.0077	0.0010	2.7734	0.0094	0.0006	2.6135	0.0179	0.0732	2.723	0.021	0.062
	일반기계	2.2186	0.0042	0.0009	2.6627	0.0050	0.0007	2.5309	0.0111	0.0276	2.616	0.015	0.032
	전기·전자기계	2.2469	0.0050	0.0012	2.5710	0.0058	0.0011	2.4240	0.0136	0.0250	2.472	0.019	0.046
	수송기기	2.3770	0.0055	0.0010	2.4954	0.0054	0.0007	2.4147	0.0082	0.0249	2.748	0.014	0.037
	정밀기계	2.0499	0.0042	0.0012	2.4273	0.0051	0.0009	2.2635	0.0100	0.0221	2.400	0.019	0.031
일본	금속제품	0.1008	2.4983	0.2282	0.0376	2.2666	0.1179	0.0543	2.1999	0.0968	0.135	2.150	0.055
	일반기계	0.1012	2.2603	0.2661	0.0494	2.1638	0.2084	0.0983	2.1689	0.1473	0.132	2.129	0.069
	전기·전자기계	0.1474	2.3232	0.3521	0.0812	2.2295	0.3212	0.1623	2.1616	0.2298	0.195	2.111	0.081
	수송기기	0.0808	2.6325	0.2873	0.0980	2.6916	0.1961	0.1202	2.6317	0.1697	0.133	2.596	0.083
	정밀기계	0.1086	2.1205	0.3617	0.0715	2.0327	0.2689	0.1417	2.0107	0.1374	0.156	1.913	0.074
한국	금속제품	0.0003	0.0081	2.2961	0.0038	0.0143	2.2342	0.0165	0.0139	2.1430	0.033	0.013	2.172
	일반기계	0.0003	0.0037	2.0116	0.0041	0.0059	1.9977	0.0215	0.0065	1.9725	0.034	0.008	2.120
	전기·전자기계	0.0004	0.0062	1.8173	0.0100	0.0092	1.8839	0.0335	0.0170	1.7284	0.054	0.019	1.703
	수송기기	0.0002	0.0035	2.0003	0.0048	0.0053	2.1398	0.0225	0.0056	2.0627	0.029	0.008	2.344
	정밀기계	0.0003	0.0041	1.7998	0.0044	0.0071	1.9184	0.0202	0.0104	1.8078	0.036	0.013	2.001

자료 : Institute of Development Economics, JETRO, Asian International Input-Out Put Table 1985~2000.

한 국가에서 최종재 1단위를 생산할 때 자국 및 다른 나라로부터 얼마만큼의 중간재 생산을 유발하는가의 정도를 나타낸다.

표 15.5에서 보는 바와 같이 중국은 1990년까지 일본, 한국에 대한 생산 유발효과가 미미하였으나 1995년부터 일본 및 한국에 대한 생산의 후방 연쇄효과가 빠르게 증가하고 있다. 이러한 추세는 표에 나타난 주요 자본재 산업 전체에 걸쳐 공통으로 나타나는 현상이다. 이것은 중국이 공업화함에 따라 자국 내 산업생산에 필요한 중간 재를 이웃한 일본, 한국으로부터 점점 더 많이 수입하고 있다는 것을 의미한다. 일본 의 경우에는 국내 최종재 1단위 생산을 위해 중국에 대해서는 높은 생산 유발효과를 나타내고 95년부터는 그 증가속도가 매우 빠르게 나타나고 있다. 그러나 한국에 대해 서는 대부분의 자본재산업에서 생산의 후방연쇄효과가 낮아지고 있다. 이것은 일본 이 1990년대 이후 해외 생산기지를 한국에서 중국 및 ASEAN 지역으로 이전시킨 결과 로 해석될 수 있다. 반면 한국의 경우에는 전 기간, 전 산업에 걸쳐 국내 최종재 1단 위를 생산할 경우 이웃 일본과 중국에 대해서 점점 더 높은 중간재 생산 유발효과를 나타내고 있었다.

이렇듯 3국 간의 생산연관효과 분석에서 볼 때 비록 일본의 한국에 대한 후방연쇄 효과는 감소하고 있지만 잔여 루트의 연관효과는 모두 증가하고 있는 것을 확인할 수 있다. 이는 동아시아에서 일국의 국내 생산이 증가할수록 주변국으로부터의 점점 더 많은 중간재 생산을 유발해 오고 있음을 의미한다. 이러한 생산의 유발효과가 역 내 생산과 역내무역을 유기적으로 결합시키는 통합 매개체 역할을 해 온 것으로 볼 수 있다.

실제 이러한 산업연관관계의 심화로 인해 동아시아 제국간의 무역은 중간재 및 부 품 무역이 큰 비중을 차지해온 것으로 관찰되고 있다. 표 15.6에서 보는 바와 같이 동아시아 각국의 부품무역 비중은 1990~2006년에 크게 증가해 왔으며, 그 비중은 수 출보다 수입에서 훨씬 더 높게 나타나고 있다.

이상과 같이 동아시아 국가들의 무역에서 부품무역의 비중이 높고, 생산의 국제 간 연관효과가 점점 커지고 있으며, 공업화가 전개될수록 역내무역의 매개기능이 확대 되는 등의 지역적 특성을 종합해 볼 때 1970년대 이후 동아시아 시장의 기능적 통합 은 소비재 시장보다 생산재 시장의 통합유인에 의해 주로 유도되어 왔으며, 그로 인

구분	수출				수입			
	중국	일본	한국	AFTA6	중국	일본	한국	AFTA6
1990년	24.5	38.5	49.0	46.7	29.0	42.0	49.5	52.6
2006년	34.8	43.9	42.8	58.4	60.4	49.9	59.7	68.8

표 15.6 동아시아 국가의 부품무역 비중

자료 : UN COMTRADE Data Base.

해 동아시아는 생산의 국제적 결합도가 높은 생산공동체로 접근해 왔던 것으로 볼 수 있다.

3. 시장의 기능적 통합이 제도적 통합에 주는 시사점

동아시아 내에서 진행되어 온 역내시장의 기능적 통합은 위에서 지적한 것과 같은 경제적 특성을 지니고 있으며, 그러한 특성으로 인해 동아시아 경제의 기능적 통합은 다음과 같은 몇 가지 측면에서 앞으로 전개될 제도적 경제통합에 대해 긍정적 영향을 미칠 것으로 예상된다.

(1) 생산공동체로의 통합

1970년대부터 2002년대 초반까지 진행되어 온 역내시장의 기능적 통합은 주로 역내 국가들의 공업화 성장이 중간재 교역을 유발하고 그로 인해 역내 국가 간 산업연관효과가 높아지는 소위 생산의 국제적 결합관계(international production network)를 통해 전개되어 왔다. 이러한 생산의 국제적 결합이 확대되어 온 배경에는 역내 선진국 일본, 역내 중진국 NIEs, 역내 개도국 ASEAN 및 중국이 서로 경제적 국경을 인접하고 있었고, 이들 사이에 저임금 지역으로의 생산기지 이전을 위한 해외 직접투자가 중층적으로 확대되어 오는 등의 경제적 보완성이 작용하고 있었다. 이러한 직접투자와 역내 생산의 결합관계로 인해 동아시아는 하나의 생산공동체로 접근해 왔으며, 그 공동체 내에서 공업화와 역내무역이 호혜적으로 발전해 왔던 것이다.

동아시아의 이러한 생산과 무역 간의 호혜적 구조를 계속 발전시키기 위해서는 역내무역의 자유화를 규율하는 지역규모의 무역협정이 필요하다. 이때의 무역협정은 생산요소와 중간재 이동을 자유화하여 기존의 생산 공동체를 더욱 발전시키는데 중점을 둔 지역무역협정이 필요할 것이다.

(2) 소비재 시장으로의 기능전환

그러나 2000년대 들어서는 역내 생산공동체의 중심지였던 중국 내에서의 인건비 상승과 소득 증가로 중국은 생산거점에서 소비재 시장으로 점차 그 기능이 전환되고 있다. 중국에 집중되었던 생산거점은 베트남 등 ASEAN 지역으로 이동하고 있다. 이러한 경제여건 변화로 동아시아는 일면 생산공동체로서의 기능은 유지하고 있으나 앞으로는 소비재 시장으로서의 기능이 강화될 것으로 보인다. 따라서 동아시아에서의 지역경제통합 방향은 생산의 국제적 결합뿐만 아니라 역내 소비재 이동을 촉진하는 방향으로 그 기능을 확대해갈 필요가 있다.

(3) 세계화에 대응한 지역통합

오늘날 세계 각국은 외적으로는 세계화로 인한 개방 요구와 대내적으로는 국민경제 및 국내 산업의 보호 요구를 동시에 받고 있다. 이러한 요구에 대응하는 수단으로서 동아시아는 생산 공동체로의 지역통합을 선택할 수 있다. 소비재 시장의 통합은 경쟁력이 약한 역내 후진국의 공업화 기회를 억제할 수 있는 반면 중간재, 자본재 및 자본 교류의 촉진을 통한 생산공정의 통합은 역내 후진국의 발전을 오히려 촉진하는 수단이 될 수 있다. 이러한 생산 면의 통합조치를 통해 동아시아는 하나의 공동 비교우위권에 접근할 수 있고 이를 통해 범세계적 경쟁력을 제고시킬 수 있을 것이다. 따라서 동아시아의 생산 공동체적 시장통합은 세계화의 대응수단으로서의 의의를 가질 수 있다.

(4) 무역창출적 경제통합의 전개

동아시아와 같이 역내시장이 무역에 의해 기능적으로 통합되고 있는 지역에서 제도적 경제통합이 결성되면 역내시장에서의 무역창출효과는 크게 나타나는 반면 역외국에 대한 무역전환효과는 제한될 수 있다. 따라서 기능적 통합도가 높은 지역에서 제도적 통합이 추진되면 세계 전체의 입장에서도 무역확대로 인한 후생이익이 크게 나타날 수 있다.

기능적 통합이 진행된 시장에서는 관세 및 기타의 무역장벽에도 불구하고 경제내적 동기에 의해 국제 간 무역의존 관계가 높게 유지된다. 그런 만큼 역외 국가와의 무역 비중은 상대적으로 높지 않다. 동아시아의 경우 생산의 상호의존 관계로 인해 수출보다는 수입(중간재)의 역내 의존비율이 상대적으로 더 높았다. 이러한 지역에서 제도적 통합이 결성되어 역내관세를 철폐하면 역내무역은 가격효과와 소득효과로 인해 더욱 크게 확대될 수밖에 없다. 그러나 역외에서 수입하던 제품(중간재)이 역내외 관세차이 때문에 역내에서 수입하게 되는 무역전환은 크지 않게 된다. 왜냐하면 동아시아 국가들은 경제통합에 의한 관세 철폐 이전부터 보다 많은 제품을 역내에서 수입해 왔고 역외로부터는 보다 적은 양의 제품만을 수입하고 있었기 때문이다. 이러한 의미에서 기능적 통합의 진전도가 높은 동아시아 지역에서 제도적 경제통합이 추진되면 무역전환의 손실보다는 무역창출의 이익이 더 크게 기대될 수 있다.

(5) 개발도상국의 역할 증대와 통합장벽의 극복

이상과 같이 기능적 통합이 진전된 동아시아에서 관세 철폐를 위한 제도적 통합이 추진되면 일반적 시장통합 효과 외에도 생산의 상호의존성 확대를 통한 경제성장 촉진, 범세계적 제품경쟁력 제고, 무역창출 이익의 확대 등과 같은 경제적 이익이 추가될 수 있다. 여기에 더하여 지금까지 동아시아의 기능적 통합에서는 역내 선진국에서 역내 개도국으로 통합의 매개 기능이 이전되어 왔다. 즉 1970~1980년대까지는 역내 선진국 일본을 중심으로 역내무역이 연결되어 왔다. 따라서 무역이익은 통합의 중심(hub)국인 일본으로 집중될 수 있다는 우려가 있었다. 그러나 1990년대에 와서는 무역통합의 중심고리 기능이 NIEs로 이양되어 왔고 다시 2000년대 들어서는 중국으로 그 중심이 이양되고 있다. 이러한 통합의 중심 고리 역할의 동태적 이전은 역내무역의 이익이 특정 중심국에 집중되지 않고 역내 개도국으로 분산될 수 있는 분업 환경의 개선 현상으로 볼 수 있다. 이로 인해 동아시아에서는 역내무역의 자유화로 인한 무역이익이 특정 선진국에 집중되고 주변 개도국은 궁핍화 성장을 할 것이라는 우려를 불식시킬 수 있다.

이상과 같은 동아시아 경제의 기능적 통합이 가지고 있는 경제적 장점들은 지금까지 이 지역에서 제기되어 온 지역통합의 장애요인, 즉 역내 국가 간의 경제발전 격차, 공업화의 격차, 경제체제의 차이로 인한 지역통합의 장벽을 완화시키고 제도적 경제통합의 가능성을 높여주며, 동시에 제도적 통합에 필요한 논리적 근거를 제공해 주고 있는 것이다.

제3절 동아시아 지역주의와 지역통합의 전개

1. 동아시아 지역주의의 대두 배경

(1) 지역주의의 논리적 배경

동아시아는 경제력이나 시장규모 및 역내무역결합도 면에서 볼 때 EU, NAFTA와 함께 세계 3대 경제권의 한 축을 형성하고 있다. 그러나 EU나 NAFTA와 달리 지역 전체를 포괄하는 범동아시아적 경제통합은 이루어지지 않고 있는 지역이다. 그 대신 역내 제국 간 경제 및 무역의 상호보완성과 중층적 경제발전 과정에서 생겨난 호혜적 분업관계로 인해 지역시장이 기능적으로 통합되고 있는 지역이다. 이러한 동아시아에서 1990년대 이후부터는 다른 지역과 같이 지역통합을 위한 지역주의 움직임이 일어나고 있으며, 2000년대 들어서는 경제통합에 접근하기 위한 지역규모의 협력조직이 형성되고 있다. 전통적으로 GATT/WTO가 주창하는 다자주의와 범세계적 무역자유화 노선을 지향했던 동아시아 국가들이 1990년대 이후 지역주의를 추구하게 된 배경에는 다음과 같은 논리적 배경과 동아시아만이 가지고 있는 지역적 특수성이 작용하고 있다.

동아시아의 지역주의에 작용하고 있는 논리적 근거는 기능적 필요성, 지역주의의 가치추구 및 지정학적 동기 등으로 설명될 수 있다.

1) 지역통합의 기능적 필요성

동아시아의 지역통합은 상호의존성이 높은 역내시장을 관리하고 늘어나는 국제공공재 수요에 대처하기 위한 기능적 요구에 의해 그 필요성이 높아지고 있다. 기능적 필요성은 역내 국가 간 상호의존 관계가 심화되고 교역의 폭과 규모가 확대됨에 따라 역내 교역질서를 관리하고 규율하는 장치가 필요하다는 것을 의미한다. 더욱이 교류 영역이 확대되고 경제뿐만 아니라 사회, 문화적 상호의존성이 높아짐에 따라 마약, 밀수, 밀입국, 국제테러와 같은 지역안보 및 초국가적 환경보호 문제 등의 국제공공 재에 대한 수요가 늘어나고 있다. 이렇듯 상호의존성의 증대에 따른 역내시장관리의 요구와 초국가적 협력과제에 대응하기 위해 지역차원의 협력조직이나 지역통합조직 이 필요한 것이다.

2) 지역정체성과 지역적 가치의 실현

지역적 가치추구를 위해 지역 차원의 국제협력 내지 지역통합이 필요시 되고 있다. 아시아는 서구와 대비되는 고유의 역사, 문화적 전통을 가지고 발전해 왔으며, 거기 서 아시아의 정체성과 아시아적 가치가 형성되고 있다. 따라서 서구에 종속되지 않는 아시아 고유의 가치를 실현하기 위해 아시아 차원의 지역협력이 필요하다. 특히 서구 자본주의의 물질만능주의와 시장경제체제의 비인간성, 비윤리성의 문제점이 확산되 면서 이를 보정하기 위한 사상적 소재를 동양의 윤리사상에서 찾아야한다는 주장이 제기되고 있다. 이에 따라 동아시아의 전통사상이 가지고 있는 인본주의, 자연주의 및 윤리적 생활 철학에 기초한 아시아적 가치의 실현이 요구되고 있다. 이러한 아시 아적 가치의 실현을 위해 동아시아의 전통사상에 입각한 국제협력 철학의 개발과 이 를 통한 지역통합의 추진이 필요시되고 있다.

국제관계를 설명하는 구성주의자(constructivist)들도 지역적 가치나 지역 정체성을 지역주의의 한 구성요소로 보고 있다. 구성주의자들에 의하면 객관적으로 불리한 물 리적 조건과 환경 속에서도 현실적으로 지역통합이 일어나고 있는 것은 객관적 조건 으로 설명하기 어려운 통합요인이 작용하고 있기 때문이라고 보고 있다. 즉 국제관계 에는 물질적, 객관적 토대 못지않게 가치(value), 규범(norms), 정체성(identity) 등이 중요한 역할을 한다. 실제 국제 통합의 경우 물적 조건은 불리하더라도 구성원 간의 사회화(socialization) 과정을 통해 새로운 규범과 가치를 터득하고 새로운 정체성을 창출하며, 이를 서로 이용하는 과정에서 통합이 실현될 수 있다. 동아시아의 경우 지 역 전체로 보면 사회문화적 동질성이 결여되고 역사적 갈등으로 인해 상호불신이 존

읽을거리　현대 자본주의의 문제점과 동아시아의 전통사상

현대 자본주의는 기업의 이윤극대화, 개인의 효용극대화 논리를 하나의 추동력으로 하여 발전해 오고 있다. 그 극대화 과정에서는 합리성과 효율성만 강조될 뿐 인간의 윤리성이나 도덕성은 무시되고 있다. 그리고 오늘날 자본주의는 시장기능에만 의존하여 운영된 나머지 과잉생산, 과잉소비를 제어할 메커니즘을 가지지 못하고 있다. 그로 인해 지구환경이 파괴되고 후손을 위한 자원은 고갈되며, 시장에서는 인간성이 소실되는 위기를 맞고 있다. 여기서 우리가 선택할 수 있는 길은 무절제한 생산과 소비를 조절하고, 절제된 생산과 절제된 소비를 통해 인간이 자연과 화합하는 길을 모색하는 것이다. 이러한 길의 모색은 근본적으로 시장에 참여하는 모든 경제인들의 윤리적 각성에서 출발되어야 한다. 그리고 정책수단에 윤리적 강령을 반영하여 이것이 시장에서의 거래비용에 영향을 주도록 제도를 보완해야 한다.

여기서 우리는 시장 참여자의 윤리적 요건으로서 유교 윤리를 위시한 동아시아의 전통가치를 재음미할 필요가 있다. 시장 참여자의 경제 윤리적 기준으로서 절지이례(節之以禮)의 생활 규범, 즉 예로서 절제된 생활을 유지하는 생활철학이 필요한 것이다. 여기서 예(禮)는 나만의 이익이 아니라 남을 배려하여 나의 욕심을 자제하는 생활규범을 의미하며, 물질적 풍요보다는 도덕적 수행을 통해 더 큰 기쁨을 향유하고자 하는 유교적 윤리를 의미하기도 한다. 또한 사적 이익을 추구하더라도 사회적 의로움을 먼저 생각하는 견리사의(見利思義)의 도덕 사상을 의미할 수도 있다.

이러한 동아시아의 전통사상은 자신만의 이익이 아니라 이웃과 더불어 살아가는 공존의 사상이며, 자연을 정복하여 현재의 극대 만족을 추구하는 것이 아니라 자연의 순환원리에 순응하여 절제된 삶을 실천하는 자연주의 경제사상이다. 자원이 고갈되고 지구환경이 파괴되며, 인간성이 소실되고 있는 지구촌 사회의 위기에 직면하여 인류가 선택할 수 있는 길은 사적 이윤의 극대화 논리가 아니라 절제된 생산과 소비를 통해 재생 가능한 생산조건을 확보하는 길이 되어야 한다. 이를 위해서는 시장원리와 경쟁 논리만을 강조할 것이 아니라 동아시아 전통의 윤리적 경제사상을 현대적으로 해석하고 이것을 자본주의의 문제점을 치유하는 보정적 소재로 활용해야 할 것이다. 동아시아 국가들 상호간의 경제통합은 이러한 동아시아의 전통사상을 공통의 경제질서로 활용할 수 있는 제도적 틀을 만든다는 점에서 그 의의가 있다.

재하더라도 역내 제국 간 상호의존이 심화되고 지역주민들 간의 상호작용이 일어나며, 역내 정치 엘리트들이 새로운 시각에서 새로운 가치를 창출해 가고 있기 때문에 지역통합에 대한 움직임이 일어나고 있는 것이다.

3) 지정학적 동기

지정학적 요인에서도 지역통합의 동기를 찾을 수 있다. 제2차 세계대전 이후의 냉전 체제하에서 동아시아는 미, 소 양 측의 이념적 대립질서를 수용해야 했고 미국 중심의 시장경제권 내에서는 미국이 주도하는 국제질서─예를 들면 IMF, GATT의 경제규범─에 피동적으로 적응해 왔다. 그 결과 서구 중심의 시장질서 속에서 경기의 호황

과 불황을 그대로 받아들이지 않을 수 없었다. 특히 미국의 경우 동아시아의 경제, 정치, 안보 등의 여러 문제에 과도할 정도로 관여함으로써 역내 국가들의 자생적 의사표출에 적지 않은 영향을 미쳤다.

그러나 21세기 이후 동아시아는 외부의 간여나 압력에 영향을 받지 않고 독자적인 질서를 창출할 수 있을 만큼 충분히 큰 경제규모와 정치적 역량을 가지게 되었다. 그리하여 동아시아에서는 외부의 압력을 극복하고 역내 국가 상호 간의 공동체 의식과 자유화의 이익을 향유하려는 동기가 생겨나게 되었다. 냉전 종식 이후 ASEAN을 중심으로 하는 동아시아 국가들 간의 지역주의는 이러한 외부세계의 압력에 대한 저항정서가 작용하고 있는 것이다.

이 외에도 국제 정치경제학적 시각에서 보면 신자유주의적 세계화 압력에 효율적으로 대처하기 위한 수단으로 지역통합이 선호될 수 있고, 동시에 미국 주도의 패권체제가 다극체제로 전환될 경우 지역 간 대화(inter-regional dialogue)의 한 축을 형성하기 위해 동아시아의 지역통합이 필요한 측면도 있다.

(2) 역내시장의 기능적 통합

동아시아의 지역주의는 위에서 지적한 이론적 논거 외에도 역내시장의 기능적 통합, 냉전체제의 종식, 동아시아의 외환위기와 같은 지역적 요인이 작용하고 있다. 이 가운데 동아시아 내의 자생적 요인으로는 역내시장의 기능적 통합 현상을 들 수 있다.

앞에서 이미 확인한 바와 같이 동아시아는 1970년대 이후 현재까지 역내무역비중과 역내무역결합도가 꾸준히 상승하는 이른바 경제의 기능적 통합(functional economic integration)현상을 보여 오고 있다. 1970~1980년대에는 일본, NIEs, ASEAN 국가들 간의 안행(雁行)형태론적 발전과정에서 상호 간 성장에 필요한 자본과 물자를 교류하는 호혜적 분업관계가 형성되었고 이것이 역내무역을 기능적으로 통합시키는 동인이 되었다. 이 시기에는 역내 선진국 일본의 자본 및 무역의 매개기능이 중요한 역할을 하였다. 그 후 1980년대에는 NIEs와 ASEAN의 성장이 역내무역성장에 기여를 하였고 1990년대 이후에는 중국의 경제성장이 주변국과의 무역통합을 증진시키는 동인이 되어 왔다. 이렇듯 지금까지 동아시아의 무역통합은 선진국과 후진국간의 비대칭적 의존관계의 심화가 아니라 통합주체가 역내 선진국에서 역내 개도국으로 이전되면서 호순환적으로 전개되어 온 특성을 보이고 있다. 이러한 특성을 지닌 기능적 통합은 다음과 같은 두 가지 측면에서 역내 경제의 제도적 통합을 촉구하는 요인으로 작용하고 있다.

첫째, 동아시아의 역내무역통합은 호혜적 분업관계에 기초를 두고 있는 만큼 동아시아 전체의 경제성장을 위해서는 이러한 기능적 시장통합을 계속 발전시켜갈 필요가 있다. 기존의 기능적 통합구조를 발전시키기 위해서는 지금까지와 같은 무역구조의 보완성 외에 관세, 비관세와 같은 인위적 무역장벽의 철폐 혹은 완화조치가 수반되어야 한다. 국제 간 무역장벽의 제거조치는 국가 간 무역협정이 있어야 하므로 동아시아 시장의 추가 통합을 위해서는 제도적 경제통합(institutional economic integration)이 필요하다.

둘째, 동아시아 국가들 상호간의 역내무역 비중은 이미 50%에 접근할 만큼 높은 수준에 이르고 있다. 여기에 FDI를 통한 생산의 국제적 결합관계도 깊어지고 있으며 최근 들어서는 인적교류와 서비스무역도 빠르게 증가하고 있다. 그로 인해 동아시아는 자립성이 높은 자생적 경제권으로 부상하고 있다. 동아시아의 자생적 경제권 내에서는 역내무역, 자본, 생산의 상호의존도가 매우 높은 수준에 이르고 있으므로 역내무역질서를 안정적으로 관리하기 위해서는 지역규모의 거래질서와 거래규범이 별도로 필요한 단계에 이르고 있다.

동아시아 내의 주요 무역 국가들은 역내시장뿐만 아니라 유럽, 북미 등 세계시장의존 비중이 크므로 GATT/WTO 중심의 세계적 무역규범을 우선적으로 강조할 필요가 있다. 그러나 1997년 외환위기에서 경험한 바와 같이 역내 국가 간 높은 경제적 의존구조를 가진 동아시아 내에서는 전염효과(contagion effect)로 인해 위기의 국제적 전파가 빠르게 일어났다. 이러한 지역특수성에 의한 경제적 위기는 세계적 무역규범으로 규제하기 어려운 특성을 가지고 있다. 따라서 경제적 의존성이 높은 동아시아의 자연경제권 내에서는 WTO 규범에 상충되지 않는 범위 내에서 지역시장의 특성을 반영한 지역규모의 무역규범을 추가로 창출할 필요가 있다. 이를 위해 동아시아에서는 제도적 경제통합이 요구되고 있다.

(3) 냉전체제의 종식과 신지역주의의 확산

동아시아는 1980년대 말까지 동서냉전으로 인한 이념적 대립이 심각하게 나타났던 지역이다. 당시 동아시아에서는 북쪽의 중국, 북한, 인도차이나 반도의 북쪽 국가들이 공산체제와 사회주의 경제체제를 유지하고 있었고, 남쪽의 한국, 일본, ASEAN 5개국 등은 민주진영의 시장경제체제를 유지하고 있었다. 그로 인해 이들 쌍방 간에는 대립과 갈등이 지속되었을 뿐 무역이나 경제교류는 엄격히 규제되고 있었다.

이러한 동아시아에서 1990년대 초부터 냉전체제의 종식과 함께 사회주의권의 시장화 개혁운동이 일어나면서 지역협력과 지역통합에 대한 접근이 일어나기 시작하였다. 사회주의권 가운데 중국은 1980년대 이후 이미 연안지역의 경제개방특구를 통해 자본주의권과의 접합을 실행해 왔고 경제운영도 시장경제적 요소를 도입하여 홍콩, 대만 등 화교 경제권뿐만 아니라 한국, 일본 등 주변 국가들과의 교류폭을 넓히기 시작하였다. 그 결과 1990년대 이후부터는 중국과 이웃 시장경제권 국가들과의 무역 및 투자의 결속관계가 급속히 확대되었다. 이러한 중국시장을 중심으로 하는 교류폭의 확대가 역내 국가들로 하여금 동아시아 시장의 중요성을 인식하게 하고 지역협력의 필요성을 느끼게 하는 계기가 되었다. 또한 1990년대 이후부터는 인도차이나 반도의 베트남, 라오스, 캄보디아, 미얀마 등의 사회주의권 국가들까지 시장경제에 대한 개방정책을 실시하는 한편 당초 반공협력 조직으로 발족했던 ASEAN에도 속속 가입하게 되었다. 그로 인해 인도차이나 국가들 상호 간에는 ASEAN이라는 제도적 기구를 통해 결속을 다지는 한편 인근의 한국, 대만, 일본과도 경제개발에 필요한 경제교류를 확대하기 시작한 것이다. 이렇듯 사회주의권의 중국과 인도차이나 반도 공산권 국가들의 시장화 개혁과 주변 시장경제권 국가들과의 무역 개시는 동아시아의 새로운 지역협력을 유발하는 계기가 되었던 것이다.

여기에 더하여 1990년대 이후 확산되기 시작한 세계경제의 신지역주의 움직임도 동아시아의 지역주의를 촉구하는 배경이 되었다. 1960년대의 지역주의가 EU의 경우에는 동유럽 공산권의 위협에 대처한다는 정치적 의도가 있었고, 개발도상국 간의 지역통합은 선진국에 대한 종속화를 막고 개도국 간의 협력에 의해 경제개발을 추진한다는 정치경제적 의도를 가지고 있었다. 그러나 냉전체제가 종식되고 경제의 세계화가 전개되는 1990년대의 신지역주의는 1960년대의 그것과는 다른 동기에 의해 진행되고 있었다. 즉 냉전시대에는 이념적 결속이 국제협력의 주요 동기였으나 냉전이 종식되고 세계가 하나의 시장경제권으로 통합되는 상황하에서는 경제적 실리추구를 위한 협력관계의 구축이 국제관계의 제일 큰 목표가 되었다. 그로 인해 무역거래 및 자본협력 상의 편익성이 높은 인접국가 간의 교류협력을 우선하게 된 것이 신지역주의의 배경이다.

이러한 신지역주의의 대두로 인해 EU, NAFTA 등 주요 선진시장이 역내 우선, 역외 차별적 시장권으로 재편되었고 여타 지역에서도 여기에 영향을 받아 다양한 형태의 지역무역협정을 체결하게 되었다. 그 결과 GATT/WTO에 보고된 지역별 무역협정(RTA)건수는 1948~1989년에는 77건에 불과했으나 1990~2010년에는 213건이 보고되었다. GATT가 발족한 1948년부터 2010년 말까지 보고된 총 290건의 지역별 무역협정 가운데 약 73%가 1990년대 이후 소위 신지역주의 시대에 체결된 것이었다. 이렇듯 지역주의가 보편화되고 그것이 WTO 체제하에서 수용되는 하나의 국제질서로 자리 잡아 감에 따라 동아시아 국가들도 지역주의에 입각한 국제협력 노선을 선택하게 되었다.

(4) 동아시아의 외환위기

역내 경제의 기능적 통합과 세계경제의 지역주의 추세로 인해 동아시아 지역에서는 1990년대 들어서면서 제도적 경제협력에 대한 잠재적 요구가 높아지고 있었다. 이러한 여건하에서 지역통합을 직접 자극한 것은 1997년에 발생한 동아시아 외환 위기였다. 1997년 가을, 태국의 '바트'화 위기가 역내 경제의 높은 상호의존 구조로 인해 말레이시아, 필리핀, 인도네시아를 거쳐 당시 경제성장의 모범국으로 지목되었던 한국에까지 그 위기가 전파되었다. 그로 인해 1997년 말과 1998년에는 동아시아 경제가 외환 부족으로 심각한 경제위기를 겪게 되었다. 당시 위기의 출발은 태국의 금융위기였으나 그 결과는 동아시아 전체의 경기침체로 나타났다.

이 위기에 대해 당시 IMF는 장기적으로 지역의 성장 동력을 무시한 자금 공여 조건을 제시하여 후일 국제사회의 비난을 받게 되었고, 동아시아 국가들이 포함된 APEC은 이 위기에 아무런 해결 기능을 하지 못함으로써 많은 동아시아 국가들은 IMF의 비현실성과 미국 주도의 APEC 기능에 회의를 가지게 되었다. 그 대신 동아시아 국가들은 외부의 경제적 충격에 공동으로 대처하고 역내의 경제위기에 스스로 대처할 수 있는 지역 협력조직의 필요성을 공감하게 되었다. 그리하여 1997년 말의 ASEAN 정상회의에서는 한국, 중국, 일본의 정상을 초청하여 동아시아 차원의 협력문제를 논의하기 시작했던바 이것이 현재까지 지속되고 있는 'ASEAN+3' 협력체제의 출발이었다.

2. 동아시아 지역주의와 경제통합의 전개

(1) 동아시아 지역주의의 대두

동아시아 지역에서 지역협력에 대한 논의는 1990년대 이전과 이후로 나누어 관찰할 수 있다. 1990년대 이전의 지역협력 움직임은 1967년 설립된 ASEAN을 제외하면 주로 아시아 태평양 중심의 광역 지역협력논의로 집중되어왔다.

1) 아시아 · 태평양 경제협력회의(APEC)

냉전체제가 지속되던 1980년대 말까지 동아시아 국가들의 국제협력은 지역의 정치, 군사적 안전보장을 위해 주로 미국과의 동맹관계 구축에 중점을 두어 왔으며, 경제협력은 이러한 정치, 군사적 협력노선에 맞추어 수동적으로 이루어졌다. 그 결과 1980년대까지의 지역협력은 동아시아와 미국을 연결하는 아시아 태평양(Asia-Pacific) 혹은 환태평양(Pan-Pacific) 차원에서 이루어지고 있었다.

아시아 · 태평양 지역에서의 지역협력은 1960년대의 '태평양 자유무역지역(PAFTA)' 구상, 1970년대의 '환태평양연대' 구상, 1980년대의 '태평양 무역개발기구(OPTAD)' 구상 등으로 전개되어 왔다. 이들 가운데 구체적 행보를 보였던 것은 1980년에 창설된 태평양 경제협력회의(Pacific Economic Cooperation Council : PECC)였다. 이 회의는 일본, 오스트레일리아, 미국 등이 중심이 된 관 · 민 합동 협의체로 발족되었다. 이는 태평양 시대를 맞이하여 태평양 연안국가 간의 경제협력의 필요성과 중요성을 인식하고 정보를 교환하는 협의의 장은 되었으나 실질적인 지역통합 기구로는 발전하지 못했다.

아시아 태평양 지역협력이 정부 간 협력조직으로 구체적 모양을 갖춘 것은 1989년 아시아 · 태평양 경제협력회의(Asia Pacific Economic Cooperation : APEC)가 창설되면서부터였다. APEC은 1989년 발족 이후 동아시아, 미주, 태평양 연안국가 대부분이 참여하는 광역 경제협력체로 발전해 오고 있으며, 역내 투자 및 무역의 자유화와 함께 기술협력 및 비즈니스 원활화를 추진해 오고 있다. 1993년 이후부터 회원국 정상회의를 정례화 하여 매년 회원국별로 순회 개최하고 있다. 현재 회원국은 21개국으로 동아시아에서는 한국, 중국, 일본, 러시아, 홍콩, 대만, ASEAN 주요 7개국이 참가하고 있다. 미주 측에서는 미국, 캐나다, 멕시코, 칠레, 페루 그리고 대양주에서는 오스트레일리아, 뉴질랜드, 파푸아뉴기니 등이 참가하고 있다.

그러나 APEC은 의사결정 방식이 컨센서스 방식이고, 비구속적(non-binding) 이행을 원칙으로 하기 때문에 구속력있는 지역통합체로서의 기능을 기대하기는 어렵다. 더욱이 동아시아의 입장에서 볼 때 APEC은 동아시아 지역통합을 지원하는 것이 아니라 오히려 협력의 범위를 범태평양권으로 분산시킴으로써 동아시아의 통합을 이완시키는 측면이 있다. 이에 비해 1996년부터 시작된 아시아·유럽회의(Asia-Europe Meeting : ASEM)는 EU의 대화 파트너로서 ASEAN 회원국과 한국, 중국, 일본을 하나의 집합체로 묶는 계기를 만들어 주었다는 점에서 동아시아 통합을 지원하는 결과를 가져왔다.

2) EAEG와 EAEC 구상

1990년대 들어 냉전이 종식되고 세계 무역환경이 지역주의로 바뀌게 되자 아시아에서도 지역주의에 대한 주장이 개진되기 시작했던바 그중 대표적 주장이 1990년 당시 말레이시아 수상이었던 마하티르 총리의 동아시아 경제그룹(East Asia Economic Group : EAEG) 제안이었다. EAEG 주장은 1990년 당시 ASEAN 6개국과 인도차이나 4개국 그리고 한국, 중국, 일본 및 홍콩, 대만 등 아시아 국가들로 구성된 경제협력기구를 만들자는 것이었다. 이 주장의 배경에는 구미제국의 아시아 지배에 대항하여 아시아 국가 간의 협력의 장을 마련하고 동아시아에 대한 비 아시아 국가들의 영향력을 배제하자는 의도가 작용하고 있었다.

이 주장은 당초 ASEAN 회원국과 주변 아시아 국가들의 공감을 얻기도 하였으나 미국의 반대와 미국의 요구에 의한 일본의 유보적 입장 등으로 성사되지는 못했다. 그 후 1991년 가을 ASEAN 경제장관회의에서는 EAEG를 수정한 협의기구로 동아시아 경제협의회(East Asia Economic Caucus : EAEC)를 제안했으나 이 역시 EAEG와 같은 취지의 배타적 조직이라는 미국, 오스트레일리아 등의 반대로 실현되지 못했다. 특히 APEC 중심으로 동아시아 국가와의 결속을 유지하려는 미국의 입장에서는 이러한 아시아만의 결속을 수용할 수 없었던 것이다. 또한 미국의 입장에서는 당시 진행 중이던 우루과이라운드(UR)를 통해 범세계적 무역 활성화를 추진하는 것이었으므로 마하티르의 이러한 지역주의 주장은 미국의 전략에도 맞지 않는 제안이었다. 그리하여 미국은 오스트레일리아, 일본, 한국 등에게 EAEC 참여 자제를 요구하였고 일본 등이 이를 수용함으로써 동 주장은 무산되었다. 그러나 마하티르의 이러한 주장은 1997년 아시아 금융위기를 거치면서 'ASEAN+3' 중심의 협력체제 구축과 동아시아 경제공동체 건립에 대한 논의의 토대를 제공했던 것으로 평가되고 있다.

3) 금융위기 이후의 경제공동체 구상

1997년 동아시아 금융위기는 동아시아 지역협력 내지 지역통합 운동의 분기점으로 작용하였다. 그 이전에는 마하티르의 EAEC 주장에 소극적이었던 역내 국가들이 금융위기를 겪으면서 역내 국가들만의 협력체제의 중요성을 재인식하게 되었고 미국도 경제위기에 대처하기 위한 아시아인의 자구노력을 더 이상 제재할 명분을 가지지 못하게 되었다. 그리하여 1990년대 말부터 ASEAN, 한국, 중국 및 일본은 각기 나름대로 동아시아 차원의 지역협력에 대해 적극적인 입장을 보이기 시작하였다.

먼저 지역통합에 가장 적극적인 입장을 보여 온 ASEAN은 2003년 1월부터 ASEAN 자유무역지대(AFTA)를 출범시켰다. 이어 2003년에는 상품, 자본, 노동 이동을 자유화하자는 ASEAN 경제공동체(ASEAN Economic Community : AEC)를 추진하기 위한 발리협약Ⅱ를 채택하였고 2015년 이 경제공동체가 출범하였다. ASEAN은 내부적으로 경제공동체를 추진하는 한편 대외적으로는 주변의 한국, 일본, 중국 등 주요 대화 상대국과의 쌍무적 FTA를 추진하거나 ASEAN 정상회의에 이들 3국을 초청하는 형식을 통해 동아시아 전체의 협력을 주도해 오고 있다.

한국의 경우에도 2001년 'ASEAN+3' 정상회의에서 '동아시아 비전그룹(EAVG)'의 설치를 주도하였고 EAVG가 제안한 동아시아 자유무역권(East Asia Free Tree Area : EAFTA) 형성안과 'ASEAN+3' 정상회의를 '동아시아 정상회의'로 발전시키는 안을 능동적으로 수용하였다. 그리고 역내국들과의 FTA를 추진하고 이를 EAFTA의 디딤돌로 활용한다는 구상 하에 역내 국가들과 FTA를 통한 경제협력을 추진하고 있다.

중국의 경우에도 2000년대 들어서는 아시아 주변국들과의 지역통합에 적극적인 입장을 보이고 있다. 중국은 2002년 'ASEAN+3' 회의 이후에 개최된 한·중·일 정상회의에서 3국 간 FTA 타당성조사를 제안하는가 하면 2003년 10월 'ASEAN+3' 정상회의에서는 동아시아 자유무역권 창설을 위한 사전 조사를 제안하는 등 지역통합에 대한 적극적 입장을 보여 왔다.

일본도 2000년대 이후에는 과거 서구 중심의 외교노선, 즉 탈아입구(脫亞入歐)정책에서 벗어나 아시아 중시 정책으로 노선을 바꾸기 시작했다. 1990년대 초만 하더라도 미국과의 관계 때문에 EAEC를 사양했던 일본이 2000년 이후에는 ASEAN과의 유대 강화를 위시하여 동아시아 경제공동체에 대한 구체적 의지를 표명하기 시작하였다. 2003년 12월 일본은 ASEAN 10개국 정상을 도쿄에 초청하여 한·중·일과 ASEAN이 중심이 되는 동아시아 공동체 구상을 전달하였고, 같은 해 6월에는 일본의 여론 및 정책 제언조직인 '일본 국제포럼'이 동아시아 경제공동체(Economic Community for East Asia : ECEA) 창설을 제안하는 등 관민 양측에서 동아시아 공동체를 주장하기에 이르렀다. 2003년에 제안한 일본의 ECEA 구상에는 ASEAN, 한국, 중국, 일본, 대만, 홍콩이 포함되고 2015년까지 FTA를 거쳐 관세동맹까지 목표로 하며, 2025년까지는 역내 단일통화를 도입하자는 등의 구체적 의지를 담고 있었다.

이러한 역내 국가들의 지역협력에 대한 관심과 의지표명이 2000년대 이후에는 동아시아의 지역주의 운동으로 연결되고 있다. 즉 2000년 이후에는 'ASEAN+3'의 정례화, 역내통화스왑협정, 동아시아 채권시장 형성과 같은 구체적 협력조직이 설립되어 왔다. 더욱이 2008년 미국발 금융위기 이후 미국경제의 취약점이 드러나는 반면 동아시아 자체 시장규모는 빠르게 증가함에 따라 동아시아 내의 경제적 지역주의 움직임은 계속 확대되고 있다.

(2) 'ASEAN+3' 체제의 구축과 지역통합의 추진

1997년 외환위기를 계기로 확산되기 시작한 동아시아의 지역주의 움직임은 ASEAN 10개국 정상회의에 한국, 중국, 일본의 정상이 초청되는 소위 'ASEAN+3' 정상회의를 통해 구체적으로 실현되기 시작했다. ASEAN 10개국(인도네시아, 말레이시아, 싱가포르, 태국, 필리핀, 보르네오, 베트남, 라오스 캄보디아, 미얀마)과 한·중·일 3국이 모이는 계기는 외환위기 이전 ASEM 회의를 통해서 주어졌다. 1996년 아시아와 유럽 간의 집단적 대화 기구로서 ASEM이 발족되자 동아시아 측에서는 EU에 상응할 수 있는 지역차원의 협의체가 필요했고, 동시에 유럽에 대비될 수 있는 아시아 차원의 지역정체성을 새롭게 인식하지 않을 수 없게 되었다. 이러한 필요에 의해 구성된 대화 조직이 ASEAN과 한·중·일로 구성된 동아시아 그룹이었다.

이러한 대 EU 대화 그룹으로서의 ASEAN 회원국과 한·중·일 3국의 모임은 1997년 역내 금융위기를 맞으면서 경제협력을 위한 협력기구로서의 역할을 새롭게 부여받게 되었던 바, 이것이 2000년대 이후 동아시아 지역통합을 추진하는 중심축의 역할을 해오고 있다.

1) 'ASEAN+3' 협력체제

'ASEAN+3'의 모임은 1997년 12월 ASEAN 창설 30주년을 계기로 ASEAN 정상회의에 한국, 중국, 일본 3개국 정상이 초청되면서 첫 회의가 시작되었다. 그 이듬해 1998년 'ASEAN+3' 정상회의에서 이 모임의 정례화가 결정되었고 이후 이 정상회의는 동아시아 지역협력의 구심체 역할을 해오고 있다. 당초 모임의 취지는 세계화의 진전과 지역주의의 확산에 대응하여 동아시아 차원에서 공동협력을 추진하자는 것이었으며 1997년 동아시아 금융위기 발생이 이러한 지역협력 취지를 높이는 계기가 되었다.

1990년대 들어 지역주의가 범세계적으로 확산되고 있었음에도 동아시아에서는 ASEAN 이외의 지역협력 기구가 없었던 터이라 당시 'ASEAN+3' 정상회의의 개최와 그 정례화 결정은 지역협력의 제도적 기반을 마련한다는 점에서 큰 의의가 있었다. 'ASEAN+3' 정상회의는 발족 후 십수 년 동안 동아시아 차원의 공동협력에 대한 비전과 과제를 개발해 왔으며, ASEM이나 APEC 등의 지역 간 대화에서도 동아시아 측의 의견을 조율하는 창구 역할을 해왔다.

'ASEAN+3' 조직에는 정상회의뿐만 아니라 정상회의에서 합의한 협력취지를 실현하기 위해 몇 개의 산하조직을 설치해 두고 있다. 1999년부터 정상회의 산하에 'ASEAN+3' 외교장관회의와 경제장관회의가 매년 개최되고 있으며, 기타 농림, 노동,

환경, 에너지 등 부문별 장관회의가 필요시 개최되고 있다. 2000년부터는 각료회의의 실무준비를 위해 'ASEAN+3' 고위관리회의(SOM)가 개최되고 있다. 2002년부터는 동아시아 연구그룹(EASG) 회의와 역내 협력사업 추진을 논의하는 'ASEAN+3' 국장회의가 연 2회 개최되고 있다.

'ASEAN+3' 정상회의를 통한 협력 활동은 다음과 같다. 1998년 12월 하노이에서 열린 제2차 'ASEAN+3' 정상회의에서 동아시아 미래비전을 연구할 동아시아비전 그룹(EAVG)이 제안되어 이듬해 10월에 발족되었다. EAVG는 동아시아의 평화, 번영, 진실을 추구하는 기반으로, 동아시아공동체(East Asia Community)를 새로운 비전으로 제시하였고 경제, 금융, 정치안보, 환경, 에너지, 사회문화, 제도분야에서의 협력 체제를 제시했다. 그리고 1999년 11월 마닐라의 제3차 'ASEAN+3' 정상회의에서는 '동아시아 협력에 관한 공동성명'을 채택함으로써 이 회의가 단순한 외교적 모임이 아니라 동아시아 지역협력에 대한 구체적 의지를 결집하는 모임으로 발전하게 되었다.

2002년 브루나이의 'ASEAN+3' 정상회의에서는 EAVG가 동아시아 공동체를 위해 제출한 보고서를 채택하게 되었다. 이 보고서를 토대로 이 회의에서는 동아시아정상회의(EAS), 동아시아포럼(EAF) 및 동아시아 자유무역지대(EAFTA) 창설안이 제시되었다. 이 중 앞의 두 의제는 현재 실현되고 있으며 EAFTA는 장기 과제로 남아 있다. 그리고 2001년 3월에는 EAVG가 제시한 장단기 협력과제에 접근하기 위해 각국 관료로 구성되는 동아시아 스터디그룹(EASG)이 발족되었고, EASG는 2002년 11월 캄보디아 정상회의에 분야별 협력사업에 대한 보고서로 제출한 바 있다. 그리고 2007년 제11차 'ASEAN+3' 정상회의에서는 제2차 동아시아 협력에 관한 공동성명을 채택하여 지난 10년간의 협력을 점검하고 향후 목적과 협력방안을 다시 제시하였다.

한편 2005년부터는 'ASEAN+3'에 인도, 오스트레일리아, 뉴질랜드가 포함된 동아시아 정상회의(East Asia Summit : EAS)가 별도로 발족하였다. 이는 에너지, 환경, 재난관리 등 전략적으로 중요한 현안들에 대해 정상들이 의견을 교환하는 포럼성격의 회의 조직이며, 하부 회의 조직이나 산하기구는 가지지 않고 있다. EAS는 일명 'ASEAN+6' 회의로 불리기도 한다. EAS는 당초 ASEAN 중심의 'ASEAN+3' 정상회의를 동아시아의 객관적 협력기구로 전환하기 위해 시도한 명칭이다. 그러나 그 논의과정에서 'ASEAN+3'의 중국화를 우려한 일본과 동아시아의 배타적 모임을 염려하는 미국 및 동아시아 협력체에 참여하고자 하는 인도, 오스트레일리아 등의 이해가 어울려 'ASEAN+6'의 16개국이 되었다.

그러나 16개국의 EAS는 외형상 협력의 범위가 넓고 시장이 확대되는 등의 장점이 있으나 실효성 있는 지역통합을 추진하기에는 구성원 간의 정치, 경제, 문화적 배경이 다르고 공동체로서의 동질성을 찾기 어렵다는 취약점을 가지고 있다. 이러한 취약점으로 인해 EAS는 지역공동체를 지향하는 'ASEAN+3'를 대체하는 기능을 가지지 못하고 단순한 포럼형식의 협의기구로 출발하게 되었다.

2) CMIM과 ABMI의 발족

이렇듯 'ASEAN+3' 체제는 동아시아 차원의 지역협력을 위한 다양한 협력과제를 개발하고 그 실천을 위해 접근해 오고 있으나 지금까지 실현되고 있는 실질적인 협력의 성과는 금융 통화 및 무역 투자 분야에서 나타나고 있다. 그중 가장 대표적인 협력성과는 2000년 5월 태국 치앙마이에서 개최된 'ASEAN+3' 재무장관 회의에서 '치앙마이이니셔티브'(Chiang Mai Initiative : CMI)협정을 체결한 것이다. CMI는 기존의 ASEAN 역내통화스왑협정을 모든 ASEAN 회원국으로 확대하고, ASEAN 회원국들과 한국, 중국, 일본 사이에 양자간 통화스왑 네트워크를 형성는 협력조치였다.

CMI는 역내 중앙은행 간 통화스왑(Bilateral Swap Arrangement)을 체결하여 일국이 통화위기를 맞게 되면 자국통화와 국제통화(달러)를 일정시점에서 정해진 환율로 차입하고 계약기간 경과 후 다시 상환하는 통화 교환협정이다. CMI는 2000년 발족 이후 참가국과 자금규모가 계속 확대되어 왔다. 양자간 통화스왑 형태의 CMI는 2009년부터 다자화(CMIM)가 이루어졌고 자금 규모 및 기능면에서도 많은 개선이 이루어지고 있다. 2003년에는 아시아 채권시장계획(ABMI)이 설립되어 지역 내 채권시장 육성을 지원해 오고 있다. CMIM과 ABMI는 이미 앞 절에서 소개한 바 있으므로 여기서는 설명을 생략한다.

3) 역내 제국 간 쌍무적 FTA의 확산

이상의 지역협력은 동아시아 전체를 포괄하는 동아시아 차원의 다자간 협력 현상들이다. 동아시아 지역협력의 궁극적 목표는 무역 면에서 동아시아 자유무역지대를 형성하는 것이고 더 나아가서는 정치, 안보, 문화 면에서 공동의 협력을 꾀하는 동아시아 공동체를 형성하는 것이다. 그러나 이러한 목표는 동아시아의 정치, 경제적 현실을 고려할 때 장기적으로 접근해가야 할 과제이다. 따라서 동아시아 국가들은 일면 지역전체를 포함하는 다자간 협력을 강조하는 한편 다른 한편으로는 단기적으로 실현가능한 쌍무적 FTA를 통해 역내국 간 무역의 자유화를 추진해 오고 있다.

역내 국가 간 쌍무적 차원에서 무역장벽을 완화하기 위한 무역협정은 대부분 ASEAN 회원국과 한국, 중국, 일본 간의 자유무역협정(FTA)을 체결하는 형태로 이루어지고 있다. ASEAN 회원국 상호 간에는 이미 2003년부터 자유무역협정이 발효되어 공동 유효특혜관세가 적용되고 있다. 따라서 ASEAN 개별국과 한·중·일 개별국 혹은 ASEAN 전체와 한·중·일 개별국 간의 FTA가 체결되면 ASEAN을 허브로 하는 동아시아의 역내무역은 그만큼 자유롭게 추진될 수 있는 것이다. 2010년 이후 ASEAN은 공동체 차원에서 한국, 중국, 일본과 FTA를 체결하고 있으며, 그 중 일부 회원국은 개별국 차원에서 이들 3개국과 별도의 FTA를 체결하고 있다. 그리고 2015년에는 한국과 중국 간의 FTA가 체결되었고 한·중·일 3국 간의 FTA에 대한 협상은 2013년부터 시작되어 2020년 현재까지 진행 중에 있다.

이상 본장에서 관찰해 온 바와 같이 동아시아 지역통합은 2000년대 이전까지는 주로 시장기능에 의한 역내 무역의 기능적 통합(market led functional integration) 형태로 전개되어 왔다. 본서에서는 이러한 현상을 동아시아 경제의 지역화(regionalization) 추세로 설명하고 있다. 그러나 2000년대 들어서는 'ASEAN+3'가 중심이 되어 지역통합에 대한 정치적 의지를 공식적으로 표명해 왔으며, 실제로 이들 국가들 간에는 정상회의의 정례화, CMIM의 실현, ASEAN을 허브로 하는 한국, 중국, 일본과의 쌍무적 FTA 체결 등 지역통합에 대한 제도적 접근이 추진되어 왔다. 그로인해 'ASEAN+3' 차원의 지역통합은 종전까지의 지역화를 통한 기능적 통합(functional integration 혹은 de facto integration)에서 지역주의에 기초한 제도적 통합(institutional integration 혹은 de jure integration) 단계로 발전해 오고 있다.

그러나 21세기 이후 동아시아의 제도적 경제통합 움직임은 역내 경제대국 중국과 일본 간의 패권 경쟁과 이해 대립으로 인해 지금까지의 'ASEAN+3' 중심 체제에서 인도, 호주, 뉴질랜드를 포함한 'ASEAN+6' 체제로 확대 되어 전개되고 있다. 이들 확대된 광역 동아시아 경제통합은 2020년 RCEP 협정의 타결을 통해 제도적 경제통합체로서의 모습을 갖추게 되었다. 그러나 'ASEAN＋6' 차원의 지역통합은 분업기회의 확대를 통한 경제의 지역화를 촉진하는 데에는 기여할 수 있으나 정책목표의 수렴성, 사회 문화적 근접성 및 지리적 인접성이 요구되는 지역주의(regionalism)의 심화에는 'ASEAN＋3'에 비해 효율성과 결속력이 떨어질 수 있다.

(3) 역내 포괄적 경제동반자협정(RCEP)

RCEP은 1990년대 이후 'ASEAN＋3'가 중심이 되어 추진해 오던 동아시아 자유무역협정(EAFTA) 구상에 호주와 뉴질랜드가 참여하여 결성하게 된 광역 동아시아 자유무역협정이다. RCEP 협정은 2012년 'ASEAN＋6'의 정상회의에서 ASEAN이 제안한 역내 포괄적 FTA 개념의 RCEP 안을 수용한 것이 계기가 되어 협상이 개시되었다. 2013년부터 개시된 16개국 간의 무역, 투자, 서비스 자유화 협상은 처음부터 순탄치 않았고 시간이 많이 소요되는 과제였으나 ASEAN의 꾸준한 교섭과 중재로 2019년 최종안에 합의하였고 2020년 11월 정상회의에서 인도를 제외한 15개국이 협정안에 서명하게 되었다. 참가국은 ASEAN 10개국, 한국, 중국, 일본, 호주, 뉴질랜드 등 15개국이다. 당초 협상은 인도를 포함한 16개국으로 출발하였으나 최종 합의에는 인도가 불참하였다. RCEP의 출범은 1990년대 이후 'ASEAN＋3' 중심으로 동아시아 국가들이 구상해왔던 동아시아 자유무역지대(EAFTA)를 대양주까지 확대하여 실현한 것으로 볼 수 있다.

　　RCEP 협정에는 지금까지 양자간 FTA에서 볼 수 없었던 누적원산지제도 등 지역통합을 촉진할 수 있는 새로운 내용을 담고 있어 향후 동아시아의 경제발전과 지역협력에 중요한 계기가 될 것으로 기대된다. 이에 대한 구체적 내용과 기능은 다음의 제6절에서 소개하고 있다.

제4절 역사적 시각에서 본 동아시아 지역통합

1. 동아시아 지역통합을 보는 시각

2000년대 들어 동아시아 내에서 일어나고 있는 지역통합 운동은 1990년대 이후의 지역주의 추세와 동아시아 금융위기의 교훈이 그 배경으로 작용하고 있다. 그러나 동아시아의 지역주의와 지역통합 운동은 단순히 1990년대 이후의 경제적 사건만으로 유발된 것은 아니다. 오히려 그것은 동아시아가 공유하고 있는 문화적 전통과 지난 반세기 동안 구축해 온 경제의 기능적 통합에 기초하여 자생적으로 배태되어 온 역사적 흐름의 한 현상일 수 있다. 동아시아 지역주의 운동을 지역적 특성에 기초한 자생적 현상으로 파악할 경우 그것은 동아시아 근세사의 갈등구조를 고려할 때 다른 지역과는 다른 역사적 의의를 가질 수 있다.

동아시아는 20세기 이전까지 오랜 기간에 걸쳐 중국 중심의 화이질서(華夷秩序)에 기초한 '동아문화권'을 형성해 왔고 그 속에서 덕(德)과 예(禮)에 의한 국제적 평화질서가 유지되어 왔다. 그러나 20세기 이후 서구문화가 유입되면서 동아시아 국가들은 서로 다른 근대화의 길을 걷게 되었고, 그 과정에서 군국주의적 침략이나 식민 지배와 같은 민족적 갈등을 경험하게 되었다. 여기에 다시 냉전시대의 이념적 대립까지 더해지면서 동아시아 역내 국가들 간에는 대립과 불신의 역사를 만들어 왔던 것이다. 최근 전개되고 있는 동아시아의 지역통합 운동은 동아시아를 갈라놓았던 이러한 냉전 및 제국주의적 국제질서가 소멸되면서 나타나기 시작한 신질서 운동이다. 따라서 동아시아의 지역통합 운동은 단순히 시장 확대를 통한 경제적 이익의 추구만이 아니라 지난 한 세기 동안 단절의 역사에 대한 반성과 세계화의 흐름 속에 새로운 국제협력질서를 창출하기 위한 역사적 움직임의 일환으로 받아들일 필요가 있다.

실제 1990년대 이후 역내외에서 일어나고 있는 정치, 경제적 사건들은 동아시아의 이러한 역사적 변화에 하나의 작은 계기를 제공하고 있을 뿐, 그것만으로 대립과 불신이 지속되어 왔던 동아시아에서 새로운 통합운동이 시작된 것으로 보기는 어렵다. 오히려 동아시아 통합의 자생적 요구는 1960년대 이후 역내 제국의 상호의존적 성장이 지속되는 과정에서 생겨났고 1980년대 말 냉전의 종식이 그 외연적 환경을 만들면서 구체화되기 시작한 것이다. 따라서 최근 동아시아의 지역통합 운동의 배경에는 수십년 전부터 단절의 역사를 청산하고 지역 국가들이 함께 공존하기를 원하는 지역주민들의 오래된 희망이 작용하고 있는 것으로 볼 수 있다. 그런 의미에서 동아시아의 지역통합은 역내 무역자유화를 위한 FTA가 최종 목적이 아니라 역내 FTA를 통해 경제적 교류와 상호이해의 폭을 넓히고 궁극적으로는 지역 전체가 정서적 일체감을 가

읽을거리 동북아 경제통합의 문화적 배경 : 동아문화권(東亞文化圈)

역사적으로 볼 때 동북아 지역은 타 지역과 구분되는 일정 수준의 문화적 공통성이 작용하고 있었다. 한국, 중국, 일본을 중심으로 하는 동북아지역은 역사적으로 유교나 불교, 한자와 같은 문화유산을 공유해 왔으며, 중국을 중심으로 하는 문화적 표준화 과정을 통해 이른바 '동아문화권'을 형성해 왔던 지역이다. 역사적으로 관찰되고 있는 '동아문화권'은 중국 본토를 중심으로 하여 현재의 한반도, 베트남, 일본 등지를 포함하고 있다. '동아문화권'은 한자, 유교, 율령(律令), 중국의 과학기술(음양학, 천문학, 의학) 및 대승불교와 같은 문화요소를 포함하고 있다는 점에서 다른 문명권과 구별되는 특징이 있다. 후세에 와서 중국 중심의 이러한 '동아문화권'은 화이질서(華夷秩序)에 의한 폐쇄적 문화권이라는 점에서 비판을 받고 있으나 도덕과 문화를 중시하고 패도(覇道)보다 왕도(王道)를 존중하는 문명사회를 구가했다는 점에서는 긍정적 측면을 가지고 있었다.

역사적으로 이러한 문화적 요소를 포함하는 문화권이 동아시아 세계에 형성된 것은 7~8세기 수(隋), 당(唐)시대부터이며, 그 이후 19세기 청(淸)의 세력이 쇠퇴할 때까지 그 명맥이 유지되어 왔다. 그러나 19세기 중엽 이후 서양문화의 동양 침식과 동아시아 각국이 서로 다른 근대화 과정을 걸어오면서 이러한 '동아문화권'은 해체되기 시작했고 중국문화를 근간으로 하는 문화적 정체성도 소멸되기 시작하였다. 여기에 더하여 근대화 이후에는 동아시아 내에서 중국 중심의 위계질서에 대한 탈중심적 저항이 일어나고, 일본에 의한 군국주의적 침략이 감행됨으로써 동북아의 문화공동체는 더 이상 공존의 집이 아니라 갈등과 대립의 장으로 그 기능이 도치되어 왔던 것이다.

이러한 문화공동체로서의 역사적 흔적을 고려할 때, 동북아 국가들이 근대사적 갈등고리에서 벗어나 세계화 시대에 걸맞은 새로운 지역통합의 가치를 추구해간다면 그것을 뒷받침할 수 있는 문화적 공통성은 역내 각국에 충분히 내재해 있는 것으로 볼 수 있다. 다만 수세기 전의 역사, 문화적 공통성을 현대사회에 어떻게 접목시키고 응용할 수 있는가가 지역통합을 추구하는 한·중·일 공동의 과제가 될 것이다.

지고 공존할 수 있는 하나의 생활공동체를 만들어가는 것이 그 목표가 되어야 할 것이다.

2. 경제통합을 통한 지역공동체로의 접근

현재까지 진행되고 있는 동아시아 지역통합 논의는 역내 제국 간 경제적 상호의존 관계의 확대에 논리적 근거를 두고 있다. 1960년대 이후 동아시아 국가 간에 실현해 온 높은 수준의 무역 및 산업의 상호의존 구조와 그로 인한 역내시장의 기능적 통합은 역내 국가 간 역사적, 정치적 갈등에도 불구하고 지역공동체 논의를 가능하게 하는 긍정적 논리로 작용해 왔다. 그리고 역내 제국간의 경제발전 격차, 경제규모, 소득수준의 격차는 일반적으로 지역통합의 부정적 요소로 간주되고 있으나 동아시아는 오히려 이러한 발전 격차를 보완적 무역구조로 결합하여 동태적 성장의 원천으로 활용하였다. 따라서 동아시아는 이러한 보완적 발전구조를 계속 유지하는 것이 지역 경제성장의 중요한 조건이 될 수 있다. 이러한 점에서 동아시아의 지역통합은 경제통합에서 출발할 필요가 있으며, 현재까지 지역통합 논의도 그러한 시각에서 이루어지고 있다.

한편 동아시아의 정치, 안보 및 역사인식 분야에서는 경제적 상호의존과는 반대로 지역통합에 부정적 요소가 크게 작용하고 있다. 한반도 분단과 대만해협의 긴장 및 냉전의 잔재로 인한 불안한 안보상황, 강한 민족주의와 국가 간 역사 인식의 차이, 영토분쟁 등은 지역공동체에 대한 비관론의 근거가 되고 있다. 그러나 이러한 정치, 안보상의 장벽들은 경제적 상호의존이 심화되고 사회조직의 하부구조가 통합되어지면 부수적으로 완화될 수 있는 요인들이다. 따라서 동아시아의 지역통합은 경제통합에 우선순위를 두고 추진하고 이를 통해 정치, 안보 및 역사적 긴장문제를 해소해가는 수순을 밟아갈 필요가 있다. 유럽, 중남미 등 다른 여러 지역에서는 정치적 합의와 결속이 선행된 연후에 경제통합이 이루어지는 경우가 많으나 동아시아는 그 지역 역사의 특수성으로 인해 경제통합이 선행되어야 정치적 결속이 가능한 지역이다.

이런 의미에서 동아시아 경제통합은 '경제의 정치적 파급효과'를 창출할 수 있는 방향으로 추진되어야한다. 경제통합을 통해 정치적 화해와 협력을 유도할 수 있기 위해서는 통합으로 인한 경제적 이익이 호혜성과 형평성에 맞추어 배분될 수 있어야 한다. 동아시아의 경우 1960년 이후의 역내무역통합은 경제대국 일본을 중심으로 이루어져 왔고, 2000년대 이후의 무역통합은 새로운 성장지역으로 부상하고 있는 중국에 의해 유도되고 있다. 경제통합으로 인한 무역이익이 역내무역의 중심국으로 집중되고 역내무역질서 또한 특정 중심국 중심으로 설정된다면 역내 국가 간 정치적 화해와 결속은 기대하기 어렵다. 따라서 정치, 경제적 격차가 큰 동아시아의 경제통합은 경제적 이익의 호혜성을 통해 정치적 신뢰를 구축해 간다는 점에 목표를 두고 추진해 가야 할 것이다.

3. 역사적 교훈의 현실 적용을 통한 지역공동체의 건설

역사적으로 볼 때 중국의 당(唐)나라에서 청(淸)나라에 이르는 약 10세기 동안 동아시아에는 화이질서에 기초를 둔 중화세계가 존재해 왔다. 당시 화이질서(華夷秩序)에 의한 중화세계는 정치적으로는 책봉제도(冊封制度), 경제적으로는 조공무역(朝貢貿易)을 통해 국제 간 평화질서가 유지되는 동아시아의 국제체제였다. 특히 임진왜란과 병자호란 이후 서구열강의 침략이 있기 전까지 약 200년 동안은 조공, 책봉체제가 안정적으로 유지됨에 따라 당시 중심국이었던 중국과 소 중심을 이루었던 조선, 일본, 베트남 중심의 동아시아는 평화적 국제관계를 유지해 올 수 있었다.

이러한 화이질서에 의한 평화적 국제질서의 역사는 최근 중국을 포함한 지역통합이 추진되면서 새로운 평가를 받고 있다. 즉 한편으로는 문화와 도덕에 기초한 중화세계의 공존의 질서가 동아시아 국제협력에 교훈이 될 수 있다는 긍정적 측면이 강조될 수 있다. 과거의 화이질서 속에서는 비록 외교와 교역 면에서 대등한 관계는 아니었지만 서로 다른 국력의 크기를 인정하고 이것을 군사적 패권이 아니라 문화와 도덕의 명분을 빌려 평화적으로 국제질서를 유지하고자 했던 국제체제였기 때문이다.

다른 한편 역사 속의 화이질서는 문화의 높고 낮음을 기준으로 화(華)와 이(夷)를 대비시켰고 중화세계에 편입되지 않는 변방민족을 오랑캐로 배척하는 등 이분법적이고 폐쇄적 국제체제로 유지되어 온 문제점도 적지 않았다. 그 결과 화이질서에 의한 비대칭적, 폐쇄적 중화사상은 호혜 평등과 개방적 지역협력을 추구해야 할 동아시아 통합에는 교훈이 될 수 없다는 부정적 측면이 강조될 수 있다. 따라서 21세기의 동아시아 지역통합은 이러한 역사적 경험을 통해 얻을 수 있는 긍정적 요소는 재 발굴하여 현대적으로 응용하되 부정적 요소는 배제한다는 시각을 가지고 추진할 필요가 있다.

중국은 20세기 마지막 20년 동안 GDP를 4배 증가시켰고, 21세기 첫 20년 동안에도 총생산의 4배 증가를 추진하고 있다. 그리하여 2030년경에는 세계 최대의 경제대국인 미국을 능가하는 생산력을 과시할 계획으로 있다. 이러한 중국의 고속성장으로 최근 20년 동안의 동아시아 역내 무역통합은 일본, NIEs가 아니라 중국에 의해 주도되고 있으며, 역내 무역통합의 중심에는 홍콩, 대만, 싱가포르 등 화교 네트워크가 작용하고 있다. 그로 인해 동아시아 경제통합이 현대판 중화세계의 재구축으로 기울어지는 것을 우려하는 시각이 생겨나고 있다. 그러나 1960년대 이후 동아시아 국가들이 보여준 역내시장의 기능적 통합은 일본, NIEs, ASEAN 및 중국이 공동으로 쌓아온 상호의존적 무역성장의 결과이지 중화경제권이나 폐쇄적 화이질서에 의해 유도된 시장통합은 아니다. 그리고 세계화 시대의 지역통합은 세계시장에 대한 개방성과 역내의 경제적 효율성을 접합시킨 개방적 지역주의를 지향해야 할 것이므로 특정 국가의 민족적 네트워크에 의존한 폐쇄적 경제권이나 중국의 화이사상을 단순 반복하는 형태의 통합이 이루어져서는 아니 될 것이다.

동아시아 지역공동체 논의가 폐쇄적 중화경제권으로 발전하거나 화이질서를 재현하는 형태로 발전하는 것은 경계하더라도 역사적으로 중국에서 발원한 동아시아 전통문화의 현대적 변용마저 기피하는 것은 올바른 접근이라 할 수 없다. 오히려 현대 자본주의 세계체제에서는 서구의 물질주의와 시장경제의 비윤리성으로 인한 문제점이 노출되면서 도덕과 인간 중심의 동양적 가치에 대한 중요성이 재인식되고 있어 이에 대한 접근은 오히려 강조되어야 할 시점에 이르고 있다.

즉 오늘날 국제사회에서는 서구문명의 과학적 합리주의가 인간성의 측면에서 반성 단계에 접어든 반면 인간 중심의 윤리적 합리주의를 강조했던 동양사상에 대해서는 새로운 평가가 시도되고 있다. 특히 동아시아의 경제발전에 유교의 정신문화적 가치가 발전의 에토스로 작용해 왔다는 유교 자본주의론이 제기되면서 유교문화의 현대적 해석에 대한 관심이 높아지고 있다. 그럼에도 불구하고 유교문화적 전통질서에 대한 복원이 쉽지 않은 것은 유가의 사상체계에서는 도덕정치가 근본이고 경제는 여기에 종속되는 소위 정치와 경제가 본말(本末)의 관계로 고정되어 있기 때문이다. 그러나 21세기의 세계는 경제가 오히려 정치를 구속하는 시대이고 정치의 구속을 벗어난 경제적 합리주의가 국제관계 설정의 기준이 되고 있다. 이러한 의미에서 동아시아 지역통합은 유교사상과 같은 동아시아 전통사상에서 공동체 운영의 지혜를 얻되 전통사상의 고착된 형질을 그대로 승계하는 것이 아니라 현대사회에 응용될 수 있는 방향으로 재해석하여 활용할 필요가 있다. 유불선(儒佛仙)이 융화된 전통사상의 문화적 가치를 보유하고 있는 동아시아의 경우 그 전통사상의 현대적 적용을 통해 동아시아적 질서를 창출하는 것이야말로 동아시아 공동체 형성의 요체가 될 수 있다. 현지의 전통사상에 근거한 지역질서의 창출은 공동체의 정체성과 지역주민 간의 정서적 일체감을 형성하는 출발점이 될 수 있기 때문이다.

동아시아의 역사적 경험에서 간과해서는 안 될 또 하나의 교훈은 제2차 세계대전 기간 동안에 주창되어 왔던 일본 중심의 대동아공영권 사상이다. 대동아공영권(大東

읽을거리

유교 자본주의론

제2차 세계대전 이후 일본의 경제성장에 이어 1970~ 1980년대 한국, 대만, 홍콩, 싱가포르 등 아시아의 유교권 국가들은 정부 주도의 개발정책을 통해 다른 지역의 개도국들 보다 훨씬 빠른 경제성장을 이루어 왔다. 동아시아 유교권 국가들의 국가 주도 성장정책의 성공은 위민사상(爲民思想)에 입각한 정부의 책임의식, 선비적 기능을 담당하는 지식인과 관료들의 윤리의식 그리고 기업의 가족주의적 공동체의식이 경제성장이라는 하나의 국가적 목표를 위해 서로 합치될 수 있었기 때문이다. 특히 서구 경제학자들의 비판과 우려에도 불구하고 정부 주도의 발전을 성공시킬 수 있었던 것은 위민사상과 민본주의에 입각한 유가적 경세철학이 정부 역할에 대한 긍정적 인식을 배양해 왔고 이것이 정부정책을 적극적으로 수용하는 동아시아적 정치문화를 창출하는데 기여해 왔기 때문이다. 어쨌든 동아시아 유교권 국가들의 성공적인 경제발전의 경험은 유교의 전통 가치가 자본주의 경제발전의 질곡이 되는 것이 아니라 오히려 아시아적 가치 형성과 동아시아의 경제발전을 지원하는 사회적 자본이 되어 왔음을 반증해 주고 있다. 이렇듯 유교적 전통가치가 동아시아 시장경제권 국

가들의 경제발전에 긍정적으로 영향을 미쳐왔다고 주장하는 일련의 논지를 총칭하여 유교 자본주의론이라 부르고 있다. 유교 자본주의론이 제기될 수 있었던 배후에는 근대화 이후 동아시아가 처한 시대적 배경이 작용하고 있다. 즉 유교가 정치권력과 독점적으로 결탁해 왔던 왕조시대에는 그것이 자본주의 발전의 장애요인이었다. 그러나 제2차 세계대전 이후 서양의 민주주의와 함께 기독교가 도입되면서 동양사회의 유교는 더 이상 정치권력과 독점적으로 결탁할 수 없게 되었다. 그 결과 유교의 지도이념과 교육이념은 백성들에게 강요되는 것이 아니라 오히려 자본주의 체제에 합치될 수 있는 범위 내에서 백성들에 의해 선택되는 시대를 맞이하게 되었다. 그 결과 동아시아 내에서 자본주의가 도입되었던 일본, 한국, 대만, 홍콩 등지에서는 전통적 유교 사상 중 자본주의와 융화될 수 있는 윤리적 가치가 선택적으로 선호되는 반면 그것과 융화될 수 없는 봉건적 요소는 폐기됨으로써 이들 국가들은 자본주의 체제 내에서 급속한 경제발전이 가능했고 그로 인해 유교 자본주의론(儒敎資本主義論)이 제기될 수 있었던 것이다.

亞共榮圈) 사상은 1938~1945년에 일본 제국주의의 범아시아적 확산을 위해 만들어진 일본위주의 아시아 통합사상이었다. 서구 열강의 아시아 침식을 아시아인 공동의 힘으로 막고 아시아 제국민 간의 공존공영의 장을 만들자는 것이 외형적 명분이었다. 그러나 실제로는 이러한 명분아래 일본 제국주의 지배영역을 넓히기 위해 동북아와 동남아 지역에 대한 군사적 침략을 감행했던 것이다. 이로 인해 제2차 세계대전 후 주변 국가들은 일본의 침략에 대한 역사적 상처와 함께 일본 중심의 아시아 공동체론에 대해서는 강한 거부감을 가지게 되었다. 이러한 역사적 경험으로 인해 동아시아는 중국에 의한 화이질서의 재현뿐만 아니라 일본 중심의 대동아공영권이 다시 시도되는 것도 수용할 수 없는 역사적 상처를 안게 되었던 것이다.

4. 패권조정을 통한 개방적 공동체로의 접근

동아시아 지역은 20세기 초 서로 다른 근대화 과정을 거치면서 상호 간에 갈등과 불신의 역사를 경험해 오기도 하였다. 그런가 하면 역사적으로는 중세 이후 공동문명권으로서, 이른바 '동아문화권'을 형성해 왔던 지역이기도 하다. 정치, 외교적으로는 화이질서에 기초한 국제적 평화체제가 유지되기도 했던 지역이다. 특히 동북아 국가들이 공유해 왔던 유교문화적 가치는 한국, 일본, 중국, 홍콩, 대만, 싱가포르 등 유교권 국가들의 급속한 경제성장을 뒷받침하는 문화적 요인으로 지목되기도 하였다. 따라서 역사 속에 내재된 문화적 공통성과 평화체제 유지의 역사적 경험을 되살려 간다면 동아시아 국가들은 근대사적 갈등 고리에서 벗어나 지역 질서 창출을 위한 새로운 협력의 여지를 발견할 수 있을 것이다.

다만 동아시아 통합의 지리적 영역을 동북아에서 동남아로 확대할 경우 그러한 역사적 공통성은 약화되는 반면 정치, 경제, 문화적 다양성은 확대되는 문제점이 야기될 수 있다. 따라서 동아시아 통합 내지 동아시아 공동체 건설의 성패는 역사 속에 내재한 지역적 공유가치를 어떻게 활용하고 현실적으로 직면하고 있는 국가 간의 다양성을 어떻게 하나의 공동 목표로 결합시켜 가는가에 달려있다고 볼 수 있다. 다양성 속의 통합을 추구해 온 EU의 경험에 비추어 볼 때 이러한 과제는 공동체 창출의 비전과 의지를 가진 강력한 리더십에 의해 해결될 수 있다. 동아시아의 경우 이러한 리더십의 창출은 결국 역내 대국 중국과 일본 간의 패권 조정 문제로 귀착될 수 있다. 중국과 일본 양국이 동아시아 내에서 패권 경쟁을 벌인다면 지역통합의 리더십은 생겨날 수 없다. 그렇지 않고 양국이 EEC 통합과정에서 보여 준 프랑스, 독일과 같은 화합의 노력을 시도해 준다면 동아시아의 지역통합은 어렵지 않게 추진될 수 있을 것이다.

현재까지 일본은 화이질서의 재현과 같은 중화세계의 형성을 우려하고 있고, 중국은 대동아공영권식의 지역통합을 경계할 뿐 아니라 일본의 UN 상임이사국 진출까지도 우려하고 있다. 일본은 1960년대 이후 역내 경제성장을 선도해 왔고 역내무역통합의 중심에 서 있었다. 그러나 2000년대 이후에는 그 중심 역할이 중국으로 넘어가고 있다. 이로 인해 일본은 'ASEAN+3' 체제가 중국의 영향 하에 놓이는 것을 우려하여 동아시아 협력 범위를 인도, 오스트레일리아, 뉴질랜드를 포함한 'ASEAN+6'권으로 확대할 것을 주장하기에 이른 것이다. 여기에 대응하여 중국은 주변 화교권 국가에 대해 내국민 대우를 하는 한편 한국에 대해서는 적극적으로 FTA를 제안했었다.

이러한 중·일 간의 패권경쟁은 양국 중 일국과 주변국 간의 통합을 더욱 촉진하는 측면이 있으나 양 대국을 포함하는 범동아시아 통합에는 큰 장벽으로 작용하고 있다. 21세기의 동아시아 지역통합은 특정국의 패권에 의한 폐쇄적 공동체가 아니라 모든 당사국이 함께 참여하는 개방적 공동체를 지향해야 한다. 그러한 개방적 공동체는 어느 한 패권국의 국내질서가 역내 회원국에게 강요되는 공동체가 아니라 각 민족국가가 서로 공존하는 가운데 다양성 속의 통일성을 추구해가는 공동체를 의미한다. 동아시아의 경우 세계적 초강대국과 저개발단계의 약소국에 이르기까지 다양한 국가들이 공존하고 있으므로 다양성 속의 통일된 질서를 찾아가는 연성 지역주의가 불가피하다. 이러한 의미에서 지역주민의 공동번영을 위해 중국과 일본이 서로 협력하고 대립상태에 있는 패권경쟁을 조정해 가는 것이 동아시아 지역통합의 선행조건이 되고 있다.

제5절 동북아 공동체 논의와 한·중·일 FTA

1. 동북아 공동체 논의

(1) 냉전체제 종식 이후의 동북아 공동체 논의

냉전체제가 무너진 1990년대 초반부터 한국, 일본, 중국의 학계에서는 동북아 공동체에 대한 논의가 한때 활발히 전개되어 왔다. 그 당시의 관심사는 냉전체제 종식으로 국제협력의 기준이 이념적 대립에서 경제적 실리추구로 전환됨에 따라 동북아 역내 국가 간 경제협력을 위시하여 역사, 문화, 환경 등 지역차원에서 접근 가능한 지역협력의 기반을 구축해 보자는 데 있었다. 그 후 1997년 외환위기를 경험하였고 2000년대 들어서는 세계적으로 신 지역주의가 확산되자 동북아에서도 지역 차원의 경제통합에 관심을 가지게 되었다. 그 결과 한·중·일 간에는 3자 간 FTA를 위한 민간공동연구가 시작되었고 2013년부터는 정부 간 협상을 시작하였다. 그러나 3국 간의 FTA

협상은 7년이 지난 2020년까지도 큰 진전을 보지 못해 왔다.

한·중·일 3개국 간에는 지난 1980년대 중국의 시장화 개혁 이후 약 40여 년 동안 분업구조의 보완성에 기초한 경제의 기능적 통합이 이루어져 왔다. 그럼에도 불구하고 한·중·일 FTA 협상이 수년이 지나도록 큰 진전을 보지 못하고 있는 것은 그만큼 3개국 간에는 경제적 문제뿐만 아니라 경제외적 장애요인이 강하게 작용하고 있기 때문이다. 즉 타 지역과의 경제통합은 주로 경제적 이해관계에 의해 추진될 수 있었으나 한·중·일 3개국 간에는 경제적 변수 외에 정치, 안보, 역사 및 문화적 요인들이 복합적으로 작용하고 있기 때문이다. 예를 들면 한·중·일 3국 간에는 과거사 문제, 영토문제와 같은 국민감정상의 상호 불신이 크게 작용한 결과 정부 차원에서는 이를 거슬러 가면서까지 FTA 합의를 유도하기 어려운 상황이다. 그 외에도 동북아지역은 북한 핵문제와 한국의 사드배치 과정에서 드러난 바와 같이 미국과 일본, 중국과 러시아로 묶어지는 집단적 대립 상황으로 인해 21세기형 신 냉전이 유지되고 있는 지역이다. 이렇듯 안보상의 대립구조와 근대사에 얽힌 민족주의적 국민정서가 오늘날 지역공동체의 형성을 어렵게 하고 있는 것이 동북아 지역의 특수성이다. D. North의 용어를 빌린다면 동북아 경제통합에서는 비공식적 제약(informal constraints)이 공식적 규칙(formal rules) 못지않게 중요한 영향을 미치고 있는 것이다.

이 장에서는 지금까지 전개된 다양한 동북아 공동체 논의 가운데 동북아의 국제협력체제 구축에서 공통적으로 드러나는 지역적 특수성과 동북아 공동체 연구의 의의를 정리하고 이를 통해 동북아의 평화질서 수립과 지역통합의 비전을 탐색하는 재료를 제시해 두고자 한다. 여기서 지칭하는 동북아의 지리적 영역은 좁은 의미로는 한·중·일 3국을 지칭하고 있으나 분야별 공동체의 개념정의에 따라서는 범 중화경제권, 몽골, 러시아가 포함될 수 있으며, 안보 공동체의 경우에는 미국까지 포함하여 광의로 해석할 수도 있다. 동북아 공동체는 유럽공동체와 같이 일정한 법적 요건을 갖춘 지역통합체가 아니라 동북아 국가 간의 상호협력과 지역주민의 생활수준을 높이는 데 도움이 될 수 있는 상호의존적 삶의 공간을 의미한다. 현실적으로 그러한 공동체에 접근하는 대안으로는 FTA와 같은 경제공동체, 기후변화, 대기오염, 바이러스 펜데믹 대응과 같은 신안보 개념의 안보공동체, 동북아의 문화적 공통성을 활용하고 문화 교류를 활성화하기 위한 문화공동체 등이 있을 수 있다.

그러나 지금까지 개진된 이론적 실제적 연구의 대부분은 한·중·일 FTA와 같은 경제공동체에 초점을 두어 왔으며, 기타의 공동체 논의는 나름대로 지역협력에 유의할만한 제언을 해주고 있으나 구체적 접근방범이나 효과 등에서는 전체적으로 담론적 수준을 넘지 못하고 있다. 이에 비해 경제공동체의 형성은 FTA와 같은 구체적 접근 수단을 가질 수 있고 그 성과의 예측이 가능하며 관련 국가들 사이에 정책 목표의 수렴성이 비교적 높게 작용함으로써 실현 가능성이 있는 분야이다. 따라서 이 장에서의 공동체 논의도 경제공동체를 기본 모형으로 하여 전개하고 있다.

(2) 동북아 공동체 논의의 의의

주지하는 바와 같이 한·중·일 3국을 둘러싼 동북아는 서로 다른 근대화의 길을 걸어 왔고 지배, 침탈의 역사적 상흔을 안고 있는 지역이다. 그러나 흘러간 역사적 상흔에만 집착해 있으면 새로이 다가오는 더 나은 미래는 개척할 수 없다. 따라서 우리는 지나간 역사의 교훈도 중요하지만 새로운 미래를 개척할 수 있는 수단으로써 동북아 공동체를 논의해 볼 필요가 있다. 동북아 공동체는 현실적으로 실현하기 쉬운 과제는 아니다. 그러나 동북아 공동체 논의는 다음과 같은 정치적·경제적 측면에서의 의의가 예상될 수 있고 특히 분단국 한국의 청년 학도들에게는 한반도를 둘러싼 지역질서의 평화적 유지라는 미래 지향적 비전을 개발할 수 있다는 점에서 그 학술적 의의가 있을 수 있다.

1) 경제적 의의

동북아 공동체의 형성은 무엇보다 경제적인 면에서 먼저 추진될 수 있다. 역내 국가 간 보완적 분업구조로 인해 호혜적 이익추구가 가능하며 지역통합의 장벽이 되고 있는 민족주의나 역사적 갈등의 영향을 적게 받을 수 있기 때문이다. 동북아 내에서 경제공동체로의 접근이 시도되고 상품 및 생산요소의 자유이동이 일어나면 역내 국가들은 우선 대시장의 경제적·기술적 이익을 얻을 수 있다. 특히 부가가치 생산망의 상호 결합을 통해 생산의 시너지효과를 꾀할 수 있고 이를 통해 대내적으로는 생산력을 확대시키고 대외적으로는 경쟁력을 높이는 계기를 만들 수 있다. 일본과 중국을 연결하는 기술중계국 위치에 있는 한국은 이러한 국제적 결합생산의 스펙트럼을 넓게 가질 수 있으므로 공동체 형성을 계기로 새로운 성장동력을 찾을 수 있다.

2) 정치적 의의

다른 한편 동북아 공동체의 형성은 패권 이양기에 나타나는 지역의 불안정을 완화시켜 줄 수 있다는 점에서 정치적 의의도 무시할 수 없다. 많은 정치 평론가들의 지적대로 21세기의 동북아는 세계적 패권 이행의 중심 무대가 되고 있다. 지난 수세기 동안 세계체제 내의 패권 이양은 유럽을 중심으로 이루어져 왔다. 그러나 21세기의 패권 이행은 유럽에서 동북아로 그 무대가 이전되고 있다. 제2의 경제대국으로 부상하고 있는 중국이 새로운 패권에 도전하고 있으며, 정치·군사적 강대국들이 모두 동북아의 국제질서 수립에 관심을 두고 있기 때문이다. 역사적으로 볼 때 패권이양의 중심지는 정치·군사적 불안정성이 높은 지역이었다. 21세기 동북아 역시 그러한 불안정성이 높아지고 있는 지역이다. 그래서 동북아는 패권이행 과정에서 야기될 수 있는 신구패권 간의 긴장을 조절하고 순화시킬 수 있는 완충장치가 요구되고 있다. 동북아 공동체는 그러한 완충장치로서의 기능을 할 수 있다는 점에서 그 정치적 의의가 있다.

3) 한반도 긴장 완화 및 동북아 평화질서 유지

마지막으로 한국입장에서 제기할 수 있는 동북아 공동체의 중요한 의의는 한반도 긴장 완화와 동북아 평화질서 기반의 조성에서 찾을 수 있다. 20세기 후반 한반도는 미·소 냉전의 희생물이 되어 민족분단의 역사적 고통까지 감수해야 했다. 21세기 들어 세계적 냉전은 종식되었으나 한반도의 분단은 지속되고 있다. 20세기의 미·소 간 이념 대립이 21세기의 미·중 간 문명 대립 및 패권대립으로 바뀌고 있을 뿐 한반도의 분단은 그대로이다. 분단된 한반도의 민족 간 대립은 다시 동북아의 안보 대립으로 발전하고 있으며, 동북아의 안보 대립은 미·중 간 패권 대립으로 나타나고 있다. 분단의 당사국 한국의 입장에서는 이념 대립이든 패권 대립이든 대립의 최전선에서 격어야 하는 고통과 비용을 줄이는 것이 국정운영의 최우선 과제일 것이다. 대립의 주요 당사국이 공동으로 참여하는 동북아 공동체의 형성은 이러한 대립의 일선에서 야기되는 긴장을 줄이고 동북아 평화질서의 기반을 조성한다는 점에서 그 추진의 의의가 있다.

(3) 동북아 공동체 추진의 장애요인과 촉진요인

한·중·일 3국을 중심으로 하는 동북아 지역에는 공동체 형성을 지원하는 촉진요인과 저해하는 장애요인이 동시에 작용하고 있어 논리적으로 어느 한쪽에 중점을 두고 그 전도를 예측하기는 어려운 상황이다. 그리고 이들 장애요인과 촉진요인은 시대에 따라 또는 접근 방법에 따라 그 영향이 달라질 수 있다. 따라서 공동체의 실현 가능성이나 접근방법을 모색하기 위해서는 우선 상반된 양 요인에 대한 검토가 필요하다.

1) 장애요인

① 근대사적 갈등요인

동북아 3개국 간에는 19세기 서세동침 이후 서로 다른 근대화의 길을 걸어오는 동안 그 이전에 공유했던 많은 사회 문화적 동질성이 파괴되어 왔다. 그리고 20세기 들어서는 지배, 침탈의 역사적 상처를 남기며 상호 불신의 장벽을 쌓아 오기도 하였다. 일본에 의한 식민지배, 청일전쟁과 남경학살, 대동아공영권의 위선 등이 그러한 상처의 한 장면이다. 그러한 역사적 상흔이 사과와 화해로 치유되지 못하고 상호 간 불신으로 발전해 온 결과 오늘날의 지역통합을 어렵게 하는 정서적 장애요인이 되고 있다.

② 국가 민족주의

한·중·일 3국은 국민과 국가 간에 강한 일체감을 가지고 있는 국가 민족주의적 특성을 지니고 있다. 이들의 국가 민족주의는 국민감정과 국가외교 정책을 불리할 수 없고 정부정책은 국민감정의 볼모가 되기 쉬운 정치 풍토에서 조성되어 왔다. 이에 따라 국민감정 속에 역사적 상처를 안고 있는 3국이 국민정서를 무시하고 정부주도의 통합협정을 추진하기는 어려운 일이다.

③ 역사인식의 차이와 영토분쟁

유럽의 경우에는 수많은 전쟁과 침략의 역사를 경험해 왔음에도 사과와 배상의 절차를 통해 미래 지향적 지역통합을 성사시킬 수 있었다. 그러나 동북아 3국 간에는 동일한 역사적 사실에 대해 상반된 해석을 함으로써 용서와 화해의 장을 만들지 못하고 있다. 여기에 더하여 독도 영유권을 주장하는 일본, 조어도를 둘러싼 중·일 간의 갈등도 당사국 국민감정을 자극하는 요인이 되어 지역 통합을 위한 정부 간 합의를 어렵게 하고 있다.

④ 동북아의 패권대립과 안보대립

21세기의 동북아는 세계적 헤게모니 경쟁의 중심 무대가 되고 있다. 제2의 경제대국 중국의 도전과 기존의 패권국인 미국의 공세적 대응이 동북아의 안보 문제로 충돌하고 있다. 북한 핵 보유가 기정사실화될수록 한반도 정세를 둘러싼 미·중간 대립은 첨예화 될 전망이다. 한반도 안보 문제를 둘러싸고 미·일과 중·러가 집단적 대립양상을 보이는 것도 미·중 간 대립 못지않게 동북아의 국제정세를 어렵게 하고 있다. 이러한 패권적 대립과 지역안보를 둘러싼 대립 구도가 동북아 지역통합 논의를 어렵게 하고 있다.

2) 촉진요인

다른 한편 현재 동북아에는 이러한 장애요인 못지않게 지역통합을 직간접으로 지원할 수 있는 사회·경제적 촉진요인들도 동시에 작용하고 있다. 특히 1990년대 이전까지만 하더라도 고정적 장벽으로 여겼던 민족주의나 이념적 장벽 등은 주변 사회주의권의 개혁, 개방과 각국의 산업화, 민주화, 국제화의 진전으로 크게 완화되고 있다. 또한 환경, 보건 안전과 같은 비전통적 안보분야 및 비정부 기구의 국제 간 협력 분야 등에서는 지역차원의 새로운 협력요구가 생겨나고 있다.

① 경제적 보완성

동북아 통합을 촉진하는 가장 큰 요인은 역내 국가 간의 경제적 보완성에 있다. 한·중·일 3국은 경제발전 단계가 다른 만큼 경제구조나 분업구조 상의 보완성도 큰 국가들이며 그로 인해 경제의 기능적 통합이 이루어져 온 지역이다. 동북아 경제의 기능적 통합 강도는 제도적 통합체인 EU나 NAFTA 수준에 근접해 있다. 여기서 다시 FTA와 같은 제도적 통합이 추진되면 역내 국가 간의 경제적 상호의존도는 크게 높아질 전망이다. 따라서 경제적 보완성에 기초한 역내 분업의 상호의존 구조는 동북아 공동체 형성을 지지하는 촉진요인으로 작용하고 있다.

② 지리, 문화적 근접성

동북아 3국은 지리적으로 인접하고 문화적으로 공통분모가 많은 국가들이다. 지리적

인접성은 운수, 통신, 거래비용의 절감을 가져오므로 경제통합의 자연적 조건으로 간주된다.

문화적 근접성은 역내 국가 간 문화적 공감대를 조성하고 정서적 일체감을 형성시키는 요소이므로 공동체 형성의 구심력으로 작용한다. 한·중·일 간에는 역사적으로 유교문화, 한자, 대승불교와 같은 문화적 공통분모를 공유해 왔으며, 이를 통해 한때는 동아시아 문화권을 형성하기도 하였다. 한류가 일본과 중국에서 먼저 빠르게 확산된 것도 문화적 공감대를 공유한 결과로 해석되고 있다. 문화적 공통성은 공동체가 요구하는 지역정체성의 기본 요소일 뿐만 아니라 문화관련 서비스산업의 교류기반이 되고 있다는 점에서 그 중요성은 더 높아지고 있다.

③ 국제교류의 확대와 민족주의 인식의 변화

중국의 산업화 성장 이후 한·중·일 3국에서는 형태는 다르지만 민주주의의 실현, 시민의식의 배양, 도시 중산층의 형성과 같은 사회적 변화가 일어나고 있다. 그로 인해 폐쇄적 민족주의로는 세계화 시대의 강국이 될 수 없다는 인식이 확대되고 있다. 또한 민족주의에 젖은 구세대가 물러나고 개인적 자유의사를 강조하는 전후 세대가 각국의 지도자로 부상하는 등 지역통합에 우호적인 변화가 일어나고 있다. 그리고 미래의 지역협력을 실천할 젊은 유학생의 교류, 지역적 공감대를 유발하는 문화교류의 확대도 동북아 공동체의 가능성을 높여 주고 있다.

④ 지역협력에 대한 정치적 요구

동북아에서는 시장기능에 의한 경제의 지역화(regionalization) 추세는 강하게 나타났으나 정치적 의지에 의한 지역주의(regionalism)는 실현되지 못해 왔다. 그러나 1990년대 이후 세계적으로 지역주의가 확산되고 외환위기를 경험하면서부터 지역협력에 대한 정치적 수요가 나타나고 있다. 한·중·일 정상회의 정례화, 한·중·일 FTA 추진 등이 그 예이다. 북한 핵문제와 동북아의 안보불안에 대처하기 위한 지역협력이 요구되고 있는 것도 지역 공동체에 대한 정치적 수요의 한 측면이다. 동북아의 안보 대립이나 패권 대립은 지역통합의 장벽일 수도 있으나 동시에 거기서 야기되는 불안정성을 사전에 완화시키기 위한 정치적 협력 요구는 지역공동체에 대한 수요를 반영하고 있다.

(4) 동북아 공동체의 추진 방향과 한국의 역할

1) 추진방향

동북아의 정치, 경제, 안보상의 현실적 여건을 고려할 때 지역 공동체 추진이 쉬운 일은 아니다. 그러나 냉전 종식과 중국의 시장화 개혁 이후 동북아의 전통적 통합장 벽은 많이 완화되어 왔다. 냉전시대의 이념장벽이 크게 완화되었고 민주화, 세계화가 진전됨에 따라 폐쇄적 민족주의도 절대적 장벽은 되지 못하게 되었다. 한류 확산을 계기로 동북아의 문화적 공감대도 다시 확인할 수 있었다. 그 외에도 도시 중산층의 형성, 민주주의의 실현, 전후세대로의 세대교체와 같은 국제통합에 우호적인 변화가 일어나고 있다. 이로 인해 동북아 공동체 논의가 더 이상 비관적인 것만은 아닌 단계 에 접어들고 있다. 문제는 어떤 형태, 어떠한 방법으로 접근하는가에 있다. 방법과 형태 여하에 따라 그 가능성과 기대효과가 달라질 수 있기 때문이다. 현재의 단계에 서 상정해 볼 수 있는 실현 가능한 통합 방법과 형태로는 다음과 같은 사항들을 지적 해 볼 수 있다.

① 민간 주도의 상향식 접근

지역 공동체를 형성하는 데에는 경제통합과 같이 정부 간 협정을 통해 제도적으로 접근하든가 아니면 민간 교류의 확대를 통해 기능적 공동체로 접근하는 방법이 있다. 지금까지 동북아 지역통합 문제는 과거사 문제 등으로 인해 국민정서를 무시하고 정 부가 주도하여 추진하기는 어려운 과제였다. 그 대신 동북아는 민간의 경제교류 확대 에 의한 경제의 기능적 통합을 이루어온 경험을 가지고 있다. 이러한 민간으로부터의 교류가 경제 외에도 사회, 문화, 교육, 환경 등으로 확대되어 간다면 각국 정부도 이 러한 변화에 부응하지 않을 수 없을 것이다. 국제통합에 대한 민간 수요가 증대하고 제도의 공급자로서 정부가 이에 반응한다면 동북아는 하나의 공동체로 접근하는 새 로운 출구를 찾을 수 있을 것이다.

② 통합 주체의 다양화

민간에 의한 통합이라 하더라도 통합 주체를 국제무역이나 국제투자처럼 민간 기업 에만 국한할 필요는 없다. 국제 간 협력은 사안에 따라 정부나 기업 외에도 시민단체나 비정부기구(NGO)도 국제협력의 주체가 될 수 있다. 그리고 인터넷을 통한 통신망의 다양화로 개인에 의한 국제 간 소통 영역도 확대되고 있다. 정부의 대 동북아 외교 정책에 대한 민족주의적 간여가 큰 한·중·일 3국의 경우 이러한 민간 협력주체의 다양화는 정부에 의한 공식적 접근의 한계점을 보완해 주고 아래로부터의 통합을 선도하는 기능을 가질 수 있다.

③ 다원적·포괄적 접근

동북아 공동체는 특정분야에서 특정 형태만의 지역 통합체를 지칭하는 것이 아니라 경제, 사회, 문화, 안보 등의 제면에서 관련 국가가 긴밀한 상호협력 관계를 유지해 가는 공존의 장을 의미한다. 따라서 공동체의 추진은 어느 한 영역에 국한하여 하나의 목표를 향해 접근하기보다 실현 가능한 여러 분야에서 다원적·포괄적으로 접근할 필요가 있다. 여기에는 경제공동체, 문화공동체, 환경공동체, 안보공동체 등이 포함될 수 있다.

2) 한국의 역할

① 한국주도의 동북아 공동체

동북아 공동체 형성의 가장 큰 수혜국은 한국이다. 동북아의 이념대립이 한반도의 분단으로 이어져 왔던 만큼 동북의 지역통합으로 인한 혜택도 한반도에 집중될 수 있다. 동북아 공동체는 외교, 안보상의 이해가 상충된 중국과 일본을 하나의 협력권으로 포섭하는 다자간 협력체제이므로 한국의 입장에서는 공동체가 가지는 사회·경제적 이점 외에도 한반도의 군사적 긴장을 완화하고 평화적 통일환경을 조성한다는 특수 목적을 기대할 수 있다. 이러한 이유에서 동북아 공동체 논의는 한국이 주도적으로 이끌어 가야 하고 지역통합의 논리 또한 한국이 주체적으로 개발해 갈 필요가 있다.

② 독자적 외교 공간 확보

한국은 지금까지 주변 강대국 중심의 외교적 틀에 구속되어 스스로의 외교 역량을 구사할 시간적·공간적 여유를 가지지 못해 왔다. 그러나 이제는 세계 10대 무역국으로서의 경제력을 가지게 되었고 OECD와 G20 그룹의 주요 멤버로서의 외교역량도 갖출 수 있게 되었다. 더 이상 4강 중심의 외교적 굴레에 갇혀 있을 것이 아니라 한국

주도의 외교적 공간을 넓혀갈 때가 된 것이다. 한반도 안정과 통일 문제도 우리가 주체적으로 해결하고 이에 필요한 외교적 수단도 우리의 노력으로 확보할 때가 되었다. 동북아 공동체는 이러한 목표를 실현하는 데 필요한 외교적 공간과 수단을 제공해 줄 수 있다.

③ 정치 지도자의 통합철학과 미래 비전

중국과 일본 간의 패권경쟁과 역사적 갈등 구도로 볼 때 중국과 일본에 의한 지역통합의 구상은 상대방의 지지를 얻기 어려운 상황이다. 따라서 동북아의 번영과 평화질서의 구축을 위한 공동체의 비전은 중간자적 위치에 있으면서 분단의 피해국이자 통합의 수혜국일 수 있는 한국의 정치 지도자에 의해 제시될 수 있어야 한다. 비록 통합의 실현에는 강대국의 리더십이 필요할지 모르나 통합철학이나 미래 비전은 역내 소국이 오히려 객관적 입장에서 공존의 사상을 개발할 수 있기 때문이다. 전후 유럽통합(EEC) 과정에서 보여 준 벨기에의 역할이나 'ASEAN+3'의 정례화와 RCEP 협상과정에서 ASEAN이 보여 준 통합 추진의 중심역할은 경험적 교훈이 될 수 있다.

현실 세계에서 한반도 분단은 동북아의 분단이고 동북아의 분단은 미·중 대립으로 연결되는 역학관계가 작용하고 있다. 따라서 한국의 정치 지도자가 제시해야 할 동북아 통합의 미래 비전에는 한국만의 입장이 아니라 동북아 공동의 가치를 담아야 하고 더 나아가서는 세계 전체의 보편적 가치와도 융화할 수 있는 미래 비전이 제시되어야 한다. 분단국의 피해를 해소할 수도 있어야 하나 제3국의 공감을 얻어낼 수 있는 명분도 있어야 하기 때문이다.

2. 한·중·일 FTA

(1) 한·중·일 FTA의 추진

동북아의 한국, 중국, 일본 3국 간의 지역협력에 대한 공식적 접근은 3국 간의 정상회의를 통해 이루어지고 있다. 한·중·일 3국의 정상회의는 1999년 'ASEAN+3' 정상회의에 연이어 한·중·일 정상이 별도로 모임을 가진 것이 그 출발이었다. 그 후 매년 'ASEAN+3' 정상회의 이후 3개국 정상이 별도로 회동하여 지역공동의 문제를 협의해 오고 있다. 2008년부터는 지금까지 임의로 개최해 왔던 한·중·일 정상회의를 정례화하고 'ASEAN+3'와 별개로 한·중·일 3국에서 순회하며 개최하기로 하였다. 이때부터 3국 간의 정상회의는 사실상 3국 간 협력의 공식기구로서의 기능을 담당해 오고 있다.

동북아 3개국 간에 경험했던 최근 1세기 동안의 갈등구조를 고려할 때 3개국 정상회의를 정례화하고 여기서 상호 간 협력문제를 공식적으로 논의하게 되었다는 것은 동북아뿐만 아니라 동아시아 전체의 지역통합을 위해서도 진전된 행보가 아닐 수 없다. 실제 한·중·일 정상회의는 2008년 정례화 이후 최근 몇 년 동안 한·중·일 FTA 추진을 위시한 지역협력 문제에 적지 않은 성과를 보여 왔다. 2009년 북경에서 열린 3국 정상회의에서는 한·중·일 FTA를 위한 정부 차원의 연구가 제안되었고 이에 따라 2010년 5월 3국 공동의 산관학 공동연구가 시작되었다. 이 3개국 공동연구는 2011년 완료되었고 이를 토대로 2012년 11월 한·중·일 FTA 협상 개시를 선포하고 2013년부터 협상이 개시되었다. 그러나 3국 간의 FTA 협상은 경제적 이해뿐만 아니라 동북아 역사인식, 영토문제로 인한 경제외적 갈등까지 노출되면서 2019년까지 15차례의 공식협상에도 불구하고 가시적인 타결방향을 잡지 못했다.

그러나 2020년 11월 한·중·일 3국이 모두 참여하는 RCEP 협정이 타결되고 최종 서명함에 따라 한·중·일 FTA는 새로운 협상의 계기가 마련될 것으로 보인다.

(2) 한·중·일 FTA의 의의

한·중·일 3국 간의 지역협력 가운데 가장 실효성있고 가시적인 성과가 기대되는 과제는 3국 간의 FTA 체결이다. 동아시아의 3대 무역국인 이들 3국은 역외 국가 및 ASEAN 국가들과는 여러 형태의 FTA를 체결해 오고 있으나 이들 3국 간에는 어떠한 무역협정도 아직 체결하지 못하고 있다. 그것은 동북아 지역이 가지고 있는 역사적, 정치적 특수성에 그 원인이 있으나 직접적으로는 자국 경제의 취약부문에 대한 정치적 고려가 크게 부각되면서 상호 간 시장 개방에 대한 부담을 느끼고 있기 때문이다. 그러나 2008년 3국 간 정상회담이 정례화되고 지역협력에 대한 정상 간의 공감대가 확보되면서 역내시장 통합의 부담보다 그것이 가져오는 효과가 더 클 수 있다는 인식을 공유하게 되었다. 그리하여 2010년 5월부터는 정부가 주도하는 산·관·학 FTA 공동연구가 시작되었으며, 이 연구의 보고서에 의해 2013년 3월부터 3국 간 FTA 협상이 시작되었다.

한·중·일 FTA는 그것을 가로막는 역사적, 정치적, 제도적 장벽도 적지 않으나 일단 그 장벽을 극복하고 FTA가 체결된다면 그 효과는 동남아 국가들과의 FTA보다 더 크게 기대될 수 있는 장점을 가지고 있다. 한·중·일 FTA가 보다 큰 효과를 낼 수 있는 장점으로는 다음과 같은 사항들을 들 수 있다.

첫째, 3국은 지리적으로 인접하고 있으므로 물리적 접근이 용이하며 그로 인해 물류, 통신, 여행비용의 절감과 같은 경제적 이익을 증대시킬 수 있다.

둘째, 3국 간에는 경제구조와 무역구조의 보완성이 높으므로 경제적 접근성이 높다. 발전 단계가 다른 3국 간에는 보완적 무역구조로 인해 무역의 결합도가 높게 유지될 수 있고 그만큼 시장통합의 성과가 크게 나타날 수 있다. 중국의 경제발전과 한국의 기술발전으로 3국 간 무역구조가 경합관계로 발전할 수 있으나 동태적 시각에서 보면 이는 상당한 기간 동안 수직적 산업내무역의 확대요인으로 작용할 수 있다.

셋째, 한·중·일 3국 간에는 문화적 근접성이 높다. 3국은 역사적으로 유교와 불교문화의 영향을 받아 왔다. 특히 교육철학, 생활규칙, 경제윤리 등에서는 유교사상의 영향을 많이 받아 왔다. 그리고 3국은 다같이 한자문화권에 속해 있으며 불교의 경우에도 3국 모두 대승불교의 영향을 받아 왔다. 이러한 문화적 공통성은 3국 간 의사소통을 쉽게 하고 생활관습과 소비패턴의 근접성을 통해 산업내무역과 규모의 경제를 용이하게 해 준다. 그리고 문화적 근접성은 회원국 간의 제도통합을 용이하게 하고 공동 거래규칙의 설정도 쉽게 하므로 3국 간 경제통합의 효과를 상승적으로 높여 주는 조건이기도 하다.

따라서 한·중·일 FTA는 3국 간 근대사적 갈등과 신뢰기반의 취약성 등으로 인해 협상조건의 조정이 쉽지 않은 문제를 안고 있으나 일단 협정이 체결되고 나면 경제, 사회, 문화적 통합효과는 다른 지역보다 크게 나타날 수 있는 장점을 가지고 있다.

한·중·일 3국은 'ASEAN+3'로 구성되는 동아시아 무역의 약 3/4을 차지하고 있으며 GDP 생산에서는 약 80% 이상을 차지하고 있다. 그리고 동아시아 경제협력의 성과로 지목되고 있는 치앙마이 통화협력(CMI) 기금의 80%를 이들 3개국이 분담하고 있다. 세계 전체에 대한 비중은 2019년 기준 세계 인구의 21.5%, 세계 GDP의 20.5%, 세계 무역의 17.5%로 북미 3개국 간의 USMCA보다 훨씬 큰 경제규모를 가지고 있다.

따라서 한·중·일 FTA가 높은 수준에서 체결된다면 이는 경제적 의존도가 큰 ASEAN 및 RCEP의 무역자유화에도 긍정적 영향을 미칠 수 있을 것으로 예상된다.

제6절 아태지역의 시장재편성 동향과 미·중 간 무역 마찰

1. 시장조직의 재편성과 패권 경쟁

시장 지배력 확대를 위한 패권 경쟁은 FTA나 경제동반자협정(EPA)과 같은 무역협정을 확대하여 협정지역에 대한 지배력을 확보하는 방향으로 전개되고 있다. 그러한 시장권의 확대 현상은 중국 중심의 RCEP, 미국과 일본 중심의 TPP/CPTPP, 미국과 EU 중심의 TTIP로 나타나고 있다(그림 15.1 참조).

이러한 광역 FTA로의 접근은 2000년대 이후 동아시아 지역에서 가장 두드러지게 나타나고 있다. 동아시아 지역에서는 지금까지 ASEAN+1 형식의 쌍무적 FTA가 체결되어 왔다. 그러나 2000년대 이후에는 ASEAN+3, ASEAN+6 형태로 FTA의 광역화 및 단일화가 시도되어 왔다. 2013년부터는 ASEAN 10개국과 한국, 중국, 일본, 인도,

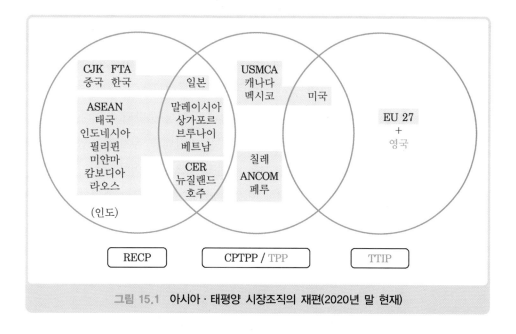

그림 15.1 아시아·태평양 시장조직의 재편(2020년 말 현재)

호주, 뉴질랜드를 하나의 FTA권으로 묶는 역내 경제통반자협정(RCEP)을 추진해 왔고 2020년 11월에는 인도를 제외한 15개국 간에 최종 협정문에 서명하게 되었다. FTA 영역의 확대 및 협정의 다자화는 쌍무적 FTA와 달리 해당 지역 전체에 걸쳐 동일한 무역규범이 적용되므로 기존의 시장질서를 대체하거나 변화시킬 수 있는 파급영향을 가지게 된다.

세계적 성장 지역인 동아시아에서 새로운 경제대국인 중국이 중심이 되어 시장의 단일화가 시도된다는 것은 중국으로서는 패권강화의 기회이지만 제2차 세계대전 이후 아태지역의 무역질서를 실질적으로 관리해 온 미국으로서는 큰 도전이 아닐 수 없다. 이에 대응하기 위해 미국은 RCEP 체결 이전에 일본을 포함한 동아시아 일부 국가들과 미주지역의 국가들을 결속하는 환태평양동반자협정(TPP)을 2015년 10월 먼저 체결하게 되었다. TPP는 미국, 일본을 제외하면 대부분의 참가국들이 시장규모가 작은 군소국들이다. 따라서 TPP는 미국의 수출시장 확보를 위해서라기보다 아시아 태평양 지역에 대한 패권유지의 정치적 기반을 지키겠다는 목적이 더 큰 협정으로 평가할 수 있다. 그럼에도 불구하고 2017년 트럼프 행정부는 통상정책상의 이해타산을 앞세워 TPP 탈퇴를 선언하였다. 그러나 2021년 이후 정상외교를 주장하는 바이든 행정부가 다시 출범하면서 미국은 아시아-태평양 협력전략 차원에서 어떤 형태로든 아태지역 협력체제에 다시 복귀할 것을 검토하기 시작했다. 같은 맥락에서 미국은 2009년 금융위기 이후 세계경제의 양대(G2) 축으로 부상하고 있는 중국과의 패권 경쟁에 대응하여 EU와의 유대강화를 위한 환대서양 무역투자동반자협정(TTIP)을 추진해 왔다. 그러나 TTIP 역시 2016년 영국의 '브렉시트' 결정으로 EU와 미국을 연결하는 연결고리가 끊어지게 되면서 협상이 사실상 중단되고 있다. 그러나 미국과 유럽 간에는 자유 시장경제질서에 대한 깊은 공감대를 유지하고 있으므로 세계시장질서 유지를 위한 대서양동맹은 계속 추진될 것으로 보인다.

이렇듯 2010년 이후 아시아, 미주, 유럽을 중심으로 전개되고 있는 자유무역협정의 광역화 추세는 복수의 쌍무적 FTA를 하나로 통합한다는 경제적 의의도 있으나 미·중 간의 패권 경쟁의 수단으로 재편성되고 있다는 점에서는 정치경제학적 의미가 더 큰 시장 재편성 동향이라 할 수 있다.

2. TPP와 CPTPP

2010년대 이후 아시아-태평양 지역에서 일어나고 있는 광역 경제통합(Mega-FTA)의 대표적 예로는 TPP(Trans Pacific Strategic Economic Partnership)와 CPTPP(Comprehensive and Progressive Agreement for Trans-Pacific Partnership) 및 RCEP(Regional Comprehensive Economic Partnership)를 들 수 있다.

(1) 환태평양 경제동반자협정(TPP)

TPP는 2006년 출범한 아태지역의 중소 4개국(P4), 즉 뉴질랜드, 싱가포르, 브루나이, 칠레 간의 FTA 협정에 2008년 미국, 호주, 페루가 참가하고 2010년 베트남, 말레이시아, 2012년 캐나다, 멕시코, 그리고 2013년 일본이 참가하여 2015년 10월에 협상이 타결된 환태평양권 12개국 간의 광역 FTA이다.

TPP 협정은 상품, 서비스, 지적재산권, 환경, 경쟁, 노동 등 30개 부문에 걸쳐 21세기형 새로운 무역규범을 제정하고 높은 수준의 무역자유화를 실현하는 것을 목표로 하고 있다. 이 중 시장접근, 투자, 서비스, 지재권 등 23개 부문은 한·미 FTA 협정 부문과 같은 항목이고 유사한 내용을 담고 있다. 그러나 기업인 일시 귀국, 국영기업, 중소기업, 규제조화, 경쟁력 및 비즈니스 촉진, 개발 등 7개 부문은 새로운 협정 내용으로서 TPP의 무역질서에 대한 선도적 기능을 반영하고 있다. 협상은 2015년 10월에 타결되었으나 주요 쟁점 사안(지재권, 자동차 원산지 기준, 농업문제 등)에 대한 입장차로 국내 비준에는 시간이 걸릴 전망이었다. 비준이 2년 이상 지연될 경우 역내 경제활동의 85%를 대표하는 6개국 이상이 비준하면 TPP는 발효하는 것으로 되어 있다.

미국이 아태지역 내 소국 모임(P4)에 참여하여 참가국을 확대시키고 무역규범의 선진화를 강조해 오고 있는 것은 앞에서 지적한 바와 같이 동아시아의 독자적 블럭화를 견제하고 국제무역질서 창출의 패권적 역할을 유지하기 위해서이다. 미국 입장에서는 2000년대 이후 아태경제협력기구인 APEC이 경제협력이나 무역자유화에 큰 역할을 해 오지 못한 반면 동아시아 내에서는 중국과 ASEAN이 중심이 되어 미국이 배제된 광역 FTA(EAFTA 등) 논의가 꾸준히 진행되어 온 것에 부담을 느끼지 않을 수 없었다. 이 때문에 미국은 동아시아에서의 패권유지에 위기의식을 느껴 왔고 이에 대한 대응 수단으로 TPP가 필요했던 것이다. TPP 협상에서 미국이 주도하여 규제조화, 경

표 15.7 TPP 협정문의 구성

최초규정정의	무역구제	금융	기업인일시귀국*	노동	투명, 반부패
시장접근	위생조치	통신	국영기업*	환경	행정, 제도
원산지	기술장벽	경쟁	중소기업*	개발*	분쟁해결
섬유의류	투자	정부조달	지재권	규제조화*	예외
무역원활화	서비스무역	전자상거래	비지니스촉진*	협력력량강화*	최종규정

* 한미 FTA에서 다루지 않은 신규 협상부문. 잔여부문은 한미 FTA와 유사한 수준임.

쟁력 유지와 같은 21세기형 FTA 모델을 창출하고자 한 것은 이러한 미국의 입장을 반영한 것으로 볼 수 있다. 그러나 미국은 2017년 1월 트럼프 행정부가 출범하면서 TPP 탈퇴를 선언하였다. 이에 따라 미국을 제외한 11개국은 2018년 말 TPP 합의 내용을 승계한 새로운 무역협정으로 CPTPP를 체결하게 되었다.

(2) 포괄적 · 점진적 환태평양 경제동반자협정(CPTPP)

1) CPTPP의 발족

2015년 미국, 일본을 포함한 아태지역 12개국은 전술한 TPP 협정안에 합의하였다. 그 후 각국의 비준을 앞둔 상황에서 2017년 트럼프 행정부의 일방적 보호무역주의 정책으로 미국은 TPP 탈퇴를 선언 하였다. 그 후 미국을 제외한 11개국은 TPP 발효 논의를 재개하여 2018년 1월 TPP를 환태평양 경제동반자협정(CPTPP)으로 이름을 바꾸어 출범하기로 합의하였고 국별 비준을 거쳐 같은 해 12월 30일 발족을 보게 되었다. 발족은 국별 비준이 먼저 이루어진 캐나다, 호주, 일본, 멕시코, 뉴질랜드, 싱가포르(2018.12.30) 및 베트남(2019.1.14) 등 7개국은 먼저 협정을 발효시키고 잔여 4개국, 즉 브루나이, 칠레, 말레이시아, 페루는 의회 비준 완료 후 60일 후에 발효하도록 하였다.

TPP 협정에서는 전체 GDP의 85% 이상 비준 시 발효하는 것으로 되었으나 CPTPP에서는 GDP의 50% 이상 혹은 6개국 이상 협정 승인 시 발효하는 것으로 완화하였다. CPTPP 가입의 경우, TPP에서는 아태지역 국가, 작업반 설치, 위원회 협의 등 복잡한

절차를 요구했으나 CPTPP에서는 기존 회원국과 가입 희망국 쌍방의 합의에 따라 가입할 수 있게 간소화하였다. TPP와 CPTPP의 가장 큰 차이점은 미국의 불참이며, 따라서 CPTPP의 협정문에서도 미국이 주장해 왔던 22개 항목은 실현하지 않고 유예하도록 하였다. 미국이 주장하는 항목을 완전히 폐지하지 않는 것은 추후 미국이 재가입할 경우 관련 항목을 다시 실행할 수 있게 하기 위해서였다.

무역자유화 관련 조항에서는 TPP의 내용이 대부분 CPTPP에 그대로 승계되고 있으나 미국이 주로 주장해 왔던 지재권, 투자, 서비스, 정부조달, 환경, 투명성 분야의 22개 사항은 조문은 남겨두되 실행은 유예토록 하였다. 그중 중요한 사항으로는 지재권 부문에서 의약품 자료보호 강화, 생물의약품 특허 강화, 저작권보호 강화, 기술관련 구제조치 및 보호강화가 있으며, 투자 부문에서 투자자-국가 분쟁 해결(ISDS)의 적용범위 제한 등이 포함되어 있다. 서비스 통관부문에서 특송화물 통관 간소화, 특송화물 서비스 정부보조금 및 독점제한, 금융 및 통신서비스 투자자 권리강화 등이 포함되어 있다. 이러한 항목들은 대부분 TPP 협정에서 처음으로 도입된 미래지향적 내용들이며, 미국의 요구로 협정에 반영된 사항들이었다. 이외에도 정부조달 참여 제한 요건 협의, 의약품 가격결정 투명화, 야생동물 불법거래 제한 확대 등 환경 및 투명성 문제가 제시되고 있다. 이들 항목들은 CPTPP 출범 시에는 그 집행이 동결되었으나 추후 미국의 가입협상이 재개될 경우 동결을 풀고 가입은 수용할 것으로 보인다.

2) CPTPP의 상품협정 주요내용

CPTPP는 미국의 불참으로 TPP에 비해 그 규모는 작아졌지만 참여 11개국만으로도 2018년 기준 세계인구의 6.7%, 세계 GDP의 13.5%, 세계무역의 15%를 차지하는 거대 경제권이다. 협정 내용 면에서도 디지털무역 등 최신의 무역규정을 담고 있으며, 특히 보호주의를 강조한 트럼프 행정부가 물러나고 새로운 행정부가 출범하여 미국의 재가입을 추진할 경우 CPTPP는 시장 규모의 크기뿐만이 아니라 지재권 보호 강화와 같은 미래지향적 조항들이 활성화될 것이므로 그것이 세계무역 질서에 미치는 선도적 영향은 클 것으로 기대된다. 2018년 말에 출범한 CPTPP의 주요 상품협정 내용을 보면 다음과 같다.

CPTPP 상품협정 주요내용

① 총괄

ⅰ) 농업을 포함한 모든 교역품에 대해 원칙적으로 예외 없는 자유화를 추구함. 품목별로 관세철폐 시점이 상이하며, 일부 품목의 경우 10년에 걸쳐 단계적으로 철폐함. 최종적으로 전체 교역품의 99%에 대해 관세를 철폐하도록 함

ⅱ) 관세인하 시점은 매년 1월 1일(일본은 4월 1일)로 하며, 2018.12월 발효 즉시 89%의 교역품에 대해 즉시 관세를 철폐(1년차 인하)하며, 2019년 1월 1일 2년차, 2020년 1월 1일 3년차 관세인하에 들어감

ⅲ) 11개 회원국 간에는 각자 생산한 부품, 소재, 중간재를 역내산(자국산)으로 인정하는 누적원산지 제도를 도입함

② 관세

역내 원산지 제품에 대해 기존 관세를 인상하거나 새로운 관세를 도입할 수 없음

③ 관세철폐 가속화

1국 혹은 2국 이상의 당사국이 요구할 경우 부속서 2-D 양허표에 규정된 관세철폐의 가속화를 위해 협의해야 함. 회원국 전체뿐만 아니라 일부 회원국에게만 일부 품목에 대해 관세철폐 및 감축 가속화를 협의할 수 있음

④ 관세 양허

한 당사국이 다른 모든 회원국에 동일하게 적용하는 공통양허가 원칙이나 일부 민감품목은 국별 개별양허에 합의할 수 있음

⑤ 양허 수준 내의 관세 인상

일방적 관세인하 후 부속서 2-D의 자국 양허표에 설정된 수준까지는 관세인상이 가능하며, WTO 규정 내의 관세 유지 등은 가능함

⑥ 자유화 수준

상품 분야에서 품목수 기준 95~100%의 높은 수준의 자유화를 달성하도록 함

3) CPTPP에 대한 미국의 참여와 일본의 입장

2000년대 이후 세계 주요지역에서 FTA를 통한 지역별 무역협정이 빠르게 확산되어 왔다. 그 가운데 동아시아를 중심으로 하는 아시아 태평양 지역의 경제통합 움직임이 특히 활발하였다. 그러나 1997년 아시아 금융위기와 2000년대의 아프가니스탄, 이라크전쟁 이후 미국은 상대적으로 아시아에서 소원한 위치에 있었고 그 대신 중국이 동아시아 중심의 지역 통합 중심에 서게 되었다. 이러한 상황을 인식하여 2009년 오바마 행정부는 '동아시아 회귀'를 정책 기조로 삼아 왔고 그 일환으로 TPP를 주도하게 되었다. 동아시아와 태평양 지역에서 미국의 영향력을 회복하고 역내 경제협력을 주도하기 위한 수단으로 TPP를 선택한 것이다. 그러나 2017년 트럼프 행정부에서는 미국 우선주의, 미국 중심의 보호무역주의를 표방하면서 TPP는 미국에 불리한 협상으로 보고 탈퇴를 선언하였다.

미국의 탈퇴 선언 후 TPP는 좌초상태였으나 일본이 중심이 되어 재협의를 하였고 결국 CPTPP로 개칭하여 출발하게 되었다. 일본은 미국이 빠짐으로써 TPP의 규모나 영향력은 크게 축소되었지만 환태평양 경제권 내에서 선도적 위치를 확보하고 동아시아 지역에서 중국을 견제할 수단으로 보고 TPP를 승계한 CPTPP를 이끌게 되었다. 일본 입장에서는 언젠가 미국이 복귀할 것으로 보고 있었다. 미국이 복귀할 경우 당초의 TPP 기능을 복원하여 한편으로는 미국과 함께 아태지역에서 중국의 역할을 차단하며, 다른 한편으로는 중국의 도전과 공격을 받고 있는 아태시장을 일본 우위의 시장으로 재조직화하기 위해 CPTPP를 선택할 것으로 볼 수 있다.

미국의 입장에서는 비록 트럼프 행정부의 폐쇄적 보호주의 정책으로 인해 TPP에서 탈퇴하였지만 2021년 새로 출범한 바이든 행정부는 정상적인 외교로의 복귀를 예고하고 있어 트럼프 시절 탈퇴한 WHO, 파리기후변화협약으로의 복귀와 함께 TPP/CPTPP로의 복귀도 검토할 것으로 보인다. 특히 2010년대 이후 시작되고 있는 미·중 무역 마찰과 미·중 패권경쟁으로 인해 동아시아 및 태평양 지역의 정치·경제 협력지형은 다시 조정될 수밖에 없는 상황이다. 이러한 점에서 미국은 아태지역에서 자국의 영향력은 확대하고 도전하는 중국을 견제하는 수단으로 CPTPP를 다시 선택할 수밖에 없을 것으로 보인다.

4) CPTPP의 의의 및 한국의 선택

CPTPP는 비록 미국이 탈퇴하였다 하더라도 5억의 인구와 세계무역의 15%를 차지하는 대시장이다. 또한 CPTPP 협정은 역내 11개 회원국 중 양자간 FTA가 새로 체결되어 있지 않은 국가 간에는 새로운 양자간 FTA가 체결되는 것과 같은 효과를 가지고 있다. 그러면서도 지역 전체로는 공동의 원산지규정을 두고 역내 '누적원산지'를 인정하고 있으므로 양자간 FTA의 난립으로 인한 원산지관리비용, 즉 스파게티 볼 효과를 억제할 수 있는 장점을 가지고 있다. 이러한 대시장에서 역내 관세철폐가 95~100%로 달성되고 역내 각국에서 생산된 부품이 모두 공동의 역내 원산지로 인정되면 CPTPP 내에서는 생산, 소비 양면에서 시장 결속력과 경제적 효율성은 높아질 수밖에 없다.

반면, 역내 국가 간의 생산의 결합도가 높고 시장 결속도가 강할수록 무역 전환이나 원산지 규정에 의한 역외차별은 더 크게 느껴질 수 있다. 따라서 한국의 입장에서는 역내 시장의 효율성은 확보하고 역외국으로서의 상대적 불이익은 회피하기 위해 CPTPP 가입을 고려하지 않을 수 없다. 한국 입장에서 CPTPP 가입이 유리할 수 있는 개별적 이유로는 2019년 현재까지 FTA를 체결하지 않고 있는 일본, 멕시코에 대한

표 15.8 TPP와 CPTPP의 경제규모 비교

	TTP	CPTPP
회원국	12개국 : 미국, 일본, 싱가포르, 브루나이, 말레이시아, 베트남, 호주, 뉴질랜드, 캐나다, 멕시코, 페루, 칠레	11개국 : 일본, 싱가포르, 브루나이, 말레이시아, 베트남, 호주, 뉴질랜드, 캐나다, 멕시코, 페루, 칠레
인구 비중	11.1%(8억 명)	6.9%(5억 명)
GDP 비중	37.4%(28.8조 달러)	13.5%(10.2조 달러)
무역 비중	25.9%(8.5조 달러)	15%(4.8조 달러)
한국 무역에서의 비중	35.9%(3,781억 달러)	24.6%(2,588억 달러)

주 : 2018년 기준, 세계 전체에 대한 당해 공동체의 비중(%)
자료 : KITA, TRADE REPORT, 2018, VOL.06, WTO, 한국무역협회

시장접근 기회가 열리며, 베트남, 말레이시아는 기존 FTA를 개선하는 효과를 가질 수 있기 때문이다. 다만 일본과의 상호시장 개방이 수반되므로 공산품 무역수지 적자가 부담이 될 수 있다. 그러나 한국과 일본이 함께 가입하고 있는 RCEP 협정이 이미 체결되어 일본의 공산품에 대한 관세 철폐가 예정되어 있으므로 CPTPP 가입으로 인한 대일 수입의 추가 부담은 크지 않을 것이다. 오히려 비교적 관세가 높은 일본의 농수산물 시장에는 우리의 접근이 쉬워질 수 있는 장점이 있다. 다만 미·중 패권경쟁이 지속되고 중국이 지원하는 RCEP과 미국, 일본이 주도하는 CPTPP가 대립하는 양상으로 발전할 경우 한국의 선택이나 가입 조건은 어려워질 수 있다. 이 경우에는 정치적

표 15.9 CPTPP 회원국 간 FTA 체결 현황(2018)

국가명 (신규FTA 수)	일본	캐나다	호주	멕시코	말레이시아	싱가포르	칠레	베트남	페루	뉴질랜드	브루나이	미국
일본(2)		■	◆	◆	◆	◆	◆	◆	◆	■	◆	
캐나다(7)	■		■	◆	■	■	◆	■	■	■	■	◆
호주(2)	◆	■		■	◆	◆	◆	◆	■	◆	◆	
멕시코(6)	◆	◆	■		■	■	◆	■	◆	■	■	◆
말레이시아(3)	◆	■	◆	■		◆	■	◆	■	◆	◆	
싱가포르(2)	◆	■	◆	■	◆		◆	◆	◆	◆	◆	◆
칠레	◆	◆	◆	◆	■	◆		■	◆	◆	■	◆
베트남(3)	◆	■	◆	■	◆	◆	■		■	◆	◆	
페루(4)	◆	◆	◆	◆	■	◆	◆	■		■	■	◆
뉴질랜드(4)	■	■	◆	■	◆	◆	◆	◆	■		◆	
브루나이(3)	◆	■	◆	■	◆	◆	■	◆	■	◆		
미국		◆	◆	◆		◆	◆		◆			

주 : ◆ 기 발효 양자간 FTA, ■ CPTPP에 따른 신규 FTA 발생 효과
자료 : KITA, TRADE REPORT, 2018, VOL.06 ,WTO

편향보다 경제적 동기에 의한 양자 동시 가입이 필요할 것이다.

세계 전체의 입장에서 볼 때도 2010년 이후 DDA 협상이 좌초되고 WTO 기능이 약화되고 있는 상황이라 RCEP이나 CPTPP를 통한 무역자유화는 세계적 무역확대의 차선책으로 그 의의가 있을 수 있다. 그런 점에서 한국은 RCEP뿐만 아니라 CPTPP에의 가입도 통상정책 차원에서는 검토되어야 할 것이다.

다만 단기적으로는 대일 의존형 수입구조가 더 심화될 수 있고 호주, 뉴질랜드, 캐나다, 칠레 등 역내 농업국가들로부터의 농·수·축산물 추가개방 요구가 있을 수 있으며, 후발 가입자로서 가입협상의 불리한 점 등도 CPTPP 가입 시 예상되는 문제점으로 고려하지 않으면 안 될 것이다.

3. 역내 포괄적 경제동반자협정(RCEP)

(1) RCEP의 추진 경위 및 협상원칙

역내 포괄적 경제동반자협정(Regional Comprehensive Economic Partnership : RCEP)은 ASEAN 10개국과 한국, 중국, 일본, 호주, 뉴질랜드 등 광역 동아시아 15개국이 참여하는 메가 FTA를 지칭한다. 2012년 11월 'ASEAN+6' 정상회의에서 RCEP 협상 개시를 선언한 이후 8년간에 걸쳐 31차례의 공식협상을 진행한 결과 2020년 11월 15일 RCEP 정상회의에서 최종 서명이 이루어졌다. 'ASEAN+6' 회원국 중 인도는 RCEP 협상에는 참여하였으나 중국과의 무역 불균형 확대, 국내 취약한 농업문제 등으로 인해 최종 합의와 협정문 서명에는 참여하지 않았다. 인도는 추후 협상을 통해 의견이 조정되면 추가로 참여할 계획이다.

RCEP는 다양한 형태의 동아시아 경제통합논의 가운데 한 형태로 2011년 ASEAN이 제안하여 협상을 추진하게 되었다. 당초 중국은 자국의 영향력이 크게 작용할 수 있고 지금까지 경제적 결속력이 높게 유지되어 온 'ASEAN+3' 형태의 통합을 지지한 반면, 일본은 중국의 영향력을 견제하고 자국과 보완성을 높게 유지할 수 있는 대양주 2개국과 인도를 포함한 'ASEAN+6' 모형을 선호하였다. 이러한 상황에서 역내 개도국 그룹이면서 경제통합체로서의 경험과 교섭력을 행사해 온 ASEAN이 'ASEAN+6' 형태의 RCEP를 제안하여 회원국의 동의를 받게 되었다. 그 후 협상과정에서도

ASEAN은 중국과 일본 간의 지역 내 패권경쟁을 조정하고 역내 선진국과 개도국 간의 입장차를 중재하는 입장에서 RCEP 협상을 주도해 왔다.

RCEP 협상의 당초 타결 시한은 2015년까지였으나 16개 회원국 간의 입장 차이가 크고, 특히 중국과 인도 간의 무역 불균형을 둘러싼 의견차이로 협상이 지연되었다. 그러나 2018년 이후 미국의 자국중심의 보호무역주의가 드러나고 아태지역의 TPP 협상이 타결되면서 RCEP 협상도 빠르게 진행되어 2019년 말 기본안이 타결되었고 2020년 11월 15일 최종 서명에 이르게 되었다.

RCEP은 WTO의 기본정신을 수용하고 발전 단계가 다른 역내 15개 회원국(협상과정에서는 인도 포함 16개국)의 다양한 입장을 반영하기 위해 다음과 같은 협상원칙을 가이드라인으로 제시하고 있었다. 즉 ① WTO협정과의 정합성 유지, ② 기존 ASEAN＋1 FTA체제의 개선, ③ 무역, 투자의 투명성과 원활화, ④ 개발도상국 배려와 기술지원, ⑤ 기존 FTA의 존속, ⑥ 상품, 서비스, 투자 및 기타 분야로 교섭을 추진한다는 원칙하에 협상이 진행되어 2019년 기본안에 대한 합의가 이루어졌다.

(2) RCEP 협정의 주요내용

RCEP 협정문은 다음과 같은 20개장으로 구성되어 있으며 상품, 서비스, 투자를 비롯하여 지재권, 정부조달, 전자상거래 등 최근의 무역협정 신 과제를 모두 반영하고 있다. 즉 제1장 일반정의, 제2장 상품무역, 제3장 원산지규정, 제4장 통관절차, 제5장 위생조치, 제6장 기술규제, 제7장 무역규제, 제8장 서비스무역(금융, 통신 전문 서비스 분야의 부속서), 제9장 인력이동, 제10장 투자, 제11장 지적재산권, 제12장 전자상거래, 제13장 경쟁, 제14장 중소기업, 제15장 경제기술협력 제16장 정부조달, 제17장 일반규정 및 예외, 제18장 제도규정, 제19장 분쟁해결, 제20장 최종조항 등이다.

RCEP 협정의 주요내용과 특징

① RCEP 상품 양허는 기존 FTA 체결국 간에는 90% 이상의 자유화 수준을 유지하고 미 체결국 및 후발 개도국은 이보다 낮은 수준의 양허안을 수용함

② 현재 체결되어 있는 개별 FTA 마다 상이한 원산지기준을 품목별로 역내 단일 원산지기준으로 통일하고 원산지 증명 절차를 간소화함. 이에 따라 RCEP 경제권 내에

서 재료의 조달, 가공이 일어날 경우 '누적원산지' 적용 대상이 되고 이들 중간재를 사용한 제품은 역내(국내)제품으로 인정될 수 있음

③ 서비스 무역의 개방도는 역내 개도국의 여건을 고려하여 의무조항을 최소화하는 수준에서 낮게 설정함. 금융, 통신서비스는 관련 부속서 채택을 통해 개방영역을 별도 표시함. 이에 따라 한국 등 역내 선진국은 금융, 통신사업 진출 기반을 확보할 수 있게 됨. 통신부속서에 표시된 참여국 간 이동전화번호 이동 허용, 합리적 국제로밍 비용 설정을 위한 협력 강화 등은 통신시장 개방의 한 측면으로 볼 수 있음

④ 투자조항에서는 외국인 투자 차별금지, 투자원활화 조항을 두어 역내 투자활성화 기반을 조성함. 그러나 국익보호 목적의 외국인 투자 심의제도의 권한은 유지하도록 함. 투자자-국가 분쟁해결 (ISDS)관련 조항은 추후논의 사항으로 남겨둠

⑤ 기타 전자상거래, 지적재산권보호 등 변화하는 무역 환경을 반영하는 조항을 둠. 지적재산권 조항에는 저작권, 상표, 디자인 등을 포함하는 포괄적 보호규범을 마련하였고 이를 통해 지식재산권 조항이 없는 기존의 개별 FTA(예 : 한-ASEAN FTA)를 보완하고 있음. 전자상거래 조항에서는 문서의 전자화, 전자서명, 전자인증을 촉진하는 규정을 두고 있음

(3) RCEP협정의 의의

RCEP이 발족하면 2018년 기준 세계인구의 약 절반(48%), 세계 GDP의 약 1/3(32.1%), 세계무역의 약 27%를 차지하는 세계 최대의 경제권을 형성하게 된다. 이러한 거대경제권 내의 포괄적 무역자유화 조치는 역내시장뿐만 아니라 세계 전체의 무역 및 투자 자유화를 유도하게 될 것으로 기대된다. 또한 회원국 간 직접적인 관세철폐뿐만 아니라 회원국의 다양한 보호주의적 무역규제에 대해서도 RCEP은 조정, 억제기능을 하게 된다. 거대경제권이 가질 수 있는 대외 교섭력으로 인해 역외국의 관세인하에 대해서도 영향을 미칠 수 있을 것이다. 또한 WTO의 역할이 쇠퇴하고 있는 상황에서는 새로운 국제규범이 요구되는 지적재산권 보호, 정부조달, 디지털무역 분야의 무역규범을 선도함으로써 WTO의 역할을 보완하는 기능을 할 것으로 보인다.

　동아시아 내에서는 여러 형태의 양자간 FTA가 다수 체결되어 있으나 각기 상이한

표 15.10 **RCEP의 경제적 위상(단위 %)**

경제권	인구	GDP	수출	수입	FDI (순유입)
RCEP(16개국)	47.5	32.1	27.1	26.8	41.8
RCEP (인도제외 15개국)	29.7	28.9	25.0	24.2	38.3
CPTPP(11개국)	6.6	12.9	13.5	13.5	24.1
USMCA(3개국)	6.5	27.3	10.7	4.6	28.3
EU(28개국)	6.8	21.9	34.6	32.7	4.2
ASEAN(10개국)	8.6	3.5	7.3	6.9	12.9

주 : 2018년 기준, 세계전체에 대한 비중(%)
자료 : World Development Indicator, World Bank(2019. 10)

원산지규정으로 인해 실제 운용에는 많은 관리비용과 불편-스파게티 볼 효과-이 수반되고 있다. 그러나 RCEP이 체결되면 지역 전체를 하나의 누적원산지 영역으로 인정하고 역내에서는 단일 원산지규정이 적용되므로 이러한 불편과 비용은 줄어들게 된다. 복잡하게 얽혀 있는 역내의 원산지규정을 하나의 통일된 기준으로 조화시키고 역내 각국에서 생산된 부품, 중간재에 대해 누적원산지로 인정하게 되면 역내 제국 간의 가치사슬 구조는 하나의 역내제품을 위해 긴밀하게 짜여지게 될 것이다. 그리고 역외에 투자되었던 해외 생산 및 조달라인을 역내로 이전하는 효과가 나타날 것이므로 세계 전체의 GVC망의 재조정이 일어날 수 있다. 따라서 공동원산지 기준을 가지고 있는 RCEP은 GVC 재편성의 플랫폼 역할을 할 것으로 보인다.

2010년대 이후 중국이 세계의 생산기지에서 소비시장으로 그 주기능이 전환됨에 따라 RCEP 발효 이후에는 중국의 생산거점이 RCEP 역내 개도국으로 이전할 기회가 많아질 전망이다. 그로 인해 중국으로 중간재를 수출했던 한국, 일본 등 역내 공업국은 중국을 경유한 중간재의 역내 수출과 함께 역내 개도국으로의 직접 수출을 동시에 늘리게 되고 그로 인해 지역차원의 부가가치 생산망(Regional Value Chain : RVC)이 새로 구축될 수 있다.

그 외에도 RCEP의 체결은 15개 회원국 중 아직 양자간 FTA를 체결하지 않은 국가들 간에는 새로운 FTA를 체결하는 효과를 가질 수 있다. 한-ASEAN FTA처럼 개방도가 낮은 수준으로 체결된 역내 FTA는 그 개방도나 대상범위를 상향시키는 효과를 가질 수 있다. 한국의 입장에서 볼 때 RCEP의 발족은 사실상 일본과의 FTA 체결효과를 가지며, 개방수준이 낮았던 한-중 FTA를 개선하는 효과도 가질 수 있다. 그리고 한·중·일 3국이 동시에 RCEP 수준의 FTA권에 들게 되므로 지금까지 논의가 중단되고 있는 한·중·일 FTA 협상을 촉구하는 계기가 될 수 있다.

4. TTIP 및 기타의 거대 FTA

TPP와 RCEP 외에 아태지역의 주요 FTA 조직으로는 북미의 USMCA와 현재 협상 중인 한·중·일 FTA가 있다. 이들 두 FTA는 그 자체로도 충분한 시장지배력을 가진 거대 FTA이지만 이미 앞에서 설명한 바 있으므로 여기서는 이들에 대한 추가 설명은 생략하기로 한다.

현재 아태지역에서는 개별 국가 간에 체결된 다수의 쌍무적 FTA와 소지역별 FTA가 중첩되거나 병존하고 있으며, 현재 진행 중인 광역 FTA 협상에도 중복 참여하고 있다. 따라서 이들 개별 FTA가 하나의 광역 FTA로 흡수 통합되지 못하고 중복 가입으로 인한 중층적 FTA가 지속된 된다면 아태지역에서는 통합의 효과 못지않게 스파게티 볼 효과의 확대로 인한 부작용도 적지 않을 것이다.

한편 미국과 EU 간에 추진되어 온 환대서양 무역투자 동반자협정(Transatlantic Trade and Investment Partnership : TTIP)은 아태지역이 아니라 대서양 동맹의 일환으로 추진되는 광역 FTA이다. TTIP 협상은 2013년 2월에 시작하여 2015년 말까지 협상이 진행되었다. 그러나 양자간 협상의 교량 역할을 해 온 영국의 EU 탈퇴 결정 이후 협상은 사실상 중단되었다. 미국과 유럽은 경제규모 및 세계시장 지배력 면에서 세계 최대의 경제력을 가진 집단이며, 역사적으로도 세계질서를 이끌어 온 패권 질서의 관리 경험을 가진 국가군이다. 이러한 경제적 역사적 경험을 배경으로 21세기의 새로운 세계질서도 자기들이 선도해 간다는 의도를 가지고 있다. 그러나 21세기 들어 중국의 부상과 동아시아의 통합이 실현되면서 이러한 구미(歐美) 중심의 패권체제가 도전을 받게 된 것이다. 2010년대 이후 시도되어 왔던 TTIP는 세계시장 조직의 재편성이라는 경제적 측면뿐만 아니라 세계질서 창출자(Rule maker)로서의 기능을 아시아에 의존할 것이 아니라 구미 중심으로 유지해 가겠다는 유럽과 미국의 공동 이해관계를 반영한 조치로 볼 수 있다. 따라서 '브렉시트' 이후 영국과 EU의 대외관계가 재정립되고 미국의 국별 보호주의가 후퇴하게 되면 TTIP나 혹은 그와 유사한 형태의 대서양 동맹은 다시 시도될 것으로 전망된다.

5. 미·중 무역마찰과 아태지역 시장질서

(1) WTO 가입 이후 중국의 행보

미국과 유럽국가들은 2001년 중국의 WTO 가입을 계기로 중국이 점차 시장경제 체제로 편입할 것으로 보았다. 또한 WTO 가입조건으로 제시 되었던 거래의 투명성과 무차별 주의에 입각한 자유무역 원칙을 준수할 것으로 기대했다. 그러나 WTO 가입 이후 시장경제를 받아들이면서도 국가 개입주의를 유자하고 있는 중국의 경제운용방식은 투명성이나 공정성 면에서 서방의 기대에는 미치지 못했다. 오히려 WTO의 개도국 우대조항을 이용하여 국내기업과 외자기업을 차별 대우하거나 수출은 지원하고 수입은 억제하는 국가관리형 불공정 무역정책을 펼쳐왔다.

이에 대한 서방세계의 불만과 지적에도 불구하고 중국은 다음과 같은 경제적 기술적 여건 변화로 인해 자국중심의 독자노선을 고수해 왔다. 즉 중국은 2010년 이후 제2의 경제대국으로 부상해 왔고 2030년경에는 미국과의 GDP규모가 역전될 수 있을 것이라는 중국몽을 가지고 있다. 급속히 성장하는 13억 인구의 거대한 국내시장도 독자노선 유지의 지지대가 되고 있다. 거대한 국내시장을 배경으로 규모의 경제를 실현할 수 있었고 거대한 국내시장을 보고 밀려오는 외국 기업으로 하여금 기술이전을 요구하거나 엄격한 환경기준을 요구할 수 있었기 때문이다. 이러한 자국시장의 온실에서 성장한 중국 기업이 현재는 세계 제조업시장을 장악하기에 이르른 것이다. 이렇듯 자유무역과 공정경쟁이라는 WTO 규범을 무시하고 국내시장을 자국기업 육성의 온실로만 생각한 결과 중국은 미국과 서방세계의 불만과 규제를 초래하게 된 것이다.

(2) 미국의 규제

이상과 같은 중국의 국제무역 및 산업정책상의 불공정 행위를 규제하기 위해 미국은

2008년 DDA 라운드가 사실상 좌절된 이후 다양한 방법으로 중국을 규제하고자 하였다. 당초에는 선진국과 개도국 간 불평등 문제를 개선하기 위한 도하개발 아젠다(DDA)를 통해 WTO 차원에서 규제하고자 했으나 DDA 협상의 좌절로 실행하지 못했다. 그 대신 범 대서양 무역투자협정(TTIP)과 환태평양 경제동반자협정(TPP)의 무역규범을 통해 대 중국 압력을 가하고자 했다. 그러나 2016년 영국의 EU 탈퇴 결정으로 TTIP 협상이 중단되고, 트럼프 행정부에서 TPP마저 탈퇴하게 되자 국제기구나 지역협정을 통한 간접규제방식은 기회를 얻지 못하게 되었다. 이리하여 2018년 이후 미국 트럼프 행정부에서는 미국의 통상정책 차원에서 직접 중국을 견제하기 시작하였다.

(3) 미·중 무역마찰의 노정

2018년 봄부터 미국은 중국의 불공정 거래행위에 대한 보복으로 중국에 대한 고율의 추가 관세를 부과하기 시작하였다. 이를 계기로 양측 간 수차례의 보복형 관세가 발표되자 미국 측에서도 지나친 마찰은 미국 측에도 손실이라는 판단 아래 2019년 말에는 신규 추가관세 부과를 잠정 중단하는 합의에 이르게 되었다. 이때 통상마찰 해소의 대안으로 미국이 요구한 사항은 ① 중국의 미국농산물 및 공산품 구매 확대, ② 중국 금융시장 추가 개방, ③ 지적재산권 보호, ④ 기술이전 투명성 확보, ⑤ 환율조작 금지 등이었다. 이에 대해 중국은 이러한 양보사항을 발표하지 않는 등 소극적 입장을 보여 왔다. 여기에 2020년 초 중국 발 COVID19 유행병이 세계적으로 확산되자 중국의 대미 수입은 약속대로 지키기 어렵게 되었다. 미국 내에서도 지나친 대중 수입규제가 미국 소비자 선택권을 축소시킨다는 비판이 일어나게 되어 양국 간 무역마찰은 소강 국면에 접어들게 되었다.

그러나 양국 간 무역마찰은 그 유발 배경을 고려할 때 쉽게 해소되기 어려운 특성을 가지고 있다. 우선 중국 측에서 21세기 이후 비대해진 자국의 경제력과 높아진 기술력을 배경으로 미국의 지배력에 도전하고자 하는 중화주의적 도전의식을 숨기지 않고 있기 때문이다. 반면 미국 측에서는 중국의 성장이 막대한 대미 흑자와 미국으로부터의 기술이전에 혜택을 입어 왔다고 보고 있다. 그럼에도 중국은 자유무역원칙을 존중하지 않고 지적재산권(IPR)을 침해하며, 막대한 자금력으로 미국 기술기업을 매수해 가고 있으므로 중국을 기술 개발국이나 자유무역 수호국으로 인정할 수 없다는 입장을 유지하고 있다.

이에 따라 2020년부터 미국은 무역수지 개선뿐만 아니라 중국의 차세대 기술굴기 자체를 견제하기 위한 조치를 내리기 시작하였다. 그 주요내용으로는 ① 기술부문의 중국 유학생 축소 ② 중국 과학자의 미국 연구사업 참여 제한 ③ 중국 5G 통신장비 업체 화웨이에 대한 부품 공급차단 등을 들 수 있다. 첨단 기술분야에서 중국의 도전을 차단하기 위한 조치라 할 수 있다. 첨단 기술 분야에서 미국에 의한 중국 견제는 단순한 무역전쟁이 아니라 기술패권 경쟁 차원에서 이루어지고 있다. 첨단기술은 대부분 민군(民軍)겸용 기술이고 5G, AI, 로봇, 항공우주 등의 첨단 분야는 모두 상용기술임과 동시에 군사용 기술이다. 따라서 미국으로서는 이 부문에서 중국의 부상을 경계하고 견제하지 않을 수 없다.

중국은 현재 군비지출, R&D 지출, 국제특허 출원 등에서 미국 다음의 제2위 국가로 성장하고 있다. 국제특허 데이터에서 보면 2014년 이후부터는 중국의 혁신성장이 이미 미국을 추월한 것으로 나타나고 있다. 따라서 2018년 트럼프 행정부 이후의 미·중 무역마찰은 중국의 기술부상에 대한 미국의 경계심에서 출발된 것이며, 관세전쟁이라기보다는 기술패권과 군사적 패권경쟁의 성격을 띠고 있었다. 이런 점에서 미·중 무역마찰은 앞으로도 계속될 수밖에 없는 구조적 현상으로 보아야 할 것이다.

(4) 무역마찰에서 패권경쟁으로의 전환

2010년 이후 중국은 '중국 제조 2025' 계획을 통해 중국 제조업을 세계 최고 수준으로 첨단화하고 군사력도 세계 최강 수준으로 끌어 올린다는 꿈을 밝히고 있다. 미국의 독점적 지배분야인 국제금융 분야에서도 아시아 인프라투자은행(AIIB) 설립, 위안화 국제화 등을 통해 미국 중심의 금융질서에 도전하고 있다. AIIB는 2009년 국제금융위기 이후 IMF 투표권 비중을 중국을 위시한 아시아 신흥국에 더 배정하도록 하였으나 미국의 거부권 행사로 실행이 지연되자 이에 대한 반발로 중국이 주도하여 2016년 1월 발족시킨 국제투자은행이다. 공식적으로는 아시아, 유럽, 중동 등 세계 57개국이 공동지분을 가지고 있으나 실질적으로는 중국이 30%의 투자 비중과 26%의 의결권을 가진 중국 주도의 국제금융기관이다. 초기 자본금은 아시아 개발은행(ADB)이나 세계은행(WB)에 미치지 못하나 목표 자본금은 5,000억 달러로 이들보다 크다. 아시아 국가들의 사회간접자본 개발에만 집중하고 있으므로 아시아 지역에서는 일본과 미국이 주도하고 있는 ADB나 WB보다 더 큰 영향력을 구사할 수 있다. 더욱이 AIIB에는 미국과 일본이 참여하지 않고 있어 AIIB를 계기로 미국과 중국 간의 패권경쟁은 국제금융시장으로까지 확대될 전망이다.

정치·군사적으로도 시진핑 정부 이후에는 아시아, 아프리카, 중남미 등의 제3세계에 대한 대규모 원조 지원으로 대외 영향력을 확대하고 있다. 남중국해 영토분쟁, 중동사태, 한반도 문제 등에서도 미국과 군사적 대립 범위를 넓히고 있다. 이러한 시각에서 볼 때 2010년대 이후 전개되고 있는 미·중 무역마찰은 단순히 통상정책상의 마찰이 아니라 국제금융, 정치, 외교, 군사 면에서 야기될 수 있는 패권경쟁의 한 단면으로 관찰될 수 있다.

아직은 시작단계에 불과하나 미·중 간의 패권경쟁은 정치, 경제, 문화적 배경 등에서 이질적 세력 간의 경쟁이라는 점에서 문제의 심각성이 있다. 미국은 시종일관 시장경제와 자유민주주의를 강조해 온 반면, 중국은 중국 나름대로 공산당 주도의 국가 관리형 경제시스템과 부국강병 노선을 고수하고 있기 때문이다. 따라서 양국 간의 패권경쟁은 소위 '투키디데스 함정'에 빠질 위험이 크다. 또한 양자가 이질적 성격의 대립을 지속할 경우 양국이 위치한 아시아 태평양 지역의 국제질서는 미·중 양대 노선으로 분리되는 21세기형 철의 장막 시대로 후퇴할 가능성도 없지 않다. 경제 및 시장질서 측면에서 볼 때 아태지역 내에서 중국은 동아시아 국가들이 중심이 되고 있는 RCEP의 기능 확대와 함께 중국의 역할 확대를 시도하게 될 것이다. 반면 미국은 트럼프 행정부에서 잠정 탈퇴하고 있지만 중국이 배제된 CPTPP에 다시 복귀하여 미국 중심의 환태평양 경제협력체제를 주도해갈 가능성이 높다. 실제 NAFTA를 대체하여 2020년 7월 발족한 USMCA 협정에서는 비시장 경제국과의 FTA 체결을 규제하고 있다. 이는 미국의 지역무역협정 대상국들이 사실상 중국과의 FTA 체결을 견제하려는 조치로 볼 수 있다. 따라서 미·중 간의 패권경쟁이 본격화 된다면 아태지역에서는 미·중 양대 권역으로 시장이 직접 혹은 간접적으로 블록화할 위험이 없지 않을 것으로 보인다.

제16장

한국의 통상정책 기조와 FTA 정책

제1절 한국의 통상정책 기조

1. 1960~1980년대의 대외 지향적 성장정책과 GATT 체제로의 진입

한국은 1960년대 초반부터 1990년대 초까지 30년간에 걸쳐 정부가 주도하는 경제개발 5개년 계획을 실행해 왔으며, 그로 인해 다른 지역에서는 볼 수 없는 빠른 경제성장을 달성해 왔다. 이 기간 동안 한국은 부족한 국내 자본과 기술, 빈약한 부존자원, 협소한 국내시장의 장벽을 극복하기 위해 수출 위주의 대외 지향적 성장정책을 추진해왔다. 즉 부족한 자본과 기술은 외국에서 차관을 통해 도입하였고 부족한 자원과 에너지는 수입에 의존하며, 국내의 저렴한 노동력을 이용하여 가공·조립한 다음 이를 미국 등 선진국 시장으로 수출하는 개발전략을 선택해 왔다.

이 가운데 특히 한국 정부가 중점을 두어온 정책기조는 수출의존형 개발정책이었다. 제2차 세계대전 이후 인도, 브라질 등 대국형 개발도상국은 외국의 자본과 기술을 도입하더라도 국내시장을 겨냥한 수입대체형 공업화정책을 선택했다. 그러나 한국은 1960년대 초부터 시작한 경제개발계획에서 협소한 국내시장의 한계점을 극복하기 위해 수출지향적 공업화 정책을 선택하였고, 이것이 당시의 국내외 여건과 조화를 이루면서 성공적인 경제성장을 이끌어 낼 수 있었다. 1962년 경제개발 5개년 계획의 시작 당시에는 자립경제를 목표로 수입대체형 공업화 정책을 구상했으나 국내 경제의 제반 여건과 국제무역환경을 예상하여 1964년부터 수출지향형 공업화로 정책 기조를 바꾸었다. 그러나 그때까지 한국은 GATT 회원국이 아니었기 때문에 무역 상대국으로부터 최혜국대우를 받지 못하였으며, 이에 따라 한국은 일본, 태국, 인도, 서독 등 주요 무역 상대국과 쌍무적 무역협정을 체결하여 수출 환경을 조성하고자 하였다.

1967년 GATT의 정규 회원국으로 가입하면서 한국은 당시 71개 GATT 회원국으로부터 무차별대우를 보장받게 되었고 이때부터 해외시장 진출의 제도적 기반을 마련하게 되었다. 이리하여 한국은 1960년대 말엽부터 GATT를 중심으로 하는 다자간 무역자유화 정책에 참여하는 한편 이를 활용하여 수출지향적 공업화정책을 본격적으로 추진하게 되었다. 당시 한국은 GATT 체제 내에서 개발도상국 조항의 적용을 받고 있었으므로 선진국으로의 수출에서는 무역자유화의 혜택을 받는 반면 국내로의 수입에 대해서는 국내 경제 보호조치를 인정받고 있었다. 예를 들면 GATT 가입 당시 GATT의 71개 회원국으로부터 65,000여 품목의 관세 양허를 받는 반면 개도국의 예외 조항을 인정받아 60여 개 품목만 양허하는 등 혜택을 부여 받고 있었다. 여기에 더하여 선진국의 개도국에 대한 일반 특혜 관세제도(GSP)와 같은 무역을 통한 개도국 지원 조치가 실시된 결과 한국은 GATT가 추진하는 다자간 무역자유화 조치에 편승하여 수출위주의 공업화 정책을 용이하게 실현할 수 있었다.

국내적으로는 빈곤탈출과 조국 근대화에 대한 국민들의 열망이 정부의 개발의지와 합치되면서 정부주도의 수출 드라이브 정책은 국민들의 협조 속에 성과를 거둘 수 있었다. 수출주도형 성장정책의 성공은 당시 경제개발을 위해 도입했던 거액의 차관자금의 상환을 가능하게 하였고 산업고도화에 필요한 자본 및 기술도입의 재원을 마련할 수 있게 하였다. 그 결과 한국은 당시 중남미 개발도상국들이 경험해 온 외채위기를 피할 수 있었고, 수입대체형 공업화 정책을 써왔던 다른 개발도상국들의 개발 좌절을 경험하지 않고도 성장을 지속해 올 수 있었다.

그러나 이 기간 동안에는 경제개발 5개년 계획에 의해 수출입 목표가 설정되고 이러한 목표에 접근하기 위해 대외 무역이 정부에 의해 통제되는 관리무역의 형태로 이루어 졌다. 특히 1960~1970년대 후반까지는 수출입 허가제도, 외환관리제도, 무역

계획공고제도 등을 통해 수입이 관리되었으며, 수출을 촉진하기 위해서는 다양한 형태의 세제 및 금융상의 특혜제도를 도입하고 있었다. 이러한 관리제도는 1980년대 접어들면서 선진국의 신보호주의와 한국의 수입규제 정책에 대한 압력이 높아지면서 점차 완화되기 시작하였고 국내에서는 무역관리제도의 선진화와 함께 경제의 국제화를 추진하게 되었다.

2. 1988~1997년 경제의 자유화와 개방정책

1960~1980년대에 이르는 기간 동안의 수출지향적 성장정책이 성공을 거둔 결과 1980년대 말부터는 국내외적으로 새로운 변화를 맞이하게 되었다. 그중 무역정책면에서는 개방화, 자유화의 방향으로 정책 기조를 변경하게 되었으며, 국제적으로는 GATT, IMF 체제 내에서 개발도상국의 입장이 아니라 선진국 조항의 적용을 받는 국가로 국제적 위상과 책임이 달라졌다. 즉 1980년대 말까지 한국은 개발도상국으로서 필요시 수입제한과 외환통제를 할 수 있는 개도국 조항의 적용 대상국이었다(GATT 18조국, IMF 14조국). 그러나 1988년에는 IMF 8조국으로 이행하였고, 1990년부터는 GATT 11조국으로 이행함으로써 1990년 이후에는 GATT가 추구하는 무역자유화, IMF가 추구하는 외환자유화를 실천하는 선진국 조항의 적용 대상 국가로서의 국제적 임무를 지게 되었다.

이러한 위상 제고와 국제적 책임의 변화는 종전 개발계획 수행 기간 중 만성적으로 보여 왔던 국제수지 적자가 1986년부터는 흑자로 전환되었고 1988년 올림픽을 유치하여 성공적으로 치러 내는 등 한국의 국민경제적 역량이 국제적으로 인정되었기 때문이다. 어쨌든 1988년 IMF 8조국, 1990년 GATT 11조국 이행을 계기로 한국은 과거 개발계획 수행을 위해 정부가 관리하고 통제하던 경제운영 방식을 대폭 자유화하기 시작하였고 대외무역 정책은 개방 기조로 전환하게 되었다. 이러한 자유화 개방화 과정을 거쳐 1986~1993년에 전개되었던 GATT의 제8차 다자간 무역협상, 즉 우루과이 라운드(UR)협상 때부터는 한국이 능동적으로 세계적 무역자유화 협상에 참여해 왔고, 1995년에 GATT를 승계하여 새로 출범한 WTO의 범세계적 무역자유화 취지에도 적극 동참해 오고 있다. 그 결과 UR 협상 이전 7%에 불과했던 관세 양허율은 UR이 타결되고 WTO가 출범할 시점에는 91%로 증가하였다. 또한 한국은 UR 협정에 의해 양허 관세율을 가중평균치 기준으로 54.2% 인하하는 등 국내시장 개방 조치를 단행하였다. 그 결과 한국의 평균 수입 관세율은 1982년 23.7%에서 1994년에는 평균 7.9%로 인하되었다.

3. 1990년대 말 이후의 다자주의와 지역주의의 병행

제2차 세계대전 이후 약 40여 년 동안의 국제무역질서는 GATT에 의한 자유무역주의에 의해 관리되어 왔으며, 자유무역주의를 실현하는 방법으로 GATT는 무차별주의와 다자주의를 강조해 왔다. 그 결과 케네디 라운드가 열렸던 1960년대 중반부터 우르과이 라운드(UR)가 타결된 1990년대 초반까지 세계 전체의 자유무역 환경은 크게 개선되었고 미국, EU, 일본 등 주요 선진국의 평균 관세율은 2~4% 수준으로 낮아지게 되었다. 그리고 1993년 UR이 타결되고 WTO가 출범한 1995년 이후에는 상품뿐만 아니라 농산물, 서비스 무역의 자유화가 폭넓게 추진되었다. 이러한 무역자유화 흐름에 더하여 정보통신기술이 발달하고 자본 이동의 자유화가 일어나고 동서 냉전 장벽까지 제거됨에 따라 1990년대 이후에는 세계 전체가 하나의 생산 및 교역권으로 통합되는 소위 경제의 세계화가 일어나게 되었다.

그러나 다른 한편에서는 UR 협상(1986~1993) 과정에서 다자주의의 비효율성과 한계성을 인식하였고 급속히 전개되는 세계화 추세에 대한 경계심이 일어나면서 1990년대 이후에는 다자주의와 함께 경제적 지역주의가 동시에 선호되는 양상을 보이기 시작하였다. 다자주의를 주장하는 GATT 체제하에서 UR 협상은 당초 3년간의 협상기간을 지나 7년이 경과해서 겨우 타결이 되었으며, 협상내용도 당초 의도했던 무역자유화 수준보다는 많이 후퇴한 수준에서 타결되었다. 이로 인해 많은 국가들은 다자간 무역협상의 효율성에 회의를 가지게 되었고 그에 대한 대안으로 지역주의를 선택하기 시작한 것이다. 그리고 1990년대 초 냉전이 종식됨에 따라 국제 간 결속구도가 지금까지의 이념적 결속에서 벗어나 경제적 실리추구를 위한 결속관계로 변모하게 되었던 바, 이것이 경제적 지역주의를 확산시키는 토양이 되었다.

세계무역질서가 다자주의에서 지역주의로 변화하는 중요한 계기는 미국의 입장 변화였다. 전후 다자주의와 범세계적 무역자유화를 앞장서 주장해 왔던 미국은 UR 협상 과정에서 그 리더십에 한계를 느꼈고, UR 협상 지연에 대한 대비책으로 1992년 북미 자유무역협정(NAFTA)을 체결한 것이 여타지역의 지역주의를 유발하는 촉진제가 되었다. 여기에 더하여 유럽에서는 EU가 1992년 역내시장 단일화에 이어 1993년 마스트리히트 조약에 의한 유럽연합(EU)을 발족시키고, 중동부 유럽으로 회원국을 확대시키게 되자 경제의 지역주의 추세는 범세계적으로 확산되기 시작하였다. 즉 세계무역의 중심축을 형성하고 있는 미국과 EU가 지역주의를 확대하게 되자 아시아, 라틴 아메리카, 중동 등지의 개발도상국은 지역주의를 새로운 무역질서로 수용하지 않을 수 없게 된 것이다.

이러한 흐름 속에서도 한국은 1990년대 후반까지 GATT/WTO 중심의 다자간 무역자유화 원칙을 존중해 온 반면 지역주의에 입각한 쌍무적 무역협정에는 신중한 입장을 보여 왔다. 그러나 1997년 동아시아 외환위기가 발생하여 태국, 인도네시아, 말레이시아뿐만 아니라 경제적 기반이 비교적 건실했던 한국마저도 심각한 금융위기를 경험하게 되자 한국을 위시한 동아시아 국가들은 지역중심의 경제협력조직의 필요성을 인식하게 되었다. 그리하여 1997년 말 ASEAN 10개국과 한국, 중국, 일본으로 구성된 'ASEAN+3' 정상회의와 각료회의를 위시하여 동아시아 통화협력을 위한 '치앙마이 이니셔티브' 협정에도 적극적으로 참여하게 되었다. 특히 1997년 외환위기 극복을 위해 IMF 구제 금융을 지원 받는 과정에서 IMF는 한국에게 비효율적이고 현지 실정에 맞지 않은 신자유주의적 개방조건을 과도하게 요구하였다. 이러한 IMF의 조치가 일면 한국의 국민적 고통을 가중시켰고 다른 한편으로는 한국으로 하여금 IMF와 같은 국제기구보다는 경제적 상호의존 관계가 깊은 동아시아 역내 국가 간의 협력이 더 우선 과제임을 인식하게 하였다.

이렇게 하여 지역협력의 분위기가 고조되고 동아시아 시장의 중요성이 높아짐에 따라 한국은 1990년대 말부터는 ASEAN을 위시한 동아시아 주변국들과의 경제협력을 위한 지역주의 노선을 다자주의와 함께 병행하기 시작하였다. 다만 1990년대 말 이후 취해지고 있는 한국의 지역주의는 동아시아뿐만 아니라 역외의 다른 무역 국가들과의 FTA를 병행함으로써 시장의 블록화보다는 세계 주요 시장에 대한 접근성을 개선하는 방향으로 전개하고 있다.

4. 2000년대 이후의 FTA 선호정책

1990년대 이후 세계화의 진전과 함께 신지역주의가 세계경제의 새로운 질서로 자리 잡게 되고 1997년 외환위기를 경험하면서 지역협력의 중요성을 인식하게 되자 한국은 2000년대 들어서면서 지금까지 유지해 왔던 다자주의 무역정책 근간을 지역주의와 병행하는 형태로 수정해 왔다. 즉 다자주의에 입각한 WTO의 규범을 존중하되 이에 보완적으로 접근해 갈 수 있는 지역주의를 동시에 받아들이게 된 것이다.

그러나 미국, EU를 위시한 다른 주요 무역 국가들이 1990년대 초부터 이미 다양한 형태의 지역별 무역협정을 통해 지역주의형 통상전략을 추진해 온 추세에 비하면 한국의 이러한 정책전환은 수출시장의 안정적 확보란 측면에서 때늦은 감이 있었다. 이에 따라 한국 정부는 2000년대 초반부터 해외시장의 지역주의화에 따른 역외국으로서의 불이익을 극소화하고 안정적인 수출시장 확보를 위해 전 방위적인 FTA 정책을 추진하고자 하였다. 그 결과 2010년경에는 EU, 미국, ASEAN과 같은 주요 수출시장뿐만 아니라 EFTA, 칠레, 싱가포르, 인도 등과도 FTA를 체결하게 되었고 일본, 중국, 오스트레일리아, MERCOSUR 등과도 FTA를 준비하는 등 적극적인 FTA 정책을 추진해 오고 있다.

그러나 초기의 FTA 정책은 짧은 기간 내에 많은 국가들과 여러 건의 FTA 협정을 체결하는데 따르는 부작용과 문제점도 적지 않았다. FTA 체결을 성사시키는데 급급한 나머지 개방수준을 낮게 유지하거나 국내 사양산업에 대한 피해보상과 구조조정 대책이 미흡한 상태에서 협정을 체결하는 조급함을 보여 왔다. 그로 인해 국내 이해집단의 저항과 국회비준의 지연과 같은 문제점을 노정해 왔다.

FTA의 경우 개별 협정마다 그 내용이나 원산지 규정이 다르므로 협정 건수가 많아질수록 그에 따른 관리비용도 누적적으로 증가하게 된다. 한국정부는 당초 이러한 문제점과 비용 요인에 대한 고려보다는 FTA 지각생으로서의 불이익을 해소하는 데에만 급급한 나머지 FTA 협정의 내실화나 한국 입장에서 최적화할 수 있는 전략적 측면은 소홀히 한 점이 있었으며, 대국민 설득과 같은 대내 협상에서도 예기치 못한 저항을 받기도 하였다.

제2절 한국의 FTA 정책

1. FTA 정책의 기본 방향

한국은 지난 반세기 동안 무역의존형 성장정책을 추진해 왔으며, 그에 따라 GATT/WTO가 추진하는 범세계적 무역자유화 노선을 지지해 왔다. 그러나 1995년 WTO가 출범한 이후의 세계무역질서는 다자주의보다는 오히려 지역주의 혹은 쌍무주의에 입각한 무역자유화 노력이 더 강하게 일어나고 있다. 그것은 1980년대 말 우루과이라운드협상에서 다자주의의 한계점을 인식하였고 WTO 체제 하에서 처음으로 시작된 다자간 무역협상인 '도하개발 어젠다'(DDA라운드)마저도 출범 10년이 지나도록 진전을 보지 못한 데 따른 반작용으로 나타난 현상이었다. 이론적으로는 다자주의에 입각한 범세계적 무역자유화가 가장 바람직한 길이나 그것을 실현하는 데는 많은 어려움이 수반된다. 수많은 국가 간에 통일된 무역규범을 만들어 내는 것이 쉽지 않을 뿐 아니라 된다 하더라도 거기에는 많은 물리적, 경제적, 시간적 비용이 수반되며 규범준수에서도 무임승차 유인이 작용함으로써 제도의 효율성이 제한될 수밖에 없다.

이러한 다자주의의 한계점을 인식한 세계 여러 나라에서는 협상 가능한 국가끼리 무역자유화협정을 체결하는 지역주의방식을 선택하게 된 것이다. 한국의 경우 이러한 지역주의가 주요 무역상대국인 미국, EU 및 ASEAN 국가들에 의해 선택됨으로써 더 이상 WTO 중심의 다자주의 노선만을 고집할 수 없게 된 것이다. 그리하여 2000년대 이후부터는 한국도 WTO의 규범과 다자주의 원칙은 존중하되 WTO 규범의 허용범위 안에서 지역주의 노선을 보완적으로 선택하게 되었고 FTA와 같은 차별적 무역협정방식을 도입하게 되었다. 즉 한국은 일면 WTO가 추진하는 다자간 무역협상에 참여하여 세계 전체의 무역자유화를 지원하는 한편 주요 무역상대국과는 쌍무적 FTA 협정을 통해 수출시장을 안정적으로 확보하는 정책을 병행하게 된 것이다.

2000년대 들어 첫 10년 동안 추진해 왔던 FTA 정책의 기본방향은 가능한 여러 국가들과 FTA를 체결하여 무역자유화 영역을 확대하되 다음과 같은 정책 목적에 우선순위를 두고 추진해 왔다. 즉 수출시장 확보를 위해 거대 경제권, 주요 거점경제권 및 자원보유국과의 FTA를 우선적으로 추진하며, 상품교역의 확대뿐만 아니라 국민경제의 선진화와 경제제도 개선을 촉진할 수 있는 FTA에 중점을 두도록 하였다. 이러한 목적에 접근하기 위해 FTA의 협정에는 상품무역의 자유화뿐만 아니라 서비스, 투자, 정부조달, 기술표준, 지적재산권 등을 포함하는 포괄적 FTA를 지향해 왔다. 그리고 2010년대 이후부터는 FTA 협정에 환경, 노동, 디지털 무역과 같은 새로운 협정 과제를 포함시키고 있다. 또한 쌍무적 FTA의 난립으로 인한 관리비용 부담을 줄이고 우리 기업의 GVC 전략을 지원할 수 있게끔 다자간 FTA 추진에 관심을 두고 있다.

2. 한국의 FTA 현황

(1) 한국의 FTA 체결 현황

우리나라는 2020년 7월 현재 57개국과 총 16건의 FTA를 체결하고 있으며, 신흥국과의 쌍무적 FTA도 계속 추진 중에 있다. 그리고 2020년대 들어서는 쌍무적 FTA의 난립으로 인한 스파게티 볼 효과를 억제하고 광역 수출시장 확보 및 우리 기업의 세계적 부가가치 생산망(GVC)을 지원할 수 있는 아태지역의 메가 FTA에도 참여하고 있다. 2020년 현재까지 한국이 체결하고 있는 FTA 현황은 다음과 같다.

1) 2020년 말 현재 발효 중인 FTA(16건)

칠레(2004년 발효), 싱가포르(2006), EFTA(2006), ASEAN(상품 2007, 서비스 2009, 투자 2009), 인도(2010), EU(잠정 2011, 전체 2015), 페루(2011), 미국(1차 2012, 개정 2019), 터키(상품 2013, 서비스투자 2018), 호주(2014), 캐나다(2015), 중국(2015), 뉴질랜드(2015), 베트남(2015), 콜롬비아(2016), 중미5국(2019).

2) 2020년 현재 협상 타결된 FTA(4건)

영국(타결 및 서명 2019. 8), 이스라엘(타결 2019. 8), 인도네시아(타결 2019. 11), RCEP(2019. 11 타결, 2020. 11 서명)

3) 2020년 현재 협상 진행 중인 FTA(13건)

한·중·일(협상 개시 2012. 11~), MERCOSUR(2018~), 필리핀(2019~), 러시아 (2019~), 말레이시아(2019~), 캄보디아(2020~), 한-에콰도르 SECA(2015~), 한-ASEAN 추가협상(2010~), 한-인도 CEPA 개선(2016~), 한-칠레FTA 개선(2018~), 한·중 FTA 서비스, 투자 후속협상(2018~), PA(멕시코, 페루, 칠레, 콜롬비아 4개국 : 2019~),

EAEU(러시아, 카자흐스탄, 키르키츠스탄, 벨라루스, 아르메니아 : 2016~)

(2) FTA 협정문 구성

1960년대 1차 지역주의 시대의 FTA는 상품무역의 자유화가 주요 과제였다. 따라서 FTA 협정의 주요내용은 상품 수출입의 자유화를 위한 관세양허, 관세인하, 특혜관세 적용을 위한 원산지규정, 통관절차 등의 조건과 대상을 명시하는 데 초점이 두어졌다. 그러나 1990년대 초 우루과이 라운드가 타결되고 WTO가 출범하면서 농산물 및 서비스가 무역자유화 대상에 추가되고 환경, 노동문제가 국제무역의 규제요인으로 부각되면서 이들 주제들이 FTA 협정문에 포함되기 시작하였다. 2000년대 들어와서는 지식재산권, 정부조달, e-trade 관련 규정들이 FTA 협정의 새로운 구성항목으로 채택되고 있다. 한국이 체결하고 있는 최근의 FTA 협상은 이러한 추세변화를 반영하여 협정문을 채택하고 있다. 한국이 체결한 FTA 협정문의 구성항목의 수는 EFTA 및 터키와의 FTA 협정 17개 항목에서 콜롬비아와의 FTA 34개 항목에 이르기까지 대상국가의 특성에 따라 다르다. 대체로 최근에 올수록 협정문의 대상 범위가 넓어지고 있으며, 지금까지 체결된 16개 협정의 평균 항목 수는 26개 항이다. 최근의 FTA 협정에 반영된 협정문의 구성요소는 다음과 같다.

① **상품무역** : FTA 협정의 상품무역 부문은 체결 당사국 간 내국민대우 및 시장접근 원칙을 규정하고 있다. 여기에는 관세 양허표, 관세철폐, 비관세조치 관련 항목들이 포함된다.

② **서비스교역** : 서비스 부문은 서비스교역의 자유화에 관한 원칙과 의무를 규정하고 있으며, 자유화 방식이나 양허 또는 유보 리스트는 통상적으로 부속서에서 다루고 있다. 금융, 통신서비스 및 자연인의 이동은 그 특성이나 전문성을 고려하여 별도의 장(chapter) 또는 부속서에서 다루기도 한다.

③ **투자부문** : 투자관련 장에서는 주로 투자 자유화 및 투자 보호 문제를 다루고 있다. 협정문에는 투자관련 원칙을 정하고 부속서에서는 외국인 투자 분야를 나타내는 양허리스트를 제시하고 있다.

④ **무역구제** : 여기서는 FTA로 인해 자국산업이 큰 피해를 입을 경우 이를 구제하기

위한 조치를 정해 두고 있다. 일반적으로 수용되고 있는 조치로는 반덤핑관세, 상
계관세 및 세이프가드 제도 등이 있다.

⑤ **원산지규정** : 무차별대우와 최혜국대우 원칙을 준수해야 하는 WTO 체제하에서 예
외적으로 차별적 특혜관세를 부과할 수 있는 무역협정이 FTA이다. 이때 특혜관세
혜택을 줄 수 있는 조건은 역내 제품이어야 하고, 역내 제품 증명 요건을 정하는
것이 원산지규정이다. 따라서 원산지 규정은 FTA 협정문의 필수 구성요소이다.
협정문에는 원산지기준을 정하고 품목별 특성에 따라 다양하게 설정되는 품목별
(HS코드) 원산지 판정기준은 부속서에 표기된다.

⑥ **원산지 절차 및 통관** : 여기서는 특혜관세 신청을 위한 원산지증명 방식, 사전판정,
기록유지, 검증, 특송화물과 관세협력 등 일반 세관에서 다루는 통관 및 무역 원활
화 규정을 담고 있다.

⑦ **기술적 무역장벽(TBT)** : TBT(Technical Barriers to Trade) 장에서는 당사국의 표준
이나 기술규정이 당사국 간 상품교역에 불필요한 장벽이 되지 않도록 관련 사항을
규정하고 있다. WTO의 TBT 협정에 근거하고 있으며, 보통 투명성, 공동협력, 협
의채널, 정보교환 등의 내용으로 구성되고 있다.

⑧ **위생, 식물검역조치(SPS)** : SPS(Sanitary and Phytosanitary Measures)는 각국이 자국
민과 동식물의 건강 및 생명보호를 위해 취하는 검역조치이며, 무역을 제한하는
효과를 가지고 있다. 따라서 FTA의 SPS 조항은 WTO 협정의 토대 위에서 국별 SPS
조치가 무역장벽으로 작용하는 것을 방지하기 위해 설치되고 있다.

⑨ **지식재산권** : 이 조항은 지식집약 사회, 정보화 사회로 발전할수록 국제 간에도 민
감하게 작용하는 분야이므로 FTA 협정 조항 중 중요성이 높아지는 항목이다. 저작
권, 특허, 디자인 등 실체적 권리의 보호수준과 권리에 관한 규칙을 정하고 지식재
산권 보호 관련 협력을 꾀하기 위해 설치하고 있다. 지재권의 이용자와 권리자에
게 법적 확실성을 제공하여 무역과 투자를 증진할 수 있게 하는 데 목적이 있다.

⑩ **정부조달** : 정부조달은 각국 GDP의 10% 이상을 차지할 만큼 큰 비중을 차지하는
시장이다. 조달시장의 상호개방은 일반 상업성 시장의 추가 개방과 같은 효과를
가진다. 이 장에서는 조달시장 개방의 조건과 규칙을 정하고 있다. 보통 입찰과
낙찰 과정에서의 의무사항(협정문)과 개방대상 및 하한금액을 명시한 양허표가 수

반된다.

⑪ **전자상거래** : 당사국 간 전자거래 활성화를 위해 전자적으로 전송되는 디지털제품(동영상, 이미지 등)에 대한 무관세, 무차별대우, 전자인증, 소비자보호 규정 등을 기술하고 있다.

⑫ **경쟁** : 일국의 경쟁정책이 FTA의 시장개방 효과를 훼손할 수 있으므로 이를 방지하기 위해 설치하는 규정이다. 경쟁법 집행 시 준수해야 할 의무, 공기업, 독점 관련 규정 및 상호 간 협력사항을 다루고 있다.

⑬ **노동** : 당사국 노동자의 권리를 보호하기 위한 조항이다. 국제노동기준에 명기된 기본 노동권 준수, 노동법의 집행, 이해관계자의 절차적 권리보장, 노동협력기구 설치 등을 담고 있다.

⑭ **환경** : 당사국의 환경보호를 위한 조치로 높은 수준의 환경보호 의무, 다자간 환경보호협정 의무, 환경협력 확대 등의 협력사항을 정하고 있다.

⑮ **경제협력** : 당사국 간 상호 경제협력 증진을 위해 설정한 조항이다. 한국의 경우 주로 개도국과의 FTA에서 경제협력의 범위, 방법, 이행 메커니즘을 규정하고 있다. 경제협력 장의 내용은 FTA 분쟁해결 절차의 적용 대상이 아니다.

⑯ **분쟁해결** : 당사국 간 분쟁을 신속히 해결하기 위한 조치로 보통 협의, 패널판정, 판정이행 등의 절차를 규정하고 있다.

⑰ **총칙** : 최초조항(목적, 타 협정과의 관계 등), 최종조항(개정, 발효, 탈퇴 등), 제도조항(협정 이행위원회 기능 등), 투명성(정보교환 등) 및 예외조항 등을 기술하고 있다.

3. FTA 정책의 성과

한국은 2004년 칠레와의 FTA를 시작으로 2019년까지 15년간 57개국과 16건의 FTA를 체결하였고 15년간의 FTA 운영 경험을 가지고 있다. FTA 대상국 분포에서도 미국, EU, 중국 등 주요 수출시장을 모두 FTA 특혜무역권으로 연결하였으며, 페루, 호주, 캐나다 등 주요 자원부국과 FTA를 체결하여 자원의 원활한 수급을 확보하도록 하였다. 그 외에 ASEAN과의 FTA를 통해 부상하는 신흥 시장을 미리 확보하고 동아시아 경제권 구축의 동반자 관계를 구축하고자 했다. 그리고 미국, EU를 위시한 선진국과의 FTA를 통해서는 국내 제도의 선진화와 산업의 경쟁력 강화 기회로 삼고자 하였다. 이러한 측면에서 볼 때 한국의 FTA 정책은 크게 수출시장의 유지, 확보와 시장개방을 통한 경제의 체질강화 및 제도의 선진화에 주된 목표를 두고 추진해 온 것으로 평가할 수 있다. 2019년 대외경제정책 연구원의 「한국의 FTA 15년 성과와 정책 시사점」이란 연구보고서에 의하면 그간 우리나라의 FTA정책은 크게 무역확대, 투자유발 및 제도개선이라는 3개 부문에서 실질적 성과가 있었던 것으로 평가되고 있다.

(1) 무역확대

2004년부터 2018년까지 발효 중인 52개 FTA 체결국과의 수출입 상황을 보면 FTA로 인한 무역확대 효과가 긍정적으로 나타났음을 확인할 수 있다. 즉 2004년부터 2018년까지 우리나라의 FTA 체결국으로의 수출은 연평균 약 7%씩 증가하여 미체결국으로의 수출 증가율 5%를 능가하고 있었다. 같은 기간 우리의 총 수출 중 FTA 체결국으로의 수출 비중도 67%에서 73%로 증가하였다. 수입의 경우에도 같은 기간 FTA 체결국으로부터의 수입은 연평균 약 8%씩 증가한 반면 미체결국으로 부터는 연평균 5% 증가에 그쳤다. 같은 기간 우리의 총 수입에서 FTA 체결국으로부터의 수입이 차지하는 비중은 54%에서 63%로 증가하였다. 이렇듯 무역통계를 기준으로 볼 때 우리나라의 경우 FTA 체결은 수출 및 수입 촉진에 긍정적으로 작용한 것으로 볼 수 있다.

(2) 투자유발

앞에서 소개한 대외경제정책연구원의 통계분석자료에 의하면 2006년부터 2017년 사이 우리나라의 FTA 상대국에 대한 직접투자 유출액은 540억 달러에서 3,396억 달러로 약 6배 증가하였다. 2017년 기준 우리의 FTA 상대국에 대한 투자비중은 82%였고 연평균 증가율도 미체결국보다 더 높은 것으로 나타났다. 한국에 대한 외국인 직접투자는 2005년 619억 달러에서 2017년 2,119억 달러로 증가하였다. 한국에 대한 3대 투자국은 일본, 미국, 네덜란드로 지리적 인접성과 산업구조적 특수성을 지닌 일본을 제외하면 최대 투자국인 미국과 네덜란드는 FTA를 체결하고 있는 국가들이다. 한국에 대한 FDI투자는 FDI의 특성상 선진권에서만 투자가 있고 FTA 체결국이라도 개도국으로 부터의 투자는 미미하였다. 전체적으로 볼 때 FTA의 FDI 유출입에 대한 영향

은 수출입만큼 분명하지는 않으나 평균적으로는 우리나라의 직접투자 유출입에 긍정
적 영향을 미친 것으로 나타났다.

(3) 제도개선

한국의 FTA 추진 정책의 주요 목표 중 하나가 국내 제도의 개선과 선진화이다. FTA
로 인한 제도개선 성과는 우선 FTA 협정 이행을 위한 국내법의 정비를 통해 나타난
다. 우리나라는 헌법(제6조)에 의해 국제조약이 국내법과 같은 효력을 가지도록 규정
하고 있어 이론적으로는 FTA 실행을 위해 반드시 국내의 이행 입법이 필요한 국가는
아니라 할 수 있다. 그러나 조약과 국내 법규의 충돌 혹은 국내 법규의 미비로 조약
실행이 어려울 경우 기존 법률을 개정하거나 보완하는 제도적 조치는 수반되어야 할
것이다. 이러한 법률 개정 내지 법규상의 보완 조치가 필요한 대표적 사례가 한·미
FTA였다(부록 '한·미 FTA 주요내용' 참조). 여타의 FTA 협정은 대부분 한·미 FTA
와 내용이 중첩되거나 그 범위 안에 들고 있어 여기서는 한·미 FTA를 계기로 이루어
진 국내 법 개정과 그로 인한 제도개선 효과를 지적해 두고자 한다.

  2012년 발효한 한·미 FTA와 관련해서는 국내에서 25개에 달하는 법률이 개정되었
다. FTA 발효 전 국회를 통과한 법률개정안이 23건, 발효 후 정비가 2건이었다. 각
법률에 관련된 실무적 사안까지 포함하면 변경된 제도의 건수는 훨씬 많아질 것이다.
이들 개정된 법률안의 개정 취지는 지적재산권 보호수준 강화(9건), 법률, 세무, 회계
등 고부가가치 서비스시장 개방(5건), 공기업 투명성 제고(3건), 제도 간소화(3건)에
두고 있으며, 세계 무역질서 변화 추세에 맞추어 국내 제도를 개선하는 효과를 가지
고 있다. 한·미 FTA 발효 전 법률시장 개방 분야 중 미국 로펌의 국내 진출을 허용하
기 위한 '외국법 자문사법' 개정에 대해서는 당초 국내 법률 서비스시장의 혼란과 위
축이 문제시 되었으나 현재까지 큰 문제가 야기되지는 않고 있다. 저작권 보호기간
연장(50년에서 70년)을 위한 '저작권법' 개정과 공기업 경영투명성 제고를 위한 '우체
국 예·보험 관련 법률' 개정 등은 그 이후에 체결된 USMCA나 CPTPP 등의 다자간
FTA에서도 요구되었던 사항이라 한·미 FTA 당시의 이러한 법 개정은 오히려 국내기
업의 체질 개선의 기회가 되었던 것으로 평가된다. 지적재산권 보호수준을 높이기 위
한 '상표법' 개정에서는 소리, 냄새를 포함한 상표 범위를 확대함으로써 우리나라의

지재권 보호수준을 높이는 계기가 되었다. 실제 이 법률 개정에 따라 관련 분야 상표 등록이 다수 접수되어 시장개방 시 국내 상표를 미리 보호하는 효과를 가지게 되었다.

그러나 2018년 한·미 FTA 개정협상과 같이 부분적으로는 국내 산업발전이나 제도 개선에 부정적 영향을 끼치는 경우도 있었다. 예를 들면 국내 제약산업 발전을 지원 하기 위해 국내에서는 2016년 글로벌 혁신신약 약가 우대제도를 도입해 왔으나 한· 미 FTA 개정 협상의 결과 이 제도는 2018년 종료되게 되었다. 이에 따라 이 제도를 도입할 당시의 국내 제약 산업 발전을 위한 지원취지가 무산되게 된 것이다.

이러한 일부의 부정적 효과를 제외하면 전체적으로 한·미 FTA 대비 국내 법률 개 정 조치는 대부분 세계무역에서 점차 비중이 높아지고 있는 서비스시장의 개방에 대 비한 법률 개정이거나 아니면 세계 각국이 보호수준을 높이고 있는 지적소유권 보호 강화 및 정부가 간여하는 공기업의 투명성을 높이기 위한 조치가 대부분이었다. 따라 서 한·미 FTA를 위시한 대부분의 대 선진국 FTA 체결은 국제시장에서 우리경제의 체질을 개선하고 제도의 선진화를 꾀하는 데 소기의 성과를 거두어 온 것으로 평가할 수 있다.

4. FTA 정책의 과제

그러나 이러한 성과에도 불구하고 우리나라의 FTA 정책에는 아직도 개선해야 할 과 제들이 적지 않게 남아 있다. 우선 국가 별로 차이가 있으나 우리의 수출 비중이 높은 중국, 베트남, ASEAN과의 FTA 협정에서 FTA 활용률이 낮게 나타나고 있어 이들과의 FTA 활용률이 낮은 것도 추후 개선해야 할 과제로 남아 있다. 2019년 기준 FTA의 수출 활용률을 기준으로 볼 때 15개 협정의 평균 활용률은 75%에 이르고 있다. 이 가운데 미국, EU, 캐나다, 호주 등 선진국과의 FTA는 모두 80% 이상의 높은 활용률을 보이고 있으나 중국(57.2%), ASEAN(51.3%), 베트남(46.1%), 콜롬비아(52.9%) 등 개도 국과의 FTA는 50%대의 낮은 활용률을 보이고 있다. 수입의 경우에는 평균 활용률이 76%로 수출과 비슷하나 미국, EFTA, 인도와의 FTA에서는 평균 60% 대로 낮은 수준 이다.

수출의 경우 개발도상국에 대한 FTA수출 활용률이 낮은 이유로는 FTA 협정의 개 방수준이 낮고, 원산지 증명이나 FTA 활용에 대한 상대국의 인지도가 낮은 것에 그 원인이 있을 수 있다. 그리고 중국, ASEAN 지역에는 현지 생산을 위한 부품, 중간재 수출 비중이 높고 부품 중간재 교역은 상대적으로 중소기업에 의한 수출입 비중이 큰 것도 하나의 원인일 수 있다. 중소기업의 경우 단위당 계약 규모는 크지 않은 반면 원산지증명이나 통관절차 등 제품 단위당 통관 코스트는 상대적으로 크기 때문에 FTA 활용도가 낮을 수 있다. 따라서 향후 이들 국가들과의 개정협상에서는 개방도를 높이고 ASEAN의 싱글 윈도(Single Window) 시스템과 같은 공동 통관시스템을 구축하여 중소 수출입업자들의 원산지증명 및 통관 코스트를 줄여주는 대책이 요구된다.

다음으로 주목해야 할 과제는 새로운 FTA 유형으로 부상하고 있는 아시아 태평양 지역의 광역 메가FTA에 적극 참여하고 그 활용 방안을 수립하는 문제이다. 현재 아태 지역에는 일본, 호주 등 11개국이 체결한 메가 FTA로써 CPTPP가 발족해 있다. 그리고 한국을 위시한 동아시아권 15개국이 참여하는 RCEP 협정도 체결되어 있다. 이들 두 광역 FTA는 역내 공동원산지 규정을 두고 있으며, 역내 누적원산지 제도를 도입하고 있다. 이에 따라 통합된 지역 전체가 하나의 부가가치 생산망(RVC)으로 결합될 수 있고 지역공동의 제품이 출시될 수 있다. 이들 제품은 국별 제품에 비해 경쟁력도 높게 유지할 수 있다. 따라서 중국, 일본, ASEAN국가들과의 수직적 분업구조가 깊은 한국으로서는 역내 단일 원산지제도의 활용방안을 미리부터 강구할 필요가 있다. 아태지역 내의 메가 FTA에 참여하는 것은 역내 광역시장으로의 시장접근성뿐만 아니라 생산의 세계화 및 양자간 FTA의 난립으로 인한 스파게티 볼 효과의 최소화를 위해서도 필요한 선택이 될 것이다.

다른 한편 FTA 협상력의 제고에도 여전히 관심을 가져야 할 필요가 있다. 2018년 3월 합의한 한·미 FTA 개정 협상의 경우, 우리는 미국의 일방적 요구로 인해 전체 산업의 일부에 불과 하기는 하지만 국내 산업발전의 기회가 무산되거나 연기되는 경험을 하게 되었다. 예를 들면 개정협상으로 우리의 승용 자동차 시장은 추가 개방한 반면 우리가 신규 수출할 수 있는 소형 픽업트럭의 경우 당초 협정에서는 협정 발효 10년 후(2022년)부터 미국 측의 25% 수입 관세를 철폐하도록 하였음에도 개정협상에서는 이 철폐기간을 발효 후 30년으로 연장하게 되었다. 그로 인해 국내 업계에서는 그간 대미 수출에 대비한 준비와 대응 전략이 무위로 돌아가고 경영전략상의 차질을 감수해야 했다. 그 외에도 앞에서 지적한 글로벌 혁신 신약 약가 우대제도는 국내 제약산업 발전을 위해 2016년 도입한 제도였으나 한·미 FTA 개정 협상의 결과 이 제도는 2018년 종료되게 되었다. 이에 따라 국내 혁신 신약산업 발전을 위한 지원조치도 불가능하게 된 것이다.

2018년 한·미 FTA 추가 협상은 미국의 일방적 요구로 이루어졌고 트럼프 행정부의 요구가 거의 일방적으로 관철된 협상이었다. 더 큰 미국 시장의 유지를 위한 불가피한 조치일 수도 있으나 성과 위주의 초기 FTA 추진정책을 뒤돌아 볼 때 우리의 FTA 교섭력에는 문제가 없는지 재진단해 볼 필요가 있다. 현재 체결된 57개국과 16건의 FTA 속에는 우리의 주요 수출시장이 대부분 포함되어 있다. 이제는 FTA 체결 건수나 경제영토가 중요한 것이 아니라 경제적 실리를 취할 수 있는 협상 내용이 더 중요한 시점에 이르고 있다. 따라서 대미 협상에서는 성장하는 동아시아 시장의 상대적 중요성을 숙지하고, 대중 협상에서는 구미시장의 장점을 숙지하여 협상의 지렛대로 활용할 필요가 있으며, 세계 10대 무역국으로서의 영향력과 시장 지배력도 통상 교섭에 충분히 반영할 수 있는 교섭력의 확보에 주력할 필요가 있다.

마지막으로 한국은 FTA 정책의 최대 관심사이자 최대의 난제로 남아 있는 한·중·일 FTA의 추진에 좀 더 적극적인 역할을 할 필요가 있다. 일본은 우리의 최대 수입시장이고 중국은 최대의 수출시장이다. 무역구조나 산업구조상으로는 보완성이 높은 상호의존 관계에 있고 지리적으로 인접해 있는 등 유리한 통합 조건을 갖추고 있다. 그럼에도 불구하고 2012년 협상이 개시된 이후 현재까지 타결을 보지 못하고 있다. 표면상으로는 산업별 무역 불균형 확대가 그 이유이다. 그 외에도 역사적·정치적 갈등요인이 잠재해 있는 것도 지연 이유가 되고 있다.

그러나 3국이 모두 참여하는 RCEP 협정이 이미 체결되어 있는 상황에서 3국 간의 FTA를 무역 불균형 때문에 유예하는 것은 더 이상 의미가 없다. 중국과 일본 간에는 역내 패권경쟁이나 지역안보에 대한 상이한 입장 때문에 협력이 쉽지 않을 수 있다. 그러나 한국 입장에서는 동북아의 평화질서와 한반도의 평화정책을 위한 지역공공재 창출 차원에서 한·중·일 FTA를 적극 중재하고 추진할 필요가 있다. 동북아 3국 간의 FTA는 시장접근 논리로만 설명할 수 없는 정치경제학적 특수성이 작용하고 있기 때문이다.

부록

한·미 FTA 주요내용

1. 개요

- 한·미 FTA는 2006년 6월 협상이 개시되어 2007년 12월 일차 협상이 타결됨.
- 2010년 12월 미국 측의 요구로 다시 시작된 추가 협상이 타결되었으며, 서신교환(Exchange of letters) 형태로 추가협상 내용(자동차 관세 철폐 기간 연장 등)을 원안에 수정 반영함.
- 2011년 8월 미국 측 요구로 개정협상 개시되어 2018년 3월 개정협상 타결됨.
- 한·미 FTA에서는 상품, 농업, 서비스, 투자, 무역구제 등 모두 17개 부문에 걸쳐 협상을 진행함.
- 한·미 FTA는 양측 모두에게 시장 제공, 생산 증가 등의 긍정적 효과와 함께 한국 측에서는 농업, 서비스 부문의 피해가 예상되고 미국 측에서는 자동차를 위시한 일부 제조업 분야에서의 피해를 우려하여 국회 비준이 지연되는 등의 정책 코스트가 수반됨.
- ASEAN이나 EU와의 FTA에 비해 미국과의 FTA는 단순한 경제적 파급 영향 이외에 정치, 외교적 특수 관계로 인한 경제외적 영향 등을 고려하여 국내에서는 적극 추진론과 신중론이 양립되어 왔음.

2. 상품시장 개방

(1) 농업

□ 농업부문 협상은 농업분과위원회와 위생검역분과위원회를 통해 진행되었는바, 농업분과위원회는 다시 관련 무역제도를 논의하는 통합협정문 분야와 개별 농축산물의 관세 철폐시기를 다루는 상품양허 분야로 구분함.
　　– 관세 철폐 외에 농산물 관세율할당(Tariff Rate Quota : TRQ)의 운영 및 이행, 수입급증에 대비한 보완장치로 농산물 긴급 수입제한조치(Agricultural Safeguard : ASG) 제도가 도입됨.
　　– 농산물 관세 철폐시기(일부 품목의 예외인정 여부 포함)와 위생검역 관련 문제를 다루는 상설위원회의 설치.
□ 농업부문 쟁점별 협상타결 주요 결과는 다음과 같음.
　　– 농산물 TRQ 관리방식 개선으로, 양국의 입장을 절충하여 미국이 당초 주장한 선착순 관리방식을 포함하여 수입권 공매·과거 실적기준 배분 등 다양한 방식의 TRQ 제도를 운용하도록 함.
　　– 농산물 세이프가드(ASG)는 협상은 양국의 입장을 절충하여, ASG는 도입되었지만 발동기준은 물량기준을 따르고, 대상 품목도 일부 민감한 품목(쇠고기, 사과, 고추, 마늘, 양파 등)으로 한정함.
　　– 상품양허 협상결과, 쌀 및 쌀 관련 제품은 한국의 당초 입장대로 관세 철폐 대상에서 제외됨.
　　– 위생검역분과 협상 결과, SPS 위원회가 설치되어 정례적인 협의를 하는 것으로 합의함.

부록 표 1 농업 관련 협상 분과위원회 및 협상 당시 주요 쟁점

구분	분과위원회	세부 분야	주요 쟁점
농업	농업분과위원회	통합협정문	TRQ 관리방식 개선
			농산물 세이프가드 도입 및 운영방안
		상품양허	농축산물의 관세 철폐시기(예외인정 여부 포함)
	위생검역분과위원회	위생검역	상설위원회 설치 및 운용방안

부록 표 2 주요 농축산물의 시장개방 방식

양허 유형	주요 품목
양허 제외	쌀 및 관련 쌀 제품
현행관세유지+수입쿼터	오렌지(성출하기), 식용대두, 식용감자, 탈지·전지분유, 연유, 천연꿀
계절관세	오렌지, 포도, 칩용 감자
세번 분리+장기 철폐	사과, 배
장기 철폐+세이프가드	쇠고기, 돼지고기(냉장), 고추, 마늘, 인삼, 보리, 맥주맥·맥아, 전분
15년 철폐	호두(미탈각), 밤, 잣, 감귤, 송이버섯, 표고버섯, 필터담배
12년 철폐	닭고기(냉동가슴살, 날개), 냉동양파, 수박, 보조사료
10년 철폐	복숭아, 감, 단감, 감귤주스, 잎담배, 자두
9년 철폐	신선초본류딸기
7년 철폐	맥주, 아이스크림, 살구, 팝콘용 옥수수
2014. 1. 1 철폐	돼지고기(2010. 12, 추가협상에서 철폐 기한 2년 연장)
6년 철폐	옥수수유, 호두(탈각)
5년 철폐	완두콩, 감자(냉동), 토마토주스, 오렌지주스(기타), 위스키, 브랜디
3년 철폐	해조류
2년 철폐	아보카도, 레몬
즉시 철폐	오렌지주스(냉동), 산동물, 화훼류, 커피, 포도주, 밀, 사료용 옥수수, 채유용 대두, 아몬드 등

자료 : 한·미 FTA 양허안

- 농산물 관세 철폐 기한은 단기의 경우 즉시, 2, 3, 5년 이내 철폐에서 장기의 경우 10년 이상 20년 이내 철폐까지 다양함. 후지사과와 동양배는 20년 후에 철폐하며 커피, 포도주, 옥수수 등은 발효 즉시 철폐됨.
- 관세 철폐기한의 다양화와 함께 농산물의 경우 시장 개방형태도 다양한 방식을 도입함. 즉 돼지고기의 경우 특정 일자를 정하여 개방하며, 낙농품의 경우 현행관세를 유지하되 쿼터를 제공하여 시장개방효과를 유지하도록 함. 과일(포도, 오렌지), 감자 등에 대해서는

계절관세가 적용됨. 대두, 감자 등 일부 품목은 동일 품목 내에서 용도별로 세번을 분리하여 시장개방 방식을 다르게 적용하도록 함.

(2) 제조업

□ 한·미 FTA 협상을 통해 한·미 양국은 각각의 관세 철폐 스케줄에 따라 상대국산 상품에 대해 관세를 100% 철폐하기로 함.

    — 특히 수입액 기준 약 94% 품목의 조기(3년 내) 철폐에 합의함으로써, 상당한 수준의 무역 자유화를 이룬 것으로 평가됨.

□ 자동차분야 협상에서 주요 사항으로 관세 철폐 범위, 원산지 규정, 한국 자동차세제 개편 및 자동차 환경기준 개선 등이 논의됨.

    — 협상결과 3,000cc 이하 승용차에 대한 관세 즉시 철폐, 3,000cc 초과 승용차에 대한 관세 3년 이내 철폐, 자동차관련 모든 부품 관세 즉시 철폐하기로 합의함(당초 타결안). 2010.12월 추가 협상에서 미국은 기존 자동차 관세(2.5%)를 FTA 발효 후 4년간 유지 후 철폐키로 함. 한국 측에서는 발효 즉시 8%의 관세를 4%로 인하하고 잔여 4%를 4년간 유지 후 철폐토록 함.

    ○ 2010년 추가 협상에서는 미국산 전기차 및 하이브리드차의 수입관세 철폐 기간을 단축

부록 표 3 한·미 FTA에서의 공산품 양허 수준   (단위 : %, 100만 달러)

	구분	총품목	즉시 철폐	3년	5년	10년	12년
품목 수 기준	한국	7,837	7,099	525	98	115	
		(비중, %)	90.6	6.7	1.3	1.5	
	미국	6,688	5,881	437	172	271	17
		(비중, %)	87.9	5.2	2.6	4.1	0.3
수입액 기준	한국	24,528.0	19,904.9	3,236.7	335.8	1,050.6	
		(비중, %)	81.2	13.2	1.4	4.3	
	미국	37,879.5	33,049.0	2,812.4	860.3	1,155.8	2.1
		(비중, %)	87.2	7.4	2.3	3.2	0.0

하도록 함. 즉 한국은 발효시점에서 8%의 관세를 4%로 낮추고 잔여 4%를 미국(2.5%)과 함께 4년간 균등 철폐키로 함.

○ 화물차의 경우 미국은 9년간에 걸쳐 관세 25%를 점진적으로 철폐하여 10년째 완전 철폐하기로 함. 2018년 개정협상에서 완전 철폐기한을 30년(2040년까지)으로 연장함.

○ 미국산 자동차의 자가인증(제조업자 기준) 허용 범위를 연간 판매 대수 25,000대(당초안 6500대)까지 확대함. 그러나 버스, 트럭 등 상용차에 대해서는 한국 기준 요건을 부과함.

○ 자동차 원산지 규정에 대해 순원가법과 공제법을 선택적으로 사용하며, 한국의 특소세를 3단계에서 2단계로, 자동차세는 5단계에서 3단계로 개편하기로 하며, 배기량에 기초한 새로운 세제를 도입하지 않기로 함.

○ 자동차 환경기준의 경우 한국은 캘리포니아 주에서 운영하고 있는 평균배출량 제도(Ultra Low Emission Vehicle : ULEV)를 도입하고, 1만대 이하 제작사의 경우 다소 완화된 평균배출량 기준을 적용함.

○ 자동차 표준작업반(Automotive Working Group)을 통하여 자동차 관련 새로운 안전기준과 환경기준 도입시, 관련정보를 상호 교환함.

부록 표 4 자동차 분야의 주요 타결내용

쟁점	타결 내용
관세 양허안	미국 : 3,000cc 이하 승용차 관세 즉시 철폐, 대형 승용차 3년 후 철폐 한국 : 친환경차의 10년 유보 및 여타 품목 관세 즉시 철폐
원산지기준	순원가법(미국 주장)과 공제법(한국 주장)의 선택적 사용
세제 개편	− 특소세는 3→2단계, 자동차세는 5→3단계로 개편 − 향후 자동차 공채 매입 부담을 증가시키지 않음.
환경 기준	− 평균배출량제도 도입 − 1만 대 이하 소량 판매 제작사의 경우 2009년부터 OBD 장착 100% 의무화
자동차 기술표준	− 자동차표준 작업반 설치에 합의 − 수입차에 대해 한국 안전기준 적용

□ 섬유분야 협상에서 주요쟁점은 관세 철폐, 원사기준의 적용문제, 섬유세이프가드 도입, 우회
수출 방지규정 등이었음.

　─ 양국의 섬유 관세 즉시 철폐비율은 미국의 경우 품목 수 기준 87%, 수입액 기준 61%이며,
한국은 품목 수 기준 97%, 수입액 기준 72%임.

　　○ 양국은 섬유분야 별도의 세이프가드제도를 도입하고, 발동 대상을 섬유 및 의류제품으
로 한정하는 한편, 발동기간은 이행 기간 만료로부터 10년으로 합의함.

　　○ 또한 우회수출 방지를 위하여 한국은 대미수출품에 대한 국내 세관의 원산지 검증 및
한국 기업의 정보제공에 합의함.

□ 의약품 분야의 경우 신약 최저가 보장, 허가·특허 연계, 특허기간 연장, 상호인정 등이 주요
쟁점으로 협의됨.

　─ 보건상품의 단기 철폐 비율은 79.5% 정도로서 상대적으로 낮으며, 10개 주력품목에 대해
서는 10년이 관세 철폐 유예기간을 확보함[3].

부록 표 5　섬유분야 주요 쟁점 및 타결내용

비교	미국 측 요구	한국 측 요구	타결안
관세 양허안	자국 섬유산업의 민감성을 감안하여 중·장기적 관세 철폐를 고수	관세조기 철폐(5년 내 100% 철폐)를 주장, 대부분 품목들의 즉시 철폐를 요구	미국의 수입액을 기준으로 61%의 관세 즉시 철폐(품목 수 기준 87%)
원산지 기준	원사기준(Yarn Forward Rule) 고수	역외산 아웃소싱을 허용하는 단일실질변형기준 주장	원사기준(Yarn Forward Rule)을 적용하되, 일부 예외품목 인정
섬유 세이프가드	자국 업계의 우려 완화를 위해 세이프가드조항 도입을 주장	섬유에 대한 특별 세이프가드의 필요성이 적으므로 도입을 반대	섬유 특별 세이프가드 도입
우회수출방지	우회수출방지 협력의무 강화규정의 도입 주장	우회수출방지를 위한 조치는 필요하나, 세부적인 내용은 협의를 통해 확정하겠다는 입장	우회수출방지를 위한 연례기업정보제공(정보제공의 범위 명시), 사전예고 없는 현장실사

---

3) 10개 주력품목은 기초화장품, 심전계, MRI, 초음파영상진단기, 기타 전기식 진단용기기, 내시경, 기타 의료용·수의용 기기,
진단용 X-ray, 에틸렌글리콜, 프로필렌글리콜.

부록 표 6 의약품·의료기기 분야 주요 쟁점 및 타결내용

분야	미국 측 요구	한국 측 요구	타결안
신약 및 제네릭 가격	신약의 최저가격 보장 협상을 통한 제네릭가격 결정	수용 불가	한국측 요구수용
독립적 재심기구운영	보험등재 및 약가결정에 대한 원심을 번복할 수 있는 재심기구 운영	원심의 결정 번복 불가	한국측 요구 수용(재심 결과를 원래 결정기관으로 환송)
특허·허가 연계	특허 기간 중 제네릭 허가 금지 및 허가신청 시 특허권자에게 통보	연계 불가	연계 인정. 단, 특허침해소송 시 제네릭허가 자동취소는 하지 않음. 발효 후 3년 유예
의약품 생산 및 제조시설 기준(GMP) 및 제네릭 허가 상호인정	인정 불가	상호 인정 요구	협의체를 구성하여 추후 논의

○ 신약에 대한 최저가격 보장은 한국에게 민감한 사안으로서 채택되지 않은 허가·특허 연계 사안은 미국의 요구를 수용함.

○ 그 밖에 양국은 절차적 투명성 제고 방안을 규정하고, 우수 제조품질 관리기준(Good Manufacturing Practices : GMP), 우수 비임상시험 관리기준(Good Laboratory Practices : GLP) 및 복제의약품 시판허가 상호인정을 위한 작업반 설치토록 함.

○ 복제 의약품 시판 허가와 관련하여, 허가·특허 연계의무 이행 시점을 발효 후 3년간 유예 토록함(추가 협상).

3. 서비스 및 투자 개방

(1) 서비스 개방

□ 서비스 협상 결과, 한국은 금융, 통신, 방송, 법률·회계 등의 일부 분야가 부분적으로 개방이 확대되고 여타 분야는 유보하는 선에서 타결됨.

 − 미국은 서비스분야에서 이미 높은 개방 수준을 가지고 있어 한·미 FTA에 따른 추가적인 개방은 거의 없이 DDA 수정 양허안 수준으로 개방하는 것에 합의함.

   ○ 서비스 협상과 관련한 쟁점은 크게 협정문 본문 및 유보안과 관련된 기술적인 쟁점 및

부록 표 7 분야별 핵심 쟁점 이슈

분야	주요 핵심 쟁점
협정문 본문 이슈	네거티브 방식 및 래칫메커니즘 방식 적용 여부, 전문직 자격 상호 인정, 일시입국 및 전문직 비자 별도 쿼터, 모드3에 대한 시장 접근 조항 적용여부, 최혜국 대우 부여 범위, 주정부 비합치 조치, EDS & FLC
유보안 이슈	방송서비스, 통신서비스, 민영화, 교육 및 의료 등 공공 서비스 개방, 시장 접근, 스크린 쿼터, 해운 및 어업 서비스

주요 쟁점으로 구분할 수 있음.

□ 서비스 협정문의 주요 결과는 ① 전문직 서비스 상호 인정, ② 지방정부 조치에 관한 유보안의 작성 범위, ③ 국제특송 시장개방 등을 들 수 있음.

─ 전문직 서비스진출 확대를 위한 상호인정체계 구축.

    ○ 인정 조항의 부속문서를 통해 전문직 서비스 작업반을 구성, 양국이 상호합의한 분야를 중심으로 전문직 자격 상호인정(MRA) 논의를 추진하기로 합의함.

    ○ 우선 엔지니어링, 건축설계, 수의 등 3개 분야를 중심으로 협정발효 1년 이내에 논의를 개시하고, 동 작업반은 MRA 논의 추진현황을 협정 발효 2년 이내에 합동위원회에 보고할 의무가 있음.

─ 미국의 주정부 비합치 조치는 현재유보에 기재되어 자유화 후퇴 방지 메커니즘이 적용됨.

    ○ 다만, 미측의 기술적 어려움을 고려 모든 주정부 비합치조치를 나열하는 대신 비구속적인 예시적 목록만 첨부하도록 함.

    ○ 아울러, 국내 서비스공급자 또는 투자자의 미국 진출 시 특정 주정부의 비합치조치가 장애요인으로 작용할 경우 동 조치에 대한 정보교환 및 해결방안을 논의할 수 있는 협의 채널을 별도 부속서로 규정함.

─ 국제특송 시장 개방으로, 협정문에는 현행 시장 개방 수준 유지, 우정당국의 독점 지위 남용 금지, 교차지원 금지 노력 등을 규정함.

    ○ 협정문에는 현행 시장 개방 수준 유지, 우정당국의 독점지위 남용 금지, 교차지원 금지 노력 등을 규정함.

    ○ 이와는 별도로 국제특송의 경우 현행 우편법 시행령상 무역 관련 서류 등에만 한정하

부록 표 8 유보안 주요 협상 결과

유보안	협상 결과
국내전문직서비스(법무·회계·세무) 단계적 개방	– 미국 변호사 자격 소지자가 국내에서 국제공법 및 미국법에 대한 자문 서비스를 제공하는 것을 허용하면서 3단계 개방방식을 취하고 단계적으로 개방하도록 최종 타결
국내 방송서비스 부분 개방	– 지상파, 위성방송, 케이블사업자의 인·허가제도, 외국인투자자지분 한도, 방송쿼터 등에 대해 현행 규제수준 유지하며, 방송채널사용사업을 중심으로 일부 자유화 약속
기간 통신 사업에 대한 외국인 지분 제한 완화	– 외국인직접투자 제한은 현행 49% 유지, 국내에 설립한 법인을 통한 간접투자는 100%까지 허용(협정발효 후 2년 내)
통신·방송 융합서비스 및 디지털 콘텐츠	– 현재 규제 체계에 대해 논의 중인 통신·방송 융합관련 가입자 기반 비디오 서비스에 대해서는 미래유보(Annex Ⅱ)로 하여 '방송·통신 융합추진위원회'에서 검토 중인 관련 입법에 대비하도록 함.
교육·의료 및 사회서비스, 공공서비스 포괄 유보	– 공교육, 의료 및 사회서비스, 수도·전기·가스·생활환경 서비스 등 공공성이 강한 분야에 대해서는 정부의 모든 규제권한을 포괄적으로 유보(미래유보) – 의료분야의 경우 경제자유구역 및 제주국제자유도시 관계법령상의 특례는 포괄유보의 범위에서 제외 – 전기·가스에 대한 외국인지분제한 및 산업환경 서비스에 대해서도 현행규제수준을 유보
해운 서비스·어업 시장 개방 이슈	– 해운의 경우, 미측은 국제해운시장 분야를 미래유보하였고, 우리 측도 국제여객운송, 연안해운을 미래 유보함. – 어업분야와 관련, 미국 영해·EEZ 내에서의 조업 등 상업적 활동에 관하여는 '공동 수산위원회'를 설치하여 계속 논의키로 합의함.
시장 접근 수준 상향 조정	– 시장접근 의무에 한해 양측은 포지티브 방식으로 자유화를 추진하는데 합의하고, 양측 모두 WTO도하개발어젠다 협상 시 제시한 수준까지 각각 양허범위를 상향 조정함.

고 있는 것을 국제서류까지 확대하여 개방함.

□ 서비스 교역확대를 위한 법적 안정성을 확보하고 전문직서비스 등 경쟁력 제고가 필요한 분야에 대해서 단계적 개방에 합의함.

　– 전문직서비스, 방송서비스, 기간 통신 사업에 대한 외국인 지분 제한 완화, 통신·방송 융

합서비스 및 디지털 콘텐츠, 교육·의료 및 사회서비스, 공공서비스 등의 유보안 주요 협상 결과는 부록 표 2.8과 같음.

(2) 투자 개방

□ 투자협상은 투자 협정의 내용과 범위, 구체적인 의무사항, 투자협정 의무사항의 예외를 담은 투자 유보안, 투자협정의 핵심적인 규정인 '수용 및 보상 규정' 등이 주요 협상 대상이었음.

   – 주요 협상 타결 내용은 투자 협정의 적용 범위, 내국민대우·최혜국대우와 같은 협정상 의무사항, 협정상 예외인 투자와 환경, 혜택의 부인, 비합치조치를 담은 현재유보와 미래유보, 대위변제 등임.

     ○ 그 외에도 투자자대 국가 간 분쟁해결 절차(ISD), 임시 세이프가드 등이 협상됨.

□ 투자협정의 구성은 3개의 섹션과 관련 부속서 및 부속서한을 포함하는 형태로 타결됨.

   – 섹션 A는 외국인 투자자의 권리 및 투자 보호와 관련된 투자 유치국 정부의 협정상 의무와 예외사항 등으로 구성됨.

   – 섹션 B는 투자 협정 위반시 적용되는 투자자대 국가 간 분쟁해결 절차가 규정됨.

     ○ 외국인 투자자의 권리가 침해되고 피해가 발생한 경우 투자 유치국을 상대로 외국인 투자자가 국제중재를 제기할 수 있도록 함.

   – 섹션 C는 투자 챕터에서 사용된 용어와 관련한 정의(definition)를 규정하고 있음.

   – 그 외에 부속서와 부속서한이 투자분야에 담겨 있고, 이는 협정의 예외적 사항들을 규정하고 있으며, 주요 부속서의 내용은 수용 부속서, 조세 부속서, 임시 세이프가드 부속서, 계약성 권리 부속서한 등이 있음.

□ 투자자 대 국가 간 분쟁해결 절차(Investor State Dispute : ISD)를 도입함.

   – 외국인투자자는 투자유치국 정부가 Section A상 의무 및 투자협정 또는 투자인가를 위배하여 피해가 발생한 경우, 투자유치국을 상대로 국제중재를 제기할 수 있으며, 투자유치국은 국제중재에 임할 의무를 짐.

   – 국제중재는 3인으로 구성된 재판부에서 심리함.

     ○ 투자자와 피소국 정부가 각각 1인을 지명, 동 2인의 합의에 의해 재판장 선임하며, 구체적인 심리절차는 국제중재 기관의 절차 중 하나를 원용함.

     ○ 중재절차는 투명하게 공개적으로 진행하며, 중재판정은 단심제로서 확정력을 가짐

부록 표 9 유보안 주요 협상 결과

협정상 의무	
내국민대우	– 외국인투자자 및 투자기업에게 내국민과 동등한 대우 보장 – 연방제를 취하고 있는 미국은 FTA 체결에 있어 내국민대우로서 내주민대우(in-state treatment) 또는 타주민대우(out-of-state)를 제공하고 있는바, 한·미 FTA에서는 내주민대우를 제공하는 것으로 합의
최혜국대우	– 유사한 상황에서 제3국 투자자, 투자기업에게 제공하는 대우와 동등한 대우 보장 – 한·미 FTA에서 양국은 한·미 FTA 발효 이후 체결하는 FTA에 대해 MFN 대우를 부여하기로 합의
최소기준대우	– 외국인투자에 대하여 국제관습법상 인정되는 공정하고 공평한 대우 및 보호와 안전을 보장하는 것으로서 일반적으로 적법절차를 의미
수용과 보상	– 정부는 공공목적을 위해 비차별적인 방법으로 적법절차를 준수하는 경우에 한하여 투자자의 재산을 수용 및 국유화할 수 있으나, 신속·적절·효과적으로 수용 당시의 공정한 시자가격으로 보상할 것을 규정
송금보장	– 출연금, 이익, 자본이득, 배당금, 이자, 로열티 등을 자유롭게 그리고 지체없이 송금할 수 있도록 허용할 것을 규정 – 송금보장 조항의 예외로서 외환위기 시 자본거래 통제 등 긴급세이프가드 조치를 인정하고, 이를 송금부속서에 규정
이행요건 부과금지	– 외국인투자자의 투자의 설립, 인수, 확장, 관리, 실행, 운영, 판매, 처분 등에 관하여 다음과 같은 특정이행의무의 부과를 금지 ※일정수준 수출, 일정수준 국산 구성요소 비율 달성, 국내상품 사용, 수출과 수입간의 연계, 수출과 판매 간의 연계, 기술이전, 특정 지역으로의 독점공급 등 7가지 ※단, 일정 수준의 수출의무와 기술이전 의무는 인센티브를 부과하는 경우에는 부과 가능
협정상 예외사항	
투자와 환경	– 협정에 합치하는 범위 내에서 당사국은 외국인투자활동이 환경에 대해 민감성을 고려하면서 사업이 수행될 수 있도록 하기 위한 어떠한 조치도 취할 수 있음을 규정
혜택의 부인	– 협정당사국과 정상적 경제관계를 유지하지 않고 있는 제3국인이 소유하는 타당사국 기업 또는 제3국인이 소유하고 당사국 내에서 실질적으로 영업하지 않는 타당사국 기업에게는 협정상 혜택을 부인하는 것이 가능함을 규정
불합치조치	– 특정조치에 대해서는 협정상 특정의무에 대한 예외를 다음과 같이 규정 ※내국민대우, 최혜국대우, 이행조건, 고위경영자 및 이사회 등에 불합치되는 조치를 아래와 같이 유보로 기재하는 경우, 동 조치는 협정의 의무가 면제됨을 규정
대위변제	– 국가기관의 해외투자보험에 가입한 투자자가 상대국의 협정위반조치로 인해 재산상 손실을 입은 경우에 동 국가기관이 투자자에게 보험금을 지급한 후 상대국 정부를 상대로 보상을 요구할 수 있는 권리를 명시

(binding and final).

□ 수용 부속서 개정과 간접 수용의 판정기준 명료화를 제시함.

　– 간접수용의 판정 기준 및 범위를 명확히 제시하고, 간접수용에 대한 국내의 우려를 반영하여 정부의 규제정책이 위축되지 않도록 수용에 관한 부속서를 두어 중재판정부에 간접수용의 명백한 지침을 제시함.

□ 조세정책에 대한 별도의 부속서를 두어 세금부과는 일반적으로 수용을 구성하지 않음을 명시함.

　– 세금부과는 일반적으로 수용을 구성하지 않으며, 특히 국제적으로 인정된 조세정책과 원칙에 부합된 조세조치와 비차별적 조세조치는 원칙적으로 수용에 해당하지 않음을 명시하여 조세당국의 정책적 권한을 보장함.

□ 한 · 미 FTA에는 국제수지악화 및 외환위기 등의 심각한 대내외 여건변화가 발생시, 우리 정부가 외국환거래를 통제하는 단기 세이프가드조치를 발동할 수 있도록 별도의 부속서에 규정함.

　– 미국은 기존 체결한 FTA상 이러한 단기세이프가드 조치를 허용한 전례가 없으나, 한 · 미 FTA에서 최초로 이를 인정함.

4. 2018년 개정협정 주요내용

(1) 개요 : 2017.8 미국 측 요구로 개정협상 시작

　　　　2018.3 개정협상 타결, 9월 서명

　　　　2019.1 개정협정 발효

(2) 개정협정 주요내용

1) 화물 자동차 관세 양허 기간 유예

화물 자동차(픽업트럭) 관세 양허를 30년간 유예하여 2040년까지 현행 25%의 관세를 유지하도록 함.

2) 자동차 안전 기준 및 환경기준 관련 사항 변경

– 한 · 미 양국 간 안전 기준이 동등하다고 인정되는 경우 한국의 안전 기준 검사를 추가로 실시하지 않고 수입할 수 있는 자동차 대수를 기존 회사별 연간 2.5만 대에서 5만 대로 확대

함. 단, 한국 측은 도로안전 등의 위험이 발생한 경우 완성차와 부품에 대해 긴급조치 권한을 가질 수 있음.

－ 연비, 온실가스 기준과 관련하여 차기 기준(2021～2025) 설정시 미국 기준 등 글로벌 트렌드를 고려하고 연간 판매량이 4,500대 이하인 업체에는 완화된 기준을 적용하는 '소규모 제작사' 제도를 유지함.

3) ISDS 남용 제한

－ 투자자－국가 분쟁제도(ISDS)는 중복하여 제소할 수 없음. 예) 벨기에 소재 기업이 한·벨기에 투자협정으로 한국과 중재절차를 개시한 경우 한·미 FTA로는 중재를 청구할 수 없음. 투자자가 ISDS를 청구할 경우 투자자가 모든 주장에 대해 입증 책임을 져야 함.

－ 한국정부는 우리나라가 시행하고 있는 정책이 정당한 공공복지 목적인 경우를 고려하여 내국민 대우를 판단하기로 함.

4) 글로벌 혁신신약 약가 우대제도

2016년 도입한 국내 개발 신약의 약가 우대제도를 한·미 FTA 개정협정으로 2018년 말로 종료함. (이 협정에 의해 국내 제약사가 우수 신약을 개발하더라도 미국이나 유럽에서 신속 심사를 받는 경우에만 약가 우대가 가능함)

5) 원산지 검증

양국은 공통적으로 적용하는 원산지 검증 원칙에 합의하고 원산지 검증 작업반을 신설토록 함.

참고문헌

제1부. 경제통합의 기초 개념, 지역주의와 다지주의, 신지역주의, 지역화와 세계화

Aldonas G. D.(2009), *Rethinking the Global Trading System, The Next frontier,* Center for Strategic and International studies, Washington, D.C.

Balassa B.(1969), *The Theory of Economic Integration,* George Allen and Unwin, London.

Baldwin R. E. and E. Seghezza, "Are Trade Blocs Building or Stumbling Blocs?", *Journal of Economic Integration,* Center for International Economics, Sejong Institution, 25(2).

Bhagwati J.(1993), "Regionalism and multilateralism: an overview", de Melo and Panagariya(eds.), *New Dimension in regional Ingegration,* Cambridge Univ. Press, Cambridge.

Breslin S. and C. W. Hughes(eds)(2002), *New Regionalism in the Global Political Economy,* Routledge, London.

Chiu, Y. Stephen(1997) "International Public goods coordination: do trade barriers matter?" *International Economic Journal,* Vol. 11., No. 2.

De Melo and Panagariya(1993), *New Dimensions in Regional Integration,* Cambridge Univ. Press.

De Milo J. M. Grether(1997), *Le commerce internationale: Theorie et applications,* De Boeck et Larcier, Bruxelles.

El-Agraa A. M.(1989), *The Theory and Measurement of International Economic Integration,* Macmillan.

Kawai M. and G. Wignarija(2009), "The Asian Noodle Bowl: Is It Serious for Business?", *ADB Working Paper Series,* No. 136, April 2009, Asian Development Bank Institute.

Kenichi Ohmae(1996), The End of the Nation State, the rise of regional economies, Simon and Schuster, N.Y.

Littlefield Henry W.(1963), *History of Europe since 1815,* Barnes & Noble Books, London.

Maur J. C.(2008), "Regionalism and Trade Facilitation: A Primer", *Policy Research Working Paper,* No.4464, The World Bank Development Research Group.

Michalak W.(1994), "the political economy of trading blocs", in R. Gibb and W. Michalak(eds.), *Continental Trading Bloc: the growth of regionalism in the world economy,* John Wiley and Sons, Chichester, G. B.

Miroslav N. J.(1998), *International economic integration,* Routledge, London.

OECD(1995), *Regional Integration and the Multilateral Trading System, Synergy and Divergence,* Secretary General of the OECD, Paris.

Pollard Sidney(1981), The Integration of the European Economy Since 1815, George Allen and Unwin, London.

Raucher Micheal(1992), "International Economic Integration and the Environment: the Case of Europe", in K. Anderson and R. Blackhurst(eds), *The Greening of World Trade Issues,* Harvester Wheatsheaf, N. Y.

Robson P.(1998), *The Economics of International Integration,* George Allen and Unwin, London.

Robson P. and I. Wooton(1993), "The Transnational Enterprise and Regional Economic Integration", *Journal of Common Market Studies,* 31(1).

Salvatore D.(2010), *International Economics: Trade and Finance,* 10th Edition, John Wiley and Sons, New York.

Samuel P. Huntington(1989), "The US−Decline or Renewal?", *Foreign Affairs* 67(Winter 1988/89).

Schiff M. and L. A. Winters(2002), *Regional Integration and Development,* The World Bank.

Seyom Brown(1988), *New Forces, Old Forces, and the Nature of World Politics,* Glenview, IL.

Svetlicic M. and H. W. Singer(eds.)(1996), *The World Economy, Challenges of Globlaization and Regionalization,* Macmillan, London.

Swan Dennis(2000), *The Economics of Europe, from Common Market to European Union,* Penguin Books, England.

Tinbergen J.(1965), *International Economic Integration,* N. H., Amsterdam.

Tironi, E.(1982), "*Customs Unions theory in the presence of foreign firms*", *Oxford Economic Papers,* Vol. 34.

Trotingnon J.(2010), "Does regional Integration Promote the Multilateralization of Trade Flows?", *Journal of Economic Integration,* Center for International Economics, Sejong Institution, 25(2).

Wiessala G.(2002), *The European Union and Asian Countries,* Sheffield Academic Press, London.

谷口吉彦(1942), 『大東亞經濟の 理論』, 千倉書房, 東京.

大西健夫, 岸上愼太郞(1995), 『EU 統合の系譜』, 早稻田大學 出版部.

김관호(2009), 세계화와 글로벌 경제, 박영사

대외경제정책 연구원(1994), 『WTO출범과 신 교역질서, 분야별 내용과 시사점』.

閔錫弘(2004), 『西洋史槪論』, 三英社, 서울.

손병해(1988), 『경제통합론 : 이론과 실제』, 법문사.

神武庸四郎, 萩原伸次郎(1989), 『西洋經濟史』, 有斐閣, 東京.

양동휴(2008), 『세계화의 역사적 조망』, 서울대학교 출판부

이헌대, 김흥종 역(2008), 『20세기 유럽경제사』, 대외경제정책연구원.

임재열(2020), 세계경제의 이해, 청람.

제2부. 경제통합의 순수이론과 실증분석

Anderson Kym and R. Blackhurst(1993), *Regional Integration and the Global Trading System,* St. Martin's Press, New York.

Baldwin R., D. Cohen, A. Sapir and A. Venables(1999), *Market Integration, Regionalism and The Global Economy,* Cambridge University Press, Cambridge, U.K.

Corden W. M.(1972), "Monetary Integration", *Essays in International Finance,* No. 93, Princeton University, Princeton.

Corden, W. M.(1972), "Economies of Scale and Customs Union Theory", *Journal of Political Economy,* Vol. 80.

De Grauwe P.(1975), "Conditions for Monetary Integration: A Geometric Interpretation", *Weltwirtschaftliches Archiv,* 111: 634-46.

De Grauwe P.(1994), *The Economics of Monetary Integration,* Oxford University Press.

De Melo J. and A. Panagariya(eds)(1993), *New Demension in Regional Integration,* Cambridge Univ. Press, New York.

El-Agraa A. M.(1998), *The European Union, History, Institutions, Economics and Policies,* Prentice Hall, London.

El-Agraa, A. M.(1989), "A Comprehensive Assessment of the Theory of Customs Unions", *Hukuoka University Review of Commercial Sciences,* Vol. 34, No. 1, June.

Fleming J. M.(1971), "On Exchange Rate Unification", *Economic Journal,* Vol. 81, pp.467~488.

Grubel, H. C.(1967), "Intra-industry Specialization and the Pattern of Trade", *Canadian Journal of Economics and Political Science,* Vol. 22.

Haberler Gottfried(1970), "The International Monetary System: Some recent development and discussion", in *Approaches to Greater Flexibility of Exchange Rates,* ed., by G. N. Halm, Princeton University Press, pp.115~123.

Ingram J. C.(1973), "The Exchange Rate Question for a Unified Europe: Internal Flexibility and External Rigidity Versus External Flexibility and Internal Rigidity", in *Europe and the Evolution of International Monetary System*, ed., A.K. Swoda, Leiben and Geneva, Geneva.

Ishiyama(1975), "The Theory of Optimum Currency Area: A Survey", *Staff papers*, Vol. XXII, No.2, I.M.F..

John Dunning(1977), "Trade, location of economic activity and the M.N.E: a search for an electic approach", in B. Ohlin, P. O. Hesselborn and P. M. Wijkmann (eds), *The Internal Allocation of Economic Activity:* Proceedings of Novel Symposium, Macmillan, London.

Jovanovic M. N.(1998), *International economic integration,* Routledge, London.

Kennen P. B.(1969), "The Theory of Optimum Currency Areas: An elective view", in R. A. Mundell and A. K. Swoda(eds.) *Monetary Problems of the International Economy,* University of Chicago Press.

Leibenstein, H.(1996), "Allocative Efficiency versus X−Efficiency", *American Economic Review,* June.

Lipsey R. G.(1960), "The theory of customs unions; a general survey", *Economic Journal,* Vol. LXX, No 279.

Marques Mendes(1987), *Economic Integration and Growth in Europe,* Croom Helm, Australia.

Meade J. E.(1995), *The theory of customs union,* N. H., Amsterdam.

Miroslav N. J.(1998), *International Economic Integration,* Routledge, London.

Molle Willem(1994), *The Economics of European Integration, Theory, Practice, Policy.* Second Edition, Dartmouth, Aldershot.

Mundel R.(1961), "A Theory of Optimal Currency Areas", *America Economic Review,* 51.

Neme Jaques and Collete Neme(1972), Organisations Economiques Internationales, P.U.F., pp.410~423.

Pelkmans J.(2001), *European Integration, Methods and Economic Analysis,* Prentice Hall, London.

Peter B. Kennen(1969), "The Theory of Optimum Currency Areas: An elective view", in *Monetary Problems of the International Economy,* ed. by Robert A. Mundell and A. K. Swoda, University of Chicago Press, pp.41~60.

Robert A. Mundell, "A Theory of Optimum Currency Areas", *American Economic Review,* Vol. 51, pp.657~665.

Robson P.(1998), *The Economics of International Integration,* George Allen and Unwin, London.

Robson P. and I. Wooton(1993), "The Transnational Enterprise and Regional Economic Integration", *Journal of Common Market Studies,* 31(1).

Ronald I, Mckinnon(1963), "Optimum Currency Areas", *American Economic Review,* Vol. 53, pp.717~725.

Scitovsky Tibor(1958), *Economic Theory and Western European Integration,* Allen and Unwin, London.

Shibata H.(1967), "The Theory of Economic Union: A comparative analysis of customs union, free trade area and tax unions", in C. Shoup(ed.), *Fiscal Harmonization in Common Markets,* Vol.1., Columbia

University Press.

Swann Dennis(2000), *The Economics of Europe, from Common Market to European Union,* Penguin Books, London.

Tironi E.(1982), "Customs Unions Theory in the presence of foreign firms", *Oxford Economic Paper,* Vol. 34.

Viner J.(1950), *The Customs Union Issues,* Steven and Sens, London.

손병해(1992), 『경제통합론 : 이론과 실제』, 법문사.

손병해(2002), 『경제통합의 이해』, 법문사

신동천(1999), 『국제무역의 연산균형분석』, 세명사.

안세영(1993), 『다국적기업 경제학』, 박영사.

田中素香(1982), 『歐洲統合―EC發展の新段階―』, 有斐閣, 東京.

田中素香(2010), 『EURO』, 岩波書店, 東京.

조경엽, 송원근(2009), 『FTA 경제적 효과 분석을 위한 KERI―CGE 모형개발 연구』, 한국경제연구원.

제3부. 경제통합의 실제, EU, NAFTA, ASEAN, 동아시아 지역통합, 한국의 FTA 정책

http://www.fta.go.kr

http://www.bilaterals.org

Ackill R.(2000), *The Common Agricultural Policy,* Sheffield Academic Press, England.

Aldonas G. D.(2009), *Rethinking the Global Trading System, The Next frontier,* Center for Strategic and International studies, Washington, D.C.

David Martin Jones(2006), *ASEAN and East Asian International Relations,* Cheltenham, UK.

Echeverri―Carroll(eds)(1995), *Nafta and Trade Liberalization in Americas,* University of Texas at austin.

El―Agraa A. M.(1998), *The European Union, History, Institutions, Economics and Policies,* Prentice Hall, London.

Frankel J. A.(1998), *The Regionalization of the World Economy,* University of Chicago Press.

Gibb R.(1994), "Regionalism in the World Economy", in R. Gibb and W. Michalak(eds.), *Continental Trading Bloc: the growth of regionalism in the world economy,* John Wiley and Sons, Chichester, G. B.

Hastiadi, F. Faisal(2016), Trade Strategy in East Asia, from regionalization to regionalism, Palgrave Macmillan, England.

Kruman K and H. Kharas (eds)(2004), *East Asia Integrates,* The World Bank.

Morishima Michio(1982), *Why has Japan Succeeded? Western Technology and the Japanese Ethos,*

Cambridge: Cambridge Univ. Press.

Rubin S. J. and D. C. Alexander (eds)(1995), *NAFTA and Investment,* Kluwer International, Boston.

Sen Amartya(1999), *On Ethics and Economics,* Blackwell, Oxford, UK.1987, 박순성, 강신욱 역, 『윤리학과 경제학』, 한울아카데미.

Sohn. B. H.(2004), "Towards A New Regionalism in East Asia", *Journal of Economic Integration,* Center for International Economics, Sejong Institution, 19(3)

Sohn. B. H and Kim H. H.(2014), "Economic Integration vs. Conflicts in Northeast Asia—A Role of Confucianism", *Asian Social Science,* 10(13), CCSE, Toronto.

Sorman, Guy(1995), *Le Capital, Suite et Fin,* 김정은 역, 『자본주의 종말과 새 세기』, 한국경제신문사.

Tu Wei—Ming(ed.)(1996), *Confucian Traditions in East Asian Modernity: Moral Education and Economic Culture in Japan and Four Mini—Dragon,* Cambridge, Havard University Press6.

Weber, M.(1958), *The Protestant Ethic and The Spirit of Capitalism,* The Scribner Library, Talcot Parsons, Trans, New York.

김박수(2005), 『한·중·일 FTA—제조업—』, 대외경제정책연구원.

김세원(2004), 『EU경제학』, 박영사.

김일곤(2004), 『東아시아 경제발전과 儒教文化』, 서울, 한울아카데미.

김흥종 외(2010), 『유로존 10년의 평가와 향후 과제』, 대외경제정책연구원.

大西健夫, 岸上愼太郎(1995), 『EU 政策と理念』, 早稻田大學 出版部.

대외경제정책연구원(2010), 『한·EU FTA경제적 효과 분석』, 대외경제정책연구원.

小原雅博(2005), 『東アジア共同體—强大化する中國と日本の戰略』, 日本經濟新聞社.

삼성경제연구소(2013), "세계통상질서의 재편", CEO Information, No. 895.

손병해(2005), "한·중·일 산업 내 무역의 진전과 동북아 경제통합", 김흥종·손병해 공편저, 『비교방법론적 분석을 통해서 본 동북아 경제통합』, 대외경제정책연구원.

손병해(2007), "유교적 가치와 동아시아 경제통합", 『국제경제연구』, 13(1), 한국국제경제학회, 2007, pp. 1~24.

손병해(2009), "EU와 동아시아에 있어서 지역통합의 문화적 배경에 관한 연구", 『유럽연구』, 27(2).

손병해(2012), "문화적 공통성을 통해서 본 한·중·일 경제통합의 의의", 『國際經濟研究』, 18(4).

안형도, 박제훈(2007), 『동북아 지역통합에 대한 정치경제학적 접근』, 대외경제정책연구원.

외교통상부(2007), 『한·ASEAN FTA 주요내용, 기본협정, 분쟁해결제도협정, 상품무역협정』.

외교통상부(2010), 『한·EU FTA 상세설명자료』, 외교통상부 FTA협상총괄과.

외교통상부(2011), 『대한민국과 미합중국간의 자유무역협정』, 한글본.

유용태, 박진우, 박태균(2010), 『함께 읽는 동아시아 근현대사』, 창비.

윤창인(2005), 『한·중·일 FTA－서비스산업－』, 대외경제정책연구원.

이창수(2005), 『한·중·일 FTA－농업에 미치는 영향－』, 대외경제정책연구원.

이홍배(2005), "한·중·일 3국 간 산업별 무역연관효과 분석", 『동북아경제연구』, 17(1), 한국 동북아경제학회.

임현진, 이성형, 송주영(1996), 『북미자유무역협정의 정치경제학』, 서울대학교 국제학연구소.

임혜란(2018), 동아시아 발전국가 모델의 재구성, 서울대학교 출판문화원.

정인교 외(2009), 『동아시아 경제통합, 주요국입장과 통합관련이슈』, 서울경제경영.

주성환(2006), "동북아 경제발전모형: 유교자본주의 모형과 유교시장경제 모형", 손병해 외, 『유교문화와 동아시아경제』, 경북대학교 출판부.

和田春樹(이원덕 역)(2004), 『동북아 공동의 집』, 서울, 일조각.

www.customs.go.kr/ftaportalkor/main.do

www.fta.go.kr/main

찾아보기

지은이

손병해(e-mail : bhsohn@knu.ac.kr)

프랑스 파리 2대학 유럽경제전공 DEA(1982)

파리 2대학 유럽경제 전공 경제학박사(1984)

대외경제정책연구원(KIEP) 초청연구위원(1991/1992)

파리 2대학 경제학부 강의초빙교수(Maître de Conférence) : 동아시아경제론 강의(1992, 2000)

캐나다 몬트리올대학교 경제학부 객원교수 : 동아시아경제론 강의(1998/1999)

경북대학교 기획연구실장, 경상대학장

한국 EU학회장(2005/2006) 및 한국 국제경제학회장(2007)

경북대학교 경상대학 경제통상학부 교수(1978~2014)

대구가톨릭대학교(무역학과) 석좌교수(2014~2017)

[주요 논저]

『경제통합론』, 1988(개정 1992), 법문사.

『유교문화와 동아시아경제(편저)』, 2006, 경북대학교 출판부.

「FTA 경제학」, 2013, 경북대학교 출판부.

「동북아 경제협력권 형성을 위한 선형자유무역지대 구상과 기대효과」, KIEP, 1992.

"Regionalization of Trade and Investment in East Asia and Prospects for Further Regional Integration", *Journal of the Asia Pacific Economy,* 7(2), 2002.

"Towards a New Regionalism in East Asia", *Journal of Economic Integration,* 19(3), 2004.

외 EU 및 동(북)아시아 경제통합 관련 논저 다수